행정법강의

설 계 경 저

법률출판사

머 리 말

그동안 행정법 총론과 각론을 애독해주신 여러분께 감사드립니다. 저자는 그동안 행정법을 강의하면서 항상 아쉬웠던 점을 감안하여 이번에 행정법 총론과 각론을 단권화 하여 본서를 출간하게 되었습니다. 본서는 지금까지 행정법교과서들의 대부분이 편제하고 있는 행정법체계를 과감히 변형시켜 행정법을 논리적이고 체계적으로 정리하였습니다. 행정법을 공부하는 학생들은 너무 방대한 행정법을 접근하기가 쉽지 않으며, 또한 그 내용을 파악하는데도 상당한 기간이 걸리는 점을 감안하여 행정법의 전 분야를 한꺼번에 볼 수 있도록 간략하게 정리하였습니다.

본서는 특히 행정법의 전체적인 내용을 간략하게 하였으므로, 각종 시험을 준비하는 초보자는 물론 최종 정리단계에 있는 자들에게도 요약서로서 활용할 수 있도록 하였으므로, 다음과 같은 특징을 갖고 있습니다.

첫째, 행정법 전 분야의 방대한 양을 간략하게 줄이고 핵심이 되는 내용을 정리하여 간략하게 하였으므로, 단 시간에 행정법의 내용을 쉽게 파악할 수 있습니다.

둘째, 본서의 내용을 전면 한글화 하여 한자를 잘 모르는 초학자들도 읽기 쉽게 하였으며, 각종 수험생에게도 기본교재로서 사용할 수 있도록 노력하였습니다.

셋째, 행정법에 관하여 완전 이론적인 설명에만 머물지 않고 각종 분야에서 일어나고 있는 판례를 소개함으로써 이론과 현실을 접목시켰습니다.

끝으로 이 책을 편찬하는데 많은 교과서를 참고하였는바, 김남진 교수님, 김동희 교수님, 박규하 교수님, 박윤흔 교수님, 석종현 교수님 등 여러 교수님들께 감사를 드리며, 아울러 그동안 여러모로 많은 도움을 주신 한국외국어대학교 김해룡 교수님과 본 저서 출판을 위해 애써주신 법률출판사 김용성 사장 이하 직원 여러분께 심심한 감사의 마음을 드립니다.

2007년 2월

저자 씀

차　　례

제 1 편　행정법 서론

제 2 편 행정조직법

제 3 편 행정작용법

제 5 편 행정구제법

제 6 편 개별행정작용법

제 1 편

행정법 서론

제1장 행 정

제1절 행정의 의의

Ⅰ. 행정개념의 성립

행정의 관념은 입법 및 사법의 관념과 함께 역사적 발전과정 속에서 형성된 것이다. 즉 근대 이전의 절대군주국가에 있어서는 모든 국가작용은 절대군주의 수중에 집중되었기 때문에 별도로 행정이란 관념은 존재할 수 없었다. 그러나 18세기 시민혁명에 의하여 절대군주제를 타도하고 나타난 권력분립론에 따라 국가권력을 입법·행정·사법으로 나누어 각각의 기관에 분산시킨 결과 비로소 행정의 관념이 성립되었다.

Ⅱ. 권력분립이론

1. 권력분립의 의의와 본질

(1) 의의

권력분립이란 국가작용을 입법·행정·사법으로 나누고 각 부분에 각각 독립적 기구를 두어 그 권능을 분담케 함으로써 3권력 상호간에 견제와 균형을 기하고, 이로써 국가권력의 집중과 남용을 방지하고 불법행사로부터 국민의 자유와 권리를 보장하기 위한 자유주의적 정치조직원리이다.

(2) 권력분립의 본질

권력분립의 궁극적 목적은 국가권력의 자의적 행사로부터 국민의 자유를 수호하기 위한 자유주의적 정치조직원리에 그 바탕을 두고 있다(자유주의적 특성). 따라서 소극적으로 권력의 남용·자의적 행사를 방지하는데 그 특성이 있는 것이지 적극적으로 능률을 증진시키는 원리가 아니다(소극적 특성). 또한 권력분립원리는 회의적인 인간관에 기초를 두고 있으며(회의적 특성), 자유주의적 요청에 따라 국가권력의 절대성을 부정하고 권력을 중화시키는 중립적 원리를 의미한다(정치적 중립성의 특성).

2. 근대적 권력분립이론

(1) 로크의 권력분립론

근대의 권력분립론은 로크(John Locke)의 2권분립에서 찾아 볼 수 있다. 로크는 명예혁명(1688) 직후에 영국의 정치체제를 정당화하고 변호한 '시민정부2론'에서 국가의 최고권력은 국민에게 있다는 것을 전제로 하여, "국가가 성립되면 입법권·집행권·동맹권의 3권이 성립하나 보통 동맹권은 집행권에 포함된다"고 하였다. 로크의 2권분립론에서는 정부가 존속하는 한 입법권이 최고권력이고, 집행권과 외교권 등 기타의 권력은 이에 종속한다. 이러한 로크의 2권분립론은 영국의 헌정에 영향을 미쳐 의원내각제이론으로 발전하였다.

(2) 몽테스키외의 권력분립론

몽테스키외는 로크가 제시한 권력분립의 도식을 프랑스의 정치상태에 적용하여 3권분립론을 체계화하였다. 그는 '법의 정신'에서 "시민의 자유가 보장되는 진정한 자유국가이기 위해서는 권력을 남용하지 못하도록 하기 위하여 '권력은 권력으로 견제'해야 한다"고 하였다. 몽테스키외의 엄격한 3권분립론은 의원내각제를 부인하고 미국의 대통령제이론으로 발전하였다.

3. 현대적 권력분립론

몽테스키외의 고전적·전통적 권력분립제도는 군주와 시민계급이라는 2대세력의 대립을 바탕으로 성립되었다. 그러나 1차대전 이후 사회·경제적 사정의 급격한 변화에 따라 그러한 대립은 없어지고 그에 갈음하여 정당·노동조합 등의 이익집단이 새로운 권력요소로 등장하여 정당과 함께 국가생활의 모든 영역에 영향력을 행사하게 되어 국가의 3권은 실질적으로 통합·조정되는 경향으로 나타났다. 따라서 전통적·고전적 권력분립주의에 대한 수정론은 불가피하게 되었으며, 그 대표적인 것이 이른바 기능적 권력분립론이다.

뢰벤슈타인(Karl Loewenstein)은 종래의 권력분립론이 그 평면적 분석에 의한 정태적인 분류로서의 성격을 벗어나지 못한 점을 비판하고, 이에 대한 동태적 권력분립론을 주장했다. 즉 그는 국가권력의 분립이라는 개념 대신에 국가기능의 분리라는 개념을 사용해야 한다고 하여 국가권력을 기능면에 착안하여 ① 정책결정권, ② 정책집행권, ③ 정책통제권으로 나누어 설명하였다.

베르너 케기(Werner Kägi)도 국가기능에 의한 권력분립을 그 전제로 해야 한다고 하면서 ① 헌법제정권·개정권과 일반입법권의 분리, ② 양원제 국회, ③ 집행부내부에서의 권력분립, ④ 공권력 담당자의 임기의 한정, ⑤ 복수정당제의 확립과 여야간의 견제, ⑥ 연방제와 지방자치제에 의한 수직적 권력분립, ⑦ 국가와 교회의 이원화, ⑧ 민간권력과 군사권력의 분리 등 이른바 포괄적 권력분립론을 제창하였다.

Ⅲ. 행정의 의미

1. 형식적 의미의 행정

형식적 의미의 행정이란 현실적인 국가기관을 기준으로 실정법에 의해 행정부에 부여되어 있는 작용을 말한다. 즉, 그것이 성질상 입법(행정입법)에 해당되거나 또는 사법(행정심판)에 해당하는 작용도 모두 행정에 속하게 된다. 따라서 그 업무의 성질에 관계없이 의회에서 담당하면 입법, 법원에서 담당하면 사법이 된다.

2. 실질적 의미의 행정

실질적 의미의 행정이란 국가작용의 성질을 표준으로 행정을 입법·사법과 구별하여 그 의의를 정립하는 것을 말한다. 실질적 의미에서 3가지 국가작용을 가장 간단하게 정의하면, 입법은 법정립작용이고, 사법은 법선언작용이며, 행정은 법집행작용이라 할 수 있다. 그러나 국가작용의 성질을 기준으로 행정개념을 정립할 수 있는지에 관하여 긍정설과 부정설이 대립되어 있다.

(1) 긍정설

1) 소극설(공제설)

국가작용 가운데 입법과 사법을 제외한 나머지를 행정으로 보는 견해이다. 이 견해의 문제점은 ① 행정의 내용을 적극적으로 밝히지 못하고 있는 점에서 행정의 정의라고 할 수 없고, ② 입법과 사법을 밝힌 다음에 이들을 공제한 나머지를 행정으로 보고 있으나, 실제로 입법·사법의 내용을 명확히 정의하기는 어렵다.

2) 적극설

(가) 목적설

이 견해는 행정을 특히 사법과 구별하여 사법을 법의 적용선언작용으로서 법질서의 유지를 목적으로 하는 작용이라 보고, 이에 대하여 행정을 국가목적 또는 공익목적의 실현을 위한 작용이라 한다. 목적설은 더 나아가 사법과 행정을 보다 명백히 구별하기 위하여 사법은 법규에 의한 기속을 받고 자유재량의 여지가 없는 것을 본질로 하는데 대하여, 행정은 법규의 범위 내에서 자유재량에 의하여 국가목적을 실현하는 작용이라고도 한다.

그러나 이처럼 행정이 국가목적 또는 공익목적의 실현작용이라고 보아 그 특질을 규명하려고 하지만 국가목적·공익목적의 실현은 반드시 행정에만 특유한 것이 아니다. 즉 입법·사법도 그런 목적을 지니고 있으며, 법적 기속성과 재량성으로 사법과 행정을 구별하고 있으나 이것은 양 작용에 다같이 존재하기 때문에 구별기준으로 삼기에는 어려움이 있다.

(나) 결과실현설(양태설)

목적설을 보완하여 더욱 적극적·구체적으로 행정의 개념을 밝히려는 견해로서, 결과실현설을 주장하는 학자들도 그 내용에 따라 조금씩 다르다. 즉 ① Sarwey는 "행정은 입법·사법 이외의 작용으로서 공익의 사실상 실현을 임무로 하는 국가작용"이라 하고, ② Forsthoff는 "행정은 법률의 범위 안에서 법률에 의거하여 행하여지는 장래에 대한 계속적인 사회형성활동"이라고 하며, ③ 田中二郎은 "행정은 법 아래서 법의 규제를 받으면서 현실적·구체적으로 국가목적의 적극적 실현을 위하여 행해지는, 전체로서의 통일성을 가지는 계속적인 형성적 국가활동"이라고 한다.

(2) 부정설(기관양태설)

켈젠(H. Kelsen), 메르클(A. Merkl) 등의 순수법학파의 견해로서 국가작용의 성질을 기준으로 입법·행정·사법을 나누어 이론적·실질적으로 개념규정을 하는 것은 불가능하고 실정법질서의 단계적 구조와 국가기관의 기관양태의 차이라고 하는 형식적 기준에 의해서만 그 구별이 가능하다고 한다.

① 켈젠은 법단계설의 입장에서 입법·사법·행정을 모두 법정립과 법집행의 성질을 아울러 가지고 있다고 한다. 즉 입법은 헌법의 직접적 집행이며, 사법과 행정은 헌법의 간접적 집행이고, 입법과의 관계에서는 입법의 직접적 집행이라고 한다.

② 메르클의 기관양태설은 입법은 합의제기관에 의해 수행되는 작용이며 행정은 상하복종관계에 있는 기관에 의한 법집행작용인데 대하여, 사법은 상호독립하고 병렬관계에 있는 기관에 의한 법집행이라 하여 입법·행정·사법의 3가지 작용을 담당하

는 기관의 양태가 다를 뿐, 성질에 의한 구별은 불가능하다고 한다.

(3) 행정의 개념징표설

오늘날의 행정은 너무나 방대하고 다양하기 때문에 행정을 정의하기는 쉬운 일이 아니다. 이는 포르스트호프의 "행정은 정의는 할 수 없고 다만 서술할 수 있을 뿐이다"라고 한 말에서 잘 알 수 있다. 이러한 점에서 종래의 개념정의 방식에 의한 접근방법보다는 행정의 본질적 성격의 특징을 나타낼 수 있는 개념적 징표를 찾는 접근방법이 개념징표설이다.

행정의 개념적 징표로는 행정은 ① 공익의 실현을 목적으로 하는 작용인 점, ② 공동체의 사회형성에 주력한다는 점, ③ 적극적이고 미래지향적인 형성작용인 점, ④ 개별적 조치를 행하는 작용인 점, ⑤ 포괄적인 지도와 통제를 받는 작용인 점, ⑥ 다양한 행위형식을 통하여 그 임무를 수행하고 있다는 점 등을 든다.

(4) 결어

오늘날 행정은 그 내용이나 형식이 방대하고 다양하기 때문에 종래의 여러 가지 개념정의 방식으로는 만족스러운 정의를 얻어내지 못하고 있다. 그러한 의미에서 결과실현설(양태설)을 염두에 두면서, 행정의 본질적 특성을 잘 나타내고 있는 개념징표설을 취하는 것이 행정의 의미를 이해하는데 도움이 될 수 있을 것이다.

3. 실질적 의미의 행정과 타작용과의 구별

(1) 입법과의 구별

입법은 국가, 지방자치단체 등 통치단체가 일반적·추상적인 성문의 법규범을 제정하는 작용이다. 이 점에서 법을 구체적으로 집행함으로써 현실적으로 국가목적을 실현하는 작용인 행정과 구별된다.

(2) 사법과의 구별

① 사법은 당사자의 쟁송제기가 있는 경우 재판기관이 그 분쟁을 해결·종식시키는 피동적·일회적 작용이며, 행정은 능동적·계속적 작용임을 특색으로 하고 통일적인 지휘명령계통이 확립되어 수행되는 작용이므로 기관계층체조직으로 되어 있다. 또한 ② 사법은 법질서의 유지를 목적으로 하는 법선언작용으로서 과거의 특정사건에 대한 법인식작용이므로 비교적 엄격한 법의 기속을 받는 작용인데 반하여, 행정은 법

아래서 법의 기속을 받으면서 구체적으로 국가목적을 실현하기 위한 통일적인 형성적 활동으로서 합목적성이 지배하므로 법의 범위 내에서 어느 정도까지의 자유재량이 허용되는 작용이다.

(3) 통치행위와의 구별

행정은 사법심사의 대상이 되는 작용이지만, 통치행위는 행정권의 행위이지만 고도의 정치성으로 인하여 사법심사에서 제외되는 행위이다.

제2절 통치행위

Ⅰ. 의의

1. 통치행위의 개념

통치행위란 국가최고정치기관의 행위 중에서 특히 고도의 정치적 성격을 지닌 행위로서, 사법심사의 대상으로 하기에는 적절치 못할 뿐만 아니라, 그에 대한 판결이 있는 경우에도 집행이 곤란한 국가작용을 말한다.

2. 통치행위의 제도적 전제

통치행위가 현실의 문제로서 논의되기 위해서는 그 전제로서 법치주의, 즉 공권력의 행사에 대한 재판적 통제가 고도로 발달해 있을 것이 필요하다. 행정소송에 있어 열기주의를 택하고 공권력발동으로 인한 손해배상이 부정 내지 제한되는 등 재판적 통제의 범위가 좁게 한정되어 있는 경우에는 통치행위의 관념을 논할 실익이 없다.

Ⅱ. 외국의 통치행위

통치행위의 문제는 행정재판이 가장 넓게 발달했던 프랑스 최고행정재판소인 국참사원(Conseil d'Etat)의 판례를 통하여 성립되었으며, 오늘날 대부분의 국가도 판례를 통해 통치행위의 관념을 인정하고 있다. 그러나 각국의 권력구조·재판제도의 상이성 때문에 그 통치행위의 범위 및 근거는 동일하지 않다.

1. 프랑스

프랑스는 행정재판제도의 발달에 의하여 원칙적으로 일체의 행정기관의 행위가 국참사원의 심사를 받게 되었으나, 국참사원은 일군의 정치성이 강한 행위를 정치적 합목적성의 고려에서 행정재판의 대상에서 제외하게 되었다. 예컨대 국회해산·외교행위 등이 통치행위이며, 판례에 의하여 일찍부터 인정되어 오늘날에 이르고 있다. 그러나 오늘날에는 고도의 정치성을 띤 국가행위일지라도 국사원에 의한 통제의 대상이 되어야 한다고 봄으로써, 통치행위의 범위는 차츰 축소되어가는 경향에 있다.

2. 독일

독일은 2차대전 이전까지만 하더라도 행정소송에 있어서 열기주의를 취하여 재판적 통제가 충분히 발전하지 않았기 때문에 통치행위에 대한 판례는 확립되지 못하고, 주로 학설을 통하여 논의되고 있었다. 종래 이를 인정하는 학설은 선거행위·의회의 선거심사 등 헌법보조활동과 전쟁행위 등의 제4종 국가작용, 국가긴급권을 통치행위로 보았다. 오늘날 독일의 지배적 견해는 통치행위를 인정하고 있으며, 수상의 선거, 국회의 해산, 조약의 비준 등을 통치행위로 보고 있다.

3. 미국

미국에 있어서는 정치문제의 관념이 판례법상 형성되어 법원은 정치문제에 관한 것이면 비록 법률문제가 포함되어 있더라도 그에 대한 심리·판단을 자제하고 정치기관의 결정을 최종적으로 받아들여야 한다는 원칙이 확립되었다. 정치문제가 처음으로 인정된 판례는 '루터 대 보덴'판결이다. 그 후 ① 국가의 승인, 전쟁의 개시·종료, 조약의 해석 등 많은 대외문제가 정치문제로 다루어졌고, ② 주(州)의 공화정체에 관한 문제, 헌법개정절차에 관한 문제 등 국내문제도 정치문제로 취급되었다.

4. 영국

영국에서는 의회주권이 확립된 결과 "각원은 의회특권에 관한 유일한 법관이다"라는 원칙이 확립되었으며, 보통법재판소는 그 의회특권에 속하는 사항(의원의 징계 등)에 대하여 심사권이 없다고 한다. 또한 프랑스의 통치행위와 아주 유사한 국사행위의 관념이 보통법재판소의 판례에 의하여 인정되고 있었다. 즉 국가의 승인·선전·강화 등 국왕의 대외관계에 관한 사항은 물론 의회해산·수상임명·은사권의 행사 등은 대권에 속하는 것으로 보아 법원의 심사대상에서 제외되었다.

5. 일본

일본의 경우도 통치행위를 부정하는 견해가 있으나, 판례 및 학설의 대세는 이를 긍정하는 입장에 있다. 그 근거에 관한 학설은 여러 견해가 있으나 권력분립설의 입장이 대세인 것 같다. 일본의 통치행위에 관한 판례로는 미·일 안보조약에 관한 '스나가와(砂川) 사건' 및 국회의 해산에 관한 '도마베지(苫米地) 사건' 등이 있다.

Ⅲ. 통치행위의 이론적 근거

1. 긍정설

(1) 사법부자제설

통치행위가 사법심사의 대상에서 제외되는 이유는 법원이 정치문제에 말려들기를 꺼려하여 스스로 그에 관한 판단을 자제·사양하여야 한다는 데 있다고 하는 견해이다. 일찍이 기조(Guizot)는 "만일 사법권이 정치간섭을 하게 되면 정치는 얻는 것이 아무것도 없게 되나 사법은 모든 것을 잃는다"고 말한 바 있는데, 이는 프랑스에 있어서의 통치행위론의 근저에 그와 같은 사상이 깔려 있는 것으로 보인다.

그러나 이 견해에 대하여 법률상 심사가 가능한데도 법원이 스스로 자제·사양하는 것은 심사권의 포기를 의미하므로 이는 헌법규정에 위배될 뿐만 아니라, 이러한 고의적인 심사포기 내지 심사기피는 그 자체가 곧 어느 한 쪽의 정치적 입장을 대변한다는 비판이 있다.

(2) 재량행위설

통치행위는 정치문제이며 정치문제는 국가최고기관의 정치적 재량(자유재량행위)에 속하는 행위이므로 그 권한행사에 있어서는 행위의 타당성 또는 합목적성 여부의 문제만 발생할 뿐 위법성의 문제는 발생하지 아니하므로 사법심사의 대상에서 제외된다는 견해이다.

그러나 자유재량행위라 하더라도 재량권의 한계를 벗어나면 위법행위가 된다. 즉 재량권의 일탈·남용이 있는 경우에 사법심사의 대상이 된다. 따라서 통치행위가 재량행위에 속하기 때문에 사법심사에서 제외된다고 하는 것은 사법심사의 대상에 관한 문제와 사법심사의 범위에 관한 문제를 혼동하고 있는 것이라 하겠다.

(3) 내재적 한계설(권력분립설)

법원의 사법심사권에는 권력분립의 견지에서 나오는 일정한 내재적 한계가 존재하는 바, 통치행위에 대한 법원의 심사는 그 한계를 넘어선다는 견해이다. 즉 정치적으로 중요한 문제에 관한 최종적 판단은 행정기관이나 입법기관 또는 국민에게 맡기는 것이 적당하고 정치적 책임을 지지 않는 법원에서 해결할 문제가 아니라고 하는 견해이다. 이 견해는 미국의 통설과 판례의 태도이기도 하며, 우리나라에서도 사법부자제설과 결부되어 가장 보편적으로 취하는 견해라고 할 수 있다.

(4) 대권행위설

이는 영국법상의 대권행위불심사사상에 근거를 둔 것으로서, 통치행위는 국가행위대권에 근거한 행위라고 하여 사법심사에서 제외된다는 견해이다. 즉 "왕은 제소되지 아니한다"라는 원칙하에 국가승인, 선전포고, 조약체결 등을 국사행위 또는 대권행위라 하여 사법심사에서 제외시킨다는 것이다.

2. 부정설

법치주의가 완전히 실시되고, 행정소송에서 개괄주의를 취하고 있는 이상 모든 국가작용은 사법심사에서 제외되는 통치행위의 관념은 인정될 수 없다고 한다. 그러나 이 견해는 법률문제가 내포되어 있다고 하여 모든 정치문제를 사법심사의 대상으로 하는 경우에 야기될 수 있는 현실적인 문제점을 간과하고 있다는 비판을 받는다.

Ⅳ. 우리나라의 통치행위

1. 헌법규정

헌법은 국회의원의 자격심사·징계·제명처분에 대해서는 법원에 제소할 수 없다고 규정하고 있다(제64조 제4항). 그러나 이외의 다른 규정이 없으므로 통치행위의 관념을 인정한다 하여도 학설과 판례에 기대할 수밖에 없다.

2. 학설

(1) 부정설

이 견해는 법치주의가 완전히 실시되고 행정소송에 있어 개괄주의가 인정되는 이상 모든 행정작용은 사법심사의 대상에서 제외될 수 없다는 입장에서 통치행위의 관념을 부정한다.

(2) 긍정설

외국의 예에서 볼 수 있는 바와 같이 우리나라에 있어서도 통치행위를 인정하는 것이 지배적인 견해라 할 수 있다. 그리고 인정하는 근거로서는 내재적 한계설(권력분립설)이 다수의 지지를 받고 있는 듯이 보인다.

3. 통치행위의 예

현행법상 명문으로 통치행위라는 개념은 사용되고 있지는 않다. 그리고 행정소송법도 개괄주의를 채택하고 있을 뿐만 아니라 명문으로 통치행위에 관한 규정도 두고 있지 않다. 그럼에도 다음의 일련의 국가작용은 통치행위로 이해되고 있다.

(1) 정부의 행위

헌법상의 작용 중에서 정부의 통치행위에 해당하는 것으로는 ① 외교행위 · 전쟁 · 사면 · 영전수여 등 국가원수의 지위에서 행하는 일정한 국가작용, ② 국무총리임명 등 조직법상 행위, ③ 법률안거부, 국민투표회부, 긴급명령, 긴급재정 · 경제명령 등이 있다.

(2) 국회의 행위

국무총리 · 국무위원해임의 건의, 국회의원의 징계, 국회의 조직행위 등의 국회의 행위도 성질상 통치행위의 일종으로 볼 수 있다. 왜냐하면 행위의 주체가 아니라 내용을 통치행위의 중심적인 개념징표라 볼 때, 국회행위도 통치행위의 관념에 포함시킬 수 있기 때문이다.

4. 판례

(1) 대법원은 ① 대통령의 비상계엄선포행위(대판 1979.12.7, 79초70)에 관하여 최초로 통치행위를 인정하였으며, ② 군사시설보호구역의 설정변경(대판 1983.6.14, 83누43), ③ 대통령의 사면권(서울행정법원 2000.2.2, 99구24405) 등에 관하여 통치행위를 인정하였다.

(2) 헌법재판소는 ① 대통령의 지방자치단체선거연기에 관하여는 헌법소원의 대상이 아니라고 하였으며(헌재 1994.8.31, 92헌마174), ② 금융실명거래및비밀보장에 관한 긴급재정 · 경제명령에 관하여 「대통령의 긴급재정 · 경제명령은 국가긴급권의 일종으

로서 고도의 정치적 결단에 의하여 발동되는 행위이고 그 결단을 존중하여야 할 필요성이 있는 행위라는 의미에서 이른바 통치행위에 속한다고 할 수 있다」고 하여 통치행위의 관념을 인정했다. 그러나 헌법재판소는 비록 고도의 정치적 결단에 의하여 행해지는 국가작용이라고 할지라도 그것이 국민의 기본권 침해와 관련되는 경우에는 당연히 헌법재판소의 심판대상이 된다(헌재 1996.2.29, 93헌마186)고 하였다.

Ⅴ. 통치행위의 한계

1. 통치행위의 한계

국가의 공권력적 작용 중에는 법원에 의한 사법적 통제보다는 오히려 정치의 영역으로 남겨두는 것이 국가생활의 원활한 운영을 위해 불가피한 경우가 있는 것이 세계각국의 헌법현실이다. 그러나 어떤 행위가 사법심사의 대상에서 제외되는 의미의 통치행위인가의 여부는 선험적으로 결정되는 것은 아니며 ① 법원 본래의 기능과 그 나라의 실정법을 바탕으로, 또는 ② 법적 측면과 정치적 측면과의 비중의 차이, ③ 그 작용과 국민의 기본권과의 관계 등을 고려하여 결정되어야 할 것이다.

그러한 의미에서 통치행위를 절대적 통치행위(고도의 정치성을 띤 행위이며, 헌법도 법률도 그 내용이나 절차를 규제하는 규정을 두고 있지 않을뿐더러 국민의 기본권보장과도 직접 관련이 없는 것)와 상대적 통치행위(비록 고도의 정치적 성격을 띤 집행부의 행위일지라도 헌법 또는 법률에 행사절차와 요건이 구체적으로 규정되어 있거나, 국민의 기본권보장에 중대한 영향을 미치는 행위)로 나누어, 통치행위를 전자에 한정시키고 후자에 대해서는 사법심사의 대상으로 삼아야 할 것이다.

2. 국가배상책임의 인정여부

통치행위와 관련하여 국가배상책임을 인정할 수 있는지에 관하여는 긍정설과 부정설의 견해가 대립하고 있으나, 일반적으로 통치행위는 사법심사의 대상에서 제외되므로 배상책임이 없다고 보아야 할 것이다.

[판례] – 5·18사건 불기소처분에 대한 국가배상판결

: 「검사의 불기소처분이 잘못되었다는 사정만으로 막바로 위법행위에 해당한다고 볼 수 없고 적어도 그 합리성을 도저히 긍정할 수 없을 정도로 그 불기소처분이 잘못되었다고 볼 수 있어야 위법행위에 해당한다」(서울지법 1998.6.2, 가합109826).

제3절 행정의 분류

Ⅰ. 주체에 의한 분류

1. 국가행정

국가가 직접 그 기관에 의하여 행하는 행정을 말하며, 관치행정이라고도 한다. 행정권은 국가의 통치권의 일부이므로 국가행정이 원칙이다.

2. 자치행정

지방자치단체 기타 공공단체가 스스로 행정권의 주체로서 행하는 행정을 말한다. 구체적으로 어떠한 행정을 국가행정으로 국가에 유보하고, 어떠한 행정을 자치행정으로 하느냐 하는 것은 각국의 정치적 · 사회적 · 역사적 배경에 따라 다르다. 헌법 제117조 제1항은 '주민의 복리에 관한 사무'를 지방자치단체의 사무로 규정하고 있다.

3. 위임행정

국가 또는 공공단체와 같은 행정주체가 자기의 사무를 다른 공공단체 또는 사인(私人)에게 위임하여 행하는 행정을 말한다. 사인은 보통 행정객체의 지위에 서지만, 국가 또는 공공단체로부터 위임받은 행정사무를 수행할 때에는 그 한도 내에서 행정주체로서의 지위에 서게 된다(예, 사립대학교 총장의 학위수여).

Ⅱ. 목적에 의한 분류

1. 조직행정

행정주체의 대내적 조직관계로서 행정주체의 조직 · 유지 · 관리를 직접목적으로 하는 행정을 말한다.

2. 작용행정

(1) 사회목적적 행정

1) 질서행정(경찰행정)

질서행정이란 공공의 안녕과 질서유지를 위한 행정을 말한다. 종래에는 형식적인 경찰기관에 의한 작용을 의미하였으나, 현재는 경찰 이외의 기관에서 담당하는 것까지 포함한다.

2) 복리행정

적극적으로 사회의 공공복리를 증진하기 위한 행정을 말하며, 이에는 급부행정과 규제행정 및 공용부담행정 등이 있다. ① 급부행정은 국민의 복지를 적극적으로 증진시키기 위하여 행하는 행정주체의 수익적 활동을 말하며, ② 규제행정은 경제질서 또는 생활환경을 일정한 방향으로 정리·개선·유도하고 형성함으로써 적극적으로 사회공공복리를 증진하는 행정이다. ③ 공용부담행정은 특정한 공익사업 기타의 복리행정상의 목적을 위하여 개인에게 공법상의 인적·물적·경제적 부담을 과하는 행정이다.

(2) 국가목적적 행정

국가의 존립과 기능의 유지를 목적으로 하는 행정을 말하며, 이에는 재무행정·군사행정·외무행정·사법행정이 있다.

Ⅲ. 내용에 의한 분류

1. 질서행정

질서행정은 사회공공의 안녕과 질서를 유지하기 위한 행정이다. 예컨대 교통정리·영업규제·전염병예방활동 등이다.

2. 급부행정

급부행정이란 국민의 복지를 적극적으로 증진시키기 위하여 행하는 행정주체의 수익적 활동을 말한다. 공급행정, 사회보장행정, 조성행정 등이 이에 속한다.

3. 유도행정

유도행정이란 국민의 경제·사회·문화활동 등을 일정한 방향으로 유도하고 개선하기 위하여 행하는 행정이다. 유도행정을 위한 중요수단으로는 행정계획, 보조금지급, 융자와 같은 자금조성행정, 행정지도 등이 있다.

4. 공과행정(공조행정)

공과행정이란 국가·지방자치단체 등 행정주체가 그 소요재원을 마련하기 위하여 조세, 분담금(개발부담금 · 수익자부담금 등), 기타 공과금을 부과징수하는 행정이다.

5. 조달행정

조달행정이란 행정목적달성에 필요한 인적 · 물적 수단을 확보하고 관리하는 행정을 말한다. 공무원 채용, 청사부지를 위한 부동산매입, 사무용품의 구입행위 등이 있으며, 이의 근거로는 공무원법, 예산회계법, 국유재산법 등이 있다.

Ⅳ. 수단 또는 형식에 의한 분류

1. 권력적 행정

권력적 행정이란 행정주체가 공권력을 발동하여 개인에 대하여 일방적으로 명령 · 강제하거나 그의 법적 지위를 발생 · 변경 · 소멸시키는 행정작용을 말한다. 경찰 · 조세 · 공용부담 · 군사 등의 행정영역에서 많이 행해지고 있으며, 고권적 행정이라고도 한다.

2. 비권력적 행정

행정주체가 공권력주체로서가 아니라 공기업의 경영 · 공물의 관리 등 경영 · 관리주체로서 국민과 대등한 지위에서 행하는 작용을 말하며, 단순공행정 또는 관리작용이라고도 한다.

3. 국고행정(國庫行政)

국고행정은 행정주체가 사법의 주체 또는 재산권의 주체로서 사법상의 행위형식에 의하여 행해지는 행정작용을 말한다. 여기서 국고라는 용어는 예산회계법상에서 사용하는 '국고'라는 말과 다른 것으로, 국가와 동일한 의미이며 재산권의 주체로서의 국가라는 의미이다.

Ⅴ. 효과에 의한 분류

1. 수익적 행정

수익적 행정이란 국민에게 권리나 이익을 부여하거나 또는 이미 부과된 의무나 부담을 해제하여 주는 행정작용이다. 각종 허가, 교부지원금의 지급, 납세의무의 면제 등이 이에 해당한다.

2. 침익적 행정

침익적 행정이란 국민의 권리나 이익을 침해・제한하거나 새로운 의무부담을 과하는 행정을 말하며 부담적 행정이라고도 한다. 예컨대 세금의 부과, 허가의 취소, 행정강제 등이 이에 해당한다.

3. 복효적 행정

복효적 행정(이중효과적 행정)이란 일정한 행정작용이 상대방에게는 수익적 효과가 있으나, 제3자에게는 침익적 효과를 발생하는 경우를 말한다. 예컨대 주유소설치허가・공장건축허가 등의 경우 그 상대방에게는 이익이 되나, 기존업자에게는 불이익의 효과가 발생한다.

제2장 행정법

제1절 행정법의 의의

행정법은 행정주체의 조직·작용 및 행정구제에 관한 국내공법을 말한다. 즉 행정법은 행정주체의 조직·권한 및 기관상호간의 관계에 관한 법(행정조직법)과 행정주체와 사인간의 공법상 법률관계에 관한 법(행정작용법) 및 행정작용에 대한 개인의 권리침해에 대한 구제에 관한 법(행정구제법)으로서 행정에 고유한 법을 말한다. 행정법이라는 관념의 요소를 설명하면 다음과 같다.

1) 행정법은 행정에 관한 법이다

행정법은 행정권을 중심관념으로 하여 행정권의 조직·작용 및 행정구제에 관한 법이다. 이 점에서 행정법은 국가의 통치권전반을 중심관념으로 하는 국가의 조직과 작용에 관한 근본법인 헌법과 구분되고, 입법권의 조직과 작용에 관한 법인 입법법(국회법, 국회사무처법 등), 사법권의 조직과 작용에 관한 법인 사법법(법원조직법, 민사소송법, 형사소송법 등)과 구별된다.

2) 행정법은 행정에 관한 공법이다

행정법은 행정에 관한 모든 법을 의미하는 것이 아니고, 행정에 관한 사법을 제외한 행정에 관한 고유한 법, 즉 공법만을 의미한다.

3) 행정법은 행정에 관한 국내공법이다

행정법은 행정에 관한 국내법인 점에서 국제법과는 구별된다. 다만 우리나라 헌법은 「헌법에 의하여 체결·공포된 조약과 일반적으로 승인된 국제법규는 국내법과 같은 효력을 가진다」(헌법 제6조 제1항)고 규정하고 있으므로, 헌법에서 규정한 한도 내에서는 국제법도 국내행정법의 일부가 된다.

제2절 행정법의 성립과 유형

Ⅰ. 행정법의 성립

행정법은 각국의 특수한 정치적·경제적·사회적 기반과 독특한 연혁에서 성립·발전하였다. 즉 일반적으로 대륙법계의 국가에서는 법치국가사상과 행정제도의 발달로 성립하게 되었으며, 영미법계의 국가에서는 단체주의사상의 발생과 법의 지배의 원리가 행정법의 성립과 발달의 전제조건이 되었다.

Ⅱ. 대륙법계 국가

1. 행정법 성립의 전제요건

(1) 법치국가사상의 성립

법치국가사상의 발달은 근대행정법의 성립을 위한 불가결의 전제조건이다. 즉, 법치국가사상의 발전으로 권력분립제도가 확립되어 행정은 입법에 의하여 구속을 받는 '법률에 의한 행정'의 원리가 성립됨으로써 행정을 규율하는 법률을 정립하여 행정법의 체계화가 이루어졌다.

(2) 행정제도의 발달

근대적 행정법이 성립하기 위해서는 법치국가사상의 발전에 더하여 행정제도라는 특수한 제도적 기반을 필요로 하였다. 행정제도란 행정권에 대한 사법권의 제약으로부터 독립된 지위를 보장하는 제도로서, 행정에 특수·고유한 법의 형성과 행정재판소제도의 존재를 그 요소로 한다. 이러한 행정제도를 가진 국가만을 행정국가라 부르기도 한다.

2. 프랑스 행정법

행정제도의 관념은 프랑스에서 행정권과 사법권과의 항쟁에서 비롯하여 가장 일찍이 성립·발전하였다. 즉 혁명전 사법재판소가 그 개괄적 관할권을 주장하여 왕의 행정에 간섭하였다. 이에 왕은 모든 행정사건에 대한 사법재판소의 재판권을 배제하고 행정의 원활한 운영확보를 위하여 행정권 내부에 왕실고문을 설치하여 그로 하여금 행정사건을 재판하게 하였다. 이것이 행정재판제도의 효시로 혁명 후에는 이에 갈음하여 1799년에 행정권에 대한 자문기관으로서 국사원과 도참사원이 설치되었고, 실제 판결에 있어 당해 사건에 관하여 일반사법과는 다른 특별법이 없는 경우에도 행정에 특수 고유한 법체계로서 판례를 통하여 정립·발전시켰다. 1873년의 Blanco판결 이래 국가와 국민과의 관계는 공공역무의 요청과 공익·사익 사이의 조화의 필요에 따라 특별한 규율을 받는다는 원칙이 확립되어 공역무중심으로 발전하였다.

[블랑꼬판결]

: 블랑꼬(Blanco)라는 어린이가 담배공장의 노무원이 끄는 담배운반차에 치어 부상을 입게 되자 그의 아버지는 보르드 민사법원에 민법 제1382조 이하에 의하여 그 노무원 및 국가에 대한 손해배상청구소송을 제기하였다. 이 소송에 대하여 그 현의 지사는 관할이 틀리다는 요지로 그 신청을 각하하고 말았기 때문에 권한쟁의가 일어나게 되었으며, 이 쟁의에 대하여 권한법원은 1873년 2월 8일 판결을 통하여 「담배의 역무는 사기업과 흡사한 성질을 갖고 있으나, 그것은 재정조직을 구성하는 다른 역무와 마찬가지로 공공역무이다. 그의 관리에 있어서는 국가는 항상 공권력을 가지고 그의 이름으로써 행동한다」고 판시함으로써 그 사건이 행정법원의 관할에 속한다고 결정하였다.

3. 독일 행정법

독일의 행정법은 원칙적으로 국가권력과 그에 복종하는 국민과의 지배복종관계를 중심으로 하여 성립·발전되었다. 일면으로는 행정권의 우월적 지위를 인정하여, 국가권력의 행사에 강력한 공법적 특수성을 인정하면서, 타면에 있어 국가가 재산권의 주체로서 행하는 국고작용은 사법의 지배를 받고 사법재판소의 재판을 받게 하는 국민의 자유와 권리의 구제수단을 강구하는 체제를 취하고 있었다. 그리하여 독일에서도 행정권을 규율할 특수·고유한 법이 제정되게 되었고, 또 이러한 법의 적용에 관한 재판을 맡게 하기 위하여 프랑스의 예에 따라 각 란트(land)에서 차례로 행정재판소제도가 채택되었다. 이들 양자를 중심으로 한 행정제도를 기초로 하여 행정법체계가 발달하게 된 것이다. 이렇게 보면 독일행정법이 규율하는 대상의 범위는 프랑스의 경우보다는 좁으나, 그 반면에 공권력주체로서의 지위에 관한 한 개인보다 우월한 국가의 권위를 인정하고, 질적으로 강력한 공법적 특수성을 국가권력에 대하여 인정하며, 국민의 권리보호보다도 행정목적의 수행을 중시하였다.

Ⅲ. 영·미법계 국가

1. 영국 행정법

영국은 '법의 지배'의 원리가 확립되어 국가와 사인간의 관계도 사인상호간의 관계와 똑같이 보통법의 지배를 받으며, 그에 대한 쟁송도 통상재판소의 관할에 속하므로 특수한 법체계인 행정법이 성립되지 않았다. 그러나 복지국가의 요청과 더불어 20세기에 들어오면서 영국행정법은 공공복리향상을 도모하기 위하여 요구되는 행정기능의 확대·강화를 인정하고, 강화된 행정권으로부터 개인의 권익을 보호하기 위하여 행정위원회가 설치되었고 이에 의하여 행정법이 성립·발전하게 되었다. 따라서 영국행정법은 법의 지배의 원리를 최대한으로 유지하면서 합리적이고 효율적인 행정을 수행할 수 있도록 행정기관의 권한과 그 행사의 법적 통제에 관하여 규율함을 그 기본적인 사명으로 하고 있다.

2. 미국 행정법

미국에서도 사법국가주의를 고수함으로써 행정에 고유한 법으로서의 행정법이 성립되지 않았다. 그러나 20세기에 들어와 자본주의의 고도화에 따라 발생하는 여러 가지 사회·경제적 문제를 정부가 적극적으로 개입하여 해결하여야 할 현실적인 필요성에 의해 권력통합적인 기능을 갖는 규제적 행정위원회의 설치로 행정법이 성립하였다. 미국행정법의 특성은 행정위원회의 광범한 작용으로부터 개인의 자유와 권리를 보장하고, 행정기능의 수행에 개인의 의사를 최대한으로 반영하여 행정위원회의 지위·권한·작용·절차 및 그에 대한 사법심사 등을 규율하여 그 실효를 거두게 하고 있다.

Ⅳ. 우리나라의 행정법

헌법은 「명령·규칙 또는 처분이 헌법이나 법률에 위반되는 여부가 재판의 전제가 된 경우에는 대법원은 이를 최종적으로 심사할 권한을 가진다」(제107조 제2항)라고 규정하여 일견 사법국가형을 천명하고 있는 것으로 보인다. 그러나 우리나라는 독립한 법체계로서의 행정법이 있으며, 그 결과 공·사법의 이원적 체계를 이루고 있다. 또한 행정사건을 민사사건과는 달리 독자적인 절차법이 행정소송법으로 규율하여 민사사건에 대한 특수성이 인정되고 있는 점 등으로 보아 대륙법계의 행정국가적 요소가 가미된 형태를 취하고 있다.

제3절 법치국가원리

Ⅰ. 개설

법치국가원리(법치주의)는 근대국가의 입헌주의의 이념에 따라 자의적인 인의 지배를 지양하고 법의 지배를 확립하는 정치원리를 의미하는 것인데, 이러한 법치주의는 인권보장을 위하여 모든 국가작용은 법에 따라 행해져야 한다는 것을 말한다. 따라서 법치주의는 기본권 보장, 권력분립에 의한 의회입법, 행정의 법률에의 구속 및 사법에 의한 권리구제 등을 그 내용으로 한다. 법치주의는 형식적 의미로는 모든 국가권력의 행사가 법률로써 그 예측이 가능한 국가를 말하며, 실질적 의미로는 정의의 이념에 근거하고 정의의 실현을 추구하는 국가를 말한다. 우리 헌법상의 법치국가원리는 양자의 개념을 모두 포함한다.

Ⅱ. 대륙법계국가의 법치주의

19세기 후반 대륙법계국가(특히 독일)에서 확립된 법치주의는 국가의 목적이나 내용을 의미하는 것이 아니라 오히려 그것을 실현하기 위한 단순한 법기술적 수단을 의미하는 것이었다. 따라서 법의 내용이나 이념은 문제되지 아니하였고 법률이라는 형식만 강조되었다. 형식적 법치주의는 ① 형식적 인권보장과, ② 재판작용에 의한 법치행정원칙담보의 미흡, ③ 법률로부터 자유로운 행정의 인정, ④ 법치주의의 유명무실이라는 특징을 갖는다. 이러한 형식적 법치주의는 포괄적 수권법의 도입으로 법률은 합법적 독재수단으로 전락하였으며, 법치주의의 형식성을 가장 극단으로 밀고 나간 국가가 나치스 독일 및 군국주의 일본이다.

제2차 대전 이후에는 과거 바이마르 공화국의 경험을 바탕으로 독일 Bonn기본법은 인간의 존엄의 불가침을 선언하였다(제1조 제1항). 이를 보장하기 위해 모든 국가권력을 기본권·헌법질서·법률·법의 구속하에 놓이게 하고, 위헌법률에 대해서는 헌법재판소에 의한 심사를 규정하였으며, 위헌·위법행정에 대해서는 행정재판소에 의한 심사를 규정하였다. 이와 같이 형식적 법치주의에 기본권보장이라는 이념을 결합시킨 형태를 실질적 법치주의라 하며, 오늘날 법치주의라 하면 당연히 실질적 법치주의를 뜻한다. 즉, 실질적 법치주의는 법치주의의 형식적 요소를 경시하는 것이 아니라 법치주의의 형식적 요소 외에 실질적 요소까지 강조하는 것이다.

Ⅲ. 영 · 미법계국가의 법의 지배

영국은 행정법이라는 특별한 법은 없었다. 그러나 보통법의 기반에 의하여 법의 지배가 일찍이 발달하여 권리보장의 실질을 기하는 역할을 했으며, 법의 지배는 의회가 왕권과 투쟁하는 과정에서 역사적으로 확립되었다. 한편, 미국의 법의 지배는 엄격한 권력분립원리, 천부인권사상, 성문헌법의 최고법규성, 위헌법률심사제를 통한 사법권의 우위 등으로 나타난다. 따라서 미국에 있어서의 법의 지배는 인권보장, 국가행위에 대한 일반사법재판소의 재판, 위헌법률에 대한 법원의 심사권을 통하여 자의적 권력지배에 대신하는 원리로 확립되었다. 그러나 미국의 법의 지배도 영국의 경우와 같이 자유주의적 소극국가에서 복지주의적 적극국가로 이행함에 따라 전통적인 법의 지배의 이론에 수정이 가해지게 되었다.

Ⅳ. 법치주의의 실질화

1. 법률의 법규창조력원칙의 관철

오늘날 독립명령은 존재하지 아니하고, 긴급명령은 헌법에서 예외적으로 인정되어 있으나, 그 발동요건에 관하여는 엄격하게 규정하고 있다. 또한 행정입법도 일반적으로 법률에서 그 내용 · 목적 · 범위를 구체적으로 정하여 위임한 사항에 관해서만 제정할 수 있도록 하고 있다.

2. 합헌적 법률의 우위

실질적 법치주의하에서는 위헌법률심사제도가 채택되어 합헌적 법률의 우위만이 인정된다. 따라서 법이란 형식적 · 절차적 정당성이 있어야 할 뿐 아니라, 그 내용도 헌법에 부합하는 합헌적인 것이어야 한다. 우리 헌법도 위헌법률심사제도를 채택하고 있다(제107조 제1항).

3. 법률유보원칙의 적용범위의 확대

종래에는 법률유보의 범위를 매우 제한적으로 파악하고 있었으나, 오늘날의 실질적 법치국가에서는 점차 그 범위를 확대하려는 것이 학설 · 판례의 일반적 견해이다.

4. 행정구제제도의 강화

법치국가원리는 행정이 법에 의해 행해질 것을 요구하지만, 현실적으로 행정이 법에 위반하여 혹은 법에 의거하여 국민에게 불이익을 주는 경우가 많이 있다. 이러한 경우에 국민에 대한 권리구제의 길이 마련되어 있어야만 실질적 법치주의가 실현될 수 있는 바, 이와 같은 국민에 대한 권리구제수단을 총칭하여 행정구제라고 한다. 이에 해당하는 권리구제의 예로는 행정상 손해전보(손해배상 · 손실보상), 행정상 쟁송(행정심판 · 행정소송) 등이 있다.

5. 법에 의한 기속의 완화

법치행정이 강조된다고 하여 행정이 법의 엄격한 기속을 받아 법의 기계적인 집행에만 시종하여야 한다는 것은 아니다. 이는 현실적으로 불가능할 뿐만 아니라, 행정의 창의성 · 실효성 · 특수성 등이 요구된다는 점에서 바람직한 것은 아니다. 따라서 헌법 역시 법률의 테두리 안에서 행정권이 독자적인 규율(명령제정)을 할 수 있음을 인정하고 있으며(제75조 · 제76조), 법률 역시 행정권에게 재량, 판단의 여지 등을 인정하여 법에 의한 기속을 완화하고 있는 경우가 많이 있다.

Ⅴ. 행정의 법률적합성

행정작용은 법률의 근거하에서 법률의 기속을 받으며 행해져야 하며, 만약 이를 위반해서 개인에게 피해가 생기면 이에 대해 사법적인 구제가 주어지는 것을 행정의 법률적합성의 원칙 또는 법률에 의한 행정의 원리라 한다. 법률에 의한 행정이 이루어짐으로써 행정의 자의로부터 개인을 보호하고 아울러 행정작용의 예측가능성이 보장되는 것이다. 그 내용은 다시 ① 법률의 법규창조력, ② 법률우위의 원칙, ③ 법률유보의 원칙으로 나누어진다.

1. 법률의 법규창조력

법률의 법규창조력이란 제정된 법률만이 국민을 구속하는 힘, 즉 법규로서의 구속력이 있다는 것을 의미한다. 국민의 권리 · 의무관계에 구속력이 있는 법규범(법규)은 국민주권주의 하에서는 국민의 대표기관인 의회만이 가진다.

우리 실정법상으로도 이러한 원칙이 선언되고 있음을 찾아볼 수 있는 바, ① 입법권은 원칙적으로 국회에 있으며(헌법 제40조), ② 행정부는 법률의 구체적 수권이 있는 경우에만 법규명령을 제정할 수 있다(제75조 · 제95조). 다만 예외적으로 대통령은 법률적 효력을 가지는 긴급명령을 제정할 수 있으나(제76조), 그것은 국가 비상시에 한하여 엄격한 요건하에서만 인정된다. 이것은 국회가 아닌 행정부가 제정한 명령으로 법규를 창조할 수 있도록 허용한 것이다.

2. 법률우위의 원칙

법률우위의 원칙이란 모든 행정작용은 헌법과 법률에 위반하여 행사되어서는 아니 된다는 원칙이다. 과거의 형식적 법치주의 하에서는 법률의 실질적 내용을 묻지 아니하고 법률이라는 국법형식의 우위를 인정하였으나 오늘날의 실질적 법치주의 하에서는 헌법에 적합한 법률(합헌적 법률)의 우위가 강조되고 있다. 위헌법률심사제는 이를 입증하고 있다.

3. 법률유보의 원칙

(1) 의의

법률유보의 원칙은 행정작용이 법률에 근거하여 행하여져야 함을 의미한다. 이러한 법률유보원칙은 19세기 독일의 입헌군주제하에서 군주로 대표되는 행정과 의회로 대표되는 시민과의 타협의 소산이다. 국민의 자유와 재산을 침해하는 것만이 법률의 수권이 필요하지만 그 밖의 영역은 법률유보가 필요 없다는 침해유보설이 당시의 통설적 지위를 누려왔다. 그러나 각국의 헌법구조가 의회주의에 바탕을 둔 민주제로 변천하면서 법률유보의 범위가 점차 확대되어 왔다.

(2) 적용범위

1) 학설

(가) 침해유보설

19세기 후반 독일에서 확립된 견해로서, 행정이 개인의 자유와 권리를 규제·제한하는 데에는 반드시 법률의 근거가 있어야 하고, 그 이외의 행정활동(수익적 행정, 특별권력관계를 포함한 국가 내부의 영역)에는 기존의 법률에 저촉되지 않는 한 자유로이 행할 수 있다는 견해이다.

이 시대의 국민은 교양과 재산을 가진 유산시민계급이 국민의 전부였다고 볼 수 있으며 기본권도 이들이 필요로 하는 기본권, 이른바 자유권적 기본권이 전부였다고 볼 수 있다. 따라서 기본권은 주로 국가권력에 의한 개인의 생활영역 침해에 대한 방어권 또는 침해배제청구권으로서의 의의를 가졌다. 그러나 급부행정이 법률유보로부터 제외됨으로써 현대복리국가에서는 국민의 권익보호에 불충분하다는 비판을 받는다.

(나) 권력행정유보설

침해행정이거나 수익행정을 막론하고 모든 권력행정은 법률의 근거를 요한다는 견해이다. 이 견해는 ① 법률의 법규창조력에 근거를 두어 국민생활에 영향을 주는 일방적 행위에 대한 새로운 규범을 정립하는 것은 입법권의 전권에 속한다고 하며, ② 복효적 행정행위의 경우 설명이 용이하며, ③ 헌법상의 민주적 통제원리에도 맞다. 그러나 유보의 범위를 다소 확대하기는 하였으나, 기본적으로 침해유보설의 틀을 벗어나지는 못하고 있다는 비판을 받는다.

(다) 전부유보설

이 견해는 현대의 민주적·법치적 헌법구조를 배경으로 하여, 법으로부터 자유로운 행정영역의 관념을 원칙적으로 부정하여 모든 공행정은 행정권의 자율에 맡길 것이 아니라 의회의 민주적 통제의 대상이 되어야 한다는 견해이다(Imboden, Rupp, Jesch). 이 견해의 문제점은 ① 군주정 붕괴 이후 의회가 국가의 최고기관으로 변화하고 아울러 의회의 의사가 집행부의 의사에 우위하는 것은 사실이나 그렇다고 집행부는 입법부의 단순한 명령기관은 아니며, ② 모든 급부행정이 법률의 수권하에서만 가능하다면 입법자가 법률을 제정하지 않는 한, 규범의 결여로 행정이 국민에 대해 급부를 제공하는 것이 불가능하게 되고 이로써 집행부의 활동영역을 좁히는 결과가 된다.

(라) 사회유보설(급부행정유보설)

전통적인 침해행정 이외에 급부행정 영역에도 법률유보가 있어야 한다는 견해이다. 이 견해는 개인의 생활·생산활동의 상당부분이 국가의 급부나 배려에 의존하고 있는 현대에 있어서는 국가로부터의 침해의 방지만이 아니라, 공정한 급부나 배려의 확보가 중요한 의미를 가지기 때문이라는 것을 근거로 하고 있다.

그러나 이러한 견해에 대한 비판으로는 ① 국가의 급부적 기능이 중요함으로 의회가 그에 관해 법률제정의 방법으로 개입할 수 있다는 것과 아직 법률이 제정되어 있지 않는 경우에 행정권이 조직법이나 예산만에 근거하여 급부적 활동(특히 보조금교부)을 수행할 수 있는 것이 반드시 모순되는 것은 아니므로, 급부행정의 영역에 있어서는 법률의 유보가 언제나 필수적인 것이 아니라는 것이며, 또한 ② 법률의 근거를 요한다고 하는 급부행정의 범위가 애매하고, 급부행정에 있어서까지 법률의 근거를 요구하면 행정책임의 완수가 어렵고, 입법부에 너무 과중한 부담을 지운다고 한다.

(마) 본질사항유보설

독일 연방행정재판소의 판례를 통하여 발전된 것으로서, 중요사항유보설·본질성설·단계설이라고도 칭하여진다. 이 견해는 법치국가원리·민주주의원리 및 기본법상의 기본권으로부터 나오는 결과로서 어느 행정영역의 기본적 질서에 대한 본질적인 결정은 법률에 유보되어야 하고 행정에 맡겨져서는 아니 된다는 것이다. 연방헌법재판소는 1972년 3월 14일 행형관계에 대한 판결을 내렸으며, 이후 다른 영역 특히 학교법과 원자력법 등에 확대되었으며, 행정재판소판결 및 학설이 이에 뒤따랐다. 그리고 우리 헌법재판소는 「토초세법(토지초과이득세법)상의 기준시가는 국민의 납세의무의 성부 및 범위와 직접적인 관계를 가지고 있는 중요한 사항이므로 이를 하위법규에 백지위임하지 아니하고 토초세법 자체에서 직접 규정해야 한다」(헌재 1994.7.29, 92헌바49)라고 하여 중요사항유보설의 입장인 것 같다. 그러나 이 견해의 문제점은 본질적 사항과 비본질적 사항의 구별기준이 일의적으로 도출될 수 없다는데 있다.

한편, 이 견해와 관련하여 주로 논의되는 견해로서 입법자 자신에 의한 규율(이른바 의회유보)이 있다. 의회유보설(론)에서는 법률유보를 전제로 하여 법률로 유보된 사항은 반드시 법률로 정하여야 하고 위임입법에 위임할 수 없다고 한다. 그러나 법률유보사항도 구체적으로 범위를 정하여 위임입법에 위임하는 것은 허용된다 할 것이므로 찬성하기 어렵다는 비판을 받는다.

(바) 신침해유보설

이 견해는 기본적으로는 침해유보설의 입장에 서면서도 행정영역에 따라 법률유보의 적용범위를 달리한다. 즉 급부행정분야에서는 법률유보가 필수적인 것은 아니라고 보지만, 특별권력관계에 있어서는 구성원의 자유와 권리를 침해하기 위해서는 법률의 근거가 필요하다고 하여 유보범위를 확장하고 있다. 요컨대 이 견해는 급부행정 분야에서는 법률유보의 범위를 축소시킴으로써 전통적인 침해유보설과 유사함을 볼 수 있고, 특별권력관계에서는 확대함으로써 침해유보설과 다르게 취급하고 있다.

2) 결어

우리나라 학자들의 견해는 대체로 개별적인 행정유형에 따라 이 원칙의 적용여부를 결정하려는 견해를 취하고 있다. 따라서 법률유보원칙의 적용범위는 우선적으로 실정헌법규정을 중시하는 동시에, 개개 기본권의 성질, 행정의 구체적인 사안 등에 비추어 개별·구체적으로 검토하여 당사자 내지 국민일반에 대하여 본질적인 것으로 판단되는 사항에 한해 법적 규율을 요한다는 본질사항유보설이 비교적 설득력이 있어 보이며, 이 설은 독일의 다수설이기도 하다.

제4절 우리나라 행정법의 기본원리

Ⅰ. 개설

행정법도 국가법질서의 한 영역이기 때문에 대한민국의 국법질서에 있어서 최고의 위치에 있는 헌법에 종속되므로 행정법의 기본원리 내지 지도원리는 헌법에서 도출된다. 따라서 행정법의 내용과 구성은 헌법의 정신과 내용에 따라 헌법의 지도원리인 ① 민주행정주의, ② 실질적 법치주의, ③ 복리국가주의, ④ 지방분권주의 등을 행정법의 기본원리로 삼고 있다.

Ⅱ. 민주행정주의

헌법은 전문에서 자유민주적 기본질서를 규정하고 있으며, 제1조에서는 민주공화국의 국가형태와 국민주권주의를 규정하여 민주주의가 국가·행정의 기본원리이며 과제임을 분명히 하고 있다. 또한 헌법은 행정의 영역에서 민주주의원리를 구현하기 위해 다음과 같은 여러 규정을 두고 있다.

(1) 행정기관과 공무원

행정기관의 설치와 직무범위는 법률로 정하도록 하는 행정조직법정주의를 취하고 있으며(제96조), 행정기관의 법정화와 아울러 그 기관을 구성하고 있는 공무원과 관련하여서도 민주적 공무원제와 직업공무원제를 채택하고 있다.

(2) 국민의 행정에의 참가

행정결정과정에서의 일반인의 참여문제는 비교적 민주주의와 관련된 문제이다. 따라서 오늘날 주민참여와 관련하여 청문회와 공청회의 중요성이 특별히 강조되고 있으며, 식품위생법·공무원법 등 개별법상의 제도 이외에 일반법으로서의 행정절차법의 제정은 매우 중요한 의미를 가진다.

(3) 행정의 공개 · 투명화

국민이 행정에 참여하고 행정에 책임을 물을 수 있기 위해서는 행정의 운영은 당연히 투명해야 하고 투명하기 위해서는 공개적이어야 한다. 또한 행정은 국민에게 각종의 정보를 적절한 시기에 제공해야 하며, 국민에게는 상당한 범위에 걸쳐 정보공개청구권이 인정되어야 한다. 이러한 요청을 내용으로 하고 있는 법은 '공공기관의정보공개에관한법률', '행정절차법' 등이 있다.

Ⅲ. 실질적 법치주의

우리나라 헌법과 행정법은 실질적 법치주의를 채택하여 국민의 기본권 보장(헌법 제2장의 인간으로서의 존엄과 가치 · 불가침의 기본적 인권 · 평등원칙 · 국민의 인간다운 생활을 할 권리), 법률에 의한 행정원리 보장, 행정구제의 강화(헌법 제29조와 이에 근거한 국가배상책임 및 헌법 제23조 제3항과 이에 근거한 토지보상법 등) 등을 실현하고 있다.

Ⅳ. 복리국가주의

19세기의 국가를 자유방임주의에 입각한 야경국가 · 중립국가 · 보안국가라 한다면, 20세기의 국가는 복리국가 · 사회국가 · 경제국가 · 후생국가라 할 수 있다. 복리국가라 함은 자유주의 내지 시장경제원리로 인해 파생된 모순과 폐단을 시정하며, 나아가서는 모든 사람이 인간다운 생활을 할 수 있는 경제적 · 사회적 정의를 적극적으로 실현함을 지향하는 국가체제를 의미한다. 우리 헌법도 이를 구현하기 위하여 사회적 기본권 보장, 자유시장경제질서 등을 규정하고 있다.

Ⅴ. 사법국가주의

우리나라는 행정사건의 관할을 일반사법법원에 의하도록 하는 영 · 미법계와 같이 사법국가(司法國家)주의를 취하고 있다. 그러나 영 · 미와는 달리 독립된 법체계로서 행정법이 존재하므로 이와는 다른 점이 많이 있다.

Ⅵ. 지방분권주의

헌법은 제117조 제1항에서 「지방자치단체는 주민의 복리에 관한 사무를 처리하고 재산을 관리하며, 법령의 범위 안에서 자치에 관한 규정을 제정할 수 있다」고 하여 지방분권주의를 채택하고 있다.

제5절 행정법의 특수성

Ⅰ. 개설

행정법은 단일법전이 없는 잡다한 법으로 구성되어 있으나, 그 전체를 특징짓는 공통의 지도원리를 가진 통일적인 법체계를 형성하고 있다. 다만 행정법의 공통적 지도원리는 법의 명문에 의하여 인정된 것이 아니므로 학자들의 견해는 일률적이지 않다. 여기서는 이러한 행정법의 특수성을 규정형식·규정성질 및 규정내용으로 나누어 살펴보기로 한다.

Ⅱ. 규정형식상의 특수성

1. 성문성

행정법은 국민의 권리·의무에 관한 사항을 획일적·강행적으로 규율하므로 그 내용을 명확히 하여 국민으로 하여금 장래의 예측을 가능하게 하고 법률생활의 안정을 기하기 위하여 성문법형식을 원칙으로 한다. 그러나 행정법에 불문법의 존재를 부인하는 것은 아니다.

2. 형식의 다양성

행정법을 구성하는 법의 존재형식은 타법에 비해 매우 다양하다. 즉 법률에 의할 것을 원칙으로 하면서도 위임명령·집행명령·지방자치단의 조례·규칙 또는 공고·고시 등의 형식으로 법령 해석상의 기준을 정하는 경우도 많다.

Ⅲ. 규정성질상의 특수성

1. 획일성·강행성

행정법은 보통 다수의 국민을 대상으로 하여 공공의 견지에서 개개인의 의사 여하에 관계없이 획일·강행적으로 규율한다(획일성·강행성). 이러한 점에서 사적 자치의 원칙을 인정하고 당사자의 자유의사를 존중하는 사법의 임의성과 다르다.

2. 기술성·수단성

행정법은 행정목적을 합목적적으로 실현하기 위한 수단을 정한 것이므로 이 목적에 봉사할 수 있는 기술적·수단적 성질을 가진다. 예를 들면 공익사업을위한토지등의취득및보상에관한법률은 공익사업을 위한 토지의 취득과 관련하여 이해관계인의 이해를 조정하기 위하여 제정된 기술적 절차법이며, 국세징수법은 다른 법질서와의 조정을 도모하면서 조세수입을 확보하기 위한 기술적 절차법인 것이다. 오토마이어(O. Mayer)가 말한 「헌법은 변하지만 행정법은 변하지 않는다」는 말은 행정법의 이러한 기술성을 지적한 말이다.

3. 명령성

강행법규에는 명령규정(단속규정)과 효력규정(능력규정)이 있으며, 사법(私法)은 효력규정을 주로 하는데 반하여 행정법은 명령규정을 주로 한다. 명령규정의 위반행위는 처벌을 받게 될 뿐이고 효력에는 영향이 없으나, 효력규정의 위반행위는 일반적으로 효력이 부정된다.

4. 자유재량성

국가목적을 실현하는 수단적 성격이 강한 행정은 법의 해석·적용을 목적으로 하는 사법(司法)의 경우보다 재량의 여지가 많다. 그러나 행정도 법치행정의 원칙상 법에 의거하여야 하며, 행정법과 사법법의 구별기준으로 든 자유재량의 허용여부는 상대적인 차이에 불과한 것이다.

5. 행위규범성

사적자치의 원칙을 전제로 하는 사법은 재판규범으로서의 성격을 갖지만, 행정법은 행정권의 발동기준이 되고, 국가와 국민간의 권리·의무의 설정기준이 되는 행위규범으로서의 성격과 기능을 갖는다.

6. 기타

이상의 특수성이외에 강령규정성(프로그램적 규정)·객관성·외관성 등을 드는 학자도 있다.

Ⅳ. 규정내용상의 특수성

1. 행정주체의 우월성

행정법은 국가 등 행정주체에 일방적으로 명령·강제하며 법률관계를 형성·변경·소멸시키는 힘을 인정한다. 이러한 행정주체의 우월성으로 인하여 ① 행정주체의 지배권, ② 행정행위의 공정력, ③ 행정권의 자력강제권, ④ 구제제도의 특수성(손해전보, 행정쟁송) 등이 인정된다.

2. 공익우선성

행정주체는 그의 목적실현을 위하여 때로는 사인과 대등한 입장에서 활동하도록 되어 있는 경우도 있다. 이러한 경우에도 행정법은 공익목적의 달성을 위하여 사적자치를 원칙으로 하는 일반사법과는 다른 특별한 취급을 하는 경우가 있다(예, 행정재산의 임대의 경우 등).

3. 집단성·평등성

행정법은 일반적으로 다수인을 동시에 또는 단일의 규율대상으로 삼는다는 점에서 그 집단성·평등성이 더욱 강하게 나타난다고 할 수 있다.

제6절 행정법의 법원(法源)

Ⅰ. 개설

1. 행정법의 법원의 의의

행정법의 법원은 일반적으로 행정권의 조직과 작용에 관한 실정법의 존재형식 또는 법의 경험적인 인식근거를 말한다. 일반적으로 행정법은 성문법의 형식으로 존재하는 것이 원칙이나, 불문법의 형식으로 존재하는 경우도 있다.

법원의 개념을 법의 인식근거로 정의할 때, 법의 범위를 어디까지로 이해하느냐가 문제가 된다. 이에 관하여는 ① 일체의 법규범을 포함하는 것으로 보는 광의의 법원(행정규칙 포함)과 ② 법률을 구체화하여 직접 행정주체와 국민과의 관계에서도 구속력을 가질 수 있는 의미의 법, 즉 법규 또는 외부법만을 의미하는 협의의 법원(행정규칙 제외)이 있다. 우리나라에서는 행정사무처리의 기준이 되는 모든 법규범을 포함하는 광의설이 다수의 견해이다.

2. 행정법의 성문법주의

일반적으로 실정법질서의 존재형식으로서, 성문법주의를 취하고 있는 대륙법계는 물론 불문법주의를 취하고 있는 영미법계에서도 근래에는 대부분의 국가가 성문법주의를 원칙으로 하고 있다.

(1) 필요성

행정법이 성문법주의를 취하는 이론적 근거로는 ① 행정권한의 소재를 명시함으로써 국민에게 행정조직을 널리 알릴 필요가 있고, ② 어떠한 형태의 행정작용이건 간에 행정의 공정성확보의 필요, ③ 급부행정·질서행정 등의 경우는 급부활동의 계속성의 보장과 국가적 지도와 규제의 목적과 수단 등을 명백히 해 두어야 할 필요, ④ 행정구제법에 있어서는 행정구제절차를 명백히 하여 국민의 권익을 보장할 필요, ⑤ 국민의 자유와 재산에 관한 일방적인 침해행정에 있어서는 예측 또는 예견의 가능성과 법적 생활의 안정성을 보장하기 위한 필요가 있기 때문이다.

(2) 실정법적 근거 및 한계

우리의 헌법은 ① 국민의 기본권에 관한 사항은 법률에 유보하고 있고(제37조 제2항), ② 중요한 행정작용도 법률에 유보하고 있으며(제79조 제3항), ③ 행정조직도 원칙적으로는 법률로 정하도록 함으로써(제96조) 행정법의 성문법주의를 뒷받침하고 있다.

그러나 현대행정은 매우 광범위하고 다양한 작용을 그 내용으로 하고 있으며, 수시로 변모하는 유동적이기 때문에 모든 행정현상을 성문법으로 규율하는 것은 매우 곤란하다. 따라서 성문법으로 정비되지 아니한 분야에 대해서는 관습법·판례법·조리(법) 등의 불문법이 보충적으로 지배하게 된다.

3. 행정법의 법전화

일반적으로 행정법은 성문법주의를 취하고 있으나, 헌법·민법·형법 등과는 달리 통일적인 법전으로 체계화되어 있지 않고, 단지 무수한 법령의 집합체에 지나지 아니하고, 행정법이라는 하나의 통칙적·일반적 법전이 없다. 이와 같이 행정법이 통일적인 법전으로 되어 있지 못한 이유는 ① 행정법의 역사가 짧아 기본원리가 확립되어 있지 않고, ② 조직과 작용에 관한 법규는 그 상호간의 관련성의 결여로 통일이 곤란하며, ③ 행정법의 규율대상은 매우 광범위하고 유동적이며, ④ 현대의 복리국가의 기능 확대에 따른 행정의 분화·전문화의 경향 및 변화성 때문이다.

그러나 최근에는 행정법의 분야에서도 법령의 해석·운용의 편의를 위하여 행정절차법의 분야에서 행정법의 법전화가 이루어지고 있다. 예컨대 1925년의 오스트리아 일반행정절차법, 1926년의 독일 튀링겐주 행정법전 등을 비롯하여 2차대전 후의 1946년의 연방행정절차법, 1976년의 독일행정절차법 등이며, 우리나라에서도 1996년 12월 31일에 행정절차법이 제정·공포되어 1998년 1월 1일부터 시행되고 있다.

Ⅱ. 행정법의 성문법원

1. 헌법

헌법은 국가의 통치권 전반에 관한 기본조직과 작용을 규율하는 기본법으로서 그 중에서 행정조직과 행정작용에 관한 규정은 행정법의 법원 중에서 최고의 법원이 된다. 헌법과 행정법의 관계에 관해서 ① 오토 마이어(O. Mayer)는 "헌법은 변하여도 행정법은 존속한다"라고 하여 헌법에 대한 행정법의 무감수성을 표현했으며, ② 베르너(F. Werner)는 "구체화된 헌법으로서의 행정법"을 강조하여 행정법과 헌법의 밀접한 관련성을 주장하였다.

오늘날의 행정법은 헌법의 집행법으로서의 측면이 보다 강조되는 경향에 있으므로 베르너(F. Werner)적인 헌법구체화법 또는 헌법집행법이라는 면이 더 강조되고 있다. 이러한 헌법의 구체화법리로서는 평등원칙에 관한 헌법 제11조, 비례원칙에 관한 헌법 제37조 제2항 등을 들 수 있다.

2. 법률

성문의 행정법은 원칙적으로 형식적 의미의 법률, 즉 국회가 헌법상의 입법절차에 따라 제정하는 법률의 형식으로 존재한다. 행정법이 국회입법의 원칙과 법률에 의한 행정의 원칙을 채택하고 있기 때문에 법률은 행정법의 가장 중요한 법원이 된다. 따라서 법률은 본래적 법원이라고 할 수 있으며, 전래적 법원이라 할 수 있는 명령에 대하여 우월한 지위를 가진다.

그러나 최근에는 법률의 법원성에 대하여 ① 국회입법의 원칙에 대한 예외로서 긴급명령, 긴급재정·경제명령(헌법 제76조)의 인정, ② 법률제정 과정에서의 행정부의 역할 증대, ③ 위임입법의 증가현상으로 본래적 법원의 지위가 흔들린다는 문제점이 지적되고 있다.

3. 조약 및 국제법규

조약이란 협약·협정·약정·의정서 등 국가와 국가 사이 또는 국가와 국제기구 사이의 법적 효력이 있는 문서에 의한 합의를 말한다. 한편, 국제법규는 우리나라가 당사국이 아닌 조약으로서 국제사회에서 일반적으로 그 규범성이 승인된 것과 국제관습법을 말한다. 헌법에 의하여 체결·공포된 조약과 일반적으로 승인된 국제법규는 국내법과 같은 효력을 가지므로, 그것이 국내의 행정에 관한 사항을 내포하고 있을 때에는 그 한도 내에서 행정법의 법원이 된다.

조약 및 국제법규와 국내법의 효력관계에 관하여는 국제법과 국내법을 전혀 별개의 법체계로 보아 각각 별도로 효력을 갖는다는 이원론과 양자를 하나의 법체계로 보는 일원론이 대립하고 있으며, 일원론은 다시 국제법우위설, 국내법우위설, 동위설로 나누어진다. 그러나 국제법과 국내법과의 효력관계는 국제법이 국내법에 수용되어 국내법의 일부로 된 것이므로, 법단계구조의 원리, 신법우선의 원리, 특별법우선의 원리에 의하여 개별적으로 판단하여 해결하는 것이 타당할 것이다. 그리고 조약 및 국제법규와 헌법 이외의 법률 또는 명령과 내용이 충돌할 경우에는 신법우선의 원리, 특별법우선의 원리가 적용될 것이다.

4. 명령

명령이라 함은 국가행정권에 의하여 정립되는 법규를 총칭한 것으로 법률에 대응하는 말이다. 이러한 명령은 국가와 국민을 다 같이 구속하는 일반적·추상적 규범인 법규명령과 행정조직 내부 또는 특별권력관계에 관한 규율인 행정규칙으로 나누어진다.

(1) 법규명령

법규명령이란 법률에 근거하고 법률의 범위 안에서 발령청을 포함하여 모든 자를 구속하는 즉, 법규의 성질을 가지는 명령을 말한다. 법규명령은 법률의 위임 여부에 따라 위임명령과 집행명령으로 구분되고, 제정권자에 따라 대통령령·총리령·부령 등으로 구분된다. 이 외에 중앙선거관리위원회규칙·대법원규칙 및 헌법재판소규칙 등이 있으며, 감사원규칙이 법규명령인가 하는 점에 대해서는 다툼이 있으나 법규명령으로 보는 것이 다수의 견해이다.

(2) 행정규칙

행정규칙은 행정조직 내부 또는 특별신분관계 내부와 같은 행정내부관계에서 발하여 지는 법규가 아닌 명령이다. 이러한 행정규칙의 법원성에 관해서는 전술한 바와 같이 견해의 대립이 있다. 즉 ① 행정규칙의 법규성을 부인하고 또한 법원개념에 있어 협의설을 취하여 부정하는 견해, ② 행정규칙의 법규성을 부인하면서도 법원개념에 관하여 광의설을 취하여 인정하는 견해, ③ 행정규칙의 법규성을 인정함으로써 행정사무처분의 기준이 된다는 점에서 행정규칙을 법원에 포함시키는 견해 등이 대립되고 있다.

5. 자치법규

자치법규란 지방자치단체 또는 그 기관이 법령의 범위 안에서 제정하는 자치에 관한 규정을 말하며, 이에는 지방의회가 제정하는 조례와 지방자치단체의 집행기관인 장이 제정하는 규칙이 있다.

① 조례는 자치사무와 단체위임사무에 관하여 제정할 수 있고, 규칙은 이들 사무뿐만 아니라 기관위임사무에 관하여도 제정할 수 있다. 지방자치법은 자치법규의 실효성을 보장하기 위하여 조례에 대하여 일정한 범위 안에서 벌칙형벌과 과태료를 규정할 수 있게 하였다. ② 집행기관에는 일반사무의 집행기관과 교육·체육·과학에 관한 사무의 집행기관의 두 종류가 있으므로, 규칙에도 (일반)규칙과 교육규칙의 두 가지가 있다.

Ⅲ. 행정법의 불문법원

행정법의 법원은 성문법을 원칙으로 하지만 광범하고 다양한 행정현상을 모두 성문법으로 규정하는 것은 사실상 불가능하다. 따라서 성문법이 정비되지 아니한 행정법분야에서는 불문법원 즉 관습법 · 판례법 · 조리(법)가 적용된다.

1. 관습법

(1) 의의

행정법상의 관습법은 행정의 영역에서 국민의 전부 또는 일부 사이에 다년간 계속하여 동일한 사실이 관행으로서 반복되고 이 관행이 일반국민의 법적 확신을 얻어 법적 규범으로 인식 · 승인된 것을 말한다. 이러한 점에서 아직 국민의 법적 확신에 의해 법규범으로 승인될 정도에 이르지 않은 사실인 관습과 구별된다.

(2) 성립요건

관습법의 성립에는 ① 객관적 요소로서의 관행과 주관적 요소로서의 법적 확신의 결합에 의하여 성립된다는 견해(법적 확신설)와, ② 그 외에도 법으로서 구속력을 가지기 위하여 국가의 승인이 필요하다는 견해(국가승인설)가 대립되고 있다.

법적 확신설은 관습법이 국가라는 법공동체를 고려하지 않더라도 존립할 수 있다는 점으로 보아서 국가적 법질서와의 연결을 간과하고 있다는 비판이 있다. 그러나 관습법의 의의는 오히려 실정법(국가의 승인)과 무관하게 성립될 수 있다는 점으로 생각한다면 법적 확신설이 타당하다고 할 수 있으며, 통설적 견해이다.

(3) 법원성의 인정여부

관습법은 사적 자치의 원칙이 지배하는 사법의 영역에서는 중요한 법원이 되지만(민법 제1조), 행정법에서는 그와 같은 규정이 없으므로 그 인정 여부에 관하여 소극설과 적극설이 대립하고 있다.

1) 소극설

행정의 법률적합성의 원칙에 의하여 법률의 근거가 없는 경우에는 관습법에 의한 공의무의 설정은 허용될 수 없다는 견해이다. 다만 성문법규에 관습법을 허용하는 명문규정을 둔 경우 및 협소한 공통이해관계자의 내부관계에 관한 관례로서 예외적으로 인정될 수 있다고 본다.

2) 적극설

현대 행정은 질적 · 양적으로 매우 광범하고 다양한 작용을 그 내용으로 하고 있으므로, 법적 규율이 필요한 행정영역에 있어서도 성문법규가 완비될 수 없다. 따라서 법률에 의한 행정의 원리가 형벌법의 경우와 같이 엄격히 적용될 수는 없고, 성문법규가 정비되지 아니한 행정영역의 경우에는 관습법의 성립을 인정한다는 견해이다. 이 견해가 오늘날의 통설이다.

(4) 효력

행정관습법이 어느 정도의 효력을 가지는가에 대해서는 ① 성문법의 규정이 불비된 경우에 보충적인 효력만을 인정하는 보충적 효력설과 ② 성문법이 존재하는 분야에서도 성문법과 저촉되는 경우에는 성문법의 개폐도 인정하는 개폐적 효력설이 대립하고 있다. 그러나 성문법주의를 원칙으로 하는 우리나라에서는 행정관습법은 특별한 규정이 없는 한 성문법의 보충적 효력을 갖는다고 보는 것이 타당하다 할 것이며, 통설적 견해이다.

【판례】 – 관습법은 제정법에 보충적 효력

:「가정의례준칙 제13조의 규정이 있으므로 원심인정의 관습이 관습법이라는 취지라면 관습법의 제정법에 대한 열후적·보충적 성격에 비추어 관습법의 효력을 인정하는 것은 관습법의 법원으로서의 효력을 정한 민법 제1조의 취지에 어긋나는 것이라고 할 것이고 이를 사실인 관습의 성격과 효력에 비추어 이 관습이 사적자치가 인정되는 임의규정에 관한 것이어야만 비로소 이를 재판의 자료로 할 수 있을 따름이다」(대판 1983.6.14, 80다3231).

(5) 종류

1) 행정선례법

행정선례법이란 행정조직이나 운용에 있어서 행정청의 선례가 장기적으로 반복되어 시행됨으로써 국민의 법적 확신을 얻는 것을 말한다. 특히 상급행정청의 훈령 또는 예규 등이 발하여 지고 그에 기하여 사무처리의 관행이 반복되는 경우에는 그것은 행정선례법으로서의 의의를 가지게 된다.

국세기본법은 「세법의 해석 또는 국세행정의 관행이 일반적으로 납세자에게 받아들여진 후에는 그 해석 또는 관행에 의한 행위 또는 계산은 정당한 것으로 보며, 새로운 해석 또는 관행에 의하여 소급하여 과세되지 아니한다」(제18조 제3항)라고 규정하여 세무행정에서의 행정선례법의 존재를 명시하고 있으며, 판례도 이를 인정한다.

2) 민중적 관습법

민중 사이에 공법관계에 관한 일정한 관행이 다년간 계속됨으로써 그 관행이 일반적으로 인식·존중되었을 때 이를 민중적 관습법이라 한다. 이러한 관습법은 사례가 많지 않으나 주로 공물(公物)·공수(公水)의 이용관계에서 성립되고 있는데, 그 예로는 관습상의 유수사용권(관개용수리권·음용용수권·유지사용권·유수권), 입어권(수산업법 제40조) 등이 있다. 대법원도 하천용수권에 관한 관습 등을 민중적 관습법으로 인정한 바 있다.

2. 판례법

(1) 의의

행정사건에 관한 법원의 판결은 직접적으로는 당해 사건의 분쟁을 해결함을 목적으로 하는 것이지만, 그 속에 내포되어 있는 합리성은 장래의 같은 종류의 사건에 대해서도 하나의 지침이 될 수 있다. 이러한 점에서 판례의 일반적인 규범성이 인정되어 판례법이 성립하게 되며, 그 한도 내에서 행정법의 법원이 될 수 있다.

(2) 관습법과의 차이

판례법과 관습법과의 중요한 차이는 ① 관습법의 경우는 동일한 행위가 관행적으로 장기간 계속되어야 하는데 반하여, 판례법의 경우는 일회의 행위(판결)로 족하며, ② 관습법의 경우는 관행에 대한 사회의 법적 확신을 요하는데, 판례법은 국가기관인 법원의 행위 자체에 내포된 강행력의 산물이라는데 있다.

(3) 판례법의 법원성

1) 영미법계

영미법계의 국가에서는 '판례구속성의 원리'가 확립되어 상급법원의 판결은 장래에 발생되는 같은 성질의 사건에 대하여 하급법원을 구속하는 법적 효력을 가진다. 영국의 경우 상급법원의 판례는 하급법원을 무조건 구속할 뿐만 아니라, 최고법원인 귀족원은 자기판례를 변경하지 못한다. 미국에서도 상급법원의 판례는 하급법원을 엄격히 구속하나, 다만 연방법원 및 주(州) 최고법원은 자기 판례를 변경할 수 있다. 그러나 오늘날 행정법에 있어서는 영미에 있어서도 각종 제정법이 정비되어가고 있으므로 판례법의 중요성은 상대적으로 감소되고 있다.

2) 대륙법계

영미법계의 국가와는 달리 프랑스·독일·일본 등의 대륙법계 국가에서는 최고법원은 자기 판례를 변경할 수 있음은 물론, 그 판례는 하급법원을 법적으로 구속하는 힘은 없고 사실상의 구속력만 있다. 따라서 하급심이 최고법원의 보수성에 도전함으로써 판례가 변경될 수 있는 소지가 영미에 비하여 크며, 판례법의 법원으로서의 지위는 약하다고 할 것이다.

3) 우리나라

우리나라에도 다른 대륙법계의 국가와 마찬가지로 판례구속성 원칙은 인정되지 않는다. 법원조직법은 「상급법원의 재판에 있어서의 판단은 당해 사건에 관하여 하급심을 기속한다」(제8조)라고 규정하고 있으며, 민사소송법은 상고사건에서 「환송 또는 이송을 받은 법원은 … 상고법원의 파기이유로 한 사실상과 법률상의 판단에 기속을 받는다」(제406조 제2항)고 규정하고 있다. 이는 상소제도의 특수성에서 연유하는 것으로서 대법원판결에서 판시된 법령해석과 법률적 판단은 당해 사건, 즉 '같은 사건에서만 하급심을 기속한다'는 것이고 '동종의 다른 사건'에서까지 기속한다는 의미는 아니다. 따라서 이를 근거로 곧 판례의 법원성을 인정할 수는 없다.

그럼에도 불구하고 대법원의 판례가 가지는 현실적 구속력은 무시할 수 없다. 그 이유는 대법원의 판례변경은 대법관 전원의 3분의 2 이상의 합의체에서 심판하여야 하며(법원조직법 제7조 제1항), 이 합의심판에 있어서는 과반수로써 결정하여야 하며(동법 제66조), 또한 하급법원이 나중의 사건에서 대법원의 판례와 다른 판결을 하는 것은 상고이유(소액사건심판법 제3조 2호)가 될 수 있다는 점에서 볼 때, 하급법원은 대법원의 판례를 존중하여 판결하지 않을 수 없기 때문이다.

요컨대 대법원의 법령해석에 관한 판례의 변경은 엄격하게 절차적으로 제한되어 있으므로, 대법원의 판례는 안정성이 보장되어 있다고 하겠다. 따라서 판례법은 현실적으로 행정법의 법원으로서의 성격을 가지고 있다고 보아야 할 것이다.

[판례] - 판례의 기속

: 「대법원의 판례가 법률해석의 일반적인 기준을 제시한 경우에 유사한 사건을 재판하는 하급심법원의 법관은 판례의 견해를 존중하여 재판하여야 하는 것이나, 판례가 사안이 서로 다른 사건을 재판하는 하급심법원을 직접 기속하는 효력이 있는 것은 아니다」(대판 1996.10.25, 96다31307).

3. 조리(법)

(1) 의의

조리(條理)란 사물의 본질적 법칙 또는 일반사회의 정의감에 비추어 반드시 그러하여야 할 것이라고 인정되는 것을 말한다. 이러한 조리는 행정법 해석의 기본원리로서, 성문법·관습법·판례법 등이 모두 없는 경우에 최후의 보충적 법원으로서의 중요한 의의를 가진다.

(2) 법원성

행정법에는 ① 총칙규정이 없고, ② 그 규율대상인 행정자체가 복잡다기하여 법규가 예상하지 못한 사태가 발생하는 일이 많으며, ③ 행정법규는 모순·결함이 많고 법규상호간에 횡적 통일성이 없다. 따라서 다른 분야에서보다도 법원으로서 중요성을 가지므로, 조리의 행정법의 법원성을 인정하는 것이 통설과 판례의 태도이다.

(3) 조리의 내용

조리의 내용은 시대와 사회에 따라 변동이 있을 수 있으며, 학설과 판례에서 종종 문제되는 것은 평등원칙·신의성실의 원칙·비례의 원칙·기득권존중의 원칙 등이 있다. 근래에는 새로운 종류의 조리 내지 법원칙으로서 신뢰보호의 원칙·과잉급부금지의 원칙·보충성의 원칙·부당결부금지의 원칙 등이 거론되고 있다.

이들 내용은 행정법의 일반원칙이라는 관념을 사용하기도 하는바, 이에 관하여는 절을 달리하여 그 내용을 살펴보기로 한다.

제7절 행정법의 일반원칙

Ⅰ. 개설

행정법의 일반원칙은 행정법의 모든 분야에 적용되는 법원칙으로서 관습법·판례법 또는 성문법으로 나타나기도 한다. 이러한 행정법의 일반원칙은 대부분 헌법에서 유래하여 헌법적 차원의 법원으로서의 성질을 가지고 있다. 행정법의 일반원칙은 베르너(F. Werner)의 "구체화된 헌법으로서의 행정법"이라는 명제가 표현하는 바와 같이 오늘날 행정법 원리의 매우 중요한 창출수단이 되고 있다.

Ⅱ. 비례의 원칙

1. 의의

과잉금지의 원칙 또는 광의의 비례원칙이라고도 하는 비례의 원칙은 행정주체가 행정작용을 행함에 있어 행정목적과 그 목적을 실현하기 위한 수단 사이에서 합리적인 비례관계가 이루어져야 한다는 원칙이다. 이 원칙은 원래 독일의 프로이센 고등행정법원의 판례에 의하여 경찰법상으로 발전된 것이지만, 오늘날에는 특히 독일헌법상의 법치국가원리·기본권의 본질적 내용 침해금지조항 및 제(諸)기본권규정에서 도출되는 원칙으로 간주되고 있다.

2. 실정법상의 근거

비례의 원칙에 관한 근거로는 ① 헌법 제37조 제2항은「국민의 자유와 권리는 … 필요한 경우에 한하여 법률로써 제한할 수 있으며, …」라고 하여 기본권제한과 관련하여 비례의 원칙을 규정하고 있으며, ② 경찰관직무집행법 제1조 제2항은「이 법에 규정된 경찰관의 직권은 그 직무수행에 필요한 최소한도 내에서 행사되어야 하며 이를 남용하여서는 아니 된다」라고 규정하고 있으며, ③ 그밖에 행정소송법 제27조, 식품위생법 제62조 제4항 등에서도 그 근거규정이 있다.

3. 적용범위

비례의 원칙은 독일의 프로이센 고등행정법원 판결에 의하여 경찰행정법에서 발전된 것이지만, 오늘날에는 행정법의 전영역에 적용되고 있는 원칙이다. 특히 이 원칙은 재량권행사의 한계, 부관의 한계, 취소권·철회권행사의 제한, 사정판결, 경찰권발동의 한계, 급부행정의 한계 등의 영역에서 활용되고 있다. 또한 공용침해의 요건의 하나로서의 공공필요(헌법 제23조 제3항)의 요건충족여부(공공필요의 개념의 올바른 해석필요)를 가늠해 주는 원칙으로도 활용되고 있다. 그러나 사적자치의 원칙이 적용되는 사법상의 법률관계에는 이 원칙은 적용되지 않는다.

4. 내용

비례의 원칙은 ① 적합성의 원칙, ② 필요성의 원칙, ③ 상당성의 원칙을 내용으로 하고 있으며, 이들은 단계구조를 이룬다. 따라서 비록 적합성과 필요성은 충족하였다 하더라도 상당성의 원칙에 위배하는 경우에는 비례원칙에 위반되어 위법행위가 된다.

(1) 적합성의 원칙

적합성의 원칙이라 함은 행정기관이 의도하는 목표를 달성함에 있어 그가 취하는 조치 또는 수단이 법적으로나 사실상으로나 적합해야 한다는 것이다. 수단이 적합한 것인가의 여부의 판단은 행정기관이 행위시에 합리적으로 판단하여야 하며, 그 판단은 법적 문제로서 사법심사의 대상이 된다.

(2) 필요성의 원칙

필요성의 원칙이라 함은 행정목적을 달성할 수 있는 여러 적합한 수단 중에서 관계자에게 가장 적은 부담을 주는 수단을 선택해야 한다는 것이다. 이러한 의미에서 최소침해의 원칙이라고도 한다. 예컨대 위험한 건물에 대하여 수선명령으로써 목적을 달성할 수 있음에도 불구하고 철거명령을 발하는 것은 이 원칙에 위배된다.

(3) 상당성의 원칙

상당성의 원칙은 행정기관이 목적실현을 위하여 필요한 조치를 취하는 경우에, 그 조치로 인하여 사익침해가 그로 인하여 초래되는 공익보다 큰 경우에는 당해 행정조치를 취해서는 아니 된다는 것이다. 이는 사익과 공익의 비교형량이 요구되는 경우로서 협의의 비례원칙이라고도 한다. 이러한 상당성의 원칙을 잘 나타내 주는 예로는 “대포로 참새를 쏘아서는 아니 된다. 그것이 버찌나무에 앉아 있는 참새들을 쫓기 위한 유일한 수단일지라도”라고 하는 독일의 문헌이 있다.

우리나라의 경찰관직무집행법은 「경찰관은 범인의 체포·도주의 방지, 자기 또는 타인의 생명·신체에 대한 방호, 공무집행에 대한 항거의 억제를 위하여 필요하다고 인정되는 상당한 이유가 있을 때에는 그 사태를 합리적으로 판단하여 필요한 한도 내에서 무기를 사용할 수 있다」(제11조)라고 규정하고 있는데, 이는 상당성의 원칙을 명문화한 것으로 볼 수 있다.

5. 비례원칙위반의 효과와 권리구제

비례원칙을 위반한 행정작용은 위헌·위법이 되므로 이를 위반한 행정행위는 행정소송의 대상이 된다. 따라서 비례원칙에 위반하여 법률상 이익을 침해받은 자는 행정소송, 행정상의 손해배상청구소송, 결과제거청구소송 등을 통해 권리구제를 받을 수 있다.

【판례】 - 비례원칙과 관련되는 판례

: ①「주유소영업의 양도인이 등유가 섞인 유사휘발유를 판매한 바를 모르고 이를 양수한 석유판매업자에게 운영자의 위법사유를 들어 사업정지 기간 중 최장기간인 6월의 사업정지에 처한 피고의 이 사건처분은 석유사업법에 의하여 실현하고자 하는 공익목적의 실현보다는 원고가 입게 될 손실이 훨씬 커서 그 재량권을 일탈한 위법이 있다」(대판 1992.2.25, 91누13106).

②「자동차운전을 생업으로 하고 있는 원고에게 음주운전 면허취소는 지나치다고 볼 수 없고, 더욱 음주운전을 예방해야 할 필요가 있다」(대판 1995.9.26, 95누6069).

③「원고가 다른 차들의 통행을 원활히 하기 위하여 승용차를 주차목적으로 자신의 집앞 약 6미터를 운행했다 해도 이는 도로교통법상의 음주운전에 해당하고, 이미 음주운전으로 면허정지처분을 받은 적이 있는데도 혈중 알콜농도 0.182%의 만취상태에서 운전한 것이라면 교통사고가 발생하지 않았고 운전승용차로 서적을 판매하여 가족의 생계를 책임져야 한다는 사정을 고려하더라도 운전면허취소는 적법하다」(대판 1996.9.6, 96누5995).

Ⅲ. 신뢰보호의 원칙

1. 의의

신뢰보호의 원칙이란 행정기관의 어떤 언동(言動)(명시적 · 묵시적 언동)이 있고 그 언동의 정당성 또는 존속성에 대하여 국민이 신뢰한 경우, 그 신뢰가 보호가치있는 것일 때에는 마땅히 보호되어야 한다는 것이다. 오늘날 행정부기능이 다방면에 걸쳐있고, 또한 행정목적을 달성하기 위한 행정수단 역시 다양하므로 신뢰보호의 문제는 행정행위의 취소 · 철회에 한하지 않고 행정의 전영역에 걸쳐 문제되고 있다.

2. 발전유래

신뢰보호의 관념은 20세기 초 이래 독일에서 학설 · 판례에 의하여 발전되었으며, 제2차대전후 급속히 발전하여 독일의 행정절차법에서 정식으로 제도화되었다. 즉 독일의 행정절차법은 신뢰보호의 원칙을 근거로 하여, 위법한 수익적 행정행위의 직권취소의 제한 · 철회의 제한 · 확약 등을 실정법화 하였다. 한편, 영미법상의 금반언의 원칙도 신뢰보호의 원칙과 유사한 이념을 가진 것이다. 금반언의 원칙은 원래 사법분야에서 널리 적용되었던 원칙이지만, 공법의 영역에도 인정되고 있는 것이다.

3. 신뢰보호의 근거

(1) 이론적 근거

1) 신의칙설

법의 일반원칙인 신의성실의 원칙은 사법에서 발달한 것이지만 행정법관계에도 그대로 적용되므로 신뢰보호의 근거가 된다고 하는 견해이다. 신의칙이 공법에도 적용되므로 행정기관의 행위는 성실하고 적법한 것으로 신뢰하게 된다. 따라서 사후에 당해 행정작용의 위법을 이유로 그 존재·효력을 부인하는 행정기관의 언동은 상대방의 신뢰를 저버린 것으로 이 원칙에 위반한 것이 된다. 독일행정법원은 미망인사건에서 신의성실의 원칙을 근거로 피고(미망인)의 신뢰를 보호하는 판결을 내린바 있다.

그러나 이 견해는 사법상의 신의칙은 당사자간의 계약 등 구체적인 관계가 있을 때에만 적용되는 것이기 때문에 구체적 관계가 아닌 행정작용에 적용되기에는 한계가 있다는 비판을 받는다. 즉 행정처분이나 공법상계약 등과 같이 구체적 관계가 존재하는 경우 이외의 일반적 행정작용, 가령 행정규칙·행정계획 등과 같은 것에 대해서는 신의칙을 적용하기 어렵다는 것이다.

2) 법적안정성설

신뢰보호원칙은 법치국가원리 내지는 법치국가의 내용중의 하나인 법적안정성에서 도출되는 원칙이라고 한다. 독일의 판례 및 학설에서 폭넓은 지지를 받고 있으며, 우리의 헌법재판소도 같은 견해를 취한다. 그러나 이 견해는 법적안정성은 적법행위에서 안정을 의미하는 것이지 위법행위에서까지 안정을 의미하는 것은 아니라는 비판을 받는다.

3) 기타

신뢰보호에 관한 이론적 근거에 관한 학설로는 이 외에도 ① 개인은 국가의 급부에 의존함이 없이는 인간다운 생활이 곤란하다는 전제 하에 개인의 신뢰는 보호되어야 한다는 입장인 사회국가원리설, ② 신뢰보호의 근거로 기본권을 드는 견해인 기본권설, ③ 신뢰보호는 그 자체 독자적인 비헌법적·보충적 원칙으로 보는 것이 타당하므로 독자적 법원칙으로 보아야 한다는 독자성설 등이 있다.

4) 결어

이상에서 살펴본 바와 같이 신뢰보호원칙은 그 어느 견해도 부분적인 타당성만 있다. 그러나 법치국가원칙의 하나인 법적 안정성을 그 근거로 보는 법적안정성설이 비교적 설득력이 있어 보인다. 오늘날 이 견해가 판례의 입장이자, 통설적 견해인 것 같다.

(2) 실정법적 근거

① 행정절차법은 「행정청은 법령 등의 해석 또는 행정청의 관행이 일반적으로 국민에게 받아들여진 때에는 공익 또는 모든 제3자의 정당한 이익을 현저히 해할 우려가 있는 경우를 제외하고는 새로운 해석 또는 관행에 의하여 소급하여 불리하게 처리하여서는 아니된다」(제4조 제2항)라고 규정하고 있으며, ② 국세기본법도 「세법의 해석 또는 국세행정의 관행이 일반적으로 납세자에게 받아들여진 후에는 그 해석 또는 관행에 의한 행위 또는 계산은 정당한 것으로 보며, 새로운 해석 또는 관행에 의하여 소급하여 과세되지 아니한다」(제18조 제3항)고 규정함으로써 신뢰보호의 법리를 명문화하고 있다.

4. 신뢰보호의 요건

1) 선행조치

상대방의 신뢰가 보호되기 위해서는 우선 행정기관의 선행조치가 있어야 한다. 선행조치에는 법령·행정규칙의 제정, 행정행위, 행정지도 등 모든 행정작용이 포함되며, 그 조치는 적극적인 것이든 소극적인 것이든 가리지 아니한다.

한편, 대법원은 선행조치에 대하여 행정기관이 공적인 견해표명이 없을 것을 요하고 있는데, 명시적 뿐만 아니라 묵시적인 견해표명도 공적인 견해표명으로 보되, 묵시적 견해표명이 있기 위해서는 단순한 부작위와는 달리 일정한 의사표시를 한 것으로 볼 수 있는 사정이 있는 것을 요한다는 입장을 취하고 있다.

[판례] - 선행조치의 내용

: 「일반적으로 조세법률관계에서 과세관청의 행위에 대하여 신의성실의 원칙이 적용되기 위하여는 과세관청이 납세자에게 신뢰의 대상이 되는 공적인 견해표명을 하여야 하고, 위와 같은 공식적인 견해나 의사는 명시적 또는 묵시적으로 표시되어야 하지만, 묵시적 표시가 있다고 하기 위하여는 단순한 과세누락과는 달리 과세관청이 상당기간의 불과세상태에 대하여 과세하지 않겠다는 의사표시를 한 것으로 볼 수 있는 사정이 있어야 한다」(대판

1995.2.3, 94누11750).

2) 보호가치있는 사인의 신뢰

행정기관의 선행조치에 대한 개인의 신뢰가 있고, 그 신뢰는 보호할만한 가치가 있어야 한다. 여기서 신뢰는 선행조치의 존속이나 정당성에 대한 사실상의 신뢰를 말하며, 그 신뢰의 보호가치성은 법률적합성원칙의 실현에 대한 공익과 당해 선행조치의 존속에 대한 관계자의 사익을 비교형량하여 판단하여야 한다. 단, 행정행위 등의 하자가 수익자의 책임에 기인할 때, 특히 사기·강박·증뢰(贈賂) 등 부정한 방법으로 수익적 행정행위가 발하여졌을 때에는 보호받을 만한 가치가 없다.

【판례】 – 사위(詐僞)의 발생에 의한 허가취득

:「충전소설치 예정지로부터 1000미터 내에 있는 건물주의 동의를 모두 얻지 아니하였음에도 불구하고 이를 갖춘 양 허가신청을 하여 그 허가를 받아낸 것으로서, 처분의 하자가 당사자의 사실은폐 내지 사위의 방법에 의한 신청행위에 기인한 것이라 할 것이어서 그 처분에 의한 이익이 위법하게 취득되었음을 알아 그 취소 가능성도 능히 예상하고 있었다고 보아야 할 것이므로 수익적 행정행위의 액화석유가스충전사업허가처분의 취소에 위법이 없다」(대판 1992.5.8, 91누13274).

3) 상대방의 처분(처리보호)

사인이 행정조치에 대한 신뢰에 의하여 일정한 행위를 하여야 한다. 사인이 보호받는 실체는 신뢰 그 자체가 아니다. 즉 행정기관의 선행조치를 믿고 어떠한 처리가 있어야 한다. 예컨대 수령한 금전을 소비한 경우, 하자있는 건축허가에 따른 건축에 착수한 경우, 또는 자본을 투하한 경우 등이다.

4) 인과관계

신뢰보호는 선행조치에 대한 신뢰와 사인의 처리사이에 인과관계가 있어야 한다. 신뢰와 처리사이에 인과관계가 없다면, 사인의 처리행위는 우연일 뿐이고 보호받아야 할 특별한 이유가 없기 때문이다.

5) 선행조치에 반하는 행정작용

신뢰보호의 원칙이 적용되기 위한 또 하나의 요건으로서 행정기관이 선행조치에 반하는 행정작용을 행함으로써 그 조치를 신뢰하고 일정한 처리를 행한 개인의 이익이 침해되어야 한다.

5. 신뢰보호의 내용과 한계

(1) 존속보호와 보상보호

신뢰보호의 요건이 충족되는 경우 행정청의 상대방 등 국민이 그에 따른 보호를 받게 될 경우 ① 이미 부여한 허가 등을 행정기관이 취소 또는 철회하지 아니하고 유지하며, 약속한 허가 등을 부여하는 존속보호를 받을 것인지(존속보호설), ② 신뢰요건이 충족되어 있음에도 불구하고 공익상 이유로 존속보호는 받을 수 없고 단지 보상을 받는 보상보호를 받을 것인지(보상보호설)가 문제된다.

예컨대 ① 수익적 처분인 보조금의 지급결정이나 버스사업면허 등의 취소가 허용되지 아니하는 것으로 형량결정이 있는 경우는 재산권의 존속보호가 있는 경우이고, ② 구체적 형량에 따라 행정처분의 취소가 있는 경우에는 상대방에게 발생하는 재산적 손실을 보상해주어야 하므로 재산적 가치의 보호인 보상보호이다.

요컨대 헌법상의 재산권의 보상은 원칙적으로 존속보호이므로 존속보호의 방법이 원칙이라 하겠으나, 보충적으로 보상보호를 하는 것도 가능하다고 보아야 할 것이다.

(2) 신뢰보호의 한계

1) 법률적합성 우위설

행정의 법률적합성의 원칙은 행정의 가장 기본적인 원칙이므로 행정작용이 객관적으로 위법인데도 불구하고 신뢰보호를 위하여 위법한 행정작용을 절대로 시인할 수 없다는 견해이다.

2) 양자동위설

이 견해는 법률적합성의 원칙과 신뢰보호의 원칙은 법치국가원리의 한 내용인 법적안정성을 위한 것이므로 양자는 헌법상 동위적 · 동가치적인 법원칙으로 보아야 한다는 것이다.

3) 이익교량설

양 원칙이 동위의 법원칙이라고 보는 위의 동위설에 입각하여, 구체적인 경우에 양자의 충돌이 일어날 경우에는 공익과 사익의 정당한 비교형량에 의하여 결정하여야 한다는 견해이다. 이 견해가 우리나라의 다수설 및 판례의 입장이다.

6. 신뢰보호의 적용영역(적용범위)

이 원칙은 행정법의 일반법원칙이므로 행정법의 전영역에 걸쳐 인정되는 원칙이라 할 수 있다. 아래에서는 몇 가지의 경우만 살펴보기로 한다.

(1) 수익적 행정행위의 취소·철회의 제한

수익적 행정행위에 있어서도 신뢰보호상 원칙적으로 그 철회가 불가능하다 할 것이다. 다만, 이익형량의 결과 보다 중대한 공익의 달성, 상대방의 부담의무의 불이행 등 예외적인 사정이 있는 경우에는 철회가 허용된다. 그러나 이러한 경우에도 상대방에게 귀책사유가 없는 철회로 인한 재산상의 손실은 보상되어야 한다.

(2) 확약

행정청이 장차 상대방에게 일정한 작위 또는 부작위(위법건축물의 불철거)를 할 것을 약속한 경우에 신뢰보호원칙에 따라 행정청은 약속한 대로 이행해야 할 법적구속을 받는다는 법리이다.

(3) 실권(失權)의 법리

실권의 법리란 행정청이 행정행위의 위법한 상태를 장기간 묵인·방치함으로써 상대방이 당해 행위의 존속을 신뢰하게 된 경우에는 행정청도 더 이상 그 위법성을 이유로 취소할 수 없다는 법리다. 이러한 실권의 법리도 신뢰보호의 원칙에 근거를 두고 있다.

[판례]

:「실권 또는 실효의 법리는 법의 일반원리인 신의성실의 원칙에 바탕을 둔 파생원칙인 것이므로 공법관계 가운데 관리관계는 물론이고 권력관계에도 적용되어야 함을 배제할 수는 없다 하겠으나, 그것은 본래 권리행사의 기회가 있음에도 불구하고 권리가 장기간에 걸쳐 그의 권리를 행사하지 않을 것으로 믿을 만한 정당한 사유가 있게 되거나 행사하지 않을 것으로 추인케 할 경우에 새삼스럽게 그 권리를 행사하는 것이 신의성실의 원칙에 반하는 결과가 될 때 그 권리행사를 허용하지 않는 것을 의미하는 것이다」(대판 1988.4.27. 87누915).

(4) 행정계획

사인이 행정계획의 존속을 신뢰하여 자본 등을 투하하였으나, 사후에 행정청이 그 계획을 변경 또는 폐지하는 경우에 신뢰보호의 관점에서 이른바 계획보장청구권을 인정해야 할 것이다. 그러나 이에 관하여는 이를 부정하는 견해와 긍정하는 견해가 대립되어 있으며, 다수의 견해는 이를 부정한다.

Ⅳ. 평등의 원칙 및 행정의 자기구속의 법리

1. 평등의 원칙

(1) 의의

평등의 원칙은 행정에도 적용되는 원칙이므로 행정청이 행정작용을 함에 있어서 특별한 합리적인 사유가 없는 한 국민을 공평하게 대우해야 한다는 것을 의미한다. 평등원칙에서의 평등은 단순히 기회의 균등이라는 의미의 형식적 평등만을 의미하는 것이 아니다. 즉, "본질적으로 평등한 것은 평등하게 다루어야 하고, 불평등한 것은 불평등하게 다루어야 한다"는 이른바 자의금지를 의미하는 실질적 평등을 의미한다. 이러한 평등의 원칙은 헌법적 차원의 원칙이므로 이에 위반하는 행정작용은 위헌·위법이 된다.

(2) 법적 성질 및 근거

헌법 제11조의 평등원칙은 행정법에서의 평등원칙의 성질에 대하여 직접적으로 적용된다고 보는 견해가 있다. 그러나 헌법 제11조는 단지 법 앞의 평등만을 규정하고 있을 뿐 행정작용에 대하여 직접적으로 적용하는 것이 아니라 헌법 제11조의 기본이념으로부터 해석상 도출되는 불문법원리로 보아야 한다는 견해가 통설적 견해이다.

(3) 효력

평등의 원칙은 헌법적 차원의 원칙이므로 이에 위반하는 행정작용은 위헌·위법이 된다. 따라서 이에 대한 손해배상의 청구와 행정쟁송의 제기가 가능하다.

2. 행정의 자기구속의 법리

(1) 의의

행정의 자기구속이라 함은 행정청이 어떤 결정을 내림에 있어 같은 종류의 대상에 대해서는 이미 다른 사람에게 행한 것과 동일하게 상대방에게도 하도록 스스로 구속을 받음을 의미한다. 즉 동종사안에 있어서는 동일한 판단을 하여야 한다는 것을 말한다.

(2) 기능

행정의 자기구속의 법리는 재량권·판단여지가 인정되는 행정작용에 있어서 행정청의 자의를 방지하여 적정한 행사가 이루어지도록 하는데 그 기능이 있다.

(3) 근거

행정의 자기구속의 이론적 근거로는 신뢰보호의 원칙에서 구하는 견해도 있으나, 평등의 원칙에서 구하는 것이 보다 직접적이라는 견해가 통설이다.

(4) 행정규칙과의 관계

행정의 자기구속은 특히 행정규칙과 관련하여 중요한 의미를 갖는다. 본래 행정규칙은 행정의 내부에서만 효력을 가지고 있고 외부에 대해서는 직접효력을 가지지 않는 것인데, 평등원칙을 매개로 하여 그 효력이 외부화 하는 경우 행정규칙은 법규로 되어 이를 위반하면 위헌이 되는 경우가 있을 수 있다. 그런 의미에서의 내부규범에 불과한 행정규칙(재량준칙)을 국가와 국민간에도 적용되는 법규로 전환시키는 전환규범으로서의 역할을 한다.

(5) 행정의 자기구속의 효과

1) 상대방의 청구권

행정의 자기구속이 적극적인 내용을 갖는다면 결과적으로 상대방에게 행정에 대한 이행청구권을 발생시킬 수가 있다(예, 무하자재량행사청구권 등).

2) 쟁송절차

행정이 자기구속의 법리에 위배했을 때에는 위법한 처분이 된다. 따라서 처분의 상대방은 취소심판·의무이행심판·취소소송·부작위위법확인소송으로 다툴 수 있다.

Ⅴ. 부당결부금지의 원칙

1. 의의

부당결부금지(不當結付禁止)의 원칙이란 행정기관이 행정작용을 함에 있어서 그것과 실질적 관련이 없는 상대방의 반대급부를 조건으로 하여서는 안 된다는 원칙이다. 예컨대 건축허가를 함에 있어 자동차세를 완납할 것을 조건으로 부과하는 것 등이 이에 해당한다. 이 원칙은 행정행위의 부관(기부채납부 건축허가), 공법상계약 또는 실효성확보수단(관허사업의 일반적 제한)과 관련하여 가끔 문제되고 있다.

[판례]

: 「원고의 이 사건 토지 중 2.791㎡는 자동차 전용도로로 도시계획시설결정이 된 광1류 6호선에 편입된 토지이므로, 그 위에 도로개설을 하기 위하여서는 소유자인 원고에게 보상금을 지급하고 소유권을 취득하여야 할 것임에도 불구하고, 소외 인천시장은 원고에게 주택사업계획승인을 하게 됨을 기화로 그 주택사업과는 아무런 관련이 없는 토지인 위 2.791㎡를 기부체납 하도록 하는 부관을 위 주택사업계획승인에 붙인 사실이 인정되므로, 위 부관은 부당결부금지의 원칙에 위반되어 위법하다고 할 것이다」(대판 1997.3.11, 96다49650).

2. 근거

(1) 이론적 근거

이에 관한 이론적 근거로서는 법치행정의 원칙, 과잉금지의 원칙, 법적안정성 등을 들 수 있다.

(2) 실정법적 근거

실정법적 근거로는 과잉금지의 원칙의 근거에 준해서 헌법 제37조(국민의 자유와 권리의 본질적 내용의 침해제한)와 경찰관직무집행법 제1조 제2항(…최소한도 내에서 행사…남용해서는 아니된다)을 들 수 있다.

3. 요건

부당결부금지의 원칙은 일반적으로 새로운 내용의 행정법의 일반원칙으로 설명되고 있으나, 그 실질적 내용에 대해서는 아직도 명확한 검토가 행해지고 있지 않다. 그러나 이 원칙은 그 개별적 내용으로서, 인과관계 면에서의 관련성과 목적 면에서의 관련성을 요구한다고 볼 수 있다.

(1) 인과관계적 관련성

이는 수익적 행정행위와 불이익한 의무를 부과하는 부관사이에 직접적인 인과관계가 있을 것을 요한다고 한다. 이에 따르면 양자의 관계는 수익적 행정행위를 발령하기 때문에 특정부관의 부과가 필요하게 되는 단계일 것을 요한다. 이는 행정기관이 수익적 행정행위를 발령할 수 있는 권한을 이용하여, 상대방이 다른 이유에서 부담하고 있는 특정의무이행의 부담을 통하여 강제하려는 것을 방지하는 기능을 수행하게 된다.

(2) 목적적 관련성

행정기관이 특정의무를 부과함에 있어서 근거법률 및 당해 행정분야의 과업내용에 따라 허용되어지는 특정목적만을 수행하여야 한다는 것을 의미한다. 따라서 당해 법률로부터 수익적 행정작용을 가능하게 하는 특정의 수권목적이 도출되며, 이는 동시에 부관의 부과에 있어서의 수권(授權)의 한계로 작용하게 된다고 본다.

4. 위반의 효력

부당결부금지의 원칙은 법치주의와 자의금지(恣意禁止)의 원칙에서 나온 헌법차원의 법원칙이므로 이에 위반한 행정작용은 위헌·위법하게 된다. 그러므로 부당결부금지의 원칙에 반하는 행정작용에 대하여 행정쟁송이나 행정상 손해배상을 청구할 수 있다.

제8절 행정법의 효력

Ⅰ. 시간적 효력

1. 효력발생시기

(1) 공포에 관한 원칙

법령과 조례·규칙은 그 시행일에 관하여 특별한 규정(공포일에 시행한다는 등)이 없는 한, 공포한 날로부터 20일이 경과함으로써 효력이 발생한다(법령등공포에관한법률 제13조). 여기서 '공포'란 국가의 법령과 조약에 있어서는 관보 또는 신문에 게재하는 행위를 말하고, 조례·규칙에 있어서는 당해 지방자치단체의 공포나 신문에 게재하거나 게시하는 행위를 말한다.

다만, 국민의 권리제한 또는 의무부과와 직접 관련되는 법령 등은 특별한 사유가 있는 경우를 제외하고는 공포일로부터 적어도 30일이 경과한 날로부터 시행하도록 되어있다(법령등공포에관한법률 제13조의2).

(2) 공포에 관한 특칙

법령 · 조례 · 규칙 등은 실제로는 위 원칙에 의하지 않고 그 부칙 또는 시행령에서 ① 공포 후 일정한 유예기간을 두고 시행하거나, ② 일정한 사실이 발생한 때부터 시행한다거나, ③ 공포일로부터 시행한다거나, ④ 시행일을 대통령령에 위임하는 등 특별규정이 있다. 그 중에서 특히 공포일시행주의는 당해 법령이 국민의 권리 · 의무사항 또는 벌칙을 규정하고 있는 경우에는 20일간의 유예기간을 두고 있는 위의 일반원칙의 기본취지를 몰각하는 결과가 될 수 있으며, 시행일을 백지위임하는 것은 법리적으로 문제가 있으므로 이를 피해야 할 것이다.

(3) 시행일

시행일은 효력발생일을 말하는 바, 공포일이 시행일 또는 시행일을 정하는 기준일이 된다. 법령등공포에관한법률 제12조는 공포일을 그 법령을 게재한 관보가 발행된 날로 하고 있으므로 '관보가 발행된 날'이 언제인지가 문제된다. 이에 관하여 ① 발신주의의 입장에서 외부로의 관보발송절차가 완료된 때로 보는 설(발송절차완료시설)과, ② 도달주의의 입장에서 관보가 서울의 중앙보급소에 도달하여 국민이 구독 가능한 상태에 놓인 최초의 시점으로 보는 설(최초구독가능시설 또는 중앙보급소 도달시설), ③ 기타 관보일자설, 관보인쇄완료시설, 최초의 지방분포시설 등이 주장되고 있으나, 최초구독가능시설이 통설 · 판례이다.

2. 소급금지의 원칙

(1) 의의

새로운 법령이 그 공포시행 전에 종결된 사실에 대하여 시행기일 전으로 소급(遡及)하여 적용하는 것을 소급적용이라 한다. 일반적으로 법령은 이러한 소급효를 가지지 않음이 원칙인 바, 이를 소급금지의 원칙이라 한다. 그 이유는 소급효를 인정하면 법률생활의 안정성 · 예측가능성을 침해하게 되므로 법치국가원리에 위반된다는 것이 기본적인 이유이다. 우리 헌법도 소급입법에 의한 처벌, 참정권의 제한 또는 재산권의 박탈을 금지하고 있다(헌법 제13조).

(2) 예외

소급금지의 원칙은 국민의 기득권의 보호에 그 취지가 있는 것이므로 법치국가원리라 할지라도 법령의 소급적용을 모두 부인하는 것은 아니며, 소급하는 것이 국민에게 유리한 경우에는 소급적용은 인정될 수 있다(진정소급). 또한 법규시행 당시에 진행중인 사실에 대하여 신법을 적용하는 것도 가능하다(부진정소급).

[판례]

: 「원고가 1983.1. 경 피고에게 위 작위의무의 이행을 구하는 취지의 진정서를 제출하였다면 비록 부작위위법확인소송제도가 그 이후에 시행된 현행행정소송법(1984.12.15. 전면개정, 1985.10.1. 시행)에 의하여 신설되었다고 하더라도 위 법 시행전의 신청에 대한 피고의 부작위가 계속되고 있는 한, 현행행정소송법을 적용하여 그 부작위에 대한 위법확인소송을 제기할 수 있다」(대판 1990.5.25, 89누5768).

3. 효력의 소멸

(1) 한시법인 경우

일정한 유효기간이 규정되어 있는 한시법의 경우에는 그 유효기간이 경과됨으로써 효력이 소멸한다.

(2) 한시법이 아닌 경우

한시법 이외의 법규의 경우는 ① 당해 법령 또는 상위의 법령에 의한 명시적 개폐가 있거나, ② 그와 저촉되는 동위 또는 상위에 있는 후법의 제정에 의하여 효력을 상실한다. 즉 일반적으로 후법우선의 원칙·특별법우선의 원칙에 따라 처리된다.

Ⅱ. 지역적 효력

1. 원칙

일반적으로 행정법규는 그것을 제정한 기관의 권한이 미치는 모든 지역에 대하여 효력을 가짐이 원칙이며, 그 이외의 지역에 대하여는 효력을 가지지 않는다. 즉 국회나 중앙행정관청이 제정하는 법령은 전국에 효력이 미치고, 지방자치단체 또는 그 기관이 제정하는 조례·규칙은 당해 지방자치단체의 관할구역에 대하여만 효력을 가진다.

2. 예외

일정한 사회적 · 경제적 · 문화적 · 정치적 여건에 따라 제약되는 경우가 많아, 지역적 효력의 원칙에 대하여도 예외가 인정되고 있다. 즉 ① 국제법상 치외법권을 가지는 외교사절 등이 사용하는 토지 · 시설 및 주둔군이 사용하는 시설 · 구역 등에서는 국제관례 또는 조약이나 협정에 의한 행정법규의 효력이 미치지 않는 경우가 있으며, ② 국가가 제정한 법령이라도 그 내용에 따라서는 일부지역에 대해서만 효력을 가지는 경우가 있으며(예, 서울특별시나 부산광역시에 관한 법률과 같이 하나의 지방자치단체에만 적용되는 법률), ③ 행정법규가 그것을 제정한 기관의 본래의 관할구역을 넘어 적용되는 경우(예, 지방자치단체가 타지방자치단체의 구역에 공공시설을 설치한 경우에 이 공공시설에 관한 조례가 타지방자치단체의 구역에서 효력을 가지는 것) 등이 있다.

Ⅲ. 대인적 효력

1. 원칙

행정법규는 원칙적으로 속지주의 원칙에 의해 영토 또는 구역내에 있는 모든 자에게 적용되며, 자연인 · 법인은 물론 내국인 · 외국인 여하를 불문한다.

2. 예외

대인적 효력에 관한 원칙에도 예외가 인정되는바, ① 국제법상 치외법권을 가진 외국원수 또는 외교사절에 대해서는 우리 행정법규가 적용되지 않는다. ② 국내에 주둔하는 미합중국군대 구성원은 법령의 규정에 따라 세법 기타 각종의 행정법규의 적용이 배제 또는 제한되거나 특별조치가 인정되는 경우가 많다. ③ 외국인의 경우에도 특별한 규정을 두는 경우가 많다. 예컨대 외국인에 대한 참정권의 부인, 토지소유의 제한, 상호보증이 있는 경우에만 국가배상법의 적용, 출입국의 특례 등이다. ④ 국외의 내국인에 대하여 우리의 행정법규가 적용되는 경우가 있다. 예컨대 여권법 등이 속인적으로 적용되는 것은 그 성질상 당연하지만, 그밖에도 당해 행정법규가 국가의 공공이익에 관계되고, 그 취지 · 목적상 국외에서의 행위까지 규율할 것이 요구되는 경우에는 국외의 내국인에게도 효력이 미친다고 볼 것이다.

제3장 행정상 법률관계

제1절 행정법관계와 사법(私法)관계

Ⅰ. 개설

행정상 법률관계란 행정에 관한 법률관계를 말하며, 그 내용은 두 가지 측면에서 볼 수 있다. 즉 하나는 국가와 공공단체사이 또는 공공단체 상호간의 법률관계이고, 다른 하나는 국가 또는 공공단체 등 행정주체와 그 상대방(행정객체)과의 법률관계이다. 전자는 대내적·조직법적 관계(광의)이며, 후자는 대외적·작용법적 관계(협의)이다.

그러나 일반적으로 행정상의 법률관계라 하면 후자를 가리킨다. 이러한 행정상 법률관계는 사법의 지배를 받는 사법상의 법률관계와 공법의 지배를 받는 행정상의 공법관계(행정법관계)가 있다. 결국 이것은 공법과 사법의 구별을 전제로 하는 것이므로 먼저 공법·사법의 구별의 문제부터 고찰할 필요가 있다.

Ⅱ. 공법과 사법의 구별

1. 구별에 관한 학설

(1) 구별 긍정설

1) 주체설(구주체설)

이 견해는 법률관계의 주체에 그 기준을 두어 구별한다. 즉, ① 적어도 그 법률관계의 당사자 일방이 국가 등 행정주체인 경우에는 공법관계이고 이를 규율하는 법은 공법이며, ② 당사자가 모두 사인인 경우에는 사법관계이며, 이를 규율하는 법은 사법이라고 한다.

그러나 행정주체의 행위라도 물품구입 등 국고행위나 사법적 형식에 의한 공행정작용의 경우에는 당해 법률관계는 사법관계이고, 반대로 법률관계의 당사자가 모두 사인인 경우에도 공법관계로 파악되는 경우가 있다는 점을 간과하고 있다는 비판을 받는다. 예컨대 조세의 원천징수나 개인 선박의 선장 등에 의한 경찰권의 행사는 공법관계이고, 이에 적용되는 법규는 공법이다.

2) 권력설(복종설 · 성질설)

이 견해는 법률관계가 상하지배 복종관계인가 대등관계인가에 따라서 전자에 적용되는 법이 공법이고, 후자에 적용되는 법이 사법이라고 본다. 19세기 공행정의 내용이 기본적으로 경찰·조세 등의 권력적 작용에 한정되었던 시대에는 통설적 지위를 점하였다.

그러나 오늘날에는 공행정의 내용 속에 급부행정 등 비권력작용도 포함되면서 그러한 구별기준으로는 양자의 구별이 불충분하게 되었다. 또한 공법의 세계에서도 공법상 계약과 같은 대등관계가 존재할 수 있으며, 반면에 사법의 세계에서도 친자관계와 같은 종속관계가 있다는 사실을 설명하지 못한다는 비판을 받는다.

3) 이익설(목적설)

이 견해는 법이 추구하는 이익(목적)에 기준을 두어 공익실현에 봉사하는 법이 공법이고, 사익의 실현에 봉사하는 법이 사법이라 한다. 행정이 공익실현작용이라는 점에서 행정의 핵심을 지적하고 있기 때문에 그 타당성이 인정된다. 실제 프랑스에서는 공익실현작용을 내용으로 하는 공역무관념이 공법·사법의 구별기준이 되고 있다.

그러나 공익과 사익의 구별이 명확한 것이 아니며 또한 사법도 공익을 추구하고 있고, 공법도 사익을 추구하고 있는 등의 난점이 있다.

4) 생활설(생활관계설)

이 견해는 법이 규율하는 생활관계가 정치적 생활관계 또는 단체생활관계인 경우는 공법이고, 민사적 생활관계 또는 개인상호간의 관계를 규율하는 것을 사법이라 한다. 그러나 어디까지가 공적인 생활관계이고 어디까지가 사적인 생활관계인가 그 한계를 긋기가 어렵다는 점에서 비판을 받는다.

5) 귀속설(신주체설)

이 견해는 권리 · 의무의 귀속주체를 기준으로 구별한다. 즉 국가 등 행정주체에게만 권리 · 의무를 귀속시키는 법이 공법이고, 국가를 포함한 모든 권리주체에게 공통적으로 권리 · 의무를 귀속시키는 법이 사법이라고 한다. 그러나 급부행정처럼 하나의 법률관계 속에 공법관계와 사법관계가 존재하는 경우 또는 적용법규가 결여된 경우에는 그 성질의 결정이 불분명하다는 비판을 받는다.

6) 복수기준설

위의 학설들은 모두 공법과 사법의 구별에 관한 부분적인 타당성만 제시하고 있으므로 어느 한 학설을 기준으로 구별하기 곤란하므로, 복수의 기준을 통해서 양자를 구별해야 한다는 견해이다. 이에 의하면 국가적·지배적·윤리적·공익적 규율의 성질은 공법이고, 개인적·평등적·경제적·사익적 규율의 성질은 사법이라고 한다. 이 견해가 우리나라의 통설이다.

(2) 구별 부정설

이 견해는 켈젠(Kelsen), 메르클(Merkl) 등 순수법학파의 주장으로서, 공법이나 사법이 모두 양당사자간의 권리·의무의 관계를 규율하는 점에서 본질적인 차이가 없다고 한다. 그러나 이 견해는 공법과 사법은 상대적 구별이 될 수 있다는 점을 간과하고 있다는 비판을 받는다.

2. 우리나라 실정법상 공법과 사법의 구별

(1) 구별필요성

1) 재판관할과 재판절차의 결정기준(절차법상의 필요성)

우리나라의 경우 행정사건도 일반법원의 관할로 되어 있으나, 소송절차에 있어서는 행정사건의 특수성을 감안하여 행정소송법이 제정되어 있고, 이 법은 민사소송과는 다른 절차를 규정하고 있다. 즉 관할법원·제소기간·제소절차 등에 있어서 민사소송과 다른 여러 가지 특례를 인정하고 있다. 따라서 소송절차와 관련에서 공법·공법관계와 사법·사법관계의 구별은 절차법적으로는 분쟁해결을 위한 쟁송수단의 결정을 위하여 필요하다.

2) 적용법규 및 법원리의 결정기준(실체법상의 필요성)

공법과 사법의 구별은 구체적 법률관계에 적용할 법규나 법원칙을 결정하기 위하여 필요하다. 즉 당해 법률관계가 공법관계로 파악되면 그것은 행정법규 및 행정법 고유의 불문법원리에 의한 규율을 받게 되고, 행정상의 국고관계로 파악되면 그것은 사법법규 및 사법상의 불문법원리가 적용된다. 또한 행정상의 대집행, 강제징수 등의 실력적 강제수단을 통하여 달성되는 행정상 의무위반 또는 불이행에 대한 의무이행확보는 행정법상의 제도이므로 당해 법률관계가 행정법관계인지 사법관계인지는 이 점에 있어서도 구별의 실익이 있다.

(2) 구별의 기준

1) 법규가 기준이 되는 경우(제도적 기준)

법규가 명문으로 행정상 강제집행, 행정벌, 행정상 손해배상·손실보상·행정심판·행정소송, 형법상 공무원에 관한 죄의 성립 등을 인정하는 특별한 규정을 두고 있는 경우에는 공법관계가 된다.

2) 법률관계의 성질이 기준이 되는 경우

법규가 공법관계임을 명시하고 있지 않을 경우에는 공법과 사법의 구별을 인정하는 이유와 구별의 필요성에 비추어 법해석상의 기준이 있어야 한다. 이에 관하여는 ① 국가작용 중 권력관계와 관리관계는 공법관계로 보고, 국고관계를 사법관계로 보는 개괄적 구별설과, ② 비권력관계 전반에 걸쳐 개별적·구체적인 법해석을 통하여 결정해야 한다는 개별적 구별설이 있다. 전자는 종래의 통설적 견해이며, 후자는 현재의 다수설로 유력시되고 있다.

Ⅲ. 공법과 사법의 교착(交錯)과 융합(融合)

실제에 있어서 공법과 사법의 규율대상은 전적으로 배타적인 관계가 아니라 일정한 범위에서 상호관련·교착하고 있는 경우가 많다. 이에 관한 것을 살펴보면 다음과 같다.

1) 공법적 행위가 사법적 효과를 발생시키는 경우

예컨대 토지수용(공법적 행위)으로 토지소유권이전의 효과(사법적 효과)가 발생하는 것 등이 있다.

2) 공법적 행위가 사법상 법률행위의 요소가 되는 경우

행정청의 인가가 있음으로써 사법상의 법률행위가 완전한 효력을 가지게 되는 경우가 이에 해당한다. 예컨대 주무부처장관의 사업(특허기업)의 양도·양수에 인가가

있어야 한다든가, 비영리법인의 설립인가가 있어야 하는 등이다.

3) 공법에 의해 사법상 행위에 일정한 제한이 가해지는 경우

예컨대 각종 영업·건축 등이 식품위생법·건축법 등에 의해 제한·단속을 받는 것 등이다.

4) 포괄적인 법률관계에 대하여 공법과 사법이 상호 혼합하여 규율하는 경우

예컨대 국영철도의 법률관계(공기업에서의 법률관계) 중 그 직원의 복무관계는 공법관계로, 운송계약상의 법률관계는 사법관계로 보아야 한다.

제2절 행정상 법률관계의 종류

Ⅰ. 개설

행정상의 법률관계는 보통 행정권의 주체인 국가 또는 공공단체와 그 상대방간의 법률관계를 말한다. 그러나 넓은 의미에서의 행정상 법률관계는 이러한 행정작용법적 관계외에 행정조직법적 관계도 포함한다.

Ⅱ. 행정조직법적 관계

1. 행정주체 상호간의 관계

(1) 국가와 공공단체간의 관계

이 경우에는 감독관계(허가·인가 등)와 급부관계(보조금·교부금의 교부 등) 등이 중심적인 문제로 되며, 대부분 공법관계이다.

(2) 공공단체상호간의 관계

이 경우에는 협의·사무위탁·조합의 설립 등 상호협력관계와 상급자치단체와 하급자치단체간의 감독관계가 중심적인 문제로 되며, 대부분 공법관계이다.

2. 행정조직 내부관계

행정기관 상호간의 관계로서 상급관청과 하급관청과의 관계(예, 권한의 위임·감독 등), 대등관청간의 관계(예, 행정청간의 협의, 사무위탁 등), 기관위임사무에 관한 주무부장관과 지방자치단체의 장과의 관계가 이에 속한다. 상급관청과 하급관청과의 관계에서는 지휘·감독관계가 중심문제가 되고, 대등관청간의 관계에서는 협력과 존중의 관계가 중심이 되며, 공법관계이다.

Ⅲ. 행정작용법적 관계(협의의 행정상 법률관계)

1. 공법관계(행정법관계)

(1) 권력관계(본래적 공법관계)

① 행정주체가 우월한 지위에서 개인에 대하여 일방적으로 명령·강제하거나, 일방적으로 법률관계를 발생·변경·소멸시키는 법률관계를 말한다. 행정주체의 이러한 지위에서의 행정행위는 법에 의해 공정력·불가쟁력·강제력 등 특별한 효력이 인정되는 것이 보통이다.

② 권력관계는 경찰행정·조세행정·보건행정·공용부담 등 전통적인 질서행정분야에 많이 있는데, 예컨대 허가·인가, 그 취소·철회, 과세처분, 토지수용 등이다. 이러한 권력관계는 대등한 사인상호간의 이해조정을 목적으로 하는 사법관계와는 달라서 특별한 규정이 없는 한 공법규정·공법원리가 적용되며, 그에 관한 분쟁은 행정소송사항이 된다.

(2) 관리관계(전래적 공법관계)

① 권력관계는 행정주체가 공권력의 주체로서 개인과 맺는 법률관계인데 대하여, 관리관계란 공적재산이나 사업의 관리주체로서(공물의 관리·공기업의 경영)의 행정주체와 개인간에 성립하는 법률관계이다. 관리관계는 본질적으로 사법관계와 다른 것이 아니고 그 법률관계의 내용이 공공의 이익과 밀접한 관계가 있기 때문에 공법적 규율이 가해지는 관계이다. 주로 공공복리를 증진시키기 위해 행하는 급부행정의 영역에서 많이 발견된다.

② 관리관계는 그 작용의 공공성으로 인하여 사법관계를 수정하는 특별한 규정을 두고 있거나 순수한 사경제적관계와는 다른 공익성 또는 윤리성이 실증되어 법률해석상 특별한 취급을 해야 할 필요성이 인정되는 경우에만 특별한 공법적 규율을 받으며

그러하지 않는 경우에는 당해 관계는 사법의 적용을 받는다. 그리고 관리관계에 관한 법률적 분쟁은 공법상의 당사자소송에 의하게 된다.

2. 사법관계(국고관계)

행정주체가 사인과 대등한 지위에서 경제적 활동을 하는 경우가 있는데, 이를 행정상의 사법관계 또는 국고관계라 한다. 국가가 물품매매계약을 하고, 청사·도로·교량 등의 건설도급계약을 하거나 국유재산 중 잡종재산을 관리·매각하고, 지방자치단체가 지방채를 모집하거나, 은행으로 일시차입을 하는 관계 등이 그 예이다. 이에 대한 법적 분쟁은 민사소송의 대상이 된다.

그러나 이러한 국고 관계에 있어서도 국가 등은 국민을 위하여 활동하는 것이기 때문에 공정성·공익성 등의 견지에서 몇몇 법률은 사법행위(사법관계)에 일정한 제한과 규제를 가하고 있다. 예컨대 국가를당사자로하는계약에관한법률·예산회계법·국유재산법·물품관리법 등에 의하여 계약의 방법·내용·상대방 등에 일정한 제한이 가해지고 있는 것 등이 그것이다. 행정상의 사법관계는 오늘날 행정기능의 비약적인 확대에 따라 현저히 증가되고 있다.

제3절 행정법관계의 당사자

Ⅰ. 행정주체

1. 의의

행정주체는 추상적 인격체인 국가 또는 공공단체이다. 이는 행정기관과 구별되는바, 행정주체는 원칙적으로 법인이므로 권리·의무의 주체가 되지만 행정기관은 법인격이 인정되지 않고 권한만 가진다. 권한이란 행정기관이 행정주체를 위해 법상 행할 수 있는 사항적·지역적·인적 직무범위를 말한다. 한편, 행정기관이 권한의 범위 내에서 행위하는 경우 그 법적 효과는 행정주체에 귀속된다.

2. 종류

행정주체에는 국가 및 공공단체(지방자치단체·공공조합·영조물법인·공재단)와 이들로부터 행정권한을 위임받은 사인이 있다. 보통 사인은 행정객체의 지위에 서지만 행정권한을 위임받은 범위내에서는 행정주체가 되고 이 경우의 사인을 공무수탁사인이라 한다.

(1) 국가

국가는 시원적 행정주체이며, 지방자치단체 등 공공단체는 국가로부터 전래된 행정주체이다. 국가의 행정권은 대통령을 정점으로 하는 국가행정조직을 통하여 행사한다(직접행정). 이 행정조직을 이루는 행정기관은 국가를 위해 실제로 국가행정사무를 담당·수행하는 것이며, 행정기관 중에서 국가의사를 결정·표시할 수 있는 기관을 행정관청이라 하는 바, 따라서 행정주체인 국가는 행정관청(중앙행정기관의 장)에 의하여 대표된다.

(2) 지방자치단체

지방자치단체는 국가영토 내의 일정한 지역과 그 지역의 주민에 대하여 국법이 인정하는 한도에서 일정한 지배권(자치권)을 행사하는 단체이다. 지방자치단체에는 보통지방자치단체와 특별지방자치단체가 있다. 전자에 속하는 것으로는 광역지방자치단체(서울특별시·광역시·도)와 기초지방자치단체(시·군·자치구(광역시 이상의 자치구))가 있다. 후자의 예로는 지방자치단체조합이 있는데, 이는 현행법상 2개 이상의 지방자치단체가 하나 또는 둘 이상의 사무를 공동으로 처리하기 위하여 필요한 규약을 정하여 행정자치부장관 또는 시장·도지사의 승인을 얻어 설치하도록 되어 있다.

(3) 공공조합

공공조합은 행정임무에 속하는 특정의 사업을 수행하기 위하여 일정한 자격을 갖춘 사람(조합원)으로 조직된 공법상의 사단법인을 말한다. 공공조합의 종류로는 농업협동조합·한국농촌공사·엽연초생산조합·건설공제조합·대한교원공제회·국민건강보험조합·상공회의소·변호사회·의사회·약사회·산림조합·재향군인회 등이 있다. 공공조합은 널리 일반적인 지방행정을 행하는 지방자치단체와는 달리 특정의 한정된 사업(지역적인 토목사업·사회보험사업 등)을 수행함을 목적으로 한다.

(4) 영조물법인

영조물법인은 국가 또는 지방자치단체가 직접 경영하기보다 독립채산방식으로 경영함으로써 경영의 합리화를 기할 수 있으므로, 영조물에 법인격을 부여하여 독립의 법인으로 된 것을 말한다. 영조물이란 일정한 행정목적을 달성하기 위한 인적·물적 수단의 종합체를 말하며, 물적 시설만을 말하는 공공시설과 구별된다. 영조물은 행정주체가 자신의 기관에 의하여 운영하는 것이 통상의 형식이다(국립대학·국립도서관 등). 영조물에 법인격이 부여된 것만이 행정주체가 되는 것이지 영조물 그 자체는 행정주체가 아니다. 현행법상 영조물법인에 해당하는 것으로는 한국방송공사·한국토지개발공사·한국도로공사 등 각종 공사와 한국은행·한국산업은행 등 특수은행, 서울대학교병원, 적십자병원 등을 들 수 있다.

(5) 공재단(공법상의 재단)

공재단 또는 공법상의 재단이란 국가나 지방자치단체가 출연(出捐)한 재산을 관리하기 위하여 설립된 공공단체이다. 공재단의 중심적 요소는 일정한 행정목적을 위하여 출연한 재산의 결합체이다. 공재단에는 공공조합에서와 같은 구성원이나 영조물법인에서와 같은 이용자는 있을 수 없고 수혜자(受惠者)만이 존재한다. 현행법상 공재단에 해당하는 것으로는 한국학술진흥재단, 한국정신문화연구원, 한국교육개발원 등이 있다.

(6) 공무수탁사인(공권력이 부여된 사인)

보통의 경우 사인은 행정법관계에 있어서 행정객체의 지위에 선다. 그러나 법률이나 이에 근거한 행위에 의하여 특정한 공적 임무를 자기 자신의 이름으로 수행할 수 있는 권한이 주어지는 사인(자연인 또는 법인)이 있게 되는데, 이 경우의 사인을 공무수탁사인 또는 공권력이 부여된 사인이라 부른다.

이에 대한 예로는 ① 사인(회사 등)이 그 종업원으로부터 근로소득세를 원천징수하는 경우(판례는 부정), ② 토지수용권을 부여받은 사업시행자, ③ 사립대학의 총·학장이 교육법에 의하여 학위를 수여하는 경우, ④ 사인이 별정우체국의 지정을 받아 체신업무를 수행하는 별정우체국장, ⑤ 사선(私船)의 선장·해원 또는 항공기의 기장·승무원이 선박이나 항공기내에서 발생한 범죄에 관하여 사법경찰관리의 직무를 수행하는 경우 등이 있다.

이러한 공권이 부여된 사인의 처분 등에 대해서는 공권을 부여한 행정청을 재결청으로 하는 이의신청(행정심판)을 제기한 후 그 결정에 불복이 있으면 다시 행정소송을 법원에 제기할 수 있다. 공무수탁사인은 국가배상법상 공무원에 해당하기도 하지만, 단순히 경영위탁을 받은 사인은 공무수탁사인이 아니다(예, 쓰레기 수거인).

【판례】 - 소득세법상 원천징수의무자의 행정주체 여부

:「원천징수의무자는 소득세법 제142조 및 제143조의 규정에 의하여 자동적으로 확정되는 세액을 수급자로부터 징수하여 과세관청에 납부하여야 할 의무를 부담하고 있으므로, 원천징수의무자가 비록 과세관청과 같은 행정청이더라도 그의 원천징수행위는 법령에서 규정된 징수 및 납부의무를 이행하기 위한 것에 불과한 것이지, 공권력의 행사로서의 행정처분을 한 경우에 해당하지 아니한다」(대판 1990.3.22, 89누4789).

Ⅱ. 행정객체

행정주체의 상대방이 행정객체인바, 보통 사인이 행정객체이다. 그러나 공공단체도 행정객체가 되는 경우가 있다. 즉 공공단체는 사인과의 관계에서는 행정주체가 되지만 다른 행정주체와의 관계에는 그 상대방인 객체가 될 수 있다.

제4절 행정법관계의 특질

Ⅰ. 개설

행정법관계도 사법관계와 같이 법률관계임은 물론이나 행정이 공익실현작용이라는 점에서 사법관계에 비하여 다른 특질이 인정된다. 즉 행정법은 공익목적의 달성을 위하여 행정주체에게 일정한 특권 또는 우월적 지위를 인정하는 반면, 사인에 비하여 보다 엄격한 법적 기속을 가하고 있다. 이러한 특질은 행정법관계에 당연히 인정되는 것이 아니라 행정목적의 효율적 달성을 위하여 실정법에 의해 특별히 부여된 것으로 권력관계에서만 인정된다.

행정법관계에서 행정주체의 우월적성이 인정되는바, ① 법적합성, ② 공정력, ③ 존속력(확정력), ④ 강제력 등이 인정된다.

Ⅱ. 법적합성

행정행위는 행정청이 일방적으로 권리를 부여하거나 의무를 부과하는 등 권력적 행위이다. 따라서 그 발동은 반드시 법적근거가 있어야 하며, 그 내용도 법에 적합하여야 한다. 여기서 법은 원칙적으로 입법부가 제정한 법률을 의미하므로 법률적합성이라고도 한다.

Ⅲ. 공정력(예선적 효력)

행정행위에 흠이 있어도 그것이 중대하고도 명백하여 무효로 되지 않는 한 유효한 행위로서 잠정적인 통용력이 인정되어, 권한 있는 기관이 취소하기 전까지는 그 상대방을 구속하는 힘을 가진다. 행정행위가 이러한 힘을 가지는 것을 공정력이라 한다.

Ⅳ. 구성요건적 효력

하자있는 행정행위라도 취소되지 않는 한 유효한 행위로 존재한다. 따라서 다른 국가기관(다른 행정청·법원)은 그의 존재를 존중하여 스스로 판단의 기초 내지 구성요건으로 삼아야 하는 구속을 받는데, 이를 행정의사의 구성요건적 효력이라 한다.

Ⅴ. 존속력(확정력)

1. 불가쟁력(형식적 존속력)

행정행위에 대하여 불복이 있는 경우에는 일정한 쟁송기간 안에 제기해야 하며 그 기간이 경과했거나 심급을 다 거친 경우에는 상대방은 더 이상 이를 다툴 수 없다. 이를 불가쟁력이라 한다. 불가쟁력이 발생한 행정행위인가의 여부는 법원의 직권조사사항이며, 불가쟁력이 발생한 행위에 대한 행정소송의 제기는 부적법한 것으로 각하된다.

2. 불가변력(실질적 존속력)

행정청(처분청) 일지라도 일단 행한 행정행위는 당해 행위의 성질 또는 법적 안정성 등의 견지에서 취소·변경·철회할 수 없는 경우가 있는 바, 이를 행정행위의 불가변력이라 한다.

Ⅵ. 강제력(집행력)

1. 제재력(행정벌)

행정행위에 의하여 부과된 의무(주로 부작위의무)를 상대방이 위반하는 경우(허가

없이 영업이나 건축을 하는 등)에 그에 대한 제재로 행정벌이 과해지는 경우를 의미한다. 제재력(행정벌)은 넓은 의미에서 강제력의 한 부분이며, 이는 법률에 근거가 있어야 함은 물론이다.

2. 자력집행력

행정법관계는 사법관계에서와는 달리 행정행위에 의해 부과된 의무를 이행하지 않는 경우에는 행정청이 법원의 도움 없이 스스로 강제력에 의해 직접 의무의 내용을 실현할 수 있다. 이를 자력집행력이라 한다. 행정행위의 집행력의 일반적인 법적근거로서는 행정대집행법과 국세징수법을 들 수 있다.

Ⅶ. 권리의무의 특수성

사법관계에 있어서 당사자간의 권리·의무는 서로 상반되는 이해관계의 조절을 그 내용으로 하는바, 사익성이 그 특성이다. 그러나 행정법관계에서는 국가가 개인에 대하여 가지는 권리의무는 물론 개인이 국가에 대하여 가지는 권리의무도 순전히 사익을 위해서만 인정되는 것이 아니고 국가적·공익적 견지에서 필요하기 때문에 인정되는 것이므로(공익성), 권리가 동시에 의무의 성격을 띤다(상대성). 그 결과 사법관계에서와는 달리 공권·공의무는 그 이전성·포기성이 제한되고 특별한 보호와 강제가 가해지는 등의 특수성이 인정된다.

Ⅶ. 권리구제수단의 특수성

1. 행정상 손해전보

행정법관계에 있어서 사인이 행정청의 행위로 불이익을 입은 경우 그것이 ① 적법원인에 의한 때에는 행정상 손실보상제도에 의하여, ② 위법원인에 의한 때에는 행정상 손해배상제도에 의하여 손해전보를 받는다. 이는 민법상의 불법행위로 인한 손해배상제도와 다른 특별한 절차·요건 등을 규정하고 있는바, 그 특수성이 인정되고 있다.

2. 행정상 쟁송

우리나라는 영미식의 사법국가주의를 취하여 행정사건도 민·형사사건을 다루는 일반법원의 관할로 하고 있으나, 위법·부당한 행정행위의 효력을 다투는 행정쟁송은 상대방의 권익구제의 문제뿐만 아니라, 공익실현작용으로서의 그 적정성의 확보문제도 고려되어야 한다는 관점에서 단기제소기간·사정판결(재결)·집행부정지원칙 등을 인정하여 민사소송에 대한 여러 가지 특수성이 인정되고 있다.

제5절 행정법관계의 내용(공권과 공의무)

Ⅰ. 개설

행정법관계도 사법상의 법률관계와 본질적으로 다름이 없다. 다만 행정법관계는 법치행정의 원리상 법에 따라야 하므로 사적 자치가 지배하는 사법상의 법률관계에 비하여 권리의무의 발생·변경·소멸의 자유가 매우 미약하다. 그러나 행정법관계도 법률관계인 이상 그 내용은 공권과 공의무로 구성된다.

공권은 권리주체에 따라 국가적 공권과 개인적 공권으로 나눌 수 있다. 사법상의 권리에 비하여 개인적 공권은 이와 동질적인 것도 있으나 아주 이질적인 것도 많다. 특히 권리가 침해받을 경우 그 구제에 있어 실제상 그 차이가 크다. 즉 사법상의 권리는 원칙적으로 궁극적으로는 권리주체가 소송에 의하여 직접 자기를 위하여 일정한 이익을 주장하여, 급부·형성(취소 등)·확인의 판결을 얻을 수 있는 것이지만, 개인적 공권은 그 모두가 그와 같은 성질이 있는 것이 아니다.

Ⅱ. 공권

1. 공권의 의의

공권이라 함은 공법관계에서 직접 자기를 위하여 일정한 법적 이익을 주장할 수 있는 법률상의 힘을 말한다. 한편, 공권은 법이 단순히 국가 또는 개인의 작위·부작위를 규정하고 있는 결과 그 반사적 효과로서 발생하는 반사적 이익과 구별된다.

2. 공권의 종류

공권은 그 귀속주체에 따라 국가적 공권과 개인적 공권으로 구분된다.

(1) 국가적 공권

1) 의의

국가적 공권이란 국가·공공단체 또는 국가로부터 공권력을 부여받은 자가 우월한 의사주체로서 상대방인 개인에 대해 가지는 권리이다. 국가적 공권이 개인에 대하여 우월적인 지위에서 갖는 권리라는 점에서 사권 또는 개인적 공권과 상이한 점이 있으나, 사인과 대등한 지위에서 국가 등이 갖는 공권도 있다. 이와 같이 대등한 지위에서의 공권은 기본적으로 사권의 경우와 같지만, 적지 않은 경우에 계약내용의 결정권이 국가 등 행정주체에 있게 된다.

2) 종류

국가적 공권은 그 기준에 따라 여러 가지로 분류된다. 즉 ① 권리의 목적에 따라 경찰권·재정권·복리행정특권 등으로, ② 권리의 내용에 따라 하명권(명령권)·강제권·형성권 등으로, ③ 권리의 재산적 성질에 따라 공법상 물권·공법상 채권 등으로 나눌 수 있다.

(2) 개인적 공권

1) 의의

개인적 공권이란 개인이 공법상 자기의 고유한 이익을 추구하기 위해 국가 등 행정주체에 대하여 일정한 행위(작위·부작위·급부 등)를 요구할 수 있는 법적인 힘이다. 개인적 공권은 주관적 공권이라고도 하며, 이는 자기가 주장하는 이익이 법의 보호를 받는 이익이므로 법의 보호를 받지 못하는 사실상의 이익인 이른바 반사적 이익과 구별된다.

2) 종류

개인적 공권은 그 내용을 표준으로 자유권(소극적 공권)·수익권(적극적 공권)·참정권(행정결정참가권)으로 나누는 것이 일반적이다. 그러나 오늘날은 정치·경제적 환경변화에 따라 행정도 인간존중으로 전환하게 됨에 따라 행정에 대한 사인의 권리·이익의 보호가 최대의 과제로 되었다. 이러한 경향은 무하자재량행사청구권, 행정개입청구권, 절차적 공권 등에서 새로운 공권의 문제가 제기되고 있다.

3. 공권의 특수성

(1) 국가적 공권의 특수성

국가적 공권은 지배권으로서의 성질을 가지므로, 행정주체가 법률이 정하는 바에 따라 ① 권리의 내용은 스스로 결정할 수 있으며(권리의 자율성), ② 의무자가 의무를 이행하지 아니할 때에 법령이 정한 바에 따라 자력집행을 할 수 있고(권리의 자력집행성) ③ 의무자의 의무위반시 제재를 가할 수 있다(행정벌의 과벌성). 이와 같은 여러 가지 점에서 사권과 다른 특수성이 인정된다.

(2) 개인적 공권의 특수성

개인적 공권은 사권과 달리 공익성·상대성이 있으므로 다음과 같은 특색이 인정된다. 그러나 이러한 특색은 공권에 특유한 것은 아니고 사권에도 그 예가 많다는 점을 유의할 필요가 있다.

1) 이전성의 제한

공권은 사권과는 달리 공익적 견지에서 인정되며, 일신전속적인 성질을 가지는 것이 많으므로, 양도·상속 등이 부정되는 경우가 많다. 예컨대 생명·신체의 침해로 인한 국가배상청구권의 양도금지, 공무원연금청구권의 양도금지 등이 있다. 그러나 공권 중에는 그 내용이 경제적·채권적 성질을 가지는 것은 사권과 같이 이전성이 인정된다(예, 재산적 침해로 인한 국가배상청구권, 손실보상청구권 등).

2) 포기의 제한

공권은 공익적 견지에서 인정되는 것이므로 이를 임의로 포기할 수 없는 경우가 많다. 예컨대 선거권·연금청구권·소권 등은 포기할 수 없다. 그러나 포기할 수 없다는 것은 현실적으로 그것을 행사할 법적 의무가 있다는 것을 의미하는 것은 아니므로 포기와 불행사와는 구별하여야 한다. 따라서 공권을 행사하지 않고 방치함으로써 소멸시효의 완성 또는 제소기간의 경과로 행사할 수 없게 되는 것은 포기와는 별개의 문제이다.

3) 보호의 특수성

개인적 공권도 그것이 침해된 경우 사권과 같이 법원에 출소하여 그 구제를 받을 수 있다. 다만 이러한 소송을 사권과 같이 민사소송에 의하지 않고 행정소송법의 적용을 받는 등 절차에 있어 특례가 인정되어 있고, 그밖에 국가로부터 특별한 보호를 받거나 부담을 지는 경우도 있다(특허기업자의 특권 등).

4) 대행의 제한

공권은 일신전속적인 성질을 가짐으로써 타인에게 대행(대리)이나 위임이 제한되는 경우가 많다(예, 선거권·봉급청구권·시험응시권 등의 대행 또는 위임의 금지).

5) 공법상 금전채권의 소멸시효의 특수성

소멸시효와 관련하여 공법상 금전채권은 사법상의 금전채권과는 달리 민법의 소멸시효(10년)에 관한 규정이 아니라, 예산회계법(제96조)이나 지방재정법(제69조)이 적용되어 소멸시효기간은 5년이다.

Ⅲ. 공권과 반사적 이익·보호이익

1. 개설

반사적 이익이란 행정법규가 공익적 견지에서 행정주체나 제3자에 대하여 일정한 의무를 규정하고 있는 결과로 개인이 이익을 얻게 되는 경우를 말한다. 이러한 반사적 이익은 법(재판)의 보호를 받지 못하는 이익으로서, 그것이 침해된 경우에도 소송에 의해 구제받을 수 없다. 이 점에서 법에 의해 보호되는 공권과 구별된다.

공권과 반사적 이익의 구별은 행정법관계에서 행정쟁송수단을 통하여 구제받을 수 있는 이익이냐 구제받을 수 없는 이익이냐를 구분하기 위한 도구개념이다. 따라서 위법한 행정작용으로 단순한 반사적 이익이나 사실상 이익이 침해된 경우에는 원고적격이 인정되지 아니한다. 행정소송법도 「취소소송은 처분 등의 취소를 구할 법률상 이익이 있는 자가 제기할 수 있다」(제12조)고 규정하여 권리 내지 법적으로 보호되는 이익(법률상 이익)이 침해된 자에 대해서만 원고적격을 인정하고 있다.

이와 관련하여 판례도 행정소송에서 원고적격을 권리 내지 법적으로 보호되는 이익을 침해당한 자에 한하여 인정하고 있으며, 단순한 반사적 이익이나 사실상의 이익을 침해당한 자에 대하여는 인정하지 않고 있다.

2. 보호이익과의 구별

보호이익이란 법규가 직접적으로는 공익을 보호하지만 간접적으로는 사익도 보호하는 경우에 사인이 얻을 수 있는 이익이다. 이러한 보호이익의 개념을 공권과 반사적

이익의 중간영역에 위치시킴으로써 행정심판법 제9조와 행정소송법 제12조의 심판청구인적격 및 원고적격 규정에서의 '법률상 이익'의 문언이 공권과 법률상 보호이익을 내포하는 개념(법률상 이익 = 권리+법률상 보호이익)으로 이해하여 공권과 법률상 보호이익을 구별하려는 것이다.

3. 공권의 성립요건

(1) 공권성립의 3요소

1) 강행법규의 존재

공법상 강행법규가 국가 등 행정주체에게 일정한 행위를 할 의무를 규정하고 있어야 한다. 그러나 오늘날에는 행정청에게 재량을 인정하는 재량규범이 존재하는 경우에도 행정청의 의무가 발생하고 따라서 개인적 공권이 성립하는 경우가 있을 수 있다(후술하는 무하자재량행사청구권 참조).

2) 사익보호성

행정법규가 일반적 공익만의 보호를 목적으로 하고 있는가, 아니면 공익의 보호와 더불어 특정인의 사익의 보호도 목적으로 하고 있는가가 문제되는바, 관련법규가 공익의 보호와 함께 사익의 보호도 목적으로 하고 있다면 여기서 공권이 성립한다(보호규범론). 그러나 법규가 공익의 보호만을 목적으로 하는 경우에는 사인이 그로부터 이익을 받더라도 그것은 반사적 이익에 불과하다. 그리고 여기서 법규란 성문법만을 의미하는 것은 아니고 불문법(관습법)이나 일반법원칙도 포함된다고 본다.

3) 의사력 또는 법상의 힘의 존재

전통적 이론에 의하면 개인적 공권이 성립하기 위해서는 위의 제1요소・제2요소 이외에 제3요소로서, 개인의 이익을 행정주체에 대해 소송을 통하여 관철시킬 수 있는 법상의 힘이 부여되어야 한다고 한다. 즉 개인이 받고 있는 이익이 침해된 경우에 소송에 의해 법적으로 구제받을 수 있는 길이 열려져 있지 않다면 그것은 권리라고 볼 수 없기 때문이다. 이러한 요건은 과거에 특히 행정소송에 있어 열기주의를 취하고 있던 국가에 있어서 의미를 갖는다.

(2) 2요소설의 대두

2차대진 후 독일 기본법 제19조 제4항은 「누구든지 공권력에 의하여 사기의 권리를 침해받은 자에게는 제소의 길(Rechtweg)이 열려 있다」라고 규정하였다. 이에 따라 공권성립의 요소 중 의사력 또는 법상의 힘의 존재는 불필요하다는 견해가 지배적이다.

우리 헌법도 제27조에서 국민의 재판청구권을 기본권의 하나로 규정하고 있으며, 행정소송법 제12조도 행정소송사항에 관하여 개괄주의를 취하고 있는 등에 비추어 제3요소(의사력 또는 법상의 힘의 존재)는 독자적인 의의를 갖지 않는다.

4. 공권의 확대화

오늘날 사회적 법치국가에서는 국민의 권리구제의 범위를 확대시키려는 경향이 있다. 따라서 종래에는 단순한 반사적 이익으로 보았던 것을 공권으로 인정하려는 경향이 늘어나고 있다. 이러한 예를 몇 가지 검토 하면 아래와 같다.

① 경찰허가의 일종인 주유소영업허가의 경우에 기존업자에게 신규영업허가의 취소를 청구할 수 있는 법률상 이익을 인정함으로써, 경찰상의 허가에 의하여 침해되는 이익이 언제나 반사적 이익의 침해만은 아니라는 것을 보여준 판례가 있다(대판 1974.11.26, 74누110).

② 도로의 통행이나 공원의 산책 등 공물의 일반사용은 사용자가 권리로서 받는 이익이 아니고 단순히 반사적 이익으로서의 이익이라는 것이 종래의 학설·판례의 입장이었으나, 오늘날은 그것이 언제나 반사적 이익이라고는 보지 않는다. 합리적인 이유 없이 도로사용이 배제되면, 사인은 그 배제를 구할 수 있는 권리가 있고, 도로에 접한 주민의 도로사용은 일반인에 비해 보다 강화된 권리로서 인정되어야 할 것이다.

③ 공해배출업소에 대한 공해배출규제로 인해 이웃주민이 받는 이익은 종래에는 단순히 반사적 이익으로 보았으나, 오늘날에는 법률상 보호이익(법률상 이익)으로 보아, 행정청이 공해기업에 대한 규제권발동을 하지 않는 경우 행정개입청구권의 인정여부가 문제될 수 있다.

④ 공공부조에 의하여 받는 이익은 종래에는 반사적 이익으로 보았다. 즉 법규가 행정주체에 대하여 부조의무를 규정하고 있더라도 부조를 요하는 자는 반사적 이익을 받을 뿐이고 부조청구권은 갖지 못하는 것으로 보았다. 그러나 오늘날 우리의 생활보호법의 해석에서 보는 바와 같이 생활보호법상 생활보호를 필요로 하는 자가 국가로부터 받는 배려는 단순한 반사적 이익만이 아니고 권리로서의 이익이다. 즉 생활보호청구권을 갖는다는 것이 일반적인 인식이다.

Ⅳ. 무하자재량행사청구권

1. 의의

무하자재량행사청구권(無瑕疵裁量行使請求權)이란 광의로는 개인이 행정청에 대하여 재량권의 하자없는 행사를 청구할 수 있는 공법상의 형식적 권리를 말하며, 협의로는 행정청이 결정재량권을 가지지 못하고 선택재량권만을 가지고 있는 경우에 있어서의 하자없는 재량행사청구권을 말한다. 이 청구권의 개념을 특히 광의와 협의로 구분하여 논하는 것은 쟁송형태와 관련하여 의미를 가진다.

2. 법적 성질

무하자재량행사청구권은 행정청의 특정의 행위를 구하는 것이 아니라 단지 하자없는 재량권행사를 구하는 권리라는 점에서 형식적 권리 또는 절차적 권리라고도 한다. 또한 이 청구권은 적법한 재량행위를 구하는 공권이므로 단순히 위법한 처분을 배제하는 소극적 또는 방어적 권리가 아니다. 그러나 행정청의 기속행위에 대한 것과는 달리, 특정행위(처분)를 구하는 실체적 공권은 아니다.

3. 인정여부

(1) 부정설

무하자재량행사청구권의 독자적인 존재의의를 부정하는 견해로서 그 이론적 근거로는 ① 재량권의 하자있는 행사란 결국 재량권의 위법한 행사를 뜻하는 것이므로, 그에 대한 실체적인 면에서의 권리구제를 인정하면 족하다는 점, ② 개인적 공권의 지나친 확대는 남소(濫訴)의 폐단과 민중소송화의 우려가 있다는 점, ③ 현행법상 그의 적절한 근거를 찾아 볼 수 없다는 점 등을 들고 있다.

(2) 긍정설(다수설)

이는 무하자재량행사청구권의 독자적인 존재의의를 긍정하는 견해로서 그 이론적 근거는 ① 무하자재량행사청구권을 일반적·추상적 청구권으로 인정하는 것이 아니라, 공권의 일반적 성립요건을 갖춘 경우에 한하여 인정하고 있다는 점, ② 이 권리는 그 청구권의 전제조건이 충족된 자에게만 인정되므로 민중소송화가 되지 않는다는 점, ③ 이 권리는 원칙적으로 당해 재량수권규범의 해석을 통하여 도출 될 수 있다는 점 등을 들고 있다.

(3) 판례

판례상으로도 무하자재량행사청구권을 인정하는 듯한 경우가 보인다. 즉 사법시험에 합격하고 사법연수원의 소정과정을 마친 후 검사임용신청을 하였으나, 그 임용이 거부된 자가 제기한 취소소송에서 대법원은 「적어도 재량권의 한계일탈이나 남용이 없는 위법하지 않는 응답을 할 의무가 임용권자에게 있고 이에 대응하여 임용신청자로서도 재량권의 한계일탈이나 남용이 없는 적법한 응답을 요구할 권리가 있다고 할 것이며, 이러한 응답신청권에 기하여 재량권남용의 위법한 거부처분에 대해서는 항고소송으로써 그 취소를 구할 수 있다고 보아야 하므로 임용신청자가 임용거부처분이 재량권을 남용한 위법한 처분이라고 주장하면서 그 취소를 구하는 경우에는 법원은 재량권남용여부를 심리하여 본안에 관한 판단으로 청구의 인용여부를 가려야 한다」(대판 1991.2.12, 90누5825)라고 판시하였다.

4. 성립요건

(1) 강행법규성

공권성립의 일반적 요건 가운데 제1요소인 강행법규에 의거한 작위의무의 존재는 필요치 않다. 왜냐하면 무하자재량행사청구권은 행정청의 재량행위에 대한 권리이기 때문이다. 그러나 재량행위라 하더라도 행정청의 임의적·자의적 처분이 허용되는 행위는 아니고, 재량행위에 있어서 재량권이 법적으로 한계지어진 것으로서, 재량처분에 있어서도 이러한 재량권의 한계를 준수할 법적 의무는 있는 것이다.

(2) 사익(私益)보호성

이 청구권은 당해 재량처분을 규정하고 있는 관계법규의 목적·취지가 적어도 개인의 이익도 보호하고자 하는 경우에만 인정된다. 따라서 관계법규가 전적으로 공익만을 목적으로 하는 경우에는 이 청구권은 인정될 수 없다. 적어도 협의의 무하자재량행위청구권에 있어서 특정인을 위한 사익보호성이 요구되는 이상 민중소송화의 우려는 없다할 것이다.

5. 청구권의 내용

무하자재량행사청구권은 광의로는 위법한 행정행위(처분)의 취소를 구하는 소극적 또는 방어적 공권으로서의 의미를 가지기도 한다. 그러나 협의로는 결정재량은 부인되고 선택재량만 남아 있는 경우 어떠한 내용의 것이든 처분을 해 줄 것을 요구할 수 있는 적극적 공권으로서의 의미를 가진다. 또한 예외적으로 재량권이 영으로 수축됨으로써 오직 하나의 처분만이 적법한 재량권 행사로 인정되는 경우에는 자신에게 특정처분을 해 줄 것을 청구할 수 있으며, 이러한 경우에는 행정개입청구권으로서의 성질을 가지게 된다.

6. 청구권의 행사방법

① 우리나라에 있어서 무하자재량행사청구권을 관철하기 위한 쟁송수단으로는 취소쟁송, 의무이행심판, 부작위위법확인소송이 있다. 광의의 무하자재량행사청구권에 입각한 적절한 수단으로서는 취소심판·취소소송을 생각할 수 있고, 협의의 무하자재량행사청구권을 관철하기 위한 소송형태로서 의무이행심판 및 부작위위법확인소송을 통해서 관철할 수 있다.

② 독일의 경우에는 의무화소송의 일종으로서의 지령소송이 효과적인 소송형태로 이해되고 있다. 의무화소송이란 사인이 국가에 대하여 일정한 행정행위를 청구하였음에도 국가에 의해 거부되거나 방치된 경우, 거부되었거나 발령되지 않는 행정행위의 발령을 위해 권한있는 행정청에 대하여 발령의무를 부과할 것을 구하는 소송을 말한다(독일행정법원법 제42조 후단).

③ 무하자재량행사청구권은 광의로는 하자있는 행정처분의 취소를 구하는 소극적 공권의 성격을 지니나, 협의로는 결정재량은 부인되고 선택재량만 남아있는 경우 어떠한 내용의 것이든 처분 해줄 것을 요구할 수 있는 적극적 공권으로서의 의미를 지닌다. 또한 예외적으로 재량권이 영으로 수축됨으로써 오직 하나의 처분만이 적법한 재량권행사로 인정되는 경우에는 자신에게 특정처분을 해줄 것을 청구할 수 있으며, 이러한 경우에는 행정개입청구권으로서의 성격을 지니게 된다. 이러한 경우의 무하자재량행사청구권은 형식적 권리가 아니라 실질적·개인적 공권으로 변하게 된다.

Ⅴ. 행정개입청구권

1. 의의

행정개입청구권은 ① 광의로는 국민이 행정청의 부작위로 인하여 권익을 침해당했을 때, 자기에게 직접 행정권을 발동하거나 또는 제3자에게 규제권을 발동하여 그 권익을 실현시켜 줄 것을 청구할 수 있는 공권을 의미하며(행정행위발급청구권), ② 협의로는 직접 자기를 위하여 타인에 대해 행정권의 발동을 요구할 수 있는 공권을 의미한다. 우리나라는 협의의 행정개입청구권이 일반적으로 통용되고 있는 것으로 보인다.

예컨대 공해기업에 대한 개선조치명령의 발동을 청구하는 인근주민의 권리, 위법한 사업이나 영업을 하고 있는 자에 대하여 자기의 이익을 위하여 타인(제3자)에 대한 행정권의 발동을 청구하는 권리로서, 복효적 행정행위에서 그 예를 찾아 볼 수 있다.

2. 적용영역

행정개입청구권의 법리도 무하자재량행사청구권의 경우와 같이 독일의 학설·판례에 의하여 성립·발전되었다. 이는 질서(경찰)행정법의 영역에서만 주로 논해지는 경향이 있고, 이른바 경찰행정법상의 개괄적 수권조항의 적용과 관련하여 발전된 것이다. 따라서 독일에서는 행정개입청구권에 관해 설명하는 경우에도 경찰개입청구권의 이름으로 논해지고 있다. 그러나 우리의 경우 행정개입청구권은 행정의 전 영역에 걸쳐 논의되고 있다.

3. 인정여부

(1) 긍정설

이 견해는 행정편의주의가 현대복리국가에서는 극복되었으며, 종래 반사적 이익이 공권화되고 있는 현실에 비추어 볼 때, 행정권의 부작위가 국민생활에의 구체적 위험 내지 금전으로 배상할 수 없는 손해가 생길 것이 예상되는 경우에는 행정권의 불행사의 자유가 없다. 따라서 행정개입의 의무가 있다고 보아야 한다는 것이다.

(2) 부정설

이 견해는 행정개입청구권으로써 추구되는 내용은 행정청의 위법한 부작위로 인한 실체적 권리의 침해에 대한 행정구제가 있는 것으로서, 결국 행정청에 대한 부작위소송 및 그에 있어서의 소의 이익의 문제에 귀착된다고 한다. 또한 구태여 행정청의 위법한 부작위의 경우만을 들어 따로 행정개입청구권으로 구성하는 것은 불합리하다고 한다.

(3) 판례

우리나라 법원은 사인의 경찰개입청구권을 직접적으로 인정한 것은 없다. 그러나 대법원은 김신조 무장공비사건에서 국가의 개입의무를 인정하고 부작위에 의한 국가의 배상책임을 인정한 이래 극동호사건, 오동도사건 등에서 부작위에 의한 국가배상책임을 인정하고 있다.

[판례]

:「경찰관직무집행법 제5조는 경찰관은 인명 또는 신체에 위해를 미치거나 재산에 중대한 손해를 끼칠 우려가 있는 위험한 사태가 있을 때에는 그 각호의 조치를 취할 수 있다고 규정하여 형식상 경찰관에게 재량에 의한 직무수행권한을 부여한 것처럼 되어 있으나, 경찰관에게 그러한 권한을 부여한 취지와 목적에 비추어 볼 때 구체적인 사정에 따라 경찰관이 그 권한을 행사하여 필요한 조치를 취하지 아니하는 것이 현저하게 불리하다고 인정되는 경우에는, 그러한 권한의 불행사는 직무상의 의무를 위반한 것이 되어 위법하게 된다」(대판 1998.8.25, 98다16890).

4. 법적 성질

우리나라에서는 행정개입청구권을 무하자재량행사청구권과 더불어 절차적 권리로 보는 경향이 농후하였다. 그러나 이 권리는 특정의 실체적 사항을 그 내용으로 하기 때문에 실체적 권리로 보는 것이 일반적 견해이다. 일반적으로 이 청구권은 행정청의 부작위에 대한 사전예방적 기능을 가지고 있는 것으로 기술하고 있으나 사후구제적 성격도 가지고 있다고 보는 것이 타당하다. 예컨대 소음·공기오염행위에 대한 인근주민의 행정개입청구권이 인정되는 경우, 그것은 반드시 사전예방적인 성질의 것만은 아니기 때문이다.

5. 성립요건

행정개입청구권도 개인적 공권의 일종이므로 공권의 일반적 성립요건이 충족될 때 비로소 성립한다. 말하자면 ① 강행법규가 행정청에게 일정한 작위의무를 지우고 있고, ② 당해 법규가 오로지 공익실현만을 목적으로 하는 것이 아니고 개인의 이익보호도 목적으로 하고 있는 경우에 성립한다.

(1) 개입의무의 발생

개인에게 행정권발동의 청구권이 발생하기 위해서는 행정권에게 개입의무가 발생하여야 한다. 즉 재량권이 0으로 수축되는 경우에 발생한다. 이러한 행정권의 개입의무가 발생하려면 개인의 생명·신체 등이 중대한 위협을 받고 있는 경우인데, 개입의무의 판정은 개별적 · 구체적으로 검토되어야 할 것이다.

(2) 사익보호성

개인에게 행정개입청구권이라는 공권이 발생하기 위해서는 관계법규가 사익에 대한 보호규범으로서의 성질을 가지고 있어야 한다. 과거에는 경찰법규나 건축법규와 같은 질서행정 분야의 법규는 오로지 공익만을 보호하고 직접적으로 사익을 보호하지 않는 것으로 새기는 경향이 있었다. 그러나 근래에는 국가관의 변천, 개인의 지위향상 등으로 반사적 이익의 공권화가 이루어지고 있다. 따라서 이러한 추세가 계속되는 한 행정개입청구권의 인정가능성도 그만큼 확대될 것으로 보인다.

6. 행정개입청구권의 실행방법

국민이 행정개입청구권을 구체적으로 행사하기 위해서는 우선 그 청구권에 의거하여 개인은 관계 행정기관에 대해 행정개입을 직접 청구할 수 있고, 그러한 청구가 받아들여지지 않는 경우에는 당해 개인은 행정심판(의무이행심판) · 행정소송(부작위위법확인소송)을 통해 권리를 추구할 수 있으며 행정개입의무의 발생에도 불구하고 당해 행정기관이 의무를 해태(懈怠)함으로 인하여 손해가 발생한 경우에는 행정상 손해배상을 청구할 수 있다.

[판례]

:「무장공비색출체포를 위한 대간첩작전을 수행하기 위하여 파출소 소장, 순경 및 육군장교 수명 등이 파출소에서 합동대기하고 있던 중 그로부터 불과 60~70미터 거리에서 약 15분간에 걸쳐 주민들이 무장간첩과 격투하던 주민 중 1인이 무장간첩의 발사권총탄에 맞아 사망하였다면 위 군경공무원들의 직무유기행위와 위 망인의 사망과의 사이에 인과관계가 있다고 봄이 상당하다」(대판 1971.4.6, 71다124).

Ⅵ. 공의무

1. 의의

공의무라 함은 공권에 대응한 개념으로서, 공익을 위하여 의무자의 의사에 가하여진 공법상의 구속을 말한다. 공의무는 공권에 대응하는 상대적인 것으로 행정법관계에 있어서 표리관계를 이루고 있다.

2. 종류

(1) 주체에 따른 분류

1) 국가적 공의무

개인적 공권에 대응하여 그 내용을 실현시켜 줄 행정주체의 의무를 말한다. 예컨대 개인의 자유권에 대응하여 자유를 침해해서는 아니 될 부작위의무, 공무원의 봉급청구권에 대한 국가 또는 지방자치단체의 지급의무, 사회적 기본권에 대응하여 생활배려를 할 작위·급부의무 등이다.

2) 개인적 공의무

국가적 공권에 대응하여 그 내용을 실현하기 위한 개인의 의사에 가하여진 구속이다. 이러한 예로서는 경찰권에 대응한 경찰상 의무·재정권에 대응한 재정상 의무 및 국가의 하명권에 대응한 작위의무·부작위의무·급부의무·수인의무 등이 있다.

(2) 내용에 따른 분류

공의무는 내용에 따라 작위의무·부작위(금지)의무·수인의무·급부의무로 나눌 수 있다.

3. 특수성

개인적 공의무의 경우 직접 법령이나 행정주체의 일방적인 행정행위에 의하여 과하여지는 경우가 많이 있다. 즉 의무불이행의 경우 행정권의 자력강제가 인정되며, 의무위반의 경우에는 벌칙(행정벌)이 규정되어 있는 경우가 많다. 또한 개인적 공의무는 일신전속적인 것이 많아서 이전이나 포기가 제한되는 경우가 많다. 다만 순수한 경제적 성질의 것(납세의무 등)은 이전·상속 등이 인정된다.

제6절 행정법관계에 대한 사법규정의 적용

Ⅰ. 개설

공법관계에 대한 사법규정의 적용여부는 공·사법을 구별하는 대륙법계국가에서 문제된다. 따라서 영미법계 국가와 같이 행정법관계도 일반법(보통법 및 형평법)에 의하여 규율되고, 특별한 제정법(성문법)이 있는 경우에만 이에 의한 예외적인 법적 규율이 행해지는 경우에는 사법규정의 공법관계에의 적용문제는 발생하지 않는다.

그러나 공법관계와 사법관계 사이에는 본질적인 차이가 있는 것이 아니다. 따라서 공법관계에 적용할 적용법규가 없는 경우에 사법규정·사법원리가 적용될 수 있는가가 문제된다. 이에 관하여 행정법통칙을 제정하여 입법적으로 해결할 수도 있겠으나, 행정법의 법전화는 용이한 일이 아니어서 아직은 이론적으로 해결할 수밖에 없는 문제이다.

Ⅱ. 명문에 의한 사법규정의 적용

행정법관계에 법의 흠결·공백이 있는 경우에 행정법규 스스로가 사법규정의 적용을 명문으로 인정하고 있는 경우도 상당히 있다. 예컨대 국가배상법은 「국가 또는 지방자치단체의 손해배상의 책임에 관해서는 이 법의 규정에 의한 것을 제외하고는 민법의 규정에 의한다」(제8조)라고 규정하고 있으며, 국세기본법은 「이 법 또는 세법이 규정하는 기간의 계산은 이 법 또는 세법에 특별한 규정이 있는 것을 제외하고는 민법에 의한다」(제4조)라고 규정하고 있다.

Ⅲ. 명문규정이 없는 경우

공법관계에 대한 사법규정의 적용에 관해서 명문규정이 없는 경우에는 사법적용부정설과 긍정설로 나누어지고 있다.

1. 부정설

이 견해는 공법은 국가와 사인간의 관계에서 공익실현을 목적으로 하는 것이고, 사법은 사인간의 이해조절을 목적으로 하는 것이다. 따라서 양자는 전혀 별개의 법체계이고 본질적인 차이가 있다고 전제하여 공법규정의 흠결에 대하여 사법규정의 적용을 부정한다. 이는 국가의사의 우월성을 확립하는데 이바지했던 오토 마이어를 대표로 하는 과거 독일의 관료법학자들의 주장이었다. 그러나 오늘날 이 학설을 지지하는 견해는 발견하기 어렵다.

2. 긍정설

이 견해는 공법관계와 사법관계는 본질적으로 차이가 있는 것이 아니라는 점을 전제로 공법의 흠결이 있는 경우에 사법을 적용할 수 있다고 한다. 이는 다시 사법규정이 적용되는 방법 및 범위에 따라 직접적용설과 유추적용설로 나누어진다.

(1) 직접적용설

공법관계와 사법관계는 본질적으로 같은 것이고, 대부분의 사법규정이 법의 일반원리에 관련된 것이므로 사법규정은 공법관계에 직접 적용된다는 견해이다. 그러나 이 견해는 공익에 관한 공법상의 법률관계와 사익에 관한 사법관계가 구별되고 있는 이상 각각의 특수성을 인정하지 않을 수 없다. 그러므로 공법관계에 사법을 직접적용하기에는 무리가 있다는 비판이 가해지고 있다.

(2) 유추적용설

공법관계와 사법관계의 유사성을 인정하면서 공법관계는 사법관계에 대한 특수성을 중시하려는 견해로서, 직접적용은 곤란하고 사법규정의 유추적용을 주장한다. 여기서 유추적용이라 함은 사법규정 자체가 아니고 그 규정속에 숨어 있는 원리(또는 기본사상에 적합한 법규범)를 적용한다는 것이다. 이 견해가 오늘날의 통설·판례의 태도이다.

Ⅳ. 사법규정의 적용과 그 한계

1. 일반법원리적 규정

민법을 비롯한 사법규정의 대부분은 사적자치의 원칙에 의하여 대등한 사인상호간의 이해조정을 목적으로 하고 있다. 그러나 사법규정 중에는 사법분야 이외에 법률질서 전반에 걸쳐 적용될 수 있는 법의 일반원칙과 법기술적 약속규정이 있는 바, 이는 공·사법에 공통으로 적용될 수 있는 통칙적 규정이라 볼 수 있다. 따라서 이들 규정은 행정법관계에서도 적용 또는 유추적용 된다.

① 법의 일반원칙에 속하는 것으로 신의성실·권리남용금지의 원칙(민법 제2조), 반사회질서의 법률행위(민법 제103조) 등이 있다. 또한 자연인·법인·물건·의사표시·대리·부관 등에 관한 민법규정들도 이에 해당한다.

② 법기술적 약속규정은 법률관계에서 당사자간의 혼란을 예방하기 위하여 객관적

기준을 정한 것을 말한다. 주소·기간의 계산·시효·사무관리·부당이득·불법행위 등에 관한 규정을 그 예로 들 수 있다. 이들 규정은 행정법규에 특별한 규정이 없는 한 직접 또는 유추적용 된다 하겠다.

2. 공권관계의 유형에 따른 적용한계

(1) 권력관계인 경우

위의 일반법원리적 규정은 권력관계에도 적용된다고 보는 것이 일반적인 경향이고, 이들 규정 이외의 이해조절적 규정은 원칙적으로 권력관계에는 적용되지 않는다고 봄이 일반적이다. 다만 권력관계라 하더라도 그 성질에 반하지 않는 한 적용될 수 있다고 할 것이다.

(2) 비권력관계(관리관계)인 경우

비권력관계는 기본적으로 사법관계와 상이한 것은 아니기 때문에 특별한 공법적 제한이 가해지지 않는 한 사법규정이 전반적으로 유추적용 될 수 있다.

제7절 특별권력관계(특별행정법관계)

Ⅰ. 개설

1. 의의

행정법관계는 수단을 기준으로 권력관계와 비권력관계로 구분되고, 권력관계는 다시 일반권력관계와 특별권력관계로 구분된다. 일반권력관계는 국민이 국가 또는 지방자치단체의 일반통치권에 복종하는 지위에서의 법률관계이며, 법치주의가 전적으로 적용되는 관계이다. 그러나 특별권력관계는 특별한 법률상의 원인에 의하여 성립되며 특별한 공행정 목적을 위해 권력주체가 구체적인 법률의 근거없이도 특정신분을 가진 자를 포괄적으로 지배하고 상대방은 이에 복종함을 내용으로 하는 관계로서, 법치주의의 적용이 배제된다는 점에 그 특징이 있다. 특별권력관계의 예로는 공무원의 근무관계, 국공립학교학생의 재학관계 등이다.

2. 특별권력관계이론의 발전

특별권력관계의 이론은 19세기 후반 독일의 외견적 입헌군주정을 배경으로 라반트(P. Laband)에 의해 생성되고 오토마이어(O. Mayer)에 의해 체계화된 이론이다. 당시 입헌주의·법치주의가 발달하여 군주 내지 행정부도 의회가 제정한 법률에 의한 구속을 받아야 한다는 요구에 직면하여 군주를 중심으로 한 행정부의 우월적 지위와 권위가 그대로 유지되어야 한다는 이론적 노력이 바로 특별권력관계이론이다. 이러한 특별권력관계의 이론적 기초를 지배했던 학설에 의하면 법규란 인격주체 상호간의 의사의 범위를 정하여 주는 것으로서, 국가도 법인격체로서 다른 인격주체간에만 법규가 적용되고 국가내부 즉 특별권력관계에는 법이 침투할 수 없다는 것이었다. 이러한 전통적 특별권력관계이론은 바이마르헌법 아래서도 그대로 유지되었으며, 나치스시대를 거쳐 제2차대전 이후까지도 확고한 기반을 점하고 있었다.

그러나 2차대전 이후 비판의 십자포화를 받게 되었으며, 특히 1972년 독일 연방재판소의 재소자(수형자)판결을 계기로 더욱더 비판이 심화되었다. 그리하여 공무원·학생 등을 하나의 인격주체로 인정하는 이상, 특별권력관계에도 법치주의(특히 법률유보원칙)가 적용되었고, 또한 사법심사가 배제된다는 입장도 그대로 유지하기 어렵게 되었다.

Ⅱ. 특별권력관계의 인정여부

1. 긍정설

(1) 절대적 구별설

특별권력관계는 그 성립의 기초·지배권의 성질이 일반권력관계와 전혀 다르므로, 양 관계에 적용되는 법규·법원리의 성질도 다르다. 따라서 일반권력관계에서 적용되는 법치주의의 원칙은 특별권력관계에는 적용되지 않는다는 견해이다. 이 견해는 법치주의의 진행이 낙후된 독일의 입헌군주제 하에서 군주의 지배권을 옹호하기 위한 것이었다.

(2) 상대적 구별설

1) 제한적 긍정설

주로 독일의 학자들에 의해 주장된 것으로 특별권력관계에서의 구성원의 기본권보장과 관련하여 전제된 견해이다. 이 견해는 ① 헌법상의 기본권은 특별권력관계에 있어서 그것을 제한하기 위해서는 법률의 근거를 요하지만, 이때에 입법권자는 개괄조항에 의해 특별권력주체에게 상당한 자유영역을 인정한다. ② 특별권력주체는 법에 의하여 인정된 포괄적인 재량권 내지 관리권에 의하여 그 구성원에 대하여 독자적인 규율을 할 수 있는 점에서 특별권력관계의 특별성이 인정된다. ③ 사법심사도 인정되나 당해관계의 기능수행이라는 면에서 사법적 통제가 완화될 필요가 있음을 인정한다.

2) 특별권력관계 수정설

(가) 내부·외부관계 수정설

바호프(Otto Bachof)교수에 의하면 법치주의가 배제되는 특별권력관계와 행정행위 등 법치주의가 적용되는 외부관계의 기본틀은 유지하되, 내부관계에서도 외부적 작용을 인정하여 법치주의가 적용될 수 있게 하여야 한다고 한다. 이는 특별권력관계에 있어서도 외부작용을 인정하여 내부관계의 범위를 축소시킴으로써 구성원의 권리구제 내지는 사법심사의 허용범위를 확대하자는 이론이다.

(나) 기본관계·경영관계론

울레(C. H. Ule)교수에 의하면 종래의 특별권력관계를 다시 기본관계와 경영관계로 구분하여 기본관계에서의 행위는 행정행위이며 사법심사가 가능하다고 하여 법치주의의 적용이 배제되는 범위를 축소하여 구성원의 권리보호문제를 다루었다. 즉 ① 특별권력관계의 설정·변경·폐지에 관한 것으로서 관계자를 직접 일반법적인 지위에 관련시키는 관계인 기본관계(예컨대 공무원의 임면·전직, 국공립학생의 입학허가·제적·정학, 수형자의 형집행 등)에 관한 분쟁은 행정재판소에서 취소될 수 있다고 하였다. ② 이에 대하여 특별권력관계 설정목표를 달성하는데 필요한 관계, 즉 관계구성원이 특별권력관계 내부에서 가지는 직무관계 또는 영조물관계에서 성립되는 경영수행적 질서에 관련된 법률관계(예컨대 공무원에 대한 직무명령, 군인의 훈련·관리, 학생에 대한 수업행위, 수형자에 대한 행형 등)는 경영관계라 하여 사법적인 권리보호를 인정하지 않는다.

2. 부정설

(1) 일반적·형식적 부정설

이 견해는 국민의 자유와 평등의 실질적 보장을 기본이념으로 하는 실질적 법치국가에서는 특별권력관계에서의 특별권력도 일반 공권력과 마찬가지로 법치주의가 일반적·형식적으로 적용되며 법률에 근거하지 않는 특별권력의 발동을 인정할 수 없다는 주장이다. 예컨대 현재의 국가공무원법의 규율도 모든 국가권력에 법치주의가 전면적으로 적용됨을 전제로 하여 꾸며진 것이라 한다.

(2) 개별적·실질적 부정설

이 견해는 종래 특별권력관계로 이해되어 온 여러 법률관계를 그 내용을 개별적으로 검토해 보면 비권력적인 관리관계나 일반권력관계로 분해·환원시킴으로써 특별권력관계를 실질적으로 부정하는 입장이다. 예컨대 국공립학교학생의 재학관계나 국공립도서관 이용관계는 사립학교학생의 재학관계나 사설도서관 이용관계와 본질적으로 같은 것이므로 사법상의 법률관계로 볼 것이지만, 오직 직접으로 공익목적을 위한 것인 점에서 다른 특수한 법적규율이 필요한 것이므로 비권력관계인 관리관계나 행정사법관계로 환원되어야 한다. 또한 종래 특별권력관계로 보아왔던 수형자의 교도소·소년원 수용관계나, 특허기업에 대한 특별감독관계 등은 권력적 요소가 강한 관계로서 일반적인 권력관계로 환원시킴이 마땅하다고 한다.

Ⅲ. 특별권력관계의 성립과 소멸

1. 성립

(1) 직접 법률의 규정에 의하는 경우

직접 법률의 규정에 의하여 성립하는 예로서 수형자의 교도소 수감, 법정전염병환자의 강제입원, 공공조합에의 강제가입, 징소집 해당자의 입대 등이 있다.

(2) 당사자(상대방)의 동의에 의하는 경우

특별권력관계는 상대방의 동의에 의해서도 성립한다. 이는 다시 ① 그 동의가 자유로운 의사에 의한 것(임의적 동의)과 ② 그 동의가 법률에 의해 강제되어 있는 것(강제적 동의)으로 나눌 수 있다. 전자의 예로는 공무원임명, 국공립학교에의 입학, 국공립도서관 이용관계의 설정 등이 있으며, 후자의 예로는 학령아동의 초등학교 입학 등이 있다.

2. 소멸

특별권력관계가 소멸하는 일반적 사유로는 목적의 달성(대학졸업), 탈퇴(공무원의 사임), 일방적 배제(학생의 퇴학처분) 등이다.

Ⅳ. 특별권력관계의 종류

종래의 통설은 특별권력관계의 종류를 다음의 네 가지로 열거하고 있다.

1. 공법상 근무관계

국가와 국가공무원, 지방자치단체와 지방공무원의 근무관계와 같이 공무원으로 임명된 자는 국가·지방자치단체에 대하여 포괄적인 근무의무를 진다. 공법상 근무관계는 상대방의 동의에 의하여 성립하는 경우(공무원 임명)도 있고, 법률에 근거하여 국가의 일방적 의사로 성립되는 경우(병역법에 의한 현역병의 징집)도 있다.

공법상의 근무관계는 포괄적인 근무의무를 내용으로 하는 윤리적 관계이므로 민법상의 고용관계와 다르다. 또한 특정한 행정사무의 처리를 내용으로 하는 공법상의 위임관계와 구별된다.

2. 공법상 영조물이용관계

학생의 국공립학교재학관계, 전염병환자의 국공립병원재원관계 등이 그 예인데, 이러한 이용관계는 단순한 경제적 급부를 내용으로 하는 사법관계가 아니고 윤리적 성격을 가진다. 그러나 시영버스 또는 국영철도승차관계와 같이 순수한 경제적 급부관계를 내용으로 하는 것인 때에는 그 이용관계는 사법관계에 불과하다. 따라서 영조물을 이용하는 관계가 모두 공법상의 영조물이용관계는 아니다.

3. 공법상 특별감독관계

국가와 공공단체의 관계, 국가와 국가로부터 국가사무를 위임받은 행정사무수임자(별정우체국장)의 관계와 같이 국가와 특별관계를 가짐으로써 국가로부터 특별감독을 받게 되는 관계를 말한다.

4. 공법상 사단관계

한국농촌공사·산림조합 등 공공조합과 그 조합원과의 관계로서 공공조합은 그 조합원에 대하여 특별한 권력을 가진다.

Ⅴ. 특별권력관에서의 특별권력과 그 한계

1. 특별권력

(1) 명령권

특별권력주체는 개별적인 법률의 근거 없이도 특별권력관계 내부의 상대방에게 필요한 조치를 취할 수 있는 포괄적인 명령권을 가지는 바, 그 발동형식은 추상적인 규칙의 형식, 즉 행정규칙의 형식이 있고 개별적·구체적 형식을 취하는 지시가 있다. 이들 행정규칙이나 지시는 내부적 효력만 가지며 일반국민에 대한 대외적 효력을 갖지 않는다는 점에서 법규명령이나 행정행위와 구별된다.

(2) 징계권

징계권이란 특별권력관계가 성립된 이상 개별적인 법률의 근거없이도 특별권력관계에 있어서 질서유지나 의무이행을 위하여 일정한 제재나 강제를 할 수 있는 권한을 의미한다. 징계권에는 소극적인 가택권적인 규율권과 적극적인 징계권을 포함한다. 전통적인 특별권력관계이론에서는 당해 관계의 목적달성을 위해서는 법령에 근거없이도 징계권의 행사는 당연한 것으로 보았다. 그러나 징계가 상대방의 법적 지위에 관련된 경우에는 법령에 근거하여야 할 것이다. 예컨대 단순한 훈계는 법적 지위와 관련이 없다고 할 것이나, 그것이 다음의 징계에서 가중요건이 되는 경우에는 법적 지위와 관계가 있다고 할 것이다.

2. 특별권력의 한계

특별권력의 발동은 그 설치목적을 달성하기 위하여 필요한 범위 내에서만 행사되어야 하며, 또한 개별법에 의한 법적 근거없이 기본권을 제한할 수 없다.

Ⅵ. 특별권력관계와 법치주의

1. 법률유보

오늘날 특별권력관계에서도 법률유보의 원칙이 적용된다 하겠으며, 따라서 국민의 권리의무에 관한 명령·강제는 법률에 근거가 있어야 한다. 다만 특별권력관계는 그 목적과 기능이 특수하므로 법치주의가 상대적으로 다소 완화될 수 있다. 따라서 본질적 사항을 제외하고는 어느 정도 개괄조항에 의한 수권이 가능한 것이며, 개괄조항의 해석에 있어서도 당해 관계의 기능이 위축되지 않는 범위 안에서 구체화 할 수 있어야 할 것이다.

2. 기본권제한

특별권력에 의하여 헌법상의 기본권을 제한함에 있어서도 법률에 근거가 있어야 할 것이다. 예를 들면, 정치운동의 제한(헌법 제7조), 근로3권의 제한(헌법 제33조), 통신의 자유의 제한(행형법 제18조) 등과 같이 우리나라 실정법상으로도 그 구성원의 기본권 제한에 관하여 거의 법률의 근거를 두고 있다. 그러나 법률의 근거에 의하여 그 구성원의 기본권을 제한하는 경우라 할지라도 필요한 최소한도에 그쳐야 하며, 또한 종교의 자유·양심의 자유·학문과 예술의 자유 등은 성질상 제한할 수 없다.

3. 사법심사

특별권력관계에서의 특별권력에 의하여 불이익을 받은 자가 사법적 보호를 받을 수 있는가에 대하여 종래의 견해는 ① 일반권력관계와 특별권력관계는 절대적으로 구별되어야 한다는 절대적구별설의 입장에서는 사법심사는 전면 부정되고, ② 상대적구별설의 일종인 내부·외부관계조정설의 입장에서는 외부관계만이 심사의 대상이 되고, ③ 특별권력관계를 부정하는 부정설의 입장에서는 사법심사가 전면적으로 인정된다. 그러나 현재의 다수설에 의하면, 특별행정법관계에서도 소의 이익이 있는 한 사법심사의 대상이 된다고 한다.

판례도 「어떤 행위가 특별행정법관계에서의 행위라는 이유만으로 사법심사에서 제외될 수 없다고 본다」(대판 1991.11.22, 91누2144)라고 판시하여 같은 입장을 취하고 있다.

제4장 행정상 법률관계의 원인 (법률요건과 법률사실)

제1절 개 설

Ⅰ. 의의

행정법상 법률요건이란 행정법관계의 발생·변경·소멸의 법률효과를 발생시키는 사실을 말하며, 이러한 법률요건을 이루는 개개의 사실을 행정법상 법률사실이라 한다. 행정법상 법률요건은 여러 개의 법률사실로써 이루어질 때도 있고(예, 공법상계약에서의 청약행위와 승낙행위, 건축허가에서의 신청과 허가), 1개의 법률사실로 이루어지는 경우(예, 공법상의 상계, 기권)도 있다.

Ⅱ. 법률사실의 종류

행정법상 법률사실은 민법에서와 같이 사람의 정신작용을 요소로 하는지 여부에 따라 행정법상의 사건과 용태(容態)로 나눌 수 있다.

1. 행정법상의 사건

행정법상의 사건이란 사람의 정신작용을 요소로 하지 아니하는 법률사실을 말한다. 예컨대 사람의 생사, 시간의 경과, 일정한 연령의 도달 등과 같은 자연적 사실이 있고, 물건의 소유·점유, 일정한 장소에서 거주, 행정강제 등의 사실행위도 있다.

2. 행정법상의 용태

행정법상의 용태는 정신적 작용을 요소로 하는 공법상의 법률요건·법률사실을 말하며, 이는 다시 외부적 용태(행위)와 내부적 용태(내심)로 나누어진다.

(1) 외부적 용태(행위)

외부적 용태는 외부에 표시된 정신작용에 의하여 일정한 행정법상의 법률적 효과를 발생시키는 것이다. 이는 공법행위가 그 중심을 이루고 있지만 사법행위도 공법적 효과를 발생하는 경우가 있는바(예, 매매·증여 등에 있어서의 납세의무 발생), 이 한도 내에서는 사법행위도 행정법상의 법률사실인 행위라 할 수 있다.

(2) 내부적 용태(내심)

내부적 용태는 외부에 표시되지 아니한 정신상태로서 행정법상 효과를 발생시키는 것을 말한다(예, 선의·악의, 고의·과실 등).

제2절 행정법상의 사건

Ⅰ. 시간의 경과

행정법상의 법률관계는 시간의 경과에 의하여 발생·변경·소멸되는 경우가 있는바, 이는 사법상의 법률사실로서 시간의 경과와 비슷한 것이다. 공법적 효과가 부여되는 시간의 경과와 관련되는 것으로는 기간·시효·제척기간·실권(失權) 등이 주로 문제된다.

1. 기간

기간이란 한 시점에서 다른 시점까지의 시간적 길이(간격)를 말한다. 이 점에서 기일·시기와 구별됨은 물론이고 기한(부관)과도 구별된다. 한편, 민법의 기간계산에 관한 규정은 일종의 일반법원리적 성격을 가진 것이라 할 수 있고, 공법상 특별한 규정이 없는 한 공법상의 기간계산에도 적용된다.

(1) 기간의 기산점

기간을 시·분·초로 정한 경우에는 즉시부터 기산하며, 일·주·월·년으로 정한 경우에는 특별한 규정이 없으면 초일을 산입하지 않고 익일부터 기산한다(민법 제156조). 다만 이 초일불산입의 원칙은 연령계산과 기간이 오전영시로부터 시작되는 때에는 적용하지 않는다(민법 제157조).

초일불산입의 원칙은 특별한 규정이 없으면 공법상의 기간계산에도 적용되지만, 행정법령 중에는 초일도 산입하도록 특별규정을 둔 경우가 있다. 즉 ① 국회법(제165조)은 「이 법에 의한 기간의 계산에는 초일을 산입한다」고 규정하였고, ② 민원사무처리규정(민원사무처리에관한법률시행령 제3조 제1항)은 민원사무의 처리기간의 계산에 있어서는 초일을 산입한다고 규정하고 있으며, ③ 기타 초일이 산입되는 경우로는 공소시효, 구속기간의 계산(형법 제85조), 출생, 사망 등의 신고기간계산(호적법 제42조) 등이 있다.

(2) 기간의 만료점

민법에 의하면 기간을 일・주・월 또는 년으로 정한 경우에는 그 기간의 말일이 종료됨으로써 기간이 만료되는 것이 원칙이나, 말일이 공휴일인 때에는 그 익일에 만료된다(민법 제159조・제161조). 또한 기간을 주・월 또는 년으로 정한 때에는 역에 의하여 계산하되, 주・월 또는 년의 처음으로부터 기산하지 아니하는 때에는 최후의 주・월 또는 년에서 그 기산일에 해당한 날의 전일에 만료하고, 월 또는 년으로 정한 경우에 최종의 월에 해당일이 없는 때에는 그 월의 말일로 기간이 만료한다(민법 제160조).

(3) 기간의 역산(逆算)

행정법령에는 '며칠 전에' 또는 '전 며칠에'라고 규정하는 경우가 많다. 이는 기간계산을 기산일로부터 뒤로 역산하는 경우로 역시 초일불산입의 원칙이 타당할 것이다. 따라서 '선거일 7일전에'라고 규정된 경우는 초일인 선거일은 빼고 선거일 전일부터 계산하여 7일이 되는 날의 이전을 말하며(중간에 7일이 있어야함), '선거일 전 7일에'의 경우는 역시 선거일 전일부터 계산하되, '전 7일에'라 하였으므로 7일이 해당하는 날을 말한다(중간에 6일이 있어야 함).

2. 시효(時效)

시효란 일정한 사실상태가 오랫동안 계속한 경우에, 그 사실상태가 진실한 권리관계에 부합하느냐의 여부에 관계없이 그 사실상태를 그대로 존중하여 이를 권리관계로 인정하는 제도이다. 이러한 시효제도는 영속된 사실상태를 존중하고 그에 대하여 진실한 법률관계에 갈음하여 법률상의 보호를 함으로써 법적 생활의 안정을 도모하려는

데에 있다. 따라서 시효제도의 의미는 공법관계에서나 사법관계에서나 원칙적으로 같다고 할 것이므로 법령에 특별한 규정이 없는 한 공법관계에도 민법의 시효에 관한 규정(민법 제162조 내지 제184조)이 적용된다고 볼 것이다.

(1) 소멸시효

행정법상 시효에 관하여 주로 문제가 되는 것은 금전채권관계에 관한 것이다. 이와 관련하여 국가의 경우에는 예산회계법(제96조 내지 제98조)이, 지방자치단체의 경우에는 지방재정법(제69조 내지 제71조)이 각각 일반규정을 두고 있는 것을 비롯하여, 국세기본법(제54조), 공무원연금법(제81조) 등도 행정법상의 시효에 관하여 규정하고 있다.

1) 시효기간

국가나 지방자치단체를 당사자로 하는 금전채권은 그 어느 쪽에 대한 것이든 다른 법률에 특별한 규정(공무원연금법 제81조 등)이 없으면 5년간 이를 행사하지 않을 때에는 시효로 인하여 소멸한다(예산회계법 제95조, 지방재정법 제69조).

2) 시효의 중단 · 정지

시효의 중단 · 정지 등에 관하여 법령에 특별한 규정이 없으면 민법의 규정을 준용한다. 다만, 법령의 규정에 의한 국가의 납입고지는 민법의 규정과 다른 시효중단의 효력을 갖는다(예산회계법 제97조, 지방재정법 제70조). 시효의 중단사유에 관한 민법의 규정으로는 청구, 압류 · 가압류, 가처분, 승인 등이 있으며, 행정법의 규정으로는 납입고지, 납부최고서, 독촉, 통고처분 등이 있다.

3) 시효의 효과

소멸시효의 효력에 관하여 민법에서는 시효기간의 경과가 권리 자체를 소멸시키는 것은 아니고, 다만 권리자가 그 권리를 주장하는 경우에 이에 대한 항변권을 발생시키며, 이 항변권의 행사여부는 시효의 이익을 받는 자의 의사에 맡겨져 있다고 보는 상대적 소멸설과, 시효기간의 경과로 인한 시효완성은 권리의 절대적 소멸원인이 되므로 당사자의 원용을 필요로 하지 않는다고 보는 절대적 소멸설이 대립하고 있다. 그러나 공법상의 금전채권에 있어서는 법률관계의 일률적 확정의 견지에서 후자가 타당하다고 본다.

(2) 취득시효(시효취득)

민법에서는 부동산은 20년간, 동산은 10년간 소유의 의사로서 평온 · 공연하게 점유를 계속하면 소유권을 취득한다고 규정하고 있다(민법 제245조). 이러한 민법 규정이 공물에도 적용되는가에 대하여는 긍정설(제한적 시효취득설 · 완전시효취득설)과 부정설이 있다. 그러나 부동산인 공물을 20년간 또는 동산인 공물을 10년간 소유의 의사로 평온 · 공연하게 점유한다는 것은 공물의 존재목적이나 그를 위한 관리와 양립할 수 없는 일이다. 따라서 어떤 공물에 대하여 취득시효의 요건이 갖추어지면 당해 공물은 이미 공물로서의 목적에 공용되어 있지 않음을 나타내며, 묵시의 공용폐지가 있었다고 볼 수 있는 것이다. 결국, 공물은 공물 그 자체로서는 취득시효의 목적이 될 수 없다고 보아야 할 것이다.

[판례]

: ① 대법원은 「행정목적을 위하여 공용되는 행정재산이 공용폐지가 되지 않는 한 사법상 거래의 대상이 될 수 없으므로 시효취득의 대상도 될 수 없다」(대판 1983.6.14, 83다카181) 라고 하여 공용폐지가 없는 한 공물은 취득시효의 목적물이 될 수 없다고 보았다.

② 헌법재판소는 구.공유사물인 잡종재산에 대하여는 시효취득을 인정한 바 있다(헌재결 1992.10.1, 92헌가6·7).

3. 제척기간(除斥期間)

제척기간이란 법률관계의 신속한 확정을 목적으로 하는 제도로서 행정법에도 존재한다. 이러한 제척기간은 일정한 기간 내에 권리를 행사하지 않음으로써 그 권리가 소멸된다는 점에서 소멸시효제도와 같다. 그러나 제척기간은 법률관계의 신속한 확정을 목적으로 하기 때문에 ① 그 기간이 짧은 점, ② 중단 · 정지의 제도가 없는점, ③ 소송에서 원용이 없어도 고려되어야 한다는 점 등에서 소멸시효와 구별된다.

4. 실권(失權)

행정청이 행정행위의 위법상태를 장기간 묵인 · 방치함으로써 개인이 당해 행위의 존속을 신뢰하게 된 경우에는 행정청은 이후 그 위법성을 이유로 당해 행위를 취소할 수 없다는 법리이다. 이는 신의성실원칙의 한 적용례이다.

Ⅱ. 주소 · 거소

1. 주소

(1) 주소의 의의

민법은 「생활의 근거되는 곳을 주소로 한다」(제18조 제1항)라고 하여 일반적 규정을 두고 있으나, 행정법상으로는 일반적 규정은 없다. 그러나 주민등록법에서 통칙적 규정을 두어, 행정법관계에서의 주소는 다른 법률에 특별한 규정이 없으면 동법에 의한 주민등록지가 주소로 된다고 규정하고 있다(제17조의7).

주민등록법상의 주민등록은 30일 이상 거주할 목적으로 일정한 곳에 주소나 거소를 가지는 경우에 하는 것이므로(제6조), 주민등록법상 ① 자연인에 대한 주소는 의사주의에 의하면서도 주민등록이란 형식적 절차에 의하게 하고 있으나, ② 법인의 경우에는 민법이 「법인의 주소는 그 주된 사무소의 소재지에 있는 것으로 한다」(제36조)라고 규정하고 있는바, 이는 행정법관계에 있어서도 동일한 것으로 보아야 할 것이다.

(2) 주소의 수

주소의 수에 대하여 민법은 객관주의에 입각하여 주소복수주의를 명문화하고 있으나(제18조 제2항), 주민등록법은 이중등록을 금지하고 있다(제10조 제2항). 따라서 행정법상의 주소는 특별한 규정이 없는 한 1개소에 한정된다.

2. 거소(居所)

거소란 사람이 다소의 기간 동안 계속하여 거주하는 장소로서, 그 장소와의 밀접한 정도가 주소만 못한 곳을 말한다. 거소를 인정하는 것은 주소를 알 수 없거나 국내에 주소가 없는 경우에 주소를 의제하기 위한 뜻도 있으나, 행정법규에서는 1년 이상 거소를 둔 자에게 소득세의 납세의무를 부여하는 것(소득세법 제1조 제1항)과 같이 거소에 대하여 일정한 법률효과를 부여하는 경우가 있다.

제3절 공법상의 사무관리와 부당이득

Ⅰ. 공법상의 사무관리

1. 의의

사무관리란 법률상 의무없이 타인을 위하여 그 사무를 관리하는 것을 말한다(민법 제734조). 이러한 사무관리는 공법분야에도 인정된다. 다만 공법분야에서 너무 광범위하게 인정한다면 법치행정의 기본원리를 문란하게 할 염려가 있다. 따라서 공법분야에서는 법령에 규정이 있거나, 조리상 필요하다고 인정되는 범위 안에서만 사무관리를 인정함이 타당하다 할 것이다.

한편, 공법상의 사무관리는 이를 행할 공법상 의무가 있기 때문이고, 따라서 사무관리가 아니라는 견해가 있다(W. Jellinek). 그러나 그 의무는 국가에 대한 의무이지 피관리자에 대한 의무는 아니므로 사무관리라 할 수 있다. 다수의 견해는 공법상의 사무관리를 인정하며, 우리 대법원도 인정하고 있다.

2. 공법상 사무관리의 종류

공법상의 사무관리의 종류로는 ① 국가의 특별감독 밑에 있는 사업에 대하여 감독원의 작용으로서 강제적으로 관리하는 경우(강제관리), ② 재해시에 행하는 구호(수난구호), ③ 시・군에서 행하는 행려병자 또는 사자 취급과 같이 보호를 위하여 관리하는 경우(보호관리), ④ 사인이 비상재해 기타의 경우에 행정사무의 일부(역무제공)를 관리하는 경우 등이 있다.

3. 처리방법

공법상의 사무관리에 대하여는 통칙규정이 없다. 따라서 법령에 특별한 규정이 있는 경우(예, 항로표지법)를 제외하고는 민법상의 사무관리에 관한 규정을 준용하여 사무관리자의 통지의무, 비용상환, 기타 이해조정이 강구되어야 할 것이다.

Ⅱ. 공법상의 부당이득

1. 의의

부당이득이란 원래 사법상의 관념으로서 법률상 원인없이 타인의 재산 또는 노무로 인하여 이익을 얻고, 이로 인하여 타인에게 손해를 끼치는 것을 말한다(민법 제741조). 그러나 이러한 사법상의 행위는 공법분야에도 존재하는 것이므로 공법상의 부당이득이 인정되어야 할 것이다.

부당이득의 예로는 조세의 과오납, 공무원의 봉급과액수령, 연금 받을 자격이 없는 자의 연금수령, 착오에 의한 도로부지의 국유지편입 등이 있다.

2. 공법상 부당이득반환청구권의 성질

(1) 사권설

이 견해는 부당이득을 아무런 법률상 원인이 없고, 경제적 이해조정제도로 보아 사법상의 권리(사권)로 본다. 따라서 그에 관한 소송은 민사소송에 의하여야 한다고 한다(판례).

(2) 공권설

이 견해는 공법상의 원인에 의하여 발생하는 결과를 조정하기 위한 제도로서 그 청구권은 공권으로 본다. 따라서 그에 관한 소송은 행정소송법상의 당사자소송에 의하여야 한다고 한다(다수설).

(3) 결어

부당이득반환청구를 당사자소송으로 청구한다고 하여도 거의 민사소송에 의하게 되어 공권과 사권의 구별이익은 없다 할 것이다. 그러나 우리 실정법제도가 공법·사법의 이원적 구별을 인정하고 있으며, 행정소송법에서 공법상의 권리관계에 관한 소송을 당사자소송으로 규정하고 있는 점으로 보아 공법상의 부당이득반환청구권의 성질은 공권으로 보아야 할 것이다.

3. 행정주체의 부당이득

(1) 성립요건

공권력의 발동인 행정행위에 기한 경우에는 당해 행정행위가 당연무효이거나 행정행위가 권한있는 기관에 의하여 취소된 경우에 한하여 성립한다(예, 조세의 과오납). 따라서 행정행위가 위법하더라도 취소되지 않는 한 공정력이 인정되며, 권한있는 기관이 취소하기 전까지는 부당이득의 문제는 발생되지 않는다.

(2) 반환의무의 범위

이에 관하여는 행정주체의 선의·악의를 불문하고 항상 전액반환을 정하는 경우가 많다. 그러나 특별규정이 없더라도 공권력에 의하여 일방적으로 상대방에게 부담을 가한 경우에는 받은 이익의 전부를 반환하여야 할 것이다. 다만, 이자의 경우에는 학설의 다툼이 있으나, 국세기본법 제52조는 조세과오납금에 이자를 붙이도록 규정하고 있다.

4. 사인의 부당이득

(1) 성립요건

행정주체의 부당이득과 마찬가지로 사인의 부당이득이 행정행위에 근거한 경우에는 그 행정행위가 무효이거나 취소됨으로써 부당이득은 성립한다(예, 공무원의 봉급과액수령 등). 그러나 수익적 행정행위는 상대방에게 귀책사유가 없는 한 행정청의 취소권의 행사에 제한이 있게 되어 원칙적으로 취소할 수 없고, 따라서 부당이득의 반환청구는 불가능하게 된다.

(2) 반환의무의 범위

사인이 수익자인 경우에도 법에 위반되는 이득은 허용되지 않으므로, 수익자인 사인이 받은 이득의 금액을 반환하게 하여야 할 것이다.

5. 소멸시효

부당이득반환청구권은 특별한 규정이 있는 경우(공무원연금법 제81조 제1항 등)를 제외하고는 그 소멸시효기간은 예산회계법(제96조)이 정하는 바에 의하여 5년이다.

제4절 행정법상의 행위(공법행위)

Ⅰ. 개설

1. 공법행위의 의의

공법행위란 일반적으로 국가 기타 행정주체와 사인간의 공법관계에 있어서의 행위로서 공법적 법률효과를 발생·변경·소멸시키는 모든 행위를 가리키는 것으로 사법행위에 대한 관념이다. 공법행위의 관념은 실정법상의 것이 아니라 강학상 인정되고 있는 것이다.

2. 공법행위의 종류

공법행위는 그 행위의 주체가 누구인지에 따라 행정주체의 공법행위와 사인의 공법행위로 나눌 수 있다.

① 행정주체의 공법행위는 행정입법 · 행정행위 · 구속적 행정계획 · 행정강제 · 행정벌의 경우처럼 행정주체가 상대방에 대하여 우월한 지위에서 행하는 권력행위의 경우도 있고, 행정계약 · 비구속적 행정계획 · 공법상 합동행위 · 행정지도 · 행정사법과 같이 행정주체가 상대방과 대등한 지위에서 행하는 비권력적 행위의 경우도 있다. ② 사인의 공법행위는 행정법 관계에서의 사인이 공법적 효과를 발생시키는 행위를 말한다. 이에 관하여는 아래에서 검토하기로 한다.

Ⅱ. 사인의 공법행위

1. 의의

사인의 공법행위란 공법관계에서 사인의 모든 법적 행위, 즉 공법적 효과가 부여되는 사인의 행위를 총칭한다. 따라서 사인의 공법행위는 그 종류 및 성질이 다양하여 일반적 원칙을 획일적으로 적용하는 것은 곤란하며, 각각의 행위에 대하여 그 법적 특질에 타당한 법규 또는 법원칙의 고찰을 필요로 한다.

대법원은 「유선장의 경영신고와 그 신고사항의 변경신고는 모두가 강학상의 이른바, 사인의 공법행위로서의 신고에 해당한다」(대판 1988.8.9, 86누889)라고 하여 사인의 공법행위의 개념을 인정하고 있다.

2. 종류

사인의 공법행위는 그의 표준에 따라 다음과 같이 여러 가지로 분류할 수 있다.

(1) 사인의 지위에 의한 분류

사인의 지위에 따른 공법행위는 ① 사인의 행위이지만 행정주체의 통치작용에 능동적으로 참가할 목적으로 다수인이 공동으로 행하는 행위(예, 선거인의 투표행위)와 ② 사인이 행정주체의 상대방의 입장에서 국가나 공공단체에 대하여 어떠한 이익을 받을 목적으로 행하는 행위(예, 각종의 신고나 신청의 제출 등)가 있다.

(2) 성질에 의한 분류

1) 합성행위 · 합동행위 등

① 합성행위란 투표행위에서 보는 바와 같이 여러 사람이 공동하여 의사를 구성하는 것을 말하며, ② 합동행위는 조합의 설립행위와 같이 일정한 공법상의 효과를 발생하게 하는 다수당사자의 같은 방향의 의사표시를 말한다.

2) 신청행위

행정청에 대하여 자기의 권리 또는 이익을 위하여 어떤 사항을 청구하는 의사표시를 말한다. 예컨대 사직원 · 허가신청 · 귀화신청 · 특허기업특허신청 · 등록신청 등이 있다.

3) 통지행위

사인이 행정주체에 대하여 일정한 의사를 표시하거나 사실 또는 관념을 통지하는 것을 말하며, 일반적으로 신고 또는 등록의 형식에 의한다.

4) 동의

행정주체의 의사표시에 대하여 승낙하는 행위이다. 예컨대 공무원임명의 동의, 공법상 계약에서의 동의 등이다.

(3) 의사표시의 수에 의한 분류

이는 하나의 의사표시로 구성되는 단순행위(예, 신고 · 신청 등)와 다수의 공동의사표시로 하나의 의사가 구성되는 합성행위(예, 선거행위)로 나누어진다.

(4) 효과에 의한 분류

1) 자체완성적 공법행위

이는 사인의 공법행위가 그 자체로서 일정한 실체적인 법률효과를 발생함으로써 그 목적을 달성하게 하는 경우이다. 예컨대 선거의 투표행위, 신고(주민등록신고 등), 시인상호간의 공법상 합동행위 등이 있다.

2) 행정요건적 공법행위

이는 행정청의 일정한 행정행위의 필요적인 요건이거나 행정청의 일정한 행위를 유인하는 구실을 하는 사인의 공법행위를 말하며, 법인설립인가신청·광업권의 설정출원 등이 그 예이다.

【판례】 - ① 본래적 의미의 신고(자기완결적 공법행위)로 본 판례

㉠ 「체육시설이용에관한법률 제18조에 의한 변경신고는 그 신고 자체가 위법한 것이거나 신고에 무효사유가 없는 한 이것이 도지사에게 제출되어 접수된 때에 신고가 있었다고 볼 것이고 도지사의 수리행위가 있어야만 신고가 있었다고 볼 것은 아니다」(대판 1993.7.6, 93마635).

㉡ 「건축법상 신고사항에 관하여는 건축을 하는 자가 적법한 요건을 갖춘 신고만 하면 건축을 할 수 있고, 행정청의 수리처분 등 발단의 조처를 기다릴 필요가 없다」(대판 1995.3.14, 94누9962).

② 수리를 요하는 신고(행위요건적 공법행위)로 본 판례

「체육시설의설치·이용에관한법률에 따른 볼링장의 신고요건을 갖춘 자라고 할 지라도 그 볼링장을 설치하려고 하는 건물이 건축법 소정의 허가를 받지 아니하여 건축법을 위배하여 건축된 무허가건물이라면, 적법한 신고를 할 수 없다고 할 것이다」(대판 1993.11.9, 93누13483).

3. 특색

(1) 행정행위에 대한 특색

사인의 공법행위나 행정행위는 모두 공법적 효과를 발생한다는 점에서는 동일하다. 그러나 사인의 공법행위는 행정행위가 갖는 내용상 구속력·공정력·구성요건적 효력·존속력·집행력 등과 같은 우월적인 효력을 갖지 못한다.

(2) 사법행위에 대한 특색

사인의 공법행위와 사법행위는 본질적인 차이는 없다. 그러나 사인의 공법행위는 공법적 효과의 발생을 목적으로 하므로 사적 이해조정을 목적으로 하는 사법행위와 다르며, 그에 대한 적용법규에도 특별한 고려가 필요한 때가 많다. 즉 사법행위는 사적 자치의 원칙이 지배되어 그 행위의 내용과 형식을 스스로 결정할 수 있는데 대하여, 사인의 공법행위의 경우에는 사법행위에 비하여 법적 안정성이나 법률관계의 명확성의 요청이 크므로 그 내용과 형식에서 획일적인 정형화의 경향을 띠고 그 효과도 법규에 의하여 정해지는 것이 일반적이다.

4. 사인의 공법행위에 대한 적용법리

(1) 의사능력과 행위능력

사인의 공법행위에도 의사능력과 행위능력이 필요한지가 문제되는 바, 공법상의 일반적 규정은 없으나 의사능력이 없는 자의 행위는 당연히 무효로 보고 있다. 그러나 행위능력에 관하여는 공법상 특별한 규정(우편법 제10조 등)을 두어 민법상의 무능력에 관한 규정의 적용이 배제되는 경우가 적지 않으나, 사인의 공법행위 중에서 재산관계적 행위에 관하여는 원칙적으로 민법규정이 유추적용된다고 보는 것이 일반적 견해이다.

(2) 대리

사인의 공법행위에 대하여는 특히 그 대리행위를 금하는 규정(공직선거법 제156조)이 있는 반면, 일정한 절차 아래 대리를 허용하는 규정(행정심판법 제14조)을 두고 있는 경우가 있다. 그러나 그러한 규정이 없는 경우에는 그 행위가 사인의 인격적 개성과 직접적 관련이 있는지의 여부에 의하여 판단되어야 할 것이다. 예컨대 응시행위·사직원의 제출 등의 일신전속적인 행위는 대리가 부인된다고 보아야 할 것이다.

(3) 행위의 형식

사인의 공법행위는 반드시 요식행위는 아니다. 그러나 증거관계의 확실성이 요구되는 행정심판청구나 소송제기 또는 각종 인·허가신청 등의 경우에 일정한 요식을 요구하는 경우가 많다. 또한 행위의 존재 및 내용을 명확히 하는 것이 필요한 경우에는 법령에 특별한 규정이 없더라도 서면주의를 원칙으로 한다 할 것이다.

(4) 효력발생시기

사인의 공법행위는 사법상의 행위에 비하여 훨씬 형식적인 확실성을 존중해야 하므로 그 효력발생시기에 관하여는 민법상의 도달주의에 의함이 원칙이다. 다만 실정법은 예외적으로 행위자의 입장 내지 행정의 기술적인 필요성을 고려하여, 발신주의를 규정하고 있는 예도 있다(국세기본법 제5조의2).

(5) 의사표시 또는 결정의 하자(瑕疵)

사인의 공법행위에서 표의자의 의사의 흠결(허위표시·심리유보·착오 등) 또는 의사결정의 하자(심신상실상태의 의사결정, 사기·강박에 의한 의사표시)가 있는 경우 그 행위의 효력에 대해서는 특별한 규정이 없는 한, 일반적으로 민법의 규정(제107조 내지 제110조)이 준용된다고 볼 것이다. 그러나 공법관계의 특질상 표시주의의 입장을 취할 경우도 있다. 이에 관한 예로 대법원은 「전역지원의 의사표시가 진의 아닌 의사표시라 하더라도 그 무효에 관한 법리를 선언한 민법 제107조 제1항 단서의 규정은 그 성질상 사인의 공법행위에는 적용되지 않는다 할 것이므로 그 표시된 대로 유효한 것으로 보아야 한다」(대판 1994.1.11, 93누10057)라고 판시하였다.

(6) 부관(附款)

사인의 공법행위에는 부관을 붙일 수 없음이 원칙이다. 왜냐하면 사인의 공법행위는 사법상의 행위와 달리 행정법관계에 변동을 가져오게 되므로, 명확성과 신속한 확정을 요하기 때문이다.

(7) 철회·보정

일반적으로 사인의 공법행위는 그에 기초한 어떤 법적 효과가 완성될 때까지는 철회·보정할 수 있음이 원칙이다. 그러나 법률상 제한되는 경우(예, 소장의 수정 등)도 있고, 또한 합성행위·합동행위에 있어서는 그 집단성·형식성 때문에 이미 형성된 법질서를 존중해야 하므로 그 적용이 성질상 제한된다.

5. 사인의 공법행위의 효과

사인의 공법행위가 적법하게 이루어진 경우에 어떠한 법률효과가 발생하는가는 각 해당법규가 정하는 바에 따라 다르므로 일률적으로 말할 수는 없다. 따라서 다음의 몇 가지 점을 고찰하고자 한다.

(1) 행정청의 처리의무

사인의 공법행위가 적법하게 성립하면 행정청은 관계법규의 규정에 따라 재량권을 적정하게 행사하여 그에 상응하는 법적 처리를 하여야 할 의무를 진다. 특히 처리기한이 결정되어 있음에도 불구하고 그 기한이 경과되도록 처리하지 아니하면 부작위위법확인소송 또는 거부처분취소청구소송을 제기할 수 있다. 또한 사인의 공법행위가 부적합한 때에는 일률적으로 불수리 하거나(각하), 무작정 방치할 것이 아니라 제출기관이 잘못되었을 때에는 관계된 기관에 이송해야할 것이다.

(2) 수정인가의 가부(可否)

인가는 사인상호간의 법률행위의 효력을 완성시켜 주는 보충적 행위이기 때문에 그 신청을 수정하는 것은 법률관계의 내용을 변경시키는 것이 된다. 따라서 이것을 수정하여 인가하는 것은 당사자의 동의가 있거나 또는 법률의 특별한 규정이 없는 한 수정인가는 안 된다고 볼 것이다.

(3) 재신청의 가부(可否)

한번 신청하였다가 거부된 수익적 행정행위는 거부처분을 받은 이후 사정변경이 있으면 다시 신청할 수 있다. 왜냐하면 그 신청은 새로운 행위를 신청하는 것이므로, 선행거부처분이 불가쟁력을 발생하였더라도 재신청을 할 수 있다고 할 것이다.

6. 사인의 공법행위의 하자와 행정행위의 효력

(1) 행정행위의 단순한 동기인 경우

사인의 공법행위가 단순히 행정행위의 동기가 되는데 그치고 필요적 전제요건이 아닌 경우에는 사인의 공법행위의 하자는 그 정도의 여하에 관계없이 행정행위의 효력에 아무런 영향을 미치지 못한다.

(2) 행정행위의 전제요건인 경우

사인의 공법행위가 필요적 전제요건인 경우(예, 쌍방적 행정행위에서 신청·동의 등)에는 그 하자의 정도에 따라 행정행위의 효력에 영향을 미친다. 즉 사인의 공법행위에 부존재 또는 무효의 사유가 존재하는 경우에는 그에 대한 행정행위는 전혀 그 전제요건을 결하는 것이므로 무효가 됨이 원칙이다. 그러나 사인의 공법행위가 단순한 흠의 성질을 띠고 있는 데 불과한 경우에는 그에 대하여 행해진 행정행위는 원칙적으로 유효하나 그에 기초한 행정행위는 취소될 수 있다.

제 2 편

행정조직법

제1장 행정조직법 통칙

제1절 행정조직법의 의의 및 범위

Ⅰ. 행정조직법의 의의

행정조직법은 행정주체의 조직에 관한 법, 즉 활동의 전제가 되는 행정기관의 설치·구성 및 권한에 관한 법을 의미한다.

Ⅱ. 행정조직법의 범위

1. 광의의 행정조직법

이는 행정주체를 대표하는 행정기관의 설치·직무범위·구성·상호관계 등에 관한 법과 이러한 행정기관을 구성하는 모든 인적 요소(공무원), 물적 요소(공물), 인적·물적 종합시설(영조물)에 관한 법을 포함한다. 따라서 광의의 행정조직법에는 국가행정조직법·자치행정조직법·공무원법·공물법·영조물법이 포함된다.

2. 협의의 행정조직법

이는 광의의 행정조직법에서 행정조직의 물적 요소인 공물·영조물에 관한 부분과 인적 요소인 공무원에 관한 부분이 제외된다. 따라서 협의의 행정조직법은 국가와 지방자치단체 기타 공공단체의 조직에 관한 법을 말한다. 일반적으로 행정기구법이라고도 하며, 일반적으로 행정조직법은 좁은 의미로 쓰인다.

제2절 현대행정조직의 특색과 유형

Ⅰ. 현대행정조직의 특색

현대 행정조직의 특색으로는 ① 행정조직의 거대화, ② 행정조직의 통일성과 계층성, ③ 행정조직의 독임성과 책임의 명확성, ④ 행정조직의 관료성, 전문성 등을 들 수 있다.

Ⅱ. 행정조직의 유형

1. 중앙집권형 · 지방분권형

중앙집권형은 권력을 중앙정부에 집중시키는 것을 말하며, 지방분권형은 권력을 지방에 분산시키 것을 말한다. 지방분권형의 경우에도 국가로부터 독립한 지방자치단체에 자치권을 부여하는 것(자치처분권)과 단순히 국가의 지방행정기관에 행정권한을 분장시키는 것(행정권한의 분권)의 두 가지 유형이 있다.

2. 권력통합형과 권력분산형

권력통합형은 권력을 단일기관에 통합시키는 것을 말하며, 권력분산형은 권력을 복수기관에 분산시키는 것을 말한다.

3. 관치행정형과 자치행정형

관치행정형은 국가가 스스로의 기관으로 하여금 행정을 행하게 하는 것을 원칙으로 하는 형태를 말하며, 자치행정형은 국가 밑에 국가에 대하여 독립적 지위를 가지는 자치단체를 두어, 그에 일반적 · 포괄적 수권을 하여 사무를 처리하게 하는 행정조직 형태를 말한다.

4. 직접민주형과 간접민주형

직접민주형은 행정의 운영을 직접 국민(또는 주민)의 의사에 따라서 하는 것을 말하고, 간접민주형은 간접적으로 국민의 대표자를 통하여 하는 것을 말한다. 오늘날에는 간접민주형이 원칙이나, 직접민주형이 부분적 · 보충적으로 채택되기도 한다.

5. 독임형과 합의형

행정업무를 단독공무원의 책임하에 두게 하는가, 복수공무원의 합의하에 하도록 하는가에 의한 구별이다. 전자는 책임의 소재를 명확히 하고 신속·통일적인 사무처리에 적합한 반면, 후자는 판단의 신중·공정성과 이해의 공평한 조정을 도모하는 데 적합하다.

Ⅲ. 우리나라 행정조직의 기본원리

우리나라 행정조직의 기본원리로는 ① 행정조직의 민주성(책임행정주의), ② 행정조직의 법정성(행정조직법정주의), ③ 행정조직의 능률성(독임제의 원칙), ④ 행정조직의 분권성(자치성), ⑤ 행정조직의 관료성(전문직업성) 등을 들 수 있다.

제3절 행정기관

Ⅰ. 행정기관의 의의 및 성질

1. 행정기관의 의의

행정기관이란 광의로는 국가 또는 공공단체의 행정사무를 담당하는 모든 기관을 의미하고, 협의로는 국가 또는 공공단체 등 행정주체의 의사를 스스로 결정하고 이를 자기이름으로 외부에 표시하는 권한을 가진 기관을 의미한다.

2. 행정기관의 성질

일반적으로 행정기관은 권한은 가지지만 권리는 가지지 않으며, 기관 그 자체로서는 인격을 가지지 않는다. 다만 법률이 예외적으로 그 경우의 기관에 법률관계의 당사자로서의 지위를 부여하는 경우가 있는데(행정소송법 제13조), 이러한 경우에는 그 한도에서 인격자에 준한 지위를 가진다.

Ⅱ. 행정기관의 종류

권한을 기준으로 행정기관의 종류를 분류하면 다음과 같다.

1. 행정관청

행정관청이란 국가의 의사를 결정하고 그것을 외부에 표시할 수 있는 권한을 가진 기관을 말한다. 좁은 의미로는 외부에 대하여 국가의 의사 또는 판단을 결정·표시하는 권한을 가진 기관(각부장관 등과 같이 주로 국민에 대하여 의사 또는 판단을 결정·표시하는 권한을 가진 기관)을 말하나, 넓은 의미로는 내부의 특정자에 대하여 이를 결정·표시하는 권한을 가진 기관(국무총리직속기관인 처장관 또는 처장과 같이 국민에 대해서가 아니고 주로 다른 행정관청에 대하여 의사 또는 판단을 결정·표시하는 기관)을 포함한다. 그러나 일반적으로 외부에 대하여 행정주체의 의사를 결정·표시할 수 있는 기관(좁은 의미의 행정관청)만을 가리킨다.

한편 지방자치단체의 의사 또는 판단을 결정·표시하는 기관을 행정청이라 하는바, 행정관청과 행정청을 합하여 행정청이라고도 한다(행정심판법 제2조 제2항, 행정소송법 제2조 제2항).

2. 보조기관

행정관청에 소속되어 행정주체의 의사를 결정·표시하는 행정청의 권한행사를 보조함을 임무로 하는 기관을 말한다. 이에는 차관·차장·실장·국장·부장·과장 등이 있다(정부조직법 제2조 제3항).

3. 보좌기관

보좌기관이란 행정관청 또는 그 보조기관을 보좌하는 행정기관을 말한다. 이에는 대통령비서실·국무총리비서실·국무조정실 및 각 부·처의 차관보 및 담당관 등이 있다(정부조직법 제2조 제5항).

4. 자문기관

자문기관이란 행정청의 자문에 응하여 또는 자진하여 행정관청의 의사 또는 판단의 결정에 참고가 될 의사를 제시함을 주된 임무로 하는 행정기관을 말한다. 예컨대 행정자치부 지방행정연구위원회·문화관광부 문화재위원회 등 각종위원회 및 심의회가 있으며, 단독기관으로서의 고문 등이 있다.

5. 의결기관

행정주체 내부에서 행정에 관한 의사 또는 판단을 결정할 수 있는 권한만 있고, 대외적으로 표시할 권한은 없는 합의제행정기관을 말한다. 예컨대 징계위원회, 행정심판위원회, 경찰위원회, 지방의회 등이 있다.

6. 집행기관

행정관청의 명을 받아, 국가의사를 사실상 집행하는 기관을 집행기관이라 한다(예, 경찰공무원·세무공무원·소방공무원·무허가건물철거반 등). 이러한 집행기관은 실력을 행사함으로써 국가의사를 강제적으로 실현할 수 있음을 특색으로 한다.

제2장 행정관청

제1절 행정관청의 권한

Ⅰ. 권한의 의의

행정관청의 권한이란 행정관청이 법령상 유효하게 국가의사 또는 판단을 결정·표시할 수 있는 범위를 말한다. 행정관청은 법령상 인정된 경우에 그 범위 안에서만 국가의사 또는 판단을 결정·표시할 수 있다.

Ⅱ. 권한의 한계

1. 사항적 한계

행정권은 그 목적과 종류에 따라 각 행정청에 배분되어 있다. 따라서 행정청의 권한에는 사항적으로 일정한 한계가 있는데, 이를 사항적 권한이라고 한다.

2. 지역적 한계

행정관청의 권한에는 지역적으로 한계가 정해져 있는 경우가 있다. 이를 지역적 권한이라고 한다. 그 권한이 전국에 미치는 경우 이를 중앙관청(각부처장관)이라 하고, 특정지방에 한정되는 경우를 지방관청(영림서장·세무서장·경찰서장 등)이라 한다.

3. 대인적 한계

행정관청의 권한이 미치는 인적범위에 한계가 있는 경우가 있는데, 이를 대인적 권한이라고 한다.

4. 형식적 한계

행정관청의 권한행사에 일정한 형식이 제한되는 경우가 있는데, 이를 형식적 한계라 한다. 예컨대 국무총리와 각부장관의 입법권의 행사는 각각 총리령과 부령의 형식에 의하여야 한다.

5. 시간적 한계

행정청의 권한행사가 시간적으로 제한되어 있는 경우를 시간적 한계라고 한다.

제2절 행정관청의 권한의 대리

Ⅰ. 개설

1. 대리의 의의

행정관청의 권한의 대리란 행정관청의 권한의 전부 또는 일부를 다른 행정기관(보조기관 또는 하급행정관청)이 피대리관청을 위한 것임을 표시하고 자기의 이름으로 행사하고, 그 행위는 피대리관청의 행위로서의 법적 효과를 발생하는 것을 말한다. 단순히 권한의 대리 또는 직무의 대행이라고도 한다.

2. 유사 개념과의 구별

(1) 권한의 위임과의 구별

양자는 행정관청의 권한을 다른 자가 대신하여 행하는 점에서 공통성을 가지나, 그 성질이 다르다. 즉, ① 권한의 대리는 행정관청의 권한의 전부 또는 일부를 대리자가 대리행사하는 것으로 권한 그 자체가 이양되는 것은 아니나, 권한의 위임은 행정관청이 법령상 정하여진 자기의 권한의 일부를 다른 행정기관의 권한으로 이양하는 것으로 권한 그 자체가 수임자의 권한으로 된다. ② 권한의 대리 중에서 임의대리는 반드시 법령의 명시적 근거를 요하는 것은 아니라는 것이 통설이나, 권한의 위임은 법령상 정하여진 권한분배를 변경하는 것이므로 법령의 명시적 근거를 요한다. ③ 권한의 대리에 있어서 대리자는 보통 보조기관이나, 권한의 위임은 하급행정관청에 대하여 행하여지는 것이 보통이다.

(2) 위임전결과의 구별

행정관청이 보조기관 또는 하급기관에 대하여 소관사무의 처리를 위임하면서 그 업무에 관한 대외적인 권한행사는 행정관청 자신의 이름으로 하는 경우가 있는데, 이런 경우를 내부위임 또는 위임전결이라고 한다.

내부위임은 실질적으로 권한자체의 이양이 아니라는 점에서 권한위임과 구별되고, 당해 위임관청의 명의에서 수임자가 권한행사를 사실상 대행함에 지나지 않고 법적으로 위임관청 자신의 행위로 간주되는 점에서 임의대리와 구별된다.

(3) 대결과의 구별

대결은 행정청 기타 결재권자의 부재시 및 사고가 있는 때에 그 직무를 대리하는 자가 대신 결재한 다음, 중요한 사항에 관하여는 사후에 결재권자에게 보고하게 하는 것을 말한다. 대결은 당해 관청의 명의에서 그 권한을 사실상 대행하는 점과 중요한 문서는 후결을 받는 점 등에서 법정대리와 구별되고, 일시적인 것인 점에서 내부위임과 구별된다.

(4) 대표와 구별

대표는 대리와 같이 대리·피대리와 같은 대립관계가 있는 것이 아니라, 대표자인 행정청의 행위가 직접 국가 또는 지방자치단체의 행위가 되는 점에서 대리와 구별된다. 국가를당사자로하는소송에관한법률 제2조의 "법무부장관이 국가를 대표한다"는 경우의 대표가 이에 해당되며, 다른 예로는 감사원장이 '감사원을 대표'하는 경우(감사원법 제4조 제2항)와 같이 합의제행정관청의 구성원 중 특정한 자가 그 행정청을 외부에 대하여 표시하는 경우이다.

(5) 서리와의 구별

서리는 피대리청의 구성원이 궐위되어 있는 경우의 대리이나, 행정청의 지위에 있는 자에게 사고가 있는 경우의 대리와는 달리 대리되는 자가 없는 점에 특징이 있다. 그러나 피대리청의 지위에 있지 않는 자의 행위가 피대리청의 행위로서의 효과를 발생하는 점은 일반의 대리와 같다.

Ⅱ. 대리의 종류

대리는 그 발생원인에 따라 임의대리(수권대리)와 법정대리로 구분된다.

1. 임의대리

(1) 의의 및 근거

① 임의대리란 피대리관청의 수권에 의하여 대리관계가 발생하는 경우를 말한다. 이는 상대방의 동의를 요하지 않는 일방적 행위로서 성립하는 것으로 수권대리 또는 위임대리라고도 한다.

② 임의대리는 법령의 근거가 없는 경우에도 허용된다고 보는 견해(다수설)와 법령의 명시적 근거를 요한다는 견해가 대립되고 있다.

(2) 대리권의 범위

수권은 일반적·포괄적 권한에 대하여만 가능하며, 권한의 일부에 대해서만 한정된다. 따라서 법령에서 개별적으로 지정되어 있는 권한(대통령령·총리령·부령을 발하는 권한 등)은 당해 행정청 자신이 행하여야 하고, 그 수권은 허용되지 않는다.

(3) 감독 및 책임

임의대리의 경우 피대리관청은 대리자의 권한행사를 지휘·감독할 수 있으며, 대리자의 행위에 대하여 피대리관청이 감독에 대한 책임을 진다.

2. 법정대리

(1) 의의

법정대리란 피대리관청의 수권에 의한 것이 아니고, 법정사실의 발생으로 법령상 당연히 대리관계가 발생하는 경우를 말한다. 근거법으로는 각 개별법에 규정이 있는 외에 일반법으로 직무대리규정(대통령령)이 있다.

(2) 종류

1) 협의의 법정대리

법령에 의해 대리자가 명시되어 있음으로서 법정사실의 발생으로 직접 대리관계가 발생하는 경우이다. 예컨대 대통령의 궐위 등에 따르는 대리, 국무총리의 사고로 부총리에 의한 대리, 장관의 유고시에 차관에 의한 대리 등이 있다.

2) 지정대리

법정사실의 발생에 기하여 일정한 대리자를 지정함으로써 대리관계가 발생하는 경우이다. 예컨대 국무총리가 사고로 인하여 직무를 수행할 수 없는 때, 대통령이 지명하는 국무위원이 국무총리를 대리하는 것이 그 예이다. 한편, 피대리관청 구성자가 사망·면직 등의 사유로 궐위된 때에 일시적으로 대리자를 지정하는 경우도 있는바, 이를 서리라 한다.

(3) 대리권의 범위

법정대리에 있어서의 대리권의 범위는 특별한 정함이 없는 한 피대리관청의 권한의 전부에 미친다.

(4) 감독 및 책임

피대리관청은 대리자를 지휘·감독할 수 없으며, 대리자는 자기의 책임으로 그 권한을 행사한다. 그러나 대리자는 자신의 행위에 대하여 공무원법상 또는 형사상 등의 모든 책임을 진다.

Ⅲ. 복대리의 문제

권한의 복대리의 경우 법령에 규정이 있는 경우에는 그에 의할 것이나, 법령에 규정이 없는 경우에는 임의대리와 법정대리로 나누어 보아야 한다.

① 임의대리의 경우에는 그 수권은 대리자의 구체적 사정을 고려하여 행하여지므로 복대리는 원칙상 허용되지 않는다.

② 법정대리는 대리인의 행위에는 대리인 스스로 책임을 지고 대리권은 피대리관청의 권한의 전부에 걸치는 것이므로 대리인은 그 대리권의 일부에 대한 복대리인을 선임할 수 있다.

Ⅵ. 대리관계의 종료

① 임의대리의 경우에는 수권행위의 실효(종기의 도래, 해제조건의 성취) 및 수권행위의 해제, 대리자의 사망 및 신분의 상실 등에 의해 대리관계가 종료된다.

② 법정대리의 경우에는 대리권을 발생하게 한 법정사유의 소멸(예, 질병의 치료 등), 서리의 경우에는 그 피대리청을 구성하는 자의 선임(예, 궐위 중인 자의 보충) 등에 의해 대리관계는 당연히 종료한다.

제3절 행정관청의 권한의 위임

Ⅰ. 개설

1. 권한의 위임의 의의

권한의 위임이란 행정관청이 그 권한의 일부를 다른 행정기관에 위양하여 그 수임기관이 자기의 명의와 책임아래 권한을 행사하는 것을 말한다. 예컨대 장관이 그 권한에 속하는 사무의 일부를 도지사에게 위임하여, 도지사가 그 권한의 일부를 시장·군수에게 위임하는 경우이다.

2. 유사개념과의 구별

(1) 권한의 대리

권한의 위임은 실질적인 권한의 이양으로서 수임기관의 권한으로 되기 때문에 법적인 근거가 있어야 한다. 그러나 대리는 제3자가 행정관청의 권한을 대행할 뿐 실질적인 권한의 귀속자체를 변경하는 것이 아니므로 법적인 근거가 필요 없을 때도 있다.

(2) 전결

전결(내부위임)은 행정관청이 그의 권한에 속하는 사무처리에 관한 결정권을 보조기관 또는 하급행정기관에 맡길 뿐, 행정관청의 권한에 변경을 초래하지 않는 점에서 권한의 위임과 구별된다.

(3) 민법상의 위임

민법상의 위임은 수임자가 위임받은 것을 자기의 명의와 책임으로 처리하고, 그의 법률적 효과도 수임자에게 귀속되는 점에서 행정법상의 위임과 유사하다. 그러나 행정법상의 위임은 인격주체간의 관계가 아니며, 위임관계가 계약에 의해서가 아니라 법규 또는 위임청의 일방적 행위에 의해 발생하는 점에서 구별된다.

(4) 위탁

행정관청이 그 권한의 일부를 그 지휘·감독하에 있지 아니한 대등한 행정기관 또는 하급행정기관에 위양하는 경우를 위탁이라고 하며, 이 경우의 위탁은 위임과 같은 성질을 가진다. 위탁과 비슷한 용어로 촉탁이 있는 바, 이는 위탁 중에서 등기·소송에 관한 사무를 위양하는 것을 말한다. 이러한 촉탁도 행정청의 권한의 이전을 수반으로 하는 것이 아니므로 권한의 위임과 구별된다.

Ⅱ. 위임의 근거 및 방식

① 권한의 위임으로 그 권한은 위임의 범위 안에서 수임기관의 권한이 되므로 이에는 위임을 허용하는 법적 근거가 있어야 한다. ② 위임에는 상대방에의 통지는 물론 일반에의 공시를 요하며, 위임의 방식은 대체로 법령 등에서 정하고 있다.

Ⅲ. 위임의 형태

1. 보조기관 · 하급행정관청에 대한 위임

지휘 · 감독하에 있는 보조기관 또는 하급행정기관에 대하여 위임하는 것이 가장 전형적인 방법이다. 이러한 위임은 위임청의 일방적 위임행위에 의하여 성립하고 수임기관의 동의를 요하지 아니한다. 또한 위임사무에 대한 위임청의 수임청에 대한 지휘 · 감독도 여전히 가능하다.

2. 대등행정관청 또는 다른 행정관청에 대한 위임

자기의 지휘 · 감독하에 있지 아니한 행정기관에 위임하는 경우가 있는 바, 이를 위탁이라고 하나 위임과 성질은 다를 바 없다.

3. 지방자치단체 또는 그 기관에 대한 위임

국가는 그 행정권한의 일부를 지방자치단체나 그 기관에 위임할 수 있다. 지방자치법은 지방자치단체의 관할구역 내에서 시행하는 국가행정사무는 법령에 다른 규정이 없으면 당해 자치단체의 장에게 위임하여 행하도록 하고 있으며, 현재 위임의 대부분은 기관위임이라 볼 수 있다.

4. 사인에 대한 위탁

관계법령이 조사 · 검사 · 검정 · 관리업무 등 국민의 권리 · 의무와 직접 관계되지 아니하는 사무를 지방자치단체가 아닌 법인 · 단체 또는 그 기관이나 개인 등 사인에게 위탁할 수 있는바, 이것을 민간위탁이라고 한다. 민간위탁의 경우에는 사인의 신청 또는 동의가 있어야 한다.

Ⅳ. 위임사항 및 비용부담

① 위임은 위임관청의 권한의 일부에 한하여 인정되며, 권한의 전부의 위임은 허용되지 않는다. 권한의 일부가 위임된 경우에 재위임은 가능할 것이다.

② 행정권한의위임및위탁에관한규정은 위임 또는 위탁에 있어서는 사전에 수임기관의 수임능력 여부를 점검하고 필요한 인력 및 예산을 이관하도록 하여야 한다고 규정하고 있다. 그러나 법인격을 달리하는 국가와 지방자치단체간에는 이러한 인력이나 예산의 이관은 허용되지 아니하므로, 지방재정법은 국가가 스스로 행하여야 할 사무를 지방자치단체 또는 그 기관에 위임하여 수행하게 하는 경우에 소요되는 경비는 국가가 그 전부를 당해 지방자치단체에 교부하여야 한다고 규정하고 있다.

Ⅴ. 위임의 효과

권한이 위임되면 당해 권한은 수임기관의 권한으로 되어 수임기관이 행한 행위의 효과는 수임기관 자신에게 귀속하며, 그에 대한 책임도 수임기관이 진다. 따라서 위임된 사항에 관해서는 취소소송 등 항고소송의 피고도 수임기관이 된다.

그러나 수임기관이 위임관청의 보조기관이나 그 지휘 · 감독하에 있는 하급기관인 때에는 위임관청은 상급관청으로서의 본래의 권한에 기하여 이를 지휘 · 감독할 수 있으나, 그 지휘 · 감독하에 있지 않는 행정기관인 경우에는 지휘 · 감독권이 없다고 보는 것이 일반적이다.

Ⅵ. 위임의 종료

위임은 위임의 해제, 위임근거의 소멸, 조건의 성취, 종기의 도래 등에 의하여 종료되고, 당해 권한은 다시 위임청의 권한으로 된다.

제4절 행정관청 상호간의 관계

Ⅰ. 개설

행정관청은 상하 또는 대등의 관계에서 병존하면서 전체로서 행정목적의 통일적 수행을 기한다. 이를 위하여 행정관청 상호간에는 상하관청간의 관계와 대등관청간의 관계가 인정되는 바, 이하에서는 이 두 가지 관계를 나누어 고찰하기로 한다.

Ⅱ. 상 · 하관청간의 관계

1. 권한의 위임

행정청이 자기의 권한의 일부를 하급행정청에 위임하여 그의 이름과 책임하에 처리하게 하는 경우가 많이 있다. 그러한 권한의 위임에 관하여는 이미 앞에서 상설한 바 있으므로 여기서는 생략하기로 한다.

2. 권한행사의 감독

(1) 의의

권한행사의 감독이란 상급관청이 하급관청의 권한행사를 지휘하며, 그 적법성과 합목적성을 확보하기 위하여 행사하는 지시 · 통제적 작용을 말한다.

(2) 법적 근거

감독권은 상급관청에 대하여 일반적으로 가지는 권한이므로 하급관청감독에 대한 개별적 · 구체적 법적 근거는 필요하지 않으나, 감독권 자체에 대한 일반적 · 추상적인 법적 근거는 필요하다.

(3) 감독의 수단

감독권한의 범위의 수단 · 방법은 행정관청의 종류와 사무의 성질에 따라 다르지만, 통상적으로 인정되는 상급관청의 감독수단으로는 감시권 · 훈령권 · 인가권과 승인권 · 취소 또는 정지권과 권한쟁의결정권 등이 있다.

1) 감시권

상급관청이 감독권행사의 기초로서 하급관청의 사무처리 상황을 파악하기 위하여 보고를 받거나(보고징수), 서류장부를 검사하고 현장의 사무집행을 검열·시찰하는(사무감독) 등을 행하는 권한이다. 이는 개별적인 법적 근거가 필요 없으며, 예방적·교정적 목적으로 행하는 감독수단이다.

2) 훈령권

(가) 의의

상급관청이 하급관청 또는 보조기관의 권한행사를 지휘하는 권한을 훈령권이라 하며, 지휘를 위하여 발하는 명령을 훈령이라 한다. 훈령권은 예방적 감독의 중추적 수단이며, 특별한 법적 근거를 요하지 않는다. 훈령은 상급관청의 하급관청에 대한 명령인 점에서, 상관의 부하공무원에 대한 직무상의 명령인 직무명령과는 구별된다.

훈령권은 오직 하급관청의 권한행사를 지휘감독할 수 있음에 그치며 법령에 특별한 규정이 없는 한 하급관청이 훈령에 위반하더라도 상급관청이 권한을 대행(대집행)할 수는 없다.

(나) 훈령의 성질

다수설 및 판례에 의하면 훈령은 행정조직 내부에 있어서 준거할 준칙을 정하는 일종의 행정규칙에 불과하므로 법규의 성질을 가지지 않는다고 한다. 즉, 훈령은 일반국민에 대하여 대외적 구속력은 없다는 것이다.

그러나 판례 가운데에는 훈령(국세청장훈령, 국무총리훈령 등)에 대해 법규적 성질을 인정하는가 하면, 위임명령으로서의 대통령령에 대해서는 법규적 효력을 인정하면서, 부령에 대해서는 법규적 효력을 부인하는 등 일관성을 결여하고 있다.

(다) 훈령의 종류

훈령의 종류에는 협의의 훈령, 지시, 예규, 일일명령이 있다(사무관리규정 제7조).

(a) 협의의 훈령

상급기관이 하급기관에 대하여 장기간에 걸쳐 그 권한행사를 일반적으로 지시하기 위하여 발하는 것이다.

(b) 지시

상급기관이 하급기관에 대하여 개별적·구체적으로 발하는 명령이다.

(c) 예규

행정사무의 통일을 기하기 위하여 반복적 행정사무의 처리기준을 제시하는 명령이다.

(d) 일일명령

당직・출장・특근・각종 휴가 등 일일업무에 관하여는 발하는 명령이다.

(라) 훈령의 요건

훈령은 형식적 및 실질적 요건을 갖추어야 유효하게 성립한다.

① 형식적 요건으로서는 ㉠ 훈령권있는 상급관청이 발해야 하고, ㉡ 하급관청의 권한에 관한 사항에 대하여 발해야 하고, ㉢ 권한행사의 독립성이 보장되고 있는 하급관청(감사원 등)에 대한 것이 아니어야 한다. ② 실질적 요건으로서는 ㉠ 적법・타당하고, ㉡ 가능하며, ㉢ 명백한 것이라야 한다.

한편, 하급관청이 상급관청의 훈령의 요건을 심사할 수 있는지 여부가 문제되는바, 형식적 요건에 대해서는 가능하나 실적적 요건에 대해서는 심사권이 없다. 그러나 훈령의 내용이 범죄를 구성하거나 중대하고 명백한 법규위반으로 절대무효인 경우에는 복종을 거부하여야 하고, 그에 따른 때에는 하급관청 스스로 책임을 져야 한다(통설).

(마) 훈령의 형식・절차

훈령은 특별한 형식과 절차를 요하지 않고 문서・구술 등 어느 형식으로도 가능하다. 그러데 사무관리규정은 일정한 형식을 규정하고 있으나 이는 훈시적 규정에 불과하다. 또한 훈령은 관보에 공포함이 보통이나, 공포하지 않을 때도 있다(내훈・내규).

(바) 훈령의 경합

내용이 서로 모순되는 둘 이상의 상급관청의 훈령이 경합되는 때에는 하급행정기관은 주관상급관청의 훈령에 따라야 하고, 주관상급관청이 서로 상하관계에 있는 때에는 직근상급관청의 훈령에 따라야 하며, 주관상급관청이 불명확한 때에는 주관쟁의의 방법으로 해결하여야 한다.

3) 인가(승인)권

하급관청의 일정한 권한행사에 대하여 미리 상급관청의 동의나 승인을 받게 하는 것을 말한다. 이는 하급관청의 권한행사의 적법타당성을 보장하기 위한 예방적 감독수단인 것이다.

이 경우의 인가는 일반적으로 하급관청의 권한 행사의 유효요건은 아니지만, 인가를 받도록 법령에 명시되어 있는 경우에는 원칙으로 유효요건이 된다. 따라서 하급관청이 인가를 받을 행위를 인가없이 한 경우에도 그로 인하여 당연히 위법한 행위가 되는 것은 아니며, 법령에 명시적으로 규정된 경우에 한하여 위법의 문제가 발생한다.

4) 주관쟁의결정권

상급관청이 그 소속 하급관청 상호간에 있어서 그 주관권한에 대해 다툼이 있는 경우에 이것을 결정하는 권한이다. 권한쟁의의 결정은 원칙적으로는 쌍방하급관청의 공통상급관청이 행하고, 그러한 기관이 없는 때에는 쌍방의 상급관청이 협의·결정하며, 협의가 불성립할 때에는 최종적으로 행정각부간의 주관쟁의로 되어 국무회의의 심의를 거쳐 대통령이 결정한다(헌법 제89조 제10호).

행정관청간의 권한쟁의는 행정조직 내부의 문제로서 법률상쟁송이 아니다. 따라서 행정권에 의하여 해결되어야 하고 명문의 규정이 없으면 법원에 제소할 수 없다.

5) 취소·정지권

상급관청이 직권 또는 당사자의 신청에 따라 하급관청의 위법·부당한 행위를 취소하거나 정지하는 권한을 말한다. 훈령이 원칙적으로 사전적인 예방적 감독수단인데, 취소·정지는 원칙적으로 사후적인 교정적 감독수단이다.

그런데 취소·정지권이 명문의 규정이 없는 경우에도 지휘감독권으로 발동할 수 있는지에 대해서는 적극설과 소극설의 견해의 대립이 있다. 그러나 정부조직법(제11조 제2항·제19조 제2항)과 지방자치법(제157조)은 하급관청의 행위의 취소·정지에 관한 일반적인 근거규정을 두고 있으므로 이를 논할 실익은 없다.

Ⅲ. 대등관청 상호간의 관계

1. 권한의 상호존중

대등관청 사이에는 서로 다른 관청의 권한을 존중하여야 하고, 동시에 그를 침범하지 못한다. 행정관청이 그 권한 내에서 행한 행위는 비록 흠이 있더라도 그 흠이 중대·명백하지 않는 한 공정력이 인정되므로 다른 행정청은 그에 구속된다. 또한 대등관청간에 그 주관권한에 대하여 다툼이 있는 때에는 상급관청의 주관쟁의결정권에 의하여 결정된다.

2. 상호협력관계

(1) 협의

하나의 사안이 둘 이상의 대등한 행정관청의 권한에 관련될 때에는 관청 간의 협의에 의하여 처리한다. 협의에는 둘 이상의 관청이 공동주관관청으로서 협의하는 경우가 있으며, 이 경우에는 그 공동명의로 외부에 표시하며, 합의는 당해 조치의 유효요건이 된다. 또한 주관관청이 일정한 사업을 경영함에 있어서 그 사업의 주관관청과 협의하거나 그의 승인을 받는 경우 등이 있다. 이 경우는 주관관청의 명의로 외부에 표시하며, 협의가 의무적인 경우에 이를 거치지 아니한 주관관청의 행위는 무효이다.

(2) 사무의 위탁(촉탁)

하나의 관청의 직무상 필요한 사무가 대등한 다른 관청의 관할에 속하는 경우에, 그 행정청에 사무처리를 위탁하는 것을 사무위탁이라 한다. 사무위탁 중에서 등기·소송에 관한 사무의 이양을 특히 촉탁이라 부른다.

(3) 행정응원

대등한 행정관청 사이에서 직무수행상 필요한 특정한 행위(예, 장부서류의 제출), 필요한 공무원의 파견근무, 기타 일반적 협력 등을 다른 관청에 요구하는 경우가 있는데, 이를 넓은 의미의 행정응원이라 한다. 이것은 법률상 근거가 없어도 할 수 있으나 명문규정이 있는 때에는 그 요구를 받은 관청은 이를 거부하지 못한다.

행정응원은 좁은 의미로는 재해·사변 기타 비상시에 처하여, 당해 관청의 요청에 의하여 다른 관청이 자기 기능의 일부 또는 전부를 동원하여 응원하는 경우를 말한다. 현행법상으로는 경찰응원, 소방응원 군사응원 등이 있다.

제3장 국가행정조직법

제1절 개 설

국가행정조직법은 국가의 직접적 행정 및 간접적 국가행정을 담당하고 있는 인격주체 및 기관의 설치·구성·권한 등에 관하여 규율하는 법을 말한다. ① 국가의 직접적 행정은 국가의 행정관청을 통한 행정을 의미하며, ② 간접적 국가행정은 국가로부터 독립한 인격을 가지고 있는 법인(공공단체) 및 자연인, 즉 공무수탁사인에 의한 국가행정을 말한다.

제2절 중앙행정조직

Ⅰ. 대통령

1. 대통령의 지위

(1) 국가원수로서의 지위

대통령은 국가원수로서 대외적으로 국가를 대표하며, 조약을 체결·비준하며, 선전포고와 강화를 맺고, 외교사절을 신임접수하며, 기타 일정한 권한을 행사한다(사면권·영전수여권 등).

(2) 행정부의 수반으로서의 지위

대통령은 ① 국무총리·국무위원·행정각부장관·감사원장 기타 행정부 구성원과 헌법기관의 주요 구성원에 대한 임명권을 가지며(국가기관구성자로서의 지위), ② 국무회의의 의장이 되며(국무회의의장으로서의 지위), ③ 정부의 최고행정관청으로서, 행정에 관한 최고결정권과 헌법·법률의 집행권을 가지며(최고행정관청으로서의 지위), ④ 헌법의 수호자로서 국가의 독립·영토보전·계속성을 유지해야 하며(국가수호자로서의 지위), ⑤ 국민의 대표자로서 위헌정당해산제소권·헌법개정안제안권·국민투표회부권 등을 갖는다(주권행사기관으로서의 지위).

2. 대통령의 권한

대통령의 권한행사는 대부분 사전에 국무회의의 심의를 거쳐야 하고, 문서로서 하여야 하며, 국무총리와 관계국무위원의 부서가 있어야 한다. 대통령의 권한으로는 ① 국정최고책임자로서의 권한(중요정책에 대한 국민투표부의권, 헌법개정제안권, 긴급명령권 등), ② 행정에 관한 권한(외교권, 국군통제권, 계엄선포권, 공무원임면권, 영전수여권, 정당해산제소권, 재정에 관한 권한, 행정감독권, 법령집행권 등), ③ 입법에 관한 권한(입법관여권, 긴급재정·경제명령권, 긴급명령권 등), ④ 사법에 관한 권한(대법원장·대법관의 임명권, 비상계엄선포권, 사면권 등)이 있다.

Ⅱ. 대통령직속의 중앙행정기관

대통령의 직속기관으로서는 감사원·국가정보원·중앙인사위원회·국가청렴위원회·국민고충처리위원회·중소기업특별위원와 자문기관인 국가안전보장의회·민주평화통일자문회의·국가과학기술자문회의·국민경제자문회의·보좌기관인 대통령비서실 및 집행기관인 대통령경호실 등이 있다.

1. 감사원

(1) 지위

감사원은 국가의 세입·세출의 결산, 국가 및 법률에 정한 단체의 회계검사와 행정기관 및 공무원의 직무에 관한 감찰을 하는 기관이다. 이러한 감사원은 대통령에 소속된 독립된 중앙행정관청인 헌법기관이다.

(2) 구성

감사원은 원장을 포함한 5인 이상 11인 이하의 감사위원으로 구성하는데(헌법 제98조 제1항), 감사원법은 감사위원의 수를 7인으로 규정하고 있으며, 합의제관청인 감사위원회와 보조기관인 사무처를 두도록 하고 있다. 원장은 국회의 동의를 얻어 대통령이 임명하며, 감사위원은 원장의 제청으로 대통령이 임명하는바, 그 임기는 모두 4년이며 1차에 한하여 중임할 수 있다.

(3) 권한

감사원의 권한은 ① 국가기관·지방자치단체 기타 감사원법 제22조와 제23조에 규정된 단체 등의 결산 및 회계검사권, ② 국가 및 지방자치단체 기타 감사원법 제24조에 규정된 단체 등과 공무원의 직무감찰권, ③ 감사결과에 따르는 시정 또는 개선 등의 요구, 변상판정과 징계요구권 및 그에 대한 재심의, ④ 회계관계법령의 제정·개폐에 관한 의견진술권, ⑤ 심사청구에 대한 결정권 및 ⑥ 감사원규칙 제정권 등이 있다.

2. 국가정보원

국가정보원은 국가안전보장업무에 관계되는 정보보안 및 범죄수사에 관한 사무를 담당하는 대통령 소속의 특별한 중앙행정기관이다. 국가정보원의 조직은 국가정보원장이 정하되, 국가안전보장을 위하여 필요한 경우에는 이를 공개하지 않을 수 있다.

3. 자문기관

대통령의 자문기관으로서는 국가원로자문회의, 국가안전보장회의, 민주평화통일자문회의, 국민경제자문회의 등이 있다.

4. 대통령비서실

대통령비서설은 대통령의 직무를 보좌하기 위한 대통령 직속의 보좌기관이다. 대통령비서실에는 실장 1일을 두되, 실장은 정무직으로 한다.

Ⅲ. 국무회의

1. 지위

국무회의는 정부의 권한에 속하는 중요한 정책을 심의하는 국가의 최고정책심의기관이다(헌법 제88조 제1항). 국무회의의 법적 지위에 관하여는 다툼이 있으나, 국가정책의 필수적 심의기관인 점에서 단순한 심의기관과 구별되며, 대통령이 심의내용에 구속되지 않는 점에서 의결기관과 구별된다. 따라서 국무회의는 의결기관과 자문기관의 중간적인 성격을 가진 심의기관으로 보는 통설의 견해가 타당하다.

2. 구성

국무회의는 대통령·국무총리 및 15인 이상 30인 이하의 국무위원으로 구성하고,

그 의장은 대통령이 되고, 국무총리는 부의장이 된다(헌법 제88조).

3. 심의사항

국무회의의 심의사항에 관해서는 정부의 권한에 속하는 중요정책으로 그 구체적인 사항은 헌법에 규정되어 있다(헌법 제89조 참조).

4. 소집 및 주재

국무회의는 정례국무회의와 임시국무회의로 구분되고, 의장인 대통령이 소집·주재권을 가지며, 국무위원은 의장에게 의안을 제출하고 국무회의의 소집을 요구할 수 있다. 회의는 구성원 과반수의 출석으로 개의하고, 출석구성원 3분의 2이상의 찬성으로 의결한다.

Ⅳ. 국무총리

1. 지위

국무총리는 ① 대통령이 궐위되거나 사고로 인하여 직무를 수행할 수 없을 때 대통령의 권한을 대행하는 제1순위에 있으며(대통령의 권한대행자로서의 지위), ② 국무회의 구성원인 동시에 부의장으로서의 지위에 있으며(국무회의 부의장으로서의 지위), ③ 대통령의 명을 받아 행정각부를 통할하고, 국무회의의 부의장이 되며, 대통령의 권한을 대행하고, 모든 사항에 대하여 부서할 수 있으며, 국무위원과 행정각부장관의 임명제청권과 국무위원해임건의권을 가진다는 점에서 정부의 제2인자로서 대통령 다음가는 중앙행정관청의 지위에 있으며(정부의 제2인자로서의 지위), ④ 행정각부의 통할적 성질의 사무를 스스로 관장·처리하는 중앙행정기관의 지위를 가진다(독자적 중앙행정청으로서의 지위).

2. 권한

국무총리의 권한은 ① 국무위원 및 행정각부의 장의 임명제청권과 해임건의권, ② 대통령권한 대행권, ③ 국무회의에서의 심의권, ④ 국회출석발언권, ⑤ 행정각부통할권, ⑥ 부서권, ⑦ 총리령제정권, ⑧ 서울특별시행정에 대한 조정권 등이 있다.

Ⅴ. 국무총리직속 중앙행정기관

국무총리 직속의 중앙행정기관으로는 부총리 2인과 그 밖의 직속기관이 있다. 이들 기관은 독임제행정관청과 합의제행정관청의 두 가지로 분류되는바, 독임제행정관청으로는 부총리·기획예산처·법제처·국가보훈처·국정홍보처가 있으며, 합의제행정관청으로는 공정거래위원회·금융감독위원회·비상기획위원회 및 청소년위원회가 있다.

Ⅵ. 행정각부

1. 행정각부의 의의

대통령 및 그의 명을 받은 국무총리의 통할하에 국무회의의 심의를 거친 정부의 정책과 정부의 권한에 속하는 사무를 부문별로 집행하는 중앙행정관청이다. 행정각부는 정부의 정책 실현자로서 현대복리국가의 기능을 담당하는 가장 중요한 지위에 있는 국가기관이다.

헌법은 행정각부의 설치·조직과 직무범위는 법률로 정하도록 되어 있는데, 그에 관한 기본법이 정부조직법이다. 동법은 행정각부로서 재정경제부(국세청, 관세청, 조달청, 통계청)·교육인적자원부·통일부·외교통상부·법무부(검찰청)·국방부(병무청·방위사업청)·행정자치부(경찰청·소방방재청)·과학기술부(기상청)·문화관광부(문화재청)·농림부(농촌진흥청, 산림청)·산업자원부(중소기업청, 특허청)·정보통신부·환경부·보건복지부(식품의약품안전청)·노동부·여성가족부·건설교통부(행정중심복합도시건설청)·해양수산부(행양경찰청) 등 18부와 18청을 규정하고 있다.

2. 행정각부장관의 지위

행정각부에 장관 1인과 차관 1인을 두되 장관은 국무위원 중에서 국무총리의 제청으로 대통령이 임명한다(헌법 제94조). 따라서 장관은 국무위원의 신분과 행정각부의 장의 신분을 동시에 갖는다. 국무위원으로서 장관은 국무회의의 구성원이 되며, 이러한 지위에서 장관은 대통령이나 국무총리와 신분상의 차이가 없다.

국무위원이 아닌 자는 행정각부의 장이 될 수 없다. 그러나 행정각부의 장이 아닌 자라도 국무위원이 될 수 있는바, 이를 정무장관이라 한다.

3. 행정각부장관의 권한

행정각부장관은 각부에 공통된 권한과 그 부에만 특수한 권한이 있다. 공통된 권한만 보면, 소관사무통할권, 소속공무원에 대한 지휘·감독권, 소속공무원임면권, 인·허가의 각종행정처분권, 부령제정권, 예산의 편성 및 집행권, 법률안 또는 대통령령안의 국무회의제출권, 지방행정기관의 장에 대한 감독권, 인사권 등이 있다.

Ⅶ. 행정위원회(합의제행정기관)

1. 행정위원회의 의의

행정위원회란 체계상으로는 행정각부에 소속되면서도, 직무에 관하여는 독립성을 가진 합의제행정관청으로 행정권의 일부를 담당하여 직접 행정객체에 대하여 행정을 행하는 권한을 가지고 직접 그 책임자가 되는 기관을 말한다.

2. 행정위원회의 지위와 권한

행정위원회는 정도의 차이는 있으나 관련전문가, 각 계층·각 당파의 이익대표자, 정치적 중립자 등으로 구성되고, 그 권한은 행정적 권한뿐만 아니라, 쟁송판정·규칙제정 등의 준사법·준입법적 권한도 부여되어 있는 것이 보통이다. 행정위원회는 형식상으로는 행정기관의 일부로서 행정각부 또는 행정수반에 소속하는 것이나, 그 직무수행에 있어서는 상당한 독립성이 인정되고 있다.

3. 우리나라의 행정위원회

우리나라에서 현행법상 위원회의 명칭을 가진 기관에는 세 가지 종류가 있으나, ① 그 대부분은 대통령령 또는 조례로 설치되는 자문기관이고, ② 각종 징계위원회·소청심사위원회·행정심판위원회·교육위원회 등의 의결기관인 위원회도 약간 있다. ③ 중앙노동위원회에 해당하는 중앙기관으로는 감사원·중앙선거관리위원회 외에 중앙노동위원회·중앙토지수용위원회·본부배상심의회·공정거래위원회·특허심판원·특허상고심판원·중앙해난심판원·국세심판소·통신위원회 등을 들 수 있다. 한편 정부조직법은 행정위원회 등 합의제행정기관을 법률로 설치할 수 있음을 규정하고 있다(제5조).

제3절 지방행정조직

Ⅰ. 의의

지방행정조직이란 중앙행정기관의 소관사무를 분장하기 위하여 필요한 경우에 지방에 일정한 관할구역을 획정하여 설치한 국가의 행정기관을 말한다. 지방행정기관 중에서 특정한 중앙행정기관에 소속되지 아니하고, 특별행정기관이 관장하는 사무를 제외하고는 그 관할구역 내에서 국가의 행정사무를 일반적으로 관장하는 지방행정기관을 보통지방행정기관이라 하고, 특정한 중앙행정기관에 소속되어 그의 소관사무만을 관장하는 지방행정기관을 특별지방행정기관이라고 한다.

Ⅱ. 보통지방행정기관

현재 우리나라에는 국가행정사무만을 담당하기 위하여 설치된 보통지방행정기관은 없다. 다만, 지방자치법상 특별시·광역시·도 및 자치구·시·군에서 시행하는 국가사무는 법령에 다른 규정이 없는 한, 특별시장·광역시장·도지사 및 자치구의 구청장·시장·군수에게 위임하여 행하는 형식을 취하고 있다(지방자치법 제93조).

Ⅲ. 특별지방행정기관

정부조직법 제3조 제1항은 「중앙행정기관은 소관사무를 수행하게 하기 위하여 필요한 때에는 특히 법률로 정한 경우를 제외하고는 대통령령이 정하는 바에 의하여 지방행정기관을 둘 수 있다」라고 규정함으로써 국가의 지방행정기관을 설치할 수 있는 근거를 마련하고 있다.

현재 특별지방행정기관은 전국에 산재하고 있는 바, 재정경제부 산하의 세무서·세관·행정자치부 산하의 경찰서, 농림부 산하의 농산물검사소, 정보통신부 산하의 우체국, 건설교통부 산하의 역 등이 대표적 예이다.

제4장 지방자치법

제1절 개 설

Ⅰ. 지방자치의 의의

자치행정이란 국가 안에 있는 단체가 국가로부터 독립된 지위에서 직접 스스로의 기관에 의하여 행하는 행정을 말한다. 이러한 자치행정 중 일정한 지역을 기초로 하는 지역단체가 행하는 행정을 특히 지방자치라 한다. 요컨대 지방자치란 일정한 지역적 사무를 지역주민의 의사에 기하여 행하는 주민자치와 국가로부터 독립된 지역적 단체가 법인으로서 자주적으로 처리하는 단체자치를 말한다.

Ⅱ. 지방자치의 형태

지방자치의 성립과 발전은 각국의 민주주의의 요청과 지방분권주의의 기조위에서 다양한 형태를 띠고 있으나, 대체로 주민자치와 단체자치의 형태로 나누어진다.

1. 주민자치

주민자치란 지역주민이 대표자를 선임하여 그 지역의 행정사무를 처리하며, 특정의 현안문제에 대하여 주민이 직접 스스로의 의사를 반영하는 방식으로 이루어지는 것이다. 따라서 지방자치를 구체적으로 시행하기 위한 기관과 공무원은 명예직으로서 주민의 대표자가 되며 국가로부터 광범위한 자율권을 보장받는다.

주민자치는 정치적 의미의 지방자치라고도 하며, 민주주의를 실현하기 위한 불가결의 요소이기 때문에 국가의 불가피한 관리와 감독이 필요한 경우에도 그 최소한에 그쳐야 하는바, 주민자치에 대한 국가의 감독은 행정적 감독이 아니라 주로 입법적, 사법적 감독이 중심이 된다.

2. 단체자치

단체자치란 국가로부터 독립하여 법인격을 갖는 지방자치단체가 스스로의 권한과 책임하에 공적임무를 수행하는 행정이다. 이는 독일·프랑스 등 유럽대륙에서 국가가 독립된 법인격을 가진 단체를 설치하고 이들로 하여금 국가가 부여한 일정한 자치권을 행사하게 한데서 유래한 것으로 법적 의미의 지방자치라고 한다.

단체자치는 국가의 사무가 지방자치단체의 기관에 의하여 광범위하게 수임되고 그 한도 내에서 국가에 의한 광범위한 감독권이 인정되며, 주민자치를 실현하는 불가결의 수단이다.

3. 양자의 접근

지방자치는 역사적으로 각 국가의 역사적·정치적·사회적·경제적 여건 등에 따라 다양한 형태와 내용을 보이며 발전하였으나, 대체로 주민자치와 단체자치로 나누어진다. 그러나 이러한 구분은 어디까지나 하나의 이상적인 모델의 제시에 불과하며, 현실적으로는 양자의 혼합적인 형태가 존재하며 양자는 상호접근하는 경향을 보이고 있다.

Ⅲ. 지방자치의 근거

1. 고유권설

이 견해는 지방자치단체는 그 연혁으로 볼 때 국가의 성립 이전부터 주민의 공동이익을 실현하기 위하여 자연발생적으로 성립하였으며, 또한 때로는 국가권력에 대항하여 시민의 자유를 지키는 기능을 수행하여 오기도 하였다고 한다. 따라서 이러한 사실에서 자치단체가 가지는 권능은 개인의 기본적 인권과 마찬가지로 지방자치단체가 가지는 전 국가적인 고유한 권리로 보아야 한다고 한다.

2. 전래설

이 견해는 지방자치단체가 어떤 연혁을 가졌던 간에 근대국가에 있어서는 지방자치단체도 국가의 통치구조의 일환으로 보아야 하며, 지방자치단체의 권능도 국가의 통치권으로부터 전래된 것이며, 통치권의 일부가 지방자치단체에 이양된 것으로 보아야 한다고 한다(다수설).

Ⅳ. 지방자치의 법원

지방자치법의 법원은 성문법인 헌법, 법률, 법규명령, 자치법규와 불문법인 관습법,

판례법, 조리를 들 수 있다. 헌법은 국민의 기본권보장과 국가의 통치조직에 관한 두 가지 근본원칙을 정한 최고법 이며, 국가의 통치조직으로서의 지방자치를 직접 규정하고 있다(제117조·제118조). 따라서 헌법은 지방자치의 법원으로서 최고규범이 된다. 법률은 지방자치일반에 관하여 국회가 제정한 것으로서 지방자치에 관한 가장 기본적인 법원이다. 그 일반법으로 지방자치법이 있으며, 그 외에도 개별법으로서 지방재정법·지방세법·지방교부세법, 지방공기업법, 지방공무원법, 지방양여금법, 공직선거법, 지방교육자치에관한법률, 지방교육재정교부금법 등이 있다.

Ⅴ. 지방자치의 헌법적 보장

헌법은 「지방자치단체는 주민의 복리에 관한 사무를 처리하고 재산을 관리하며, 법령의 범위 안에서 자치에 관한 규정을 제정할 수 있다」(제117조 제1항)라고 하여 지방자치를 제도적으로 보장하고 있다. 또한 각 지방자치단체는 자치행정권, 자치재정권, 자치입법권 등의 자치권을 가지고, 의결기관으로서의 지방의회와 집행기관으로서의 지방자치단체의 장과 같은 자주적 기관이 자치사무를 처리하고 있다.

자치사무 중에서 교육·과학·기술·체육 기타 학예에 관하여는 지방자치단체의 일반자치기관과는 별도의 기관으로서 의결기관인 교육위원회와 집행기관인 교육감을 두도록 하고 있다.

제2절 지방자치단체의 종류·성질 및 구성요소

Ⅰ. 지방자치단체의 종류

지방자치단체는 그 조직 및 권능의 일반성 여부에 따라 보통지방자치단체와 특별지방자치단체로 구분된다.

1. 보통지방자치단체

보통지방자치단체는 그 목적·조직·권한 등에 있어서 일반적 성격을 가지고 전국에 걸쳐 보편적으로 존재하는 지방자치단체를 말한다. 현행 지방자치법은 서울특별시 · 광역시 · 도를 광역지방자치단체, 시 · 군 · 자치구를 기초자치단체로 규정하고 있다(제2조). 현재 광역자치단체는 1개의 특별시, 6개의 광역시, 9개의 도 등 16개가 있으며, 기초자치단체는 72개의 시, 91개의 군, 69개의 자치구 등 232개가 있다.

2. 특별지방자치단체

특별지방자치단체는 특정한 목적을 위하여 설치되는 것으로, 그 구성방식 또는 처리사무가 특수한 성격의 지방자치단체를 말한다. 특히 기초지방자치단체의 구역이 소규모인 나라의 경우 상하수도 · 지하철 · 도시개발 · 소방 등 업무를 광역적으로 처리하기 위한 수단으로 이용된다.

지방자치법은 특정한 목적을 위하여 필요한 경우에는 특별지방자치단체를 설립할 수 있다고 규정하고 있으나(제2조 제3항), 아직은 이에 따라 설치된 지방자치단체는 없다. 지방자치법은 2개 이상의 지방자치단체가 그 사무의 공동처리를 위하여 규약을 정하여 당해 지방의회의 의결을 거쳐 설립하는 독립법인으로서의 지방자치단체조합(제149조 제1항 · 2항)을 규정하고 있는데, 지방자치단체조합도 넓은 의미에서는 특별지방자치단체의 일종이다.

Ⅱ. 지방자치단체의 성질

지방자치단체는 일정한 지역을 지배하는 법인이다(지방자치법 제3조 제1항). 특별지방자치단체인 지방자치단체조합 또한 같다(제 149조 제2항). 따라서 지방자치단체는 권리 · 의무의 주체가 될 수 있으며, 그 점에서 행정기관과 구별된다.

지방자치단체는 자기책임성, 의사능력 및 의사결정기관을 가지는 지역적 통치단체이며, 단순한 국가행정구역은 아니다. 그러나 지방자치단체의 관할지역은 국가영토의 일부이고, 그 권한은 국가로부터 전래된 것이라는 점에서 국가와는 성격이 다른 것이다.

Ⅲ. 지방자치단체의 구성요소

지방자치단체는 일정한 구역 · 주민 · 자치권을 그 구성요소로 하고 있다. 구역은 지방자치단체의 사무가 미치는 일정한 지역의 범위이고, 주민은 그 지방자치단체안에 주소를 두고 있는 인적요소이고, 자치권은 법제도적으로 허용되는 자치적인 사무의 권한을 말한다.

제3절 지방자치단체의 구역과 명칭

Ⅰ. 지방자치단체의 구역

1. 구역의 획정

지방자치단체의 구역이란 지방자치단체의 자치권이 미치는 지역적 범위를 말하며, 이 구역은 모두 종전의 구역에 의한다. 종전의 구역이란 최초의 지방자치법 시행당시(1985년 5월 1일)의 구역을 의미한다. 지방자치단체의 구역은 국가의 행정구역과 일치하는 것이 보통이지만, 국가의 행정구역과는 개념상 구별된다. 지방자치단체의 구역은 당해 지역의 전통성과 역사성에 입각하여 설정되고, 당해 지역주민의 자치의식 내지 공동체의식을 중시하는 점이 그것이다. 구역에는 지방자치단체가 위치하는 곳에 따라 육지·하천·호수는 물론 이들과 접한 해면도 포함된다.

2. 구역의 변경

(1) 폐치·분합

지방자치단체를 신설 또는 폐지하는 것을 말하며, 이러한 폐치·분합에는 ① 하나의 지방자치단체를 둘 이상의 단체로 나누는 분할, ② 둘 이상의 지방자치단체를 합하여 하나의 단체로 만드는 합체(신설합병), ③ 하나의 지방자치단체를 다른 지방자치단체에 흡수시키는 편입(흡수합병) 등이 있다. 폐치·분합은 지방의회의 의견을 들어 법률로 정하여야 한다(지방자치법 제4조 제1항).

(2) 경계변경

지방자치단체의 존폐와는 관계없이 단지 경계만을 변경하는 것을 말한다. 경계변경을 하는 경우에도 관계지방의회의 의견을 들어 법률로 정하지만, 시·군·자치구의 경계변경은 대통령령으로 정한다(지방자치법 제4조 제1항·2항).

(3) 미소속지의 편입

자연적 또는 인공적으로 새로운 땅이 형성되거나 새로이 발견된 경우 그 지역을 어느 지방자치단체의 구역에 편입시키는 것이다. 예컨대, 공유수면매립에 의하여 조성된 지역을 어느 지방자치단체의 구역에 편입시키는 것을 말한다.

Ⅱ. 지방자치단체의 명칭

지방자치단체의 명칭은 종전의 예에 의하되, 이를 변경하거나 지방자치단체를 폐치·분합 할 때에는 관계지방의회의 의견을 들어 법률로써 정한다(제4조 제1항). 다만, 자치구가 아닌 구와 읍·면·동의 명칭은 종전의 예에 의하고, 이를 변경하거나 폐치·분합할 때에는 행정자치부장관의 승인을 얻어 당해 지방자치단체의 조례로 정한다(제4조 제3항).

제4절 지방자치단체의 주민

Ⅰ. 주민의 의의

지방지차단체의 주민은 지방자치단체의 인적 구성요소로서 지방자치단체의 구역안에 주소를 가진 자를 말한다(제12조). 지방자치단체 내에 주소를 가진 자이면 국적·성별·연령·행위능력에 상관없이 주민이 되는 것이므로 본인의 동의는 물론 어떤 행정행위나 절차적 등록 및 공증행위를 요하지 아니하며, 자연인은 물론 법인도 이에 포함되며 자연인에는 외국인도 포함된다.

Ⅱ. 주민의 권리

1. 공공시설이용권

주민은 법령이 정하는 바에 의하여 소속지방자치단체의 재산 및 공공시설(도서관·병원·공원·수도 등)을 이용할 수 있는 권리를 가진다(제13조 제1항).

2. 균등한 행정혜택을 받을 권리

주민은 누구나 지방자치단체로부터 균등하게 행정의 혜택을 받을 권리가 있다(제13조 제1항).

3. 선거에 참여할 권리

(1) 선거권

선거일 현재 19세 이상인 국민으로서 선거인명부작성 기준일 현재 당해 지방자치단체의 관할구역 안에 주민등록이 되어 있는 자는 그 구역에서 선거하는 지방의회의원 및 지방자치단체의 장의 선거권이 있다(공직선거법 제15조 제2항).

(2) 피선거권

선거일 현재 계속하여 60일 이상 당해 지방자치단체의 관할구역 안에 주민등록이 되어 있는 주민으로서 25세 이상의 국민은 그 지방의회의원 및 지방자치단체의 장의 피선거권이 있다.

(3) 주민투표권

지방자치단체의 폐치·분합 또는 주민에게 과도한 부담을 주거나 중대한 영향을 미치는 지방자치단체의 주요결정사항 등에 대하여 지방자치단체의 장은 주민투표에 붙일 수 있으며, 이 경우 주민은 주민투표권을 가진다(지방자치법 제13조의2).

4. 청원권

주민은 지방의회에 청원을 할 수 있다(제65조~제68조). 청원권은 지방자치단체의 현안문제에 대한 의사결정과정에 주민의 참여를 보장하는 것으로서 지방의회의원의 소개를 얻어 청원서의 제출로서 행한다. 청원사항에는 제한이 없지만, 재판에 간섭하거나 법령에 위반되는 것은 허용되지 아니한다.

5. 조례제정 및 개폐청구권

20세 이상의 주민은 20세 이상 국민총수의 20분의1의 범위 안에서 대통령령이 정하는 주민수 이상의 연서로 당해 지방자치단체의 장에게 조례의 제정·개폐를 청구할 수 있다(제13조의3 제1항).

6. 주민의 감사청구권

지방자치단체의 20세 이상의 주민은 20세 이상의 주민총수의 50분의 1의 범위 안에서 당해 지방자치단체의 조례로 정하는 수 이상의 연서로, 당해 지방자치단체와 그

장의 권한에 속하는 사무의 처리가 법령에 위반하거나 공익을 현저하게 해한다고 인정되는 경우에는 감사를 청구할 수 있다. 그러나 ① 수사 또는 재판에 관여하게 되는 사항, ② 개인의 사생활을 침해할 우려가 있는 사항, ③ 다른 기관에서 감사하였거나 감사중인 사항은 그 대상에서 제외된다. 다만, 다른 기관에서 감사한 사항이라도 새로운 사항이 발견되거나 중요한 사항이 감사에서 수락된 경우에는 그러하지 아니하다.

7. 기타의 권리

이 밖에도 주민은 법령(조례 포함)이 정하는 바에 따라 행정쟁송제기권 · 손해배상청구권 · 손실보상청구권을 가지며 지방의회방청권과 지방의회회의록의 열람권 등을 가진다.

Ⅲ. 주민의 의무

주민의 의무로는 ① 비용분담의무, ② 노역 및 물품제공의무, ③ 이용강제의무 등이 있다.

제5절 지방자치단체의 사무

Ⅰ. 개설

전통적 견해에 의하여 지방자치단체의 사무를 자치사무와 위임사무로 나누고 있다. 자치사무는 주민의 복리에 관한 사무로서 헌법과 법률에 의하여 지방자치단체의 사무로 규정된 것을 말하고, 위임사무는 주민의 복리사무 이외의 국가사무를 지방자치단체가 수행하는 것을 말한다.

Ⅱ. 지방자치단체의 사무의 종류

1. 자치사무(고유사무)

자치사무란 당해 지방자치단체의 존립을 위한 사무 및 주민의 복리를 증진시키기 위하여 행하는 사무 등과 같은 자치단체의 본래의 사무를 말하며, 이를 흔히 고유사무라고도 한다. 현행 지방자치법은 자치사무를 포괄적으로 예시하고 있는 한편(제9조), 지방자치단체가 처리할 수 없는 국가의 사무를 명시하고 있다(제11조).

2. 위임사무

위임사무란 지방자치단체가 법령에 의하여 국가 또는 다른 자치단체로부터 위임받아 행하는 사무를 말한다. 위임사무는 자치단체 자체에 위임되는 단체위임사무와 집행기관의 장에게 위임되는 기관위임사무가 있는데, 좁은 의미의 위임사무는 전자만을 의미한다.

제6절 지방자치단체의 자치권(자치고권)

국가가 자신의 과제를 수행하기 위하여 통치권을 가지고 있는 것과 같이 지방자치단체도 당해 지역내에서 자신의 과제를 적절히 수행하기 위하여 일정한 고권적 권리를 가진다. 지방자치단체가 헌법과 지방자치법에 의하여 부여된 사무를 국가로부터 독립하여 수행할 수 있는 이러한 고권적 권리를 자치권(자치고권)이라 한다.

헌법은 제117조 1항에서 「지방자치단체는 주민의 복리에 관한 사무를 처리하고 재산을 관리하며 법령의 범위 안에서 자치에 관한 규정을 제정할 수 있다」고 규정하고 있는바, 이러한 자치고권은 국가에 의하여 승인된 것이므로 법령의 범위 안에서만 인정되고 있다. 자치권의 내용은 보통 자치입법권·자치조직권·자치행정권·자치재정권 등을 들 수 있다.

제7절 지방자치단체의 기관

지방자치단체의 조직형태는 각국의 전통에 따라 다양하지만, 대체로 의결기능과 집행기능이 하나의 기관에 통합되는 기관통합형과 권력분립주의에 입각하여 위의 두 가지 기능을 각각 다른 기관에 분담시키는 기관대립형 및 두 가지를 혼합한 절충형으로 나눌 수 있다.

우리 헌법 제118조 제1항은 「지방자치단체에 의회를 둔다」고 규정하여 헌법상의 필수기관으로서의 지방의회를 두며, 제2항에서는 「… 지방자치단체의 장의 선임방법 기타 지방자치단체의 조직과 운영에 관한 사항은 법률로 정한다」고 하여 집행기관으로서의 지방자치단체의 장에 대한 규정을 두고 있다.

제8절 지방자치단체에 대한 국가의 관여

지방자치단체에 대한 국가의 관여는 ① 그 감독주체에 따라 입법적 관여, 사법적 관여, 행정적 관여로 나누어지고, ② 관여의 내용에 따라 공무원인사에 관한 관여, 조례·규칙의 제정에 관한 관여, 지방의회의 권한행사에 대한 관여, 장의 명령·처분에 대한 지도·감독, 지방행정의 감사 및 지방자치단체간의 분쟁조정 등이 있다.

제9절 지방자치단체 상호간의 관계

Ⅰ. 협력관계

지방자치법은 지방자치단체 상호간의 협력에 관하여 일반적인 협력의무규정을 두고 있는바, 제139조는 「지방자치단체는 다른 지방자치단체로부터 공동처리에 관한 요청이나 사무처리에 관한 협의·조정·승인·지원의 요청이 있는 때에는 법령의 범위 안에서 이에 협력할 의무가 있다」고 규정하고 있다. 따라서 이러한 지방자치단체 상호간의 협력의 방법으로는 사무위탁, 사무의 일부를 공동으로 처리하기 위한 행정협의회의 구성과 지방자치단체조합의 설립 등이 있다.

1. 사무위탁

사무위탁이란 자치단체 또는 그 장이 소관사무의 일부를 다른 자치단체 또는 그 장에게 위탁하여 처리하게 할 수 있는 제도이다. 이러한 사무위탁은 공법상계약으로서의 성질을 가지며, 사무위탁은 소관사무의 일부에 대해서만 가능하다. 시·도 또는 그 장이 사무를 위탁하는 경우에는 행정자치부장관 및 중앙행정기관의 장에게, 시·군·자치구 또는 그 장이 위탁하는 경우에는 시·도지사에게 이를 보고하여야 한다. 사무를 위탁하고자 하는 경우에는 관계 자치단체와의 협의에 따라 규약을 정하여 고시하여야 한다(제141조).

2. 행정협의회

행정협의회란 2개 이상의 지방자치단체에 관련된 사무의 일부를 공동으로 처리하기 위하여 관계자치단체의 행정협의회를 구성하는 것이다. 이 경우에는 관계자치단체간의 협의에 따라 규약을 정하여 관계지방의회의 의결을 거친 다음 공고하여야 한다.

3. 지방자치단체의 장 등의 협의체

지방자치단체의 장 또는 지방의회의 의장은 상호간의 교류와 협력을 증진하고 공동의 문제를 협의하기 위하여 시·도지사간, 시·도의회의 장간, 시장·군수·구청장간 또는 시·군·자치구 의회의장들 간에 전국적인 협의체를 설립할 수 있다. 협의체를 설립할 때에는 당해 협의체의 대표자는 이를 지체없이 행정자치부장관에게 신고하여야 한다. 협의체는 지방자치에 직접적인 영향을 미치는 법령 등에 관하여 정부에 의견을 제출할 수 있다. 협의체의 설립신고와 운영 기타 필요한 사항은 대통령령으로 정한다(제154조의2).

4. 지방자치단체조합

지방자치단체조합이란 2개 이상의 지방자치단체가 하나 또는 둘 이상의 사무를 공동으로 처리하기 위하여 설립한 법인으로서, 특별지방자치단체의 일종이다.

2개 이상의 지방자치단체가 하나 또는 둘 이상의 사무를 공동으로 처리할 필요가 있을 때에 규약을 정하여 당해 지방의회의 의결을 거쳐 시·도는 행정자치부장관의 승인을, 시·군 및 자치구는 시·도지사의 승인을 얻어 지방자치단체조합을 설립할 수 있다(제149조).

5. 지방공사·지방공단의 공동설립

지방공기업법에 의하면 지방자치단체가 상호간에 규약을 정하여 지방공사 또는 지방공단을 공동으로 설립할 수 있다고 규정하였다. 지방공사 등을 공동설립하고자 할 때에는 규약에 공사의 정관을 첨부하여 행정자치부장관의 설립인가를 받아야 한다(제50조·제96조).

Ⅱ. 분쟁의 조정

1. 분쟁조정위원회의 설치·구성

지방자치단체 상호간 또는 지방자치단체의 장 상호간에 분쟁이 있는 경우에는 다른 법률에 특별한 규정이 없는 한 행정자치부장관 또는 시·도지사가 당사자의 신청에 의하여 이를 조정할 수 있다. 즉 특별시·광역시·도 또는 그 장이 당사자인 경우에는 행정자치부장관이, 시·군·자치구 또는 그 장이 당사자인 때에는 특별시장·광역시장·도지사가 중앙행정기관의 장과의 협의를 거쳐 중앙 또는 지방분쟁조정위원회의 의결에 따라 조정하여야 한다(지방자치법 제140조 및 140조의2).

2. 절차·효력 등

행정자치부장관 또는 시·도지사가 조정의 결정을 한때에는 이를 서면으로 지체없이 관계 지방자치단체의 장에게 통보하여야 하며, 통보를 받은 지방자치단체의 장은 그 조정결정사항을 이행하여야 한다(제140조 제4항). 행정자치부장관 또는 시·도지사는 조정결정사항이 성실히 이행되지 아니한 때에는 당해 지방자치단체에 대하여 제157조의2의 규정을 준용하여 이를 강제적으로 이행하게 할 수 있다(제140조 제7항).

그러나 이러한 규정에 의하여서도 분쟁이 해결되지 아니할 경우에는 헌법에 의하여 국무회의의 심의를 거쳐 대통령이 조정하며, 궁극적으로는 헌법재판소의 권한쟁의 심판을 청구할 수 있다(헌법 제111조, 헌법재판소법 제61조 이하).

3. 분쟁조정위원회의 운영 등

중앙분쟁조정위원회 및 지방분쟁조위원회는 각각 위원장을 포함한 11인 이내의 위원으로 구성한다. 분쟁조정위원회는 위원장을 포함한 위원 7인 이상의 출석으로 개의하고, 출석위원 3분의 2 이상의 찬성으로 의결한다.

위원장은 분쟁의 조정과 관련하여 필요하다고 인정되는 때에는 관계공무원, 지방자치단체조합직원, 또는 관계 전문가를 출석시켜 의견을 듣거나 관계기관 또는 단체에 대하여 자료 및 의견제출 등을 요구할 수 있다. 이 경우 분쟁의 당사자에게는 의견진술의 기회를 주어야 한다.

제5장 공무원법

제1절 공무원의 개념과 종류

Ⅰ. 공무원의 개념

공무원이란 국가 또는 지방자치단체의 공무를 담당하는 자로서 그 기관의 구성자이지만 원칙적으로 법인격이 부인되는 국가기관자체와는 달라서 국가 또는 지방자치단체와 별개의 법인격체이므로 국가 또는 지방자치단체와 일정한 권리·의무관계를 형성한다. 공무원의 의의나 범위는 각 실정법상 그 내용을 달리하고 있는 경우가 많으므로 공무원의 범위를 일반적으로 획정할 수는 없고, 개별법에 따라 구체적으로 정할 수밖에 없다.

1. 광의의 공무원

광의의 공무원은 국가 또는 지방자치단체의 공무를 담당하는 일체의 자를 의미한다. 헌법이 「공무원은 국민전체에 대한 봉사자이며, 국민에 대하여 책임을 진다」(제7조 제1항)라고 규정한 것은 이러한 의미의 공무원의 관념에 해당한다.

위와 같은 의미의 공무원은 국가나 지방자치단체에 의하여 임명되는 공무원뿐만 아니라 대통령·국회의원 등과 같이 선거에 의하여 취임하거나 국회의 동의를 요하는 공무원은 물론이고 계약에 의해 공무를 담당하는 자, 고용직 및 임시직 등 모든 공무담당자가 포함된다.

2. 협의의 공무원

협의의 공무원이란 국가 또는 지방자치단체와 공법상의 특별권력관계(특별행정법관계)를 맺고 공무를 담당하는 기관구성자를 의미한다. 이러한 의미의 공무원은 보통 국가 또는 지방자치단체의 피용자로서의 지위를 가지고 있다는 점에 초점을 맞추어 이 관념을 국가·지방자치단체에 의하여 임명되어 그 공무에 종사하는 자로 파악한다. 공무원제도의 기본법이라 할 수 있는 국가공무원법이나 지방공무원법은 공무원의 개념을 정의하지 않고, 공무원을 경력직공무원과 특수경력직공무원으로 대별하고 있는 바, 경력직공무원이 협의의 공무원관념에 해당한다. 국가공무원법과 지방공무원법의 규정들은 대체로 이들에 관하여 규율하고 있다.

Ⅱ. 공무원의 종류

1. 국가공무원과 지방공무원

국가공무원과 지방공무원의 구분에 관해서는 학설의 다툼이 있으나, 실무상으로는 선임주체(選任主體)에 따라 구분하고 있다.

2. 경력직공무원과 특수경력직공무원

국가공무원법 및 지방공무원법은 경력직공무원과 특수경력직공무원으로 대별하고 다시 전자를 일반직공무원·특정직공무원·기능직공무원으로 분류하고 있고, 특수경력직공무원은 다시 정무직공무원·별정직공무원·계약직공무원·고용직공무원으로 분류하고 있다.

(1) 경력직공무원

경력직공무원이란 실적과 자격에 의하여 임용되고 그 신분이 보장되며 평생토록 공무원으로 근무하는 것이 예정되는 공무원 즉, 직업공무원을 말한다. 그 종류로는 일반직공무원, 특정직공무원, 기능직공무원이 있다(국가공무원법 제2조 제2항).

1) 일반직공무원

일반직공무원이란 기술·연구 또는 행정일반에 대한 임무를 담당하며 직군(학예·공안·행정직 등 15개)·직렬(행정직군에 있어서의 일반행정·재무·교육·사회·문화·홍보)별로 분류된다.

2) 특정직공무원

특정직공무원은 특수분야의 업무를 담당하는 공무원으로서 다른 법률이 특정직공무원으로 지정하는 공무원을 말한다. 각 개별법에 의한 법관·검사·외무공무원·경찰공무원·소방공무원·교육공무원·군인·군무원 및 국가정보원직원 등이 이에 속한다.

3) 기능직공무원

기능직공무원이란 기능적인 업무를 담당하며 그 기능별로 분류되는 공무원을 말한다.

(2) 특수경력직공무원

특수경력직공무원이란 경력직공무원이외의 공무원을 말한다. 즉 비직업공무원을 말한다. 그 종류는 다음과 같다(국가공무원법 제2조 제3항).

1) 정무직공무원

정무직공무원은 정치적 판단이나 정책결정을 필요로 하는 중앙정부의 차관급 이상 공무원과 특별시의 행정부시장 정무부 시장 등의 특수경력직공무원 등을 말한다. 이에는 ① 선거에 의하여 취임하거나 임명에 있어 국회의 동의를 요하는 공무원, ② 감사원의 원장 · 감사위원 및 사무총장, 국회의 사무총장 · 차장 · 의정연수원장 및 도서관장, 헌법재판소의 재판관 · 사무처장 및 차장, 중앙선거관리위원회의 상임위원 · 사무총장 및 차장, ③ 국무총리, 국무위원, 처의 처장, 각부의 차관, 청장(통계청장 · 기상청장 · 문화재청장 · 경찰청장 및 해양경찰청장과 중앙행정기관이 아닌 청의 장은 제외), 국무조정실장, 차관급상당이상의 보수를 받는 비서관, ④ 국가정보원의 원장 및 차장, 국가과학기술자문회의의 위원장, 중앙인사위원회의 위원장, ⑤ 기타 다른 법령이 정무직으로 지정하는 공무원 등이 있다.

2) 별정직공무원

별정직공무원은 특정한 업무를 담당하기 위하여 별도의 자격기준에 의하여 임용되는 공무원으로서 법령에서 별정직으로 지정하는 공무원이다. 이에는 ① 국회수석전문위원, ② 감사원 사무차장 및 특별시 · 광역시 · 도선거관리위원회의 상임위원, ③ 국가정보원 기획조정실장, 각급노동위원회 상임위원, 해양안전심판원의 원장 및 심판관, ④ 비서관 · 비서 기타 다른 법령이 별정직으로 지정하는 공무원 등이 있다.

3) 계약직공무원

계약직공무원은 국가와 계약에 의해서 일정한 기간 전문지식이 요구되는 특수업무에 종사하는 공무원이다. 계약직공무원은 일반계약직공무원과 전문계약직공무원으로 구분된다

4) 고용직공무원

고용직공무원은 단순한 노무에 종사하는 공무원이다.

(3) 적용법규

경력직공무원에는 국가공무원법 · 지방공무원법이 적용되는데 대하여 특수경력직 공무원에는 원칙적으로 이들 법률이 적용되지 않는다(국가공무원법 제3조 · 지방공무원법 제3조). 그러나 특수경력직의 국가공무원 · 지방공무원에 대해서도 보수 · 복무에 관한 규정은 적용되고(보수및복무에관한규정(대통령령)으로 정하는 특수경력직공무원에 대해서는 복무에 관한 규정 중 정치활동금지 및 집단행동금지 규정은 적용되지 않음), 또한 징계규정이 준용된다.

3. 정공무원과 준공무원

국가공무원법, 지방공무원법 등 공무원법이 정하고 있는 신분을 가지고 있는 공무원을 정공무원 또는 정규공무원이라 하고, 개별법에서 일정한 범위에서 정공무원의 신분에 준하는 취급을 하도록 규정되어 있는 자를 준공무원(예, 한국은행, 학국방송광고공사 등 정부투자기관의 임원 및 별정우체국장 등)이라 한다.

제2절 우리나라 공무원제도의 기본원칙

Ⅰ. 민주적 공무원제도

1. 국민에 대한 봉사

헌법이 명시하고 있는 바와 같이 공무원은 국민전체에 대한 봉사자이며, 과거의 관리와 같이 특정인에 대한 봉사자도 아니며 또한 집권당에 대한 봉사자도 아니다. 공무원은 국민전체에 대한 봉사자로서 국민전체의 이익(공익)을 위하여 근무하는 것이므로 그 한도에서는 일반근로자와는 달리 특별한 의무와 책임을 지고 기본권을 제한 받을 수도 있다.

2. 국민에 대한 책임

공무원은 주권자인 국민의 수임자이므로 ① 국민으로부터 위임받은 임무를 충실히 수행하지 못할 경우, ② 법을 위배한 경우 등에는 그에 대한 정치적·법적책임을 진다. 정치적 책임은 주로 선거를 통해 묻게 되며, 법적책임은 공무원이 직무상 불법행위를 하였을 때 민사책임·형사책임·공무원법상의 징계책임을 진다.

3. 공무담임의 기회균등

헌법은 국민의 공무담임권을 기본권으로 보장하고 있으며(제25조), 또한 「누구든지 성별·종교 또는 사회적 신분에 의하여 … 모든 영역에 있어서 차별을 받지 아니한다」(제11조 제1항)라고 규정하고 있다.

Ⅱ. 직업공무원제도

헌법은 「공무원의 신분과 정치적 중립성은 법률이 정하는 바에 의하여 보장된다」(제7조 제2항)라고 규정하여 직업공무원제도를 채택하고 있다. 직업공무원제도는 신분보장과 정치적 중립성의 요소이외에 성적주의·능률성 등을 들 수 있다.

1. 신분보장

공무원의 신분보장은 직업공무원제의 핵심적 요소이다. 그런 이유로 헌법은 「공무원의 신분 … 은 법률이 정하는 바에 의하여 보장된다」(제7조 제2항)고 규정하고 있으며, 국가공무원법 등 각종의 공무원법이 그 내용을 구체화하고 있다.

2. 정치적 중립성

헌법은 공무원의 신분보장과 더불어 '정치적 중립성'의 보장을 규정하고 있는바, 이는 정권의 교체에도 불구하고 공무원의 지위가 안정되고 행정의 능률성을 보장하기 위해서는 공무원의 정치적 중립성이 전제되어야 하기 때문이다. 이러한 원칙에 따라 공무원의 일정한 정치운동 및 집단행위가 금지되어 있다(국가공무원법 제65조·제66조, 지방공무원법 제57조·제58조 등).

3. 성적주의

성적주의란 공무원의 임명 등 인사행정에 있어 정치적 고려나 정실을 배제하고 오직 공무원의 능력, 즉 성적을 기초로 하여야 한다는 원칙이다. 각종의 법률이 「공무원의 임용은 시험성적·근무성적 기타 능력의 실증에 의하여 행한다」고 규정하고 있다(국가공무원법 제26조, 지방공무원법 제25조, 교육공무원법 제10조 등).

4. 능률성의 담보

직업공무원제도의 요소로서 능률성의 보장을 들 수 있다. 공무원으로 하여금 그 직무에 필요한 지식·기술·경험을 습득하게 하고, 그 직무를 의욕적이고 능률적으로 수행할 수 있게 하는 제도를 확보하는 것은 오늘날의 공무원제도에 있어 중요한 과제의 하나이다.

제3절 공무원관계의 발생·변경·소멸

Ⅰ. 공무원관계의 발생

공무원관계의 발생원인에는 ① 임명에 의하는 경우, ② 선거에 의하는 경우, ③ 법률의 규정에 의해 당연히 성립하는 경우(병역법에 의한 징집), ④ 계약에 의하는 경우(국가공무원법상 계약직공무원), ⑤ 사무위탁에 의한 경우 등이 있다. 이중 임명에 의한 것이 가장 중요하고 보편적이다.

1. 임명의 의의 및 성질

임명은 특정인에게 공무원으로서의 신분을 부여하며, 공법상의 근무관계를 설정하는 행위이다. 그러한 의미에서 임명은 공무원의 신분을 취득한 자에게 일정한 직위를 부여하는 행위, 즉 보직과 구별된다. 임명의 성질에 관하여서는 쌍방적 행정행위설과 공법상 계약설로 나누어져 있으나 다수설 및 판례는 쌍방적 행정행위설을 취한다.

2. 공무원의 임명권자

일반적으로 5급 이상의 일반직국가공무원의 경우는 소속장관의 제청으로 행정자치부장관과의 협의를 거쳐 국무총리를 경유하여 대통령이 임용하되, 1급 내지 3급의 경우에는 중앙인사위원회의 심의·의결을 거쳐야 한다(국가공무원법 제32조). 그 밖의 공무원의 임명에 있어서는 소속장관이 임용권을 가지되, 소속장관은 소속기관장에게 그 임용권의 일부를 대통령령이 정하는 바에 따라 위임할 수 있다(제32조 제2항).

일반직지방공무원의 경우, 임용권자는 지방자치단체의 장(교육감 포함)이며, 이 경우도 임용권자는 그 권한의 일부를 그 지방자치단체의 조례가 정하는 바에 의하여 보조기관 또는 소속기관의 장에게 위임할 수 있다(지방공무원법 제6조).

3. 임명의 요건

(1) 능력요건

일정한 결격사유에 해당하는 자는 공무원이 될 수 없다. 즉 공무원이 되기 위해서는 법정의 결격사유가 없어야한다. 국가공무원법(제33조)과 지방공무원법(제31조)이 규정하고 있는 결격사유로는 ① 금치산자 또는 한정치산자, ② 파산자로서 복권되지 아니한 자, ③ 금고이상의 형을 받고 그 집행이 종료되거나 집행을 받지 아니하기로 확정된 후 5년을 경과하지 않은 자, ④ 금고이상의 형을 받고 그 집행유예기간이 완료된 날로부터 2년을 경과하지 않은 자, ⑤ 금고이상의 형의 선고유예를 받은 경우에 그 선고유예기간중에 있는 자, ⑥ 법원의 판결 또는 다른 법률에 의하여 자격이 상실·정지된 자, ⑦ 징계에 의하여 파면처분을 받은 때로부터 5년을 경과하지 않은 자 및 징계에 의하여 해임된 날로부터 3년을 경과하지 않은 자이다.

그런데 위의 결격사유에 해당하는 자를 공무원으로 임용하는 행위는 무효로 보아야 하며, 재직중에 결격사유가 발생할 때에는 당연 퇴직사유가 된다(국가공무원법 제69조, 지방공무원법 제61조).

(2) 성적요건(자격요건)

공무원의 임용은 능력요건을 갖춘 자 중에서도 일정한 자격요건을 갖추어야 한다. 그 자격은 시험성적·근무성적 기타 능력의 실증(實證)에 의한다.

4. 임용절차

일반직공무원을 임명할 때에는 다음의 절차를 거쳐야 한다.

(1) 임용후보자명부

시험실시기관의 장(행정자치부장관, 지방자치단체의 장)은 채용시험합격자를 채용후보명부에 등재하여야 하며, 임명권자는 이 명부에 의해 임용함을 원칙으로 한다. 채용후보자명부의 유효기간은 5급 이상의 경우는 5년이고, 기타의 경우는 2년의 범위 내에서 정하되 1년 이내로 더 연장할 수 있다.

(2) 임용후보자의 추천

시험실시기관의 장은 채용후보명부에 등재된 채용후보자를 국회규칙·대법원규칙·대통령령이 정하는 바에 따라 임용권자 또는 임용제청권자에게 추천하되, 공개경쟁합격자의 우선임용을 위하여 필요한 경우에는 국무총리의 명을 받아 행정자치부장관이 근무기관을 지정하여 채용후보자를 임용 또는 임용제청할 수 있다.

(3) 시보임용

5급공무원을 신규채용하는 경우에는 1년, 6급 이하 공무원 및 기능직공무원을 신규채용하는 경우에는 6월의 기간 시보로 임용하고, 그 기간중에 근무성적이 양호한 경우에는 정규공무원으로 임용한다. 시보기간 중에는 공무원으로서 신분보장을 받지 못하며, 그 기간 중 근무성적 또는 교육훈련성적이 불량한 때에는 면직시킬 수 있다.

5. 임용의 형식 및 효력발생시기

임명은 임용장의 교부에 의하는 것이 원칙이다. 그러나 그것이 임용의 효력요건이 아니라 기존의 임명행위를 형식적으로 증명·표시하는 선언적·공증적 효력밖에는 없다고 보는 것이 일반적 견해이다. 공무원은 원칙적으로 임명장(임용장)에 기재된 날짜에 임용된 것으로 보며, 소급임용은 원칙적으로 금지된다.

Ⅱ. 공무원관계의 변경

공무원관계의 변경이란 공무원으로서의 신분을 유지하면서 공무원관계의 내용의 전부 또는 일부를 일시적 또는 영구적인 변경이 생기는 것을 말한다. 공무원관계의 변경의 종류로는 다음과 같은 것이 있다.

1. 승진·전직·전보·복직

(1) 승진

승진이란 동일직렬내의 상위직급에 임용되는 것을 말한다. 계급간 승진 임용은 근무성적평정 · 경력평정 기타 능력의 실증에 의한다. 다만, 1급 내지 3급공무원에의 승진 임용에 있어서는 능력과 경력 등을 고려하고, 5급공무원에의 승진은 승진시험에 의한다.

(2) 전직

전직이란 직렬을 달리하는 임용을 말하며, 시험을 거치는 것이 원칙이나 시험의 일부 또는 전부를 면제할 수 있다. 전직의 예로는 행정사무관에서 외무사무관으로 임용되는 경우이다.

(3) 전보

전보는 예컨대 A과 과장에서 B과 과장으로 발령하는 것과 같이 동일직급 내에서의 보직변경(직위변경)을 말한다. 전보는 정실인사로 악용될 소지가 있으므로 당해직위에 임용된 날로부터 1년 내에는 할 수 없음이 원칙이다.

(4) 복직

복직이란 휴직 · 직위해제 또는 정직중에 있는 공무원을 원래의 직위에 복귀시키는 임용행위를 말한다. 휴직의 경우에는 복직이 보장된다.

2. 휴직 · 직위해제 · 강임

(1) 휴직

휴직이란 공무원의 신분을 보유하면서 직무담임을 일시적으로 해제하는 행위이다. 휴직에는 공무원의 의사여하에 불구하고 임용권자가 행하는 직권휴직과 공무원 본인이 휴직을 원할 때 임용권자가 행하는 의원휴직이 있다. 휴직기간이 만료된 공무원은 30일 이내에 복직신고를 함으로써 당연히 복직된다.

(2) 직위해제

1) 직위해제의 의의와 해제사유

직위해제는 공무원의 신분을 유지하면서 직무담당을 해제하는 행위이다. 공무원 본인의 무능력 등으로 인하여 그에 대한 제재적 의미를 가지는 보직의 해제행위이며, 복직이 보장되지 않는다. 직위해제의 사유로는 ① 직무수행능력이 부족하거나 근무성적이 극히 불량한 자, ② 징계의결이 요구중인 자, ③ 형사사건으로 기소중인 자 등이다.

2) 직위해제의 효력

직위해제를 받은 공무원은 직무에 종사할 수 없으며 출근도 할 수 없다. 직무수행능력이 부족하거나 근무성적이 극히 불량한 사유로 직위해제된 자에게 임용권자 또는 임용제청권자는 3월내의 기간 대기를 명하여, 능력회복이나 근무성적의 향상을 위한 교육훈련 또는 특별한 연구과제의 부여 등 필요한 조치를 하여야 한다.

(3) 강임

강임이란 동일한 직렬 내에서 하위직급의 직위에 임명하거나, 하위직급이 없어서 다른 직렬의 하위직급에 임명하는 것을 말한다.

3. 정직 · 감봉

정직·감봉은 징계의 일종으로 정직은 1월이상 3월 이하의 기간동안 직무에 종사하지 못하고 보수의 3분의 2를 감하는 것을 말하고, 감봉은 1월 이상 3월 이하의 기간동안 보수의 3분의 1을 감하는 것을 말한다.

Ⅲ. 공무원관계의 소멸

공무원관계는 공무원이 공무원으로서의 신분을 상실함으로써 소멸한다. 이와 같은 소멸원인에는 당연퇴직과 면직의 2종이 있다.

1. 당연퇴직

당연퇴직이란 일정한 사유의 발생으로 별도의 행위를 요하지 않고 당연히 공무원관계가 소멸하는 경우이다. 따라서 퇴직발령은 퇴직한 사실을 알리는 관념의 표시에 지나지 않으며, 행정행위(처분)의 성질을 가지지 않는다. 판례도 같은 취지이다.

【판례】 – 당연퇴직의 인사발령은 행정소송의 대상이 아님

:「주한미군측의 고용해제 통보가 있었다면, 위 번역사들은 군무원관계를 소멸시키기 위한 임면권자의 별도 행정처분을 요하지 아니하고 임기만료로 당연퇴직하였으며, 구방부장관 등이 위 번역사들에 대하여 한 위 직권면직의 인사발령은 그 문언상의 표현에도 불구하고 법률상 당연히 발생된 퇴직의 사유 및 시기를 공적으로 확인하여 알려주는 관념의 통지에 불과할 뿐 군무원의 신분을 상실시키는 새로운 형성적 행위가 아니므로 항고소송의 대상이 되는 행정처분이라고 할 수 없다」(대판 1997.10.24, 97누1686).

당연퇴직사유는 ① 공무원법상 결격사유발생(단, 금고 이상의 형의 선고유예를 받은 경우에 그 선고유예기간에 있는 자는 제외), ② 사망·임기만료·정년, ③ 국적상실, 다만 조사적·자문적·교육적인 직무를 담당하는 직에는 외국인도 임명될 수 있다고 볼 것이므로, 그러한 직에 있는 공무원은 국적을 상실하여도 당연퇴직되지 않는다고 할 것이다.

2. 면직

(1) 의원면직

의원면직(依願免職)이란 공무원자신의 사의표시(본인의 사직원)에 의하여 공무원관계를 소멸시키는 행위이다. 그러나 사의표시만으로써 공무원관계가 소멸되는 것은 아니고 면직처분이 있기까지는 공무원관계가 유지된다. 따라서 면직처분이 있기 전에 사직원만 제출해 놓고 직장을 무단이탈하면 징계책임 및 형사책임의 원인이 될 수 있다.

의원면직의 한 형태로서 명예퇴직제가 있다. 명예퇴직이란 공무원으로서 20년 이상 근무한 자가 정년에 달하기 전에 자진퇴직하는 경우에 명예퇴직수당을 지급하는 제도이다.

(2) 일방적 면직

일방적 면직은 국가의 일방적 의사에 의하여 공무원관계를 소멸시키는 단독행위이다. 이에는 징계면직과 직권면직이 있다.

1) 징계면직

이는 징계로 면직시키는 것이며 파면과 해임의 두 가지 종류가 있다. 이는 징계처분이므로 징계절차를 거쳐 행해진다. 해임의 경우는 연금이 지급되는 점에서 파면과 다르다.

2) 직권면직

이는 임용권자가 직권으로 하는 면직처분이며 법정사유가 있는 경우에는 본인의 의사여하에도 불구하고 일방적으로 행해진다. 국가공무원법(제70조)과 지방공무원법(제62조)에 그 사유가 열거되어 있다. 또한 근무성적평정결과 근무성적이 불량한 자는 직권면직시킬 수 있다.

Ⅳ. 불이익처분에 대한 구제

징계처분 기타 본인의 의사에 반하는 불이익처분이나 행정청의 부작위에 대한 구제수단으로 행정심판의 일종인 소청과 소송이 있다. 행정심판법상의 행정심판이 일반적 행정심판이라면 국가공무원법의 소청은 이른바 특별행정심판이다. 소청심사위원회의 심사·결정을 거치지 않으면 행정소송을 제기할 수 없다.

교육공무원과 사립학교교원은 '교원지위향상을위한특별법'(1991)에 의하여 교육인적자원부에 설치된 교원징계재심사위원회에 처분이 있음을 안날로부터 30일이내에 재심청구를 할 수 있다(교원지위향상을위한특별법 제9조).

1. 소청

(1) 소청제도

1) 소청의 의의

소청이란 공무원에 대한 권익침해의 처분이나 행정청의 부작위에 대해 불복하는 경우 소청심사위원회에 심사를 청구하는 행정심판이다.

2) 소청심사위원회

소청심사위원회는 행정자치부에만 설치되어 있는 것이 아니라 국회·법원·헌법재판소 및 선거관리위원회소속공무원의 소청에 관한 사항을 심사결정하게 하기 위하여 국회사무처·법원행정처·헌법재판소사무처 및 중앙선거관리위원회사무처에 각각 당해 소청심사위원회를 둔다.

3) 소청사항

소청의 대상은 징계처분·강임·직위해제·면직처분 기타 본인의 의사에 반하는 불리한 처분이다. 여기서 '본인의 의사에 반하는 불리한 처분'이 무엇을 의미하느냐가 문제되는바, 의원면직의 형식에 의한 면직, 대기명령, 전보, 전직, 경력평정, 당연퇴직, 복직청구, 봉급청구 등이 예시되고 있다.

4) 소청절차

(가) 제기

징계처분·강임·휴직·직위해제 또는 면직처분을 행할 때에는 공무원에게 처분사유설명서를 교부하여야 하는데, 이 경우는 그 설명서를 받은 날로부터 30일 이내에 기타 불리한 처분의 경우에는 그 처분이 있음을 안 날로부터 30일 이내에 소청을 제기할 수 있다. 사유설명서의 교부가 없으면 그 처분은 무효가 되는가에 관하여 판례는 소극적이고, 사유설명서의 교부가 소송서류의 송달로 보아 민사소송법상(제161조~제165조)의 송달방법에 의한 것인가에 관하여 역시 판례는 소극적이다.

(나) 후임자의 보충발령

파면·해임 또는 직무수행능력 부족으로 인한 직권면직의 경우는 40일간 후임자의 보충발령은 할 수 없다. 또한 소청심사위원회는 소청을 접수한 날로부터 5일 이내에 당해 사건의 최종결정이 있을 때까지 후임자의 보충발령을 유예하는 가결정을 할 수 있다.

(다) 심사

소청심사위원회는 소청을 심사함에 있어 필요한 경우에는 검증·감정 기타 사실조사 또는 증인을 환문(喚問)하거나 관계서류의 제출을 명할 수 있고, 소속직원으로 하여금 사실조사를 하게 하거나 전문가에게 검정 또는 감정을 의뢰할 수 있다. 소청을 심사할 때에는 반드시 소청인 또는 그 대리인에게 진술의 기회가 주어져야 하며 이를 거치지 않고 한 결정은 효력이 없다. 인사행정의 적정성보장이라는 공익성을 고려하여 심리에 있어 불고불리의 원칙은 적용되지 않으나, 징계의 원인 또는 소청의 원인이 된 사실이외의 사실에 대하여 심리하지 못한다.

(라) 결정

소청심사위원회의 결정은 위원회가 심사청구를 접수한 날로부터 60일 이내에, 가결정이 있을 경우에는 가결정을 한 날로부터 20일 이내에 최종결정을 하여야 하며 각 임용권자는 그 최종결정이 있을 때까지 후임자를 보충발령하지 못한다.

(2) 재심청구제도

교육공무원과 사립학교 교원의 징계처분 기타 그 의사에 반하는 불리한 처분에 대한 재심을 하게 하기 위하여 교육인적자원부에 교원징계재심위원회를 둔다.

교원이 징계처분 기타 그 의사에 반하는 불리한 처분에 대하여 불복이 있을 때에는 그 처분이 있은 것을 안날로부터 30일 이내에 재심위원회에 재심을 청구할 수 있다.

이 경우에 재심청구인은 변호사를 대리인으로 선임할 수 있다.

2. 행정소송

(1) 소청결정에 대한 행정소송

소청을 제기한 자가 소청심사위원회의 결정에 불복이 있는 때에는 위법하다고 생각되는 경우에 한하여 위원회의 결정서의 송달을 받은 날로부터 90일 이내에 행정소송을 제기할 수 있다. 국가공무원법 제16조와 지방공무원법 제20조 제2항은 행정심판전치주의를 취하고 있으므로 행정소송을 제기하기에 앞서 소청심사위원회의 결정을 거쳐야하나, 소청제기 후 60일이 지나도 결정이 없거나, 그 결정을 기다림으로써 발생할 중대한 손해를 예방하기 위하여 긴급한 필요가 있는 때에는 결정을 거치지 아니하고 바로 행정소송을 제기할 수 있다(행정소송법 제18조 제2항).

(2) 재심결정에 대한 행정소송

교원의지위향상을위한특별법은 「교원은 재심위원회의 결정에 대하여 그 결정서의 송달을 받은 날로부터 60일 이내에 행정소송이 정하는 바에 의하여 소송을 제기할 수 있다」고 하여 교육공무원인 교원이나 사립학교교원의 불복절차를 규정하고 있다.

제4절 공무원의 권리

Ⅰ. 신분상의 권리

1. 신분보장권

헌법은 「공무원의 신분과 정치적 중립성은 법률이 정하는 바에 의하여 보장된다」(제7조 제2항)고 규정하고 있으며, 국가공무원법은 「공무원은 형의 선고 · 징계처분 또는 이 법이 정하는 사유에 의하지 아니하고는 그 의사에 반하여 휴직 · 강임 또는 면직을 당하지 아니한다」(제68조)고 규정하고 있으며, 또한 공무원에 대한 징계처분은 법정사유에 기하여 법정절차에 의하여서만 행할 수 있도록 하고 있다(동법 제78조 내지 제83조의3). 그러나 경력직공무원 중 1급공무원과 시보중에 있는 공무원, 그리고 특수경력직공무원은 신분보장을 받지 못한다.

2. 직위보유권

공무원은 법정사유(직무수행능력의 부족)가 있는 경우를 제외하고는 자기의 직위를 해제당하지 아니하며, 직위해제된 경우에도 그 해제사유가 소멸된 때에는 지체없이 직위를 부여받을 권리를 가진다.

3. 직무집행권(직무수행권)

공무원은 그 직위에 속하는 직무를 방해받지 않고 수행할 권리를 가진다. 따라서 공무원의 공무집행을 방해하게 되면 공무집행방해죄를 구성한다.

4. 직명사용권 · 제복착용권

공무원은 직명(이사관 · 국장 등)을 사용할 권리를 가지며, 일정한 직에 있는 공무원(군인 · 경찰관 · 교도공무원 · 소방공무원 · 세관공무원 등)은 제복을 착용할 권리(이것은 동시에 의무이기도 함)를 가진다.

Ⅱ. 재산상의 권리

1. 보수청구권

(1) 의의

공무원은 근로의 대가로서 보수청구권을 가진다. 여기서 보수란 봉급 기타 각종 수당을 합산한 액을 말한다. 공무원 보수의 성질에 관하여 보수가 공무원의 노동력에 대한 반대급부라고 보는 반대급부설과 공무원의 생활보장을 위한 생활자료라고 보는 생활자료설이 있으나, 국가공무원법은 「공무원의 보수는 일반의 표준생계비 · 민간의 임금 기타 사정을 고려하여 직무의 곤란성 및 책임의 정도에 적응하도록 계급별로 정한다」(제46조)고 규정하고 있다.

(2) 성질 및 양도 · 소멸시효

공무원의 보수청구권은 공무원관계에서 발생하는 권리이므로 공법상의 권리로 보아야 한다. 따라서 보수에 관한 분쟁은 공법상당사자소송에 의하여야 할 것이나, 현재의 소송실무상으로는 민사소송으로 다루고 있다. 보수청구권은 이를 양도하거나 포기할 수 없고, 보수에 대한 압류는 그 금액의 2분의 1에 대해서만 가능하고, 보수청구권의 소멸시효는 5년이다(예산회계법 제96조).

2. 연금청구권

(1) 의의 및 성질

① 공무원의 연금은 공무원이 일정기간 근무하고 퇴직 또는 사망하였거나, 공무로 인한 부상이나 질병으로 퇴직 또는 사망한 경우에 공무원 또는 그 유족에 지급되는 급여를 말한다.

② 연금은 질병·부상·퇴직 등의 이른바 사회적 위험에 대비한 급여라는 점에서 사회보장제도의 일환으로서의 성질을 가진다. 그러나 우리 공무원연금법상의 연금은 갹출금에 의거한 급여라는 점에서 엄격한 의미의 사회보장적 급여는 아니고 사회보험원리에 입각한 급여로서의 성질을 가진다 할 것이다.

(2) 연금의 종류

연금은 단기급여와 장기급여로 나누어지는데, ① 단기급여는 공무원 요양비·공무상 요양일시금·재해부조금 및 사망조의금으로 구분되고, ② 장기급여는 퇴직급여·장해급여·유족급여로 나누어진다. 이 밖에 국가유공자로서의 전몰군경·전상군경·순직공무원·공상공무원과 그 유족 등은 '국가유공자등예우및지원에관한법률'에 의한 예우를 받는다.

(3) 급여의 결정 등

① 각종급여는 그 급여를 받을 권리가 있는 당해 공무원이 자기소속 기관장의 확인을 얻어 신청하는 바에 의하여 행정자치부장관이 결정하고 공무원연금관리공단이 지급하는 것을 원칙으로 하는바, 현재 행정자치부장관의 결정권은 공단에 위탁되어 있다. 행정자치부장관의 결정은 확인행위의 성질을 가진다.

② 급여에 관한 결정 등에 이의가 있는 자는 행정자치부소속 공무원연금급여재심위원회에 심사를 청구할 수 있다. 그 심사청구는 결정(처분)이 있는 날로부터 180일, 그 사실을 안날로부터 60일 이내에 하여야 한다(제80조).

③ 연금을 받을 권리는 원칙적으로 양도·압류하거나 담보에 제공할 수 없다. 다만, 대통령령이 정하는 금융기관에 담보로 제공할 수 있고, 국세징수법 등에 의한 체납처분의 대상으로 할 수 있다. 연금의 급여를 받을 권리는 그 사유가 발생한 날로부터 1년간, 장기급여는 5년간 이를 행사하지 않으면 시효로 소멸된다(제81조).

3. 실비변상청구권

공무원은 그 직무를 수행하기 위하여 특히 비용이 소요되는 경우에 그 실비(여비 등)를 국가 또는 지방자치단체에 대하여 실비변상을 청구할 권리를 가진다. 국내외 출장시의 그 운임·일비·숙박료 등의 청구권이 여기에 해당한다.

Ⅲ. 노동운동에 관한 권리

공무원은 일반적으로 노동운동이 금지되어 있지만, 사실상 노무에 종사하는 공무원은 예외이다. 국가공무원으로서 '사실상 노무에 종사하는 공무원'은 정보통신부 및 철도청소속의 현업기관(現業機關)과 국립의료원의 직업현장에서 노무에 종사하는 기능직공무원 및 고용직공무원은 ① 서무·인사 및 기밀업무에 종사하는 자, ② 경리 및 물품출납사무에 종사하는 자, ③ 노무자의 감독사무에 종사하는 자, ④ 보안업무규정에 의한 보안목표시설의 경비업무에 종사하는 자, ⑤ 승용자동차 및 구급차의 운전에 종사하는 자 이며, 지방공무원으로서의 '사실상 노무에 종사하는 공무원'의 범위는 조례로 정한다.

Ⅳ. 공무원직장협의회에 의한 노동환경개선 등의 청구

1. 협의회의 설립

국가기관·지방자치단체 및 그 하급기관에 근무하는 공무원은 근무환경개선·업무능률향상 및 고충처리 등을 위한 직장협의회(이하 '협의회'라 함)를 설립할 수 있다. 이 협의회는 기관단위로 설립하되, 하나의 기관에는 하나의 협의회만을 설립할 수 있다(공무원직장협의회의설립·운영에관한법률 제1조·제2조). 결국 '1직장 1협의회 원칙'을 취함으로써 복수협의회의 설립이나 협의회의 연합회 결성 등이 금지되는 셈이며, 이점이 노동조합과 그 성격을 달리하는 점이라 하겠다.

2. 가입범위

협의회에 가입할 수 있는 공무원은 ① 6급 이하의 일반직공무원 및 이에 준하는 연구·특수기술직렬의 일반직, ② 특정직공무원 중 6급 이하의 외무공무원, ③ 기능직공무원·고용직공무원, ④ 6급이하의 일반직공무원에 상당하는 별정직공무원, ⑤ ①에 상당하는 별정직공무원을 그 범위로 한다. 다만, 국가공무원법·지방공무원법상 노동운동이 허용되는 공무원과 지휘·감독의 직책이나 인사·예산·경리·물품납부·비서 · 기밀 · 보안 · 경비 또는 자동차운전 기타 이와 유사한 업무에 종사하는 공무원은 협의회에 가입할 수 없다(제3조).

3. 협의사항

협의회가 기관장과 협의할 수 있는 사항으로는 ① 당해 기관 고유의 업무, ② 업무능률사항, ③ 소속공무원의 공무와 관련된 일반적 고충, ④ 기타 기관의 발전에 관한 사항이다(제5조).

Ⅴ. 인사상담 및 고충심사청구권

공무원은 누구나 인사 · 조직 · 처우 등 각종의 직무조건 기타 신상문제에 대하여 인사상담이나 고충의 심사를 청구할 권리를 가진다. 심사청구를 할 경우 청구를 받은 중앙인사기관의 장 · 임용권자 · 인용제청권자는 이를 고충심사위원회에 부의하여 심사하게 하여야 한다(국가공무원법 제76조의2 제1항 · 2항).

제5절 공무원의 의무

Ⅰ. 개설

오늘날의 공무원은 종래의 전통적인 특별관계이론에서와 같이 국가에 대한 권리는 부정되고 법적 근거도 없이 포괄적인 의무를 부담하는 근무관계도 아니다. 헌법은 공무원은 국민전체에 대한 봉사자라고 규정하고 있고, 이에 의거하여 공무원법은 공무원은 국민 또는 국민 전체의 봉사자로서 직무를 민주적이고 능률적으로 수행할 것을 규정하고 있는바, 이것은 공무원의 근무상의 기본원칙을 천명한 것이다.

Ⅱ. 의무의 종류와 그 내용

1. 선서의무

공무원은 취임할 때에 소속기관장 앞에서 국회규칙·대법원규칙·헌법재판소규칙·중앙선거관리위원회규칙 또는 대통령령이 정하는 바에 따라 선서를 하여야 한다. 다만,

불가피한 사유가 있을 때에는 취임후에 선서를 하게 할 수 있다.

2. 성실의무

모든 공무원은 성실히 직무를 수행할 의무를 진다. 성실의무는 공무원에게 부과된 가장 기본적인 중요한 의무로서 최대한으로 공공의 이익을 도모하고 그 불이익을 방지하기 위하여 전인격과 양심을 바쳐서 성실히 직무를 수행하는 것이다. 성실의무위반여부의 판단이 용이한 것은 아니지만 국가공무원법에 성실의무가 규정되어 있는 이상 단순히 정치적 · 윤리적 의무가 아니라 법적인 의무로 보아야 한다.

3. 직무상 의무

(1) 법령준수의무

모든 공무원은 법령을 준수할 의무를 지닌다. 공무원의 법령준수의무는 법치국가에서 너무나 당연한 것이고 가장 기본적인 의무중의 하나이다. 공무원의 법령위반행위는 그 행위의 무효 · 취소의 문제, 손해배상 · 징계책임의 문제를 야기 시킨다.

(2) 복종의무

공무원은 직무를 수행함에 있어 소속상관의 직무상 명령에 복종하여야 한다. 공무원의 조직은 계층체질서로 되어 있기 때문에 상명하복의 원칙 없이는 업무의 집행과 효율성을 기대하기 어렵다. 따라서 공무원의 복종의무는 행정조직에 있어서 필수적이다.

(3) 직무전념의무

1) 직장이탈금지

① 공무원은 직무에 전념할 의무를 지며, 따라서 소속상관의 허가 또는 정당한 이유없이 직장을 이탈하지 못한다. ② 수사기관이 공무원을 구속하고자 할 때에는 사전에 소속기관의 장에게 통보하여야 한다. 다만, 현행범은 그러하지 아니하다.

2) 영리업무 및 겸직의 금지

① 공무원은 공무이외에 영리를 목적으로 하는 업무에 종사하지 못하며, 소속기관장의 허가 없이 다른 직무를 겸하지 못한다. ② 영리를 목적으로 하는 업무의 한계는 국회규칙 · 대법원규칙 · 헌법재판소규칙 · 중앙선거관리위원회규칙 또는 대통령령으로 정한다.

3) 영예제한

공무원은 대통령의 허가 없이 외국정부로부터 영예 또는 증여를 받지 못한다.

4) 정치운동금지

정치적 공무원을 제외한 경력직공무원 등은 헌법상 정치적 중립성을 지켜야 하는 바(헌법 제7조 제2항), 정당 기타 정치단체에 가입 또는 그 조직 등 일정한 정치적 목적을 가진 행위가 금지된다(국가공무원법 제62조). 또한 공무원은 선거에 있어서 특정 정당 또는 특정인의 지지나 반대를 하여서는 아니 된다.

5) 집단행위의 금지

헌법은 「공무원인 근로자는 법률이 정하는 자에 한하여 단결권・단체교섭권・단체행동권을 가진다」(제33조 제2항)고 규정하여 노동3권을 행사할 수 있는 공무원의 범위를 법률로 제한할 수 있도록 하고 있다. 이에 따라 사실상 노무에 종사하는 공무원을 제외한 모든 공무원에 대하여 노동운동 및 공무이외의 모든 집단행동을 금지하고 있다.

(4) 친절・공정의 의무

공무원은 국민전체에 대한 봉사자로서 친절・공정히 직무해야할 의무를 지닌다. 공무원의 직무상의 친절・공정은 단순한 도덕상의 의무가 아니라 법적인 의무이므로 이에 위반하면 징계의 원인이 된다.

(5) 비밀엄수의무

공무원은 재직중은 물론 퇴직 후에도 직무상 지득한 비밀을 엄수하여야 한다. 여기에서 '직무상 지득한 비밀'이란 자신이 처리하는 직무에 관한 비밀뿐만 아니라, 직무와 관련하여 알게 된 모든 비밀도 포함한다. 여기서 '비밀'이란 일단은 법령에 의하여 비밀사항으로 정해진 사항, 관계기관이 비밀문서로 분류해 놓은 사항이 그에 해당한다고 할 수 있다.

공무원의 비밀누설은 징계의 원인이 될 뿐 아니라, 형사상 피의사실공표죄(형법 제125조), 공무상 비밀누설죄(동법 제127조) 등을 구성하며, 또한 공무원이 직무상 지득한 비밀이라 하더라도 공공기관의 정보공개에 관한 법률에 의하여 공개대상 정보에 해당하는 경우에는 이 법이 정하는 절차에 따라 공개되어야 한다. 다만, 정보공개법은 비공개대상정보를 규율하여 일정한 범위의 정보공개를 금하고 있다.

4. 품위유지의무

공무원은 직무의 내외를 불문하고 그 품위를 손상하는 행위를 하여서는 아니 된다. 공무원이 이러한 품위유지에 위반하는 경우에는 징계사유가 된다. 일반적으로 도박·축첩·알코올중독·상스런 언사 등이 품위유지위반행위로 거론되고 있다. 판례상 고등학교교장의 공무원훈련원에서의 시험부정행위, 부첩(夫妾)관계에 있는 여인을 구타한 행위 등을 품위유지위반행위로 판시한바 있다.

5. 청렴의무

공무원은 직무와 관련하여 직접 또는 간접을 불문하고 사례·증여 또는 향응을 접수하여서는 안되고, 또한 직무상의 관계여하를 불문하고 그 소속 상관에 증여하거나 소속 공무원으로부터 증여를 받아서도 아니 된다. 청렴의무의 위반은 징계사유가 되며 경우에 따라서는 형법상 처벌(증·수뢰죄)의 대상이 될 수 있다.

6. 병역사항의 신고의무

공직자등의병역사항신고및공개에관한법률 제2조는 공직자 및 공직후보자는 그와 그 직계비속의 병역사항을 신고하도록 하고, 병무청장은 이를 공개하도록 함으로써 공직을 이용한 부정한 병역면탈을 방지하고 병역의무의 자진이행을 촉진하도록 하고 있다.

제6절 공무원의 책임

Ⅰ. 개설

공무원의 책임이란 공무원이 공무원의 신분에서 의무를 위반함으로써 받게 되는 불이익이나 법적 제재를 말한다. 공무원의 책임은 협의의 책임과 광의의 책임으로 나눌 수 있다.

① 협의의 책임은 공무원이 공무원으로서 지는 의무를 위반하였기 때문에 공무원

관계 내부에서 지게 되는 책임을 말한다. 이에는 징계책임과 국가에 대한 변상책임이 있다. ② 광의의 책임은 징계책임과 변상책임뿐만 아니라 사회법의 침해로 인하여 지는 책임으로서 공무원만이 특히 해당하거나 공무원이라는 신분으로 인하여 가중되는 형사상 책임 및 민사상 책임을 포함하는 책임을 말한다.

Ⅱ. 행정상의 책임(공무원법상 책임)

1. 징계책임

(1) 징계책임의 의의

징계란 공무원의 의무를 위반하거나 비행이 있는 경우에 공무원관계(특별신분관계)의 질서를 유지하기 위하여 임용권자에 의해 공무원법에 따라 과해지는 제재를 말한다. 그 제재로서의 벌을 징계벌이라 하고, 이 벌을 받아야 할 책임을 징계책임이라 한다.

(2) 징계벌과 형벌의 차이

징계벌과 형벌은 의무위반행위에 대한 제재라는 점에서 공통점을 가지고 있으나 양자는 다음의 여러 점에서 그 성질상 차이가 있다.

1) 권력의 기초

징계벌은 직접적으로 공무원관계에 입각한 특별권력에 기초하여 과해지는 처벌이지만, 형벌은 국가의 통치권에 근거하여 과해진다.

2) 목적

징계벌은 공무원관계 내부의 질서를 유지하는 것을 목적으로 하는데 대하여, 형벌은 반사회적 법익침해에 대하여 국가사회의 일반적 법질서를 유지함을 직접 목적으로 하여 과하는 제재이다.

3) 내용

징계벌은 공무원의 신분상 이익의 일부 또는 전부를 박탈하는 것을 내용으로 하는데 대하여, 형벌은 신분상의 이익뿐만 아니라 재산적 이익이나 신체적 자유의 박탈까지도 그 내용으로 한다. 징계벌은 의무위반이라는 객관적 사실에 대하여 과하는 제재이므로, 형벌과는 달리 고의·과실을 요하지 않고 또한 상관은 부하공무원의 의무위반에 대한 감독상의 책임도 면하지 못한다.

4) 대상

징계벌은 공무원법상의 의무위반을 그 대상으로 하는데 대하여, 형벌은 형법상의 의무위반, 즉 형사범을 그 대상으로 한다. 징계벌은 공무원법상의 의무위반행위에 대한 제재이므로 퇴직후에는 과할 수 없으나 형벌은 퇴직여부와 상관없이 가해진다.

(3) 징계벌과 형벌의 병과

징계벌과 형사벌은 목적・내용 등에 있어서 상이하므로 양자를 병과할 수 있으며 병과하더라도 일사부재리원칙에 반하지 아니한다. 예컨대 공무원의 뇌물수수행위에 대하여 형사재판에서 형벌을 과하고 행정조직 내부에서 징계절차에 의하여 징계벌을 과할 수 있다.

현행법은 형사벌과의 관계에 있어서 형사소추선행의 원칙을 취하지 아니하므로 징계벌과 형벌을 과하는 것은 어느 것을 먼저 행해도 관계없다. 다만, 수사중인 사건에 대하여 징계절차를 중지할 수 있으며(국가공무원법 제83조 제2항), 감사원에서 조사중인 사건에 대하여서는 제3항의 규정에 의한 조사개시의 통보를 받은 날로부터 징계의결의 요구 기타 징계절차를 진행하지 못한다(동법 제83조 제1항).

(4) 징계벌과 법치주의

종래 특별권력관계론에서는 공무원의 근무관계는 특별권력관계의 일종으로 간주되어 법률이 침투할 수 없으며, 따라서 법으로부터 자유로운 영역으로 간주되었다. 그 결과 공무원의 징계행위는 공무원 개인의 법적지위를 침해하는 행위라 하더라도 법적근거를 요하지 아니하였다. 그러나 특별권력관계론이 극복되면서 공무원의 징계에 법률의 근거를 요하게 되었다. 우리 헌법도 공무원의 신분은 법률이 정하는 바에 의하여 보장된다(제7조 제2항)고하여 법률의 수권을 요하게 하고 있다. 따라서 공무원을 징계함에 있어서는 징계사유・징계내용・징계절차・징계에 대한 불복 등을 규정한 법률적 근거가 마련되는 것이 당연하다.

(5) 징계원인

1) 징계원인의 내용

징계원인(사유)으로는 ① 국가공무원법(또는 지방공무원법) 및 동법에 의한 명령에 위반하였을 때, ② 직무상의무에 위반하거나 직무에 태만하였을 때, ③ 직무의 내외를 불문하고 그 체면 또는 위신을 손상하는 행위를 한 때 등 세 가지가 있다.

2) 징계원인의 시점과 시효

(가) 시점

징계원인은 재직중에 발생한 것이어야 하나, 재직전(임용전)이라도 그 행위가 재직을 허용하지 못할 정도로 중대한 것인 때에는 임용행위는 취소 또는 철회할 수 있다고 볼 수 있다. 다만 임용권의 행위가 임용후에도 계속하여 공무원의 품위를 손상시킬 경우에는 징계처분이 가능하다 하겠다.

(나) 시효

징계사유가 발생한 경우에도 공무원관계의 안정을 도모하기 위하여 징계의결의 요구는 징계사유가 발생한 날로부터 2년(금품 및 향응수수, 공금횡령・위용의 경우에는 3년)이 경과하면 징계권은 소멸한다(국가공무원법 제83조의2 제1항).

(6) 징계의 종류

징계의 종류로는 파면・해임・정직・감봉・견책의 5종이 있다(제79조).

1) 파면과 해임

① 파면은 징계종류 중 가장 중한 것으로 공무원의 신분을 박탈하는 행위이다. 파면을 당한자는 이후 5년간 공무원에 임용될 수 없다. 또한 공무원 연금법상의 퇴직금급여 및 퇴직수당일부를 감하여 지급한다. ② 해임은 파면과 같이 공무원관계를 해제하는 점에서는 같으나, 해임을 당한자는 이후 3년간 공무원에 임용될 수 없다. 반면에 공무원연금법상의 퇴직급여나 퇴직수당의 감액은 없다.

2) 정직・감봉・견책

① 정직이란 공무원으로서의 신분과 직위를 보유하면서 일정기간 직위를 행사하지 못하도록 하는 징계처분이다. 정직은 1월 이상 3월 이하의 기간으로 하고, 정직처분을 받은 자는 그 기간 중 보수의 3분의 2를 감하는 것이다. ② 감봉은 1월 이상 3월 이하의 기간동안 보수의 3분의 1을 감하는 징계처분이다. ③ 견책이란 공무원의 과오에 대하여 이를 지적하고 반성을 요구하는 징계 중 가장 경한 처분이다. 즉, 견책은 전과에

대하여 훈계하고 회개하게 하는 것이다.

(7) 징계의 절차

1) 징계의결의 요구

공무원이 징계사유에 해당할 때 관할징계위원회에 징계의결을 요구하여야 한다. 그런데 보통징계위원회가 설치된 행정기관의 장은 징계사건의 내용이 중대하거나 당해기관에 설치된 징계위원회에서는 공정한 의결을 못할 우려가 있다고 인정할 때에는 상급기관에 설치된 징계위원회에 징계의결을 요구할 수 있다.

2) 징계위원회의 심의·의결

(가) 심의방식

징계위원회는 출석한 징계혐의자에게 혐의내용에 관한 심문을 행하고 필요하다고 인정할 때에는 관계인의 출석을 요구하여 심문할 수 있다. 징계위원회는 징계혐의자에게 충분한 진술을 할 수 있는 기회를 부여하야야 하며, 징계혐의자는 서면 또는 구술로써 자기에 이익이 되는 사실을 진술하거나 증거를 제출할 수 있다.

(나) 징계의 의결

징계위원회는 징계의결요구서를 접수한 날로부터 30일(제1중앙징계위원회와 제2중앙징계위원회의 경우는 60일)이내에 징계에 관한 의결을 하여야 한다. 부득이한 사유가 있을 때에는 위원회의 의결을 30일에 한하여 그 기간을 연장할 수 있다.

(다) 재심사청구

징계의결을 요구한 기관의 장은 징계위원회의 의결이 경하다고 인정한 때에는 그 처분을 하기 전에 직근상급기관에 설치된 징계위원회(국무총리소속하에 설치된 징계위원회의 의결에 대해서는 그 징계위원회)에 심사 또는 재심사를 청구할 수 있다.

3) 징계의 집행

징계권자는 징계위원회의 징계의결서를 받은 날로부터 15일 이내에 이를 집행하여야 하는바, 징계권자가 징계의결을 집행할 때에는 징계의결서의 사본을 첨부하여 징계처분사유설명서를 피징계자에게 교부하여야 한다.

(8) 징계처분에 대한 불복

징계처분을 받은 자는 처분사유설명서를 받은 날로부터 30일 이내에 소청심사위원회에 심사를 청구할 수 있고, 소청심사위원회의 결정에 불복이 있으면 행정소송을 제기할 수 있다.

2. 변상책임

(1) 국가배상법에 의한 변상책임

공무원이 그 직무를 집행함에 당하여 고의 또는 과실로 법령에 위반하여 타인에게 손해를 가한 경우에, 국가 또는 지방자치단체가 손해를 배상하도록 되어 있다. 이 경우, 국가 또는 지방자치단체는 가해공무원에게 구상권을 행사할 수 있게 되어 있으므로 그 공무원은 국가 또는 지방자치단체에 대하여 변상책임을 지게된다. 또한 도로·하천 등 공공의 영조물의 설치·관리의 하자로 인하여 타인에게 손해를 발생케한 경우에 있어서도 국가 또는 지방자치단체가 그 손해를 배상하도록 하고, 다만 공무원에게 책임이 있는 경우 그에게 구상할 수 있도록 되어 있는바, 이에 의해서도 공무원은 국가 또는 지방자치단체에 대하여 변상책임을 지게된다(국가배상법 제2조·제5조).

(2) 회계관계공무원의 변상책임

회계관계공무원(세입징수관·재무관·지출관·계약관·출납공무원 등)은 국가나 지방자치단체의 회계 및 재정을 책임지고 있는 공무원이므로 이들에게는 일반공무원에 비하여 보다 높은 주의의무가 요구된다. 따라서 '회계관계직원등의책임에관한법률'은 회계관계직원 등의 변상책임의 성립요건·유무 및 배상액의 판정과 그 행사방법에 관하여 규정하고 있다.

Ⅲ. 형사상의 책임

형사상의 책임이란 공무원의 행정법상의 의무위반행위가 동시에 형법 등 형사법에 위반하는 범죄가 되어, 공무원이 이 범죄에 대하여 부담하는 책임을 말한다. 형사상 책임은 광의로는 형사법에 위반한 경우뿐만 아니라 행정형벌이 따르는 행정법규에 위반한 경우에 부과하는 책임까지 포함한다. 어느 경우든 형사소송법이 정하는 바에 따라 처벌받게 된다.

1. 형사벌책임(협의의 형사책임)

형사벌책임은 공무원이 형법상의 '공무원의 직무에 관한 죄'(형법 제122조~제135조)를 범한 경우에 받게 되는 책임을 말한다. 형법이 정하고 있는 '공무원의 직무에 관한 죄'는 내용적으로 보아 직무범과 준직무범으로 구분된다.

① 직무범은 공무원이 직권을 남용하는 등 직무행위 그 자체에 의하여 법익을 침해하는 경우를 말하는 것으로서, 직무유기죄, 직권남용죄, 불법체포·감금죄, 폭행·가혹행위죄, 피의사실공표죄, 공무상 비밀누설죄, 선거방해죄 등이 이에 해당한다.

② 준직무범은 직무행위 그 자체가 범죄를 구성하는 것이 아니라 공무원이라는 신분상 또는 공무원의 직무와 관련이 있기 때문에 일정한 행위가 법익침해행위가 되어 형법상 범죄를 구성하는 경우이다. 수뢰죄, 제3자뇌물공여죄, 사후수뢰죄, 알선수뢰죄, 뇌물공여죄 등이 이에 해당한다.

③ 준직무범 중 수뢰죄·제3자 뇌물공여죄 및 알선수뢰죄에 있어서 공무원이 수수·요구 또는 약속한 금액이 일정 한도를 넘는 경우에는 가중처벌하도록 되어있다(특정범죄가중처벌등에관한법률 제2조).

2. 행정벌책임

각종 행정법규가 특히 공무원의 범죄를 규정하고 있는바, 이 경우 형법에 규정되어 있는 형벌이 가해지는 행정벌이며 원칙적으로 형법총칙과 형사소송법이 적용된다. 공무원의 의무위반행위가 형법상의 범죄행위를 구성하는 경우에는 일반형법이론이 적용되지만, 행정법상의 벌칙에 해당하는 행정범의 경우에는 이에 관한 행정법상의 일반이론이 적용된다.

Ⅳ. 민사상의 책임(공무원의 사인에 대한 배상책임)

공무원이 직무와 관련없이 순수한 개인적 행위로 인하여 타인에게 손해를 가하였을 경우에 피해자에 대하여 민사상의 손해배상책임을 지는 것은 당연하지만, 공무원이 직무상 불법행위로 타인에게 손해를 가한 경우에 가해공무원이 국가 또는 지방자치단체의 구상권 행사에 대한 변상책임을 진다. 그러나 가해공무원이 직접 피해자인 사인에 대해서도 배상책임을 지는가가 문제이다. 이것은 피해자가 국가나 지방자치단체에게 손해배상을 청구할 수도 있고 가해공무원에게도 직접 청구할 수 있는가의 이른바 선택적 청구권의 문제이다. 이에 관해서는 학설상 다툼이 있고 판례 또한 변천을 거듭

하고 있다.

과거의 판례는 선택적 청구권을 긍정하는 경우도 있었고 부정하는 경우도 있었으나 1996년 대법원은 이른바 절충설의 입장을 취하였다(대판 1996.2.15, 95다38677). 이에 따르면 공무원에게 고의 또는 중과실이 있는 경우에는 국가기관의 행위라고 볼 수 없으므로 피해자는 공무원 개인에게도 선택적으로 손해배상을 청구할 수 있도록 하여 가해공무원의 민사상 책임을 인정하였고, 반면에 공무원에게 경과실만 있는 경우에는 피해자는 오로지 국가·지방자치단체를 상대로 해서만 손해배상을 청구할 수 있다는 것이다. 따라서 경과실의 경우에는 공무원은 민사상책임을 지지 않는다.

제 3 편

행정작용법

제1장 행정입법

제1절 개 설

Ⅰ. 행정입법의 의의

행정입법이라 함은 행정기관이 일반적·추상적 규범을 정립하는 행정작용 또는 그에 의해 제정된 규범으로서의 명령을 말한다. 일반적·추상적인 법규범에는 국회에서 제정한 법률과 행정기관이 제정한 법률 및 명령이 있다. 행정입법은 넓은 의미에서는 국가행정권에 의한 입법과 지방자치단체에 의한 자치입법을 포함한다. 전자는 법규의 성질을 가지는 법규명령과 그러한 성질을 가지지 아니한 행정규칙이 있으며, 후자는 제정주체에 따라 조례와 규칙이 있다.

Ⅱ. 행정입법의 필요성

권력분립원리를 국가통치조직의 기본원리로 삼고 있는 근대입헌국가에 있어서는 원칙적으로 법규범의 정립작용은 의회의 소관으로 되어 있다. 우리 헌법도 「입법권은 국회에 속한다」(제40조)고 규정하여 국회입법원칙을 선언하고 있다. 따라서 행정입법은 권력분립원칙에 위배되는 것으로 볼 수 있다. 그러나 현대복지국가에 있어서는 행정기능이 질적·양적으로 확대됨에 따라 행정입법의 요청은 불가피한 것으로 되었고, 헌법이 명문으로 그 인정근거를 명시하기에 이르렀다.

행정입법의 필요성은 ① 현대행정의 고도의 전문성·기술성에 부응한 입법사항의 증대로 전문·기술관료로 조직된 행정부에서 입법하는 것이 보다 합리적이라는 점, ② 행정현상의 급격한 변화에 대처할 수 있는 구체적이고 타당성 있는 방대한 양의 입법의 필요성, ③ 국회의 입법능력의 한계와 국회의 부담경감, ④ 법률의 일반적 규정으로는 지방별 또는 분야별 특수사정을 규율하기 곤란한 점, ⑤ 전시 기타 비상시에의 대처를 위한 광범위한 수권의 필요 등을 들 수 있다.

Ⅲ. 행정입법의 문제점

행정기능의 확대와 더불어 행정입법의 증가추세가 필연적이라 하더라도 행정입법은 어디까지나 법률에 의한 행정의 원리를 보완하는 의미를 가지는 것이다. 따라서 법률을 지나치게 골격입법화하고 백지위임식 수권법화하는 것은 법치주의를 무너뜨리고 국민의 대표기관인 국회의 통제를 벗어나 행정부의 전횡을 초래할 우려가 있으므로, 행정입법의 한계에 관한 적절한 규범을 정립하여 행정입법의 남용을 억제하여야 할 것이다.

제2절 법규명령

Ⅰ. 의의 및 성질

법규명령이라 함은 행정기관이 정립한 성문의 일반적·추상적 명령 중에서 법규의 성질을 가진 것을 말한다. 법규적 성질을 가지고 있다는 것은 모든 국민과 국가기관을 구속하는 대외적·일반적 구속력이 있다는 의미이다. 따라서 법규명령에 위반한 행정권의 행위는 위법행위로서 무효 또는 취소사유가 되며, 이로 인하여 권익이 침해된 국민은 행정쟁송으로 무효확인 또는 취소를 구하거나 손해배상청구소송을 제기할 수 있다.

Ⅱ. 종류

1. 수권(授權)의 근거·범위에 의한 분류

(1) 비상명령

비상명령은 비상사태를 수습하기 위하여 행정부가 직접 헌법에 근거하여 발하는 헌법적 효력을 가진 명령을 말한다. '바이마르헌법' 제48조에 기한 비상조치나 프랑스 제5공화국헌법 제16조에 기한 비상조치가 이에 해당한다. 종래 우리 헌법상 대통령이 발하는 비상조치에도 이에 해당하였지만, 현행 헌법에서는 비상명령은 인정되지 않는다.

(2) 법률대위명령

법률대위명령은 헌법에 직접 근거하여 발하는 법률적 효력을 가지는 명령으로서,

현행 헌법상 대통령의 긴급명령, 긴급재정・경제명령(제76조)이 이에 해당한다. 법률과 동위적 효력을 가지는 명령이라는 점에서 비상명령과 다르다.

(3) 법률종속명령

법률종속명령은 법률보다 하위의 효력을 가지는 명령으로서, 법률적 효력을 가지는 긴급명령 등을 제외한 대통령령・총리령・부령 등이 이에 속한다. 이러한 법률종속명령은 다시 그 내용에 따라 위임명령과 집행명령으로 구분된다.

1) 위임명령(보충명령)

이것은 법률 또는 상위명령에 의하여 위임된 사항에 관하여 발하는 명령으로, 법률이 특정사항에 대하여 구체적으로 범위를 정하여 위임한 사항을 규정하는 대통령령과 법률 또는 대통령령의 위임에 의한 총리령・부령을 말한다.

2) 집행명령

이것은 상위법령의 시행에 관한 세부적 절차・형식 등 기술적 사항을 규정하는 명령이다. 집행명령은 위임명령과는 달리 명시적 수권이 없는 경우에도 발할 수 있으나 국민의 권리・의무에 관한 사항은 창설할 수 없다.

2. 법형식(발령권한의 소재)에 의한 분류

(1) 긴급명령, 긴급재정・경제명령

헌법 제76조는 법률적 효력을 가지는 대통령의 긴급명령과 긴급재정・경제명령을 인정하고 있다.

(2) 대통령령

대통령이 법률에서 구체적으로 범위를 정하여 위임받은 사항이나, 법률을 집행하기 위하여 필요한 사항에 관하여 정하는 법규명령이다. 보통 '시행령'이라는 명칭을 사용한다.

(3) 총리령・부령

총리령이란 국무총리가 법률 또는 대통령령의 위임 또는 직권에 의하여 발하는 명령이며, 부령이란 행정각부의 장이 법률이나 대통령령의 위임 또는 직권으로 발하는 명령으로서 보통 '시행규칙'이라 한다.

총리령과 부령의 우열문제에 관하여는 ① 총리령은 '대통령을 보좌하고 행정에 관하여 대통령의 명을 받아 행정각부를 통할'하는 일이 주된 것이므로 총리령이 부령보다 우월한 효력을 가진다는 견해와 ② 이에 대하여 헌법의 규정으로 보아 양자간에 효력의 차이에 관한 명문규정이 없으므로 부령과 동등한 효력을 가진다는 견해가 대립되어 있으나 효력동위설이 다수설의 견해이다.

(4) 중앙선거관리위원회규칙

중앙선거관리위원회는 법령의 범위 안에서 선거관리, 국민투표관리 또는 정당사무에 관한 규칙을 제정할 수 있다(헌법 제114조 제6항). 이 규칙에는 내용적으로 위임명령과 집행명령이 포함되어 있다.

(5) 감사원규칙

감사원법은 「감사원은 감사에 관한 절차·감사원의 내부규율과 감사사무처리에 관한 규칙을 제정할 수 있다」(제52조)고 규정하고 있다. 이러한 감사원규칙의 법적 성질에 관하여는 학설이 대립하고 있는바, ① 감사원규칙이 헌법에 직접 명시되어 있지 않고, 감사원법에 명시되어 있으므로 행정규칙의 성질을 가진다고 하는 견해와 ② 헌법이 인정하고 있는 행정입법의 법형식을 반드시 제한적으로 볼 필요는 없으므로, 법규명령의 하나로 보아야 한다는 견해이다. 그러나 현재의 다수설은 법규명령의 일종으로 보고 있다.

Ⅲ. 근거 및 한계

1. 근거

법규명령의 제정에는 헌법·법률 또는 상위명령의 근거가 필요하다. 대통령의 긴급명령이나 긴급재정·경제명령은 헌법상의 요건을 충족하는 때에 발할 수 있고, 국회에 의한 사후 통제를 받도록 하고 있으며, 위임명령은 법률의 개별적 수권에 기하여서만 발할 수 있다. 그러나 집행명령은 새로운 법규사항을 정하는 것이 아니므로 헌법이나 상위명령에 의한 명시적 수권규정이 없어도 직권으로 발할 수 있다. 보통 법률에 '본법 시행에 필요한 사항은 대통령령으로 정한다'는 규정을 두고 있으나, 그러한 규정은 주의적 규정에 불과하며 그러한 규정이 없더라도 발할 수 있다.

2. 한계

(1) 대통령의 긴급명령, 긴급재정·경제명령

대통령은 ① 국가의 안위에 관계되는 중대한 교전상태에 있어서, ② 국가를 보위하기 위하여 긴급한 조치가 필요하고, ③ 국회의 집회가 불가능할 때에 한하여 긴급명령을 발할 수 있으며(헌법 제76조 제2항), 또한 ① 내우·외환·천재·지변 또는 중대한 재정·경제상의 위기에 있어서, ② 국가의 안전보장 또는 공공의 안녕질서를 유지하기 위하여 긴급한 조치가 필요하고, ③ 국회의 소집을 기다릴 여유가 없을 때에 긴급재정·경제명령을 발할 수 있다(헌법 제76조 제1항).

(2) 위임명령

1) 포괄적 위임의 금지

국회입법의 원칙상 국회는 자신의 입법권을 전면적으로 다른 기관에 위임할 수 없고(전부위임금지), 비록 일부일지라도 포괄적인 위임은 권력분립주의 내지 법치행정의 원리를 실질적으로 부정하는 것이므로 허용될 수 없다. 헌법 제75조는「…구체적으로 범위를 정하여 위임받은 사항…」이라고 규정함으로써, 행정입법의 규율대상·범위·기준 등을 명확히 할 것을 요구하고 있다.

헌법재판소는 토지초과이득세법이 기준시가를 전적으로 대통령령에 위임한 것은 헌법상의 조세법률주의(제59조) 및 헌법 제75조에 위반됨을 이유로 헌법불합치결정을 내린 바 있으며, 특정범죄가중처벌등에관한법률 제4조는 정부관리 기업체의 임원을 공무원으로 의제하여 가중처벌하는 것과 관련하여, 그 범위를 대통령령에 포괄적으로 위임하고 있어 위헌으로 판시한 바 있다.

2) 헌법상 국회의 전속사항의 위임금지

헌법은 대한민국의 국민이 되는 요건(제2조 제1항), 재산권의 수용·사용·제한 및 보상(제23조 제3항), 행정각부의 설치·조직(제96조) 등을 법률로 정하도록 하고, 또한 죄형법정주의(제13조 제1항), 조세법률주의(제59조)에 관해 규정하고 있는 바, 이는 헌법이 입법사항임을 명시하고 있는 것이다. 다만 이러한 입법사항이 전적으로 법률로 규율되어야 하는 것은 아니고, 적어도 그 기본적 내용은 법률로 정해야 함을 의미한다. 따라서 그 세부적 사항에 관하여 구체적으로 범위를 정하여 행정입법에 위임하는 것은 허용된다.

3) 처벌규정의 위임

헌법상의 죄형법정주의와 관련하여 법률(수권법)이 처벌규정을 행정입법에 위임할 수 있는지가 문제되고 있다. 처벌규정은 처벌대상인 행위의 설정(구성요건)부분과 그 행위에 대한 처벌정도(형벌의 정도)에 관한 부분으로 나누어 볼 수 있다. 통설은 법률(모법)이 범죄구성요건의 구체적 기준을 정하여 위임하거나 처벌의 정도에 관해서도 벌의 상한을 정하여 위임하는 것은 허용된다고 한다.

헌법재판소도 「형벌법규라 하더라도 일정사항의 위임이 불가능하지는 않지만 죄형법정주의의 원칙에 비추어 보건대, 최소한도 범죄의 구성요건의 윤곽만큼은 수권규정 자체에서 예측할 수 있어야 한다」고 판시하였다.

4) 재위임

재위임이란 법률이나 명령에 의하여 위임받은 사항을 다시 하위명령에 위임하는 것을 말한다. 이러한 재위임은 상위의 법령에서 명시적으로 허용하고 있는 경우에는 문제없으나 그러한 명문규정이 없는 경우에, 법령에 의하여 위임받은 사항을 하위명령에 백지재위임하는 것은 실질적으로 수권법의 내용을 변경하는 것이므로 허용되지 않는다. 그러나 수임기관이 위임받은 사항에 관하여 대강을 정한 후 다시 세부적인 사항을 재위임함은 가능하다고 할 것이다.

(3) 집행명령

집행명령은 법률 또는 상위명령을 집행하기 위하여 필요한 세부적 · 구체적 사항만을 규정할 수 있을 뿐이다. 즉 상위법령의 시행에 필요한 구체적인 절차 · 형식 등을 규정할 수 있을 뿐, 새로운 입법사항은 정할 수 없다. 이러한 한계를 넘으면 당해 집행명령은 위법한 것으로 무효라 할 것이나, 실제로는 그 한계가 분명하지 않는 경우가 적지 않다.

Ⅳ. 성립요건 · 효력요건 · 하자(흠)

1. 성립요건

법규명령이 적법 · 유효하게 성립하여 효력을 발생하기 위해서는 다음의 요건을 갖추어야 한다.

(1) 주체상의 요건

법규명령은 대통령 · 국무총리 · 행정각부장관 · 중앙선거관리위원회 등 정당한 권한을 가진 기관이 제정하여야 한다. 다만, 헌법에 명시되어 있지 않는 기관(국무총리 직속기관 · 국세청장 등)도 법규명령을 제정할 수 있는가에 관하여는 다툼이 있다.

(2) 내용상의 요건

법규명령은 그 내용상 법령에 근거하고, 법령의 수권 범위내에서 발해져야 하며, 상위법령에 직접 또는 간접으로 저촉되어서는 아니 된다. 즉 행정행위에 있어서와 마찬가지로 법률유보 · 법률우위의 원칙이 적용되어야 한다. 또한 법규명령은 그 내용이 실현가능한 것이어야 하고 명확하여야 한다.

(3) 절차상의 요건

대통령령 등 법규명령은 소정의 절차에 따라 제정되어야 하는 바, 대통령령은 법제처의 심사와 국무회의의 심의를 거쳐야 하며, 총리령 · 부령은 법제처의 심사만 거쳐 제정된다. 국민의 권리 · 의무 또는 일상생활과 밀접한 관련이 있는 법령의 제정 · 개정안은 그 입법취지 · 주요내용을 관보 · 공보 또는 일간신문에 20일 이상 게재하여 국민에게 예고하여야 하고 이해관계인으로부터 서면에 의한 의견제출을 받아야 한다(행정절차법 제41조 제1항 · 제42조 제1항).

(4) 형식상의 요건

법규명령은 법조문의 형식을 갖추어야 하며, 대통령령에는 전문에 국무회의의 심의를 거친 뜻을 기재하고 대통령이 서명날인한 후, 그 일자를 명기하며 국무총리와 관계 국무위원이 부서한다. 총리령과 부령에는 국무총리 또는 당해 부의 장관이 서명 · 날인하고 일자를 명기한다. 대통령령 · 총리령 및 부령은 각각 그 번호를 붙여야 한다.

(5) 공포

법규명령은 외부에 표시함으로써 유효하게 성립한다. 즉 공포절차가 있어야 한다. 공포는 관보에 게재하여 행하여야 하며, 공포일은 관보발행일이다.

2. 효력요건

법규명령은 위의 성립요건을 갖춤으로써 유효하게 성립되며, 그것이 시행됨으로써 현실적으로 효력(구속력)이 발생하게 된다. 시행일은 당해 명령에서 규정하는 것이 보통이나 특별한 규정이 없으면, 공포한 날로부터 20일을 경과함으로써 효력이 발생한다(법령등공포에관한법률 제18조). 다만 국민의 권리제한 또는 의무부과와 직접 관련되는 법률·대통령령·총리령 및 부령은 긴급히 시행해야 할 특별한 사유가 있는 경우를 제외하고는 공포일로부터 적어도 30일이 경과한 날로부터 시행되도록 하여야 한다(동법 제13조의2).

3. 하자(흠)

법규명령이 적법·유효요건을 결할 때에는 하자있는 명령이 되지만, 그 흠이 중대하고 명백할 때에는 무효가 되고 그렇지 아니하면 취소할 수 있는 명령이 되는가가 문제가 된다. 그러나 법규명령에 흠이 있는 경우에는 무효만 인정되며, 무효와 유효의 중간단계인 '취소할 수 있는 명령'과 같은 것은 존재하지 않는다. 그 이유는 우리의 현행법상 명령에 대한 취소소송이 인정되지 않고 있으며, 또한 법령은 상하관계의 단계구조를 가지고 있기 때문이다.

다만, 당해 법규명령이 처분법규로서의 성질을 가지는 처분적 명령인 때에는 항고소송의 대상이 되며, 판례도 이러한 태도를 취하고 있다. 헌법재판소는 법규명령의 위헌성 여부에 대한 헌법소원을 헌법재판소에 제기할 수 있다는 입장을 취하고 있다.

Ⅴ. 소멸

1. 폐지

법규명령의 효력은 ① 장래에 향하여 소멸시키는 행정권의 의사표시에 의해서 폐지될 수 있으며, ② 또한 내용상 그와 충돌되는 동위 또는 상위의 명령이 제정되거나, 개정됨으로써 그 효력이 소멸될 수 있다.

2. 종기의 도래 또는 해제조건의 성취

법규명령이 이른바 한시법인 경우는 종기의 도래로, 해제조건이 붙은 경우는 그 조건성취에 의하여 효력이 소멸된다.

3. 근거법령의 소멸

법규명령은 상위 또는 동위의 법령에 근거하여 발하여 지는 것이므로 그 근거법인 법률 또는 상위명령이 소멸하면 법적 근거가 없는 것으로 되어 그 효력이 소멸된다.

Ⅵ. 법규명령에 대한 통제

1. 입법적 통제

(1) 간접적 통제

국회가 행정부에 대한 국정감시권의 행사, 즉 예산안심의, 국정감사·조사, 국무총리 등에 대한 질문 등의 방법에 의하여 간접적으로 법규명령의 적법·타당성을 확보하는 것을 말한다.

(2) 직접적 통제

이는 법규명령에 대한 궁극적인 동의 또는 승인권이 국회에 유보되게 함으로써 직접적 통제를 할 수 있게 하는 방법이다. 영국의 의회에의 제출절차나 독일의 동의권유보가 그 대표적 예이다.

우리 헌법은 법률적 효력을 가지는 대통령의 긴급재정·경제명령이나 긴급명령에 대해서 국회가 사후승인을 통해서 직접 통제하고 있는 바, 이는 의회에의 제출절차의 한 형태라 하겠다. 그러나 그 외의 법규명령에 대해서는 직접통제하는 제도가 없으며, 다만 제정된 법규명령 등의 국회에의 송부제도가 있다.

2. 사법적 통제

(1) 일반법원에 의한 통제

이것은 법원의 재판에 의하여 위법한 법규명령을 통제하는 방법이다. 우리나라의 경우 법규명령에 대한 사법적 통제는 구체적 규범통제제도만 인정하고 있다(헌법 제107조 제2항). 따라서 행정소송법상 항고소송의 대상은 '처분등'에 대해서만 인정하고 법규명령의 위헌·위법성을 직접 심사할 수 없다.

법규명령에 대한 구체적 규범통제 방식에 의한 이러한 간접적 통제에서 법규명령의 특정조항이 위헌·위법으로 무효로 판단되더라도 당해 사건에의 적용이 배제될 뿐 그것이 공식절차에 의하여 폐지되지 않는 한 이 규정은 형식적으로 여전히 유효하다. 그러나 무효로 판단된 이상 다른 사건에서도 그 적용을 배제하는 것이 합리적이므로 대세효를 인정하는 것이 실제이다.

(2) 헌법재판소에 의한 통제

헌법 제111조 제1항 제5호에 근거한 헌법재판소법 제68조 제1항은 「공권력의 행사 또는 불행사로 인하여 헌법상 보장된 기본권을 침해받은 자는 법원의 재판을 제외하고는 헌법재판소에 헌법소원심판을 청구할 수 있다」고 규정하고 있다. 그렇다면 헌법재판소도 법규명령의 위헌성 여부에 대한 심판권을 가지고 있는가가 문제되는바, 이에 관하여는 적극설과 소극설이 대립하고 있다.

1) 적극설(다수설)

이 견해는 헌법 제107조 제2항은 '재판의 전제'가 된 경우에 한하여 명령·규칙에 대한 법원의 심사권을 부여하고 있으므로, 명령·규칙이 국민의 기본권을 침해하는 경우에 그에 대한 헌법소원을 인정하는 것은 헌법 제107조 제2항에 위반하는 것이 아니고, 헌법재판소법 제68조 제1항의 '공권력에 대한 행사 또는 불행사'에 대한 헌법소원심판권 속에는 당연히 명령·규칙에 대한 심판권도 포함된다고 한다.

2) 소극설

소극설은 우리 헌법은 법률에 대한 위헌심사권은 헌법재판소에(헌법 제107조 제1항), 명령·규칙에 대한 위헌·위법심사권은 법원에 부여(제107조 제2항)하고 있는 것은 법률에 대한 심판권과 명령·규칙에 대한 심판권을 구분하고 있는 취지이기 때문에 헌법재판소는 명령·규칙에 대한 위헌심판권을 가지고 있지 않다고 한다.

한편, 헌법법재판소는 대법원규칙인 법무사법시행규칙에 따라 법원행정처장의 자유재량사항으로 되어 있는 법무사시험의 시행여부에 대한 위헌심사를 제청한 헌법소원을 받아들여 법무사법시행규칙 제3조 제1항에 대하여 위헌결정을 내린바 있다(헌재결 1990.10.15, 89헌마178).

3. 행정적 통제

(1) 행정감독에 의한 통제

행정조직은 상·하의 계층적 구조로 되어 있어 상급기관은 하급기관의 적법·타당하고 통일성 있는 행정을 기하기 위하여 지휘·감독권을 행사할 수 있는 바, 상급기관은 하급기관의 행정입법을 통제할 수 있으며, 국가는 지방자치단체의 자치입법을 통제할 수 있는 것이다.

따라서 상급행정청은 하급행정청의 행정입법의 행사에 관하여 ① 그 기준과 범위를 정해주거나, ② 그 수권을 철회하거나 위법한 법규명령의 폐지를 명할 수 있으며, ③ 하급행정청 상호간에 행정입법권의 관할에 관하여 분쟁이 있을 때에는 그의 주관쟁의결정권에 의하여 그 분쟁을 해결한다.

(2) 절차적 통제

법규명령의 제정에 있어서는 일정한 절차가 있는 바, 법규명령안의 국민에 대한 사전통지, 이해관계인의 청문, 관계행정기관과의 협의 및 공포 등이다. 이와 같이 일정한 제정절차를 통하여 법규명령의 적법성을 확보할 수 있으며, 이에 대한 예로서 미국 행정절차법의 행정입법절차와 우리나라의 입법예고제가 있다.

(3) 행정심판에 의한 통제

1) 시정조치의 요청

국무총리행정심판위원회는 심판청구를 심리·의결함에 있어서 처분 또는 부작위의 근거가 되는 명령(대통령령, 총리령, 부령, 훈령 등) 등이 법령에 근거가 없거나 상위법령에 위배되거나 국민에게 과도한 부담을 주는 등 현저하게 불합리하다고 인정되는 경우에는 관계행정기관에 대하여 당해 명령 등의 개정·폐지 등 적절한 시정조치를 요청할 수 있다(행정심판법 제42조의2 제1항).

2) 시정조치의 구속성

위의 시정조치의 요청을 받은 관계행정기관은 정당한 사유가 없는 한 이에 따라야 한다(동조 제2항).

4. 국민에 의한 통제

행정절차법상의 입법예고제는 국민의 권리·의무 또는 그 일상생활과 밀접한 관련이 있는 법규명령의 제정·개정에 있어 국민의 의견을 반영하기 위한 것이며, 또한 압력단체의 활동 등 여론에 의한 통제는 행정입법의 적법성 보장의 한 방법이다.

제3절 행정규칙(행정명령)

Ⅰ. 개설

1. 의의

행정규칙이란 행정조직내부 또는 특별행정법관계내부에서 조직이나 활동을 규율하기 위하여 상급행정기관이 하급행정기관에 대하여 발하는 일반적·추상적 규범이다. 이러한 행정규칙은 내부적 효과만을 가질 뿐 대외적으로 구속력이 없는, 즉 법규성이 없는 행정입법을 말한다. 이는 법령의 수권 없이도 발할 수 있으며 원칙적으로 내부에서만 구속력을 가지는 점에서 법규명령과 구별된다.

2. 필요성

오늘날 행정이 복잡해지고 전문화·기술화되어 감에 따라 행정을 규율하고 있는 법률의 해석에 의문이 생기게 되고, 또한 법률이 행정기관에 대해 일정한 범위의 재량이나 판단여지를 부여하고 있다. 따라서 공평한 집행을 위한 준칙 등이 마련되어야 하는바, 행정규칙은 법률해석준칙·재량준칙 등 행정집행을 능률화하고 촉진하기 위해서 필요하다.

Ⅱ. 행정규칙의 법규성 문제

행정규칙의 법규성에 관하여는 법규설과 비법규설의 대립이 있다. 이는 오늘날 행정규칙에 의한 행정작용이 증대하고 있는 현실에서 행정규칙에 근거한 작용으로 인하여 개인의 권익이 침해받는 경우 행정규칙위반작용의 위법성을 다툴 수 있는지가 문제되기 때문이다.

1. 비법규성설

(1) 권력적 기초

종래의 통설은 법규명령은 일반통치권에 기초를 두고 있는데 대하여, 행정규칙은 직접적으로 특별권력관계에 있어서 특별권력에 기초를 두고 있으므로 법령의 수권(위임) 또는 근거를 필요로 하는 법규명령과 구별된다. 따라서 특별권력관계가 성립된 연후에 있어서의 행정규칙은 법령의 근거 없이 정립되는 것이기 때문에 법규성이 없다고 한다.

(2) 규율의 대상과 범위

법규명령은 법규이므로 그의 직접적인 수범자는 국가기관과 국민이 된다. 반면에 행정규칙은 법률이나 법규명령처럼 국가와 국민과의 관계를 규율하는 일반적 효력이 있는 규범이 아니라 행정조직 및 특별권력관계내부에서의 그의 기관 또는 구성원을 직접대상으로 함으로 일면적인 구속력만 있을 뿐, 법규처럼 양면적 구속력은 없다고 한다.

(3) 행정규칙위반의 효과

법규명령을 위반한 행정작용(처분등)은 위법이 되지만, 상급기관의 훈령 등 행정규칙을 위반한 하급기관의 행위는 바로 위법이 되지 아니한다. 그러나 최소한 행정규칙(재량준칙 등)의 위반이 평등원칙위반, 신뢰보호원칙위반 등의 결과를 가져옴으로써 위법이 된다는 점에 관해서는 어느 정도 의견의 일치를 보고 있다.

(4) 위법한 행정규칙과 행정소송

법규명령은 법규성이 있으므로 이에 위배되는 처분에 대해서는 행정소송을 제기할 수 있다. 그러나 행정규칙은 국민을 구속하는 법적 효력이 없음은 물론 법원도 구속하지 못하므로, 행정규칙에 위배되는 처분에 대하여는 원칙적으로 행정소송을 제기할 수 없다.

대법원 및 헌법재판소는 행정규칙의 재판규범성(법규성)을 원칙적으로 부정하고 있는 것으로 보인다(대판 1994.8.9, 94누344; 헌재 1990.9.3, 90헌마13). 그러나 판례 가운데는 행정규칙의 재판규범성을 긍정하는 사례도 있어 논란을 불러일으키고 있다(대판 1994.2.8, 93누111).

2. 법규성설

최근의 새로운 경향으로 행정규칙에 대하여 준법규성 내지 법규성을 인정하는 견해가 있다. 우리나라에서는 독일의 영향을 받아 간접적 효력설과 직접적 효력설로 나누어진다.

① 간접적 효력설에 의하면 행정규칙이 정립되어 적용되게 되면 행정관행이 성립되고 이 경우 특별한 이유 없이 특정인에게만 그것을 적용하지 아니하면 평등원칙위

반으로 위법하게 되어 행정기관은 당해 행정규칙에 따라야 할 자기구속을 당하게 된다. 이와 같은 행정의 자기구속론에 바탕하여 행정규칙은 평등원칙을 매개로 하여 간접적으로 사실상의 대외적 효력을 갖는다고 한다. 간접적 효력설은 행정규칙 자체의 법적 구속력을 부정하는 종래의 통설·판례를 논리적 전제로 하고 있다.

② 직접적 효력설에 의하면 일정한 범위에서 국민에 대하여 직접적으로 법적인 대외적 효력을 인정한다. 즉 행정권에도 일정 한도 내에서 고유한 입법권이 있다는 것이다. 직접적 효력설은 독일에서도 소수설이며 우리나라에서도 소수설이다.

3. 판례

우리나라 대법원은 행정규칙의 재판규범성(법규성)에 대하여 원칙적으로 부정하고 있다. 그러나 예외적으로 국세청훈령인 재산제세조사사무처리규정에 관한 판결(대판 1987.9.29, 86누484), 개별토지가격합동지침에관한 판결(대판 1994.2.8, 93누111), 국세청훈령인 주류도매면허제도개선업무처리지침에 관한 판결(대판 1994.4.26, 93누21668) 등에서 행정규칙의 법규성을 긍정하고 있다.

Ⅲ. 특수한 행정규칙의 성질

1. 법규명령 형식의 행정규칙

행정규칙의 성질을 가진 규정이 법규명령의 형식으로 정립되는 경우에 그것이 법규명령의 성질을 가지는가 아니면 여전히 행정규칙으로서의 성질을 가지는가에 관하여 견해의 대립이 있다.

(1) 적극설(다수설)

이러한 행정규칙은 법규명령으로 전환되어 대국민적·일반적 구속력을 가진다고 한다. 이 견해는 법규명령은 그 고유한 법형식을 가진 법규라는 것을 전제로 한다.

(2) 소극설

이 설은 행정규칙의 성질을 가진 규정이 법규명령의 형식으로 규정되는 경우에도 법규명령의 성질을 가진 규정으로 변경되는 것이 아니라는 견해이다. 비록 형식이 법규명령의 형식을 취하고 있더라도 내용이 행정규칙의 성질을 가진 것이면 행정규칙으로 보아야 한다는 것이다.

(3) 판례

우리 판례는 운전면허취소·정지처분, 음식점영업 등의 허가취소·정지처분, 이용·미용업의 허가취소·정지처분, 자동차운수사업자의 허가취소·정지처분 등의 구체적 기준을 정한 부령에 대하여 국민이나 법원을 기속하는 효력이 없는 행정규칙으로 봄으로써 소극설을 취하고 있었다.

그러나 최근 내용적으로는 재량처분인 제재적 처분의 기준을 정하고 있는 (구)주택건설촉진법시행령 제10조의3 제1항(별표)을 법규명령으로 판시하였고, 보건복지부령인 식품위생법시행규칙에서 행정처분의 기준을 정한 것은 행정기관 내부의 사무처리준칙에 불과하다고 하여, 대통령령의 형식은 법규명령으로 보고 부령의 형식은 행정규칙으로 구분하고 있는바, 이에 관하여는 많은 논란이 일고 있다.

2. 행정규칙 형식의 법규명령

(1) 의의

내용상으로는 법규명령에 해당하는 것을 고시·훈령·지침 등의 행정규칙의 형식으로 제정된 경우에 그 성질과 효과를 어떻게 볼 것인가에 관하여 견해가 대립한다.

(2) 학설

1) 긍정설

행정규칙형식의 법규명령을 긍정하는 견해에 의하면 법규명령은 대통령령·총리령·부령 등 헌법이 규정하고 있는 것만 있는 것이 아니라, 법률 또는 법규명령의 구체적·개별적인 위임에 의하여 법규를 보충하는 기능을 가진 행정규칙이 있다고 한다. 이는 형식은 행정규칙이나 내용은 법규명령으로써 대국민적 효력을 가지는 것으로 법규명령의 일종으로 본다.

2) 부정설

부정설은 헌법이 규정하고 있는 법규명령의 형식은 한정적으로 열거된 것이므로 총리령·부령의 형식이 아닌 훈령·예규 등의 형식을 취하는 이상 그것은 행정규칙이지 법규명령이 아니라는 견해이다.

(3) 판례

판례는 국세청장의 훈령인 재산제세사무처리규정 제72조 제3항을 법규로 보았다.

이 판결에서 대법원은 「당해 재산제세사무처리규정을 국세청장의 훈령의 형식으로 되어 있음에도 불구하고 그것을 소득세법과 그 시행령의 위임에 따라 제정된 것으로서, 그러한 수임한계 내에서는 대외적 구속력이 있는 법규명령으로서의 효력을 가진다고 한 것이다」(대판 1987.9.29, 86누484)라 하였다. 이러한 대법원의 판시내용은 이후 세법뿐만 아니라 다른 법영역에서 행정규칙의 형식으로 발령된 규범에 대해서도 그대로 반복되고 있다.

이에 관한 예로는 ① 수입다변화품목의 지정 및 그 수입절차 등에 관한 상공부훈령인 고시 제91-21호는 「그 근거가 되는 대외무역법시행령 제35조의 규정을 보충하는 기능을 가지면서 그와 결합하여 대외적 효력을 가지는 것」(대판 1993.11.23, 93도662)이라 하였으며, ② 식품제조업허가기준에 관한 고시는 「공익상의 이유로 허가를 할 수 없는 영업의 종류를 지정한 (구)식품위생법 제23조의3 제4호에 따라 보건사회부장관이 발한 것으로서, 실질적으로 법의 규정내용을 보충하는 기능을 지니면서 그것과 결합하여 대외적으로 구속력있는 법규명령의 성질을 가진 것」(대판 1994.3.8, 92누1728)이라고 하였다. 이 외에도 ③ 건축사사무소의 등록취소 및 폐쇄처분에관한규정(건설부훈령 제447호) 제9조소정의 청문절차(대판 1984.9.11, 82누166), ④ 주류도매면허제도개선업무지침(국세청 소비 22644-1831)(대판 1994.4.26, 93누21668), ⑤ 식품제조영업허가기준(허가제한영업을 지정한 보건복지부장관 고시)(대판 1992.10.23, 91누10183), ⑥ 개별토지가격합동조사지침(국무총리훈령)(대판 1994.2.8, 93누111), ⑦ 법무부장관이 정한 출국금지 기준(대판 1992.10.9, 91누10510) 등에서도 법규명령의 성질을 가진다고 하였다.

Ⅳ. 행정규칙의 종류

1. 내용에 의한 구분

(1) 조직규칙

조직규칙이란 행정기관의 설치·조직, 내부적인 권한배분, 사무처리절차 등에 관한 행정규칙을 말한다. 우리나라에서는 행정기관 법정주의에 따라 중앙행정기관 및 보조기관 등의 설치·조직과 직무범위는 법률과 대통령령으로 정하고 있는 결과(헌법 제96조·정부조직법 제2조), 조직규칙에 의한 규율범위는 한정되어 있다.

(2) 근무규칙

근무규칙이란 상급기관이 하급기관 및 그 구성원의 근무에 관한 사항을 계속적으로 규율하기 위하여 발하는 행정규칙이다. 사무관리규정(대통령령) 및 동 시행규칙은 근무를 명하는 지시문서를 훈령 · 지시 · 예규 · 일일명령으로 나누고 있다.

(3) 영조물규칙

영조물규칙이란 국립학교 · 국립도서관 등 공공의 영조물의 조직 · 관리 · 사용(이용) 등을 규율하기 위하여 영조물의 관리청이 발하는 행정규칙이다. 국립대학교학칙, 국립도서관규칙 등이 이에 속한다.

(4) 기타의 유형

1) 규범구체화행정규칙

입법부가 전문성 · 기술성 등을 이유로 행정청에게 세부적인 사항을 구체적으로 규정할 권한을 위임한 경우에 제정되는 행정규칙이다. 독일 Whyl판결(BVerwGE 72, 300)에서 장관의 방사능유출기준을 정한 지침이나 우리나라에 있어서 국세청장훈령인 재산제세사무처리규정이 그 예이다. 다만 대법원은 이를 행정규칙형식의 법규명령으로 본다.

2) 간소화규칙

과세처분 등 대량적 행정행위를 발하는 경우에 그 지침을 정해주는 것으로 행정통제규칙의 일종으로 볼 수 있다.

3) 법률대위규칙

특히 급부행정분야에서 관계법령이 정하여져 있지 않은 영역에 있어서 관계법령이 정하여질 때까지 행정통제규칙의 기능을 발휘하는 것을 말한다.

4) 재량준칙

하급행정청이 그의 재량권을 남용하거나 일탈하지 않도록 상급관청이 재량권행사에 관한 기준을 정하여 주는 행정규칙이다. 이는 평등의 원칙 또는 신뢰보호의 원칙을 통하여 법규화되는 것으로 평가받고 있다.

2. 형식에 의한 구분

(1) 훈령

훈령이란 상급기관이 하급기관에 대하여 상당히 장기간에 걸쳐 그 권한의 행사를 일반적으로 지휘·감독하기 위하여 발하는 명령이다.

(2) 지시

지시란 상급기관이 하급기관에 대해서 직권이나 또는 하급기관의 문의나 신청에 의하여 개별적·구체적으로 발하는 명령을 말한다. 다만, 내용이 일반적·추상적 규율이 아닌 경우는 행정규칙에 해당되지 않는다고 보아야 할 것이다.

(3) 예규

예규란 법규문서 이외의 문서로서 반복적 행정사무의 기준을 제시하는 명령이다. 대법원은 행정규칙의 법규성을 부정하지만 행정규칙의 법규성을 인정한 경우도 있다. 대법원은 무허가건물철거업무에 관한 서울특별시의 예규와 관련하여 행정사무처리기준인 행정규칙의 법규성을 인정하는 태도를 보였다(대판 1981.7.28, 81누39).

(4) 일일명령

일일명령이란 당직·출장·시간외근무·휴가 등 일일업무에 관한 명령이다. 다만 그 내용이 일반·추상적인 규율이 아닌 경우에는 행정규칙이 아니고 직무명령에 해당한다 할 것이다.

(5) 고시

고시는 일반적으로 행정규칙으로 이해되어 왔으나 고시는 그 근거가 되는 법령의 규정과 결합하여 법규적 성질을 띄는 것이 많다. 따라서 고시에 대해서는 행정기관의 의사표시의 한 방법으로 그의 법적 성질 내지 효력은 담겨진 내용에 의해 개별적으로 판단하여야 한다.

V. 근거와 한계

1. 근거

행정규칙은 개인의 권리·의무와 직접관계가 없으므로, 행정기관이 상위법령의 수권없이 자기에게 주어진 직무권한 내에서 발할 수 있다. 다만, 특정한 공고·고시·훈령과 같이 법규의 보충명령성질을 가진 경우는 법규의 구체적 위임이 있어야 한다.

2. 한계

행정규칙은 ① 법령과 상급감독기관의 행정규칙에 위배되지 않는 한도 안에서 발해야 하며(법령상 한계), ② 재량의 범위를 넘어 법령에서 예기치 아니한 국민의 권리·의무에 관한 사항을 새로이 정할 수 없으며(사항상 한계), ③ 특정의 행정목적달성을 위하여 필요한 한도 안에서 제정하여야 한다(목적상 한계).

Ⅵ. 성립요건·효력요건·하자(흠)

1. 성립요건

(1) 주체상의 요건

행정규칙은 이를 발할 권한이 있는 행정기관이 그 명을 받을 의무가 있는 기관에 대해 발해야 한다. 법령에 의하여 재량권, 포괄적 감독권, 관리권 등이 있는 경우에 그 범위 내에서 법률적 수권없이 발할 수 있다.

(2) 내용상의 요건

행정규칙도 다른 행정작용에 있어서와 같이 법률우위의 원칙, 비례의 원칙 등 법의 일반원칙에 위반되어서는 아니 되며, 특별권력관계의 목적달성에 필요한 한계를 넘어 복종자에 대하여 필요 이상의 자유를 제한하는 규정을 두어서는 아니 되고, 사회통념에 비추어 내용이 실현불가능하거나 불확실한 것을 명하는 내용이어서는 아니 된다.

(3) 절차상의 요건

행정규칙의 제정에 있어서 일반적으로 따라야 할 법정의 절차는 없으나, 법령상 다른 기관에의 경유, 상급기관의 승인 등의 절차가 규정되어 있으면 이를 거쳐야 함은 물론이다.

(4) 형식상의 요건

행정규칙은 일반적으로 요식행위는 아니나, 법조의 형식을 갖춘 문서로서 함이 일반적이다. 문서로서 하는 경우 보통 고시·훈령·예규·통첩·지침 등으로 행해지나, 고유한 형식이 있는 것이 아니다. 반드시 문서로서 할 필요가 있는 것이 아니기 때문에 구술로 하여도 무방하다.

(5) 표시

행정규칙은 법규명령과는 달리 반드시 공포라는 형식에 의하도록 요구되는 것은 아니다. 따라서 관보게재 · 게시 · 사본배포 · 전문 등 어떤 방법으로든지 수범자가 알 수 있는 상태면 효력이 발생한다. 그러나 행정규칙 중에는 현실적으로 국민의 권리 · 의무에 영향을 미치는 것이 많다는 점에 비추어 예측가능성과 법적 안정성을 위하여 법령과 같이 대외적 공표가 요청된다 할 것이다.

2. 효력요건

행정규칙은 행정조직내부에서만 타당한 규범이므로 반드시 관보에 게재하여 공포함으로써 효력을 발생하는 것이 아니다. 따라서 특별한 규정이 없는 한 성립요건을 갖춘 때부터 구속력을 발생한다. 즉 어떤 방법으로든지 수명기관에 도달한 때부터 효력을 발생한다. 그러나 행정규칙 중에는 국민생활과 직접으로 관련된 것이 많기 때문에 비록 발효요건은 아니지만 대통령훈령과 국무총리훈령은 관보에 게재하도록 하고 있으며, 그 이외에 중앙행정기관의 훈령도 중요한 내용의 것은 관보에 게재한다.

3. 하자

행정규칙이 위의 요건을 갖추지 못하면 하자있는 행정규칙이 되어 무효로 된다. 하자 있으면 무효이고 '취소할 수 있는 행정규칙'은 성립하지 아니 한다. 현행법상 명령에 대한 취소소송이 인정되고 있지 않고, 또한 법령은 상하관계를 형성하고 있는 법단계구조상 당연히 그러하여야 하기 때문이다.

Ⅶ. 행정규칙의 소멸

행정규칙은 명시적 · 묵시적 폐지, 종기의 도래, 해제조건의 성취 등에 의하여 소멸한다.

Ⅷ. 행정규칙의 통제

1. 입법적 통제

법규명령의 경우와 같이 현행법제상 행정규칙의 성립 · 발효에 직접 통제를 가할 수 있는 직접적 통제수단, 예컨대 국회의 동의권 유보 · 적극적 결의 · 소극적 결의 · 폐지 · 제출절차 등은 없다. 그러나 국회가 정부에 대하여 가지는 국정감시권의 발동을 통해 간접적으로 통제를 가하는 간접적 통제수단으로는 국정감사와 국정조사(헌법 제61조), 국무위원해임건의(헌법 제63조), 대정부질문(헌법 제62조), 탄핵소추제도(헌법 제65조) 등을 들 수 있다.

2. 행정적 통제

행정규칙에 대한 행정적 통제로는 ① 상급행정기관의 하급행정기관에 대한 지휘·감독권에 의한 통제, ② 법규명령의 경우와 마찬가지로 절차상의 통제, ③ 행정심판법 제42조의2에서 국무총리행정심판위원회로 하여금 법령의 개선에 관한 통제권을 부여하고 있다.

3. 사법적 통제

(1) 일반법원에 의한 통제

1) 행정규칙 자체에 대한 사법심사

종래의 판례는 행정규칙 그 자체는 처분성이 없으므로 행정소송의 대상이 되지 아니할 뿐만 아니라, 행정규칙은 법규성이 없기 때문에 재판규범이 될 수도 없다고 한다. 그러나 학설상으로는 행정규칙 그 자체가 국민의 권리·의무와 직접 관련되는 사항을 규정하고, 또한 그러한 규칙에 의거 국민의 권익이 침해되고, 국민이 행정규칙 그 자체를 다투지 않고는 도저히 구제를 받을 수 없는 특별한 사정이 있는 경우에는 처분성을 인정한다. 예컨대 상급행정청이 특정건축업자가 생산한 건축자재가 화재의 위험이 있으니 사용허가를 하지 말라는 지시가 있어서 그 지시에 의하여 사용허가가 거부될 운명에 놓인 경우이다.

2) 행정규칙에 위반한 행정행위에 대한 사법심사

상급행정기관의 행정규칙에 위반한 하급행정기관의 행위는 원칙적으로 위법이 되지 아니하고 징계사유가 될 뿐이다. 따라서 그 처분을 다투는 행정소송을 제기할 수 없다. 그러나 행정규칙에 법규성을 인정한다면 이에 위반한 행정처분은 위법성을 띠게 되어 행정소송의 대상이 된다 하겠다.

(2) 헌법재판소에 의한 통제

행정규칙은 원칙적으로 헌법소원의 대상이 되지 않는다. 그러나 행정규칙에 의하여 개인의 기본권이 침해되고 아울러 다른 방법으로는 그러한 침해에 대한 구제방법이 없다면 헌법소원을 제기할 수 있을 것이다. 헌법재판소도 고시·훈령·예규 등과 같은 행정규칙의 형식도 그것이 상위법령과 결합하여 대외적인 구속력을 갖는 법규명령으로 기능하게 된다고 하여야 할 것인 바, 청구인이 법령과 예규의 관계규정으로 직접 기본권의 침해를 당하였다면 헌법소원심판을 청구할 수 있다고 하였다.

제2장 행정행위

제1절 행정행위의 개념과 특성

Ⅰ. 개설

행정행위는 본래 실정법상의 개념이 아니고, 학문상의 개념으로 성립된 것이다. 행정행위의 개념은 행정재판제도를 가지고 있었던 프랑스·독일 등 대륙법계 국가에서 성립·발달하였다. 이들 국가에서는 다양한 행정작용 중에서 다른 작용과 구별되는 일정한 개념적 특징을 가지고 있고, 특수한 법적 규율을 받는 행위형식이 존재한다는 사실에 입각하여 이를 행정행위라는 개념으로 정립하였다. 이에 반하여 영미법계국가에서는 종래 행정재판제도가 인정되지 않았고, 공법과 사법의 이원적 법체계가 부정되었기 때문에 대륙에서와 같은 행정행위의 개념을 특별히 성립시킬 필요가 없었다. 다만 20세기에 들어와서 행정기능이 확대·강화됨에 따라 미국 등에서 행정행위의 용어가 나타나고 있으나 독일이나 한국에서 사용하고 있는 것과는 그 성질이나 개념의 폭을 달리한다.

Ⅱ. 행정행위의 개념

1. 학설

(1) 최광의설

행정행위는 최광의로는 '행정청이 행하는 모든 행위'를 의미한다. 이러한 의미의 행정행위에는 사법행위·사실행위·행정입법·통치행위 등 모든 행정작용이 포함된다.

(2) 광의설

행정행위는 광의로는 '행정청에 의한 공법행위'를 의미한다. 이러한 의미의 행정행위는 최광의의 행정행위에서 사실행위·사법행위 등이 제외되지만 입법행위·권력적 행위·비권력직 행위가 포함된다.

(3) 협의설

협의의 행정행위는 '행정청이 법 아래서 구체적 사실에 관한 법집행으로서 행하는 공법행위'를 의미한다. 이러한 의미의 행정행위는 광의의 행정행위에서 다시 행정입법과 통치행위가 제외되지만 비권력행위인 공법상 계약·공법상 합동행위가 포함된다.

(4) 최협의설

최협의의 행정행위는 '행정주체가 법 아래서 구체적 사실에 관한 법집행으로서 행하는 권력적 단독행위인 공법행위'를 말한다. 이러한 의미의 행정행위는 협의의 행정행위에서 공법상 계약·공법상 합동행위를 제외한 권력적 단독행위만을 의미한다. 이것이 현재의 통설적 견해이고 판례의 태도이다.

2. 행정행위의 개념요소

현재의 통설과 판례가 취하고 있는 최협의설에 따라 행정행위의 개념을 분석한다면 다음과 같은 점을 들 수 있다.

(1) 행정청의 행위

행정주체는 행정청에 의하여 대표되므로, 행정행위는 행정청의 행위이다. 행정청은 일반적으로 국가·지방자치단체 등 행정주체의 의사를 표시할 수 있는 권한을 가진 행정기관을 의미한다. 그러나 여기서 행정청은 반드시 조직법상의 행정청을 의미하는 것은 아니며, 실질적·기능적 의미의 행정청을 의미한다. 따라서 보조기관(국장 등)이나 공사 기타 공법인은 물론이고 이른바 공무수탁사인도 포함된다. 대법원은 지방의회의 의결을 행정처분으로 판시한 바 있다.

(2) 구체적 사실에 관한 규율행위

행정행위는 구체적 사실을 규율하는 행위이다. 따라서 행정청에 의한 법의 제정작용 내지는 그의 산물로서의 행정입법은 일반적·추상적 규율이므로 행정행위가 아니다. 이에 반하여 구체적 사실을 규율하는 행위인 한, 불특정다수인을 대상으로 하는 일반처분도 행정행위로 간주되고 있다. 예컨대 한강다리 통행금지, '모일·모장소에서의 집회금지'가 이에 해당한다. 또한 일반처분의 일종으로 이른바 물적 행정행위를 들 수 있다. 예컨대 행정청이 어느 도로구간을 주차금지구역으로 지정하거나 공물의 공용지정을 한 경우에, 이러한 조치의 직접적 규율은 물건(공물·공공시설)이며 사람은 그에 의해 간접적으로 규율 받을 뿐인 바, 독일의 행정절차법(제35조 제2문)은 일반처분의 내용에 물적 행정행위를 포함시키고 있다.

(3) 외부에 대한 법적 행위

행정행위는 개인에 대해 직접적으로 권리·의무를 발생·변경·소멸시키는 법적 행위이다. 따라서 직접적으로는 법적 효과가 발생하지 아니하는 사실행위는 행정행위가 아니며, 또한 행정기관 상호간에 있어서의 내부적 행위(상급관청의 하급관청에 대한 명령·승인·동의 등)는 행정내부에서만 결정된 것이고 밖으로 표시되지 않은 행위이므로 행정행위가 아니다. 그러나 이른바 특별권력관계(특별행정법관계)에 있어서의 행위도 그 구성원 개인의 권리·의무에 직접적 관련이 되는 행위는 행정행위로서의 성격을 인정하는 것이 현재의 학설·판례의 입장이다.

(4) 공법행위

행정행위는 공법상의 행위이다. 여기서 공법상의 행위란 행위의 근거가 공법적이라는 것이고, 그 효과가 공법적이라는 것이 아니다. 행정행위는 공법행위이므로 행정상의 사법작용(국고행정)은 행정행위가 아니다.

(5) 권력적 단독행위

행정행위는 공법상의 일방적·권력적 행위이므로 공법상의 쌍방적 행위인 공법상 계약 및 공법상 합동행위와 구별된다. 일방적 행위인 한 상대방의 협력(신청·동의 등)이 필요하다 하더라도 당해 법률관계의 내용이 법률에 정한 바에 따라 행정청의 일방적 행위에 의해 결정되기 때문에 행정행위이다(이른바 쌍방적 행정행위).

Ⅲ. 행정쟁송법상 처분의 개념과 구별

1. 행정쟁송법상의 처분의 개념

행정심판법 제2조 제1항은 「처분이라 함은 행정청이 행하는 구체적 사실에 관한 법집행으로서의 공권력의 행사 또는 그 거부와 그밖에 이에 준하는 행정작용을 말한다」라고 정의하고 있으며, 행정소송법 역시 같은 처분개념을 받아들이는 동시에 그 처분과 행정심판의 재결을 합쳐서 '처분등'이라 하고 있다.

2. 행정행위와 행정처분과의 관계

행정쟁송법이 처분의 개념을 정의해 둠으로써 학문상 행정행위(실체법적 행정행위)와 쟁송법상의 처분의 개념(형식적 행정행위)을 어떻게 볼 것인가가 문제가 된다. 이에 대하여 일원설과 이원설이 대립하고 있다. 즉 일원설은 양자를 동일한 개념으로 보면서 그 처분과 타행정작용과의 구별의 징표를 철저히 탐구하려는 입장으로서, 판례도 기본적으로는 이설에 가깝다고 볼 수 있다.

한편, 이원설은 양자를 다른 것으로 보고 행정쟁송법상의 처분의 개념의 범위를 확대하려고 노력하는 입장이라고 할 수 있다. 이원설은 학문적 의미의 행정행위에 해당하지 않는 행정작용을 일체 항고쟁송의 대상이 되는 처분으로 인정하지 않는 태도를 견지하면, 다양화된 현대적 행정활동에 대하여 효과적인 권리구제를 도모할 수 없다고 한다.

3. 형식적 행정행위론

행정행위는 행위의 실질(내용의 실질)을 기준으로 구성된 개념으로 이를 실체법상 행정행위(실체법상 처분개념)라 부르고, 이와는 별도로 행정소송의 대상을 확대하여 국민의 권리구제의 폭을 넓히기 위해 쟁송법상 타당한 행정행위개념을 정립하려는 입장이 있는 바, 이러한 견해를 이른바 형식적 행정행위, 즉 쟁송법상 처분개념이라 한다.

Ⅳ. 행정행위의 특수성

1. 법적합성

법률에 의한 행정의 원리의 당연한 결과로 행정의사는 법에 적합한 것이어야 한다. 이는 사적 자치의 원칙상 사인의 고유한 의사에 따라 법에 반하지 아니하는 범위 내에서 자유롭게 형성·행사될 수 있는 사법상의 법률행위와 구별된다.

2. 공정력(예선적 효력)

전통적 견해에 의하면 공정력이란 행정행위가 중대하고도 명백한 하자가 있어 당연무효가 아닌 한 일단 유효한 것으로 통용되고, 취소권한을 가진 기관에 의해 취소되기 전까지는 누구도 그 효력을 부인할 수 없는 힘을 말한다. 예컨대 운전면허의 정지처분을 받은 자는 그 처분에 하자가 있다하더라도 일단 면허증을 납부하고 운전을 하지 말아야 하며, 그렇지 않고 계속 운전하면 면허취소를 받게 된다.

3. 구성요건적 효력

전통적 견해에 의하면 공정력은 행위의 상대방은 물론 다른 행정청·법원 그리고 제3자에게도 효력이 미친다. 그러나 일부의 견해에 의하면 공정력은 행위의 상대방과 이해관계인에게만 미치는 효력이고, 다른 행정청이나 법원에 대한 효력은 구성요건적 효력이라고 한다. 예컨대 법무부장관이 갑에게 귀화허가를 하였다면 산업자원부장관은 그 귀화허가가 당연무효가 아닌 한 하자가 있다는 이유만으로 갑에게 광업권허가 신청권자로서의 자격이 없다고 할 수는 없다.

4. 존속력(확정력)

(1) 불가쟁력

쟁송기간의 도과, 쟁송수단을 다 거친 후에는 상대방 또는 이해관계인은 더 이상 행정행위의 위법·부당성을 다툴 수 없게 되는 바, 이러한 행정행위의 구속력을 불가쟁력 또는 형식적 존속력이라 한다.

(2) 불가변력

행정행위에 하자가 있거나 혹은 행정행위를 더 이상 존속시킬 수 없는 새로운 사정이 발생하는 경우 이를 이유로 취소·변경 또는 철회하는 것이 원칙이다. 이는 행정행위의 하자 또는 부적합성을 시정함으로써 법치주의를 확보하고 행정의 공익적합성을 유지하기 위한 수단으로 간주된다. 그러나 일부의 행정행위는 행정청의 직권에 의한 취소·철회가 제약받는 경우가 있는 바, 행정행위가 갖는 이러한 힘을 불가변력 또는 실질적 존속력이라 한다.

5. 실효성

(1) 제재력(행정벌)

행정행위에 의하여 부과된 의무(주로 부작위의무)를 상대방이 위반하는 경우(예, 허가없이 영업이나 건축을 하는 등)에 그에 대한 제재로 행정벌(행정형벌·행정질서벌)이 과해지는 경우를 말한다.

(2) 자력집행력

행정법관계에 있어서는 사법관계에서와는 달리 행정행위에 의해 부과된 의무를 이행하지 않는 경우에는 행정청이 법원의 도움없이 스스로의 강제력에 의해 직접 의무의 내용을 실현할 수 있고, 또한 상대방에게는 그것을 수인할 것을 요구할 수 있는 행정행위의 효력을 자력집행력이라 한다.

6. 구제제도의 특수성

(1) 행정상 손해전보제도의 특수성

적법한 공권력의 행사(수용 등)를 통해 재산권을 침해받은 자에게는 행정상 손실보상제도(헌법 제23조 및 각 단행법)가, 위법한 행정활동으로 인한 손해를 받은 자에게는 국가배상제도(헌법 제29조, 국가배상법 등)가 마련되어 있음으로써 국민의 권리구제에 이바지하고 있다. 이러한 권리구제제도는 민사상의 손해배상제도와는 다른 특수성을 지니고 있다.

(2) 행정쟁송절차의 특수성

우리나라는 영미식의 사법국가주의를 취하여 행정사건도 민·형사사건을 다루는 일반법원의 관할로 하고 있으나, 위법·부당한 행정행위의 효력을 다투는 행정쟁송은 상대방의 권익구제의 문제뿐만 아니라, 공익실현작용으로서의 그 적정성의 확보문제도 고려되어야 한다는 관점에서 민사소송절차에 대한 여러 가지 특수성이 인정되고 있다.

제2절 행정행위의 종류

Ⅰ. 주체에 따른 분류

행정행위는 그 주체를 기준으로 하여 ① 국가의 행정행위(징집처분 등), ② 지방자치단체의 행정행위(호적신고 수리 등), ③ 공무수탁사인의 행정행위(수출품 검사처분 등) 등으로 분류할 수 있다.

Ⅱ. 내용에 따른 분류

행정행위의 내용에 의한 구분으로 법률행위적 행정행위와 준법률행위적 행정행위를 들 수 있다. 양자는 사실행위와는 달리 정신작용을 구성요소로 하는 법적행위에 속하고 법률효과를 발생하는 점에서 같다. 그러나 양자는 다음과 같은 점에서 차이가 있다.

① 법률행위적 행정행위는 행정주체의 의사표시(효과의사의 표시)를 구성요소로 하는데, 준법률행위적 행정행위는 의사표시 이외의 정신작용(판단・인식・관념)의 표시를 구성요소로 한다.

② 법률행위적 행정행위에 있어서는 그 법적 효과가 효과의사의 내용에 따라(즉, 표의자가 의욕한 대로) 부여되는데, 준법률행위적 행정행위에 있어서는 그 법적 효과가 행위자의 의사와는 관계없이 직접 법규에 의하여 부여된다.

③ 법률행위적 행정행위는 같은 내용의 행위에서는 항상 같은 효과가 발생하는데, 준법률행위적 행정행위에서는 같은 내용의 행위에서도 다른 효과가 발생할 수 있다.

④ 법률행위적 행정행위는 다시 명령적 행위(하명・허가・면제)와 형성적 행위(특허・인가・대리)가 있으며, 준법률행위적 행정행위는 확인・공증・통지・수리가 있다.

Ⅲ. 상대방의 협력여부에 따른 분류

상대방의 협력이 필요한가에 따라 직권적 행정행위(단독적 행정행위)와 협력을 요하는 행정행위(쌍방적 행정행위)로 나눌 수 있다. 후자는 신청(또는 동의)에 의한 행정행위를 말한다. 동의에 의한 행정행위는 문자 그대로 행정청이 직접 상대방의 동의에 입각하여 행하는 행정행위로서 각종의 허가・특허・인가, 공무원의 임명, 귀화허가 등 그 예는 매우 많다.

Ⅳ. 법의 구속정도에 따른 분류

행정행위가 법과의 관계에서 법의 엄격한 구속을 받는가 아니면 법의 구속을 받되 유동적인 행정현실에 부응하여 행정청이 임기응변적인 판단과 적절한 조치를 할 수 있는 재량이 있는가에 따라 기속행위와 재량행위로 구분된다.

① 기속행위란 법규가 행정행위의 요건이나 내용을 구체적・일의적으로 규정하고 있기 때문에 행정청이 그 법규를 단순히 기계적으로 집행하는데 그치는 행위이며, ② 재량행위란 법규가 행위의 요건이나 내용을 명확하게 규정하지 아니하고 행정청에게 선택의 여지(결정재량・선택재량)를 부여하고 있는 경우에 그 선택에 의하여 행해지는 행위를 말한다.

Ⅴ. 수령여부에 따른 분류

행정행위가 상대방의 수령을 요하는가 아니하는가에 따라 수령을 요하는 행정행위와 수령을 요하지 않는 행정행위로 나눌 수 있다. 일반적으로 행정행위는 상대방에게 수령(도달)되어야 효력을 발생한다(도달주의). 그러나 상대방이 불특정다수인이거나, 특정된 경우에도 주소 또는 거소가 불분명한 때에는 수령이 없더라도 행정행위는 효력을 발생한다. 즉 공시 또는 공고 등의 방법으로 송달에 갈음하게 하여 수령을 의제한다. 이러한 경우의 행정행위를 수령을 요하지 않는 행정행위라 한다.

Ⅵ. 형식에 따른 분류

행정행위가 일정한 형식을 요하느냐 요하지 않느냐에 따라 요식행위와 불요식행위로 구분된다. 행정행위는 반드시 일정한 형식에 의하여야 하는 것은 아니나, 행정행위의 내용을 상대방이나 제3자에게 명확하게 하기 위하여 법령은 일정한 형식을 요하게 하고 있다. 예컨대 행정심판의 재결, 의사면허에 있어서의 등록대장에의 등록, 건설업등록 등과 같이 서면에 의한 결정, 원부에의 등록 등이다.

Ⅶ. 법률상태의 변동에 따른 분류

행정행위는 현재의 법률상태의 변동을 가져오는가의 여부에 따라 적극적 행정행위와 소극적 행정행위로 분류된다. 적극적 행정행위는 하명·허가·특허 등과 같이 적극적으로 현재의 법률상태에 변동을 초래하는 내용의 행위를 말하며, 소극적 행정행위는 현재의 법률상태를 변동시키지 않고 그대로 존속시키는 내용의 행위를 말한다. 신청의 각하(거부처분)나 부작위(작위의무가 지워진 경우의 부작위)가 이에 속한다.

Ⅷ. 법률효과의 성질에 따른 분류

행정행위가 상대방에게 권리·이익을 부여하거나 권리·이익에 대한 제한을 철폐하는 등 유리한 효과를 발생시키는 행정행위인가, 이와 반대로 상대방에게 의무를 부과하거나 권리·이익을 거부·침해하는 등 불이익의 효과를 발생시키는 행정행위인가에 따른 분류이다. 전자를 수익적 행정행위, 후자를 침익적 행정행위 또는 부담적 행정행위라 한다.

그리고 행정청의 직접 상대방에게는 유리한 효과를 발생시키지만 제3자에 대해서는 불이익을 발생시키거나, 또는 이와는 반대의 효과를 발생시키는 행위가 있다. 이를 복효적 행정행위라 한다.

Ⅸ. 행정행위의 대상에 따른 분류

행정행위의 대상이 사람인가 물건 또는 시설인가에 따라 대인적 행정행위와 대물적 행정행위로 구별된다. ① 대인적 행정행위는 순전히 사람의 학식·기술·경험과 같은 주관적 사정에 착안하여 행해지는 행위이며(예, 의사면허·자동차운전면허·인간문화재지정 등) 이는 일신전속이므로 다른 사람에게 이전할 수 없다. ② 대물적 행정행위는 오직 물건의 성질이나 상태 등 물건의 객관적 사정에 착안하여 행해지는 행위이며(예, 건축물준공검사·자연공원지정 등), 이는 비일신전속행위이므로 다른 사람에게 이전할 수 있다. 다만, 대물적 행정행위의 경우에도 그 효과의 이전에는 행정기관의 승인을 받게 하거나 신고하게 하는 것이 보통이다.

한편, 인적 요소와 물적 요소를 함께 가진 혼합적 행정행위가 있다. 예컨대 전당포영업허가와 같이 허가기준으로 인적인 자격요건 이외에 물적 요건을 정하고 있는 경우에는 양쪽요소를 가진 혼합적 성질의 행위가 이에 해당한다.

제3절 기속행위와 재량행위

Ⅰ. 개설

행정법규는 일반적으로 행위의 요건을 규정한 요건규정과 행위의 효과, 즉 행위여부 또는 그 종류를 정하는 효과규정으로 되어 있다. 법치주의 내지 법률에 의한 행정의 원리상 행정행위의 발동은 그 요건과 효과를 법률로 엄격히 정하여야 한다. 행위의 요건을 일의적·확정적으로 규정하고, 그에 해당하는 사실이 있을 때에는 반드시 당해 행위를 하여야 할 획일적 의무를 규정하는 것이 이상적이라 할 수 있다. 행정청이 어떤 행정행위를 할 수도 안 할 수도 있는 자유가 인정되어서는 아니 된다.

그러나 오늘날의 행정은 질적·양적으로 확대·다양화되어 있고 변화무쌍한 행정현실 때문에 법령은 어느 정도까지만 구체적으로 규정하고 그 이상은 행정청에게 독자적인 재량권을 부여하는 것이 공익의 적정한 실현을 위하여 필요한 것이다. 따라서 재량행위의 이론 및 한계문제가 법치주의와 관련하여 논의되고 있다.

1. 개념적 구분

(1) 기속행위

기속행위란 행정법규가 어떤 요건 아래서 어떤 행위를 할 것인가의 여부, 즉 법이 정한 일정한 요건이 충족되었을 때 법이 정한 효과로서의 일정한 행정행위를 반드시 하도록 일의적·확정적으로 규정함으로써 행정청은 이를 기계적으로 적용만 하면 되는 경우를 말한다.

(2) 재량행위

재량행위란 복수행위 가운데 어느 것을 선택할 수 있는 자유가 인정되어 있는 경우를 말하며, 이에는 어떤 행정행위를 할 수도 있고 안 할 수도 있는 경우인 결정재량 및 다수의 행정행위 중 어느 것을 해도 괜찮은 경우인 선택재량이 있다.

2. 구별의 상대성

(1) 기속재량과 자유재량의 구별

종래의 학설은 재량행위를 다시 기속재량과 자유재량으로 구분하여 설명하였다. 기속재량이란 행정청은 무엇이 합목적적인 것인가가 아니라, 무엇이 법이여야 하는가를 판단하는 재량으로 행정청이 재량권을 행사하지만 법의 일의적 의미가 무엇인가에 기속되어 있다. 이에 대하여 자유재량이란 무엇이 공익에 적합한가의 재량이며, 그 재량을 그르친 경우에는 단지 당·부당의 문제만이 되며 법원의 심사대상이 되지 않는다.

재량행위를 이렇게 기속재량(법규재량)과 자유재량(공익재량)으로 구분하는 것은 재량행위는 법원의 심사대상에서 제외된다는 것을 전제로 재량행위 중에서도 구체적인 법의 판단에 관한 것은 사법심사가 가능하도록 하여 행정소송의 대상과 범위를 넓힘으로써 행정구제의 길을 확대하려는 법기술적 고려에 기인하는 것이다. 그러나 재량행위는 모두가 자유재량이며 동시에 기속재량이라 할 것이다. 왜냐하면 복수행위 사이의 선택의 자유(결정재량·선택재량)라는 의미에서 모든 재량은 자유재량이며, 재량에도 한계가 있어서 모든 재량은 한계에 의해 기속받게 된다는 의미에서 기속재량일 수밖에 없기 때문이다. 따라서 양자의 구별은 무의미하다 하겠다.

(2) 기속행위와 재량행위의 구별의 상대성

기속행위와 재량행위의 구별은 법규적 기속의 정도에 따른 구별로서 기속행위는 행위의 결정 또는 선택의 자유를 가지지 못한 채 오직 그 법규만을 집행하는데 그치는 행위라고 하나, 그 해석에 있어서나 행위의 전제가 되는 사실의 인정에 있어서 행정청 스스로 판단이 개입할 여지가 있는 것이다. 이와 반대로 재량행위라 하더라도 법으로부터 완전히 자유로운 상태에 있는 것이 아니다. 재량행위 내지 자유재량행위도 재량권의 일탈・남용의 법리에 의해 사법적 통제의 대상이 되고 있다. 따라서 기속행위와 재량행위의 구별은 법규와의 관계에서 볼 때 본질적인 차이가 있는 것이 아니고 양적 차이에 불과하므로 구별의 기준은 상대적인 것에 불과하다.

Ⅱ. 기속행위와 재량행위의 구별의 실익(필요성)

1. 행정소송과의 관계

재량행위를 행정소송사항에서 제외시키는 직접적인 명시규정은 없다. 그러나 행정심판법은 행정청의 '위법 또는 부당'한 처분에 대한 행정심판을 인정하고 있으며(제1조, 제4조), 행정소송법은 '위법'한 처분에 대해서만 행정소송을 인정하고 있으며(제1조, 제4조), 또한 행정소송법 제27조는 「행정청의 재량에 속하는 처분이라도 재량권의 한계를 넘거나 그 남용이 있는 때에는 법원은 이를 취소할 수 있다」고 규정하고 있는바, 이는 기속행위와 재량행위의 구별의 필요성을 간접적으로 제시하는 의미를 지닌다.

2. 공권성립과의 관계

기속행위에 있어서는 행정청은 일정한 행위를 하여야 할 의무를 지고, 따라서 상대방은 그 기속행위를 해줄 것을 요구할 수 있는 청구권(공법상의 권리)이 인정된다. 그러나 재량행위에 있어서는 상대방은 재량행위에 대한 청구권이 인정되지 않는다. 다만 재량권이 영으로 수축되어 재량행위가 기속행위로 된 경우에는 공권(행정개입청구권)의 성립을 인정할 수 있다.

3. 부관과의 관계

우리나라의 다수설은 재량행위에 대해서만 부관을 붙일 수 있고 기속행위에는 부관을 붙일 수 없다고 한다. 그러나 재량행위라고 해서 언제나 부관을 붙일 수 있는 것이고 기속행위라고 해서 절대로 부관을 붙일 수 없는 것은 아니다라는 견해가 있나.

즉 법령의 근거가 있는 한 기속행위도 행정목적의 실현을 담보하기 위한 의미에서의 부관, 예컨대 영업허가와 같은 기속행위에 영업시간·위생시설 등 영업단속을 위한 부관을 붙이는 경우가 있다는 것이다.

4. 존속력(확정력)과의 관계

일부견해에 의하면 기속행위는 행위의 요건과 내용이 법규에 의하여 엄격하게 구속되므로 행정청이 함부로 취소·철회할 수 없는 불가변력이 발생하나, 재량행위에 있어서는 취소·철회가 가능하다고 한다. 그러나 다수설에 의하면 재량행위라 하더라도 취소·철회가 자유로운 것은 아니므로 양자간의 직접적인 관련이 없다고 한다.

Ⅲ. 기속행위와 재량행위의 구별기준

1. 의의

행정법에서 재량행위의 문제는 일찍이 행정재판제도를 발전시킨 독일·오스트리아 등 대륙법계국가에서 재량(자유재량)을 행정재판의 대상에서 제외시켰던 까닭으로 무엇이 법원의 심사에서 제외되는 사항인가를 찾아내기 위해서 논의되기 시작한 것이다. 즉 재량의 본질은 법률요건의 인정에 관한 행정청의 판단에 있는 것이라는 주장과 법률효과의 결정에 있어서의 자유로운 판단이라는 이른바 요건재량설과 효과재량설이다.

이러한 양설은 서로의 타당성을 주장하여 오다가 효과재량설이 재량행위의 범위를 축소하여 사법심사의 영역을 확대하는 공적을 인정받아 오랫동안 통설·판례의 입장이 되었다. 그러나 다시 요건규정에 불확정개념이 대폭적으로 증가하면서 불확정개념과 재량문제에 관심이 옮겨지게 되었는바, 요건면에 있어서의 판단의 여지와 효과면에 있어서의 재량을 엄격히 구별해야 한다는 판단여지설이 등장하게 되었다.

2. 학설

(1) 요건재량설

이 설은 어떤 사실이 법이 정한 요건에 해당되는가 아닌가의 판단에 재량이 존재하는 것이고 법률효과에는 재량을 인정할 수 없다는 입장으로서, 재량은 요건판단에 있어서의 재량만이 인정된다는 견해이다.

이 설에 의하면 ① 행위의 요건에 대하여 행정법규가 처분을 할 수 있다는 수권규정만 두고 요건에 관해서는 아무런 규정을 두지 아니한 경우(공백규정), 또는 행정의 최종목적인 공익만을 규정한 경우(종국규정)에는 재량행위로 보고, ② 공익보다 좀 더 구체적인 중간목적의 달성을 요건으로 규정한 경우에는 당해 행정활동의 구체적 기준이 법에서 일의적으로 확정되고 행정청의 자유로운 선택의 여지가 없으므로 재량행위가 아니라 한다.

요컨대 요건재량설은 법문의 자구에 중점을 두어 법규의 규정방식에 의하여 재량행위와 기속행위를 구별하려는 입장이다. 이 견해에 대하여서는 ① 법이 종국목적을 나타내는 개념(공익개념)을 사용하는 경우와 중간목적을 나타내는 다의적 개념을 사용하는 경우 사이에는 상대적 차이 밖에 없어 그 구분이 불명확하고, ② 법해석문제인 요건인정을 재량문제로 오인하고 있다는 등 비판이 가해지고 있다.

(2) 효과재량설

요건재량설이 법규상의 행위요건의 규정방식에 따라 재량행위여부를 판단하려는 것인데 대하여, 효과재량설은 법률효과의 선택(행위여부 또는 복수행위간의 선택)에 재량이 존재한다고 보는 견해이다. 즉 법률효과에 선택의 여지가 인정되는 행위가 재량행위이고 그것이 부인되는 행위가 기속행위라는 것이다. 또한 행정행위의 성질로 보아 수익적 행위이면 재량행위이고, 부담적 행위이면 기속행위(기속재량행위)라는 설이다.

그러나 이 설은 실정법에 부합되는 것이라고 보기에는 어렵다는 점에 그 기본적인 문제점이 있다. 허가는 수익적 행위지만 기속행위로 볼 수 있고, 징계는 부담적 행위지만 재량행위로 볼 수 있기 때문이다.

(3) 불확정개념과 판단여지설

1) 법개념으로서의 불확정개념과 판단여지설의 대두

제2차 대전 이후 독일에서는 행정재량을 축소하려고 노력하였으며, 이러한 시도는 특히 법률요건부분에서 행정재량을 부정하는 방식으로 이루어졌다. 재량이란 법률의 효과부분에서 가능규정을 두어 동가치적인 여러 행위 사이에서 선택을 명시적으로 허용한 경우에 주어지며 법률요건부분에서 사용되는 불확정법개념은 하나의 올바른 해석과 적용만을 허용하며 이것은 행정법원에 의하여 완전히 심사가 가능하다는 견해가 관철되기 시작하였다.

불확정개념은 보통 경험(기술)적 개념과 규범(가치)적 개념으로 구분되고 있다. 경험적 개념은 목적물, 현실적인 사건, 또는 경험적 대상(야간, 위험, 장해)과 관련하여 사용된다. 이에 비해 규범적 개념은 현실과의 관련을 결하여 그 가치판단의 객관적 기준이 존재하지 않는 불확정개념을 말한다(신청인의 신뢰성, 공무원의 충성심). 경험적 개념은 일상적인 경험법칙과 다른 해석은 사법심사의 대상이 됨은 일반적으로 승인되어 있다. 따라서 판단여지의 문제는 주로 규범적 개념의 해석 적용과 관련하여 제기되는 것이라 할 수 있다. 즉 법률적 해석과 가치판단에 대한 명확한 객관적 기준이 없으므로, 불확정한 법개념의 취급에 있어서 사람들간에 의견의 불일치가 당연히 나타나게 된다. 이러한 경우 불확정개념을 해석 적용하는 행정행위에 대한 법원의 사법심사에 일정한 한계를 그으려는 노력이 기울여 졌다. 대표적인 것이 바호프의 판단여지설과 울레의 대체가능성설이다.

2) 판단여지의 인정영역

서독연방행정법원의 판례에서 판단여지를 인정하고 있는 경우로는 다음과 같은 영역에서 주로 논해지고 있다. 우리의 판례 가운데도 그 이론의 취지를 받아들인 것으로 볼 수 있는 것이 있다.

(가) 비대체적 결정

학생의 성적평가, 공무원의 근무평정, 학생의 진급결정 등 시험유사의 문제에 대한 결정과 같은 사람의 인격·적성·능력 등에 관한 비대체적 결정이다. 다만 이러한 영역이 전면적으로 사법심사의 대상에서 제외되는 것은 아니며, ① 행정부의 판단이 거짓된 사실을 기초로 삼은 것은 아닌가, ② 절차규정을 어기지는 않았는가, ③ 불합리한 동기가 가미된 것은 아닌가, ④ 일반적인 평가준칙을 준수하였는가 하는 점 등에 관해서는 법원의 심사가 미친다는 점에 유의할 필요가 있다.

(나) 구속적 가치평가

전문인으로 구성된 합의제기관의 판단을 구속적 가치평가라 한다. 이러한 예로서 예술 문화 등의 어떤 물건이나 작품의 가치 또는 유해성 판단 등이 있다.

(다) 예측결정

예측결정이란 미래예측적 성질을 가진 행정결정을 의미하는 바, 이러한 예측결정에도 판단여지가 인정될 수 있다. 법이 예측결정을 허용하고 있는 예로는 '대한민국의 이익을 해할 우려가 현저하다고 인정되는 자'에 대한 법무부장관의 출국금지명령(출입국관리법 제4조)을 들 수 있다.

(라) 형성적 결정

형성적 결정의 경우에도 판단여지가 인정될 수 있는바, 예컨대 「지방자치단체는 그 관할구역의 자치사무와 법령에 의하여 지방자치단체에 속하는 사무를 처리한다」(지방자치법 제9조 제1항)라고 규정하고 있다. 따라서 지방자치단체는 그 주민의 복지증진과 관련하여 이에 의하여 광범한 형성적 자유를 누린다고 할 수 있다.

3) 판단여지에 대한 비판

판단여지설에 대하여는 ① 이 견해가 판단여지의 인정 여부의 기준으로 삼는 불확정개념 중 경험개념과 규범개념의 구분이 애매하며, ② 이 견해는 불확정개념의 재량개념을 부인하고 전면적인 사법심사를 주장하는 논리와, 행정정책의 수행과 법관의 심리능력의 한계를 고려한 사법자제라는 논리를 동시에 지니고 있는 바, 이 두 가지 논리는 서로 모순되고, ③ 법적 안정성의 확보를 기본책무로 하는 법원의 기능에 비추어 불확정개념에 대한 해석적용에 판단여지를 인정하여 사법심사를 배제한다는 것은 곧 법적 안정성을 저해하는 것이라는 비판을 받는다.

(4) 결어

재량행위는 행위 여부 내지는 복수행위간의 선택에 관하여 행정청에게 부여되어 있는 행위라는 점에서 보면, 재량의 속성이 법률효과에 관한 것이라는 점에는 의심이 없다. 그러나 기속행위와 재량행위의 구별기준은 법치행정의 원칙에 따라 우선 법의 규정에서 찾아야 한다. 즉 행정청의 행정행위는 근거 법령에 의거한 것이기 때문에 법령의 내용 · 표현에 따라 판단하여야 하고, 다음으로 부차적으로 당해 행위가 침익적이냐 수익적이냐 등 행위의 성질이나 헌법상의 기본권과 관련성이 있느냐 등도 동시에 고려하여 결정하여야 한다. 따라서 기속행위와 재량행위의 구체적 기준을 다음과 같이 검토할 수 있을 것이다.

① 법이 '하여야 한다' 또는 '한다' 등으로 규정하고 있는 경우, 그에 의거한 행정행위는 일반적으로 기속행위이다. 예컨대 도로교통법은 「허위 또는 부정한 수단으로 운전면허를 받은 경우」 등에는 「그 운전면허를 취소하여야 한다」고 규정하고 있다(제78조 제2항 참조).

② 법이 '할 수 있다'라고 규정하고 있는 경우에는 일단 그에 의거한 행정행위는 재량행위라 할 수 있다. 예컨대 도로교통법은 「운전중 고의 또는 과실로 교통사고를 일으킨 때」에는 「운전면허를 취소하거나 1년의 범위 안에서 그 운전면허의 효력을 정지

시킬 수 있다」라고 규정하고 있다(제78조 제1항 참조).

③ 법은 예컨대 「영업을 하고자 하는 자는 … 도지사의 허가를 받아야 한다」(식품위생법 제22조)라는 식으로 행정청의 권한에 관하여 간접적으로 규정하고 있는 경우가 있다. 이 경우도 원칙적으로 기속행위로 보아야 한다.

④ 요건재량설이 제시하고 있는 바와 같이 법률상 처분의 요건에 관하여 전혀 규정을 두고 있지 않는 경우(공백규정) 또는 행정의 최종목적인 공익달성만을 요건으로 한 경우(종국목적)에는 당해 행위는 재량행위이다.

⑤ 법령이 '선량한 풍속의 유지를 위하여', '도시 경관의 유지'를 위하여, '도로교통의 안전과 원활한 소통'을 위하여, '정당한 사유가 없는 한' 등의 불확정개념을 사용한 경우에는 행정청에게 독자적인 판단의 여지를 인정하여야 할 것이다.

Ⅳ. 재량권의 한계

기속행위는 그 요건을 정한 법령에 위반하면 위법한 행위로서 사법심사의 대상이 되지만, 재량행위도 그 재량의 한계를 넘어서는 경우에는 단순한 부당이 아니라 위법한 행위가 되어 법원에 의하여 취소의 대상이 되므로 재량권행사에는 일정한 한계가 있는 바, 그 한계에 관해 특별히 고찰할 필요가 있다.

행정청의 재량권행사에서는 그 한계를 넘는 경우 위법이 됨은 널리 학설・판례가 인정하는 바이다. 특히 재량권의 일탈・남용의 이론은 우리 판례에 의하여 형성된 개념이지만, 그러한 취지에 관하여 행정소송법은 「행정청의 재량에 속하는 처분이라도 재량권의 한계를 넘거나 그 남용이 있는 때에는 법원은 이를 취소할 수 있다」(제27조)고 규정하고 있는 바, 위 규정에서의 '재량권의 한계'는 재량권의 외적한계(이른바 재량권의 일탈)라는 좁은 의미로 사용된 것이라 볼 수 있다. 그러나 일반적으로 재량권의 '한계'를 넘는 경우에 위법이 된다함은 넓은 뜻으로 쓰이고 있다. 재량권의 외적한계의 위반으로서의 일탈과 내적한계의 위반으로서의 남용은 이론적으로 구별할 수 있지만, 이를 엄격히 구별하기는 쉽지 않다.

1. 재량행위가 위법이 되는 경우

(1) 재량의 유월(踰越)

이것은 법이 선택재량을 부여한 경우에 선택권한의 한계를 벗어난 경우, 또는 행정청이 재량의 전제가 되는 사실관계가 존재하지 아니함에도 불구하고, 즉 요건사실이 전혀 없는데도 있다고 인정하여 권한행사를 하는 경우이다. 이는 재량권의 외적한계를 벗어난 경우로서 '재량의 일탈'이라고도 한다. 예컨대 식품위생법은 영업자가 유해식품을 판매한 경우에는 영업허가를 취소하거나 6월 이내의 영업정지처분을 내릴 수 있도록 규정하고 있는데(제58조 제1항), 행정청이 1년의 영업정지처분을 내린 경우, 또는 징계원인이 되는 사실이 존재하지 않음에도 불구하고 징계권을 행사하는 경우이다.

(2) 재량의 남용(濫用)

이것은 법이 행정청에게 재량을 인정하고 있으나 행정청이 재량을 인정한 법의 목적을 벗어나 다른 목적을 위하여 행사하거나 행정법의 일반원칙인 비례원칙·평등원칙·부당결부금지원칙 등에 위반하여 행사하는 경우이다. 이른바 내재적 한계를 벗어난 경우이며 재량행위가 위법으로 되는 경우의 대부분이 이에 속한다고 볼 수 있다.

예를 들면, ① 부정한 동기 또는 자의적·보복적 목적으로 재량권을 행사하거나(목적위반·동기의 부정), ② 상대방의 비행에 합당한 징계가 아니라 너무 심한 징계를 과한 경우(비례원칙위반), ③ 영업허가나 그 취소·정지 등의 행정처분의 구체적 기준을 훈령·예규 등 행정규칙(이른바 재량준칙)으로 정하고, 사안들을 처리하여 오다가 특정인에 대하여 동등사안인데도 이제까지와는 달리 취급을 하는 경우 이른바 행정의 자기구속의 법리에 의하여 위법이 된다(평등원칙 위반). ④ 또한 재량행위가 부당결부금지원칙에 위반한 경우에는 그것은 위법한 처분이 된다. 예컨대 자연공원보호지역에 있어서의 건축허가신청에 대하여 관계법이 추구하는 목적과는 실체적 관련이 없는 상대방의 급부를 조건으로 하여 이를 허가하는 것은 위법한 것으로 허용되지 않는다.

(3) 재량의 흠결(欠缺) 또는 해태(懈怠)

행정청이 자기에게 재량권이 부여된 재량행위인데도 처음부터 기속행위로 오해하여 구체적 사안을 전혀 검토하지도 않고 거부처분을 해버리거나, 선택재량에 있어 어느 것이 가장 행정목적에 합당한 것인가에 대한 판단을 하지 않고 어느 하나의 행위만 하는 것으로 오해하여 처분하는 경우에는 위법한 행위로 사법심사의 대상이 된다. 예컨대 법이 행정청에게 A, B, C 중 어느 것이 가장 행정목적에 적합한 것인가에 대한 판단을 하지 않는 경우, 즉 비교형량을 하지 않는 경우이다.

2. 재량권의 영으로의 수축과 행정개입청구권

법이 행정기관에게 재량권을 인정하고 있는 경우에도 개인의 신체·생명·재산 등 개인의 중대한 법익이 침해되는 경우에는 행정기관의 재량은 영으로 수축되어, 어느 하나만을 하지 않으면 안되는 경우가 생기게 되는 바, 이 때 재량행위는 기속행위로 변하게 된다. 이 경우 행정청의 불개입결정은 위법이 된다. 그리고 이러한 경우 상대방에게는 행정개입청구권이 발생할 수 있으며, 행정청의 부작위로 인해 손해를 받은 자는 국가배상청구권을 가지게 된다.

행정개입청구권은 원래 경찰행정분야에서 발전된 것인데, 오늘날은 환경오염에 대한 규제발동청구권 등 규제행정 전반으로 확대되고 있으며, 이는 사전예방적인 기능뿐만 아니라 사후구제적 기능도 가지고 있다. 행정개입청구권이 구체적으로 실현되기 위한 수단으로 의무이행심판청구나 의무이행소송이 있으나, 우리 소송제도 하에서는 의무이행소송 대신 부작위위법확인소송만 인정되고 있다.

3. 부당한 재량권의 행사

재량행위에 있어서 재량권이 그 한계내에서 행사된 경우에는 위법성의 문제는 없지만, 재량권을 부여한 목적에 비추어 합목적적이라고 인정할 수 없는 경우에는 부당한 것이 되어 행정심판의 대상이 된다(예, 법령위반행위에 대하여 법령의 범위 내에서 3월간의 영업정지 또는 감봉처분을 하였으나, 위반내용에 비하여 처분내용이 과도하다고 판단되는 경우). 따라서 법이 행정청에게 선택재량권을 부여한 경우 행정청으로서는 행정목적에 가장 적합하다고 판단하여 그 중 하나를 선택하여 처분하였으나, 제3자로서는 이를 인정하지 않을 경우 '부당'이라고 주장할 수는 있어도 '위법'이라고 주장하기는 어려울 것이다.

Ⅴ. 재량행위에 대한 통제

1. 입법적 통제

입법부는 행정부에 대하여 정치적 견제기능을 발휘하여 국정감사・질문・해임건의 등 국정감시권의 발동에 의한 재량권행사를 통제하는 간접적・정치적 통제를 생각할 수 있으며, 또한 입법을 할 때 행정청의 재량권의 목적・범위를 정하거나 또는 재량권을 행사함에 있어 고려할 사항 등을 제시하는 법규적 통제가 있다.

법규적 통제는 입법을 할 때 행정청의 재량권의 목적・범위를 정하거나 또는 재량권을 행사함에 있어 고려할 사항 등을 제시하는 것이 중요하다. 보다 구체적 개념으로 행정행위의 요건 및 효과를 정할 수 있는데도 추상적인 불확정개념으로 그것을 정하는 것은 재량권을 일탈·남용할 우려를 내포하는 것이므로 법치주의의 원칙상 허용될 수 없는 것이다. 특히 오늘날 실질적 법치주의의 요청은 급부행정을 비롯한 모든 행정영역에서 법규적 통제의 확대를 요구하고 있다.

2. 행정적 통제

(1) 직무감독권에 의한 통제

행정기관은 상·하 계층구조를 형성하고 있으므로 상급기관은 하급기관의 재량권 행사에 대해서도 지휘·감독할 수 있음이 원칙이다. 따라서 행정기관은 감독권, 훈령권, 승인권, 취소·정지권, 권한쟁의(주관쟁의)결정권 등의 형식으로 사전적·사후적 통제를 할 수 있다.

(2) 행정절차에 의한 통제

행정절차의 법제화가 행정의 투명성·예측가능성을 부여하고, 행정권발동의 남용을 방지하는 역할을 한다고 할 때, 그것은 법치주의의 이념에 부합되고 실천하는 것이 된다. 우리의 행정절차법이 의견제출, 청문, 공청회 등에 관한 규정을 두고 있는 동시에(제2장 제2절), 아울러 처분의 기준공표(제20조), 이유제시(제23조) 등에 관한 규정을 두는 등 사전적인 절차적 규제를 통한 행정작용의 적정성 확보를 기하고 있는 바, 이는 재량권행사의 경우에도 마찬가지라 할 수 있다.

(3) 행정심판에 의한 통제

행정심판법은 '위법·부당'한 처분에 대한 심판을 인정함으로써(제4조), 위법한 처분은 물론 부당한 처분에 대해서도 심판의 대상으로 삼고 있어, 재량행위에 대한 심판통제를 제도화하고 있다. 다만 행정심판법은 재량행위에 대한 심판과 관련하여 다음과 같은 문제점을 내포하고 있다 할 것이다.

① 행정소송법과는 달리 부당한 처분에 대해서도 행정심판을 제기할 수 있도록 하고 있음에도 불구하고 행정심판의 청구인적격을 행정소송의 원고적격과 동일하게 '법률상 이익이 있는 자'로 한정하고 있다.

② 행정청의 부당한 부작위에 대해서도 행정심판(의무이행심판)을 제기할 수 있도록 하고 있음에도 불구하고 부작위를 「일정한 처분을 하여야 할 '법률상 의무'가 있음에도 불구하고 이를 하지 아니하는 것」으로 정의하여 결과적으로 기속행위로서의 부작위에 대한 행정심판만 인정하고 있는 입법이 되고 말았다.

3. 사법적(司法的) 통제

(1) 일반법원에 의한 통제

재량행위도 법이 정한 목적이나 한계를 벗어나면 위법이 되어 사법심사의 대상이 된다(행정소송법 제27조). 특히 최근 무하자재량행사청구권·행정개입청구권의 법리 등 새로운 이론의 등장으로 재량에 대한 사법적 통제를 확대화 하려는 경향이 있다.

(2) 헌법재판소에 의한 통제

재량권행사를 규정한 법률의 위헌성을 심사할 수 있는 위헌법률심사권의 행사를 통해 간접적으로 행정청의 재량권을 통제할 수 있을 뿐 아니라, 재량권행사로 말미암아 국민의 기본권이 침해된 경우에는 헌법소원에 의한 재량권행사의 통제도 가능하다(헌법 제111조 제1항, 헌법재판소법 제68조 제1항).

4. 일반국민에 의한 통제

일반국민의 여론·청원 및 압력단체의 활동 등에 의해 간접적으로 통제할 수 있다. 그러나 이는 간접적이면서 법적 수단이 아니라는 점에서 한계가 있다.

제4절 수익적 행정행위·부담적 행정행위 ·복효적 행정행위

Ⅰ. 수익적 행정행위와 부담적(침익적) 행정행위

1. 의의

① 수익적 행정행위란 상대방에 대하여 권리·이익을 부여하거나 의무를 면제하는 등 유리한 효과를 발생시키는 행정행위를 말하며(예, 허가·특허·인가·면제·부담적 행정행위의 철회 등), ② 부담적 행정행위란 상대방의 권리·이익을 제한·박탈하거나 의무를 과하는 등 상대방에게 불이익의 효과를 발생시키는 행정행위를 말한다(예, 수익적 행정행위의 취소·철회나 하명·금지 등).

2. 구별의 실익

(1) 법률유보

전통적인 침해유보설의 견지에서는 부담적 행정행위에만 법률유보가 엄격히 적용되고, 수익적 행정행위에는 반드시 법률유보가 필요한 것은 아니다. 그러나 오늘날의 복지국가에 있어서는 국민의 행정에 대한 의존성이 매우 크고 급부행정의 비중이 높아짐에 따라 국민의 수익적인 권리의 내용·범위의 구체화의 견지에서 수익적 행정행위에 있어서도 원칙적으로 법률유보의 원칙이 적용되어야 할 것이다.

(2) 일방적 행위성·쌍방적 행위성

수익적 행정행위는 상대방의 신청·동의를 요하는 이른바 쌍방적 행정행위인 것이 보통이지만(예, 허가·특허 등), 부담적 행정행위는 직권에 의하여 일방적으로 행하여지는 일방적 행정행위인 것이 보통이다(예, 경찰하명·조세부과).

(3) 재량행위성

종래의 통설인 효과재량설에 의하면 모든 수익적 행정행위는 재량행위이고, 부담적 행정행위는 기속행위로 보았다. 그러나 오늘날은 수익적 행정행위도 헌법상의 기본권과의 관련에서 기속행위 내지 기속재량으로 인정되며(예, 건축허가·영업허가 등), 부담적 행정행위도 재량행위로 볼 때가 있다(예, 징계처분).

(4) 취소·철회의 제한

수익적 행정행위의 경우에는 상대방의 신뢰보호·기득권보호·법적 안정성 등을 고려하여야 하므로 그 취소·철회에 있어서는 일정한 제한이 있으나, 부담적 행정행위의 직권취소·철회의 경우에는 상대방에게 이익을 주는 것이므로 행정청은 자유로이 취소·철회할 수 있다.

(5) 절차적 통제

부담적 행정행위는 상대방의 권리·이익을 제한·침해하는 행위라는 점에서 행정청의 부당한 침해를 예방하기 위하여 사전에 일정한 절차를 거치게 함으로써 행정청의 부당한 침해로부터 상대방을 보호하여야 할 필요성이 있는 바, 인·허가 등의 취소에 있어서는 개별법에서 원칙적 청문절차를 두고 있다. 예컨대 음식점 영업허가의 취소·정지, 영업소의 폐쇄 등을 하기 전에 반드시 상대방에게 유리한 의견신술의 기회를 부여하여야 한다(식품위생법 제64조). 그러나 수익적 행정행위에는 이러한 절차가 인정될 필요는 없다.

(6) 의무이행의 확보

부담적 행정행위에 의하여 부과된 의무를 상대방이 이행하지 아니하는 경우에는 행정상의 강제집행이나 행정벌을 과함으로써 그 의무이행을 확보할 수 있다. 그러나 수익적 행정행위에 있어서는 이러한 문제는 발생하지 아니 한다.

(7) 권리구제수단

부담적 행정행위로 인하여 위법·부당한 권리·이익을 침해당한 경우, 취소심판·취소소송에 의하여 당해 처분의 취소를 구하거나, 그러한 위법·부당한 처분으로 인한 손해의 발생이 있는 경우에는 국가 등에 대하여 행정상 손해배상을 청구할 수 있다. 반면에 수익적 행정행위에 있어서는 행정청의 그 거부처분이나 부작위가 문제되므로 거부처분에 대한 취소소송, 부작위에 대해서는 부작위위법확인소송을 제기할 수 있다.

Ⅱ. 복효적 행정행위

1. 의의

복효적 행정행위란 행정청의 상대방에게는 이익이 부여되고, 동시에 제3자에게는 불이익의 효과가 나타나는 행정행위와 그 반대로 상대방에게는 불이익을 그리고 제3자에게는 이익을 주는 행정행위를 말하며, 제3자효 행정행위라고도 한다. 예컨대, ① 경원면허, ② 공해공장건축허가, ③ 체납자 재산에 대한 공매처분, ④ 합격자 결정, ⑤ 핵발전소 건설허가 등이 있다.

한편, 행정청의 행정행위가 동일인에 대하여 이익적 효과와 불이익적 효과를 아울러 가지는 이른바 혼합적 행정행위(예, 부관을 붙인 수익적 행정행위)는 복효적 행정행위가 아니라고 보는 것이 다수설의 견해이다.

2. 관련문제

제3자효 행정행위는 예컨대 상대방에게 건축허가·영업허가 등을 부여한 결과 제3자(인근주민·기존업자)에게 불이익이 생기거나, 공해공장의 설치허가로 그 인근주민에게 재산상·건강상의 피해가 발생하게 된다. 이에 대하여 상대방 또는 제3자가 그 허가의 취소를 청구하게 되는 경우가 있게 되는바, 이 때에 행정청과 상대방 이외의 제3자가 법률관계의 당사자로 등장함으로써 행정법상 여러 가지 문제가 제기된다.

(1) 사전절차

제3자효 행정행위로 인하여 권리·이익이 침해될 것으로 판단되는 이해관계인에게 그 취지를 통지하여 사전에 청문의 기회를 부여하여야 할 것이다. 행정절차법 제21조 제2항은 이를 반영하여 행정처분의 사전통제의 대상을 당사자 등으로 표현하여 이를 문서로써 하도록 되어 있다. 또한 행정청의 직권 또는 관계인의 신청에 따른 결정이 있는 경우에도 참여할 수 있다.

(2) 제3자효 행정행위의 취소·철회

수익적 행정행위의 취소·철회에 있어서는 상대방의 신뢰보호라는 관점에서 그 취소·철회가 제한됨이 원칙이다. 그러나 복효적 행정행위의 경우에는 제3자의 신뢰보호도 구체적으로 비교형량하여야 할 것이다. 따라서 상대방의 신뢰보호에도 불구하고 제3자의 이익을 위하여 취소·철회하는 경우도 있을 것이다.

(3) 제3자효 행정행위와 행정쟁송

1) 심판청구인 및 원고적격

위법한 제3자효 행정행위에 대하여 취소소송을 제기하기 위해서는 그 취소를 구할 '법률상 이익'이 있어야 한다(행정소송법 제12조). 행정심판(취소심판)의 심판청구인 적격도 마찬가지이다(행정심판법 제9조).

2) 제3자의 소송참가

취소소송에 있어서 그 결과에 이해관계가 있는 제3자는 소송에 참가할 수 있는 바(행정소송법 제16조), 제3자효 행정행위에 대해 제3자가 제기한 취소소송에 있어서는 처분의 상대방이 소송참가인이 되는 것이 보통이다.

3) 제3자의 재심청구

법원의 취소판결에 의하여 권리·이익의 침해를 받은 제3자는 자기에게 책임없는 사유로 소송에 참가하지 못함으로써 판결의 결과에 영향을 미칠 공격 또는 방어방법을 제출하지 못한 경우, 이를 이유로 확정된 종국판결에 대하여 재심을 청구할 수 있도록 배려하였다(행정소송법 제31조).

4) 제3자인 불이익자의 가구제

복효적 행정행위에 의해 법률상 이익을 침해받은 자가 행정소송법이나 행정심판법상의 집행정지제도를 통하여 가구제를 받을 수 있는지가 문제된다. 예컨대 연탄공장이나 LPG충전소 등 공해공장의 인근주민이 그 설치를 저지할 목적으로 설치허가의 취소를 구하는 취소소송을 제기한 경우에, 그 공장이나 충전소가 완공되기 전에 설치행위의 집행을 정지시킬 수 있는 집행정지를 청구할 수 있는가? 이에 대하여 행정소송법(제23조)은 취소소송을 제기하고 그 행위로 회복하기 어려운 손해를 예방하기 위하여 긴급한 필요가 있다고 인정할 때에는 법원에 그 이유를 소명(疏明)하여 그 행위의 집행정지의 신청을 인정하고 있다. 집행정지의 청구를 기각하는 결정에 대해서는 즉시항고 할 수 있다.

제5절 행정행위의 내용

제1관 개 설

행정행위는 의사표시를 구성요소로 하는가, 의사표시 이외의 정신작용(인식 · 판단 등)의 표현을 요소로 하는가에 따라 법률행위적 행정행위와 준법률행위적 행정행위로 구분하는 것이 보통이다. 법률행위적 행정행위는 그 법률효과의 내용에 따라 명령적 행위와 형성적 행위로 나누어진다. 명령적 행위는 개인에게 특정한 의무를 부과하거나 해제하는 행위이며, 형성적 행위는 권리 · 능력 · 포괄적 법률관계, 그 밖의 법률상의 힘을 발생 · 변경 · 소멸시키는 행위이다.

이들은 각각 다시 여러 행위로 세분된다. 즉 법률행위적 행정행위 중 ① 명령적 행위는 하명 · 허가 · 면제, ② 형성적 행위는 특허 · 인가 · 공법상 대리 등으로 분류된다. ③ 또한 준법률행위적 행정행위는 확인 · 공증 · 통지 · 수리가 있다.

제2관 법률행위적 행정행위

제1항 명령적 행위

명령적 행위란 개인에게 일정한 작위·부작위·급부·수인 등의 의무를 명하거나 이를 해제하는 행정행위를 말한다. 이들 행위는 공공의 필요에 의하여 개인의 자연적 자유를 제한하거나 그 제한하는 하명과 그 제한을 해제하는 허가·면제로 나누어진다.

Ⅰ. 하명

1. 개념

하명이란 국가가 개인에 대하여 작위·부작위·급부·수인 등의 의무를 명하는 행위이다. 이 중에서 부작위의무를 명하는 행위를 금지라고도 한다. 금지에는 어떠한 경우에도 이를 해제하지 못하는 절대적 금지(비밀결사의 조직 등)와 허가를 유보한 상대적 금지(음식점 영업의 경영 등)가 있다.

2. 성질

하명은 개인에게 새로운 의무를 과하는 것을 내용으로 하므로 부담적 행정행위에 속하며, 따라서 법령의 근거를 요한다. 또한 하명은 부담적 행위이기 때문에 기속행위의 성질을 가짐이 보통이다.

3. 형식

하명은 법령에 의거한 행정행위로 행하는 것이 보통이지만, 직접 법령의 형식에 의하여 하명의 효과를 발생하는 법규하명(건축법에 의하여 직접 일정한 건축을 금지하는 것 등)도 있다. 행정행위로서 행하는 하명처분도 다시 불특정다수인에 대하여 행하는 경우(일반처분의 형식)와 특정의 상대방에 대하여 개별적·구체적으로 의무를 명하는 경우(개별적 처분)가 있다.

4. 종류

하명은 의무의 내용에 따라 작위하명·부작위하명(금지)·수인하명·급부하명으로 구분되며, 행정분야에 따라 경찰하명·복지행정상의 하명·재정하명·군정하명 등으로 나눌 수 있고, 그 대상에 따라 대인하명 · 대물하명 · 혼합하명으로 나눌 수 있다.

5. 하명의 대상이 되는 행위

하명은 주로 사실상의 행위(건물철거 · 교통장애물의 제거 등)를 대상으로 행해지나 법률상의 행위(무기매매금지, 고시가격초과판매금지 등)에 대해서도 행하여진다.

6. 효과

하명은 그 내용에 따라 상대방에게 일정한 공법상의 의무(작위 · 부작위의무 등)를 발생시킨다. 상대방은 행정주체에 대해서만 의무이행의 책임이 있기 때문에 의무불이행에 대해서는 행정주체만이 그 이행을 강제하거나 처벌을 하는데 그치며, 제3자가 의무이행을 소구하거나 불법행위를 이유로 손해배상을 청구할 수 있는 것은 아니다(의료법 제16조).

7. 하명위반의 효과

하명에 의하여 명하여진 의무를 이행하지 않는 자에 대하여는 행정상 강제집행이 행하여지거나 또는 의무를 위반한 때에는 처벌(행정벌)이 과하여 질 뿐, 하명위반의 법률행위가 민법상 또는 상법상 당연히 무효로 되는 것은 아니다. 예컨대 사인이 불법으로 무기를 양도하면 처벌은 받게되지만, 양도행위 자체는 유효하다. 다만, 법률이 규제하명위반의 경우 등에서 처벌만으로는 목적달성이 어려울 때에는 처벌과 동시에 행위 자체가 무효로 되게 규정하는 예외적인 경우도 있다.

Ⅱ. 허가

1. 개념

허가는 법령에 의한 일반적 금지를 특정한 경우에 특정인에게 해제하여 적법하게 일정한 사실행위 또는 법률행위를 할 수 있게 하는 처분을 말한다(예, 영업허가 · 건축허가 · 의사면허 등). 허가는 허가를 유보한 상대적 금지의 경우에만 가능하고, 절대적 금지(미성년자의 음주 · 흡연금지)에 대해서는 행할 수 없다. 실정법상으로 허가는 허가 · 면허 · 승인 · 등록 · 지정 등의 용어가 혼용되어 사용되고 있다.

한편, 보통의 허가와 구별되는 것으로 이른바 예외적 허가(승인)라는 것이 있다. 이는 원칙적으로 불허가가 되어 있는 것을 예외적으로 허가하는 것이다(예, 개발제한

구역내의 건축허가). 일반적으로 허가는 사회질서유지에 장애가 되지 않는 한 원칙적으로 허가하는 것을 전제로 하나, 예외적 허가의 경우에는 원래 사회적으로 유해한 행위를 금지하는 것이 목적이므로 원칙적으로 금지하고 예외적으로만 허가하는 것이다. 그러나 양자는 모두 금지의 해제인 점에서 그 법적 성질은 동일하다.

2. 성질

(1) 명령적 행위

종래 통설적 견해에서는 허가는 상대방에게 금지를 해제하여 자연적 자유를 특정한 경우에 회복시켜주는 행위로서 명령적 행위이며, 권리 기타 법률상 능력을 설정・변경・소멸시키는 형성적 행위와 구별되는 것으로 본다. 그러나 근래에는 허가도 단순한 자연적 자유의 회복에 그치는 것이 아니라, 제한을 해제하여 적법한 권리행사를 가능케 하여 주는 행위로서 새로운 법률관계를 형성할 수 있는 법적 지위를 부여하는 형성적 행위의 성질을 가진다는 점에서 허가와 특허의 구분은 상대화되어 가고 있다고 보아야 할 것이다.

(2) 기속(재량)행위

행정청의 허가여부의 결정은 법령에 특별한 규정이 없는 한 원칙적으로 기속행위 내지 기속재량행위이다. 왜냐하면 허가는 개인의 자연적 자유를 회복시키는 행위이므로 허가요건에 해당함에도 불구하고 허가하지 않는 것은 부당하게 개인의 자연적 자유를 계속 구속하는 것이므로 행정청이 자유로이 결정할 일이 아니기 때문이다. 이와 같이 허가는 기속행위 내지 기속재량이 원칙이므로 허가를 받기 위한 출원이 경합하는 경우에는 선원주의에 의하여 먼저 출원한 것부터 심사하여 허가하여야 한다.

그러나 허가는 원칙적으로 기속행위의 성질을 가지나 예외적으로 허가여부가 자유재량인 경우도 있다. 예컨대 자연공원구역 안에서는 자연보호 관계상 일반적으로 개발이 금지되어 있으나, 특별한 사정이 있는 경우 개발금지를 해제하여 개발을 허용하는 이른바 예외적 허가에 있어서는 행정청에게 자유재량이 인정된다 할 것이다.

(3) 쌍방적 행정행위

허가는 일반적으로 출원(신청)에 의하여 행하여지는 쌍방적 행정행위이다. 그러나 예외적으로 출원 없이도 행하여지는 경우도 있다(예, 통행금지 해제, 보도관제의 해제 등).

3. 형식

허가는 하명과는 달리 성질상 항상 행정처분의 형식으로만 행하여지고 직접 법령에 의하여 행하여지는 경우는 없다. 또한 개별법령은 허가의 유무 및 내용을 명백히 하기 위하여 면허증·면허감찰 등의 교부, 일정한 공부(公簿)에의 등록 등의 형식을 취하도록 하고 있다.

4. 종류

(1) 심사대상에 따른 분류

행정청은 허가를 함에 있어 심사대상에 따라 다음과 같이 분류할 수 있다.

1) 대인적 허가

사람의 능력·지식 등 주관적 요소를 기준으로 하는 허가로서 의사면허, 운전면허, 약사면허, 통행금지 해제 등이 있다.

2) 대물적 허가

물건의 상태, 내용 등 객관적 요소를 기준으로 하는 허가로서, 음식점 영업허가, 건축허가, 차량검사 합격처분 등이 있다.

3) 혼합적 허가

인적·물적 요소를 기준으로 하는 허가로서 가스사업허가, 총포화약류제조허가, 석유정제업 허가 등이 있다.

(2) 행정분야에 따른 분류

허가는 행정분야에 따라 경찰허가·복리행정상의 허가·재정허가·군정허가 등으로 분류된다.

5. 대상 및 상대방

허가의 대상이 되는 행위는 사실행위인 것이 보통이지만(건축허가 등), 법률행위인 때도 있다(무기양도허가). 허가의 상대방은 원칙적으로 특정인이지만 불특정다수인일 때도 있다.

6. 허가와 출원

허가는 상대방의 출원(신청)에 따라 행해지는 것이 보통이나 특허·인가와 같이 반드시 출원이 있어야 하는 것은 아니고 출원에 의하지 않는 허가도 가능하다(통행금지해제·보도관제해제 등). 신청과 다른 내용의 허가(수정허가)도 가능하다고 보는 것이 판례의 태도이다.

7. 효과

(1) 반사적 이익의 향유

통설적 견해에 의하면 허가는 상대적 금지의 해제로 제한되었던 자연적 자유가 회복되는데 그치고 새로운 권리나 능력을 부여하는 특허와 다르기 때문에, 허가의 결과 일정한 독점적 이익을 받더라도 그 이익은 단순한 반사적 이익에 불과하다고 한다.

행정청의 허가에 의하여 향유하는 이익이 반사적 이익·사실상의 이익으로서 법의 보호를 받지 못하는 경우는 적법한 허가를 받은 신규업자가 출현하여 기존업자의 영업상의 이익이 감소하는 경우이다. 그러나 일반적으로 허가의 대상으로 간주되고 있는 사업이 거리제한 등에 의하여 보호되고 있는 경우(관계법에 의하여 거리제한규정이 있는 경우), 당해 구역내에서 향유하는 영업상의 독점적 이익의 성질을 어떻게 볼 것인가가 문제되고 있다. 즉, 강학상 허가와 특허를 구별하는 이상, 당해 허가는 특허로밖에 볼 수 없다는 견해와 거리제한을 두고 있는 관계법규의 목적·취지가 공익뿐만 아니라 관계자 개개인의 이익도 보호(과당경쟁의 방지)하는 것으로 해석되는 때에는 당해 이익은 단순한 반사적 이익이 아니라 법적으로 보호되는 이익이 되므로 협의의 허가와 특허의 성질을 공유하는 합체행위의 성질을 가진다고 보는 견해가 있다.

(2) 법률상 이익의 향유

개인이 허가를 받아 누리는 이익은 단순한 반사적 이익뿐만 아니라 법률상 이익으로서 법의 보호를 받는 경우도 있다. 예컨대 적법하게 영업허가를 받은 자가 정당한 이유없이 허가의 철회를 받았거나 방해를 받는 경우에 행정쟁송, 기타 수단을 통해 보호받을 수 있다. 위에서 설명한 바와 같이 거리제한의 규정이 없는 경우 기존업자의 신규업자에 대한 관계를 떠나서는 허가의 효과로서 받는 이익은 법률상 이익으로 법의 보호를 받는다고 보는 것이 좋을 것이다. 그리고 허가가 이와 같은 효과를 발생시키는 점을 생각하면 허가는 형성적 행정행위에 속한다고 볼 수 있을 것이다.

(3) 허가와 타법상의 제한

허가의 효과는 상대적이어서 관계법상의 금지를 해제하여 줄뿐이고 타법상의 제한까지 해제하여 주는 것은 아니다. 예컨대 공무원인 자가 식품점영업허가를 받았더라도 식품위생법상의 금지는 해제되나, 국가공무원법상의 금지(영리업무금지)까지 해제하여 주는 것은 아니다.

(4) 적법요건

허가 없이 한 행위는 그대로 유효하지만 적법한 행위는 아니므로 허가는 적법하게 행위할 수 있는 요건이 된다.

(5) 효과의 지역적 범위

허가의 효력은 원칙적으로 허가청의 관할구역 내에서만 발생하지만(예, 음식점 영업허가 등), 예외적으로 전국적으로 그 효력이 발생하는 경우도 있다(예, 운전면허).

8. 무허가 행위의 효과

허가를 받고 행하여야 할 행위(예, 주류판매 등)를 허가없이 행한 경우 원칙적으로 행정상의 강제집행이나 행정벌의 대상이 되는데 그치고, 그 행위 자체가 민사법상 또는 상사법상의 효력이 당연히 부정되는 것은 아니다. 다만 경제규제를 위한 일정한 금지를 명하는 규제하명의 해제(규제허가) 등의 경우에는 예외가 있다.

또한 동일한 장소에서의 영업허가신청이 경합되는 경우에 신청자 모두에게 중복허가를 해준다 하더라도 위법이 되지 아니 한다. 그것은 허가 자체의 효과는 단지 영업을 할 자유(직업선택의 자유의 한 내용)를 각인에게 회복시켜 주는데 그치며 그 장소에서 영업할 권리 자체를 배타적으로 부여하는 것은 아니다. 따라서 그 장소에 대한 진정한 소유권 또는 점유권자가 누구인가의 문제는 영업허가를 받은 당사자간의 문제로서 그 분쟁은 민사소송으로 해결할 문제이다.

Ⅲ. 면제

면제는 특정한 경우에 작위의무·급부의무·수인의무를 해제하는 행위를 말한다. 허가가 부작위의무(금지)를 해제하는 행위인데 대하여 면제는 작위·급부·수인의무를 해제하는 행위라는 점에서 구별되나 의무를 해제한다는 점에서는 같으므로, 허가에 관한 법리는 그대로 면제에도 적용된다. 이러한 면제의 예로는 예방접종면제·조세면

제 등이 있다. 또한 작위의무나 급부의무의 이행의 연기・유예 및 의무의 일부해제도 면제의 일종으로 보는 견해도 있다.

제2항 형성적 행정행위

형성적 행정행위는 특정의 상대방에게 권리・능력 또는 기타 법률상의 지위를 발생・변경・소멸시키는 행정행위이다. 형성적 행정행위는 제3자에게 대항할 수 있는 법률상의 힘을 부여하거나 혹은 그러한 힘을 부정하는 것을 목적으로 하는 행위인 점에서, 개인의 자유를 제한하거나 그 제한을 해제하는 명령적 행정행위와 구별된다.

형성적 행정행위는 ① 행정청이 어떤 법률관계의 일방당사자가 되어 직접 상대방을 위해 권리 등을 설정・변경・박탈하는 행위(설권행위・변경행위・박권행위), ② 행정청이 법률관계의 일방당사자가 되지 않고 상대방이 아닌 제3자의 법률행위를 보충하여 그 효력을 완성시키거나(인가), ③ 제3자를 대신하여 행하는 행위(공법상 대리행위) 등으로 나누어진다.

Ⅰ. 특허

1. 개념

특허란 특정의 상대방에게 새로이 권리를 설정하는 행위(공기업특허・도로통행료징수권설정・토지수용권설정・광업허가・어업면허 등), 능력을 설정하는 행위(공법인의 설립행위・선거일시의 지정고시 등), 포괄적 법률관계를 설정하는 행위(공무원임명・귀화허가 등)를 말한다. 이 중에서 권리설정행위를 협의의 특허라 한다.

권리・능력・포괄적 법률관계를 설정하는 행위를 설권행위(광의의 특허)라 하는데 대하여, 특정인에 대하여 기존의 권리・능력・포괄적 법률관계를 변경시키는 행위를 변경행위라 하고, 그것들을 소멸시키는 행위를 탈권행위라 한다. 광구의 변경, 공무원의 전보 등은 변경행위의 예이고, 특허의 취소・공무원의 파면 등은 탈권행위의 예이다.

2. 특허와 출원

특허는 상대방의 출원(신청)을 필요요건(효력요건)으로 한다. 따라서 출원이 없거나 그 취지에 반하는 특허는 완전한 효력을 발휘할 수 없다.

3. 형식

특허는 원칙적으로 처분의 형식으로 행하여지나, 예외적으로 법령에 의하여 직접 행해지는 법규특허의 경우도 있다(한국도로공사법에 의한 한국도로공사를 설립하고 국도의 설치·관리업무를 특허하는 것 등). 그리고 특허는 특정인에 대해서만 행해질 뿐 일반처분으로 불특정다수인을 대상으로 행해질 수 없으며, 또한 원칙적으로 특별한 형식을 요하지 않는 불요식 행위이다.

4. 성질

(1) 형성적 행위

특허는 일정한 공익상 필요에 따라 특정인에게 권리를 설정하여 주는 형성적 행위이다.

(2) 쌍방적 행정행위

특허는 사인의 의사표시(출원)에 의하여 행하여지기 때문에 사인의 의사표시와 행정청의 의사표시는 대등가치가 있는 것으로 보아 공법상 계약으로 볼 수도 있으나, 출원은 행정행위의 성립요건이 아니라 단순한 효력요건으로 보고 행정행위의 권력성은 여전히 유지되는 것으로 보는 것이 일반적 견해이다(쌍방적 행정행위설).

(3) 자유재량행위

특허는 공익상 필요에 따라 권리를 부여하는 설권행위이므로 자유재량행위에 속한다. 그러나 법령의 규정에 의하여 기속행위로 볼 수 있는 경우도 있다(광업법상의 광업권).

5. 효과

(1) 권리 등의 설정

특허의 효과는 상대방에게 권리 등 법률상의 힘을 발생시키는데 있다. 특허에 의해 설정되는 권리는 공권일 때도 있고 사권일 때도 있다. 또한 특허로 얻은 이익은 권리로서, 제3자가 침해하면 권리침해가 되므로 사법적 구제를 받을 수 있다.

(2) 효과의 이전성 여부

대인적 특허는 일신전속적이기 때문에 그 효과가 이전될 수 없는데 반하여, 대물적 특허는 그 효과가 자유로이 또는 일정한 제한(행정청에의 보고·승인 등)아래 이전될 수 있다.

(3) 유효요건

특허는 허가와는 달리 특허 없이 한 행위는 무효이다. 따라서 특허는 유효요건(효력발생요건)이라 할 수 있다.

Ⅱ. 인가(보충행위)

1. 개념

인가는 제3자의 법률행위(계약·합동행위 등)를 보충(동의)하여 그 법률상의 효과를 완성시켜주는 행정행위를 말한다. 법령상으로는 인가 이외에 인허·승인 등의 용어가 사용되고 있으며, 비영리법인의 설립인가·지방채기채승인·사업양도의 인가·공공조합설립인가·하천점유권의 양도인가 등이 그 예이다. 이러한 인가는 민법상의 무능력자에 대한 후견인의 동의와 유사한 것이다.

2. 대상

인가의 대상이 되는 제3자의 행위는 반드시 법률행위이어야 하고 허가처럼 사실행위는 그 대상이 될 수 없다. 왜냐하면 인가는 법률행위의 효력요건이기 때문이다. 따라서 인가를 요하는 행위가 인가없이 행해지면 무효가 될 뿐 처벌의 대상은 되지 아니한다. 또한 인가의 대상이 되는 법률행위 중에는 공법상의 행위(공공조합의 정관변경 등)인 경우도 있고, 사법상의 행위(특허기업의 사업양도인가·비영리법인설립인가·하천점유권의 양도인가 등)인 경우도 있다.

3. 신청(출원)

인가는 당사자의 신청이 있는 경우에만 행하여지는 것이 원칙이다. 따라서 불특정다수인에 대한 인가는 허용되지 않는다. 또한 행정청은 이에 대한 인가여부만을 소극적으로 결정하면 되므로 적극적으로 신청의 내용과 다른 인가, 즉 내용을 수정하는 수정인가는 법령에 특별한 근거가 없는 한 허용되지 아니 한다.

4. 형식

인가는 반드시 구체적인 처분의 형식으로 행해지며, 일반적으로 불요식행위이다.

5. 효과

(1) 보충행위

인가는 제3자의 법률행위에 동의함으로써 그 효력을 완성시켜 주는 보충행위이며, 그 법률행위의 하자를 치유하는 효력은 없다.

(2) 효과의 이전성 여부

인가의 대상은 법률적 행위에 한정되므로 그 효과는 당해 행위에 대한 관계에서만 발생하고 타인에게 이전되지 않는 것이 원칙이다.

(3) 유효요건

인가가 행해지면 비로소 제3자의 법률행위의 효과가 완성되며 인가를 받아야 할 행위를 인가받지 않고 행한 때에는 무효이다.

6. 인가와 기본적 법률행위와의 관계

① 인가는 제3자의 법률적 행위의 효력을 보충하여 완성시켜주는 보충행위에 지나지 않으므로, 기본행위(제3자의 법률적 행위)가 불성립 또는 무효로 된 때에는 인가가 있더라도 유효로 될 수 없으며 인가도 무효로 된다.

② 기본행위에 취소원인이 있는 때에는 인가 후에도 이를 취소할 수 있으며, 기본행위가 취소되면 인가는 그 존립의 바탕을 잃게 되어 실효된다.

③ 또한 기본적 행위는 유효하고 인가만 무효인 때에는 무인가행위로 된다.

【판례】

: ①「사립학교법 제20조 제2항에 의한 학교법인의 임원에 대한 감독청의 취임승인은 학교법인의 임원선임행위를 보충하여 그 법률상의 효력을 완성케하는 보충적 행정행위로서 성질상 기본행위를 떠나 승인처분 그 자체만으로는 법률상 아무런 효력도 발생할 수 없으므로 기본행위인 학교법인의 임원선임행위가 불성립 또는 무효인 경우에도 비록 그에 대한 감독청의 취임승인이 있었다 하여도 이로써 무효인 그 선임행위가 유효한 것으로 될 수는 없다」(대판 1987.8.18, 86누152).

② 「주택개량사업관리처분계획이 적법유효하고 보충행위인 인가처분 자체에만 하자가 있다면 그 인가처분의 무효나 취소를 주장할 수 있지만, 인가처분에는 하자가 없고 기본행위에만 하자가 있는 경우에는 기본행위의 하자를 다투는 것은 별론으로 하고, 기본행위의 무효를 내세워 바로 그에 대한 행정청의 인가처분의 취소 또는 무효확인을 구하는 법률상의 이익은 없다」(대판 1994.10.14, 93누22753).

7. 인가와 인허

일반적으로 형성적 행위인 인가와 명령적 행위인 허가는 그 성질이 완전히 다른 것으로 체계화되어 있다. 그럼에도 불구하고 근래에는 인가에 허가의 효과가 당연히 포함된다거나, 허가와 인가의 효과가 합쳐진 인가의 존재가 소개되고 있다. 예컨대 국토의계획및이용에관한법률상의 허가를 받고 행하여야 할 토지거래를 허가받지 않고 행하였을 경우에는 동법 제141조에서 정하고 있는 행정벌, 즉 2년 이하의 징역형이나 또는 계약체결 당시의 당해 토지가격의 100분지 3에 해당하는 금액의 벌금으로 처벌을 받는 점은 국토의계획및이용에관한법률상의 토지의 거래허가제에 있어서 허가의 성질이 강학상의 허가의 성질과 인가의 성질을 모두 가지고 있는 것이라 말할 수 있다.

Ⅲ. 공법상 대리

1. 의의

공법상 대리는 제3자가 하여야 할 행위를 행정청이 대신하여 행하고, 그 행위가 제3자가 행한 것과 같은 법적 효과를 발생시키는 행정행위를 말한다. 이러한 공법상 대리는 제3자 본인이 하여야 할 행위를 법률이 정하는 바에 의하여 행정목적을 달성하기 위하여 행정청이 대신하는 것이므로 그 대리의 성질은 법정대리이다.

2. 성질

여기서 말하는 대리는 행정행위로서의 공법상 대리를 의미하기 때문에 행정조직 내부에서 행해지는 행정청의 대리와는 구별하여야 한다. 또한 공법상 대리는 그 법적 효과를 표준으로 할 때에 대부분 형성적 행위의 성질을 가진다.

3. 종류

공법상 대리의 종류로는 ① 행정주체가 공익적·감독적 견시에서 공공단체·특히 기업자 등을 대신하여 행하는 행위(감독청에 의한 공법인의 정관작성 · 임원임명 등), ② 당사자 사이의 협의불성립의 경우에 조정적 입장에서 행하는 행위(A광구를 B광구에 양도하여 통합하라는 명령을 받은 자간에 양도에 관하여 합의가 이루어지지 않는 경우에 당사자의 신청으로 산업자원부장관이 행하는 양도에 관한 재결(광업법 제71 · 제73조 등)), ③ 제3자를 보호하는 입장에서 행하는 행위(행려병자 · 사자의 유류품 처분 등), ④ 행정주체가 행정작용의 실효성을 확보하기 위하여 행하는 행위(조세체납처분으로서의 공매처분)와 같은 것이 있다.

제3관 준법률행위적 행정행위

준법률행위적 행정행위란 효과의사의 표시가 아니라 효과의사 이외의 정신작용(판단 · 인식 · 관념의 표시)을 구성요소로 하고 그 법적 효과도 효과의사의 내용에 따라 발생하는 것이 아니라 직접 법규에 의하여 발생한다. 따라서 법률행위적 행정행위에 관한 모든 일반원리가 준법률행위적 행정행위에 적용될 수 있는 것은 아니다. 준법률행위적 행정행위는 다시 확인 · 공증 · 통지 · 수리의 네 가지로 분류된다.

Ⅰ. 확인

1. 의의

확인은 특정한 사실 또는 법률관계에 관하여 의문이나 다툼이 있는 경우에 그 존부(存否) 또는 정부(正否)를 행정청이 이를 유권적으로 판단하는 행위를 말한다. 법령상으로는 결정 · 재결 · 특허 등의 용어가 사용되고 있다.

2. 성질

확인은 특정한 사실관계 또는 법률관계의 존부 · 정부 등에 관한 분쟁을 전제로 하는 판단작용이므로 법선언작용이고 넓은 의미의 사법작용의 일종(준사법적 행위)이라 할 수 있다. 또한 확인행위는 판단작용이기 때문에 객관적 진실에 따라 결정하지 않으면 안되는 기속행위에 속한다.

3. 종류

확인은 행정분야에 따라, ① 조직법상 확인(당선인의 결정·국가시험합격자 결정), ② 질서행정법상 확인(도시계획상의 지역·지구·구역지정), ③ 복리행정상 확인(도로구역결정·발명특허·교과서 검인정), ④ 재정법상 확인(소득금액결정), ⑤ 쟁송법상 확인(이의신청의 결정·행정심판의 재결), ⑥ 군법상 확인(신체검사) 등이 있다.

4. 형식

확인은 항상 구체적인 처분의 형식으로 행해지며 직접 법령에 의한 일반적 확인은 있을 수 없다. 또한 일정한 형식이 요구되는 요식행위인 것이 보통이다.

5. 효과

확인은 특정한 사실 또는 법률관계의 존재여부 또는 정당성 여부를 유권적으로 확정한 것이므로 이를 임의로 변경할 수 없는 불가변력이 발생한다. 그러나 새로운 판단자료가 생긴 경우에는 변경할 수 있음은 물론이다.

이와 같이 확인의 공통적 효력으로 불가변력(확정력)을 들 수 있으나, 확인의 효과가 행정청의 의사가 아니라 법률의 규정에 따라 발생하는 것이라는 점에서 공통적 효과 이외에 구체적 효과는 각개의 법률이 정하는 바에 따라 다르다. 예컨대, 발명특허의 경우와 같이 권리가 형성되는 경우가 있으나 그것은 확인행위 자체의 효과가 아니고, 법이 부여한 효과이다.

Ⅱ. 공증

1. 의의

공증은 특정의 사실 또는 법률관계의 존부를 공적으로 증명하여 공적 증명력을 부여하는 행위이다. 확인과는 달리 의문이나 다툼이 없는 사항에 관하여 공적 권위로써 이를 증명하는 행위이다.

2. 성질

공증은 성질상 요식행위인 것이 원칙이며, 판단의 표시가 아니라 인식의 표시다. 그것이 단순한 행정청의 인식작용이기 때문에 특정한 사실 또는 법률관계가 객관적으로 존재하는 한 공증을 하지 않을 수 없으므로 기속행위이다.

3. 종류

공증에는 ① 부동산 등기부 · 외국인 등록부와 같은 공부에의 등기 · 등록, ② 토지대장 · 건축물관리대장 · 광업원부와 같은 각종 장부에의 등재, ③ 회의록 등에의 기재, ④ 당선증서 · 합격증서와 같은 각종의 증명서발급, ⑤ 영수증의 교부, ⑥ 여권 등의 발급, ⑦ 검인 · 증인의 날인 등이 있다.

4. 효과

공증의 공통된 효과는 공증된 사항에 대해 공적증거력을 발생시키는데 있다. 그러나 이러한 증거력은 반증이 있게 되면 행정청의 취소를 기다리지 않고도 그것을 전복시킬 수 있다.

공증은 공적 증거력 이외에 어떠한 효과가 발생하는가는 개별 법률이 정하는 바에 따른다. 즉 권리의 성립요건(부동산 등기부에의 등기)이 되기도 하고, 권리의 행사요건(선거인명부에의 등록)이 되기도 하고, 또는 권리발생(설정)의 요건(광업원부에의 등재)이 되기도 한다.

【판례】 - ① 지적공부변경에 대해 처분성 부정

「토지대장 등 지적공부에 등록하거나 변경하는 행위는 당해 토지의 실체상의 권리관계에 어떤 변동을 가져오는 것은 아니라는 이유로, 그 등록사항을 직권으로 정정하는 행위나, 등록사항에 대한 변경신청을 거부(반려)하는 행위는 행정소송의 대상이 되는 행정처분이 아니다」(대판 1995.12.12, 95누9747).

② 지적공부상 지목변경행위에 대한 처분성 인정

「지적법 제38조 제2항에 의하면 토지소유자에게는 지적공부의 등록사항에 대한 정정신청의 권리가 부여되어 있고 이에 대응하여 소관청은 소유자의 정정신청이 있으면 등록사항에 오류가 있는지를 조사한 다음, 오류가 있을 경우에는 등록사항을 정정하여야 할 의무가 있는 바 피청구인의 반려행위는 지적관리업무를 담당하고 있는 행정청의 지위에서 청구인의 등록사항정정신청을 확정적으로 거부하는 의사를 밝힌 것으로서 공권력의 행사인 거부처분이라 할 것이므로 헌법재판소법 제68조 제1항 소정의 '공권력의 행사'에 해당한다」(헌재 1999.6.24, 97헌마315).

Ⅲ. 통지

1. 의의

통지란 특정인 또는 불특정다수인에 대해 특정한 사항을 알리는 행위를 말한다. 이는 그 자체의 독립된 행위로써 이미 성립한 행정행위의 효력발생요건으로서의 교부나 송달 등과 다르다. 판례는 「당연퇴직의 통보는 독립된 행정처분이 아니다」(대판 1985.7.23, 84누374)라고 판시하였다.

2. 종류

통지행위에는 어떤 사실에 관한 관념의 통지(사업인정의 고시 · 특허출원공고 · 귀화의 고시)와 행위자의 의사의 통지(대집행의 계고 · 납세의 독촉) 등이 있다.

3. 효과

통지의 효과는 각 법령의 규정에 따라 다르다. 즉 대집행의 계고는 대집행에 대한 수인의무를, 조세체납자에 대한 독촉은 행정주체의 체납처분의 권리를 각각 발생한다.

[판례]

: 「토지수용법(현 토지보상법) 제14조의 규정에 의한 사업인정은 그후 일정한 절차를 거칠 것을 조건으로 하여 일정한 내용의 수용권을 설정해주는 행정처분의 성격을 띠는 것으로서 그 사업인정을 받음으로써 수용할 목적물의 범위가 확정되고 수용권으로 하여금 목적물에 관한 현재 및 장래의 권리자에게 대항할 수 있는 일종의 공법상의 권리로서의 효력을 발생시킨다」(대판 1994.11.11, 93누19375).

Ⅳ. 수리

1. 의의

수리란 행정청이 타인의 행위를 유효한 행위로서 받아들이는 행위를 말한다. 원서 · 신고서 · 행정심판청구서 등의 제출이 형식적 요건을 갖춘 경우에 이를 수리하는 경우가 그 예이다. 수리는 행정청이 타인의 행위를 유효한 행위로 판단하여 수령하는 인식작용이므로 단순한 사실인 도달이나 접수와는 다르다.

2. 효과

수리의 효과는 법령이 정하는 바에 따라 다른데, 수리되면 사법상의 법률효과가 발생하는 것(혼인신고가 수리되면 혼인이 성립됨), 공법적 법률효과가 발생하는 것(행정심판청구서가 수리되면 행정청은 심리・재결해야 할 의무가 발생함) 등이 그것이다. 어떻든 수리는 어떤 법적 효과를 가져오는 것만이 행정행위로서의 의미를 지니는 것이고 그 밖의 수리는 다만 사실행위로서의 성질을 가진다 할 것이다.

3. 수리거부와 행정구제

수리거부는 소극적 행정행위로서 이에 대하여 행정쟁송이 가능하다. 또한 수리거부로 인하여 손해가 발생한 경우에는 행정상 손해배상이 인정된다.

【판례】 - 건축주명의변경신고에 대한 수리거부행위가 취소소송의 대상이 되는 처분인지 여부

: 「건축주명의변경신고수리거부행위는 행정청이 허가대상건축물 양수인의 건축주명의변경신고라는 구체적인 사실에 관한 법집행으로서 그 신고를 수리하여야 할 법령상의 의무를 지고 있음에도 불구하고 그 신고의 수리를 거부함으로써, 양수인이 건축공사를 계속하기 위하여 또는 건축공사를 완료한 후 자신의 명의로 소유권보존등기를 하기 위하여 가지는 구체적인 법적 이익을 침해하는 결과가 되었다고 할 것이므로, 비록 건축허가가 대물적 허가로서 그 허가의 효과가 허가대상건축물에 대한 권리변동에 수반하여 이전된다고 하더라도 양수인의 권리·의무에 직접 영향을 미치는 것으로서 취소소송의 대상이 되는 처분이라고 하지 않을 수 없다」(대판 1992.3.31, 91누4911).

제6절 행정행위의 부관(附款)

Ⅰ. 개설

1. 부관의 의의

종래의 통설적 견해에 의하면, 행정행위의 부관이란 행정행위의 효과를 제한하기 위하여 주된 의사표시에 부가된 종된 의사표시를 말한다. 그러나 부관의 현실적 기능을 감안하여 볼 때 '효과를 제한'하기 위한 것뿐만 아니라, 그에 더하여 '특별한 의무의 부과'와 '요건의 보충'을 위하여 붙여지는 것도 부관으로 보아야 한다는 견해도 있다. 이러한 의미에서, 부관이란 행정행위의 효과를 제한하거나 의무를 부과하거나 요건의 보충을 위하여 주된 행위에 부가된 종된 규율(부수적 규율)을 말한다. 이견해가 최근의 유력설이다.

2. 부관의 기능

(1) 순기능(유연성 부여기능)

행정행위의 부관은 행정청이 행정목적달성을 위하여 행정행위라는 형식을 행사함에 있어 불가결하게 요청되는 보조적 수단으로 간주되는 바, 이에 부관은 행정에 대하여 광범위한 유연성을 부여한다. 부관의 이러한 유연성 부여기능은 다음의 3가지로 요약될 수 있다.

① 부관부행정행위에 의하여 행정청은 행정행위의 상대방인 신청자와의 사이에 별 마찰없이 타협적인 해결을 도모하여 구체적 사정에 합당한 행정을 할 수 있다. 예컨대 허가의 신청인이 그 요건을 완전히 구비하고 있지 않는 경우에 허가를 거부하지 않고 요건을 갖출 것을 부관으로 정하여 허가를 해주는 것이 그 일례이다.

② 부관은 절차적 경제를 도모할 수 있다. 예컨대 건축허가신청을 거부당하게 되면, 허가를 기대하여 사전에 행한 투자에 요건을 갖추어 다시 재신청을 하고 그에 대한 결정이 있을 때까지 활용하지 못하게 되는 등 불편과 불이익이 발생한다. 그러나 부관을 붙여 허가를 행함으로써 재신청과 재심사절차를 생략하고 경제상의 불이익도 예방할 수 있다.

③ 부관은 신청자의 이익뿐만 아니라 일반공중 또는 개별적인 제3자의 이익을 위하여 중대한 의미를 가진다. 예컨대 보조금교부시의 부담은 상대방이 행정주체의 결정 노선에 따르도록 유도함으로써 경제정책이 보다 효과적으로 기능할 수 있게 하며, 영업허가에 있어서의 부관은 미풍양속과 환경보호를 위한 고전적 수단이 되고, 특히 복잡한 이해관계의 조정이 요청되는 계획행정의 영역에 있어서의 부관은 제3자의 권익 침해를 방지하기 위하여 중요한 역할을 담당한다.

(2) 역기능(문제점)

행정행위의 부관은 광범위한 유연성을 부여하여 행정과 상대방에게 바람직한 결과를 가져오는 순기능의 측면이 있는가 하면, 다른 한편 행정편의에 치우치는 경우에는 상대방에게 불이익을 주는 등 그 남용의 우려가 있게 된다. 이에는 다음의 2가지 경우를 들 수 있다.

1) 해제부관(해제조건 · 종기 · 철회권유보 등)

해제부관은 어느 행정청이 상대방에게 수익적 처분을 하면서 추후에 변화된 법적 · 경제적 변화를 예측하고 이러한 상황에 적합시키는 수단으로 활용되는 것인 바, 이러한 해제부관이 새로운 상황에의 적응리스크와 비용을 상대방에게 전가시키는 경우에는 경우에 따라서는 상대방에게 중대한 불이익이 초래된다.

2) 반대급부획득수단으로서의 부담

인 · 허가 등과 같은 수익적 행정행위가 행해짐으로써 공재정상의 부담을 가져오는 경우에는 행정은 그 수익적 행위에 대한 반대급부획득수단으로서의 부담 등의 부관을 활용하여 그 경제적 이익의 일부를 흡수하려고 한다. 그러나 이러한 부관이 행정편의에 치우치는 경우에는 상대방은 불이익을 당하게 된다.

3. 법정부관

행정행위의 부관은 법정부관과는 구별되어야 한다. 즉 부관은 행정청 스스로의 의사에 의하여 붙이는 것이지만, 법정부관은 법령이 행정행위의 조건 · 기한 등을 정하고 있는 것이다. 법정부관의 예로는 광업권의 존속기간 · 자동차검사증의 유효기간 · 인감증명유효기간 등이 있다.

Ⅱ. 부관의 종류

1. 조건

조건이란 행정행위의 효력의 발생 또는 소멸을 장래의 불확실한 사실에 의존케하는 부관을 말한다. 여기서 장래의 불확실성은 장래에 발생여부가 객관적으로 불확실함을 의미한다. 이러한 조건은 효력의 발생에 관한 정지조건과 소멸에 관한 해제조건이 있다.

① 정지조건은 일정한 사실의 발생(조건의 성취)으로 행정행위의 효과가 발생하는 경우인데, 도로의 완공을 조건으로 하는 자동차운수사업의 면허, 시설완성을 조건으로 학교법인설립인가 등이 그에 해당한다.

② 해제조건이란 조건의 성취로써 행정행위의 효력이 소멸되는 경우인데, 이에 관한 예로는 일정한 기간내에 공사착수를 조건으로 한 공유수면의 매립면허(일정한 기간내에 공사착수를 하지 아니하면 면허요건소멸사유가 됨) 등이 있다.

2. 기한

① 기한이란 행정행위의 효력의 발생 또는 소멸을 장래 도래가 확실한 사실에 의존시키는 부관을 말하는바, 이에는 시기와 종기가 있다. 즉 2007년 1월 1일부로 허가한다고 하는 것이 전자의 예이고, 2008년 12월 31일까지 허가한다가 후자의 예이다. 이상과 같이 사실의 발생시점이 확정된 기한을 확정기한이라 하고, 갑이 사망할 때까지 등과 같이 도래는 확실하나 도래하는 시기는 불확실한 것을 불확정기한이라 한다.

② 기한에 관하여 특히 문제되는 것은 종기가 행정행위의 절대적 소멸원인이 되느냐 하는 점이다. 그 내용상 장기계속성이 예정되는 행정행위(음식점영업허가)에 붙여진 기한은 그 행정행위의 존속기간으로 볼 것이 아니라(즉 기한의 도래로 허가의 효력이 자연히 소멸되는 것으로 볼 것이 아님), 행정행위의 내용의 경신기간으로 보아야 할 때가 많다.

[판례]

: 「행정행위인 허가 또는 특허에 붙인 조항으로서 종료의 기한을 정한 경우 종기인 기한에 관하여는 일률적으로 기한이 왔다고 하여 당연히 그 행정행위의 효력이 상실된다고 할 것이 아니고, 그 기한이 그 허가 또는 특허된 사업의 성질상 부당하게 짧은 기한을 정한 경우에 있어서는 그 기한은 그 특허의 조건의 존속기간을 정한 것이 아니며, 그 기한이 옴으로써 그 조건의 경신을 고려한다는 뜻으로 해석하여야 한다」(대판 1995.11.10, 94누11866).

3. 부담(負擔)

(1) 의의

부담이란 수익적 행정행위에 붙여지는 것으로 상대방에게 작위·부작위·급부·수인 등 의무를 부과하는 부관을 말한다. 예컨대 영업허가를 행하면서 각종의 준수의무를 명하거나, 도로점용허가를 해주면서 점용료 또는 사용료의 납부를 명하는 것 등이다. 한편 부담은 조건, 기한, 철회권의 유보의 경우와는 달리 행정행위의 효력의 발생·소멸에 직결된 것이 아니다. 따라서 부담의 불이행이 있다고 하여 효력의 소멸을 가져오는 것이 아니다.

(2) 조건과의 구별

부담은 조건과는 다르다. 즉 부담이 붙여져도 행정행위의 효력은 처음부터 완전히 효력을 발생한다. 이 점에서 조건성취가 있기까지는 행정행위의 효력이 정지되는 정지조건과 다르며, 부담(의무)을 이행하지 않는다 하여 당연히 행정행위의 효력이 소멸하는 것도 아니므로 조건성취에 의하여 행정행위의 효력이 소멸되는 해제조건과도 다르다. 따라서 부담(의무)의 불이행이 있는 경우에 그 부담부행정행위를 철회하거나 기타 불이익을 과함은 별개의 문제이다. 또한 부담만에 대하여 이의 불이행이 있을 경우 강제집행 또는 처벌의 대상이 되는데 대하여 조건은 그렇지 않다.

4. 철회권(취소권)의 유보

(1) 의의

철회권의 유보란 행정청이 일정한 경우에 행정행위를 철회하여 그 효력을 소멸케 할 수 있음을 정한 부관을 말한다. 취소권의 유보라고도 말하여지나 철회권의 유보는 행정행위의 하자와는 무관한 것이므로 그렇게 부르는 것은 좋지 않다는 견해도 있다.

(2) 해제조건과 구별

철회권의 유보는 행정행위의 효력소멸의 원인이 되는 점에서 해제조건과 유사한 면이 있으나, 해제조건은 조건사실이 발생하면 자동적으로 행정행위의 효력이 소멸되지만, 철회권의 유보는 유도된 사실이 발생하더라도 자동적으로 행정행위의 효력이 소멸되는 것이 아니라 행정청이 철회라는 별도의 행위를 취함으로써 비로소 그 효력이 소멸한다.

(3) 유보된 철회권의 행사

철회권이 유보되어 있는 경우에도 그 자체만으로 직접 철회를 정당화하는 사유가 되는 것이 아니고, 행정행위의 철회에 관한 일반적 요건이 충족되는 경우에 비로소 철회가 허용되는 것이다. 즉 철회권이 유보되어 있는 경우에도 행정행위의 철회에 관한 일반원리가 그대로 적용된다. 그렇다면 철회권의 유보가 별로 그 실용성이 없지 않겠느냐의 의문이 생긴다. 그러나 부관으로서의 철회권의 유보는 행정행위의 상대방이 장래 당해 행정행위가 철회될 수 있음을 예기할 수 있으므로, 원칙적으로 신뢰보호원칙에 기하여 철회의 제한을 주장하거나 또는 철회로 인한 손실보상을 청구할 수 없게 된다 할 것이다. 따라서 철회권의 유보는 이러한 한도에서 그 존재의의가 있다 하겠다.

(4) 법적 근거

철회권의 유보에는 법령에 직접 명시되어 있는 경우도 있으나(하천법 제64조·제65조), 법적 근거가 없어도 해석상 철회권을 유보할 수 있다. 다만 이러한 경우 행정청은 의무에 합당한 재량에 따라 판단하여야 할 것이다.

5. 법률효과의 일부배제(일부제한)

법률효과의 일부배제란 택시격일제운행·버스노선지정 등과 같이 법률이 행정행위에 부여하는 효과의 일부를 배제하는 부관이다. 법률이 예정하고 있는 효과의 일부배제행위이므로 법률이 직접 효과를 한정하고 있는 경우에는 행정행위의 부관에 의한 법률효과의 일부배제의 개념에 해당되지 아니한다. 그리고 법률효과의 일부배제는 법률이 같은 종류의 행정행위에 일반적으로 부여하고 있는 효과의 일부를 배제하는 것이므로 법령에 근거가 있는 경우에 한하여 붙일 수 있다.

6. 부담의 추가·변경 또는 보충권의 유보(부담유보)

행정행위의 부담의 사후적 추가·변경·보충의 권한을 미리 유보하는 부관으로서, 행정행위의 사후변경의 유보 또는 부담유보라 칭하기도 한다. 이는 행정행위의 효력이 장기간에 걸쳐 지속되는 것이기 때문에 그 동안의 사회·경제적 변화와 기술적 발전을 예측하기 어려운 경우에 이에 대비하기 위하여 붙이는 부관이다.

부담유보는 철회권의 유보의 일종으로 볼 수도 있으나(아무런 제한없이 부과된 허가에 대하여 사후에 제한한다는 의미에서), 철회권의 유보가 수익의 전부 또는 일부를 철회하는 것인데 반하여, 부담유보는 원래의 수익을 유지하면서 부담을 가한다는 점이 다르다. 행정청이 행정행위의 전부나 일부에 대해 철회권을 행사할 수 있다면 부담유보는 허용되며, 대외적으로 행정행위의 효과가 사회·경제의 급속한 변화로 충분히 그 예측이 어렵다고 볼 수 있는 경우가 있기 때문에 부담유보를 새로운 부관으로 받아들이는 것이 타당하다는 견해도 있다.

7. 수정부담

부관의 일종으로 수정부담을 들기도 한다. 이는 행정행위에 부가하여 새로운 의무를 부과하는 것이 아니라 상대방이 신청한 것과 다르게 행위의 내용을 정하는 것을 말한다. 예를 들면, 갑이 행성청에 대하여 A국으로부터 쇠고기 수입허가를 신청하였는데, 행정청이 B국으로부터 수입하도록 허가하는 경우이다. 그러나 이에 대해 수정부담은 신청된 행정행위를 하면서 단지 효과 등을 제한하는 부관과는 달리 주된 행정행위의 내용자체를 질적으로 변경하는 것이므로 부관의 일종이라 볼 수 없다고 하는 견해도 있다.

Ⅲ. 부관의 한계

1. 부관의 가능성

(1) 법률행위적 행정행위와 준법률행위적 행정행위

통설은 법률에 명문근거가 없다 하더라도 법률행위적 행정행위에 대해서만 붙일 수 있고 준법률행위적 행정행위에는 붙일 수 없다고 한다. 그러나 오늘날의 새로운 견해는 사법상의 개념인 법률행위를 사용하여 행정행위를 법률행위적 행정행위와 준법률행위적 행정행위로 구분하는 것 자체가 문제가 있다는 전제하에 부관의 허용성 내지 가능성은 개개의 행정행위의 성질·목적과 부관의 형태를 종합적으로 검토하여 결정하여야 한다고 주장한다. 그리하여 통설이 준법률행위적 행정행위라 하여 부관을 붙일 수 없다고 하는 확인·공증에도 기한(특히 종기 : 여권에 붙여진 유효기간) 등에 부관을 붙일 수 있으며, 또한 통설이 법률행위적 행정행위로 보아 부관을 붙일 수 있다고 하는 귀화허가에는 부관을 붙일 수 없다고 한다.

(2) 기속행위와 재량행위

종래의 통설은 법령상 명문규정이 없는 경우에는 부관은 기속행위에 대해서는 붙일 수 없고 재량행위에만 붙일 수 있다고 한다. 기속행위는 행정청이 법령에 정한 바에 따라 행위해야 할 엄격한 기속을 받고 기계적으로 집행하는데 그치는 행위이므로 자기의 의사에 의하여 법령이 정한 효과를 임의로 제한할 수 없고, 이에 반하여 재량행위는 행정청에게 행정행위를 거부할 수 있는 자유가 인정되어 있으므로 부관에 의하여 그 효과를 제한할 수 있다는 것을 근거로 한다. 판례도 같은 입장이다.

[판례]

:「기속행위나 기속재량행위에는 부관을 붙일 수 없고 붙였다 하여도 무효이다. 따라서 기속행위 내지 기속재량행위인 건축허가에 법령상 근거없이 부관을 붙일 수 없다」(대판 1995.6.13, 94다56883).

2. 부관의 한계(자유성)

(1) 법령상 한계

부관은 법령에 위배되지 않는 한도에서 붙여야 한다. 즉 부관의 내용·형식 등이 적법해야 하고 그 이행이 가능하여야 한다.

(2) 목적상 한계

부관은 주된 행정행위의 목적에 위배하여 붙일 수 없다. 예컨대 주된 행위는 개인의 영업의 자유를 목적으로 하는데 부관에서는 각종의 제약을 가하여 실제상 영업의 억제를 도모하게 된다면 그러한 부관은 목적에 반하는 것이다.

(3) 조리상 한계

부관의 내용은 비례원칙에 위배하여 붙일 수 없다. 즉 필요한 한도를 넘어서 또는 상대방에게 가혹한 부관을 붙일 수 없다. 또한 부관은 평등원칙에 반하는 것이어서는 아니 되며, 행정권한의 부당결부금지의 원칙에도 위배되지 않아야 한다. 즉, 부관은 행정법의 일반원칙에도 위배되어서는 아니 된다.

[판례]

: 「소외 인천시장은 원고에게 주택사업계획승인을 하게 됨을 기화로 그 주택사업과는 아무런 관련이 없는 토지인 위 2,791㎡를 기부채납하도록 하는 부관을 위 주택사업계획승인에 붙인 사실이 인정되므로, 위 부관은 부당결부금지의 원칙에 위반되어 위법하다고 할 것이다」(대판 1997.3.11, 96다49650).

3. 사후부관의 가능성(시간적 한계)

행정행위를 발한 후에 사후에 부관을 붙일 수 있는가에 관해서는 다음과 같은 견해의 대립이 있다.

(1) 부정설

부관은 주된 행정행위에 부수된 종된 규율이므로 부관만의 독자적 존재를 인정할 수 없고, 따라서 주된 행정행위를 발한 후 사후에 부관만을 따로이 붙일 수 없다는 견해이다.

(2) 제한적 긍정설(다수설 · 판례)

법령이나 행정행위 자체가 예상하고 있거나 상대방의 동의가 있을 때에는 사후에도 부관을 붙일 수 있다는 견해이다. 그러나 부관 중 부담은 그 부관성 자체에 의문이 있으므로 부담만이 사후에 가능하다는 견해도 있으나, 조건 · 기한 또는 철회권의 유보도 사후에 붙일 수 있다고 보는 것이 현재의 다수설이다. 또한 판례도 원칙적으로 위의 사유에 의한 사후부관이 허용된다고 보며, 그 외에도 사정변경으로 인하여 당초에 부관을 부가한 목적을 달성할 수 없게 된 경우에도 그 목적달성에 필요한 범위에서도 사후부관이 예외적으로 허용된다고 보고 있다.

[판례] - 부관의 사후변경이 허용되는 범위

: 「행정처분에 이미 부담이 부가되어 있는 상태에서 그 의무의 범위 또는 내용 등을 변경하는 부관의 사후변경은 법률에 명문의 규정이 있거나 그 변경이 미리 유보되어 있는 경우 또는 상대방의 동의가 있는 경우에 한하여 허용되는 것이 원칙이지만, 사정변경으로 인하여 당초에 부담을 부가한 목적을 달성할 수 없게 된 경우에도 그 목적달성에 필요한 범위 내에서 예외적으로 허용된다」(대판 1997.5.30, 97누2627).

Ⅳ. 하자있는 부관과 행정행위의 효력

부관이 하자있는 경우(위법한 경우)에 그 부관이 무효인가 취소할 수 있는 것인가는 행정행위의 무효 · 취소의 구별에 준하여 생각하면 된다. 따라서 부관의 하자가 중대하고 명백한 것인 때에는 그 부관은 무효이고, 그렇지 않는 경우에는 취소할 수 있는 것이 된다.

1. 무효인 부관과 행정행위의 효력

부관이 무효인 경우에 그것이 본체인 행정행위에 어떠한 영향을 미치는가에 대해서는 ① 부관의 무효는 본체인 행정행위에는 영향을 미치지 않는 것으로 부관없는 단순한 행정행위로 된다는 견해(부관무효설), ② 부관의 무효는 행정행위 전체를 무효로 만든다는 견해(행정행위 무효설), ③ 부관의 무효는 원칙적으로 부관없는 단순행정행위가 되는 것이나, 그 부관이 그 행정행위에 있어 없어서는 아니 될 중요한 요소인 경우, 즉 부관이 없었다면 행정청이 당해 행위를 행하지 않았을 것이라고 인정되는 경우에는 행정행위 그 자체까지 무효로 된다는 견해(절충설)가 있으나, 현재의 통설과 판례는 절충설의 입장을 취하고 있다.

2. 취소할 수 있는 부관과 행정행위의 효력

부관의 하자가 단순위법인 경우 그것이 취소되지 않는 한 부관자체의 효력에도 문제가 없으며 본체인 행정행위의 효력에 아무런 문제가 없으며, 부관이 취소되어도 행정행위에는 영향이 없다. 그러나 단순위법인 부관이 행정행위의 본질적 구성부분을 이루고 있는 경우라면 부관의 취소가능성은 본체인 행정행위의 취소가능성을 가져온다 하겠다.

V. 위법한 부관과 행정쟁송

1. 문제제기

위법·부당한 부관부행정행위의 취소·변경을 구하는 행정쟁송을 제기함에 있어서 부관만을 따로 분리하여 쟁송의 대상으로 할 수 있는가, 아니면 부관이 붙은 행정행위 전체를 쟁송의 대상으로 하여야 하는가가 문제되고 있다.

2. 독립쟁송 가능성

기본적으로 부관은 행정행위의 주된 내용에 종된 규율이라는 점(부종성)에서 일반적으로 부관만을 따로 떼어 행정쟁송의 대상으로 할 수 없다고 할 것이다. 따라서 하자있는 부관을 쟁송으로 다투기 위해서는 부관부행정행위 전체를 쟁송의 대상으로 하여야 할 것이다(부진정일부취소소송). 다만 부담의 경우에는 그것은 본체인 행정행위의 불가분적 요소가 아니라 그 존속이 본체인 행정행위의 존재를 전제로 할 뿐이므로 부담만은 쟁송의 대상이 된다고 할 수 있다(진정일부취소소송).

3. 쟁송형태

(1) 일반형태

조건·기한 등 다른 부관은 행정행위 전체를 대상으로 하여 취소쟁송을 제기하되 행정행위의 일부취소의 뜻에서의 변경을 구함으로써 부관없는 단순행정행위만이 남게 되며, 부관의 내용이 본체인 행정행위의 본질적 요소인 경우에는 전부취소의 형식이 될 것이다.

(2) 판례

판례는 부관에 하자가 있는 경우에는 주된 행위와 부관을 포함하여 전체로서 부관부 행정행위를 쟁송대상으로 하여야 한다는 입장이며, 또한 전부취소만 인정하고 일부취소는 인정하지 않았다. 즉 위법한 부관이 행정행위의 중요부분이면 전부취소의 판결을, 중요부분이 아니면 기각판결을 하였다. 그러나 부담만은 독립하여 쟁송의 대상으로 할 수 있다는 입장을 취한다.

[판례]

:「행정행위의 부관은 행정행위의 일반적인 효력이나 효과를 제한하기 위하여 의사표시의 주된 내용에 부가되는 종된 의사표시이지 그 자체로서 직접 법적 효과를 발생하는 독립된 처분은 아니므로 현행 쟁송제도 아래서는 부관 그 자체만을 독립된 쟁송의 대상으로 할 수 없는 것이 원칙이나, 행정행위의 부관 중에서도 행정행위에 부수하여 그 행정행위의 상대방에게 일정한 의무를 부과하는 행정청의 의사표시인 부담인 경우에는 다른 부관과는 달리 행정행위의 불가분적 요소가 아니고 그 존속이 본체인 행정행위의 존재를 전제로 하는 것일 뿐이므로 부담 그 자체로서 행정쟁송의 대상이 될 수 있다 할 것이다」(대판 1992.1.21, 91누1264).

제7절 행정행위의 성립과 효력

Ⅰ. 개설

행정행위가 적법한 것으로서 효력을 갖기 위해서는 법규가 요구하는 성립요건과 효력요건을 갖추어야 한다. 즉 성립요건은 행정행위가 법규의 내용을 실현함에 있어 그 성립을 위하여 법령이 요구하는 요건이며, 효력발생요건은 성립된 행정행위가 현실적으로 효력을 발생하기 위한 요건으로 성립요건과도 별개의 요건이다. 이러한 성립요건과 효력요건을 갖추지 못한 행정행위는 하자있는 행정행위로서 무효 또는 취소의 문제를 발생시킨다.

Ⅱ. 행정행위의 성립요건

1. 내부적 성립요건

행정행위는 행정기관 내부의 의사 결정 즉 주체・내용・절차・형식이 법정요건에 적합하여야 한다.

(1) 주체에 관한 요건

행정행위는 정당한 권한을 가진 기관이 권한의 범위 내에서 정상적인 의사작용에 기한 행위여야 한다. 이를 분설하면 다음과 같다.

① 정당한 권한을 가진 행정청의 행위여야 한다. 따라서 공무원이 아닌자, 대리권이 없는자, 적법하게 구성되지 않은 합의체 행정기관의 행위, 다른 기관의 필요적 협력을 거치지 아니한 행위는 적법하게 성립될 수 없다.

② 행정청의 권한 내의 사항이어야 한다. 따라서 사항적 · 대인적 · 지역적 · 시간적인 면에서 권한 내의 행위이어야 한다.

③ 정상적인 정신상태에서 행해져야 한다. 따라서 타인의 사기나 강박을 받아 행해져서는 안되며, 기타 부정행위에 의한 것이어서도 안 된다.

(2) 내용에 관한 요건

① 행정행위는 그 내용에 있어서 적법하여야 하고 공익에 적합하여야 한다(적법 · 타당). 여기서 적법하다는 것은 우선 법률우위원칙에 준수되어야 함을 의미한다. 따라서 형식적인 법령은 물론 법의 일반원칙인 권리남용금지 · 신의칙 · 신뢰보호원칙 · 비례원칙 · 평등원칙에 위배되어서는 아니된다.

② 행정행위는 사실상으로나 법률상으로 실현이 가능한 것이어야 한다(가능성). 따라서 불가능을 요구하는 행정행위는 무효인 행위가 된다.

③ 행정행위는 그 내용이 충분히 특정되어 그 내용을 인식할 수 있을 정도로 명확한 것이어야 한다(명확성). 왜냐하면 명확성의 요구는 법적안정성의 확보에 기여하기 때문이다.

(3) 절차에 관한 요건

행정행위의 성립에 일정한 절차(신청 · 청문 · 타 기관의 협력 등)가 법상 요구되고 있는 경우에는 그 절차를 거쳐야 한다. 그들 절차를 거치지 않으면 하자있는 행위로 된다.

(4) 형식에 관한 요건

행정행위의 형식요건에 있어서 중요한 것은 문서형식과 이유제시에 관한 것이다. 행정청이 처분을 함에 있어서 문서로서 하는 것은 그 처분의 존재를 명확히 하는 동시에 이해관계인으로 하여금 그 내용을 알기쉽게 하기 위함이나. 따라서 행정청이 처분을 하는 때에도 다른 법령 등에 특별한 규정이 있는 경우를 제외하고는 문서로 하여야 한다. 다만, 신속을 요하거나 사안이 경미한 경우에는 구술 기타의 방법으로 할 수 있으며, 이 경우 당사자의 요청이 있는 때에는 지체없이 처분에 관한 문서를 교부하여야 한다(행정절차법 제24조 제1항). 또한 처분을 하는 문서에는 그 처분행정청 및 담당자의 소속·성명과 전화번호를 기재하여야 한다(동조 제2항).

2. 외부적 성립요건

행정행위는 행정결정의 외부에 대한 표시행위이므로 행정기관 내부에서의 결정(기관장의 결재·합의체기관에서의 결정 등)이 있는 것만으로는 아직 행정행위가 성립하였다고 할 수 없고, 다시 외부에 표시되어야만 비로소 성립한다.

Ⅲ. 행정행위의 효력발생 요건

1. 수령을 요하는 행정행위(특정인에 대한 경우)

행정행위는 내부적 요건을 갖추어 외부에 대하여 표시되면 일응 성립하는 것이고, 이렇게 하여 성립된 행정행위는 일반적으로 그 성립과 동시에 발생하지만, 상대방에게 통지를 요하는 행정행위(수령을 요하는 행정행위)에 있어서는 통지를 발송하는 것만으로는 부족하고 상대방이 요지(了知)할 수 있는 상태에 두는 것을 말하며, 상대방이 현실적으로 수령하여 요지할 것을 말하지 않는다.

한편, 우편에 의한 송달의 경우, 종래에는 보통우편에 의하여 상대방의 주소에 송달한 경우에는 상당기간 내에 도달된 것으로 추정하였지만, 오늘날의 판례는 종래와는 달리 추정할 수 없다고 판시하였다. 따라서 우편송달의 입증을 위해서는 등기우편에 의할 필요가 있다.

2. 수령을 요하지 않는 행정행위(불특정다수인의 경우)

송달 받을 자의 주소 등을 통상의 방법으로 확인할 수 없는 경우나, 송달이 불가능한 경우에는 게시판·관보·일간신문 등에 공고하여야 한다. 그런데 공고에 관하여 다른 법령 등에 특별한 규정이 없으면 공고일부터 14일이 경과한 때에 그 효력이 발생한다(행정절차법 제15조 제3항).

송달의 방법은 우편송달·교부송달이 원칙이고 예외적으로 전신송달, 모사전송, 전화에 의한 방법, 또는 공고에 의한 방법 등을 들 수 있다(행정절차법 제14조·제17조).

제8절 행정행위의 효력

행정행위가 성립요건과 효력발생요건을 구비하면 완전한 효력을 발생하는데, 어떠한 효력이 발생하는가는 행위의 종류에 따라 다르다. 예컨대 명령적 행위에 있어서 하명인 경우에는 일정한 작위의무 또는 부작위의무가 발생하고, 형성적 행위 중 특허에 해당하는 광업허가에 있어서는 상대방에게는 광업권의 취득이라는 효과가 발생하는 것 등이 그것이다. 이러한 행정행위에 대한 효력은 구속력·구성요건적 효력·공정력·존속력·자력강제력 등을 들 수 있다.

Ⅰ. 구속력

행정행위는 성립요건과 적법요건을 갖추면 행위의 내용에 따라 법적 효과가 발생하고 당사자를 구속하는 힘을 가지게 되는 바, 이를 구속력이라고 하며 내용상 구속력이라고도 한다. 이러한 구속력은 성립·발효와 동시에 발생하고 행정청의 취소·철회가 있기까지 지속한다. 따라서 행정청도 그 행위를 취소하지 않는 한 행위의 내용에 구속된다.

Ⅱ. 공정력(예선적 효력)

1. 의의

전통적 견해에 의하면 공정력이란 행정행위가 중대하고도 명백한 하자가 있어 당연무효가 아닌한 일단 유효한 것으로 통용되고, 취소권한을 가진 기관(처분청·감독청·법원)에 의해 취소되기 전까지는 누구도 그 효력을 부인할 수 없는 힘을 말한다. 예컨대 운전면허의 정지처분을 받은 자는 그 처분에 하자가 있다하더라도 일단 면허증을 납부하고 운전을 하지 말아야 하며, 그렇지 않고 계속 운전하면 면허취소를 받게 된다. 이러한 공정력은 행위의 상대방은 물론 다른 행정기관·법원, 그리고 제3자에게도 발생한다.

2. 공정력과 구성요건적 효력

공정력은 위에서 설명한 바와 같이 행위의 상대방은 물론 다른 행정청·법원 그리고 제3자에게도 미치는 효력이다(전통적 견해). 그러나 일부의 견해에 의하면 공정력은 행위의 상대방과 이해관계인에게만 미치는 효력이고, 다른 행정청이나 법원에 대한 효력은 구성요건적 효력이라고 한다.

구성요건적 효력은 유효한 행정행위가 존재하는 이상, 그 행위에 하자가 있다하더라도 그것이 당연무효가 아닌한 모든 국가기관은 그의 존재(또는 유효성)를 존중하며, 스스로의 판단의 기초 내지는 구성요건으로 삼아야 하는 구속력을 말한다. 구성요건적 효력은 다른 행정청이나 법원에 대한 관계에서 의미를 가지는바, 예컨대 법무부장관이 갑에게 귀화허가(강학상 특허)를 하였다면 산업자원부장관은 그 귀화허가가 당연무효가 아닌 한 하자가 있다는 이유만으로 갑에게 광업권허가신청권자로서의 자격이 없다고 할 수는 없다.

3. 공정력의 인정근거

(1) 이론적 근거

1) 자기확인설

오토 마이어(Otto Mayer)가 주장한 것으로, 행정청이 자기의 권한 내에서 행정행위를 발하면 그것은 동시에 행정청이 적법한 것으로 확인하여 행하는 것으로서 그 자체로서 권위를 가지는 것이며, 당연 무효가 아닌 한 적법성의 추정을 받는다는 것이다. 이 견해는 행정권의 독자성·자기완결성에 그 근거를 구하는 것으로 19세기 독일의 외견적 입헌군주정 아래서의 행정권의 특수한 지위를 유지하기 위한 정치적 이데올로기의 소산이다. 그러나 이 견해가 행정권의 의사를 독립된 기관의 지위에서 공정·신중한 절차에 따라 확정하는 법원의 판결과 동일시한다는 것은 오늘날의 헌법체계에서는 적합하지 아니함은 물론, 행정청이 발한 의사를 스스로 확인한다는 것은 관료적이며 권위주의적 논리에 입각한 것이라는 비판을 받는다.

2) 국가권위설

포르스트호프(Ernst Forsthoff)의 견해로서, 행정행위에 하자가 있다 하더라도 일단 유효한 것으로 추정되는 것은 행정행위가 국가권위의 표현이기 때문이라고 한다. 이는 행정행위는 국가권위의 표현이기 때문에 그 자체로서 존중되어야 한다고 하여 전통적인 국가권위주의사상을 그대로 표현하고 있는 것이라 볼 수 있다. 그러나 이설에 대하여 행정행위가 단순히 지나친 국가권위주의 내지 전통적인 행정권 우월의 관권편중주의의 사고의 표현으로 보아서는 아니 된다는 비판이 있다.

3) 예선적(선결적 · 사전적) 특권설

오류(Hauriou)의 견해로서, 프랑스에서 통용되고 있는 예선적 특권이란 행정권은 행정재판소에 의한 행정행위에 대한 적법성심사가 있기까지는 이에 선행하여 행정결정을 함으로써 스스로 법률관계를 형성하고 그에 따른 의무를 집행할 수 있는 특권을 말한다. 이러한 예선적 특권의 이론은 공공역무의 계속적 수행이라는 정책적 고려에 기초를 두고 있는 것이기 때문에 다음의 법적안정성설(행정정책설)의 입장에 선 것이다.

4) 법적안정성설(행정정책설)

이 설은 공정력의 근거를 행정목적의 신속한 달성, 행정행위에 대한 상대방의 신뢰보호 · 법적 안정성 등 제이익의 도모라는 법정책적 고려에서 구하는 견해이다. 즉 행정행위에 하자가 있다고 하여 시간상 · 방법상 아무런 제한없이 누구나 하자를 이유로 그 효력을 부인할 수 있다고 하면, 당해 분쟁이 해결될 때까지 행정은 중단 · 마비될 수밖에 없을 것이므로, 행정의 신속 · 원활한 운영, 행정법관계의 안정성이라는 정책적 관점에서 절차법상 행정청의 결정(행정행위)에 잠정적 통용력이 인정된다는 것이다. 이 견해가 현재의 다수설이다.

5) 결어

오늘날 민주헌법국가에 있어서는 과거 행정국가적 전통에서 처럼 행정권은 선험적으로 우월적 지위에 있으므로 우월적인 행정의사인 행정행위에 본질적으로 내재하는 힘의 표현이 공정력이라고 하는 사고는 인정될 수 없다는 점, 국가공동체의 원활한 운용은 국민 개개인의 법률생활의 안정과 행정에 대한 국민의 신뢰를 보장할 수 있다는 점 등을 고려할 때, 법적안정성설(행정정책설)이 논리적 근거로서 가장 타당한 학설이라 할 수 있다.

(2) 실정법적 근거

현행법상 공정력이라는 용어를 사용하여 행정행위의 공정력을 직접 명문으로 규정한 조항은 없으나, 간접적으로 공정력을 인정한 규정으로 행정쟁송법상의 집행부정지의 원칙, 행정행위의 직권취소를 규정하고 있는 개별법적 규정, 소송의 제기기간 등을 들 수 있다.

4. 공정력의 한계

(1) 비권력적 행위

공정력은 일방적인 권력적 단독행위인 공법행위에만 인정된다. 따라서 공법상 계약 등 비권력적 행위에는 공정력이 인정되지 않는다.

(2) 무효인 행정행위

행정행위의 하자가 중대하고 명백하여 무효인 경우에는 행정의 안정성에 대한 침해가 되지 않기 때문에 부당한 행위 또는 단순위법인 행위의 경우에만 인정된다. 즉 행정행위의 공정력을 인정하는 논리적 근거는 행정법관계의 안정성을 확보하기 위한 것이므로 이론상 무효인 행정행위에는 인정되지 아니 한다.

그러나 행정행위의 무효는 판결에 의하여 그것이 무효임이 확정되기 전까지는 누구도 무효인지 취소할 수 있는 것인지 단언할 수 없으므로 그 구별은 상대적인 것이며(무효・취소 구별의 상대성), 따라서 무효로 보이는 행정행위에도 그것이 확정될 때까지는 공정력이 있다는 견해도 있다.

(3) 공정력과 입증책임

공정력이 취소소송에 있어서의 입증책임의 배분에 직접 영향을 미치는가에 관하여 견해의 대립이 있다. 과거에는 ① 행정행위의 공정력을 적법성의 확정으로 보아 처분의 위법성을 주장하는 원고가 그 위법원인인 사실을 입증하지 못하면 그 처분은 적법한 것으로 판단되므로 원고에게 입증책임이 있다는 견해(원고책임설)와 ② 법치행정의 원리상 행정행위의 적법성은 행정청이 담보하여야 하므로 피고인 행정청에게 입증책임이 있다는 견해(피고책임설)가 있었다. 그러나 ③ 현재는 공정력과 입증책임의 소재와는 무관하므로 민사소송법상의 입증책임분배의 원칙에 따라야 처분의 적법요건 충족사실에 관해서는 행정청이, 처분의 위법성에 대해서는 원고측이 입증책임을 진다고 보는 입증책임무관설이 통설이다.

5. 구성요건적 효력과 선결문제

공정력과 구성요건적 효력을 구별하여 이해한다면 선결문제는 구성요건적 효력에 관련되는 문제이지 공정력에 관계되는 문제는 아니다. 왜냐하면 공정력이 미치는 대상은 행정행위의 직접상대방이나 이해관계인이지 제3의 국가기관과는 무관하기 때문이다. 따라서 민사소송・형사소송 등에 있어서 등장하는 행정행위의 위법 또는 효력의 유무에 대한 선결문제는 구성요건적 효력에 관계되는 것이다.

여기서 선결문제란 특정한 행정행위의 위법 또는 유효여부가 다른 특정사건(민사사건·형사사건)의 재판에 있어서 먼저 해결되어야 하는 것일 때, 그 특정행위의 위법여부 등의 문제를 말한다.

(1) 구성요건적 효력과 민사소송

민사사건에 있어서 행정행위의 위법여부가 그 사건에 있어서의 선결문제가 되는 경우 민사법원은 행정행위의 위법여부를 스스로 판단할 수 있겠느냐 하는 것이다. 여기서 주의할 것은 행정행위의 위법여부 뿐만 아니라 효력의 유무도 선결문제가 된다는 점이다. 국가배상소송인 경우에는 '행정행위의 위법성여부'가, 부당이득반환청구소송에 있어서는 '행정행위의 존재여부(무효여부)'가 선결문제로 되고 있다.

1) 행정행위의 위법여부가 선결문제인 경우

행정청이 위법한 행정행위를 발함으로써 사인에게 손해가 발생한 경우, 사인이 그 행위의 위법을 이유로 손해배상을 민사법원에 청구하는 경우에 당해 수소법원은 행정행위 위법성 여부를 판단할 수 있다. 예컨대 A행정청이 갑에 대하여 위법한 불법건축물철거를 위한 계고처분을 발함으로써 나타난 손해에 대하여 갑이 그 계고처분의 위법을 이유로 국가배상을 청구할 수 있는 것이고, 별도로 계고처분에 대한 취소를 구하는 행정소송을 제기할 필요가 없다. 판례도 이를 인정하고 있다. 즉 「계고처분이 위법임을 이유로 손해배상을 청구하는 경우에는 미리 그 행정처분이 취소판결이 있어야만 그 행정처분이 위법임을 이유로 청구할 수 있는 것은 아니다」(대판 1972.4.28, 72다337)라고 판시하고 있다.

위의 경우에 국가배상사건의 수소법원인 민사법원이 선결문제인 행정행위(계고처분)의 존부나 내용을 심리하는 것은 아니고 배상여부를 판단하기 위한 처분의 위법성만을 문제삼는 것이다. 즉 민사법원이 직접 행정처분의 위법성여부를 심리·판단한다고 해서 행정처분의 효력자체를 부인(취소)하는 것은 아니므로 행정처분의 구성요건적 효력에 저촉되는 것은 아니기 때문에 행정처분에 대한 민사법원의 위법성심사가 가능한 것이다.

그러나 이에 대하여 ① 행정행위는 그 공정력 때문에 권한있는 기관에 의해 취소되지 않는 한 어떠한 기관도 그 효력에 구속된다는 점, ② 현행 행정소송법은 취소소송의 배타적 관할제도를 취하고 있기 때문에 민사법원은 행정행위에 대한 취소권이 없다는 점, ③ 취소소송절차는 민사소송과는 다른 특수성이 존재한다는 점, ④ 현행 행정소송법은 제11조 제1항에서 민사법원이 민사사건의 선결문제로서 직접 심사할 수 있는 것은 행정처분의 효력유무 또는 존재여부만이라는 점 등을 제시하면서 부정하는 견해도 있다.

2) 행정행위의 효력유무가 선결문제인 경우

부당이득반환청구소송에 있어서 선결문제가 단순위법에 불과한 경우에는 그 청구는 인용될 수 없다. 위법한 처분에 대한 취소소송에서 취소판결(인용판결)을 받아야 부당이득이 인정되기 때문에 취소판결 이후에는 민사법원에 부당이득반환청구소송을 제기할 수 있다. 부당이득은 그 원인이 된 행정처분이 부존재나 무효가 아닌한 부당이득의 문제는 발생되지 않는다고 보아야 하기 때문이다(민법 제741조).

예컨대 과세처분이 무효가 아닌한 행정행위가 존재하는 이상 하자가 있더라도, 국가 등이 '법률상 원인없이' 부당이득이 되지 않기 때문에 단순위법의 과세처분으로 인하여 납세자가 납세를 하였다 하더라도 부당이득반환청구는 인용될 수 없다.

(2) 구성요건적 효력과 형사소송

1) 행정행위의 위법여부가 선결문제인 경우

형사사건의 심리에 있어서 행정행위의 위법성여부가 범죄성립여부의 판단에 있어서 선결문제가 된 경우, 행정벌(행정형벌)을 과하는 형사법원은 독자적으로 행정행위의 위법·적법을 판단할 수 있는가의 문제이다. 민사의 경우와 마찬가지로 긍정되어야 할 것이다. 왜냐하면 형사법원이 독자적으로 판단한다고 해서 행정행위의 존재를 부인하는 것도 아니고 효력을 부인하는 것도 아니어서 구성요건효에 저촉된다고 볼 수 없기 때문이다. 대법원은 온천법(제15조)에 의거한 처분청(동래구청장)의 하명의 적법성여부가 형사재판의 선결문제로 된 사건에서 긍정설을 취한 바 있다.

그러나 행정행위의 구성요건적 효력으로 인하여 그것이 권한있는 기관에 의하여 취소되기 전까지는 형사사건을 심리하는 법원에도 미치므로 법원도 행정행위의 존재를 존중하여야 한다. 따라서 소정의 항고소송의 절차에 의하지 아니하면 형사소송절차에서 행정행위의 효력을 선결문제로서 심리·판단할 수 없다고 하는 부정설의 입장도 있다.

2) 행정행위의 효력유무가 선결문제인 경우

판례는 민사소송과 마찬가지로 법원은 직접 행정행위의 효력을 부인할 수 없다고 본다. 그러나 행정행위가 당연무효인 경우에는 이를 전제로 형사법원은 형사사건을 판단할 수 있다고 본다. 즉 대법원은「과세대상과 납세의무자의 확정이 잘못되어 당연무효인 과세에 대하여는 체납이 문제될 여지가 없으므로 체납범이 성립하지 아니한다」고 판시하였다(대판 1971.5.31, 71도742).

Ⅲ. 존속력(확정력)

행정행위가 일단 발해지면 그 행위를 근거로 하여 많은 법률관계가 형성되기 때문에 그 행정행위의 자유로운 취소·변경은 결코 바람직한 것이 아니다. 따라서 일단 정해진 행정행위를 존속시키기 위한 제도가 필요한 바, 이것이 존속력의 문제이다. 존속력은 다시 형식적 존속력(불가쟁력)과 실질적 존속력(불가변력)으로 나누어진다.

1. 불가쟁력(형식적 존속력)

(1) 의의

쟁송기간의 도과, 쟁송수단을 다 거친 후에는 상대방 또는 이해관계인은 더 이상 행정행위의 위법·부당성을 다툴 수 없게 되는 바, 이러한 행정행위의 구속력을 불가쟁력 또는 형식적 존속력이라 한다.

(2) 효과

불가쟁력이 발생한 행정행위인가의 여부는 법원의 직권조사사항이므로 불가쟁력이 발생한 행위에 대한 행정소송의 제기는 부적법한 것으로 각하된다. 불가쟁력이 생긴 행위라 하더라도 그 행위의 위법이 확인되면 국가배상법에 따른 배상청구는 가능하고, 무효인 행정행위에는 불가쟁력이 발생하지 아니한다.

(3) 재심청구

행정행위가 불가쟁력을 발생한 후 그 행위의 위법이 확인된다면 행정청은 직권취소에 의하여 시정할 수 있으나, 상대방은 이에 대한 재심을 청구할 수 없다. 그러나 그것은 법률관계의 신속한 안정을 통한 행정목적실현만을 강조하고 개인의 권리구제는 등한시되는 결과가 된다. 따라서 상대방이 재심을 청구할 수 있는 방안을 강구하는 제도가 입법론적으로 마련되어야 할 것이다. 우리의 경우와는 달리 독일의 행정절차법은 재심제도(절차의 재심사)를 명문으로 규정하고 있다.

2. 불가변력(실질적 존속력)

(1) 의의

행정행위에 하자가 있거나 혹은 행정행위를 더 이상 존속시킬 수 없는 새로운 사정이 발생하는 경우, 이를 이유로 취소·변경 또는 철회하는 것이 원칙이다. 이는 행정행위의 하자 또는 부적합성을 시정함으로써 법치주의를 확보하고 행정의 공익적합성을 유지하기 위한 수단으로 간주된다. 그러나 일부의 행정행위는 행정청의 직권에 의한 취소·철회가 제약받는 경우가 있는 바, 행정행위가 갖는 이러한 힘을 불가변력 또는 실질적 존속력이라 한다. 판례도 이를 인정한다.

(2) 본질

불가변력은 불가쟁력과는 달라서 실정법상 인정된 제도가 아니고 학설·판례로 인정된 것이기 때문에 그 성질에 관하여 여러 가지 견해가 있다. 즉 ① 행정행위는 행정청에 의해 발해진 것이지만 그 과정 또는 절차가 소송에 유사한 것으로 보아 법원의 판결에만 인정되는 소송법상 확정력으로서의 성질을 갖는다고 보는 소송법적 확정력설, ② 행정행위의 불가변력은 판결과는 다른 즉 법적 안정성의 견지에서 인정되는 불가변력설(다수설), ③ 일반법이론에서 출발한 것으로 모든 법규범에는 그것이 타당한 장소적 한계가 있는 것과 같이 시간적 한계가 있으며 그것이 불가변력이라고 보는 법규범설 등이 대립되고 있다.

(3) 불가변력을 발생하는 행정행위의 범위

1) 준사법적 행위

행정심판의 재결 등과 같이 일정한 쟁송절차를 거쳐 행해지는 확인적 행위는 준사법적 행위로서 하자를 이유로 직권취소하거나 사후의 공익상 이유로 철회하지 못한다고 하는 강한 불가변력을 인정하는 것이 통설·판례의 태도이다. 국가시험합격자의 결정, 당선인 결정 등 쟁송절차와 관계없는 확인행위도 성질상 행정청이 임으로 변경할 수 없다 할 것이다.

2) 수익적 행정행위 및 공공복리와의 관계

허가 · 특허 · 인가 등과 같이 상대방에게 권리 · 능력 등을 부여하거나 의무를 면제해 주는 수익적 행정행위는 상대방 · 기타 이해관계인의 신뢰보호와 법적 생활의 안정을 위하여 행정청의 취소 · 철회권 행사는 제한되며, 또한 행정행위를 취소함으로 인하여 공공복리를 해하게 되는 경우에는 취소가 제한된다(사정재결 · 사정판결). 그러나 이러한 행정행위의 취소 · 철회의 제한은 행정행위에 내재하는 내재적 효력때문이 아니고, 취소 · 철회할 수 있는 행위임에도 불구하고 외부적 사유에 의하여 제한되는 것이므로 불가변력의 문제가 아니라 '취소권의 제한'의 문제로 논해져야 할 것이다.

3) 법률규정에 의한 소송법적 확정력

법률이 일정한 행위에 대하여 소송법적 확정력을 인정하는 경우가 있다. 이러한 소송법적 확정력은 효력에 있어서는 강한 불가변력으로 볼 수 있으나, 그것이 행정행위에 내재하는 내재적 효력이 아니고 법률에 의하여 부여된 효력이라는 점에서 행정행위의 효력인 불가변력은 아니다.

(4) 불가변력위반의 효과

불가변력이 발생한 행정행위를 당해 행정청이 이를 취소 · 변경하는 새로운 처분을 내린 경우 또는 재결청이 재결을 취소하고 새로운 재결을 행한 경우 그 처분 또는 재결은 불가변력에 위반하여 위법하게 되는 바, 당연무효가 된다는 견해도 있으나, 구성요건적 효력을 우선시켜 일단 유효하다고 보아야 할 것이다. 판례는 「불가변력이 있는 행정행위를 취소한 경우에 그 취소 등은 위법한 것이 되나, 당연무효는 아니고 취소할 수 있는 흠이 되는데 불과하다」(대판 1965.4.22, 63누200)고 판시하였다. 따라서 불가변력있는 행정행위가 취소된 경우에는 그 효력은 상실된다

3. 불가쟁력과 불가변력과의 관계

불가쟁력은 행정행위의 상대방에만 적용되는 효력이므로 재결 등과 같이 불가변력이 인정되지 않는 한 행정청은 직권으로 취소하는 것이 가능하며, 반대로 불가변력이 있는 행위도 상대방 등은 쟁송제기기간이 경과하기 전에는 쟁송을 제기하여 취소를 구할 수 있다. 따라서 양자는 상호독립적 관계이며, 또한 불가쟁력은 절차법적 효력인데 대하여 불가변력은 실체법적 효력이라고도 말해진다.

Ⅳ. 강제력(제재력 · 집행력)

1. 제재력(행정벌)

행정행위에 의하여 부과된 의무(주로 부작위의무)를 상대방이 위반하는 경우(허가 없이 영업이나 건축을 하는 등)에 그에 대한 제재로 행정벌(행정형벌 · 행정질서벌)이 과해지는 경우를 말한다.

2. 자력집행력

행정법관계에 있어서는 사법관계에서와는 달리 행정행위에 의해 부과된 의무를 이행하지 않는 경우에는 행정청이 법원의 도움없이 스스로의 강제력에 의해 직접 의무의 내용을 실현할 수 있고, 또한 상대방에게는 그것을 수인할 것을 요구할 수 있는 행정행위의 효력을 집행력이라 부른다.

집행력은 행정행위에 내재하는 고유한 효력인가 아니면 별도의 법적근거 즉 특정 법률에서 집행력을 인정하였기 때문에 인정된 효력인가가 문제된다. 요컨대, 오늘날은 집행력은 행정의 원활한 수행을 위해 특별히 법에 의해 승인된 힘이라 보는 것이 일반적 견해이다.

제9절 행정행위의 하자(흠)

Ⅰ. 개설

1. 행정행위의 하자의 의의

행정행위가 적법하게 성립하고 효력을 발생하기 위해서는 주체, 내용, 절차, 형식, 표시 등에 관한 적법요건과 효력요건을 갖추어야 한다. 이러한 요건을 갖추지 못할 경우에는 그 행정행위는 하자(흠)있는 행위로 되어 '취소할 수 있는 행정행위'로 되거나 '무효인 행정행위'로 된다. 법률에 의한 행정의 원리는 행정행위의 적법성뿐만 아니라 공익에 적합할 것도 요구한다. 적법성에 반하는 행정행위는 위법이고 공익적합성에 반하는 행정행위는 부당한 행위이다. 따라서 위법한 행위뿐만 아니라 부당한 행위도 하자있는 행위이다.

2. 행정행위의 부존재

(1) 의의

행정행위의 부존재란 행정행위 그 자체가 처음부터 성립되지 아니하고, 외관상 명백히 행정청의 행위로 볼 수 없는 행위를 말한다. 예컨대 ① 명백히 행정청이 아닌 사인의 행위, ② 행정청의 행위일지라도 행정권발동으로 볼 수 없는 행위, ③ 행정기관내에서 내부적 의사결정만 있었을 뿐 아직 외부에 표시되지 아니하여 행정행위로서 성립하지 못한 행위, ④ 취소・철회・기한의 도래 등으로 소멸된 경우 등이 그에 해당하는 것으로서 예시되고 있다.

(2) 구별에 관한 학설

1) 구별 부정설

행정행위가 무효인 경우에는 외형상으로는 존재하더라도 법률상으로는 행정행위의 효력이 전혀 발생하지 않기 때문에 그 법적 효력면에서는 부존재와 같고, 현행 행정심판법(제4조 제2호) 및 행정소송법(제4조 제2호)은 무효등확인심판 및 무효등확인소송을 명시하여 무효나 부존재의 구별없이 다 같이 항고소송의 대상으로 하여 처분의 효력유무나 존재여부의 확인을 구할 수 있게 하고 있으므로, 여러 가지 이론적 난점이 있는 행정행위의 부존재라는 개념을 설정할 필요가 없다고 한다.

2) 구별 긍정설

양자는 비록 법률효과면에서는 공통성을 발견할 수 있지만, 무효인 행정행위는 외형은 지니고 있는 점에서 외형조차 존재하지 아니하는 부존재는 그 개념에 있어 분명히 다른 것이고, 현행 행정소송법 아래서도 무효확인소송과 부존재확인소송의 구별을 전제로 하여 규정된 것이므로 무효인 경우에는 무효확인소송이나 무효선언의 의미에서의 취소소송을 제기하여야 하나, 부존재인 경우에는 부존재확인소송 이외에는 제기할 수 없는 점, 그리고 부존재의 경우에 항고소송이 제기되는 경우에는 소송의 목적물이 존재하지 않기 때문에 각하되는 등 양자를 구별하는 것이 합리적이고 실익이 있다고 주장한다.

3) 결어

생각건대 이론적으로나 소송실무상으로나 양자는 구별할 필요가 있다고 본다. 행정행위가 그 성립요건에 중대하고 명백한 하자가 있어 그 효력이 부인되는 행정행위의

무효와 행정행위로 볼만한 외형조차도 존재하지 않는 현상은 그 개념이 분명히 다르며, 따라서 실무상으로도 행정행위가 존재하지 않음에도 불구하고 행정행위의 무효확인을 소구하는 경우에는 각하될 것이다.

Ⅱ. 행정행위의 무효와 취소의 구별

1. 구별기준

(1) 이론적 견해

이 견해는 행정행위의 요건을 정하는 법규의 가치를 동등시·절대시하여 법규상의 요건을 결하는 행위는 모두 무효라고 한다. 즉 하자의 유형으로서 무효만 인정하려는 견해이다(켈젠 등 순수법학파의 견해). 법률요건을 충족하지 않는 행정행위는 당연히 무효가 된다고 보는 점에서 법치주의의 요청에 충실하며, 개인의 권익보장에도 도움이 되는 면이 있다. 그러나 법규는 그 성질, 목적, 규율대상 등에는 차이가 있는데도 이를 무시하는 것은 지나치게 논리적·연역적이라는 비판을 받는다.

(2) 개념론적 견해

이 견해는 행정행위의 요건을 규정하고 있는 법규나 요건에 가치의 차이를 인정하여 무효와 취소를 구별하고자 한다. 즉 이 견해는 법규를 ① 능력규정과 명령규정, ② 강행규정과 비강행규정으로 나누어, 전자에 위반하는 행위는 무효, 후자에 위반하는 행위는 취소할 수 있는 행위라 한다. 이러한 견해는 행정행위의 요건을 규정하고 있는 법규나 요건의 성질 내지 중요성의 정도에 차이를 인정하는 점에서 논리적 견해의 결함을 보완하고 있지만 그와 같은 구분이 반드시 분명한 것은 아니라는 점에 문제가 있다.

(3) 목적론적 견해

이 견해는 행정행위의 일반적 성질, 행정의 이익, 법률생활의 안정 내지 상대방의 신뢰보호 등 전체로서의 행정제도의 취지·목적을 고려하여 하자의 효과가 구체적인 타당성에 기할 수 있게 결정되도록 하려는 것이다. 이 견해는 그 하자의 효과도 법적 관점에서 파악되어야 한다는 점을 간과하고 있다는 점과 거래의 안전을 무시했다는 점 등의 문제점이 있다.

(4) 기능론적 견해

이 견해는 행정쟁송(특히 취소쟁송)제도의 취지·목적에 비추어 행정행위의 무효・취소의 구별기준을 정하려는 입장이다. 그러나 이 견해는 부담적 행정행위에만 타당할 수 있는 점이 문제이다. 그 이유는 부담(불이익)을 주는 행정행위에 대해서만 취소쟁송이 가능하기 때문이다.

(5) 중대・명백설(다수설・판례)

이것은 행정행위의 하자가 중대하고 명백한 경우에는 무효원인으로 보고 그에 이르지 아니한 경우에는 취소원인으로 보는 견해로서, 오늘의 보편적 이론이다. 이 견해는 법적 안정성의 원칙과 실질적 정의의 원칙의 조화에 그 근거를 두고 있으며, 학자에 따라서는 명백설이라고 부르기도 한다. 그러나 이 학설에서 문제가 되는 것은 중대하고 명백하다는 의미가 무엇이며, 그 명백성은 누구의 판단을 기준으로 하느냐이다. 즉 행정행위의 이해관계인・평균인・행정청 등 누구를 기준으로 할 것인가 이다.

1) 하자의 중대성

어떠한 하자를 중대한 하자로 볼 것인가는 일률적으로 말하기 어려우며, 구체적 사정 아래서 당해 행정행위에 요구되는 법적 요건(주체・내용・절차・형식 등)의 중요도를 참작하여야 할 것이다. 여기서 하자가 중대하다는 것은 행정행위의 근거가 되는 법규가 중대하다는 것이 아니라, 행정행위의 성립요건이 중대하다는 의미이다. 즉 성립요건에 중대한 하자가 있음을 말한다.

2) 하자의 명백성

하자의 명백성은 주의 깊은 평균인이 즉시 인식할 수 있는 정도의 것을 의미한다. 왜냐하면 하자의 존재는 외형상 객관적으로 명백하게 알 수 있어야 하고, 누구의 판단에 의하더라도 같은 결론에 도달할 정도로 명백해야 하는 바, 그것은 무효인 행정행위는 누구나 행정쟁송절차를 거치지 아니하고 무효를 주장할 수 있어야 하기 때문이다. 이것을 외관상 일견명백설이라 한다.

(6) 구체적 가치형량설(다원설・개별화이론)

이 견해는 하자 있는 행정행위가 무효 또는 취소할 수 있는 것이냐의 판단기준을 중대성・명백성에 의하여 일률적으로 행해진다면, 그것은 구체적 타당성을 결여한 것으로서 부적당한 결정이 되고 말기 때문에 구체적 가치관계를 고려하여 결정해야 한다는 견해이다. 즉 하자의 효과는 그 행정행위에 관계되는 공익・사익・제3자의 이익 등 구체적 가치를 고려하여 결정되어야 한다는 것이다. 예컨대 중대하고도 명백한 하자가 있는 행정행위를 상대방의 신뢰보호나 객관적인 거래안전을 위하여 유효한 것으로 존속시키거나, 또는 취소할 수 있는 행정행위를 공익의 실현을 이유로 취소하지 아니하고 그에 갈음해서 국민에게 손해배상을 해주는 등의 결정을 말한다.

(7) 결어

전통적으로 우리나라의 통설·판례는 하자 있는 행정행위는 원칙적으로 취소할 수 있는 것으로 하고, 하자가 중대하고 명백한 경우에는 무효가 된다는 기준을 정립하여 왔다. 그러나 중대성·명백성에 의한 기준만으로 무효·취소를 정한다면 구체적 타당성을 결하게 될 것이므로 하자 있는 행위를 무효 또는 취소함으로써 관계제이익에 미치는 영향을 고려하여, 무효원인 또는 취소원인에 해당한다 할지라도 유효히 존속시켜야 할 필요가 있는 것인가의 여부를 고려하여 결정하여야 할 것이다. 즉 중대·명백설을 기준으로 구별하되, 구체적 가치형량설을 가미하여 결정하여야 할 것이다. 판례도 이러한 경향을 보여주고 있다.

[판례]

:「행정처분이 당연무효라고 하기 위해서는 그 처분에 위법사유가 있는 것만으로는 부족하고 그 하자가 법규의 중요한 부분을 위반한 중대한 것으로 객관적(외형적)으로 명백한 것이어야 하며, 중대하고 명백한 것인가에 여부를 판별함에 있어서는 그 법규의 목적, 의미, 기능 등을 목적론적으로 고찰함과 동시에 구체적 사안 자체의 특수성에 관하여 합리적으로 고찰함을 요한다」(대판 1993.12.7, 93누11432, 동지판례 : 대판 1995.7.11, 94누4614).

2. 구별의 실익

(1) 효력과의 관계

무효인 행정행위는 처음부터 아무런 효력을 발생하지 않으나, 취소할 수 있는 행정행위는 권한 있는 기관에 의해 취소될 때까지는 유효한 행위로서 통용된다. 후자에는 공정력과 구성요건적 효력이 인정되지만, 전자에는 인정되지 않기 때문이다.

(2) 불가쟁력과의 관계

행정행위의 불가쟁력은 취소할 수 있는 행정행위에서만 문제되며, 무효인 행위에는 적용되지 아니한다. 따라서 취소할 수 있는 행정행위는 쟁송제기기간이 경과되면 행정소송을 제기할 수 없으나 무효인 행위는 언제나 제기가 가능하다.

(3) 하자의 치유와 전환과의 관계

하자의 치유는 원칙적으로 취소할 수 있는 행정행위에 대하여 인정할 수 있는데 대하여, 하자의 전환은 무효인 행정행위의 경우에만 인정된다고 하는 것이 우리나라의 다수설이다.

(4) 하자의 승계와의 관계

일정한 행정목적을 달성하기 위하여 둘 이상의 행정행위가 단계적으로 행해지는 경우, 선행행위의 하자가 후행행위에 승계되는가의 문제에 관하여 종래의 통설은 선행행위의 하자가 무효원인인 때에는 그 성질상 모든 후행행위에 승계되는데 대하여, 취소사유인 때에는 선행행위와 후행행위가 하나의 행정목적을 실현하기 위한 것인 경우에 한하여 하자가 승계된다고 본다.

(5) 쟁송형태와의 관계

취소할 수 있는 행정행위에 대해서는 취소심판·취소소송의 형식으로 취소를 구할 수 있으나, 무효인 행정행위에 대해서는 무효확인심판·무효확인소송의 형식으로 무효확인을 구할 수 있다. 다만, 판례는 무효인 행정행위에 대해서 '무효선언을 구하는 의미에서의 취소소송'을 인정하고 있으므로 이 구별은 상대화되어 가고 있다고 하겠다.

(6) 사정재결 및 사정판결과의 관계

행정심판법 및 행정소송법은 공익보호의 견지에서 사정재결과 사정판결을 인정하고 있는 바, 이들은 그 성질상 취소할 수 있는 행정행위에 대해서만 인정되며, 무효인 행정행위에 대해서는 인정할 수 없다는 것이 다수설과 판례의 태도이다.

(7) 선결문제와의 관계

민사사건 및 형사사건에 있어서 행정행위의 위법성이 선결문제가 되는 경우와 관련하여, 행정행위가 무효인 경우에만 본안사건의 관할법원이 무효인 것을 스스로 판단하여 본안사건을 재판할 수 있지만, 취소할 수 있는 행정행위인 경우는 그의 위법성에 대해서는 판단할 수 있으나, 효력의 유무에 대해서는 판단할 수 없다고 보는 견해가 다수설 및 판례의 입장이다.

(8) 복종거부가능성과의 관계

무효인 행정행위에 대해서는 그 효력을 부인할 수 있고, 취소할 수 있는 행위에 대해서는 대항 할 수 없다.

Ⅲ. 행정행위의 무효

1. 무효의 의의

행정행위의 무효란 행정행위가 중대하고 명백한 흠이 있음으로 처음부터 아무런 효력도 발생하지 아니하는 것을 말한다. 이는 ① 행정행위로서의 외관을 갖추고 있는 행위이기 때문에 외관조차 갖추지 못한 부존재와 다르며, ② 처음부터 아무런 효력을 발생하지 않는 점에서 권한 있는 기관에 의하여 취소되지 않는 한 효력이 발생하는 취소할 수 있는 행정행위와 구별된다.

2. 무효의 원인

행정행위의 무효원인은 통설·판례에 의하면 행정행위에 내재하는 하자가 중대하고 명백한 경우이다. 이러한 무효원인으로서의 중대하고 명백한 하자에 관한 구체적인 예는 다음과 같다.

(1) 주체에 관한 하자

1) 정당한 권한을 가진 행정기관이 아닌 자의 행위

(가) 공무원이 아닌 자의 행위

예컨대 공무원의 결격사유에 해당하는 자, 공직의 임기가 만료된 자, 퇴직이나 징계로 면직된 자의 행위는 원칙적으로 무효이다. 그러나 상대방인 일반사인의 신뢰보호와 법률생활의 안정유지 등의 이유에서 경우에 따라서는 이러한 행위를 유효로 볼 때가 있는 바, 이를 사실상의 공무원의 이론이라 한다.

(나) 적법하게 구성되지 않은 합의제 행정기관의 행위

지방의회의 의결이나 합의제 행정청이 적법하게 소집되지 않거나, 결격자가 참여하거나, 소정의 의사정족수와 의결정족수의 미달 등은 원칙적으로 무효이다. 판례도 징계위원회의 위원 중 제척사유에 해당하는 위원이 징계의결에 참여하여 행한 징계의결은 무효라고 하였다(대판 1994.10.7, 93누21214).

다만, 행정행위의 성질과 구체적 사정의 여하에 따라 일단 의결되어 외부로 표시된 경우에는 상대방의 신뢰보호와 법적 안정성의 견지에서 유효로 볼 수 있는 경우도 있을 것이다.

(다) 대리권 없는 자의 행위

정당한 대리권이 없는 자의 행위도 원칙적으로 무효이다. 그러나 민법상의 표현대리의 법리에 따라 정당한 대리권자라고 믿을 만한 상당한 이유가 있을 때에는 이를 유효로 보아야 할 것이다. 판례는 수납기관이 아닌 자의 양곡대금 수납행위(대판 1963.12.5, 63다519), 세금징수관 보조원의 수납행위(대판 1969.5.13, 69다356)에 대하여 표현대리를 인정한 바 있다.

[판례]

: ①「체납취득세에 대한 압류처분권한은 도지사로부터 시장에게 권한위임된 것이고, 시장으로부터 압류처분권한을 내부위임 받은데 불과한 피고로서는 시장명의로 압류처분을 대행처리 할 수 있을 뿐이고 자신의 명의로는 이를 할 수 없다 할 것이므로 이 사건 압류처분은 권한 없는 자에 의하여 행하여진 위법무효의 처분이다」(대판 1993. 5. 27, 93 누 6621).

②「피고(서울특별시 서대문구청장)의 이 사건 관리처분계획 인가처분은 결과적으로 적법한 위임없이 권한 없는 자에 의하여 행해진 것과 마찬가지가 되어 그 하자가 중대하다고 할 것이나 … 처분의 위임과정의 하자가 객관적으로 명백한 것이라고 할 수 없으므로 이로 인한 하자는 결구 당연무효사유는 아니라고 봄이 상당하다」(대판 1995. 8. 22, 94 누 5694).

(라) 법령상 필요한 다른 행정기관의 협력을 결여한 행위

징계권자가 징계위원회의 의결 없이 징계하는 경우, 대통령의 승인 없이 공공요금을 인상하는 경우, 건설교통부장관이 공유수면매립면허를 함에 있어서 관계 부·처·청의 장과 협의를 거치지 않은 경우는 무효이다.

2) 행정기관의 권한 외의 행위

행정권한은 사항적·지역적으로 한정되어 있는 것이 보통인데 그 중에서 사항적 무권한(경찰관청이 조세를 부과하는 경우)은 원칙적으로 무효이다. 이에 대하여 지역

적 무권한(서울특별시장이 관할구역 외에서 영업허가를 하는 경우)은 반드시 무효가 아니라는 점이 일반론이다. 다만 판례의 태도는 일정하지 않다.

3) 행정기관의 의사에 결함이 있는 행위

(가) 의사능력 없는 자의 행위

공무원의 심신상실의 상태에서 행한 행위 또는 저항할 수 없을 정도의 강박에 의한 행위는 무효이다.

(나) 행위능력 없는 자의 행위

금치산자 또는 한정치산자는 공무원이 될 수 없는 결격사유에 해당하므로 이들의 행위는 무효이다. 그러나 미성년자도 공무원이 될 수 있으므로(공무원임용시험시행규칙 제3조) 그 행위의 효력은 적법・유효하다.

(다) 착오로 인한 행위

행정청의 착오로 인한 행위는 민법에서와 같이 취소할 수 있다는 의사설도 있으나, 통설・판례는 착오가 있었다는 자체만으로서는 무효 또는 취소원인으로 인정하지 아니하고 결과적으로 그것이 법령의 규정에 위반하지 않는 한, 표시된 대로 효력을 발생한다(표시설).

(라) 상대방의 사기・강박・증뢰 등 부정수단에 의한 행정행위

위와 같은 결과로 인한 행정청의 행위는 그 내용에 아무런 하자가 없다하더라도 상대방을 보호할 아무런 가치가 없으므로 취소할 수 있다는 것이 통설이다. 판례도 사위(詐僞)로 받은 한지의사면허처분이 위법으로 취소원인이 된다고 판시하였으며(대판 1975.12.9, 75누123), 대부분의 실정법도 '사위 기타 부정한 방법으로 허가 받은 자'는 취소의 대상이 됨을 명문으로 규정하고 있다(식품위생법・건축법・자동차운수사업법 등).

(2) 내용에 관한 하자

1) 내용이 실현불능인 행위

이에는 행위내용의 실현이 사실상 불능인 경우와 법률상 불능인 경우가 있다. 전자의 경우는 행위내용이 기술상・성질상 절대로 불가능한 경우뿐만 아니라 사회통념상

그 실현이 매우 곤란한 경우까지 포함된다(예, 시간내에 불법고층건물의 철거를 명하는 것). 후자의 경우는 법이론적 관점에서 또는 법제도상 실현이 불가능한 것을 말한다. 이것은 다시 인적 불능(예, 사자에 대한 운전면허), 물적 불능(예, 존재하지 않는 건물에 대한 철거명령), 법률관계에 관한 불능(예, 인신매매업의 허가) 등으로 나눌 수 있다.

2) 내용이 불명확한 행위

행정행위의 내용이 사회통념상 인식할 수 없을 정도로 불명확하거나 확정되지 아니한 경우에는 당연히 무효가 된다(예, 철거대상건축물의 계고, 압류대상인 재산의 압류 등). 그러나 사후에 내용을 명백히 한 경우에는 하자치유의 이론에 의하여 유효한 것으로 보아야 할 경우도 있을 것이다.

【판례】

:「대집행의 계고를 함에 있어서는 의무자가 이행하여야 할 행위와 그 불이행시 대집행할 행위의 내용 및 범위가 구체적으로 특정되어야 할 것이지만, 그 행위의 내용과 범위는 반드시 철거명령서나 대집행계고서에 의해서만 특정되어야 하는 것은 아니고, 그 처분후에 송달된 문서나 기타 사정을 종합하여 이를 특정할 수 있으면 족하다 할 것이다」(대판 1990.1.25, 89누4543).

(3) 절차에 관한 하자

일반적으로 중요한 절차를 결한 경우에는 무효가 되고 비교적 중요치 않은 절차를 결한 경우에는 반드시 무효가 되지 않는다고 보는 것이 일반적 경향인 바, 즉 절차규정의 취지·목적이 당사자 사이의 이해조정을 목적으로 하거나 이해관계인의 권리·이익의 보호를 목적으로 하는 경우, 그 절차를 결한 때에는 무효가 되며, 단순히 행정의 적정·원활을 기하기 위한 취지라면 그러한 절차는 반드시 무효가 되는 것은 아니라 할 것이다. 주요한 사례를 살펴보면 다음과 같다.

1) 상대방 등 사인의 협력을 결한 행위

상대방 또는 제3자의 협력(신청 또는 동의)을 요하는 행정행위에서 그 협력을 결한 행위는 무효이다(예, 분배신청을 하지 아니한 자에 대한 농지분배처분, 귀화신청 없이 이루어진 귀화허가 등).

[판례]

: ①「교육공무원법의 위임에 의하여 제정된 교육공무원징계령 제8조 소정의 징계혐의자에 대한 출석통지는 징계혐의자로 하여금 징계심의개최일을 알게 하고 동시에 자기에게 이익되는 사실을 진술하거나 증거자료를 제출할 기회를 부여하기 위한 조치에서 나온 강행규정이므로 적법한 출석통지 없이 한 징계심의절차는 위법하다」(대판 1987.7.21, 86누623).

②「양약종상허가취소처분을 하기에 앞서 약사법 제69조의2 규정에 따른 청문의 기회를 부여하지 아니한 것은 위법이나, 그러한 흠 때문에 허가취소처분이 당연무효가 되는 것은 아니다」(대판 1988.8.19, 86누115).

2) 타행정기관의 필요적 협력을 결한 행위

행정청이 그의 권한을 행사함에 있어 타기관의 협력을 거칠 것을 법령이 요구하고 있는 경우 이를 결여한 행위의 효과는 어떻게 되겠는가에 관하여 두 가지로 나누어 볼 필요가 있다. 즉 ① 그 협력이 행정행위의 발령에 필수적인 전제요건인 경우에 이를 결하면 무효가 된다 하겠으나, ② 단순히 자문을 구하는 것인 경우에는 취소의 원인이 되거나 또는 효력에 아무런 영향이 없다고 본다.

3) 필요한 공고 또는 통지를 결한 행위

법령이 행정행위를 함에 있어 이해관계인에게 권리를 주장하게 하고 이의를 제기할 기회를 부여하기 위해서 마련된 공고나 통지 등의 절차를 결여한 행정행위는 원칙적으로 무효로 보아야 할 것이다. 수용할 토지의 토지세목의 공고·통지가 없는 토지수용행위, 독촉절차 없는 조세체납처분, 특허출원의 공고없이 행한 발명특허처분 등이 그 예이다. 그러나 판례는 체납처분에 적법한 공매통지의 결여를 취소사유로 보는 등 취소원인으로 보는 경향에 있다.

[판례]

:「원고가 위 종합소득세 및 그 방위세를 납부기한까지 납부하지 아니하자 피고가 그 징수를 위하여 이 사건 압류처분에 이른 것이므로, 비록 독촉절차없이 압류처분을 하였다 하더라도 이러한 사유만으로는 압류처분은 무효로 되게 하는 중대하고도 명백한 하자로는 되지 않는다고 판단된다」(대판 1987.9.22, 87누383).

4) 필요한 이해관계인의 입회 또는 협의를 결여한 행위

재산압류에 있어서의 입회, 토지수용에 있어서의 협의 등과 같이 이해관계인의 이익의 보호 또는 조정을 목적으로 한 입회, 협의 등의 절차를 결여한 행정행위는 원칙적으로 무효이다. 그러나 법령에 근거가 없는 절차를 행정청이 요구하여 행한 행정행위는 위법하다.

[판례]

: 「행정심판대상인 행정처분 자체는 위법하거나 부당하지 아니한데도 처분 그 자체에 내재하지 아니한 처분외적사유인 구민정서와 변화된 정책의 합목적성이라는 별개사유를 들어 원처분을 취소한 것은 위법하다」(서울고판 1996.6.19, 95구24052).

5) 필요한 청문 등을 결여한 행위

법령은 이해관계인의 사익보호와 행위의 내용의 정당성을 확보하기 위하여 청문이나 의견진술의 기회를 규정하고 있는 바, 이러한 사전절차를 결여한 행정행위는 원칙적으로 무효이다. 이에 대하여 판례는 청문(공청회 포함) 등을 결한 경우를 과거에는 무효로 보았으나 최근에는 취소원인으로 보는 경향에 있다.

[판례]

: ① 「행정청이 영업허가취소 등의 처분을 하려면 반드시 사전에 청문절차를 거쳐야 하고, 설사 식품위생법 제26조 제1항 소정의 사유가 분명히 존재하는 경우라 할지라고 해당 영업자가 청문을 포기한 경우가 아닌 한, 청문절차를 거치지 않고 한 영업소폐쇄명령은 위법하여 취소사유에 해당된다」(대판 1983.6.14, 83누14).

② 「도시계획수립에 있어 (구)도시계획법 제16조의2 소정의 공청회를 열지 아니 하고 (구)공공용지의취득및손실보상에관한특례법 제8조 소정의 입주대책을 수립하지 아니하였다 하더라도 이는 절차상 위법으로 취소사유에 불과하다」(대판 1990.1.23, 87누947).

(4) 형식에 관한 하자

우리나라의 학설·판례는 종래부터 주로 사인의 권리보호라는 관점에서 형식의 하자가 행정행위의 무효가 되는 경우가 있음을 인정하고 있다. 예컨대 법령상 서면으로 하여야 할 것을 규정하고 있는 경우에 구두로 한 행위, 행정청의 서명날인을 결여한 행위, 이유부기를 결여한 행위는 원칙적으로 무효라고 봄이 일반적이다.

【판례】

: ①「구세징수법 제9조 제1항은 단순히 세무행정상의 편의를 위한 훈시규정이 아니라 조세행정에 있어 자의를 배제하고 신중하고 합리적인 처분을 행하게 함으로써 공정을 기함과 동시에 납세의무자에게 부과처분의 내용을 상세히 알려 불복여부의 결정과 불복신청에 편의를 제공하려는 데서 나온 강행규정이므로 세액의 산출근거가 기재되지 아니한 물품고지서에 의한 부과처분은 위법한 것으로 취소의 대상이 된다」(대판 1984.5.9, 84누116).

②「허가의 취소처분에는 그 근거가 되는 법령이나 취소권유보의 부관 등을 명시하여야 하고 나아가 처분을 받은 자가 어떠한 위반사항에 대하여 당해 처분이 있었는지를 알 수 있을 정도의 사실의 적시를 요한다고 할 것이고 이와 같은 취소처분의 근거와 위반사항의 적시를 빠뜨린 하자는 피처분자가 처분 당시 그 취지를 알고 있었다거나 그 후 알게 되었다고 하여도 이로써 치유될 수는 없다고 할 것이다」(대판 1987.5.26, 86누788).

3. 무효의 효과와 그 주장방법

(1) 무효의 효과

무효원인인 하자가 있는 행정행위는 행정청이나 법원의 무효의 의사표시없이 당연히 처음부터 효력이 없는 행위이므로 누구든지 또 언제든지 무효를 주장할 수 있다. 그러한 의미에서 행정행위의 공정력으로 인하여 권한 있는 기관(행정청·법원)에 의하여 취소되지 아니하는 한 일단 효력이 계속되고 있고, 취소된 연후에 비로소 처음부터 소급하여 효력을 상실하는 취소와 구별된다.

(2) 무효의 주장방법

무효인 행정행위는 처음부터 아무런 효력을 발생하지 아니하지만, 행정행위로서의 외형은 존재하고 있기 때문에 행정청이나 제3자가 유효하다고 주장할 우려가 있다. 따라서 이해관계인의 입장에서는 적극적으로 무효임을 공적으로 확인을 받아 그 불안한 상태를 해소할 필요가 있다. 이를 위하여 행정쟁송의 방법으로 직접 해결하는 방법이 있고, 민·형사소송에서 간접적으로 해결하는 방법이 있다.

1) 행정쟁송에 의한 경우

우선 행정심판절차에서 무효확인심판을 행정청의 상급감독청에 제기할 수 있다. 이 경우 취소심판절차와는 달리 청구기간의 제한이 없고 언제든지 제기할 수 있다(행정심판법 제18조 제7항). 다음으로 직접 법원에 무효확인소송을 제기할 수 있다. 제소기간의 제한이 없으며 행정심판전치주의의 제한을 받지 아니 한다.

또한 무효의 주장은 취소소송의 형태를 취할 수도 있는데, 이른바 무효선언을 구하는 의미에서의 취소소송이다. 일단 유효한 행정행위의 효력을 상실케 해달라는 본래의 취소소송과는 성격상 차이가 있지만 종래부터 판례에 의하여 인정된 소송형태이다. 이 경우에는 본래의 취소소송의 경우와 같이 제소기간의 제한, (예외적)행정심판전치주의 등이 적용된다는 것이 판례의 태도이다(대판 1990.8.28, 90누1892).

2) 민사소송 등에서의 선결문제로서의 무효의 주장

무효인 행정행위로 생긴 결과로서 민사소송이나 형사소송이 있게 되는 경우, 이들 소송(본안소송)을 통하여 간접적으로 행정행위의 무효(선결문제)가 판명되게 된다. 민사소송의 형태에서 행정처분의 무효가 주장되는 경우로는 ① 무효인 과세처분에 의하여 조세를 납부한 자가 국가에 대하여 부당이득반환청구소송을 제기하는 경우, ② 무효인 토지수용에 의하여 소유권을 침해당한 자가 토지소유권확인 및 원상회복청구소송을 제기하는 경우, ③ 무효인 제3자에 대한 어업면허로 손해를 입은 기존면허어업권자가 국가배상청구소송을 제기하는 경우, ④ 무효인 징계처분으로 파면된 자가 국가를 상대로 공무원보수지급청구소송을 제기할 수 있으며, 형사소송의 형태로는 공무집행방해죄로 기소된 자가 그 공무집행행위의 무효를 전제로 하여 무죄를 주장하는 경우 등이 있다.

우리 행정소송법은 처분의 효력유무 또는 존재여부가 민사소송의 선결문제로 된 경우 이를 당해 수소법원이 심리·판단할 수 있게 하고 있으나(제11조 제1항), 형사소송의 선결문제로 된 경우에도 무효의 성질에 비추어 당연히 무효임을 주장할 수 있다고 하겠다.

4. 무효의 전환

(1) 의의

하자있는 행정행위의 전환이라 함은 원래 행정청이 의도한 행정행위로서는 무효이지만 그것을 다른 행정행위로 간주한다면 하자없는 유효한 행위로 되는 경우를 말한다. 예컨대 이미 사망한 자에 대한 조세부과처분을 그 상속인에 대한 처분으로 효력을 발생케 하는 것, 또는 상대방의 신뢰를 보호하기 위하여 그 신뢰가 보호할만한 가치가 있을 경우에 공무원이 아닌 자의 행위를 사실상의 공무원의 행위로서 유효한 행위로 인정하는 것 등이다.

(2) 인정근거

무효인 행정행위를 다른 행위로 전환하는 이론적 근거로는 ① 무효인 행정행위를 전환하더라도 공익과 사익에 아무런 불이익을 주지 아니하고, ② 상대방의 법적 안정성을 도모하고, ③ 행정청의 불필요한 처분의 반복을 피한다는 행정경제적 고려에서 인정되는 것이다.

독일에서는 전환에 관한 실정법적 근거가 있으나(행정절차법 제47조), 우리나라에서는 이에 관한 실정법적 근거가 없다. 따라서 무효행위의 전환에 관한 민법 제138조의 규정을 유추적용할 수 있다.

(3) 요건

일반적으로 전환의 요건으로서 ① 무효인 행정행위가 존재해야 하고, ② 두 행정행위가 요건·목적·효과에 있어서 실질적 공통성이 있어야 하고, ③ 전환되는 행위로서의 성립·발효요건을 갖추고 있어야 하며, ④ 하자있는 행정행위를 한 행정청의 의도에 반하는 것이 아니어야 하고, ⑤ 당사자에게 원처분보다 새로운 불이익을 가하는 것이 아니어야 하며, ⑥ 제3자의 이익을 침해하는 것이 아니어야 한다.

(4) 효과

하자있는 행정행위가 전환되어 생긴 새로운 행위는 종전의 행정행위의 발령당시로 소급하여 효력을 발생한다. 전환은 그 자체 하나의 행정행위의 성질을 가진다고 할 것이며, 따라서 이에 대한 불복은 행정쟁송의 방법을 통해 전환행위를 다툴 수 있다고 보아야 할 것이다. 결국 전환행위는 처분청·재결청·법원에 의해 행해질 수 있는 셈이다.

Ⅳ. 행정행위의 취소

1. 개설

(1) 취소의 의의

행정행위의 취소란 일응 유효하게 성립한 행정행위에 대하여 그 성립에 무효원인 이외에 단순한 하자가 있음을 이유로 권한있는 기관(행정청·법원)이 처음부터 소급하여 그 효력을 소멸시키는 별개의 독립된 행정행위를 말한다.

행정행위의 취소는 좁은 의미로는 행정청이 그 효력을 소멸시키는 행정행위 즉 직권취소를 의미하며, 직권취소 이외에 이해관계인의 쟁송제기에 의해 심판기관(재결청 · 법원)이 행하는 취소, 즉 쟁송취소까지 포함할 때 이를 광의의 취소라 할 수 있다. 그러나 양자는 너무나 차이가 많다고 하는 점이 인식됨에 따라 오늘날은 단순히 '취소'라고 하는 경우 직권취소만을 의미하는 것이 보통이다.

(2) 취소의 종류

1) 직권에 의한 취소와 쟁송에 의한 취소

이는 행정행위를 취소할 수 있는 권한을 가진 국가기관에 의한 구별로서, 행정청에 의한 경우와 소송제기를 전제로 법원에 의해 취소되는 경우가 있다. 행정청에 의한 취소를 직권취소, 법원이나 행정심판절차에 따라 재결청에 의한 취소를 쟁송취소라 한다.

2) 수익적 행정행위의 취소와 부담적 행정행위의 취소

이는 행정행위의 종류에 따른 구분으로서, 수익적 행정행위의 취소는 주로 직권취소이고, 부담적 행정행위의 취소는 주로 쟁송취소이다. 행정청의 직권에 의한 수익적 행위의 취소에서는 취소권의 제한문제와 관련하여 중요한 의미를 가진다.

3) 형식적 의미의 취소와 실질적 의미의 취소

형식적 의미의 취소는 취소행위의 형식을 취하는 경우의 취소로서, 일반적으로 취소라 할 때는 보통 이 경우를 말한다. 이에 대하여 실질적 의미의 취소는 행정청이 사후에 선행행위와 내용적으로 모순되는 행위를 함으로써 실질적으로 선행행위가 취소 · 변경된 것으로 해석되는 경우이다.

(3) 쟁송취소와 직권취소의 구별

1) 기본적인 차이

위법한 행정행위의 쟁송취소는 법률에 의한 행정의 원리를 실현하기 위해 적법상태를 실현하기 위한 제도로서 국민의 권리구제의 성격을 띠고 있으며, 그 취소의 대상은 부담적(침익적) 행정행위이다. 이에 비하여 직권취소는 적법성회복은 물론 또한 하나의 행정행위로서 장래에 향하여 행정목적실현을 위한 수단으로 행하여지는 점에 특색이 있다.

2) 구별의 배경

종래 독일 · 일본에서는 행정재판도 행정작용의 일종으로 간주되었으므로 양자의 차이점에 대한 인식이 적었다. 그러나 오늘날은 행정소송도 엄연히 사법작용에 속하게 되었고, 또한 주로 부담적 행정행위는 쟁송취소의 대상이고 주로 수익적 행정행위는 직권취소의 대상이 되기 때문에 구별하여 논하여야 한다.

3) 구체적 차이점

(가) 취소사유

쟁송취소는 추상적인 위법성을 이유로 행정행위의 적법성을 회복하기 위하여 취소되지만, 직권취소는 위법의 내용인 구체적 위법사유에 기하면서 행정목적 실현이라는 공익적 요구를 고려하여 행위가 취소된다.

(나) 이익형량

쟁송취소에 있어서는 추상적인 위법성만 있으면 원칙적으로 공익과 사익의 비교형량없이 취소함이 원칙이나, 직권취소에 있어서는 기본적인 행정목적에 비추어 위법의 내용을 구체적으로 수정해야 한다. 또한 이와 동시에 아울러 취소에 의해 초래되는 효과를 고려하여 취소권을 제한하는 등 상반되는 두 이익을 비교형량하여 취소를 개별적으로 결정하여야 한다.

(다) 취소기간

쟁송취소에 있어서는 그 제기기간이 법에 정해져 있다(행정심판법 제18조 · 행정소송법 제20조). 그러나 직권취소에 있어서는 취소기간이 법정되어 있지 않다.

(라) 취소의 대상

쟁송취소는 주로 부담적 행정행위를 대상으로 하지만, 직권취소는 주로 수익적 행정행위를 그 대상으로 한다.

(마) 취소절차

쟁송취소는 행정심판법 · 행정소송법이 정한 법정의 절차에 따라 행해지고, 취소에는 구속력 · 확정력과 같은 효력이 인정된다. 이에 대해 직권취소의 절차는 부분적으로 개별법 및 일반법인 행정절차법의 규정에 따른다.

(바) 취소의 내용

쟁송취소의 경우에는 특별한 규정이 없는 한 적극적 변경을 내용으로 하는 취소는 할 수 없고 일부취소를 내용으로 하는 변경만이 가능하지만, 직권취소에 있어서는 처분의 적극적 변경도 당연히 할 수 있다는 것이 통설이다.

(사) 취소의 효력

쟁송취소는 적법성을 확보하려는 것이 제도의 목적이므로 원칙적으로 소급효를 가지나, 직권취소에 있어서는 상대방에게 귀책사유가 없는 한 소급효는 인정되지 아니한다.

2. 취소권자

(1) 직권취소

직권취소에 있어서 취소권자는 처분청과 그 감독청이다. 다만, 감독청의 경우 법에 근거가 없는 경우에도 취소권을 가지는가에 관하여 견해의 대립이 있다. 법에 취소권이 규정되어 있는 경우에는 문제가 없으나 규정이 없는 경우에도 취소권은 감독권에 포함되어 있으므로 직접 취소할 수 있다는 견해(적극설)와 감독청은 피감독청에 대하여 취소를 명할 수 있을 뿐 직접취소할 수는 없다고 보는 견해(소극설)가 대립한다.

(2) 쟁송취소

쟁송취소의 취소권자는 행정청과 법원이다. 이 경우의 행정청은 처분청, 재결청(감독청), 제3기관(예, 공무원소청심사위원회·국세심판원 등)을 말한다.

3. 취소권의 근거

쟁송취소는 행정심판법·행정소송법 등 행정쟁송을 인정한 법률에 근거하여 행하여진다. 그러나 행정청이 행정행위를 취소하는데 있어서 법적 근거가 필요한지에 대하여 학설의 대립이 있다. 즉 ① 직권취소는 주로 수익적 행정행위를 대상으로 하기 때문에 개인의 기득권을 보호한다는 차원에서 별도의 명문의 근거를 요한다는 견해이고, ② 이에 대하여 다수설은 행정행위의 취소는 행정의 법률적합성을 회복시키기 위하여 흠있는 행정행위의 효력을 소멸시키는 행위이기 때문에 법률에 행정행위를 할 수 있는 근거만 있으면 당연히 취소할 수 있는 것이고 별도의 법적근거를 요하지 않는다고 한다. 판례도 행정행위를 한 처분행정청은 그 행위에 하자가 있는 경우에 별도의 법적 근거가 없더라도 스스로 이를 취소할 수 있다고 하였다.

4. 취소의 사유와 제한

(1) 취소의 사유

어떠한 경우에 취소사유가 있다고 볼 것인가에 관하여는 법령에서 명문으로 규정하고 있는 경우(지방자치법 제157조 등)도 있지만, 명문의 규정이 없는 경우에는 이에 관한 통칙적 규정이 없기 때문에 학설에 의할 수밖에 없다. 일반적으로 행정행위의 취소에 있어서 흠이 있는 경우에 그것이 중대하고 명백하여 무효에 이르지 않는 것이면 일단 모두 취소사유가 된다.

학설·판례를 통하여 취소사유로 제시되는 것으로는 ① 권한초과, ② 행위능력결여, ③ 공서양속에 위반한 행위, ④ 경미한 법규위반, ⑤ 조리법 등 불문법위반 또는 공익위반, ⑥ 경미한 절차나 형식의 결여, ⑦ 사기·강박·증뢰 등 부정행위에 의한 경우, ⑧ 착오의 결과로서 위법·부당하게 된 경우 등이다.

(2) 취소의 제한

1) 쟁송취소의 제한

쟁송취소에 있어서는 주로 부담적 행위가 대상이 되므로 법률에 특별한 제한이 없는 한 취소사유가 있으면 취소하여야 한다. 왜냐하면 쟁송취소는 위법·부당한 행정행위로부터 사인의 권리보호를 위해 존재하는 제도이므로 당연히 취소되어야 한다. 그러나 행정심판법상의 사정재결제도, 행정소송법상의 사정판결제도에서 보는 바와 같이 행정행위를 취소함이 현저히 공공복리에 적합하지 아니하다고 인정하는 때에는 취소를 제한하고 있으므로 공공복리는 쟁송취소의 일반적인 제한사유가 된다.

2) 직권취소의 제한

행정행위에 흠이 있고 취소에 대한 법적 근거가 존재한다고 하여 행정청은 언제든지 임의적으로 취소할 수 있는 것은 아니다. 따라서 그 구체적인 사안에 따라 제이익을 형량하여 취소여부를 결정해야 한다는 것이 학설과 판례의 입장이다. 그러한 구체적인 기준은 학자에 따라 다르겠으나, 일반적으로 아래에서 보는 것과 같다.

(가) 취소가 제한되지 않는 경우

① 공공의 안녕질서에 대한 위험방지는 항상 우선적 지위를 차지해야 할 공익이다. 따라서 상대방의 신뢰보호의 필요에도 불구하고 위험방지를 우선시키기 위하여 흠있는 행정행위는 취소되어야 한다.

② 행정행위의 하자가 수익자의 책임있는 사유에 기인할 경우, 특히 수익자의 사기·강박·증뢰 등 부정한 방법으로 행정행위가 발해졌을 때에는 그 행정행위는 취소되어야 한다.

③ 행정행위의 위법성이 수익자의 객관적인 책임에 귀속시킬 수 있는 경우에도 취소에 관한 공익(법률적합성의 원칙)이 우선한다고 볼 수 있다. 판례는 국가공무원법상 공무원임용결격사유가 있는 자를 이를 알지 못하고 공무원으로 임용하였다가 사후에 이를 알고 임용행위를 취소하는 것은 당사자에게 원래의 임용행위가 당연무효임을 통지하여 확인시켜 주는 행위에 지나지 아니하므로, 그 취소에 있어 신의칙 내지 신뢰의 원칙을 적용할 수 없다고 하였다.

(나) 취소가 제한되는 경우

취소가 제한되는 경우는 다음과 같은 예를 들 수 있다.

① 수익자가 하자있는 행정행위를 객관적으로 신뢰하였을 뿐만 아니라, 이미 그 행정행위에 따라 일정한 행위가 이루어진 경우에는 두터운 신뢰보호를 받는다. 예컨대 수령한 금전이나 물건을 이미 소비 또는 처분하였거나 건축허가를 받고 이미 건축에 착수한 경우에는 제한 받는다.

② 하자있는 행정행위를 취소함으로써 관계자가 막대한 경제적 손실을 입게 된다던가, 국가적 재정에 미치는 영향이 있는 등 경제적 효과에 영향을 미치는 경우라면 이를 고려하여 취소여부를 결정해야 할 것이다.

③ 이른바 실권의 법리에 따라 하자있는 행정행위를 장기간 방치함으로써 당해 행위에 대한 상대방의 신뢰가 보호가치가 있을 때 신뢰보호상 행정청은 더 이상 그의 취소권을 행사할 수 없다고 하여야 할 것이다.

④ 행정심판의 재결이나 토지수용위원회의 재결 등과 같이 준사법적 절차 내지 합의체행정청에 의한 행정행위는 보다 신중한 절차에 의한 것이므로 당해 행위의 적법성과 존속성을 보장받는다는 의미를 가진다. 따라서 이러한 행정행위의 취소는 제한받는다.

⑤ 행정청이 사인의 법률적 행위의 효력을 완성시켜주는 행위, 즉 인가는 사인의 법률행위가 행정청의 인가를 받음으로써 지금까지 효력이 없던 행위가 완전히 유효하게 되어 이를 기초로 사법관계가 형성되어 나가므로 법적 안정성의 견지에서 인가에 대한 취소는 제한 받게 된다.

5. 취소의 절차

① 쟁송취소의 경우에는 행정심판법·행정소송법 등이 정한 행정쟁송절차에 따라 행하여진다. ② 직권취소의 경우에는 절차에 관한 규정이 없는 것이 보통이나, 인·허가와 같은 수익적 행정행위의 취소는 상대방에게 불이익을 가져오므로 상대방의 이익을 보호하고 취소의 공정성·신중성을 도모하기 위하여 개별법령에서 청문 등의 절차를 규정하고 있는 예가 많이 있다.

6. 취소의 효과

(1) 직권취소의 경우

종래의 통설은 직권취소도 쟁송취소와 마찬가지로 취소의 효과의 소급효를 인정하였으나, 최근의 다수설은 이른바 하자효과의 개별화이론에 의하여 구체적인 관계이익을 비교형량하여 소급여부를 결정하여야 한다고 한다. 따라서 취소의 효과는 명문의 규정이 없는 한 다음과 같이 경우를 나누어 구체적 타당성이 있도록 결정하여야 한다.

① 취소의 원인이 당사자의 귀책사유로 인한 때에는 상대방의 신뢰를 보호할 필요가 없고 취소의 효과는 소급한다. 그리고 이미 완결된 법률관계 또는 법률사실을 제거하지 않으면 취소의 목적을 달성할 수 없는 경우에도 취소의 효과가 소급한다.

② 취소의 효과를 소급시킴으로써 당사자의 기득권이나 신뢰보호를 침해하는 경우에는 취소의 효력은 장래에 향해서만 효력을 발생한다.

③ 독일의 경우는 행정행위가 철회·취소·기타 사유로 효력이 없게 된 경우, 행정청은 이미 상대방에게 지급한 급부와 물건·문서(허가증 등) 등의 반환을 요구할 수 있는 입법례가 있다(독일 행정절차법 제48조 제2항). 반면에 우리나라는 명문규정은 없으나 반환을 요구할 수 있다고 본다.

④ 수익적 행정행위가 상대방의 귀책사유에 기인하지 않는 하자로 인하여 취소되는 경우에 그로 인한 상대방의 재산상의 손실을 보상해야 하는 문제가 있는 바, 독일 행정절차법은 보호할 가치가 있는 경우에는 당사자의 신청이 있으면 당해 손실을 보상하도록 하고 있다. 따라서 우리의 경우도 비록 행정행위가 위법·부당하더라도 귀책사유에 의한 것이 아니고 공익을 이유로 취소하는 경우에는 그로 인한 손실을 보상하여야 할 것이다.

(2) 쟁송취소의 경우

쟁송취소의 경우에는 취소의 효과는 원칙적으로 처분시에 소급하여 효력을 상실한다. 쟁송취소의 대상은 주로 부담적 행정행위(침익적 행정행위)이므로 권리침해를 받은 자의 권리구제를 위하여 소급효가 원칙이다. 따라서 처음부터 아무런 행정행위가 없었던 것과 같은 상태로 되는 효과를 가진다.

7. 취소의 취소

(1) 직권취소의 경우

1) 취소처분에 무효원인이 있는 경우

취소처분에 중대하고 명백한 하자가 있으면 그 취소처분은 무효이며, 그에 따라 원행정행위가 그대로 존속하는 결과가 될 것이다. 당사자는 무효선언으로서의 취소소송이나 무효확인소송을 제기할 수 있을 것이고, 행정청도 직권으로 무효선언으로서의 취소 또는 무효확인이 가능하다.

2) 취소처분에 취소원인이 있는 경우

취소처분에 단순한 위법인 하자가 있는 경우 행정청은 이를 다시 직권에 의해 취소할 수 있는지에 대해 부정설과 긍정설이 대립한다.

(가) 부정설

이는 종래의 통설로서, 취소처분은 그에 대하여 법령에서 명문으로 행정심판이나 행정소송의 제기를 허용하는 경우를 제외하고는 행정행위의 효력을 확정적으로 소멸시키는 것이므로, 취소처분을 다시 취소한다 하더라도 원행정행위의 효력을 다시 소생시킬 수 없으며, 단지 원행정행위와 같은 내용의 새로운 행정행위를 할 수밖에 없다는 견해이다.

(나) 긍정설

이는 오늘날의 일반적 견해로서, 취소처분도 역시 성질상 행정행위의 일종이므로 그에 대한 하자가 있으면 행정행위의 하자에 관한 일반원칙에 따라 취소할 수 있으며, 취소에 의하여 원행정행위의 효력이 다시 부활되기 때문에 별도의 행정행위를 할 필요가 없다고 한다. 판례는 부정설을 취하기도 하고 긍정설을 취하기도 하고 그 태도는 일정치 않다.

(2) 쟁송취소의 경우

재결이나 판결에 무효원인인 하자가 있다면 무효가 되는 것이고 특별히 문제될 것이 없으며, 재결과 판결이 취소대상인 경우에는 하자가 있지만 존중되어야 하고 원칙적으로 취소할 수 없다. 왜냐하면 쟁송절차를 거친 결과 확정력(불가변력)이 발생하기 때문이다.

8. 하자의 치유

(1) 의의

하자의 치유라 함은 행정행위가 성립 당시에 하자가 있기는 하지만, 사후에 그 요건이 보완되거나 그 하자가 취소될 가치가 없을 정도로 경미하다고 판단되는 경우에, 그 하자에도 불구하고 행위의 효력을 유지하는 것을 말한다. 행정행위의 하자의 치유는 신뢰보호·법적 안정성 등을 도모할 필요와 행정행위의 불필요한 반복을 피하려는 목적으로 상대방의 권익침해가 없는 범위 안에서 인정된다.

독일의 행정절차법은 행정행위의 절차·형식의 하자에 대하여 특별히 하자를 인정하는 등 일반적·통칙적 규정을 두고 있으나, 우리나라는 이런 규정이 없기 때문에 민법규정을 유추하여 이론적으로 정할 수밖에 없다.

(2) 치유의 사유

치유의 사유는 행정행위의 요건이 사후에 충족되거나 흠결된 사항이 사후에 보완된 경우이다.

1) 요건의 사후보완

요건이 사후에 보완되는 경우의 예로는 ① 입후보등록요건을 사후에 충족하는 것, ② 무권대리행위의 사후의 추인, ③ 불특정목적물의 사후에 특정, ④ 요식행위의 형식을 사후에 보완하는 경우, ⑤ 다른 기관의 협력(의결·승인·협의 등) 또는 상대방의 필요적 협력(신청·동의 등)이 결여된 경우의 추인, ⑥ 필요적 사전절차의 사후이행(행정심판전치·상대방에 대한 청문절차의 사후이행), ⑦ 필요한 신청서의 사후제출·보완 등이 있다.

치유의 사유로 이 밖에 취소할 수 있는 행정행위를 장기간 방치함으로 인한 법률관계의 확정, 공공복리상의 필요에 의하여 취소를 불허하는 경우 등을 들 수 있으나, 이것들은 치유사유로 보기보다는 행정행위의 취소의 제한사유로 보는 것이 타당하다. 독일의 행정절차법(제45조)은 필요한 절차·형식 등의 흠결이 있는 경우 다음과 같이 치유를 인정하고 있다. 즉, ① 필요한 신청의 사후제출, ② 필요한 이유의 사후제시, ③ 필요한 관계인의 청문의 사후추완, ④ 필요한 위원회의결의 사후결의, ⑤ 타행정청의 필요적 협력의 사후보완 등을 열거하고 있다.

2) 취소가 필요없게 된 경우

예컨대 회의소집절차의 흠은 과반수 의원이 출석·의결하고 결석의원도 추후에 이의를 말하지 아니한 경우에는 치유된다고 보는 때가 있다.

9. 하자의 승계

(1) 의의

일정한 행정목적을 위하여 두 개 이상의 행정행위가 단계적으로 연속하여 행해지는 경우(예, 계고와 대집행의 실행)에, 후행행위 자체에는 하자가 없더라도 선행행위에 하자가 있으면, 그 선행행위의 하자를 이유로 후행행위의 위법을 주장할 수 있는 바, 이를 하자의 승계 또는 선행행위의 후행행위에 대한 구속력이라 한다.

이러한 하자의 승계는 선행행위에 불가쟁력(쟁송제기기간의 경과 등)이 발생하여 그 효력을 더 이상 다툴 수 없게된 경우에 그 선행행위의 하자의 승계를 이유로 후행행위의 효력을 다툴 수 있게 된다는 점에서 이 이론의 실익이 있다. 그럼으로써 법적 안정성의 유지와 국민의 권리구제라는 양목적의 조화가 이루어진다.

(2) 승계여부

일반적으로 행정상의 법률관계는 가능한 한 조속히 확정되고 안정되어야 하는 것이므로, 행정행위의 하자는 각각 독립적으로 검토되는 것이 원칙이다. 그러나 선행처분과 후행처분이 서로 결합하여 하나의 법적 효과를 완성하는 경우에는 하자가 승계된다. 이에 반하여 비록 연속하는 행정행위라 하더라도 각 행위가 서로 독립하여 별개의 법적 효과를 목적으로 하는 경우(예, 과세처분과 체납처분 사이)에는 선행행위가 당연무효가 아닌 한 그 위법성은 승계되지 아니 한다. 과세처분은 납세의무를 구체적으로 확정하는 것인데 대하여, 체납처분은 이미 확정된 조세채무에 기한 강제집행절차로서 각각 다른 효과를 목적으로 하는 것이기 때문에, 위법성의 승계는 인정되지 아니한다고 본다. 하자의 승계를 인정한 사례와 부정한 사례의 예로는 다음과 같은 것이 있다.

1) 승계를 인정한 사례

선행행위의 하자의 승계를 인정한 사례로는 ① 개별공시지가와 토초세부과처분 사이, ② 귀속재산의 임대처분과 후행매각처분, ③ 무효인 조례와 그에 근거한 지방세부과처분, ④ 사업인정과 토지수용위원회의 재결, ⑤ 안경사국가시험합격무효처분과 안경사면허처분, ⑥ 암매장분묘개장명령과 후행계고처분, ⑦ 조세체납처분에 있어서 독촉·압류·매각의 각 행위, ⑧ 토지구획정리사업에 있어서의 환지예정지 지정처분과 공작물이전명령, ⑨ 행정대집행에 있어서의 계고·통지·실행·비용징수, ⑩ 한지의사시험자격인정과 한지의사면허처분 등이 있다.

2) 승계를 부정한 사례

선행행위의 하자의 승계를 부정한 사례로는 ① 감사원의 시정요건 결정과 그에 따른 행정처분취소, ② 과세처분과 체납처분, ③ 도시계획결정과 수용재결처분, ④ 법규위반과 그에 의거한 허가취소, ⑤ 변상판정과 변상명령, ⑥ 액화석유가스 판매사업허가처분과 사업개시신고 반려처분, ⑦ 위법한 건물의 철거명령과 대집행의 계고처분, ⑧ 지방의회에서의 의안의 의결과 지방세부과, ⑨ 직위해제처분과 면직처분, ⑩ 하명처분과 계고 등이 있다.

(3) 일반원칙에 대한 예외

선행행위와 후행행위가 서로 결합하여 하나의 법적 효과를 완성하는 것인 때에 하자의 승계가 인정되어, 선행행위가 위법하면 후행행위도 위법한 것으로 인정하지만, 두 행위가 서로 독립하여 별개의 법률효과를 목적으로 하는 때에는 당연무효인 경우를 제외하고는 선행처분의 하자를 이유로 후행처분의 효력을 다툴 수 없다는 것이 통설·판례의 원칙적 입장이지만, 최근 대법원은 이에 대한 예외를 인정한 바 있다. 즉 두 개의 행위가 서로 독립하여 별개의 법률효과를 목적으로 한다 하여도 관계인에게 수인한도를 넘는 불이익을 강요하는 결과를 초래하는 경우에는 선행행위의 후행행위에 대한 구속력을 인정할 수 없다고 함으로써 선행행위의 위법을 이유로 하여 그에 기초한 후행행위의 취소를 구할 수 있음을 인정한 바 있다. 즉 「…선행처분과 후행처분이 서로 독립하여 별개의 효과를 목적으로 하는 경우에도 선행처분의 불가쟁력이나 구속력이 그로 인하여 불이익을 입게 되는 자에게 수인한도를 넘는 가혹함을 가져오며, 그 결과가 당사자에게 예측가능한 것이 아닌 경우에는 국민의 재판 받을 권리를 보장하고 있는 헌법의 이념에 비추어 선행처분의 후행처분에 대한 구속력은 인정될 수 없다」(대판 1994.1.25, 93누8542)고 판시하였다.

쟁송기간이 도과한 개별공시지가결정의 위법을 이유로 하여 부과된 양도소득세 부과처분의 취소를 구한 사건에서, 대법원은 당해 지가결정은 개별적으로 고지되는 것도 아니고, 관계인도 이런 개별공시지가가 자기에게 유리한지 불리하게 적용될지도 알기 어려운 것이기 때문에, 관계인이 그 쟁송기간 내에 당해 처분을 다투지 않았다 하여 이를 기초로 한 과세처분 등 후행처분에서 그 위법을 주장할 수 없도록 하는 것은 관계인에게 수인한도를 넘는 불이익을 강요하는 것으로 볼 수 있는 바, 양처분은 서로 별개의 법률효과를 목적으로 하는 것이지만, 관계인은 후행처분인 과세처분의 위법사유로서 선행처분인 개별공시지가결정의 위법을 주장할 수 있다고 선언함으로써(대판 1994.1.25, 93누8542), 권리구제의 폭을 넓인 발전적 경향을 보여주고 있다.

Ⅴ. 행정행위의 철회(폐지)

1. 의의 및 취소와의 구별

(1) 의의

행정행위의 철회라 함은 아무런 하자없이 유효하게 성립된 행정행위의 효력을 그 성립 후 발생된 새로운 사정에 의하여 더 존속시킬 수 없게 된 경우에 장래에 향하여 그 효력을 소멸시키는 독립된 행정행위를 말한다. 철회의 개념은 실정법상으로는 취소로 표현하는 경우가 대부분이며, 폐지라고도 한다.

(2) 취소와의 구별

철회는 그것을 행할 수 있는 기관 · 효과 · 원인 등에서 취소와 차이가 있다고 보는 것이 통설적 견해이다. 즉 철회는 ① 처분청만이 할 수 있는 점, ② 장래에 향해서만 효과를 발생하는 점, ③ 철회원인이 사후에 발생한 새로운 사정에 기인하는 점 등에서 취소와 구별된다고 보는 것이 종래의 통설이다.

그러나 취소를 협의의 직권취소로 보는 경우에는 ①의 경우에 감독청은 법규에 있어 특별한 규정이 없는 한 취소권이 없다는 견해가 있고, ②의 경우에 직권취소의 효력의 소급성여부도 구체적 사정에 따라 다르게 되므로 결정적 구별의 기준이 못되며, ③의 경우에 취소원인의 원시성 · 철회원인의 후발성 등은 행정실무에 있어 그다지 중요성을 띠지 않는 점 등에서 양자의 구별은 상대적이며, 그 유사성이 강조되는 경향에 있다.

2. 철회권자

행정행위의 철회는 처분청만이 할 수 있으며, 감독청은 법률에 특별한 규정이 있는 경우에 한하여 철회권을 가진다.

3. 철회의 근거

행정행위의 철회사유가 존재하는 경우 법률의 근거를 요하는가 하는 문제에 대하여 부담적 행정행위의 철회는 상대방에게 이익을 부여하는 것이므로 법적 근거를 요하지 않음이 원칙이나, 수익적 행정행위의 철회에 대하여는 근거불요설(소극설)과 근거필요설(적극설)로 나뉜다.

(1) 근거불요설(소극설)

행정행위의 철회는 원칙적으로 법적 근거를 요하지 않는다는 견해인데, 그 논거로는 ① 행정은 공익에 적합하고 정세변천에 적응하여야 한다는 점, ② 철회원인의 발생시 본래의 행정행위를 하였다면 그것이 하자있는 행위가 되었을 것이라는 점, ③ 철회에 대하여도 쟁송이 가능하다는 점, ④ 원행정행위의 수권규정은 철회의 수권규정으로 볼 수 있는 점 등을 들고 있다. 이것은 판례의 입장이기도 하다.

(2) 근거필요설(적극설)

행정행위의 철회에도 법률유보원칙이 적용되어야 한다는 견해인데, 그 논거로서는 ① 법치주의의 원리와 헌법상의 기본권보장의 뜻에 비추어 볼 때 법령의 근거없이 단순히 공익상의 필요만을 이유로 행정행위를 할 수 없는 것과 같이 새로운 행정행위인 행정행위의 철회 역시 법령의 근거를 요한다는 점, ② 수익적 행정행위의 철회는 결과적으로 국민의 기본권의 행사를 침해하는 면을 가지기 때문에 적어도 공익상의 필요를 이유로 하는 수익처분의 철회는 법률의 수권을 필요로 한다는 점 등이다.

(3) 결어

행정행위의 철회는 행정행위에 의하여 형성된 법률관계를 일방적으로 소멸시키는 것이므로 수익적 행정행위의 철회는 원칙적으로 별도의 법적 근거를 필요로 한다. 다만 다양한 행정행위의 개별적·구체적 검토를 통하여 공익적합성과 조화를 이루어 나가는 범위내에서 그 예외를 인정할 필요가 있다고 본다.

4. 철회의 사유(철회의 원인)

철회사유는 공법상 행정행위의 효력을 더 존속시킬 수 없는 새로운 사정의 발생이라 할 수 있다. 이를 구체적으로 살펴보면 다음과 같은 것이 있다.

(1) 사정변경

행정행위의 기초가 된 사실관계나 법령이 변경된 결과, 현재의 사정하에서 행정행위를 행하면 당연히 위법이 된다고 하는 경우이다.

1) 사실관계의 변경

행정행위 중에는 사실관계의 변경에 의하여 그의 효력에 영향을 받지 않는 것(예, 귀화허가, 공무원임명행위 등)이 있으며, 반대로 사실관계의 변경에 의하여 당연히 철회되어야 할 것(예, 생활보호결정)이 있다. 그 밖의 많은 행정행위, 예컨대 경찰허가 등은 행정행위를 발한 후 새로운 사실이 발생하여 동 행정행위를 철회하지 않으면 공익을 해칠 우려가 있는 경우에 한하여 철회가 인정된다고 할 것이다.

2) 법령의 개정

근거법령의 개폐에 따른 수익적 행정행위의 요건의 변경은 원칙적으로 소급적용되지 않으므로 기존의 행정행위가 곧바로 철회되지 않는다. 다만, 법령이 행정행위를 발한 후 개정되었고, 그 결과 그 행정행위가 철회되지 않으면 공익을 해칠 우려가 되는 경우에는 철회할 수도 있다.

(2) 철회권의 유보

행정행위의 부관으로 철회권이 유보된 경우, 그 유보된 일정한 철회사유가 발생하면 행정행위를 철회할 수 있다. 철회권이 유보된 경우에도 그 내용의 타당성을 검토함은 물론, 구체적 사정에 비추어 그 행사로 인하여 상대방의 권익에 대한 부당한 침해여부, 신뢰보호와 법적 안정성의 견지에서 공익과 사익간의 이익형량은 행해져야 한다.

(3) 상대방의 유책행위(의무위반)

상대방의 법령위반, 부담의 불이행, 일정한 비행 등의 유책행위에 대한 제재로서 허가・인가 등의 수익적 처분의 철회가 가능하다. 다만 이러한 경우에도 우선 법령위반상태의 시정이나 부담의 이행을 시킬 수 있으면 그에 의하고 철회는 최후의 수단으로서 행해야 할 것이다.

(4) 우월한 공익상의 필요

사실관계나 법령의 변경없이도 우월한 공익상의 필요가 있는 경우에는 철회가 인정되어야 할 것이다. 이 경우의 철회는 실질에 있어서는 공용수용에 해당되며, 그로 인한 불이익에 대하여는 보상을 하여야 한다.

(5) 법령에 규정된 철회사유의 발생

법령에 철회사유를 규정하고 있는 경우도 있다. 예컨대, 도로법 제74조 · 하천법 제64조(법령위반에 대한 처분), 도로법 제75조 · 하천법 제65조(공익을 위한 처분) 등이 있다.

5. 철회권의 제한

(1) 부담적 행정행위의 철회

부담적 행정행위의 철회는 곧 국민의 불이익을 제거하는 것이기 때문에 수익적 행정행위의 철회에서와 같은 제한을 받지 않음이 원칙이다. 다만, 부담적 행정행위일지라도 그것을 철회한 후 다시 동일한 내용의 행정행위를 해야 할 경우, 철회가 법령 또는 훈령에 위반되는 경우 및 부담적 행정행위를 존속시켜야 하는 우월적 공익상 필요가 있는 경우 등에 있어서는 철회권이 제한된다.

(2) 수익적 행정행위의 철회

1) 이익형량의 필요

수익적 행정행위에 있어서의 행정행위의 철회는 상대방이나 제3자의 기득권을 침해하고 법적 안정성을 해치게 되므로 공익상 필요와 국민의 기득권을 비교형량하여 철회여부를 결정해야 할 것이다. 그러므로 철회의 사유가 있다고 하더라도 철회보다 가벼운 수단으로 행정목적을 달성할 수 있는 경우에는 그에 의하여야 한다. 예컨대 개선명령 등과 같은 방법에 의해 목적을 달성할 수 있는 경우에는 먼저 이에 의하여야 하며, 처음부터 가장 무거운 제재수단인 철회권을 행사한다는 것은 과잉금지의 원칙(광의의 비례원칙)에 위반되어 위법이 될 수 있다.

2) 철회가 제한되는 경우(이익형량기준)

수익적 행정행위의 철회가 제한되는 경우로 ① 기득권 존중의 필요가 더 큰 경우, ② 국적부여행위나 공무원임용행위 등 포괄적 신분설정행위의 경우, ③ 복효적 행정행위의 경우, ④ 상당한 기간이 경과하여 신뢰보호의 원칙에 바탕을 둔 실권의 법리 등을 들 수 있다.

6. 철회의 절차

철회의 방식에 대하여 정한 일반적·통칙적 규정은 없다. 그러나 특히 수익적 행정행위를 철회함에 있어 사전절차로 상대방에게 변명, 유리한 증거제출의 기회부여, 청문의 기회부여 등을 규정하는 개별법(도로법 제74조 제2항 등) 및 행정절차법(제21·22·23조 등)이 있다.

7. 철회의 효과

① 철회의 시기는 행정청의 재량으로 정하여질 것이나, 철회의 효과는 장래에 향하여서만 미치는 것이 원칙이며, ② 철회의 부수적 효과로서 원상회복·개수명령 등이 있을 수 있으며, ③ 상대방의 귀책사유에 의하는 경우를 제외하고는 수익적 행정행위의 철회로 인한 손실은 보상함이 원칙이다.

8. 철회의 취소

철회처분에 대하여 그것이 위법하다는 이유로 취소할 수 있느냐가 문제된다. 행정행위의 철회는 하나의 독립된 행정행위이므로 만일 흠이 있는 경우에는 흠에 관한 일반이론에 따라 철회행위가 무효이거나 취소할 수 있는 행위가 된다고 할 것이다.

Ⅵ. 행정행위의 실효

1. 실효의 의의

행정행위의 실효란 아무런 하자(흠)없이 성립·발효한 행정행위의 효력이 행정청의 의사와 관계없이 일정한 사실의 발생에 의하여 당연히 그 효력이 소멸되는 것을 말한다. 실효는 ① 일단 적법하게 발생된 효력이 실효사유에 의하여 소멸되고, ② 하자와는 전혀 관계가 없으며, ③ 실효사유가 발생한 때로부터 장래에 향하여 효력이 소멸된다는 점에서 무효와 구별된다.

2. 실효의 사유

(1) 행정행위의 대상의 소멸

행정행위는 그 대상이 되는 사람의 사망, 목적물의 소멸로 인하여 당연히 실효된다. 판례는 신청에 의한 허가영업을 자진 폐업한 경우에도 허가는 실효된다고 보고 있으며, 대물적 행정행위에 있어서 물적 시설을 철거하는 것은 대상의 소멸로서 실효의 사유가 된다고 보고 있다.

[판례]

:「(구)유기장업법(1981.4.13 법률 제3441호로 개정되기 전의 것)상 유기장의 영업허가는 대물적 허가로서 영업장소의 소재지와 유기시설 등이 영업허가의 요소를 이루는 것이므로, 영업장소에 설치되어 있던 유기시설이 모두 철거되어 허가를 받은 영업상의 기능을 더 이상 수행할 수 없게 된 경우에는 이미 당초의 영업허가는 허가의 대상이 멸실된 경우와 마찬가지로 그 효력이 당연히 소멸되는 것이고, 또 유기장의 영업허가는 신청에 의하여 행하여지는 처분으로서 허가를 받은 자가 영업을 폐업할 경우에는 그 효력이 당연히 소멸되는 것이니, 이와 같은 경우 허가행정청의 허가취소처분은 허가가 실효되었음을 확인하는 것에 지나지 않는다(대판 1990.7.13, 90누2284).

(2) 해제조건의 성취 또는 종기의 도래

행정행위의 부관으로 정한 해제조건부 행위에 있어서 조건이 성취되거나, 종기부 행정행위에 있어서 종기의 도래는 행정행위의 효력이 실효된다(예, 차량의 종기부 임시운행허가에서 종기의 도래로 인한 허가 효과의 소멸).

(3) 목적의 달성

작위하명의 경우에 작위의무를 이행하는 것과 같이 행정행위는 목적이 달성됨으로써 효력이 소멸한다.

3. 실효의 효과

행정행위의 실효사유가 발생하면 행정행위의 효력은 그 때부터 장래에 향하여 당연히 효력이 소멸된다.

제3장 그 밖의 행정의 주요 행위형식

제1절 행정법상의 확약

I. 개설

1. 확약의 의의

확약이란 행정청이 국민에 대한 관계에 있어 자기구속을 할 의도로써 장래에 향하여 일정한 작위 또는 부작위를 약속하는 의사표시를 말한다. 예컨대 각종의 인·허가에 있어서의 내인가·내허가, 공무원임용의 내정, 양도소득세 등을 자진신고자에 대한 세율인하의 약속, 무허가 건물을 자진철거 하는 자에게 아파트 입주권을 주겠다는 약속을 하는 경우 등이 있다.

2. 유사행정작용과의 구별

확약은 본 행정행위를 행할 것을 약속하는 의사표시라는 점에서 ① 바로 본 행정행위를 행하면서 단지 그 효력의 발생 또는 소멸을 장래의 발생불확실한 사실에 매이게 하는 조건부행정행위와 구별되며, ② 개인적인 사실설명이나 현존하는 사실 및 법상태에 관련된 비구속적인 법률적 견해의 표명과 같은 교시와 구별되며, ③ 행정기관의 일방적인 조치인 점에서, 쌍방적 행위인 공법상의 계약과 구별되며, ④ 국민에 대한 의사표시인 점에서 행정조직내의 내부행위와 구별되며, ⑤ 일정한 법적 효과를 발생시키는 점에서 행정지도와 같은 사실행위와 구별되며, ⑥ 장래의 행위를 약속하는 데 그치는 점에서, 제한된 사항에 관한 것이기는 하지만 종국적 규율을 내용으로 하는 사전결정 또는 예비결정이나 일부결정과 구별되며, ⑦ 장래의 행위를 약속하는데 그치는 점에서, 종국적인 행정행위가 행하여지기 전에 행하여지는 가(잠정적인)행정행위와도 구별된다.

Ⅱ. 법적성질

확약을 행정행위로 볼 것인가에 관하여는 견해가 갈린다. 즉 ① 행정행위의 개념적 징표를 개별적 사건에 대한 법적규율로 보고, 확약은 그러한 성질이 없다는 점에서 행정행위설을 부정하는 견해(부정설)가 있고, ② 확약은 그 자체로서 행정기관에 대하여 장래의 이행 또는 불이행을 의무지우는 효과를 발생한다는 점에서 행정행위성을 긍정하는 견해(긍정설)도 있으며, ③ 확약을 행정청 자신만을 구속하고 국민은 구속하지 아니한다는 점에서, 행정행위와 동일할 수는 없고 그와 유사한 성질을 가지는 것으로 볼 수 있다는 견해(행정행위유사설)도 있다.

현재의 다수설은 긍정설의 입장을 취하지만, 판례는 확약의 처분성을 부정한 바 있다.

[판례]

:「어업권 면허에 선행하는 우선순위결정은 행정청이 우선권자로 결정된 자의 신청이 있으면 어업권 면허처분을 하겠다는 것을 약속하는 행위로서 강학상 확약에 불과하고 행정처분은 아니므로, 우선순위결정에 공정력이나 불가쟁력과 같은 효력은 인정되지 아니하며, 따라서 우선순위결정이 잘못 되었다는 이유로 종전의 어업권 면허처분이 취소되면 행정청은 종전의 우선순위결정을 무시하고 다시 우선순위결정에 기하여 새로운 어업권 면허를 할 수 있다」(대판 1995.1.20, 94누6529).

Ⅲ. 확약의 허용성 및 한계

1. 허용성

확약에 관한 근거 규정이 있으면 확약은 허용된다. 그러나 확약을 허용하는 법령상 명문의 규정이 없는 경우에도 확약이 허용될 것인지에 대하여는 견해의 대립이 있다.

(1) 부정설

명문의 규정이 없는 경우 확약은 허용될 수 없다는 견해이다. 일본의 판례 및 과거 독일의 판례가 이에 속한다.

(2) 긍정설

확약을 허용하는 명문의 규정이 없는 경우에도 허용된다는 견해이며, 허용되는 근거에 대하여는 다시 견해가 갈린다.

1) 신뢰보호설

신뢰보호의 원칙상 확약이 인정되며 또 그 법적 효과도 여기서 도출된다는 견해이며, 우리 대법원의 판례도 확약의 근거를 신뢰보호원칙에서 찾는다.

2) 본처분권한 포함설(다수설)

법령이 행정기관에 대하여 본행정행위를 할 수 있는 권한을 부여한 경우에는 그 예비적 권한행사인 확약의 권한도 당연히 포함되어 있으므로 별도의 법령상의 근거를 요하지 않는다는 견해이다.

(3) 결어

생각건대, 확약의 허용성은 확약의 권한이 본처분권의 일부에 포함되어 있다는데서 찾는 것이 타당하다고 본다. 이와 같은 긍정설은 확약이 상대방에 대하여 일련의 수익적 기능을 하는 것이 보통인 점을 중시한 것이라고 할 수 있는 바, 확약은 당해 행정청에 대하여 자기구속의 법적 효과를 미치는 외에, 상대방에게 예지이익 및 대처이익을 준다. 따라서 법이 본처분의 권한을 부여한 경우에는 확약의 권한도 아울러 부여하고 있는 것으로 보는 것이 타당하다.

2. 허용의 한계

확약의 허용성이 긍정되는 경우, 그의 한계와 관련하여 다음의 두 가지 사항과 관련하여 특히 논의된다.

(1) 기속행위에 대한 확약

재량행위에 관하여 확약을 할 수 있는 것에 대해서는 이론이 없으나, 기속행위의 경우에는 본 처분을 행하는 것이 기속되므로 본 처분을 확약하는 것은 의미가 없다고 하여 부정하는 견해가 있다. 그러나 기속행위의 경우에도 확약에 따른 예지이익 및 대처이익이 주어질 수 있으므로 긍정적으로 해석하여야 한다는 것이 다수설의 입장이다.

(2) 요건사실 완성 후의 확약

행정행위를 위한 요건사실이 완성된 후에도 그 행정해위에 대한 확약을 할수 있는지의 여부에 대하여, 이 경우에는 확약을 할 것이 아니라 본 처분을 하여야 한다는 견해가 있다. 그러나 다수설에 의하면 요건사실이 완성되면 행정청은 당해 행위를 하여야 하는 것은 물론이지만, 상대방에게 예지이익·준비이익 또는 기대이익을 주기 위하여 확약을 할 수 있다고 본다. 예컨대 과세에 관한 요건사실이 완성된 후에도 확약이 납세의무자측에 기대이익을 줄 수 있다.

Ⅳ. 확약의 성립요건

1) 주체에 관한 요건

확약이 적법하게 성립하기 위해서는 확약은 정당한 권한을 가진 행정청에 의해 행하여져야 한다.

2) 내용에 관한 요건

확약의 내용은 법령에 적합하고 실현가능하여야 한다.

3) 절차에 관한 요건

확약의 내용인 본 행정행위에 관하여 상대방에 대한 청문이나, 다른 행정청의 동의 또는 승인을 요하는 것일 때에는 그들 절차를 거친 다음에 확약을 행하여야 한다.

4) 형식에 관한 요건

독일 행정절차법은 확약을 서면으로 하도록 규정하고 있으나, 명문의 규정이 없는 현행법상으로는 구술에 의한 확약도 가능하다고 할 것이다.

Ⅴ. 확약의 효력

1) 효력의 발생

확약도 상대방에게 통지되어 상대방이 알 수 있는 상태에 이르러야 효력을 발생한다고 보아야 할 것이다(도달주의).

2) 확약의 효과

일단 확약이 행해지면 행정청은 상대방에게 확약된 내용을 이행할 자기구속적인 의무를 지며, 그 상대방은 당해 행정청에 대해 확약내용의 이행청구권이 인정된다(구속력).

3) 확약의 무효 · 취소 · 철회 · 실효

확약의 위법은 확약자체가 위법한 경우에 발생하게 되는데, 확약의 대상인 행위가 위법인 때에도 확약을 위법하게 만든다고 할 것이다.

Ⅵ. 권리구제

1. 손해전보

확약의 불이행으로 인하여 손해를 입은 자는 국가배상법 제2조의 요건이 충족되는 한도에서 손해배상을 청구할 수 있다. 또한 확약을 철회한 경우에 당해 행정청은 당사자 등이 확약의 존속을 신뢰함으로 인하여 입은 재산상의 불이익을 보상하여야 한다.

2. 행정쟁송

확약은 행정처분을 대상으로 하는 것이므로, 행정청이 확약을 불이행한다면 의무이행심판을 통해 직접 의무의 이행을 청구할 수 있고, 부작위위법확인소송을 통해서 간접적으로 의무이행을 촉구할 수 있다고 본다.

제2절 행정계획

Ⅰ. 서설

1. 의의

일반적으로 행정계획은 행정주체가 장래에 도달하고자 하는 목표를 설정하고, 그 목표를 위하여 상호관련되는 행정수단의 종합 · 조정을 통하여 실현하기 위한 구상 또는 활동기준의 설정이라고 정의할 수 있다. 따라서 행정계획에는 이를 설정하는 과정으로서의 계획행정과 그 결과로서 행정계획이 포함된다.

2. 발전배경

행정계획이 행정목적의 중요한 작용형식으로 된 이유는 ① 현대복리국가에 있어서 장기적 · 종합적 행정을 요하는 복리기능의 증대, ② 그에 따른 행정수요에 대응할 새로운 행정의 활동형식으로서 계획행정의 필요, ③ 계획행정을 가능케 하는 기술조건의 진보 등을 역사적 · 사회적 배경으로 하여 성립 · 발전했기 때문이다.

Ⅱ. 행정계획의 기능

1. 목표설정적 기능

행정계획은 행정 각 분야에 있어 행정목적의 방향을 정하는 수단으로 활용되는 것이기 때문에, 장래의 행정목표를 설정하는 것은 행정계획의 기본적인 기능에 해당한다. 목표설정은 장기적인 안목에서 과학적이고 합리적인 판단에 의하여야 하며 관계인의 권익이 침해되는 일이 없어야 할 것이다.

2. 행정수단의 종합화기능

현대행정은 그 행정수요가 다양화됨에 따라 점차로 기술화 · 전문화되면서 그에 따라 행정조직과 행정수단이 개별화 · 세분화되는 경향에 있다. 따라서 세분화된 기관 전체로서는 동일한 행정목적의 실현을 추구하면서도 이러한 행정목적에 부합되지 않는 세분화된 기관의 조치들이 행하여질 가능성이 존재할 수 있다. 따라서 행정계획은 이러한 가능성을 배제하고 행정능률을 확보하기 위한 수단으로서 기능하게 된다.

3. 행정과 국민간의 매개적 기능

행정계획은 미래의 일정한 시점에 있어서 실현하게 될 행정목적을 목표의 정립을 통하여 구체화하는 것이기 때문에, 그것은 국민에 대하여 행정의 목표와 그의 실현을 위한 수단을 미리 알림으로써 국민에게 미래에 대한 일정한 예측가능성을 부여하는 동시에 국민의 장래 활동에 대하여 지침적 · 유도적 효과와 경우에 따라서는 규제적 효과를 발휘하게 된다.

Ⅲ. 행정계획의 종류

행정계획은 여러 가지 관점(기준)에 따라 다양하게 분류될 수 있으나, 법률적으로는 구속적 행정계획과 비구속적 행정계획의 구분이 가장 중요한 의미를 가진다.

1. 종합계획과 부문별계획

이것은 계획대상의 종합성 · 개별성에 따른 구분이다. 종합계획 또는 전체계획은 종합적 · 전반적 사업이나 사무를 대상으로 하는 계획을 말하고, 부문별계획은 특정의 개별적인 사무 · 사업에 관한 계획을 말한다. 전자는 국토종합계획 · 장기경제계획 · 장기사회계획 등과 같은 일종의 전략적 계획이고, 후자는 도시계획 · 교육계획 · 공해방지계획 등과 같은 전술적 계획이다.

2. 장기계획 · 중기계획

이것은 계획의 기간에 따른 구분이다. '정부의기획및심사분석에관한규정'(대통령령)은 장기계획은 6년 이상의 기간, 중기계획은 2년 이상 5년 이하의 기간에 걸치는 계획이라고 정의하고 있다.

3. 지역계획과 비지역계획

이것은 지역적 · 공간적 의미를 가지는지의 여부에 따른 구분으로서, 국토계획은 전자의 예이고, 경제계획 · 사회계획은 후자의 예이다. 오늘날의 사회적 복리국가에 있어서는 국민생활의 공간적 조건의 개선에 관한 국토계획, 국민경제의 발전을 위한 경제계획, 국민의 사회적 생활조건의 개선을 위한 사회계획 등이 그 주요한 내용을 이룬다고 할 것이다.

4. 상위계획과 하위계획

이것은 다른 계획의 기준이 되는지의 여부에 따른 구분이다. 국토건설종합계획은 다른 법령에 의한 모든 건설에 관한 계획에 기준이 되는 상위계획의 예이며, 도시계획은 도시기본계획이 정하는 지침에 따라 책정되므로 도시기본계획의 하위계획의 예이다.

5. 구속적 계획과 비구속적 계획

이것은 법적 구속성의 유무에 따른 구분이다. 구속적 계획은 국민에 대하여 또는 행정기관에 대하여 구속력을 갖는 행정계획을 말하며, 명령적 계획이 이에 대한 예이다. 이에 반하여 비구속적 계획은 행정기관의 구상 또는 단순한 행정의 지침에 불과한 경우를 말하며, 영향적 계획과 자료제공적 계획이 그 예에 해당한다.

Ⅳ. 행정계획의 법적 성질

1. 입법행위설

이 견해는 행정계획은 국민의 권리와 자유에 관련되는 일반적·추상적 규율을 행하는 입법행위이기 때문에 일반적 구속력을 가질 수 있다고 하는 견해이다.

2. 행정행위설

이 견해는 행정계획, 특히 도시계획·국토이용계획 등은 그것이 공고 또는 고시되면 법률규정과 결합하여 각종의 권리제한의 효과를 발생시키게 되며, 이는 법률관계의 고유한 효과를 의미하기 때문에 그 효과는 구체적인 것으로 행정행위의 성질을 가지는 것으로 본다.

3. 복수성질설(개별검토설)

이 견해는 행정계획에는 여러 종류의 계획이 있다는 사실에 유의할 필요가 있다고 하면서 도시계획 가운데에는 법규명령적인 것도 있고, 행정행위적인 것도 있고 단순한 사실행위적인 것도 있을 수 있다고 한다.

4. 독자성설

이 견해에 의하면 행정계획은 입법행위도 행정행위도 아닌 특수한 법제도인 '이물'이지만 구속력을 가진 점에서 행정행위에 준하여 행정소송의 대상이 된다고 한다.

5. 결어

행정계획의 법적 성질은 반드시 명백한 것은 아니나, 구속적 계획의 경우 그것이 초개별적·일반처분적 성질일 때에도 직접 구체적인 권익침해를 야기한다는 점에 착안하여, 또한 계획에 대한 사법심사라는 소송제도의 목적을 효과적인 권익구제라는 측면에서 긍정적으로 보아 계획의 처분성을 인정하는 견해가 유력하다.

한편, 판례는 (구)도시계획법상의 도시계획(현 국토의계획및이용에관한법률상의 도시관리계획)에 대하여 행정소송의 대상이 되는 처분성을 인정한 바 있다.

【판례】

:「도시계획결정은 특정 개인의 권리 내지 법률상의 이익을 개별적이고, 구체적으로 규제

하는 효과를 가져오게 하는 행정청의 처분이므로 이는 행정소송의 대상이 된다」(대판 1982.3.9, 80누105).

Ⅴ. 행정계획의 법적 근거와 책정절차

1. 법적 근거

행정계획은 구속적 계획은 물론 비구속적 계획도 조직법적 근거를 요한다. 그러나 작용법적 근거에 관하여 구속적 계획은 그 근거를 요하지만, 비구속적 계획은 단순히 행정의 지침적 기능을 가지는데 불과하므로, 그 근거 없이도 책정할 수 있다.

2. 책정절차

행정계획의 책정절차에 관한 일반적 규정은 없으며, 또한 구체적 절차의 유형도 일치하지 않다. 그러나 일반적인 견해는 다음과 같은 절차에 의한다.

① 관계기관간의 협의·조정
② 합의제기관의 심의
③ 이해관계인의 청문
④ 지방자치단체의 참여
⑤ 공고

Ⅵ. 행정계획의 법적효과

행정계획은 기본적으로는 일정한 행정목적의 달성을 도모하기 위한 목표설정행위인 것이며, 개별적·구체적 집행행위가 아니므로 일정한 법적 구속력을 갖지 않는 것이 많다. 다만 이런 계획도 행정행위를 행함에 있어 재량권행사의 준칙이 되므로 간접적으로 법적 의의를 지닐 수도 있다. 그러나 행정계획의 효과적인 실행을 보장하기 위하여 일정한 법적 구속력을 가진 계획도 있는바, 누구에 대하여 구속력을 갖는가에 따라 다음과 같이 구분 할 수 있다.

1. 관계행정기관에 대한 법적 효과

행정계획이 관계행정기관에 대해서 효과를 발생하는 경우는 구속적 행정계획의 경우는 밀할 것도 없고, 지친적 계획에 있어서도 실질적 구속력이 인정된다. 예컨대 국무총리가 국무회의의 심의를 거쳐 대통령의 승인을 얻어 비상대비기본계획을 확정하면 각 주무부장관은 이에 따라 집행계획을 작성할 의무를 지는 것과 같다(비상대비자원관리법 제7조 · 제8조).

2. 국민에 대한 법적 효과

행정계획이 수립되어 효력을 발생하면 국민에 대하여 일정한 법적 효과를 발생하는 예도 많다. 예컨대 국토이용계획이 결정 · 고시되어 효력을 발생하면 당해 국토이용계획으로 정하여진 용도지역 안에서는 일정한 행위가 제한되며, 도시계획으로 정하여진 용도지역 또는 개발제한구역 안에서 일정한 행위가 제한되는 것과 같다.

3. 다른 계획에 대한 구속력

행정계획이 여러 종류가 있는 경우에 이들 행정계획 사이에 서로 구속력을 가지는 경우가 있다. 예컨대 상위계획은 하위계획을 구속하는 힘이 있으며, 새로운 계획이 이전의 계획보다 우선 적용되는 것과 같다.

Ⅶ. 계획재량과 형량명령

1. 계획재량

(1) 계획재량의 의의 및 특색

계획재량이란 계획목적의 선정은 물론 계획의 확정 · 집행 · 수정 등 계획 전반에 걸쳐 계획목적을 달성하기 위한 수단 · 방법의 선택에 있어서 계획행정청에 인정되는 재량 또는 형성의 자유를 말한다.

계획재량을 허용하는 계획법 또는 계획규범은 ① 계획의 수단을 통하여 달성하게 될 목표에 관해 규율하는 점, ② 계획목표의 달성에 필요한 수단에 관해 규율하는 점, ③ 계획장치에 의거 계획목표의 실현을 위한 절차에 관하여 규율하는 점 등의 구조적 특색을 지닌다.

(2) 행정재량과 계획재량의 구분

① 행정재량은 구체적 사실과 결부시켜 판단하고 결정하는 것이나, 계획재량은 계획규범이 규정한 계획목적의 범위 내에서 광범위한 형성의 자유를 가지고 행정정책으로 행정목표를 정하기 때문에 그 재량이 광범위하게 인정된다.

② 행정재량의 경우에는 행정법규에서 정한 요건규정과 효과규정의 한계 내에서 재량권이 인정되는 것이나, 계획재량의 경우에는 계획규범이 요건・효과규정에 관하여 공백규정을 두는 것이 보통이기 때문에 그에 따른 한계가 인정되지 않는다.

③ 행정재량권행사의 위법성 여부에 대하여는 재량권의 내적・외적 한계를 기준으로 판단하게 되나, 계획재량권행사의 경우에는 목적・수단을 기준으로 하면서 재량권행사의 절차적 과정을 중심으로 절차하자의 구성을 통하여 판단하게 된다.

④ 행정재량은 요건・효과규정의 구체적 사실에 대한 적용에서 문제되는 것인데, 계획재량은 법규에서 백지위임한 요건・효과규정에 대하여 그 요건・효과에 대한 것은 계획지침의 형태와 행정목표의 정립으로 나타난다.

2. 형량명령

(1) 개념

계획행정청에게 계획재량이 인정되어 있는 경우에는 그 계획규범의 적용이 어떤 사실이 법이 정한 요건에 해당하는가 식의, 즉 포섭의 방법으로는 목적을 달성할 수 없으며, 관련 제(諸)이익의 정당한 형량 여부가 그 계획규범적용의 적법여부의 기준이 된다고 한다. 이를 형량명령 이라고 한다. 이는 도시계획 등과 관련하여 그러한 취지를 성문화한 입법례도 있다.

(2) 형량하자

계획재량에 있어서 형량명령의 적용이 요청된다고 할 때 ① 형량을 전혀 행하지 않은 경우(형량의 탈락・해태), ② 형량의 대상에 마땅히 포함시켜야할 사항을 빠뜨리고 형량을 행하는 경우(형량의 흠결・부전), ③ 제이익간의 형량을 행하기는 하였으나 그 형량이 객관성・비례성을 결하는 경우(오형량) 등이 모두 계획재량의 흠으로서 법원의 심사대상이 된다고 보고 있다.

[판례]

:「(구)도시계획법 등 관계법령에는 추상적인 행정목표와 절차만 규정되어 있을 뿐 행정계획의 내용에 대하여는 별다른 규정을 두고 있지 아니하므로 행정주체는 구체적인 행정계획을 입안·결정함에 있어서 비교적 광범위한 형성의 자유를 가진다고 할 것이지만 행정주체가 가지는 이와 같은 형성의 자유는 무제한적인 것이 아니라 그 행정계획에 관련되는 자들의 이익을 공익과 사익 사이에서는 물론이고 공익상호간과 사익상호간에도 정당하게 비교

교량하여야 한다는 제한이 있는 것이고, 따라서 행정주체가 행정계획을 입안·결정함에 있어서 이익형량을 전혀 행하지 아니하거나 이익형량의 고려대상에 마땅히 포함시켜야 할 사항을 누락한 경우 또는 이익형량을 하였으나 정당성·객관성이 결여된 경우에는 그 행정계획결정은 재량권을 일탈·남용한 것으로서 위법한 것으로 보아야 할 것이다」(대판 1996. 11. 29, 96 누 8567).

Ⅷ. 행정계획과 권리구제

1. 행정계획과 손해전보

(1) 손해배상의 청구

행정계획의 수립 등에 관여하는 공무원의 직무상 불법행위가 있는 경우에 국가배상을 청구할 수 있음은 당연하다(국가배상법 제2조). 그러나 취소쟁송의 요건을 충족하기 어려운 것과 같이 국가배상책임의 요건이 충족되기도 용이하지 않다.

(2) 손실보상의 청구

행정계획의 시행으로 인하여 국민의 재산권 행사가 제한되는 경우에 그로 인한 손실의 보상여부가 문제된다. 이러한 경우에는 재산권에 대한 사회적 제약성이나 지역적 구속성을 이유로 보상이 배제되는 경우가 적지 않으나, 그 손실에 특별한 희생이 있는 한 당연히 보상을 받아야 할 것이다.

헌법은 그러한 경우에 「보상은 법률로써 하되 정당한 보상을 지급하여야 한다」(헌법 제23조 제3항)라고 규정하고 있다. 그러나 이러한 보상규정이 없는 경우에는 헌법상의 재산권보장 및 평등원칙에 비추어 수용유사침해에 의한 보상론과 국가배상법에 의한 배상론이 대립되어 있다.

2. 행정계획과 행정쟁송

행정계획을 입법행위로 보는 경우에는 추상적 규범통제가 허용되지 않는 현행법하에서는 사법심사가 불가능하나, 행정계획의 처분성을 인정하는 것이 일반적이기 때문에 처분적 계획에 대해서 취소소송을 제기 할 수 있다고 본다. 그러나 행정계획의 책정이 국민의 권리 · 이익을 침해할 가능성이 있다고 하더라도 이에 대하여 항고소송을 제기하는 것이 용이하지는 않다.

항고소송의 제기요건이 충족되려면 행정계획이 특히 처분에 해당하고 또한 그 취소를 구할 원고적격이 있어야 한다. 그런데 행정계획의 대부분은 행정기관을 수신인으로 하고 이것에 일정한 조치를 행할 의무를 부과하는 경우가 많은데 이와 같은 행정계획은 전통적 견해에 의하면 처분에 해당하지 않는다. 단, 행정계획 중에는 그 책정·공고 등에 의하여 국민의 권익에 대하여 일정한 법적제한을 가하는 것도 있으며(구속적 계획), 그와 같은 계획은 행정쟁송법에 의한 처분에 해당되어 위법한 계획의 취소 등을 청구하는 행정쟁송을 제기할 수 있을 것인가가 문제된다.

위에서 본 바와 같이 도시계획 및 이와 유사한 성질을 갖는 국민에 대한 구속적 행정계획은 그것이 공고(또는 고시)되면 법령규정과 결합하여 각종의 구체적인 권리제한의 효과를 발생시키게 된다. 이러한 계획은 종전의 권리상태에 변동을 가져오는 것으로 그 효과는 구체적이며, 따라서 처분적 성격을 가진다고 본다.

Ⅸ. 행정계획과 신뢰보호(계획보장청구권)

1. 계획보장의 의의

계획보장의 개념은 다양한 청구권제도를 종합한 개념이기 때문에 그 내용을 파악하기가 매우 어렵다. 그러나 일반적 견해에 의하면 계획보장청구권은 계획의 존속 또는 준수를 청구하고, 그러한 청구를 행할 수 없어 계획의 개폐를 저지할 수 없는 경우에 있어서 경과조치·적합원조 등 대상조치를 청구하며, 또 다시 그것이 실현되지 못하거나, 실현되었더라도 계획변경으로 인한 손해가 완전히 전보되지 못한 경우에 있어서 손해배상이나 손실보상을 청구하는 것이다. 즉 계획보장의 개념은 계획존속청구권, 적합원조의 청구권, 손해배상 및 손실보상청구권, 계획하자제거청구권 등의 청구권을 종합한 것이라 할 수 있다.

2. 계획보장청구권의 이론적 근거 및 법적 성격

계획보장의 이론적 근거로서 제시되는 독일·일본에 있어서의 학설로는 ① 계약법리설, ② 법적 안정성설 및 거기에 바탕을 둔 신뢰보호설, ③ 금반언설, ④ 재산권설 등이 들어지고 있으며, 그 법적성격에 대하여는 ① 채무불이행설, ② 불법행위설, ③ 수용유사침해설 등이 주장되고 있다. 계획보장청구권의 이론적 근거로는 이와 같이 여러 가지가 주장되고 있으나, 그 중에서도 법적안정성설과 거기에 바탕을 둔 신뢰보호설이 가장 유력하게 주장되고 있다.

3. 구체적 검토

(1) 계획존속청구권

계획존속청구권은 행정계획의 변경이나 폐지에 대하여 그 행정계획의 유지와 존속을 요구하는 것을 내용으로 하는 청구권이다. 이는 원칙적으로 유연한 행위형식인 행정계획의 성질상 존재하지 아니한다고 할 것이다. 그러나 계획이 법률 또는 행정행위의 형식으로 발하여진 때에는 예외적으로 이러한 청구권이 인정될 소지도 있다 할 것이다.

(2) 경과조치청구권

이 청구권은 계획의 개폐를 저지할 수 없는 경우에, 계획에 대응하는 조치를 위하여 계획의 개폐에 따라 재산상의 손실을 받게되는 자를 위하여 경과조치 또는 적합원조 등 대상조치를 청구하는 것이다. 예컨대 과도기를 설정하거나 전환보조금을 지급하거나 예외규정을 정함으로써 손해를 가능한 한 방지하는 것이다. 이와 같은 청구권이 성립하기 위해서는 그 내용이 특정되어야 하는데, 그것은 어려운 일이다.

(3) 계획실행청구권

이는 행정계획의 준수와 집행을 요구할 수 있는 청구권이다. 그러나 이 청구권은 일반적 형태로는 인정되지 않는다고 본다. 구속적인 행정계획은 행정청이 준수하여야 할 것이나, 행정기관이 당해 행정계획을 즉시 집행하여야 할 의무를 부담하지는 않는다. 설령 집행의무가 인정된다 하더라도 청구권이 발생할 수 있는지에 의문이 있다. 따라서 집행의무가 당사자의 사익보호를 그 보호목적으로 하는 경우에만 예외적으로 인정될 수 있을 것이다.

(4) 손해전보청구권

행정계획의 수범자인 이해당사자가 계획의 변경 등을 저지하지 못한 경우, 보상 또는 배상을 청구할 수 있을 것인가가 문제된다. 이에 대하여 국가배상법 제2조의 요건이 충족되는 경우에 계획주체를 상대로 한 배상을 청구할 수 있겠으나, 보상청구권은 법률의 미비로 실제로 행사하기 어려운 실정이다.

제3절 공법상 계약(행정계약, 정부계약)

Ⅰ. 개설

1. 의의

공법상 계약이란 행정주체 상호간, 또는 행정주체와 사인간에 공법적 효과의 발생을 내용으로 하는 계약을 말하며, 행정주체에는 공권력주체로서의 국가·공공단체 및 공무수탁사인이 포함된다. 공법상 계약은 사법상 계약과 같이 실정법에 규정되어 있는 것이 아니라, 일정한 유형에 해당하는 공법행위의 성질에 착안하여 인정된 관념이며, 공법과 사법의 이원적 구분과 절차법상의 행정재판제도를 가진 유럽대륙적 행정국가 특히 독일에서 형성된 것이다. 이러한 공법상 계약은 프랑스의 행정계약과 다르고, 사법적 바탕위에서 형성된 영·미의 정부계약과도 다르다.

2. 타행위와의 구별

(1) 사법상 계약과의 구별

공법상 계약은 공법적 효과의 발생을 내용으로 하는 점에서 사법상 계약과 구별된다. 즉 공법상 계약은 계약당사자의 일방 또는 쌍방이 행정주체이며, 공법적 효과의 발생을 내용으로 하는 계약이다.

(2) 행정행위와의 구별

공법상 계약도 행정목적의 실현수단이며 또한 공법적 효과를 발생시키는 점에서는 같다. 그러나 공법상 계약은 복수당사자간의 의사합치로써 이루어진다는 점에서 행정주체가 우월한 의사력을 가지고 행하는 권력적 단독행위인 행정행위와 구별된다.

(3) 공법상 합동행위와의 구별

양자는 복수당사자의 의사 합치로써 성립한다는 점에서는 서로 같다. 그러나 공법상 계약은 당사자간의 반대방향의 의사합치에 의하여 성립하는 공법행위인 점에서, 동일방향의 의사합치에 대하여 성립하는 합동행위(시·군 조합의 설립 등)와 구별된다.

(4) 행정계약과의 구별

행정계약은 공법상의 계약과 행정상의 사법계약을 모두 포함하는 것이라는 점에서 공법상의 계약과는 개념상 차이가 있다. 공법상 계약과 행정계약의 구별여부에 관하여는 우리나라 실정법제도상 아직도 구별기준이 확립되어 있지 않다는 등을 이유로 구별을 부인하는 견해와 구별되어야 한다는 견해가 있으나 후자가 다수설의 견해이다.

3. 공법상 계약의 장단점

(1) 장점

공법상 계약의 장점으로는 ① 구체적 사정에 즉응하여 탄력적으로 행정목적을 달성할 수 있는 점, ② 상대방의 동의가 있으므로 신속한 행정목적을 달성할 수 있는 점, ③ 사실·법률관계가 불분명한 경우 타협을 통하여 해결이 가능한 점, ④ 쟁송건수를 최소화시키는 점, ⑤ 법률지식이 없는 자에게도 설득이 가능한 점 등이 있다.

(2) 단점

공법상 계약의 단점으로는 ① 행정권의 약체화를 가져오기 쉬우며, ② 계약체결이 강요될 가능성이 있으며, ③ 평등원칙을 위반할 가능성이 있으며, ④ 불평등계약이 되기 쉽다.

Ⅱ. 각국의 공법상 계약의 유형

1. 프랑스의 행정계약

프랑스에서는 국참사원의 판례를 중심으로 일찍부터 널리 행정계약의 관념이 발전되어 왔다. 행정계약의 관념은 당사자 및 목적에 중점을 두어 널리 공공역무에 관한 계약을 중심으로 인정되어 독일의 경우와는 달리 아주 광범한 것으로서 공법상의 보상계약, 수용계약뿐만 아니라 독일에서는 행정행위로 보는 공기업특허·물품계약까지도 행정계약에 포함시키고 있다고 한다.

2. 독일의 공법상 계약

독일에서의 공법상 계약은 프랑스에서의 행정계약의 경우와는 달리 그 범위가 아주 좁게 파악되었고, 그 기능도 매우 제한되어 있었다. 독일 행정법의 태도는 공권력작용은 행정행위에 의하고, 국고작용은 국고학설에 의하여 사법상 계약에 의한다는 입장에서 공법상 계약은 행정행위와 사법계약과의 중간적인 것으로 예외적으로만 인정되었을 뿐이다. 그러나 1976년에 제정·공포된 행정절차법이 공법상 계약에 관하여 명문규정을 둠으로써 그 문제를 입법적으로 해결하였다.

3. 영·미의 정부계약

영·미에서는 전통적으로 행정계약 또는 공법상의 계약에 해당하는 관념은 인정되지 아니하였는데, 그것은 공법·사법의 구별이 부정되는 common law의 전통하에 있었기 때문이다. 그러나 19세기 후반부터 급격히 행정기능의 확대경향과 관련하여 행정목적을 달성하기 위한 수단으로 정부가 특수한 형태의 계약을 체결하는 예가 많아졌으며, 이러한 계약에 제약을 가하는 의미에서 정부계약에 표준조항을 도입함으로써 정부계약이라는 특수성이 나타나게 되었다. 여기에서 표준조항이란 프랑스의 조건명세서와 비슷한 것으로서 정부의 감독권·계약내용변경권·계약해제권(손실보상을 수반함) 등에 관하여 정하는 것이다. 이 표준조항이 정부와 사인간의 계약문서에 명시될 때 비로소 법으로서의 효력을 발생한다.

Ⅲ. 공법상 계약의 성립가능성과 자유성

공법상 계약에 관하여는 의사의 합치에 의한 계약이 행정주체와 개인간에 성립가능한가의 문제와, 그 성립가능성을 긍정하는 경우에도 그 체결에는 법률의 근거가 있어야 할 것인가의 자유성의 문제가 있다.

1. 성립가능성

공법상 계약의 성립가능성에 대해서는 종래에 긍정설·부정설의 대립이 있었으나 오늘날 부정설을 취하는 경우는 없다. 이와 같이 공법상 계약의 유용성에 대한 인식이 점차 증대되고 있는 것은 현대의 복리국가에서 급부행정을 중심으로 한 비권력적 행정작용을 통하여 행정목적을 수행할 필요성이 증대되고 있기 때문이다.

2. 자유성

(1) 부정설

공법상의 계약을 인정한다고 하더라도 그것은 법규가 명문으로 허용하고 있는 경우에 한하여 성립할 수 있다고 하는 견해이다. 이 견해는 행정권은 법률이 명시적으로 인정한 경우에는 명시적으로 인정된 내용의 법률관계를 형성하는데 그치며, 계약에 있어서의 동의는 법률의 수권에 대신할 수 없다는 점 등을 근거로 들고 있다.

(2) 긍정설

공법상 계약은 행정행위와는 유형을 달리하는 비권력관계에서의 행위이므로 법규에 반하지 않는 한 사법상 계약과 마찬가지로 법규의 명시적인 규정이 없이도 가능하다는 견해이다.

(3) 절충설(개별적 결정설)

공법상 계약의 법적근거에 대하여 일반적으로 부정하거나 또는 긍정하는 입장을 취하지 않고 공법상 계약의 종류별로 각각의 현실적 기능 등을 고려하여 구체적으로 결정하고자 하는 견해이다.

(4) 결어

법률의 수권없는 공법상 계약을 인정한다면, 행정의 법률적합성과 충돌될 염려가 있다는 부정설의 견해는 경청할 가치가 있다. 그러나 현대복리국가에서는 비권력적 행정작용을 통한 행정목적의 수행이 점차 증대되고 있을 뿐만 아니라 법치행정의 원리가 엄격히 지배하는 행정처분의 범주에서 해방되는 영역을 인정하려는 데서 논의된 것을 감안하면 긍정설이 타당하다고 본다. 따라서 공법상 계약은 법규에 반하지 않는 한 법규의 명시적 근거없이도 가능하다 할 것이다.

Ⅳ. 공법상 계약의 종류

1. 행정주체상호간의 공법계약

공공단체상호간의 사무위탁(교육사무위탁, 조합비징수위탁), 지방자치단체 상호간의 도로 또는 하천의 경비부담에 관한 협의 또는 도로관리에 관한 협의 등이 이에 속한다. 이와 같은 공법상 계약은 공법상의 협정이라고 부르기도 한다.

2. 행정주체와 사인간의 공법상 계약

국가 또는 공공단체와 같은 행정주체와 사인 사이에도 특정한 행정법관계의 설정을 위하여 계약의 방법을 사용하는 경우가 있다. 예컨대 ① 행정사무의 위탁, ② 보조금지급에 관한 계약, ③ 보상에 관한 계약, ④ 비용부담에 관한 계약, ⑤ 지역개발에 관한 계약, ⑥ 환경보존 협정, ⑦ 보상계약, ⑧ 특별권력관계의 설정(전문직공무원 등 임용계약)에 관한 계약 등이 예시되고 있다.

3. 사인상호간의 공법상 계약

현행법상 사인간의 공법상계약을 인정하는 법규는 특허기업자 등 사인인 사업시행자와 토지소유자간의 협의 등이 있다.

Ⅴ. 공법상 계약의 특수성

1. 실체법적 특수성

(1) 법적합성

공법상 계약은 행정목적의 달성을 위한 행정주체의 행위 형식의 하나로 행하여 지는 것이기 때문에 법률우위의 원칙이 적용된다. 따라서 공법상의 계약은 법에 위배되지 않는 범위내에서 체결될 수 있다. 여기서의 법은 공법상 계약을 금지하는 모든 명시적·묵시적 법을 말한다. 다만 공법상 계약의 성립에 관하여 규정한 통칙적인 규정은 없으나, 특별한 규정이 없는 한 계약에 관한 민법상의 법원칙이 준용되는 것으로 보아야 한다.

(2) 계약의 절차·형식

공법상 계약이 지닌 공익적 성격 때문에 공법상 계약의 체결에 행정청의 확인, 이해관계자의 동의를 절차적 요건으로 하는 경우가 많으며, 원칙적으로 문서에 의해야 할 것이다.

(3) 계약의 해제·변경 등

공법상 계약에는 민법의 계약해제규정이 그대로 적용되지 않는다. 따라서 일방당사자의 채무불이행 기타 해제사유가 있는 경우에도 ① 행정주체측에서는 공법상 해제할 수 있고, 상대방은 그로 인한 손실에 대한 손실보상청구권을 가지며, ② 사인측에서는 그 계약해제의 효과가 공익에 영향이 없는 경우를 제외하고는 해제할 수 없다는 것이 원칙이다.

그러나 행정주체측에도 해제가 제한되는 경우가 있다고 할 것인바, 일상생활상 필수의 재화와 역무의 제공에 관한 급부계약은 법정의 해제사유가 있는 경우를 제외하고는 공익을 이유로 해제할 수 없다. 왜냐하면 국민의 일상생활에 필수적인 재화와 역무의 계속적·안정적 제공은 국민의 생존권보장을 위한 국가책무를 실현하기 위한 작용이기 때문이다.

(4) 계약의 하자

공법상 계약은 공정력이 인정되는 행정행위가 아니기 때문에 행정행위의 하자이론이 적용될 여지가 없다는 견해와 계약의 형식을 취하고 있는 이상 하자가 인정된다고 보는 견해가 있다.

2. 절차법적 특수성

공법상 계약에 관한 쟁송은 공법상의 권리관계에 관한 소송인 당사자소송으로 행정소송법의 적용을 받는다는 점에서 사법상계약과 다른 절차법적 특수성을 갖는다. 즉 공법상 계약에 의한 그 상대방이 불이행하는 경우에는 공법상의 당사자소송으로써 해결해야하며, 판례도 같은 입장이다. 또한 공법상 계약에 의한 의무의 불이행이 있는 경우, 명문규정이 있는 경우를 제외하고는 판결없이 강제집행을 할 수 없다.

[판례]

: 「공중보건의사 채용계약해지의 의사표시에 대하여는 대등한 당사자간의 소송형식인 공법상의 당사자소송으로 그 의사표시의 무효확인을 청구할 수 있는 것이지, 이를 항고소송의 대상이 되는 행정처분이라는 전제에서 그 취소를 구하는 항고소송을 제기할 수는 없다고 할 것이다」(대판 1996.5.31, 95누10617).

제4절 행정상의 사실행위

Ⅰ. 의의

행정상의 사실행위란 행정행위 기타의 법률적 행위와는 달리 일정한 법률적 효과의 발생을 의도하는 것이 아니라, 직접적으로 일정한 사실상의 결과의 발생만을 목적으로 하는 행정주체의 일체의 행위를 말한다. 이러한 행정상의 사실행위는 사실상의 효과발생만을 목적으로 하는 행위인 점에서 특정한 법적 효과의 발생을 목적으로 하는 행정행위, 기타의 법적행위와 구별된다.

종래 행정상의 사실행위는 공법상의 의무이행강제에 있어서의 실력행사와 그에 대한 행정쟁송의 문제로만 다루어져 왔으나, 오늘날 현대복지국가 하에서 급부행정의 비중이 커짐에 따라 사실행위의 근거·한계·구제수단 등과 관련하여 행정법학의 관심의 대상이 되고 있다.

Ⅱ. 행정상의 사실행위의 종류

1. 내부적 사실행위와 외부적 사실행위

이는 사실행위가 행정조직 내부에서 행하여지는 것인가 또는 국가 등 행정주체와 국민과의 관계에서 행하여지는 것인가에 따른 구분이다. 내부적 사실행위란 행정조직 내부에서 행정사무의 처리에 관한 사실행위를 말하며, 문서작성·금전처리·행정결정을 위한 준비행위 등이 이에 해당한다. 외부적 사실행위란 대외적으로 국민과의 관계에서 행정목적의 실현을 위한 구체적 행정활동 등과 관련하여 행하여지는 사실행위를 말하며, 금전출납·쓰레기 수거·재산압류·공공시설의 설치·관리행위 등 다양한 형태가 있다.

2. 권력적 사실행위와 비권력적 사실행위

이는 당해 사실행위가 공권력의 행사인 실력행사인지의 여부에 따른 구분이다. 권력적 사실행위는 일정한 법령 또는 행정행위를 집행하기 위한 공권력의 행사로서 하는 사실행위를 말하며, 대집행의 실행, 전염병환자의 강제격리 등이 그 예에 해당한다. 비권력적 사실행위는 공권력행사와 무관한 사실행위이며, 공법상의 금전출납·폐기물수거·행정지도 등이 이에 해당한다.

3. 집행적 사실행위와 독립적 사실행위

이는 행정상의 사실행위가 행정행위 등 법적행위를 집행하기 위해 행해지는 것인가 또는 독자적으로 행해지는 것인가에 따른 구분이다. 집행적 사실행위는 일정한 행정행위 또는 법령의 집행수단으로서 행하여지는 사실행위를 말하며, 독립적 사실행위는 그 자체로서 독립적인 의미를 가지는 사실행위를 말한다. 집행적 사실행위의 예로는 대집행의 실행, 행정상 강제징수, 무허가건물철거, 경찰관의 무기사용 등이 있으며, 독립적 사실행위의 예로는 행정지도, 행정조사, 도로의 보수, 환자치유, 학교수업, 관용차의 운전 등이 있다.

4. 정신적 사실행위와 물리적 사실행위

이는 사실행위가 단순한 물리적 행위를 수반하여 행하여지는 것인지의 여부에 의한 구분이다. 정신적 사실행위는 일정한 의식의 표시가 내포된 지식표시행위를 말하며, 행정지도, 법적효과 없는 고지·통지·보고, 표창 등이 이에 해당한다. 물리적 사실행위는 순전히 사실상의 결과발생만을 의도한 물리적 행위를 말하며, 하천의 준설, 상하수도시설의 설치, 대집행의 실행 등이 이에 해당한다.

5. 공법적 사실행위와 사법적 사실행위

이는 당해 사실행위가 공법의 규율을 받는 것인가, 사법의 규율을 받는 것인가에 따른 구분이다. 이러한 구분은 권리구제(행정쟁송, 손해전보)의 방법과 관련하여 중요한 의미를 가진다.

Ⅲ. 행정상 사실행위의 법적 근거와 한계

1. 법적 근거

행정상의 사실행위는 법적 효과를 발생하지 아니하므로 법적 근거가 필요하지 않은 경우가 많이 있으나, 다른 모든 행정작용에서와 마찬가지로 최소한 조직법상의 근거는 필요하며, 사실행위에 있어 작용법상의 근거는 행정행위와 마찬가지로 법률유보의 범위에 대한 여러 견해 중 어느 입장에 서느냐에 따라 그 범위가 달라질 것이다. 그러나 적어도 권력적·침익적 사실행위의 경우는 반드시 법률의 근거가 필요하다고 할 것이다.

2. 한계

행정상 사실행위도 행정작용의 일종이므로 그것이 권력적 또는 비권력적 사실행위이든지 간에 관계없이 법률우위의 원칙과 조리상의 원칙의 제약을 받아 그 범위 안에서 행하여야 한다. 따라서 행정상의 사실행위도 다른 행정작용의 경우와 마찬가지로 헌법원리나 법령에 위배하지 않아야 하며, 또한 신의성실의 원칙·비례의 원칙·평등의 원칙·신뢰보호의 원칙 등 행정법의 일반원칙에 의한 귀속을 받는다.

Ⅳ. 행정상 사실행위에 대한 구제

1. 손해전보

행정상의 사실행위로 인한 손해의 전보문제는 주로 위법한 사실행위로 인한 손해배상의 문제로 발생된다. 그런데 국가배상법 제2조의 공무원의 직무행위 또는 동법 제

5조의 영조물의 설치·관리행위의 내용을 이루는 것임에는 이론이 없다. 따라서 사실행위에 기한 손해에 대하여는 국가배상법 제2조 또는 제5조의 다른 요건이 충족되는 한 피해자는 국가 또는 지방자치단체에 대하여 그 배상을 청구할 수 있다. 한편, 적법한 행정상의 사실행위로 인한 재산적 손실에 대하여 손실보상을 청구할 수 있으며, 또한 위법한 사실행위의 결과로 남아있는 상태에 대하여 결과제거청구권이 인정된다.

2. 행정쟁송

행정상의 사실행위가 행정쟁송의 대상이 되느냐의 여부는 그것이 행정쟁송법상의 처분개념에 포함되느냐의 여부에 대하여 학설이 대립된다. 즉 권력적 사실행위의 처분을 긍정하는 견해는 행정심판법 제2조 제1호와 행정소송법 제2조 제1호에서 규정하는 처분개념인 '행정청이 행하는 구체적 사실에 관한 법집행으로서의 공권력의 행사 또는 그 거부와 그밖에 이에 준하는 행정작용'에 있어서의 '공권력행사'에는 처분적 행위뿐만 아니라 권력적 사실행위도 포함하는 것으로 보고 있다. 그러나 부정하는 견해는 권력적 사실행위가 행정청의 공권력행사에는 해당하지만, 그것이 직접 법률적 효과를 발생하는 법집행행위가 아니라고 보며, 행정상의 사실행위에 의한 법적효과가 발생되는 경우에도 그것은 언제나 간접적 효과에 불과할 뿐이라고 한다.

한편, 권력적 사실행위의 처분성을 인정하더라도 사실행위는 비교적 단기간에 집행이 종료되는 경우가 보통이므로, 그러한 경우에는 행정쟁송이 불가능하다. 그러나 계속적 성질을 가지는 내용의 권력적 사실행위의 경우에는 행정쟁송이 가능할 것이며, 계속적 성질의 것이 아닌 사실행위라 하더라도 그 집행의 정지가 가능한 것인 때에는 가구제로서의 집행정지결정을 전제로 행정쟁송은 가능하다 할 것이다.

제5절 행정지도

Ⅰ. 개설

오늘날의 행정작용으로는 전통적인 행정수단인 행정행위·행정입법·행정강제·공법상의 계약 또는 합동행위 이외에도 종래 국고적 작용으로 보아 행정법학의 연구대상에서 제외되어온 사법적 작용이 포함되며, 또한 행정지도와 같은 법률효과를 발생하지 아니하는 비권력적 사실행위도 포함되고 있다. 이러한 다양한 행위형식 중의 하나로서 특히 일본에서 생성·발전되기에 이른 것이 행정지도이며, 일본 및 우리나라와 같은 동양사회에서 보편화되고 있는 점이 하나의 특색이라 하겠다.

이러한 행정지도는 최근에 행정의 중요한 작용형식으로서 행정법의 고찰대상이 되고 있는바, 이는 대체로 다음과 같은 이유에 기인한다. 즉 ① 오늘날에는 행정의 기능적 다양화와 질적·양적 증대에 따라 행정지도가 양적으로 현저히 증가하였을 뿐만 아니라, 특히 급부행정에 있어서는 그 중요한 수단으로 되었으며, ② 행정지도는 본질적으로는 단지 비권력적인 사실행위이나, 그것이 공권력을 배경으로 하고 있다는 점에서 국민은 그에 따라야 하는 심리적 압박을 받는 경우가 적지 않으며, ③ 행정지도에 따른 결과 국민에게 손해가 발생한 경우 그에 대한 구제의 문제가 제기되기 때문이다.

Ⅱ. 행정지도의 개념

일반적으로 행정지도란 "행정주체가 일정한 행정목적의 실현을 위하여, 특정한 개인 또는 법인이나 기타 관계자의 행동을 유도하여 그 의도하는 바를 실현하기 위하여 행하는 비권력적 사실행위"라고 정의되고 있다. 행정절차법도 행정지도를 「행정기관이 그 소관사무의 범위 안에서 일정한 행정목적을 실현하기 위하여 특정인에게 일정한 행위를 하거나 하지 아니하도록 지도·권고·조언 등을 하는 행정작용」(제2조 제3호)이라고 정의하고 있다.

Ⅲ. 행정지도의 기능과 문제점

1. 행정지도의 기능

(1) 법령의 보완적 기능

행정지도는 법령의 근거 없이도 행해질 수 있으므로 근거법령이 흠결된 분야에서 새로운 행정수요에 능동적으로 대처하여 법령보완적 기능을 가짐은 물론, 근거법령이 있는 분야에서도 법령에 의한 규율과 현실에서 행정의 필요성에서 생긴 괴리의 극복 및 다양성의 확보 등 법령보완적 기능을 갖는다.

(2) 권력성의 완화기능

법령에 근거한 하명·금지 등의 조치는 권력성을 가지므로 그것이 발동되면 행정청 및 상대방의 양자에 대하여 결정적인 의미를 갖게 된다. 행정지도는 행정청의 권력성을 완화시켜 행정청과 국민과의 마찰에 대하여 타협을 통하여 완화시켜주는 기능을 한다.

(3) 이해의 조정 · 통합의 기능

행정지도는 상품생산량 · 가격 등 경제규제행정의 영역에서 경쟁업체 상호간의 자율적 이해조정이 어려울 경우 행정청이 개입하여 이를 조정하고 통합하는 기능을 하게 된다.

(4) 새로운 시책의 실험적 기능

새로운 행정시책의 입법조치에 의한 제도화 이전 단계에서 시행착오적인 실험조치가 필요한 경우에 행정지도를 활용할 수 있으며, 이 경우 행정지도는 실험적 기능을 하게된다.

(5) 임시응급대책기능

행정지도는 행정의 책무를 달성함에 있어서 객관적 여건이 급격히 변화되거나 사회문제가 되는 커다란 사건이 발생할 경우 등에는 임시응급의 대책이 필요로 하는 사항에 대하여 대처하는 기능을 할 수 있다.

2. 행정지도의 문제점

(1) 사실상의 강제성

행정지도는 국민의 임의적 협력을 바탕으로 하는 비권력적인 사실행위이지만, 일반적인 경우에 있어서 행정주체의 우위성으로 인하여 임의적 행위의 한계를 넘어서 사실상의 강제가 되기 쉽다.

(2) 법치주의의 공동화

행정지도는 법령의 보완기능을 하는 장점이 있는 반면, 다른 한편으로는 행정권이 입법권을 갈음하거나 법률에 의한 수권의 범위를 넘어서 실질적으로 규범을 정립하고 규범내용을 변경하는 폐해를 수반한다.

(3) 한계의 불명확성

행정지도는 기준이 불명확하고, 안정성이 없으며, 책임의 소재가 불명확한 경우가 많이 있기 때문에 행정기관이 자의적으로 불필요한 간섭이나 개입을 하여 상대방의 권익을 침해하게 될 위험성이 많다.

(4) 책임소재의 불분명성

행정지도는 법률상의 원칙이 없기 때문에 담당자의 전임 등으로 인하여 그 책임소재가 불분명하게 되거나, 소관에 따라 동일사항에 대해 모순된 행정지도가 행해질 우려가 있다.

(5) 행정구제수단의 불완전성

행정지도는 비권력적 사실행위이기 때문에 행정소송사항이 되기 어렵고, 임의적 협력을 전제로 하는 것이기 때문에 손해배상이나 손실보상을 통한 행정구제의 기회를 잃게 되는 경우가 있다.

Ⅳ. 행정지도의 종류

1. 법령의 근거에 의한 분류

(1) 법령의 직접적 근거에 의한 행정지도

행정지도는 반드시 법령의 근거를 필요로 하는 것은 아니나, 실정법 가운데에는 행정지도에 관하여 직접규정하고 있는 예가 적지 아니하다. 예컨대 어업지도, 생활지도, 토지이용의 권고 등을 들 수 있다.

(2) 법령의 간접적 근거에 의한 행정지도

법령에서 일정한 행정지도에 관하여 직접규정하고는 있지 않지만 당해 사항에 관하여 일정한 행정행위를 할 수 있는 근거가 있는 경우에 그러한 행정행위를 할 수 있는 권한을 배경으로 하여 1차적으로 행정지도가 행해지는 예도 많이 있다. 예컨대 건축물의 철거·개축·사용제한 등 처분을 발할 수 있는 법적 근거가 있는 경우에, 그 처분에 갈음하여 행정지도를 하는 경우 등이 이에 해당한다.

(3) 법령에 근거하지 않은 행정지도

행정지도에 대하여 규율하는 법령은 없으나, 조직법에 의하여 부여된 일반적 권한 내에서 행정주체가 행하는 행정지도가 이에 해당한다. 이는 본래 행정지도에 해당되기도 하는 것으로 금리조정, 물가억제를 위한 권고·조장·저축장려 등이 그 예이다.

2. 기능에 의한 분류

(1) 규제적 · 억제적 행정지도

일정한 행정목적의 달성이나 공익에 장애가 될 일정한 행위를 예방 · 억제하기 위한 행정지도를 말한다. 물가억제를 위한 권고 · 공해방지를 위한 규제 · 자연보호를 위한 오물투기제한, 쓰레기분리수거협조 · 권고지도 등이 이에 해당한다.

(2) 조정적 행정지도

개인 또는 단체 사이의 이해대립 또는 과열경쟁 등으로 인하여 건전한 경제질서의 조성 등 일정한 질서의 형성 또는 행정목적의 달성에 지장을 가져올 우려가 있는 경우에 그 이해대립을 조정하기 위하여 행하는 행정지도이다. 노사간 분쟁의 조정, 투자 · 수출량의 조절, 금리조정지도 등을 위한 지도가 이에 해당한다.

(3) 조성적 · 촉진적 행정지도

사회적 · 경제적 약자의 지위에 있는 국민 또는 기업을 보호하거나 지위향상을 위하여 행하는 서비스적 성질의 행정지도를 말한다. 장학지도, 중소기업의 기술지도, 산업정보제공, 취업공고, 자금융자알선조장 등이 그 예이다.

Ⅴ. 행정지도의 원칙 및 방식

1. 행정지도의 원칙

행정절차법은 행정지도의 원칙을 명문화하고 있는데(제48조), 그 내용은 다음과 같다. 즉 ① 행정지도는 그 목적달성에 필요한 최소한도에 그쳐야 하며, 행정지도의 상대방의 의사에 반하여 부당하게 강요하여서는 아니 되며(과잉금지원칙 및 임의성의 원칙), ② 행정기관은 행정지도의 상대방이 행정지도에 따르지 아니하였다는 것을 이유로 불이익한 조치를 하여서는 아니 된다(불이익조치금지원칙).

2. 행정지도의 방식

(1) 일반적 관례

행정지도는 현실적으로 권고 · 요망 · 희망 · 지도 등의 행위로서 이루어진다. 그리고 이들 조치는 관련단체나 사업자에 대한 통첩, 기타의 명칭으로서 문서로 행해지거나, 구술설명으로 행해지기도 한다.

(2) 행정절차법이 정한 방식

1) 행정지도의 방식

행정절차법은 ① 행정지도를 행하는 자는 그 상대방에게 당해 행정지도의 취지·내용 및 신분을 밝히도록 하여 행정지도에 있어서의 명확성을 기함과 동시에 행정지도실명제를 규정하고 있으며, ② 행정지도가 구술로 이루어지는 경우에 상대방이 그 내용을 기재한 서면의 교부를 요구하는 때에는 당해 행정지도를 행하는 자는 직무수행에 특별한 지장이 없는 한 이를 교부하여야 한다(제49조 제1항·제2항)고 규정하고 있다.

2) 의견제출

행정지도의 상대방은 당해 행정지도의 방식·내용 등에 관하여 행정기관에 의견제출을 할 수 있다(제50조).

3) 다수인을 대상으로 하는 행정지도

행정기관이 같은 행정목적을 실현하기 위하여 많은 상대방에게 행정지도를 하고자 하는 때에는 특별한 사정이 없는 한 행정지도에 공통적인 내용이 되는 사항을 공표하여야 한다(제51조).

Ⅵ. 행정지도의 법적 근거와 한계

1. 행정지도의 법적 근거

(1) 조직법적 근거

행정지도는 그의 성질상 침해적·권력적 행정작용이 아니기 때문에 반드시 법적근거를 요하는 것은 아니다. 그러나 행정활동이 국가작용으로서 국가에 귀속되기 위해서는 조직법적 근거는 필요하다.

(2) 작용법적 근거

법률유보의 원리가 행정의 모든 종류의 활동에 적용될 것인가에 대하여는 침해유보설·사회유보설·전부유보설 등이 주장되고 있으나 행정지도에 대한 순응여부는 상대방이 임의로 결정할 수 있으므로 작용법적 근거를 요하지 않는다는 것이 일반적 견해이다.

그러나 최근의 입법에서는 행정지도의 작용법적 근거를 두는 경우가 점차 증대되고 있다. 예컨대 어업지도를 규정한 수산진흥법, 생활지도를 규정한 생활보호법, 토지이용의 권고를 규정한 국토의계획및이용에관한법률, 조합설립의 권고를 규정한 중소기업조정법 등은 그 예이다.

2. 행정지도의 한계

(1) 법규상의 한계

행정지도에도 법률우위의 원칙이 적용된다. 따라서 ① 행정지도는 법령에 위반되어서는 안되며, 법령이 행정지도의 기준·절차·형식 등을 규제하고 있을 때에는 그에 따라야 하며, ② 행정지도는 당해 행정기관의 목적·임무·소관사무·권한의 범위 내에서만 허용된다.

(2) 행정법의 일반원칙에 의한 한계

행정지도는 비권력적 사실행위 이지만 행정주체의 행정작용인 이상 비례원칙·평등원칙·신뢰보호원칙 등 행정법의 일반원칙에 의한 구속을 받는다. 즉 ① 행정목적달성에 필요한 최소한도에 그쳐야 하며, 이 경우에도 상대방을 강제하거나 부당한 불이익을 주는 것이면 비례원칙에 위배된다. ② 합리적 이유가 없는 한 특정의 상대방에 대해서만 행정지도에 따르지 아니한 것을 이유로 불이익을 주는 것 등은 평등원칙에 위배된다. ③ 신뢰보호원칙과 관련하여 행정청의 잘못된 행정지도를 신뢰하여 손해를 입은 상대방이 어떤 보호를 받을 수 있는가가 문제된다. 현대행정이 고도로 전문화되어 행정청의 지도 등을 선의로 신뢰한 상대방을 보호할 필요성이 강하다 할 것이다. 예컨대 상대방이 세무공무원에 의한 잘못된 행정지도를 따른 경우에 가산세와 같은 제재적 불이익을 과하는 것은 신뢰보호의 원칙에 위배되어 허용되지 않는다 할 것이다.

Ⅶ. 행정지도에 대한 구제

1. 행정절차

행정절차법은 행정지도를 행하는 자는 그 상대방에게 당해 행정지도의 취지·내용 및 신분을 밝혀야 하며(제49조 제1항), 행정지도의 상대방은 당해 행정지도의 방식·내용 등에 관하여 행정기관에 의견제출을 할 수 있게 하고 있다(제50조).

2. 행정상 손해전보

(1) 행정상 손해배상

행정지도를 받은 상대방이 그로 인하여 손해를 입은 경우에 국가 등에 대하여 배상을 청구할 수 있는지에 관하여는 ① 행정지도가 국가배상법의 직무행위에 해당하는지 여부, ② 행정지도의 위법성 여부, ③ 행정지도와 손해 사이의 상당인과관계의 존재 여부 등과 관련하여 문제된다. 이에 대하여 국가배상법 제2조의 직무범위에 비권력적 공행정작용도 포함된다고 보는 것이 통설·판례의 입장이므로 위법한 행정지도에 따른 손해배상청구권은 당연히 인정되어야 할 것이다.

(2) 행정상 손실보상

적법하게 행하여진 행정지도에 의하여 재산상의 특별한 희생을 입은 경우 손실보상청구권을 인정할 것인지가 문제된다. 그러나 손실보상은 적법한 공권력 행사로 인하여 생긴 재산상의 손실을 보상요건으로 하고 있으며, 비권력적인 행정지도로 인한 손실에 대해서는 손실보상청구를 할 수 없다. 다만 적법한 행정지도에 따름으로 인하여 전혀 예측할 수 없었던 손실을 입은 경우에는 행정지도에 대한 국민의 신뢰를 보호하기 위해 이에 대한 적정한 보상을 하는 것이 바람직하다. 우리나라의 경우 실제로 통일벼에 대한 보상조치가 행하여진 적이 있다.

3. 행정쟁송

행정지도는 그 자체로서는 국민의 권리 또는 의무에 영향을 미치지 아니한다. 따라서 아무런 법적 효과도 발생하지 아니하는 비권력적 사실행위이기 때문에 행정소송의 대상이 되지 않는다는 것이 판례와 다수설의 견해이다. 그러나 행정지도에 따르지 않은 것을 이유로 하여 어떤 다른 처분, 예컨대 허가나 특허의 취소, 신청의 각하, 보조금의 불교부결정 등이 행하여진 경우 또는 행정지도를 전제로 하여 일정한 처분이 행하여진 경우에는 행정지도의 하자를 이유로 하여 행정처분의 효력을 다툴 수 있다.

[판례]

:「세무당국이 소외회사에 대하여 특정인과의 주류거래를 일정한 기간 중지하여 줄 것을 요청한 행위는 권고 내지 협조를 요청하는 권고적 성격의 행위로서 소외회사나 특정인의 법률상의 지위에 법률상의 변동을 가져오는 행정처분이라고 볼 수 없는 것이므로 항고소송의 대상이 될 수 없다」(대판 1980.10.27, 80누395).

제6절 행정사법

Ⅰ. 의의 및 연혁

행정사법의 창시자인 볼프(Wolff)는 "공행정의 주체가 공법상의 임무규정에 의해 자신에게 부여된 공행정(급부 및 유도)목적을 달성하기 위해 사법상의 법률관계에 들어서게 되면, 그것은 형식상으로는 국고적 활동이라고 할 수 있으나 내용상으로는 이미 국고활동이 아니다. 여기에는 특별한 행정사법이 적용되는 것이다. 행정사법의 특수성은 행정주체는 법률행위상의 사적자치를 완전하게 향유하지 못하며 약간의 공법상의 기속을 받게되는 것이다"는 말로써 행정사법을 설명하고 있다.

행정사법이라는 것은 창시자인 Wolff의 설명대로 공행정이 사법형식을 취하는 경우에 있어서 공법적 수정을 받게 되는 특별법을 의미하는 것에 관해서는 대체로 의견의 일치를 보고 있는 셈이나, 구체적으로 어느 범위의 사법적 행정이 어느 정도의 공법적 수정 내지는 제약을 받는가에 관해서는 아직 학자간에 논란이 많은 것이 사실이다.

Ⅱ. 행정사법의 적용영역

행정사법은 ① 공급사업(전기 · 수도 · 가스 · 전화), 운수사업(철도 · 시영버스), 제거사업(하수도 · 오물 · 쓰레기 등 폐기물), 자금지원(투융자 · 보조금 · 지불보증) 등 급부행정 및 ② 경기대책, 고용대책, 수출진흥, 토지대책 등을 통한 유도행정의 영역에서 주로 논의된다.

Ⅲ. 행정사법에 대한 공법적 규제

행정사법이론은 행정주체가 사법의 형식으로 활동하는 경우에도 다음과 같이 일정한 공법적 기속을 받는 것으로 본다.

① 행정사법에 대한 규제인 내용은 우선 헌법상의 기본권규정, 특히 평등원칙 · 비례원칙에 따른 헌법상의 제약을 받게된다. 예컨대 국가나 지방자치단체 또는 공단 등이 융자 · 채무보증 등의 활동을 행하는 경우에는 계약상대방, 계약의 수락 · 거부, 계약조건 등에 관하여 실체적으로 불합리한 차별을 하는 것은 허용되지 않는다.

② 행정사법에 의한 급부활동에 있어서는 사인상호간의 계약과는 달리 개별적 계약체결행위를 필요로 하지 않고, 법률 · 조례 등에 의하여 정형화된 급부청약과 급부결

정행위에 근거하여 성립되고 있는 경우가 많다. 이러한 경우에는 사법상의 행위능력에 관한 규정, 의사표시에 관한 규정 등이 수정 적용된다.

③ 이 밖에 계약강제 · 해약강제 · 경영의무 등의 경우에 그 계약이 규범적으로 확정됨으로써 약간의 공법적 기속을 받게 되는데, 이러한 기속은 행정사법의 분야에서 이루어진 행위뿐만 아니라 사인의 행위에도 마찬가지로 적용된다.

Ⅳ. 권리구제

사법형식의 행정작용은 그 자체 사법작용이므로, 그에 관한 법적 분쟁은 특별한 규정이 없는 한 민사소송을 통해 구제를 도모하여야 한다. 이른바 행정사법의 경우도 마찬가지이다. 사법작용이 공법규정에 의한 기속을 받는다고 공법작용으로 변질되는 것은 아니다.

제7절 비공식적 행정작용

Ⅰ. 의의

비공식적 행정작용은 법적성질, 법적요건, 법적효과 등이 일반적으로 법에 의해 정해지지 않으며, 법적 구속력을 발생하지 않는 일체의 행정작용이라 하여, 행정행위와 공법상 계약 등과 같은 전통적인 정형적 행정행위에 대비시키고 있다. 비공식적 행정작용에 대해서는 아직도 학설상 확립되어 있지 않지만, 행정의 현실을 놓고 보면 실제의 행정은 공식행정작용에 의해서 만이 아니라 비공식적 행정작용에 의해서 행해지는 경우도 매우 많이 있다. 이러한 비공식적 행정작용의 예로는 ① 행정주체와 사인간의 협력관계의 수단으로 상호접촉 · 사전협의 · 사전조정 · 비구속적 합의 · 의사소통, ② 행정기관이 일방적으로 행하는 경고 · 권고 · 교시 · 정보제공, ③ 규범대체적 협상 등이 있다.

오늘날 비공식적 행정작용이 이루어지고 있는 법영역은 매우 광범위하고 앞으로도 더욱 확대될 경향을 나타내고 있다. 그 분야는 주로 국가와 국민사이에 비공식적 행정형식을 통한 협력관계 설정이 가능하고 필요한 분야(환경보전 및 경제행정 분야)가 주로 이에 속하는데, 예컨대 생활방해방지법, 자연보호법, 수법(水法), 에너지법, 경제촉진법, 대외경제법, 카르텔법 등이다.

Ⅱ. 비공식적 행정작용에 관한 평가

1. 비공식적 행정작용의 장점

(1) 법적 불확실성의 제거

오늘날 현행법상 행정법상의 사안을 정확하게 판단할 수 없는 불확실성을 가진 법영역이 적지 않다. 따라서 이러한 경우에 비공식적 행정작용으로서의 행정권과 상대방 사이의 협상·절충이 행해짐으로서 법적 분쟁이나 대립을 감소시키는 기초가 될 수 있다.

(2) 행정의 능률화

승인의무 있는 사업에 있어서 예비협의와 같은 협력관계를 가짐으로써 사인이 신청서 제출에 필요한 투자, 기획, 전문가의 감정과 그 밖의 조치 등의 부담을 경감시킬 수 있다.

(3) 탄력성의 제고

비공식적 행정작용은 행정행위나 행정계약과 같은 정형적 수단이 지니고 있는 법적 효력을 가지고 있지 않다. 따라서 법현실적인 시각에서 볼 때, 비공식적 행정작용은 구속성과 비구속성사이의 회색지대에 위치함으로써 탄력성을 가질 수 있다.

(4) 법적 분쟁의 회피·경감

비공식적 행정작용은 당사자간의 협의가 성립하면 상대방의 협력하에 행정목적을 달성할 수 있으므로 법적 분쟁을 회피·경감할 수 있다.

2. 비공식적 행정작용의 단점

(1) 법치행정의 후퇴

행정은 입법권자가 제정한 준칙에 따라 행해지도록 하고 있는 것이 법치행정원칙의 의미이며 목적이라 할 수 있다. 이러한 법치행정을 통해서 행정의 자의를 배제하는 동시에 행정의 안정성과 예측가능성이 확보될 수 있는 것이다. 그러기 위해서는 행정이 엄격히 법에 귀속되고 법이 정한 바에 따라 행해질 필요가 있는바, 비공식적 행정작용의 활용은 자칫 법치행정이 가지는 위와 같은 기능을 약화 내지는 희생시길 가능성이 있다.

(2) 제3자의 위험부담

비공식적 행정작용은 그의 전모가 외부에 노출되지 않으므로 이것이 이해관계있는 제3자에게 불리하게 작용될 가능성이 있다. 그러한 상황에서 비공식적 행정작용은 제3자의 권리와 이익이 경시되거나 무시될 위험성이 있으므로 각별히 주의할 필요가 있다.

(3) 효과적 권리보호의 곤란

비공식적 행정작용은 흔히 문서에 의하지 않는 다양한 형식으로 행하여지며, 그 배경이나 동기도 외부에 노출되지 않고 은밀하게 행해지는 경우가 많다. 따라서 그 행정내부적 통제와 법원에 의한 통제의 실효성이 떨어지게 된다.

(4) 활성적 행정에의 장애

비공식적 행정작용은 상대방과의 합의·양해하에 행정을 능률적으로 처리하는데 기여하는 반면에, 활발하고 효율적인 행정에 대한 장애가 되기도 한다.

Ⅲ. 비공식적 행정작용의 허용성·효과 및 한계

1. 허용성

비공식적 행정작용은 법외적 작용이므로 헌법 및 행정법의 기본원리인 법치국가의 원리와 합치될 수 있는 것인가 하는 의문이 제기된다. 이러한 비공식적 행정작용에 대하여 부정적·비판적으로 보는 견해도 있으나, 법률의 홍수현상에서 모든 법집행의 결여로 인하여 생기는 행정활동의 정체를 방지하고 가변적인 행정수요에 탄력적으로 대응하기 위한 방안으로 등장한 행위형식의 하나인 비공식적 행정작용을 부정할 필요는 없다고 하겠다.

2. 법적효과

비공식적 행정작용으로서의 협의·합의 등은 행정상 사실행위의 일종으로서 법적 구속력을 가지지 않는다. 따라서 관계 당사자가 협의의 결과에 대하여 법적 구속력을 부여하려고 하면 공법상 계약, 예비결정, 확약 등의 행위형식에 의하여야 한다. 이러한 비공식적 행정작용은 비구속적 행정작용인 점에 그의 특징과 생명이 있는 것이므로 신뢰보호의 원칙, 신의성실의 원칙, 행정의 자기구속의 원칙 등을 매개로 하여서도 그 법적 구속성을 인정할 수 없다고 보고 있다. 따라서 행정청이나 상대방인 개인은 원칙적으로 사정변경 등을 이유로 합의를 철회할 수 있다고 본다. 합의 내용에 대한 이행청구권은 인정되지 않으며, 그 불이행으로 인한 손해배상청구권도 인정되지 않는다. 그러나 계약체결상의 과실원칙에 입각한 배상책임을 지는 경우는 있을 수 있다 할 것이다.

3. 한계

현대국가의 복리증진책무의 실현과 관련하여 법률의 홍수현상에 따라 등장하게 된 행정의 행위형식의 하나인 비공식적 행정작용이 허용된다는 점에는 문제가 없으나 일정한 법적 한계가 있다. 즉 ① 비공식적 행정작용 역시 행정의 행위형식의 하나이기 때문에 행정법의 일반원칙에 의한 구속을 받으며, ② 실체법적 규범과 절차법적 규범에서 행정이 활동하여야 할 행위형식을 규정하고 있을 때에는 먼저 그에 따라야 하며, ③ 그러한 법규적 제약을 벗어나는 비공식적 행정작용은 허용되지 않는다.

제8절 행정의 자동화작용

Ⅰ. 의의

현대산업사회에서 기계문명의 발달은 자동기계화에 의한 행정을 가능하게 하면서 행정의 행위수단에 많은 변화를 가져 왔으며 앞으로도 계속 변화를 가져올 것이다. 각종 통계의 집계, 수많은 자료의 정리와 저장과 같은 대량행정에 있어서의 업무 외에도 행정적 결정과 지시라는 차원 높은 작업에까지 자동기계가 활용되고 있으며, 자동기계에 의한 교통신호, 컴퓨터에 의한 학생의 학교배정, 세금 및 각종 공과금의 부과결정, 연금 등 수익금의 결정, 주차료 등 공공시설의 사용료결정 등이 그 예이다.

Ⅱ. 법적 성질

예컨대 자동감응장치에 의해 가동되는 교통신호를 위반하였을 경우에 벌금 등 처벌을 받게 되는 일정한 법적 효과가 발생한다. 따라서 이러한 행정자동기계결정의 법적 성질 내지 법적 형태가 무엇인지 문제된다. 즉 행정자동기계결정이 행정사실행위에 해당하면 그것은 직접적인 법적 효과는 발생하지 않으며 간접적인 국가배상 등의 법적 효과만 발생한다. 이에 반해 법규명령에 해당하게 되면 그 위법의 여부가 구체적 사건에서 재판의 전제가 되는 경우에 행해지는 구체적인 규범통제만이 가능하다.

생각건대, 자동기계결정은 반드시 공무원이라고 하는 인간이 작성한 프로그램을 필요로 하며, 그 프로그램에 입각하여 구체적 조치로서의 행정자동결정이 행해진다는 의미에서 행정자동결정은 명령(행정규칙)과 행정행위의 관계라고 할 수 있다. 결국 행정자동결정의 법적 성질 내지 법적 형태는 행정행위의 성질을 갖는다 할 것이다.

Ⅲ. 자동기계결정과 특별한 법률

행정자동기계결정도 행정행위인 이상 그것이 유효하게 성립하기 위해서는 행정행위의 성립 및 효력요건을 갖추어야 한다. 그러나 행정자동기계결정은 자동화된 기술적 절차에 의하여 행하여지고 대량사무처리를 위한 것이라는 점에서 행정청이 개인을 상대로 개별적으로 행하는 보통의 행정행위와 다른 특성을 가지므로 그 한도에서 다음과 같은 특별한 규율을 받게 된다. 즉 ① 행정청의 서명·날인이 때때로 생략되는 경우가 있는 점, ② 자동기계를 통해서 행정행위가 표시되는 만큼 그 내용이 일반의 문자가 아닌 특별한 부호가 사용될 수도 있는 점, ③ 이유제시에 관해서도 어느 정도의 예외가 인정되는 점, ④ 청문이 행해지지 않을 수도 있다는 점 등이다.

Ⅳ. 행정자동결정의 하자

행정자동결정에 의한 행정행위의 경우에도 하자의 문제가 있을 수 있음은 보통의 행정행위의 경우와 마찬가지이다. 따라서 행정행위의 하자에 관한 일반원칙에 따라 중대하고 명백한 하자를 지닌 자동기계결정은 무효가 되며, 하자가 그 정도에 이르지 않을 때에는 취소의 대상이 된다.

Ⅴ. 행정자동장치의 하자와 배상책임

행정자동장치의 하자에 따라 손해가 발생한 경우에 국가의 배상책임을 인정할 수 있다. 따라서 자동장치의 하자가 공무원의 유책의 위법행위에 기인할 때에는 국가배상법 제2조에 의한 배상책임을 인정할 수 있다. 또한 자동장치의 설치·관리의 하자로 인해 타인이 손해를 입은 경우에는 국가배상법 제5조에 의한 배상책임을 인정할 수 있다.

제4장 행정절차

제1절 개 설

Ⅰ. 행정절차의 개념

1. 광의의 행정절차

행정절차란 넓은 의미로는 행정의사의 결정과 집행에 관련된 일체의 과정을 의미한다고 볼 수 있으며, 그것은 입법권의 작용에 있어서의 입법절차, 사법권의 작용에 있어서의 사법절차에 대응하는 개념으로 쓰여진다. 이 경우에는 사전절차인 제1차적 행정절차, 행정상 재결 등의 절차, 집행절차(행정강제 · 행정벌 등), 사후절차인 행정불복절차 그밖에 행정권과 관련있는 모든 절차를 말한다.

2. 협의의 행정절차(통설)

협의의 행정절차는 각종의 행정작용(행정입법, 행정계획, 행정처분, 행정지도 등)의 사전절차인 제1차적 행정절차를 말한다. 즉 종국적 행정처분의 형성과정상에서 이루어지는 절차라고 할 수 있다. 1996년말에 공포된 우리의 행정절차법이 이에 가까운 입법례라고 할 수 있다.

3. 최협의의 행정절차

행정처분(행정행위)의 사전절차만을 의미한다.

Ⅱ. 행정절차의 필요성

1. 행정의 민주화

행정작용을 함에 있어서는 공익과 사익을 적절하게 조정할 필요가 있으며, 사익을 반영할 수 있도록 이해관계인에게 참여의 기회를 절차적으로 보장해 주는 것은 행정작용을 구체적으로 민주화하는 것이 된다. 우리 행정절차법은 제1조에서 「이 법은 행정절차에 관한 공통적인 사항을 규정하여 국민의 행정참여를 도모함으로써 …」라고 규정하여 행정절차가 민주주의와 직결되는 것임을 잘 나타내 주고 있다.

2. 행정작용의 적정화

행정행위나 행정입법을 함에 있어 그 상대방에게 미리 이를 통지하고 의견이나 참고자료를 제출하게 하는 것은 구체적인 사실관계의 정확한 파악이나 관계법령의 적정한 해석·적용을 적정화함으로써 행정행위의 적법·타당성을 확보하는 바탕이 된다. 이는 행정의 적법·타당성을 확보하고 행정운영의 적정화를 이룩하기 위한 것이다.

3. 행정의 능률화

복잡·다양한 현대행정에 있어서 행정작용에 관한 절차를 표준화한다는 것은 행정작용을 간이·신속하고 원활하게 수행하는 데에 도움이 되며, 행정의 능률화에도 이바지할 수 있다.

4. 사법기능의 보완

행정에 대한 사전통제제도로서의 행정절차가 정비되어 있지 않게 되면 재판을 통한 구제로써는 이미 침해된 권익의 완전한 회복을 기대하기 어려울 뿐만 아니라, 많은 시간과 노력, 비용이 소요된다. 이에 반하여 행정절차는 재판보다 간편히 또한 재판이 미치지 않는 영역에서 국민의 권익구제에 이바지 할 수 있는 점에서 재판적 통제를 보완하는 기능을 가진다고 말할 수 있다.

제2절 행정절차의 발달

Ⅰ. 개설

행정절차는 각국의 역사적·사회적·정치적 배경의 차이에 따라 그 발달과정이나 모습 등을 달리하는데, 크게 독일·오스트리아 등의 대륙법계의 경우와 영미의 경우로 나누어 볼 수 있다. 대륙법계의 경우에는 원래는 행정운영의 통일과 능률화의 요청에 의한 것인데 반하여, 영미의 경우는 일찍부터 적법절차와 관련하여 행정절차의 발달을 보았으며, 사전에 국민의 권익을 절차적으로 보장하는데 중점을 두었다.

그러나 오늘날에는 실체법적 규율규칙에 입각하고 있던 대륙법계국가에 있어서도 전문적·기술적 행정영역에 대한 재량통제의 필요성에 따라 행정절차에 관한 중요한 입법조치가 있었고, 또한 행정결정권자의 공익대표성에 대한 회의 등으로 인하여 행정과정에의 주민참여기회의 확대와 참가의 실질화 등 다양한 형태의 행정절차제도가 모색되고 있다.

Ⅱ. 영·미의 행정절차법

1. 영국

영국에서의 행정절차는 전통적으로 보통법(common law)의 기본원리를 이루고 있는 자연적 정의(natural justice)에 의하여 규율되고 있다. 이러한 행정절차의 기본원리인 자연적 정의는 모든 국가권력의 적정한 행사의 필수적 기본원칙으로써, "누구든지 자기가 관계되는 사건에서 재판관이 될 수 없다"고 하는 편견배제의 원칙과 "누구든지 청문 없이는 불이익을 받아서는 안된다" 또는 "쌍방이 청문되어야 한다"는 쌍방청문의 원칙이라는 두 가지 원칙으로 구성되어 있다. 이들 원칙은 본래 법원에서의 사법절차에 적용되었던 것인데 행정기능(특히 분쟁해결기능)이 확대됨에 따라 행정절차에도 적용하게 되었다.

행정절차에 관한 영국의 실정법 가운데 가장 주목할 만한 것은 '심판소및심문에 관한법률'(1958년 제정)이다. 이 법률에 의하여 심판소심의회가 설치되었으며, 각 심판소가 절차규칙을 제정하는 경우에는 위 심의회의 자문을 받도록 되어 있다.

2. 미국

미국수정헌법 제5조는 「누구도 법의 적정한 절차(due process of law)에 의하지 아니하고는 생명·자유 또는 재산을 박탈당하지 아니한다」고 규정하고 있는데, 이와 같은 헌법정신을 행정과정에 도입하기 위하여 1946년에 제정된 것이 연방의 행정절차법이다. 처음에는 적법절차조항은 사법작용에만 적용되는 것으로 보고 행정작용에의 적용여부에 대하여는 오히려 소극적인 입장이 지배적이었으나, 1880년대부터 판례는 적법절차는 국민의 권익을 침해할 우려가 있는 모든 국가작용에 대하여 요구된다는 태도를 확립함에 따라 행정작용에 대하여서도 일반적으로 적용되게 되었다.

1946년의 법제정 후 미국에서는 1965년의 기관대리법을 통해 행정절차에 있어서 사인을 대리하는 변호사의 자격제한을 금지하였으며, 1972년의 연방자문위원회법을 통해 연방자문위원회의 공개 및 회의록의 열람·복사를 인정하고 있으며, 1976년의 정부일조법을 통해 행정위원회의 원칙적 공개에 관하여 규정하고 있다. 또한 1980년의 평등접근법은 소송절차법 뿐만 아니라 정식재결에 있어서 자기주장이 인용된 사람의 쟁송절차비용의 공비부담에 관하여 규정하고 있다. 또한, 1990년의 교섭에 의한 규칙제정법 및 행정분쟁해결법은 교섭에 의한 합의의 형성을 장려하고 있다.

Ⅲ. 대륙법계국가의 행정절차법

1. 프랑스

프랑스에서는 행정법원 등에 의한 행정의 사후통제가 중시되고 행정에 대한 사전절차는 경시되었다. 그러나 1970년대부터 행정개혁의 일환으로서, 행정과 공중간의 관계개선을 위한 일련의 시책이 채택되었는데, 그 안에는 행정의 투명성관련법령 또는 행정절차관련법제로 일컬어지고 있는 것이 포함되어 있다. 특히 1979년 7월 18일의 행정결정의 이유부기에 관한 법률은 획기적 의의를 가지는 법률로서 평가되고 있다.

2. 독일

독일의 경우에도 사전절차적인 행정절차는 논의되고 있지 않았으나, 1976년에 행정절차법이 제정되었다. 이 법은 사실 및 절차법이라는 명칭으로 되어있으나, 행정행위의 개념, 부관, 재량, 행정행위의 효력·무효·취소·철회, 공법상 계약 등에 관한 많은 실체법적 규정도 포함하고 있다.

제3절 우리나라의 행정절차법

Ⅰ. 행정절차법의 제정

우리나라는 1986년 4월 18일에 총무처(행정자치부)에 '행정절차법안심의위원회'가 발족되었고, 1987년에 초안이 마련되어 1회의 공청회를 거쳐 입법예고를 마쳤다. 그러나 우리의 정치환경의 변화, 행정절차법의 내용에 대한 다른 의견의 제시 등의 사유로 입법추진이 지연되어 오다가 1996년 12월 31일에야 비로소 공포되었고, 공포 후 1년이 경과한 1998년 1월 1일부터 시행되고 있다. 그러나 이는 1987년의 입법안 보다 범위가 축소되어 제정·공포되었다.

Ⅱ. 행정절차법의 헌법적 근거

우리나라의 헌법에는 미국수정헌법 제5조 및 제14조 상의 적법절차조항이나, 일본 헌법 제31조 상의 법정절차조항에 해당하는 규정은 없다. 그러나 우리나라의 헌법 제12조 제1항 후단은 「모든 국민은 … 법률과 적법한 절차에 의하지 아니하고는 처벌·보안처분 또는 강제노역을 받지 아니한다」라고 하여 적법절차를 규정하고 있는 바, 동조의 적법절차조항이 형사사법절차에만 적용되는가 또는 행정벌 및 행정처분에도 적용되는가라는 문제가 제기된다. 이 문제에 대하여 현재 대부분의 헌법학자들은 헌법 제12조의 적법절차원리가 적용되어야 한다고 보고 있으며, 행정법학자들도 그 다수는 이 조항이 직접적으로는 형사사법권의 발동에 관한 조항이라 하더라도 그 취지는 행정절차에도 유추된다고 볼 수 있고, 또한 제10조(기본적 인권의 불가침)와 제37조(기본권의 포괄성·법률유보의 한계)를 비롯한 기본권조항에 의한 기본권보장은 우리 헌법의 핵심적 부분이므로 그러한 해석을 뒷받침한다고 보고 있다.

Ⅲ. 행정절차법의 내용

1. 행정절차법의 구성과 특징

1996년 11월에 제정된 행정절차법의 구성 및 특색은 대체로 다음과 같은 몇 가지를 들 수 있다.

① 행정절차법은 제1장 총칙(제1절 목적·정의 및 적용범위 등, 제2절 행정의 관할 및 협조, 제3절 당사자, 제4절 송달 및 기간·기한의 특례), 제2장 처분(제1절 통칙, 제2절 의견제출 및 청문, 제3절 공청회), 제3장 신고, 제4장 행정상 입법예고, 제5장 행정예고, 제6장 행정지도, 제7장 보칙의 전문 57개조와 부칙으로 구성되어 있다.

② 행정절차의 기본틀만을 규정하고, 나머지의 제도들은 추후 법개정을 통하여 점차적으로 도입하기로 하였고, 또한 행정행위 등에 관한 실체규정은 포함시키지 아니하였다.

③ 행정절차법은 국민의 권익보호와 행정능률을 적절히 조화시키려고 노력하였다. 그리하여 지나치게 국민의 권익을 강조함에 따르는 행정업무수행의 차질 또는 비능률을 막는 한편, 행정목적의 원활한 수행만을 내세워 국민의 권익보호에 소홀함이 없도

록 양자간의 조화를 도모하였다.

④ 행정절차는 내용적으로는 사전절차 및 사후절차를 포함하지만, 행정절차법의 규율범위는 사전절차에 한정되어 있다.

2. 행정절차의 원칙

(1) 공정성의 원칙

공정성의 원칙은 행정절차가 공평하고 정당하게 이루어져야 한다는 원칙이다. 우리 행정절차법은 이 원칙을 직접적으로 조문화하지 않고 있으나, 그 이념을 절차적 규정 가운데 반영하는 예는 많다(제6조, 제17조 제2항, 제18조, 제19조 제4항 등).

(2) 신의성실 및 신뢰보호

① 행정청은 직무를 수행함에 있어서 신의에 따라 성실히 하여야 하며, ② 행정청은 법령 등의 해석 또는 행정청의 관행이 일반적으로 국민들에게 받아들여진 때에는 공익 또는 제3자의 정당한 이익을 현저히 해할 우려가 있는 경우를 제외하고는 새로운 해석 또는 관행에 의하여 소급하여 불리하게 처리하여서는 아니된다(제4조).

(3) 투명성의 원칙

행정절차법은 투명성의 내용을 구체화하여「행정청이 행하는 행정작용은 그 내용이 구체적이고 명확하여야 하며, 행정작용의 근거가 되는 법령 등의 내용이 명확하지 아니한 경우 상대방은 당해 행정청에 대하여 그 해석을 요청할 수 있다. 이 경우 당해 행정청은 특별한 사유가 없는 한 이에 응하여야 한다」(제5조)라고 규정하고 있다.

3. 처분절차

(1) 공통사항

1) 처분기준의 설정·공표

행정의 투명성과 신뢰성을 확보하기 위해서는 처분의 구체적인 기준과 처분의 신청이 있는 경우의 처리기간을 설정하여 국민이 쉽게 알 수 있도록 공표할 필요가 있다. 따라서 행정절차법 제20조는 행정청의 처분기준의 설정·공표의무를 규정하고 있다.

2) 처분의 이유제시

처분의 이유부기는 처분의 공정성 및 신중성을 보장하고 또한 상대방은 제시된 이유에 근거하여 당해 처분에 대한 궁극적 쟁송절차에 있어서 그 논거를 구체적으로 제시할 수 있게 된다는 점에서 행정절차의 중요한 요소를 구성한다. 따라서 행정절차법 제23조는 행정청의 이유제시의무를 규정하고 있다.

3) 처분의 방식

행정절차법 제24조는 처분의 방식에 관하여 「① 행정청이 처분을 하는 때에는 다른 법령 등에 특별한 규정이 있는 경우를 제외하고는 문서로 하여야 한다. 다만, 신속을 요하거나 사안이 경미한 경우에는 구술 기타 방법으로 할 수 있으며 이 경우 당사자의 요청이 있는 때에는 지체없이 처분에 관한 문서를 교부하여야 하며, ② 처분을 하는 문서에는 그 처분 행정청 및 담당자의 소속·성명과 전화번호를 기재하여야 한다」라고 규정하고 있다.

4) 처분의 정정

행정청은 처분에 오기·오산 기타 이에 준하는 명백한 잘못이 있는 때에는 직권 또는 신청에 의하여 지체없이 정정하고 이를 당사자에게 통지하여야 한다(제25조).

5) 고지

행정청이 처분을 하는 때에는 당사자에게 그 처분에 관하여 행정심판을 제기할 수 있는지 여부, 기타 불복을 할 수 있는지 여부, 청구절차 및 청구기간 기타 필요한 사항을 알려야 한다(제26조).

(2) 신청에 의한 처분(수익적 처분)의 절차

1) 처분의 신청

행정절차법은 신청에 의한 처분절차를 제17조에 규정하고 있다.

2) 다수의 행정청이 관여하는 처분

행정청은 다수의 행정청이 관여하는 처분을 구하는 신청을 접수한 경우에는 관계 행정청과의 신속한 협조를 통하여 당해 처분이 지연되지 아니하도록 하여야 한다(제18조).

3) 처리기간의 설정·공표

행정절차법은 신청인의 편의를 도모하고 신청에 대한 처분의 처리지연으로 인한 신청인의 불이익을 방지하기 위하여 처리기간의 설정·공표의무를 규정하고 있다(제19조).

(3) 불이익처분의 절차

1) 처분의 사전통지

행정청은 당사에게 의무를 과하거나 권익을 침해하는 처분을 하는 경우에는 미리 당사자 등에게 처분을 하는 원인이 되는 사실과 처분의 내용 및 법적근거 등과 의견제출을 할 수 있음을 통지하여야 한다(제21조 제1항).

2) 의견청취

① 행정청이 처분을 함에 있어서 다른 법령 등에서 청문을 실시하도록 규정하고 있는 경우와 행정청이 필요하다고 인정하는 경우에는 청문을 실시한다(제22조 제1항).

② 행정청이 처분을 함에 있어 다른 법령 등에서 공청회를 개최하도록 규정하고 있는 경우와 당해 처분의 영향이 광범위하여 널리 의견을 수렴할 필요가 있다고 행정청이 인정하는 경우에는 공청회를 개최한다(제22조 제2항).

③ 행정청이 당사자에게 의무를 과하거나 권익을 제한하는 처분을 함에 있어 청문 또는 공청회를 개최하는 경우 외에는 당사자 등에게 의견제출의 기회를 주어야 한다(제22조 제3항).

(4) 의견제출

① 당사자 등은 처분전에 그 처분의 관할 행정청에 서면·컴퓨터 통신 또는 구술로 의견제출을 할 수 있다. 이 경우 당사자 등은 그 주장을 입증하기 위한 증거자료를 첨부할 수 있다(제27조 제1항·제2항).

② 당사자 등이 정당한 이유없이 의견제출기한내에 의견제출을 하지 아니한 경우에는 의견이 없는 것으로 본다(제27조 제4항).

③ 행정청은 처분을 함에 있어서 당사자 등이 제출한 의견을 성실히 고려하여야 한다(제27조 제5항).

(5) 청문

1) 청문의 사전통지

행정청은 청문을 실시하고자 하는 경우에 청문이 시작되는 날부터 10일전까지 다음 각호의 사항을 당사자 등에게 통지하여야 한다.

1. 처분의 제목
2. 당사자의 성명 또는 명칭과 주소
3. 처분하고자 하는 원인이 되는 사실과 처분의 내용 및 법적근거
4. 제3호에 대하여 의견을 제출할 수 있다는 뜻과 의견을 제출하지 아니하는 경우의 처리방법
5. 의견제출기관의 명칭과 주소
6. 의견제출기한
7. 기타 필요한 사항

이 경우 제4호 내지 6호의 사항은 청문주재자의 소속·직위 및 성명, 청문의 실시 및 장소, 청문에 응하지 아니하는 경우의 처리방법 등 청문에 필요한 사항으로 갈음한다.

다만, 다음 각호의 1에 해당하는 경우에는 청문의 통지를 아니할 수 있다(제21조 제4항).

1. 공공의 안전 또는 복리를 위하여 긴급히 처분을 할 필요가 있는 경우
2. 법령 등에서 요구된 자격이 없거나 없어지게 되면 반드시 일정한 처분을 하여야 하는 경우에 그 자격이 없어지게 된 사실이 법원의 재판 등에 의하여 객관적으로 증명된 때
3. 당해 처분의 성질상 의견청취가 현저히 곤란하거나 명백히 불필요하다고 인정될 만한 상당한 이유가 있는 경우

2) 청문주재자(제28조)

① 청문은 행정청이 소속직원 또는 대통령령이 정하는 자격을 가진 자 중에서 선정하는 자가 주재하되, 행정청은 청문주재자의 선정이 공정하게 이루어지도록 노력하여야 한다.

② 청문주재자는 독립하여 직무를 수행하며, 그 직무수행상의 이유로 본인의 의사에 반하여 신분상 어떠한 불이익도 받지 아니한다.

③ 제1항의 규정에 의하여 대통령령이 정하는 자 중에서 선정된 청문주재자는 형법 기타 다른 법률에 의한 벌칙의 적용에 있어서 공무원으로 본다.

3) 청문주재자의 제척·기피·회피(제29조)

① 청문주재자가 다음 각호의 1에 해당하는 경우에는 청문을 주재할 수 없다.

1. 자신이 당사자 등이거나 당사자 등과 민법 제777조 각호의 1에 해당하는 친족 관계에 있거나 있었던 경우
2. 자신이 당해 처분과 관련하여 증언이나 감정을 한 경우
3. 자신이 당해 처분의 당사자 등의 대리인으로 관여하거나 관여하였던 경우

② 청문주재자에게 공정한 청문진행을 할 수 없는 사정이 있는 경우 당사자 등은 행정청에 기피신청을 할 수 있으며, 이 경우 행정청은 청문을 정지하고 그 신청이 이유가 있다고 인정하는 때에는 당해 청문주재자를 지체없이 교체하여야 한다.

③ 청문주재자는 제1항 또는 제2항의 사유에 해당하는 경우에는 행정청의 승인을 얻어 스스로 청문의 주재를 회피할 수 있다.

4) 청문의 공개

청문은 당사자의 공개신청이 있거나 청문주재자가 필요하다고 인정하는 경우 이를 공개할 수 있다. 다만, 공익 또는 제3자의 정당한 이익을 현저히 해할 우려가 있는 경우에는 공개하여서는 아니된다(제30조).

5) 청문의 진행(제31조)

① 청문주재자가 청문을 시작할 때에는 먼저 예정된 처분의 내용, 그 원인이 되는 사실 및 법적근거 등을 설명하여야 한다.

② 당사자 등은 의견을 진술하고 증거를 제출할 수 있으며, 참고인·감정인 등에 대하여 질문할 수 있다.

③ 당사자 등이 의견서를 제출한 경우에는 그 내용을 출석하여 진술한 것으로 본다.

④ 청문주재자는 청문의 신속한 진행과 질서유지를 위하여 필요한 조치를 할 수 있다.

⑤ 청문주재자는 청문을 계속할 경우에는 당사자 등에게 다음 청문의 일시 및 장소를 서면으로 통지하여야 한다. 다만, 청문에 출석한 당사자 등에게는 당해 청문일을 구술로 통지할 수 있다.

6) 청문의 병합·분리

행정청은 직권 또는 당사자의 신청에 의하여 수개의 사안을 병합하거나 분리하여 청문을 실시할 수 있다(제32조).

7) 증거조사(제33조)

① 청문주재자는 신청 또는 직권에 의하여 필요한 조사를 할 수 있으며, 당사자 등이 주장하지 아니한 사실에 대하여도 조사할 수 있다.

② 증거조사는 다음 각호의 1에 해당하는 방법에 의한다.

1. 문서·장부·물건 등 증거자료의 수집
2. 참고인·감정인 등에 대한 질문
3. 검증 또는 감정·평가
4. 기타 필요한 사항

③ 청문주재자는 필요하다고 인정하는 때에는 관계행정청에 대하여 필요한 문서의 제출 또는 의견의 진술을 요구할 수 있다. 이 경우 관계행정청은 직무수행상 특별한 지장이 없는 한 이에 응하여야 한다.

8) 청문조서(제34)

① 청문주재자는 다음 각호의 사항이 기재된 청문조서를 작성하여야 한다.

1. 제목
2. 청문주재자의 소속·성명 등 인적사항
3. 당사자 등의 주소·성명 또는 명칭 및 출석여부
4. 청문의 일시 및 장소
5. 당사자 등의 진술의 요지 및 제출된 증거
6. 공개여부 및 공개 또는 제30조 단서의 규정에 의하여 비공개한 이유
7. 증거조사를 한 경우에는 그 요지 및 첨부된 증거
8. 청문주재자의 의견
9. 기타 필요한 사항

② 당사자 등은 청문조서의 기재내용을 열람·확인할 수 있으며, 이의가 있을 때에는 그 정정을 요구할 수 있다.

9) 청문의 종결(제35조)

① 청문주재자는 당해 사안에 대하여 당사자 등의 의견진술·증거조사가 충분히 이루어졌다고 인정되는 경우에는 청문을 마칠 수 있다.

② 청문주재자는 당사자 등의 전부 또는 일부가 정당한 사유없이 청문기일에 출석하지 아니하거나 제31조 제3항의 규정에 의한 의견서를 제출하지 아니한 경우에는 이

들에게 다시 의견진술 및 증거제출의 기회를 주지 아니하고 청문을 마칠 수 있다.

③ 청문주재자는 당사자 등의 전부 또는 일부가 정당한 사유로 인하여 청문기일에 출석하지 못하거나 제31조 제3항의 규정에 의한 의견서를 제출하지 못한 경우에는 상당한 기간을 정하여 이들에게 의견진술 및 증거제출을 요구하여야 하며, 당해 기간이 경과한 때에 청문을 마칠 수 있다.

④ 청문주재자는 청문을 마친 때에는 지체없이 청문조서 기타 관계서류 등을 행정청에 제출하여야 한다.

⑤ 행정청은 제4항의 규정에 의하여 제출받은 청문조서 기타 관계서류 등을 충분히 검토하고 상당한 이유가 있다고 인정되는 경우에는 처분을 함에 있어서 청문결과를 적극 반영하여야 한다.

10) 청문의 재개

행정청은 청문을 마친 후 처분을 하기까지 새로운 사정이 발견되어 청문을 재개할 필요가 있다고 인정하는 때에는 제35조 제4항의 규정에 의하여 제출받은 청문조서 등을 되돌려 보내고 청문의 재개를 명할 수 있다. 이 경우 제31조 제5항의 규정을 준용한다(제36조).

11) 문서의 열람 및 비밀유지(제37조)

① 당사자 등은 청문의 통지가 있는 날부터 청문이 끝날때까지 행정청에 대하여 당해 사안의 조사결과에 관한 문서 기타 당해 처분과 관련되는 문서의 열람 또는 복사를 요청할 수 있다. 이 경우 행정청은 다른 법령에 의하여 공개가 제한되는 경우를 제외하고는 이를 거부할 수 없다.

② 행정청은 제1항의 열람 또는 복사의 요청에 응하는 경우 그 일시 및 장소를 지정할 수 있다.

③ 행정청은 제1항 후단의 규정에 의하여 열람 또는 복사의 요청을 거부하는 경우에는 그 이유를 소명하여야 한다.

④ 제1항의 규정에 의하여 열람 또는 복사를 요청할 수 있는 문서의 범위는 대통령령으로 정한다.

⑤ 행정청은 제1항의 규정에 의한 복사에 따른 비용을 요청한 자에게 부담시킬 수 있다.

⑥ 누구든지 청문을 통하여 알게 된 사생활 또는 경영상이나 거래상의 비밀을 정당

한 이유없이 누설하거나 다른 목적으로 사용하여서는 아니된다.

(6) 공청회

1) 공청회의 개최(제38조)

① 행정청은 공청회를 개최하고자 하는 경우에는 공청회 개최 14일전까지 다음 각 호의 사항을 당사자 등에게 통지하고 관보·공보 또는 일간신문 등에 공고하는 등의 방법으로 널리 알려야 한다.

1. 제목
2. 일시 및 장소
3. 주요내용
4. 발표자에 관한 사항
5. 발표신청방법 및 신청기한
6. 기타 필요한 사항

② 행정청은 발표자의 선정에 있어 공정성이 확보될 수 있도록 하여야 한다.

2) 공청회의 진행(제39조)

① 공청회의 주재자는 대통령령이 정하는 자격을 가진 자 중에서 행정청이 지명 또는 위촉하는 자로 한다.

② 발표자는 공청회의 내용과 직접 관련된 사항에 한하여 발표하여야 한다.

③ 공청회의 주재자는 공청회를 공정하게 진행하여야 하며, 공청회의 원활한 진행을 위하여 발표내용을 제한할 수 있고, 질서유지를 위하여 필요한 조치를 할 수 있다.

④ 공청회의 주재자는 발표자의 발표가 끝난 후에는 발표자 상호간에 질의 및 답변을 할 수 있도록 하여야 하며, 방청인에게도 의견을 제시할 기회를 주어야 한다.

⑤ 행정청은 처분을 함에 있어서 공청회에서 제시된 사실 및 의견이 상당한 이유가 있다고 인정하는 경우에는 이를 반영하여야 한다.

4. 신고

신고란 행정청에 대하여 일정한 사항을 통지하는 행위로서 법령 등이 정하는 바에 따라 당해 통지가 의무로 되어 있는 작용을 말한다. 행정절차법은 이러한 신고가 ① 신고서의 기재사항에 하자가 없고, ② 필요한 구비서류가 첨부되어 있으며, ③ 기타 법령 등에 규정된 형식상의 요건에 적합한 경우에는 신고서가 접수기관에 도달된 때에

신고의무가 이행된 것으로 본다고 규정하였다. 그러나 이러한 요건을 갖추지 못한 신고서가 제출된 경우에는 행정청은 상당한 기간을 정하여 보완을 요구하여야 하며, 그 기간 내에 보완을 하지 아니한 때에는 신고서를 되돌려 보내야 한다(제40조 제2항).

행정청은 상대방의 신청서에 형식상의 흠이 있는 때에는 지체없이 상당한 기간을 정하여 그 보완을 요구하여야 하고, 신고인이 이 기간 내에 보완을 요구하지 아니하는 경우에는 그 이유를 명시하여 당해 신고서를 되돌려 보내야 한다(제40조 제3항 · 제4항).

5. 행정상 입법예고

(1) 적용범위

국민의 권리 · 의무 또는 일상생활과 밀접한 관련이 있는 법령 등을 제정 · 개정 또는 폐지하고자 할 때에는 당해 입법안을 마련한 행정청은 이를 예고하여야 한다(제41조 제1항). 그러나 ① 입법이 긴급을 요하는 경우, ② 입법내용의 성질 또는 기타 사유로 예고의 필요가 없거나 곤란하다고 판단되는 경우, ③ 상위법령 등의 단순한 집행을 위한 경우, ④ 예고함이 공익에 현저히 불리한 영향을 미치는 경우에는 입법예고를 하지 아니할 수 있다(제2항). 다만 법제처장은 입법예고를 하지 아니한 법령안에 심사요청을 받은 경우에 입법예고를 하지 아니한 법령안의 심사요청을 받은 경우에 입법예고를 함이 적당하다고 판단될 때에는 당해 행정청에 대하여 입법예고를 권고하거나 직접 예고할 수 있다(제3항).

(2) 예고방법

입법예고는 입법안의 취지, 주요내용 또는 전문을 관보 · 공보나 신문 · 방송 · 컴퓨터통신 등의 방법으로 공고함으로써 하는 것이나, 필요하다고 인정하는 때에는 관련단체 등에 예고사항을 통지할 수 있다(제42조 제1항 · 제2항).

(3) 예고기간

입법예고기간은 예고할 때 정하되, 특별한 사정이 없는 한 20일 이상으로 한다(제43조). 예고기간을 20일 미만으로 하는 경우에는 법제처장과 협의하여야 한다(법제업무규정 제14조 제4항).

(4) 의견제출 및 처리

누구든지 예고된 입법안에 대하여 그 의견을 제출할 수 있다. 행정청은 의견접수기관·의견제출기간 기타 필요한 사항을 당해 입법안을 예고할 때 함께 공고하여야 한다. 행정청은 당해 입법안에 대하여 의견이 제출된 경우 특별한 사유가 없는 한 이를 존중하여 처리하여야 한다. 행정청은 의견을 제출한 자에게 그 의견의 처리결과 및 처리이유 등을 지체없이 통지하여야 한다(제44조).

(5) 공청회

행정청은 입법안에 관하여 공청회를 개최할 수 있다(제45조).

6. 행정예고

행정청은 ① 국민생활에 매우 큰 영향을 주는 사항, ② 많은 국민의 이해가 상충되는 사항, ③ 많은 국민에게 불편이나 부담을 주는 사항, ④ 기타 널리 국민의 의견수렴이 필요한 사항에 대한 정책·제도 및 계획을 수립·시행하거나 변경하고자 하는 때에는 이를 예고하여야 한다. 법령 등의 입법을 포함하는 행정예고의 경우에는 행정예고를 입법예고로 갈음할 수 있다(제46조). 행정예고의 방법·기간, 의견제출 및 처리, 공청회에 관하여는 입법예고의 규정을 준용한다(제47조).

7. 행정지도

① 행정지도는 그 목적달성에 필요한 최소한도에 그쳐야 하며, 행정지도의 상대방의 의사에 반하여 부당하게 강요하여서는 아니 된다. 행정기관은 행정지도의 상대방이 행정지도에 따르지 아니하였다는 것을 이유로 불이익한 조치를 하여서는 아니된다(제48조).

② 행정지도를 행하는 자는 그 상대방에게 당해 행정지도의 취지·내용 및 신분을 밝혀야 하고, 행정지도가 구술로 이루어지는 경우에 상대방이 그러한 사항을 기재한 서면의 교부를 요구하는 때에는 당해 행정지도를 행하는 자는 직무수행에 특별한 지장이 없는 한 이를 교부하여야 한다(제49조).

③ 행정지도의 상대방은 당해 행정지도의 방식·내용 등에 관하여 행정기관에 의견제출을 할 수 있다(제50조).

④ 행정기관이 같은 행정목적을 실현하기 위하여 많은 상대방에게 행정지도를 하고자 하는 때에는 특별한 사정이 없는 한 행정지도에 공통적인 내용이 되는 사항을 공포하여야 한다(제51조).

Ⅵ. 행정절차의 하자(흠)

법령에 의하여 요구되는 사전통지·청문·이유부기 등의 행정절차를 결한 행정행위 등은 절차상의 요건을 충족하지 못한 행위로 흠을 띠게 된다. 이러한 절차상의 흠이 있는 행위는 당해 행위가 위법한 행정행위가 되는 것임은 물론이다. 이 경우 절차상의 흠이 중대·명백한 것일 때에는 하자의 일반이론에 따라 당해 행위는 무효인 행위가 된다고 할 것이다. 그러나 그 하자가 그 정도에 이르지 아니하여 취소할 수 있는 것에 그치는 경우에는 당해 절차상의 하자가 독자적 취소사유가 되는지의 문제가 제기된다. 그 문제는 절차상의 하자의 특성에 기인하는 것인데, 당해 행정행위는 절차상의 하자에도 불구하고 실체법적으로는 적법한 것일 수 있기 때문이다. 그러므로 이 경우에는 행정행위가 실체법상 적법함에도 불구하고 절차상의 하자만을 이유로 당해 행위를 취소하여야 하는지의 문제가 제기된다. 이 문제는 기속행위에만 제기되며, 재량행위에는 제기되지 아니한다.

이에 대하여 기속행위의 경우에는 행정청은 관계법상의 실체법적 요건이 충족되는 경우에는 당해 처분을 하여야 할 법적 기속을 받게 되므로, 다시 적법한 절차를 거쳐 절차상의 흠을 시정하여 다시 처분을 하여도 동일한 처분을 하게 될 것이므로 행정경제 또는 소송경제에 반한다는 점에서 절차상의 하자가 독자적인 취소사유가 될 수 있는지의 문제가 제기된다. 이에 대하여는 학설이 대립되어 있다.

(1) 소극설은 절차상의 하자만을 이유로 하여 행정행위를 취소할 수 없다고 보는 견해로서, 다음의 두 가지를 기본 논거로 한다. 즉 ① 절차규정은 실체법적으로 적정한 행정결정을 확보하기 위한 수단인 점에 그 본질적 기능이 있고, ② 행정청이 적법한 절차를 거쳐 처분을 하여도 동일한 처분을 반복할 수 밖에 없기 때문에 단지 절차상의 하자만을 이유로 당해 행위를 취소하는 것은 행정경제 또는 소송경제에 반한다는 것이다. 이것은 독일연방행정절차법이 취하는 입장이다.

(2) 적극설은 절차상의 하자만을 이유로 하여 행정행위를 취소할 수 있다고 보는 견해로서, 다음을 그 논거로 한다. 즉 ① 적정한 결정은 적법한 절차에 따라서만 행하여 질 수 있고, ② 기속행위의 경우에도 다시 적법한 절차를 거쳐 처분을 하는 경우에 반드시 동일한 처분을 하게 된다고는 말할 수 없으며, ③ 소극설을 취하는 경우 기속행위에 대하여는 절차적 규제의 담보수단이 없어지게 된다고 한다. 우리 행정소송법

제30조 제3항은 취소소송의 판결의 구속력과 관련하여, 「신청에 따른 처분이 절차의 위법을 이유로 취소되는 경우」를 규정하고 있는 바, 이는 실정법상으로는 적극설의 입장을 취하는 것이라 할 수 있다.

(3) 우리 판례는 「부령(1982.7.31 제742호, 자동차운수사업법 제31조 등의 규정에 의한 사업면허의 취소 등의 처분에 관한 규칙)이 정한 청문을 결하였다 하더라도 처분사유에 대한 증거가 확실한 경우에는 상대방에게 진술 또는 설명의 기회를 주지 않아도 위법이 아니다」(대판 1987.2.10, 84누350)고 판시하였으나, 「식품위생법 제64조, 동법 시행령 제37조 제1항 소정의 청문절차를 전혀 거치지 아니하거나 거쳤다고 하여도 그 절차적 요건을 제대로 준수하지 아니한 경우에는 가사 영업정지사유 등 위 법 제58조 등 소정사유가 인정된다고 하더라도 그 처분은 위법하여 취소를 면할 수 없다」(대판 1991.7.9, 91누971)고 판시하였다.

제5장 행정정보공개제도 및 개인정보보호

Ⅰ. 행정정보공개

1. 의의 및 필요성

(1) 의의

행정정보의 공개란 행정주체가 보유·관리하고 있는 각종 정보를 국민의 알 권리에 따라 공개하거나, 행정의 내부적 의사결정과정을 행정절차법상 이해관계인에게 공개하는 것을 말한다.

(2) 필요성

이러한 정보공개제도는 헌법원리로서의 국민의 '알 권리'를 실현하는 제도로서 요청된다. 그러나 한편으로 정보공개제도는 행정절차의 상대방이나 이해관계인이 행정절차에 참가하는 경우에 예비지식을 얻기 위하여 필요하다고 할 것이며, 따라서 정보공개제도는 사전절차제도의 전제로서 그 일환을 이룬다고 할 것이고, 이러한 입장에서 볼 때에는 행정법 차원의 문제라 할 것이다. 또한 실제적으로 유리건물화한 공개정부는 국민이나 주민에게 생활편익·생활보호(소비자피해·기상피해 등으로부터의 보호)를 위한 서비스를 제공할 수 있으며, 개개인에게 자기정보통제권·정정권을 행사케 함으로써 시민방어적 기능을 제공하게 된다.

2. 정보공개청구권의 법적 근거

(1) 헌법상의 알 권리

행정정보공개청구권을 국민의 '알 권리'의 본질적 요소의 하나로 보는 것이 헌법학자들의 일반적 경향이다. 다만, 우리 헌법에는 '알 권리'에 관한 명문의 규정이 없기 때문에 그의 구체적인 근거에 관해서는 견해가 다투어지고 있다. 즉 ① 표현의 자유에 관한 제21조에서 찾는 견해, ② 인간의 존엄과 가치 및 행복추구권에 관한 제10조에서 찾는 견해, ③ 헌법의 특정조항이 아니라 제21조 제1항의 표현의 자유를 비롯하여 제1

조(국민주권의 원리), 제10조(인간의 존엄 · 행복추구권), 제34조 제1항(인간다운 생활을 할 권리) 등에서 찾는 견해 등이 그것이다.

(2) 사무관리규정

대통령령인 사무관리규정은 「행정기관을 행정기관이 아닌 자가 당해 행정기관에서 보존하고 있는 문서의 열람 또는 복사를 요청하는 때에는 사유가 있는 경우를 제외하고는 이를 허가할 수 있다」(제33조 제2항)고 규정하고 있다. 대법원은 사무관리규정(대통령령)도 일반적 정보공개청구권의 법적 근거가 될 수 있다고 보고 있다.

[판례]

: ① 「일반적으로 국민은 국가기관에 대하여 기밀에 관한 사항 등 특별한 경우 이외에는 보관하고 있는 문서의 열람 및 복사를 청구할 수 있고, 정부공문서규정 제36조 제2항(현행의 사무관리규정 제87조 제4항)의 규정도 행정기관으로 하여금 일반국민의 문서열람 및 복사신청에 대하여 기밀 등의 특별한 사유가 없는 한 이에 응하도록 하고 있으므로 그 신청을 거부한 것이 위법하다고 한 원심판단은 정당하다」(대판 1989.10.24, 88누9312).

② 「부동산 소유권의 회복을 위한 입증자료로 사용하고자 청구인이 문서의 열람·복사신청을 하였으나 행정청이 이에 불응하였다 하더라도 그 불응한 행위로 인하여 청구인의 재산권이 침해당하였다고는 보기 어려우나, 청구인의 정당한 이해관계가 있는 정부보유의 정보의 개시에 대하여 행정청이 아무런 검토없이 불응한 부작위는 헌법 제21조에 규정된 표현의 자유와 자유민주주의적 기본질서를 천명하고 있는 헌법 전문, 제1조, 제4조의 해석상 국민의 정부에 대한 일반적 정보공개를 구할 권리(청구권적 기본권)로서 인정되는 '알'권리를 침해한 것이고 위 열람·복사민원의 처리는 법률의 제정이 없더라도 불가능한 것이 아니다(헌재 1989.9.4, 88헌마22).

(3) 지방자치단체의 조례

청주시의회는 1991년 11월 25일 최초로 정보공개조례를 통과시켰다. 이에 대하여 청주시장은 이 조례에는 그 근거법률이 없다는 것을 기본이유로 하여, 지방자치법 제159조에 의거 대법원에 제소되었다. 그의 주된 이유는 「행정정보공개는 그의 성격상 전국 공통의 이해관계를 가지는 것이며, 먼저 모법이 제정되고, 그 범위 안에서 조례제정이 가능한 것이다. 따라서 모법의 근거없이 제정된 정보공개조례는 법령의 범위를 일탈한 위법한 것이다」라는 것이다. 이 점에 대하여 대법원은 적법한 것이라고 판단하였다.

【판례】

:「이 사건 정보공개조례안은 행정에 대한 주민의 알 권리의 실현을 그 근본내용으로 하면서도 이로 인한 개인의 권익침해 가능성을 배제하고 있으므로 이를 들어 주민의 권리를 제한하거나 의무를 부과하는 조례라고는 단정할 수 없고, 따라서 그 제정에 있어 반드시 법률의 개별적 위임이 따로 필요한 것은 아니다」(대판 1992.6.23, 92추17).

3. 외국의 입법례

정보공개에 관하여는 스웨덴(1949년)과 미국(1967년)에 이어 1970년대 이후 덴마크(1970년)·프랑스(1978년)·호주(1982년) 등 현재까지 10여개 국가인 것으로 알려지고 있다. 그 중 대표적인 미국의 정보자유법의 내용을 보면 ① 누구든지 연방행정기관의 보유정보의 공개를 청구할 수 있으며, ② 공개거부에 대하여는 사법적 구제를 청구할 수 있다고 규정하고 있으며, ③ 공개원칙에 대하여 국가안전보장·범죄수사 등의 기록·기업관련정보·프라이버시에 관한 정보·행정기관의 내부문서 등을 내용으로 하는 9개항의 적용예외사항에 해당되지 아니하는 한 모두 공개하여야 한다고 규정하고 있다.

4. 공공기관의 정보공개에 관한 법률의 주요내용

(1) 목적 및 적용범위

1) 목적

이 법은 공공기관이 보유·관리하는 정보의 공개의무 및 국민의 정보공개청구에 관하여 필요한 사항을 정함으로써 국민의 알 권리를 보장하고 국정에 대한 국민의 참여와 국정운영의 투명성을 확보함을 목적으로 한다(제1조).

2) 적용범위

정보의 공개에 관하여는 다른 법률에 특별한 규정이 있는 경우를 제외하고는 이 법이 정하는 바에 의한다(제4조 제1항). 그러나 국가안전보장과 관련된 정보분석을 목적으로 수집되거나 작성된 정보에 대하여는 이 법을 적용하지 아니 한다(제3항). 지방자치단체는 그 소관사무에 관하여 법령의 범위 안에서 정보공개에 관한 조례를 정할 수 있다(제2항).

(2) 정보공개의 원칙 및 공개대상정보

① 공공기관이 보유・관리하는 정보는 이 법이 정하는 바에 따라 공개하여야 한다(제3조). 이는 정보공개가 원칙이고 비공개가 예외임을 명백히 한 것이다. ② 공개대상정보는 공공기관이 직무상 작성 또는 취득하여 관리하고 있는 문서・도면・사진・필름・테이프・슬라이드 및 컴퓨터에 의하여 처리되는 매체 등에 기록된 사항을 말한다(제2조 제1항). 널리 공문서의 성격을 갖는 모든 기록물을 공개의 대상으로 하고 있다.

(3) 정보공개청구권자

모든 국민은 이 법에서 정하고 있는 공개대상정보의 공개를 청구할 수 있는 권리를 가진다. 외국인의 정보공개청구권에 관하여는 대통령령으로 정한다(제6조).

(4) 비공개대상정보

제7조에서는 비공개정보의 대상을 ① 다른 법률 또는 법률에 의한 명령에 의하여 비밀로 유지되거나 비공개사항으로 규정된 정보(제1호), ② 공개될 경우 국가안전보장・국방・통일・외교관계 등 국가의 중대한 이익을 해할 우려가 있다고 인정되는 정보(제2호), ③ 공개될 경우 국민의 생명・신체 및 재산의 보호 기타 공공의 안전과 이익을 현저히 해할 우려가 있다고 인정되는 정보(제3호), ④ 진행중인 재판에 관련된 정보와 범죄의 예방, 수사, 공소의 제기 및 유지, 형의 집행, 교정, 보안처분에 관한 사항으로서 공개될 경우 그 직무수행을 현저히 곤란하게 하거나 형사피고인의 공정한 재판을 받을 권리를 침해한다고 인정할 만한 상당한 이유가 있는 정보(제4호), ⑤ 감사・감독・검사・시험・규제・입찰계약・기술개발・인사관리・의사결정과정 또는 내부검토과정에 있는 사항 등으로서 공개될 경우 업무의 공정한 수행이나 연구・개발에 현저한 지장을 초래한다고 인정할 만한 상당한 이유가 있는 정보(제5호), ⑥ 당해 정보에 포함되어 있는 이름・주민등록번호 등에 의하여 특정인을 식별할 수 있는 개인에 관한 정보(제6호), ⑦ 법인, 단체 또는 개인의 영업상 비밀에 관한 사항으로서 공개될 경우 법인 등의 정당한 이익을 현저히 해할 우려가 있다고 인정되는 정보(제7호), ⑧ 공개될 경우 부동산투기・매점매석 등으로 특정인에게 이익 또는 불이익을 줄 우려가 있다고 인정되는 정보(제8호) 등 8개 사항을 정하고 있다.

그러나 이러한 정보의 경우에도 기간의 경과 등으로 인하여 비공개의 필요성이 없어진 경우에는 당해 정보를 공개대상으로 하여야 한다(동조 제2항).

(5) 정보공개의 절차

1) 정보공개의 청구방법(제8조)

① 정보의 공개를 청구하는 자(이하 '청구인'이라 한다)는 당해 정보를 보유하거나 관리하고 있는 공공기관에 다음 각호의 사항을 기재한 정보공개청구서를 제출하여야 한다.

1. 청구인의 이름・주민등록번호 및 주소
2. 공개를 청구하는 정보의 내용 및 사용목적

② 정보공개청구의 대상이 이미 널리 알려진 사항이거나 청구량이 과다하여 정상적인 업무수행에 현저한 지장을 초래할 우려가 있는 경우에는 청구된 정보의 사본 또는 복제물의 교부를 제한할 수 있다.

③ 제1항 및 제2항에 규정된 사항 외에 정보공개의 청구에 관하여 필요한 사항은 국회규칙・대법원규칙・헌법재판소규칙・중앙선거관리위원회규칙 및 대통령령으로 정한다.

2) 정보공개여부의 결정(제9조)

① 공공기관은 제8조의 규정에 의하여 정보공개의 청구가 있는 때에는 청구를 받은 날부터 15일 이내에 공개여부를 결정하여야 한다.

② 공공기관은 부득이한 사유로 제1항에 규정된 기간내에 공개여부를 결정할 수 없는 때에는 그 기간의 만료일 다음날부터 기산하여 15일의 범위내에서 공개여부 결정기간을 연장할 수 있다. 이 경우 공공기관은 연장이유를 청구인에게 지체없이 서면으로 통지하여야 한다.

③ 공공기관은 공개대상 정보의 전부 또는 일부가 제3자와 관련이 있다고 인정되는 때에는 공개청구된 사실을 제3자에게 지체없이 통지하여야 하며, 필요한 경우에는 그에 대한 의견을 청취할 수 있다.

④ 정보공개를 청구한 날부터 30일 이내에 공공기관이 공개여부를 결정하지 아니한 때에는 비공개의 결정이 있는 것으로 본다.

3) 정보공개심의회(제10조)

공공기관은 청구된 정보공개여부를 심의하기 위하여 정보공개심의회를 설치・운영한다. 정보공개심의회의 구성・운영 및 기능 등에 관하여 필요한 사항은 국회규칙・대법원규칙・헌법재판소규칙・중앙선거관리위원회규칙 및 대통령령으로 정한다.

4) 정보공개여부의 통지(제11조)

① 공공기관은 제9조의 규정에 의하여 정보의 공개를 결정한 때에는 공개일시·공개장소 등을 명시하여 청구인에게 통지하여야 한다.

② 공공기관은 제1항의 규정에 의하여 정보를 공개함에 있어 당해 정보의 원본이 오손 또는 파손될 우려가 있거나 그밖에 상당한 이유가 있다고 인정될 때에는 당해 정보의 사본 등을 공개할 수 있다.

③ 공공기관은 제9조의 규정에 의하여 정보의 비공개결정을 한 때에는 그 내용을 청구인에게 지체없이 서면으로 통지하여야 한다. 이 경우 비공개사유·불복방법 및 불복절차를 명시하여야 한다.

5) 부분공개(제12조)

공공기관은 공개청구한 정보가 비공개정보에 해당하는 부분과 공개가 가능한 부분이 혼합되어 있는 경우에는 공개청구의 취지에 어긋나지 아니하는 범위 안에서 두 부분을 분리할 수 있는 때에는 비공개부분을 제외하고 여타 부분을 공개하여야 한다.

6) 즉시 처리가 가능한 정보의 공개절차(제13조)

즉시 또는 구술처리가 가능한 정보의 공개절차 등에 관하여는 대통령령으로 정한다.

7) 청구인의 의무(제14조)

청구인은 이 법의 규정에 의하여 취득한 정보를 청구한 목적에 따라 적정하게 사용하여야 한다.

8) 비용부담(제15조)

① 정보의 공개 및 우송 등에 소요되는 비용은 실비의 범위 안에서 청구인의 부담으로 한다.

② 공개를 청구하는 정보의 사용목적이 공공복리의 유지·증진을 위하여 필요하다고 인정되는 경우에는 제1항의 규정에 의한 내용을 감면할 수 있다.

③ 제1항의 규정에 의한 비용 및 징수 등에 관하여 필요한 사항은 국회규칙·대법원규칙·헌법재판소규칙·중앙선거관리위원회규칙 및 대통령령으로 정한다.

(6) 불복구제절차

1) 공공기관의 비공개결정에 대한 청구인의 불복절차

(가) 이의신청(제16조)

① 청구인이 정보공개와 관련하여 공공기관의 처분 또는 부작위로 인하여 법률상 이익의 침해를 받은 때에는 공공기관으로부터 정보공개여부의 결정통지를 받은 날 또는 제9조 제4항의 규정에 의한 비공개의 결정이 있는 것으로 보는 날부터 30일 이내에 당해 공공기관에 서면으로 이의신청을 할 수 있다.

② 공공기관은 이의신청을 받은 날부터 7일 이내에 그 이의신청에 대하여 결정하고 그 결과를 청구인에게 지체없이 서면으로 통지하여야 한다.

③ 공공기관은 이의신청을 각하 또는 기각하는 결정을 한 때에는 청구인에게 행정심판 또는 행정소송을 제기할 수 있다는 취지를 제2항의 규정에 의한 결과통지와 함께 통지하여야 한다.

(나) 행정심판(제17조)

① 청구인이 정보공개와 관련하여 공공기관의 처분 또는 부작위로 인하여 법률상 이익의 침해를 받은 때에는 행정심판법이 정하는 바에 따라 행정심판을 청구할 수 있다. 이 경우 국가 및 지방자치단체 외의 공공기관의 처분 또는 부작위에 대한 재결청은 관계중앙행정기관의 장으로 한다.

② 청구인은 제16조의 규정에 의한 이의신청절차를 거치지 아니하고 행정심판을 청구할 수 있다.

③ 행정심판위원회의 위원 중 정보공개여부결정에 관한 행정심판에 관여하는 위원은 재직 중은 물론 퇴직 후에도 그 직무상 알게 된 비밀을 누설하여서는 안된다.

④ 제3항의 위원에 대하여는 형법 기타 법률의 벌칙적용에 있어서 이를 공무원으로 본다.

(다) 행정소송(제18조)

① 청구인이 정보공개와 관련하여 공공기관의 처분 또는 부작위로 인하여 법률상 이익의 침해를 받은 때에는 행정소송법이 정하는 바에 따라 행정소송을 제기할 수 있다.

② 재판장은 필요하다고 인정하는 때에는 당사자를 참여시키지 아니하고 제출된 공개청구정보를 비공개로 열람·심사할 수 있다.

③ 재판장은 재판의 대상이 제7조 제1항 제2호의 규정에 의한 정보 중 국가안전보장·국방 또는 외교에 관한 정보의 비공개결정처분인 경우에 공공기관이 그 정보에 대한 비밀지정의 절차, 비밀의 등급·종류 및 성질과 이를 비밀로 취급하게 된 실질적인 이유 및 공개를 하지 아니하는 사유 등을 입증하는 때에는 당해 정보를 제출하지 아니하게 할 수 있다.

2) 공공기관의 정보공개결정에 대한 제3자의 불복절차(제19조)

자신과 관련된 정보의 공개청구에 대하여 공공기관에 의하여 그 사실을 통지받은 제3자는 통지받은 날부터 3일 이내에 당해 정보를 공개하지 아니할 것을 요청할 수 있다(제1항). 제1항의 규정에 의한 비공개요청을 받은 공공기관이 당해 제3자의 의사에 반하여 공개하고자 하는 경우에는 공개사유를 명시하여 서면으로 통지하여야 하며, 공개통지를 받은 제3자는 당해 공공기관에 서면으로 이의신청을 하거나 행정심판 또는 행정소송을 제기할 수 있다. 이 경우 이의신청은 통지받은 날로부터 7일 이내에 하여야 한다(제2항).

Ⅱ. 개인정보보호제도

① 오늘날에는 기술한 바와 같이 정부 등이 모든 정보를 전산처리하여 확보·관리하게 됨으로써 정부나 지방자치단체에 의한 주민통제가 보다 용이하게 되는 반면, 개인의 사생활을 쉽게 침범할 수 있게 되어 개인정보의 보호의 문제가 제기된다. 이러한 정보화사회가 가져다주는 개인정보보호의 위험에 대처하기 위하여 각국에서는 개인정보보호를 위한 입법이 강구된지 오래다.

② 1968년 국제연합이 '인권과 과학기술의 발전'에 관한 연구보고서에서 개인정보보호를 위하여 취하여야 할 최저한도의 국제기준을 제시한 후 1973년에 스웨덴이 세계 최초로 개인정보보호법을 제정하였고, 그 후 미국의 1974년 '프라이버시'법과 1988년 '컴퓨터'연결 및 '프라이버시'보호법, 프랑스의 1978년 행정과국민간의관계개선에관한법률, 영국의 1984년 개인정보보호법, 일본의 1989년 행정기관이보유하는전자계산기처리에따른개인정보보호법 등이 대표적 예이다.

③ 우리나라에서도 그에 관한 법률의 제정이 요청되던 중 1994년에 제정되고, 1995년에 시행된 「공공기관의개인정보보호에관한법률」에 의하여 개인정보를 보호하고 있다. 동법에는 개인정보보호를 위한 많은 장치가 마련되어 있는데, 개인정보의 수집제

한(제4조), 개인정보의 안정성확보 등(제9조), 처리정보의 이용 및 제공의 제한(제10조), 처리정보의 열람제한(제11조) 등이 그에 해당한다.

제 4 편

행정의 실효성확보수단

제1장 개 설

행정법관계에 있어서 행정주체는 행정법규 또는 그에 의거한 행정처분에 의하여 국민에게 일정한 의무를 명하고, 그 의무를 국민이 행정법규를 위반하지 않고 행정처분에 의해 부과된 의무를 이행함으로써 행정목적이 실효성 있게 달성될 수 있다. 그런데 의무자인 국민이 이러한 행정법상의 의무를 이행하지 아니하거나 위반하면 행정목적의 실현을 확보하기 어렵게 된다. 따라서 행정주체는 이러한 행정상의 의무를 이행하지 않거나 그 의무를 부담하는 자가 이를 위반한 경우 그 행정목적의 실현을 확보하고 행정법규 그 자체의 실효성을 확보하기 위하여 강제적 수단이 필요하게 된다.

전통적으로 이러한 행정의 실효성확보수단으로는 행정강제(강제집행 · 즉시강제)와 행정벌(행정형벌 · 질서벌)이 있다. 전자의 경우는 행정목적을 실현하기 위하여 사람의 신체 또는 재산에 실력을 가하여 행정상 필요한 상태를 실현하는 행정권의 사실상의 작용이며, 후자의 경우는 과거의 의무위반에 대하여 일정한 제재를 과함으로써 행정법규위반에 대한 제재를 직접목적으로 하면서도 간접적으로 의무자에게 심리적 압박을 가함으로써 의무이행을 촉진시키는 수단으로서의 의미를 가진다.

행정강제와 행정벌 외에도 행정상 의무이행을 강제하는 수단에는 과거부터 허가 · 인가의 철회 · 정지 등의 불이익을 과함으로써 의무이행을 심리적으로 압박하는 방법이 있었으며, 최근에는 법령상 과징금 · 가산금이나 수도 · 전기의 공급을 거부하는 수단이 새로운 의무이행확보수단으로 행해지고 있으며, 또한 법령상의 구체적 근거는 없으나 행정법상의 의무위반자 명단의 공표도 그 의무이행확보를 위한 목적으로 행하여지는 경우가 적지 않다.

제2장 행정강제

제1절 개 설

1. 의의

행정강제라 함은 행정주체가 행한 행정행위의 내용으로서 행정목적의 실현을 확보하기 위하여 행정객체의 신체 또는 재산에 실력을 가하여 행정상 필요한 상태를 실현하는 행정권의 사실상의 작용을 말한다.

2. 종류

우리나라의 행정강제법제는 프로이센계의 독일법제에 가깝다. 프로이센계의 독일법제에서는 행정강제를 행정상의 강제집행과 행정상의 즉시강제로 나누는 것이 보통이다.

(1) 행정상 강제집행

행정상 강제집행은 법령 또는 그에 기한 행정처분에 의하여 과하여진 행정법상의 의무의 불이행에 대하여 행정청이 의무자에게 심리적 압박을 가하거나 또는 그 신체·재산에 실력을 가하여 장래에 향하여 그것을 이행하거나 이행한 것과 동일한 상태를 실현하는 작용을 말한다.

(2) 행정상 즉시강제

행정상 즉시강제는 의무의 불이행을 전제로 하지 않고 목전에 급박한 행정상의 장해를 제거해야 할 필요가 있는 경우에 미리 의무를 명할 시간적 여유가 없거나 성질상 의무를 명해 가지고는 목적을 달성하기 어려울 때, 행정청이 직접 국민의 신체 또는 재산에 실력을 가하여 행정상 필요한 상태를 실현하는 작용이다.

(3) 양자의 구별

양자는 실력으로 필요한 상태를 실현시키는 사실행위인 점에서는 서로 같으나 발동원인 및 성질을 달리한다. 즉 행정상 강제집행은 의무의 존재 및 그 불이행을 전제로 하는데, 행정상의 즉시강제는 선행하는 의무자체가 존재하지 아니하며, 따라서 그 불이행을 전제로 하지 않는다.

제2절 행정상 강제집행

Ⅰ. 서설

1. 의의

행정상강 제집행이란 행정법상의 의무의 불이행에 대하여 행정기관이 의무자의 신체 또는 재산에 실력을 가함으로써 장래에 향하여 그 의무를 이행시키거나 또는 이행이 있었던 것과 동일한 상태를 실현하는 행정작용을 말한다.

2. 다른 개념과의 구별

(1) 민사상의 강제집행과의 구별

민사상의 강제집행이 행하여지기 위해서는 집행될 청구권의 존재가 국가기관(법원·공증인)에 의하여 확인 내지 인식되고, 판결이나 집행증서 등의 채무명의(집행명의)가 발행되어 있는 것을 전제로 채권자가 국가의 집행기관에 집행을 구할 수 있다. 이에 대하여 행정상 강제집행은 의무를 과하고 그 이행을 청구하는 행정기관이 법원, 그 외의 제3기관의 개입을 거치지 않고 스스로 그 의무의 존재를 확인하고 독자적인 강제수단에 의하여 집행을 행하는 자력집행력이 있는 점에서 차이가 있다.

(2) 행정벌과의 구별

행정상 강제집행과 행정벌은 다같이 행정법상의 의무불이행에 대하여 그 이행을 확보하는 수단이라는 점에서 공통성을 가진다. 그러나 ① 행정상 강제집행은 장래에 향하여 의무이행을 강제하는 것을 직접목적으로 하고 있는데 대하여, ② 행정벌은 직접적으로는 과거의 의무불이행에 대하여 제재를 과함을 목적으로 하며, 행정법상의 의무이행의 확보는 간접적인 효과에 지나지 않는 점에 차이가 있다. 또한 ③ 양자는 그 직접의 목적을 달리하기 때문에 같은 의무의 불이행에 대하여 한편으로 강제집행을 하면서 동시에 행정벌을 과할 수도 있다.

(3) 행정상 즉시강제와의 구별

행정상 강제집행은 행정상 필요한 상태를 실현시키기 위한 행정청의 강제집행수단이라는 점에서 행정상 즉시강제와 같으나, 행정상 강제집행은 미리 부과된 행정법상의 의무의 존재와 그 불이행을 전제로 하는데 비하여, 행정상 즉시강제는 이를 전제로 하지 않고 즉시에 실력을 행사하는 점에서 구별된다.

Ⅱ. 행정상 강제집행의 근거

1. 이론적 근거

행정상의 강제집행의 근거에 관하여 종래의 대륙법계 여러 나라에서는 행정상의 강제집행권을 부여하는 실정법상의 특별한 근거가 없는 경우에도 당연히 강제집행을 할 수 있다고 보는 것이 일반적이었다(직권 집행설, 직권 강제설). 그러나 행정상 강제집행을 위해서는 의무를 명하는 법규와는 별도로 그 의무의 이행을 강제하는데 필요한 법적 근거가 있어야 한다는 것이 오늘날 국내외의 통설이다(법규설, 법적 실효설).

2. 실정법적 근거

우리나라의 행정상 강제집행에 관한 근거법으로는 대집행에 관한 일반법으로서의 행정대집행법 및 행정상 강제징수에 관한 일반법인 국세징수법이 있으며, 그 외에 개별법으로는 출입국관리법(제59조), 공익사업을위한토지등의취득및보상에관한법률(제89조), 군사시설보호법(제6조), 방어해면법(제7조) 등이 있다.

Ⅲ. 행정상 강제집행의 수단

1. 대집행

(1) 대집행의 의의

대집행이란 법령 또는 그에 의거한 행정처분에 의하여 명하여진 의무로서 타인이 갈음하여 행할 수 있는 의무, 즉 대체적 작위의무에 대한 강제수단으로서 의무자가 대체적 작위의무를 이행하지 않은 경우에 당해 행정청이 그 의무를 스스로 행하거나 또는 제3자로 하여금 이를 행하게 함으로써 의무의 이행이 있었던 것과 동일한 상태를 실현시킨 후 그 비용을 의무자로부터 징수함을 말한다(행정대집행법 제2조).

(2) 대집행권의 주체

대집행을 할 수 있는 자는 당해 행정청이다(행정대집행법 제2조). 여기서 당해 행정청이라 함은 당초에 의무를 명하는 행정행위를 한 행정기관(처분청)을 말한다.

(3) 대집행의 요건

1) 대체적 작위의무의 불이행이 있을 것

(가) 대체적 작위의무

대집행의 대상인 의무는 대체적 작위의무에 한한다. 따라서 일신전속적이거나 고도로 기술적이어서 대체성이 없는 비대체적 작위의무(예, 증인출석 의무, 전문가의 감정의무, 의사의 진료의무)·부작위의무(예, 허가 없이 영업하지 아니할 의무)·수인의무(예, 예방접종, 건강진단을 받을 의무)는 대집행의 대상이 되지 않는다.

(나) 토지·물건의 인도의무의 대상 여부

토지나 건물을 점유하고 있는 사람의 퇴거는 대체적 작위의무로 볼 수 없으므로 토지·건물의 명도는 대집행의 대상이 되지 않는다는 것이 다수설·판례의 견해이다.

(다) 부작위의무의 작위의무로의 전환

부작위의무위반의 위반시, 곧 대집행을 할 수는 없다. 그러나 먼저 대체적 작위의무를 발하고 그의 불이행을 이유로 대집행을 할 수 있다. 예컨대 건축금지의 의무위반에 대하여 철거명령을 발하고 그의 불이행에 대하여 대집행을 하는 경우이다.

2) 다른 수단으로는 그 이행을 확보하기 곤란할 것(보충성)

이는 광의의 비례원칙(과잉금지의 원칙)의 요소로서 최소침해의 원칙을 명문화 한 것으로 볼 수 있다. 그러나 사실상 대집행보다 더 작은 침해를 가하는 다른 수단이 없으므로 이 요건은 별도로 의미가 없다.

3) 그 불이행을 방치함이 심히 공익을 해치는 것으로 인정될 것

어떤 사실이 이 요건에 해당하는 가는 구체적으로 판단해야 한다. 그리고 그 판단(요건충족 여부)의 성질에 대하여 사안에 따라 ① 이 요건의 존부에 관해서는 전면적인 사법심사의 대상이 된다는 견해와 ② 불확정개념으로서 행정청의 판단여지가 일정한 한계내에서 인정된다는 견해가 있다. 판례는 재량행위로 보는 경향에 있으나 최근에는 사법적 판단의 대상으로 하고 있다.

(4) 대집행의 절차

대집행은 계고→대집행영장에 의한 통지→대집행의 실행→대집행비용징수의 4단계로 이루어진다. 이러한 4단계의 행위는 각각 독립된 것이 아니고 서로 결합하여 대집행이라는 하나의 효과를 완성하게 되는 것이기 때문에 선행행위의 하자는 후행행위에 승계된다.

1) 계고

(가) 의의

행정청은 대집행을 하려면 상당한 이행기간을 정하여 그 기한까지 이행하지 아니할 때에는 대집행을 한다는 뜻을 문서로써 계고하여야 한다(행정대집행법 제3조 제1항).

(나) 성질

계고란 의무의 이행을 최고함과 동시에 일정한 기한까지에 그 의무가 이행되지 아니하는 경우에는 대집행을 할 뜻의 통지행위이며, 이는 준법률행위적 행정행위라는 것이 통설·판례의 입장이다. 따라서 위법한 계고에 대하여는 항고소송의 대상이 될 수 있다. '상당한 이행기간'이 어느 정도인지는 사회통념에 따라 결정되어야 할 문제이지만 적어도 상대방의 이행이 객관적으로 가능한 기간이어야 한다.

(다) 요건

대집행의 요건은 계고를 할 때에 이미 충족되어야 한다. 따라서 의무를 명하는 행정행위와 계고와는 결합시킬 수 없다. 다만, 의무를 과하는 처분을 할 때에 이미 대집행요건이 충족될 것이 명백하고 급속한 실시를 요하는 아주 긴급한 사유가 있는 경우에는 양자의 결합을 예외적으로 인정할 수 있다고 본다.

(라) 효과

계고는 대집행영장을 발급하고 대집행을 하는 데 전제가 되는 것이므로 행정처분이며 항고소송의 대상이 된다.

(마) 생략

계고절차는 '비상시 또는 위험이 절박한 경우에 있어서 당해 행위의 급속한 실시를 요하여 계고절차를 취할 여유가 없을 때'에는 계고 없이 대집행할 수 있다(동법 제3조 제3항). 또한 건축법도 위법한 건축물의 건축 등에 관하여 '특히 필요하다고 인정하는 경우'에는 계고절차를 거치지 아니하고 대집행을 할 수 있다고 규정하고 있다(건축법 제74조).

2) 대집행영장에 의한 통지

의무자가 계고를 받고도 지정기한까지 그 의무를 이행하지 아니하는 경우에는 당해 행정청은 대집행영장으로써 대집행을 할 시기, 대집행을 시키기 위하여 파견하는 집행책임자의 성명과 대집행에 요하는 비용의 계산에 의한 견적액을 의무자에게 통지하여야 한다. 이러한 대집행영장의 성질을 준법률행위적 행정행위인 통지행위라고 한다. 대집행영장에 의한 통지도 법률에 다른 규정이 있거나, 비상시 또는 위험이 절박하여 통지를 할 만한 여유가 없을 때에는 통지를 생략할 수 있다.

3) 대집행의 실행

대집행의 실행이란 의무가 이행된 것과 같은 상태를 실현하기 위하여 물리적으로 행하는 실력행사를 말한다. 따라서 대집행의 실행은 권력적 사실행위의 성질을 가진다. 대집행은 행정청 또는 제3자에 의하여 실행되며, 대집행을 하기 위하여 현장에 파견되는 집행책임자는 그가 집행책임자라는 것을 표시한 증표를 휴대하여 대집행시에 이해관계인에게 제시하여야 한다(제4조).

대집행의 실행에 대하여 의무자는 수인할 의무가 있다. 만일 이에 항거하는 경우는 공무집행방해죄(형법 제136조)의 구성요건에 해당되느냐에 관하여는 견해가 대립되고 있다.

4) 비용징수

대집행에 소요된 모든 비용은 당해 행정청이 의무자로부터 징수한다. 비용의 징수는 그 금액과 납부기일을 정하여 의무자에게 문서로써 그 납부를 명하여야 한다. 의무자가 스스로 그 납부기한까지 납부하지 않을 때에는 국세징수법의 예에 의하여 강제징수한다(제6조 제1항).

대집행에 소요한 비용에 대하여는 행정청은 사무비의 소속에 따라 국세에 다음가는 순위의 선취득권을 가지며, 징수된 비용은 사무비의 소속에 따라 국고 또는 지방자치단체의 수입으로 한다(제6조 제2항·3항).

(5) 대집행에 대한 구제

1) 대집행의 실행완료 전

대집행에 대하여 불복이 있는 자는 행정심판의 제기를 통하여 위법 또는 부당한 대집행의 정지를 구할 수 있다. 당해 행정청에 대해서는 이의신청의 제기가 가능하고, 직접상급행정청에 대해서는 행정심판을 제기할 수 있으며(제7조 제1항), 당해 행정청에 행정심판을 제기한 자는 다시 행정심판을 제기하지 못한다(제7조 제2항).

그런데 대집행은 4단계의 절차로 되어 있기 때문에 대집행에 대한 행정쟁송이 인정되는 경우에 있어서도 구체적으로 대집행절차의 어느 단계의 행위를 대상으로 하여 쟁송을 제기할 수 있는가의 문제가 있다. 즉 대집행의 계고나 대집행영장에 의한 통지는 대집행절차의 일부를 이루는데 지나지 않고, 독립된 처분으로 볼 수 없으므로 행정쟁송의 대상이 되지 않는다는 견해도 있을 수 있으나 계고나 통지는 행정쟁송의 대상이 될 수 있다는 것이 통설 · 판례이다.

2) 대집행의 실행완료 후

대집행의 실행은 단기간에 완료되는 것이 보통이므로 소의 이익이 없다는 것이 일반적이다. 따라서 대집행의 실행이 완료한 경우에는 대집행의 취소나 변경에 대한 소익이 없으므로 대집행의 위법을 이유로 손해배상청구를 하거나, 대집행비용청구의 취소를 구하는데 그칠 수밖에 없다. 그러나 대집행의 실행이 완료된 후에도 그 대집행의 취소로 회복될 법률상 이익이 있는 경우에는 그 취소를 구하는 행정쟁송을 제기할 수 있다(행정심판법 제9조 제1항, 행정소송법 제12조)고 본다.

그리고 이러한 법률상 이익이 인정되지 않아 비록 취소쟁송을 제기할 수 없는 경우라 할지라도, 무효를 이유로 손해배상 또는 원상회복 등을 당사자소송 또는 민사소송으로 청구할 수 있다. 또한 비용징수에 대하여도 비용액의 과액 또는 납기일에 대하여 쟁송을 제기할 수 있다.

2. 집행벌(이행강제금)

(1) 의의

집행벌이란 부작위의무 또는 비대체적작위의무를 이행하지 않는 경우에 그 의무를 강제로 이행시키기 위하여 부과하는 금전부담이다. 집행벌은 일정한 기간 내에 의무를 이행하지 않을 때에는 일정한 과태료를 과한다는 뜻을 미리 계고하여 그에 따른 심리적 압박을 주어 장래에 그 의무를 이행하게 하려는 간접적인 강제집행수단의 일종이다. 이러한 점에서 집행벌은 과거의 의무위반에 대한 제재로서 과하는 행정벌과는 다르다. 또한 집행벌은 행정벌과 그 성질·목적을 달리하므로 병과될 수 있으며, 의무가 이행될 때까지 계속적으로 부과하는 것도 가능하나, 행정벌은 과거에 대한 일회적 제재에 그친다. 집행벌은 과거 일제하의 행정집행령에서는 일반적인 규정이 있었으나 현재로서는 건축법·농지법 등에서 예외적으로만 인정되고 있다.

(2) 근거

직접강제에 관한 일반법은 없으나 각 단행법규에 예외적으로 인정되고 있다. 이러한 예로는 건축법 제83조의 이행강제금, 농지법 제65조의 이행강제금, 부동산실권리자명의등기에관한법률상의 이행강제금 등이 있다.

(3) 구제수단

① 강제금처분에 불복이 있는 자는 그 처분의 고지를 받은 날로부터 30일 이내에 당해 부과권자에게 이의를 제기할 수 있다(건축법 제83조 제6항). ② 이 경우에 부과권자는 지체없이 관할법원에 그 사실을 통보하여야 하며, 그 통보를 받은 관할법원은 비송사건절차법에 의한 강제금(과태료)재판을 한다(동법 제82조 제4항).

3. 직접강제

(1) 의의

직접강제란 행정법상의 의무위반 또는 불이행이 있는 경우에, 직접적으로 의무자의 신체 또는 재산에 실력을 가하여 의무의 이행이 있었던 것과 동일한 상태를 실현하는 작용을 말한다. 예컨대 식품의약품안전청장, 시·도지사, 시장·군수 또는 구청장이 무허가·허가가 취소되거나 영업소의 폐쇄명령을 받은 후에 계속하여 영업을 하는 경우에 있어서 영업소의 폐쇄조치를 하는 경우 등이다.

이러한 직접강제는 작위의무(대체적·비대체적 작위의무)·부작위의무 및 수인의무 등 모든 의무의 불이행에 대하여 활용될 수 있다.

(2) 구별개념

① 직접강제는 의무의 부과 및 의무의 불이행을 전제로 하는 점에서 의무불이행을 전제로 하지 않는 행정상 즉시강제와 구별된다.

② 직접강제는 의무자의 신체·재산에 실력을 가하여 직접 의무이행의 상태를 실

현하는 것인 점에서 대집행과 구별된다.

③ 직접강제는 행정법규위반상태를 초래하고 있는 재산 자체를 배제하는 점에서 금전급부의무의 강제수단인 행정상 강제징수와 구별된다.

(3) 근거

(구)행정집행령에서는 일반적 규정이 있었으나, 현재는 기본권존중의 측면에서 일반법은 없고, 개별법으로 출입국관리법 제46조의 강제퇴거 및 선박수색, 군사시설보호법 제4조의 퇴거의 강제, 공중위생관리법 제11조의 영업소나 제조업소의 폐쇄조치, 식품위생법 제62조의 영업소의 폐쇄조치, 집회및시위에관한법률 제18조의 해산요청불응시의 데모군중강제해산 등이 있다.

(4) 한계

직접강제는 행정상 강제집행수단 중에서도 가장 강력한 수단이라 할 수 있으므로, 국민의 기본권을 침해할 가능성이 높다. 따라서 직접강제에는 비례의 원칙 및 적법절차의 원칙에 따라 보다 엄격한 절차법적·실체법적 통제가 가해져야 하며, 최후수단으로서 활용되어야 한다(보충성의 원칙).

(5) 직접강제의 선별적 도입의 확대

현행법상 직접강제는 일반적 규정을 두고 있지 않고 예외적으로 개별법에 단편적으로 규정되어 있기 때문에 절차적 미비로 말미암아 오히려 현실적으로 위법 내지 탈법적 행정강제가 행해질 위험이 있다. 따라서 직접강제의 제도적 정비와 함께 직접강제의 상대방 개인의 보호뿐만 아니라 직접강제에 의하여 확보되는 일반공중의 이익이나 사회질서 등을 중시하여야 함을 이유로 직접강제수단의 선별적 도입확대가 주장되고 있다.

현행법상 우리 제도는 부작위의무와 같이 대집행수단이 사용될 수 없는 경우에도 관계법상 직접강제수단이 규정되어 있지 않은 것이 일반적이다. 그리하여 일정한 행정작용 또는 행정영역에 있어서 선별적으로 직접강제를 확대도입할 필요성이 있다고 본다. 이에 따라 안전관리분야, 식품제조분야, 의약품제조분야, 환경보전분야 기타 사회질서에 관련된 분야에서 차츰 직접강제수단이 확대되고 있다.

4. 행정상 강제징수

(1) 의의

행정상 강제징수란 국민이 국가 등 행정주체에 대한 행정법상의 금전급부의무를 이행하지 않는 경우에 행정청이 의무자의 재산에 실력을 가하여 의무의 이행이 있었던 것과 같은 상태를 실현하는 행정상의 강제집행을 말한다.

(2) 근거

강제징수에 관한 일반법으로는 국세징수법이 있다. 원래 국세징수법은 국세의 강제징수에 관한 법이지만, 지방세법・토지보상법・보조금의예산및관리에관한법률 등 수많은 법률이 국세체납처분의 예에 의하여 강제징수하도록 규정하고 있어 동법은 행정상 강제징수에 관한 사실상 일반법적 지위를 지닌다.

(3) 절차

국세징수법에 의한 강제징수절차는 독촉 및 체납처분으로 나누어지며, 체납처분은 다시 재산압류, 압류재산의 매각, 청산(충당)의 3단계로 나누어진다.

1) 독촉

(가) 방식

국세를 그 납부기한까지 완납하지 아니한 때에는 세무서장・시장 또는 군수는 납기경과 후 15일 이내에 독촉장을 발부하여야 한다(국세징수법 제23조 제1항). 또한 세무서장은 제2차 납세의무자가 체납액을 그 납부기한까지 완납하지 아니한 때에는 15일 이내에 납부최고서를 발부하여야 한다(제23조 제2항). 이러한 독촉장 또는 납부최고서를 발부하는 때에는 납부기한을 발부일로부터 10일 내로 한다.

(나) 성질

독촉이란 상당한 이행기간을 정하여 납세의무자에게 의무의 이행을 최고하고, 그 의무가 이행되지 않을 경우에는 체납처분을 예고하는 통지행위인 준법률행위적 행정행위에 해당한다. 다만 납기전 징수의 경우에는 예외적으로 독촉없이 다음 단계의 절차를 진행시킬 수 있다(제23조 제1항 단서).

(나) 가산금

국세를 납부기한까지 완납하지 아니한 때에는 그 납부기한이 경과한 날로부터 체납된 국세에 대하여 100분의 5에 상당하는 가산금을 징수하여(제21조), 납부기한이 경과한 날로부터 매1월이 경과할 때마다 체납된 국세의 100분의 12에 상당하는 중가산금을 징수하되, 중가산금을 가산하여 징수하는 기간은 60월을 초과하지 못한다(제22조 제1항). 다만, 체납된 국세가 50만원 미만인 때에는 중가산금을 징수하지 않는다(제22조 제2항).

(라) 효과

이러한 독촉은 채권의 소멸시효의 진행을 중단시키는 시효중단의 효과와 압류의 전제조건충족의 효과가 있다.

2) 체납처분

(가) 재산압류

체납자가 독촉을 받고도 기한까지 이행하지 아니한 때에는 재산의 압류를 한다. 압류란 의무자의 재산에 대해서 사실상·법률상으로 처분하는 것을 금함으로써, 체납액의 징수를 확보하는 강제행위이다.

(a) 압류요건

압류는 원칙적으로 체납자가 독촉장 또는 납부최고서를 받고도 지정기한까지 국세와 가산금을 완납하지 아니한 때이다(제24조 제1항 제1호).

(b) 압류대상재산

체납자의 소유로서 금전적 가치가 있고, 양도성이 있는 재산은 모두 압류대상이 된다. 그러나 국세징수법 등은 체납자의 최저생활의 보장, 수교의 계속, 생업의 유지 등의 관점에서 일정한 재산에 대하여는 압류를 금지 또는 제한하고 있다. 즉 ① 의무자와 동거가족의 생활상 없어서는 아니될 의류·침구·주방구, 3개월간의 식료·연료, 사망급여금, 상이연금 등은 압류가 금지되며, ② 급료·임금·봉급 등은 그 총액의 2분의1을 초과하여 압류할 수 없다.

(c) 압류의 방법

압류의 경우에는 세무공무원은 질문·검사 또는 수색을 하거나 재산을 압류할 때에는 그 신분을 표시하는 증표를 휴대하고 이를 관계자에게 제시하여야 하며(제25조),

재산을 압류할 때에는 압류조서를 작성하여야 한다(제29조).

(d) 압류의 효력

압류에 의해서 압류재산의 사실상·법률상의 처분을 금지시키는 것이 가장 기본적 효력이다. 질권이 설정된 재산이 압류되면 질권자에게는 질물인도의무가 발생하며(제34조), 압류의 효력은 압류재산의 천연과실 또는 법정과실에도 미친다(제36조).

(e) 교부청구와 참가압류

① 교부청구는 이미 다른 국세의 체납으로 체납처분을 받은 때 등 다른 강제환가절차가 개시된 경우에 미리 재산을 압류함이 없이 그 집행기관에 대하여 체납세액의 교부를 청구하여 그 강제환가절차로부터 배당을 받는 제도를 말한다.

② 참가압류는 압류하고자 하는 재산이 이미 다른 기관의 체납처분에 의하여 압류되어 있는 재산인 경우에 교부청구에 갈음하여 그 압류에 참가하는 제도를 말한다.

(나) 압류재산의 매각

매각은 압류재산을 금전으로 환가하는 것을 의미한다. 매각의 법적 성질에 관하여는 행정행위설과 사법계약설이 나누어져 있으나, 판례는 전자의 입장을 취하고 있다.

(다) 청산(충당)

세무서장은 ① 압류한 금전, ② 채권·유가증권·무체재산권 등의 압류로 인하여 체납자 또는 제3채무자로부터 받은 금전, ③ 압류재산의 매각대금, ④ 교부청구에 의하여 받은 금전을 국세·가산금과 체납처분비 기타의 채권에 배분한다(제80조·제81조).

압류재산의 매각대금과 채권·유가증권·무체재산 등의 압류로 인하여 체납자 또는 제3채무자로부터 받은 금전은 ① 압류에 관계되는 국세·가산금과 체납처분비, ② 교부청구를 받은 국세·가산금·체납처분비·지방세 또는 공과금, ③ 압류재산에 관계되는 전세권·질권 또는 저당권에 의하여 담보된 채권에 배분한다(제81조 제1항).

압류한 금전과 교부청구에 의하여 받은 금전은 각각 그 압류 또는 교부청구에 관계되는 국세·가산금과 체납처분비에 충당한다(제81조 제2항). 배분 후에 잔여금이 있으면 체납자에게 지급하여야 하고, 매각대금이 국세·가산금과 체납처분비 기타 채권의 총액에 부족한 때에는 민법 기타 법령에 의하여 배분순위와 금액을 정하여 배분하여야 한다(제81조 제3항·4항). 국세관계채권 중에 징수우선순위는 체납처분비·가산금 · 국세의 순이다(제4조).

3) 체납처분의 유예

세무서장은 체납자가 ① 국세청장이 성실납세자로 인정하는 기준에 해당하는 때, ② 재산의 압류나 압류재산의 매각을 유예함으로써 사업을 정상적으로 운영할 수 있게 되어 체납액의 징수가 가능하다고 인정되는 때에는 재산의 압류나 압류재산의 매각을 1년 이내의 기간에 한하여 유예할 수 있다(제85조의2).

4) 체납처분의 중지 및 결손처분

체납처분의 목적물인 총재산의 추산가액이 체납처분비에 충당하고 잔여가 생길 여지가 없는 때에는 체납처분을 중지하여야 한다(제85조). 이 경우 세무서장은 결손처분을 할 수 있고(제86조 제1항 제2호), 이로써 납세의무는 소멸된다(제26조).

(4) 행정상 강제징수에 대한 구제

독촉 · 체납처분 등의 강제징수조치가 위법 또는 부당하다고 인정할 때에는 행정쟁송처분에 의하여 그 취소 또는 변경을 청구할 수 있다. 다만, 국세기본법은 체납처분에 대한 행정쟁송에 관한 특칙을 두고 있다(제55조 이하).

제3절 행정상 즉시강제

Ⅰ. 행정상 즉시강제의 의의

1. 개념

1) 행정상 즉시강제란 의무이행을 강제하기 위한 것이 아니고, 목전에 급박한 행정상의 장해를 제거할 필요가 있는 경우에 미리 의무를 명할 시간적 여유가 없을 때 또는 성질상 의무를 명하여 가지고는 그 목적을 달성하기 곤란한 때에 즉시 국민의 신체 또는 재산에 실력을 가하여 행정상의 필요한 상태를 실현하는 작용을 말한다. 이에 대한 예로는 전염병환자의 강제입원, 소방장애물의 제거, 출입국관리법상의 강제퇴거조치, 도로교통법상의 주차위반차량의 견인 · 보관조치 등이 있다.

2) 행정상 즉시강제의 통설적 정의에 대해서 '즉시강제'라는 용어 대신에 '협의의 즉시강제' 또는 '즉시집행'이라는 용어를 사용하여 행정상 강제집행(대집행 · 직접강제)을 행함에 있어, 사정이 급박하여 하명 · 계고 등 절차의 일부를 생략하고서 상대방의 신체 또는 재산에 실력을 가하여 행정상 필요한 상태를 실현하는 작용으로 정의하는 견해가 있다.

2. 다른 개념과의 구별

(1) 행정상 강제집행과의 구별

행정상 즉시강제는 실력으로 행정상 필요한 상태를 실현시키는 사실행위인 점에서 행정상 강제집행과 같으나, 이들 양자는 그 발동원인 및 성질을 달리한다. 즉 행정상 강제집행은 선행하는 의무의 불이행을 전제로 하는데 대하여, 행정상 즉시강제는 선행하는 의무자체가 존재하지 아니하며, 따라서 그 불이행을 전제로 하지 않는다. 또한 행정상 강제집행은 그 전제인 의무를 명하는 행위와는 별도로 선행의 의무의 내용을 실현시키는 후행의 사실행위인데 대하여, 행정상 즉시강제는 구체적 의무를 과하는 행정행위(법률행위)와 그 의무의 내용을 실력으로 실현시키는 사실행위가 결합된 것이라는 점에서 서로 다르다.

(2) 행정조사와의 구별

① 행정상 즉시강제는 국민의 신체 또는 재산에 실력을 가하여 행정상의 필요한 상태를 실현시키는 것을 목적으로 하는데 대하여, 행정조사는 그 자체가 목적이 아니라 행정작용을 위한 자료를 얻기 위하여 하는 준비적 · 보조적 수단으로서의 성질을 가진다. 또한 ② 행정상 즉시강제는 직접적인 실력행사를 통하여 스스로 일정한 상태를 실현시키는 권력적인 집행작용인데 대하여, 행정조사는 영장에 의하는 경우 외에는 일반적으로 직접적인 실력행사가 아니라 행정벌 등의 방법에 의하여 행정조사를 수인시키는 권력적인 조사작용이라는 점에서 구별된다.

Ⅱ. 행정상 즉시강제의 근거

1. 이론적 근거

종래 독일에서는 행정상 즉시강제의 이론적 근거를 특히 경찰행정의 영역을 중심으로 국가의 일반긴급권에 두었다. 이에 대하여 영 · 미에서는 보통법상의 불법방해 및 자력제거의 법리에서 구했다. 그러나 오늘날 행정상 즉시강제는 법치주의의 요청인 예측가능성과 법적 안정성을 부정하는 침해행정의 전형이기 때문에 엄격한 실정법상의 근거가 필요하다고 본다.

2. 실정법적 근거

행정상 즉시강제에 관한 실정법적 근거로는 일반법적 성격을 가지는 경찰관직무집행법이 있으며, 단행법률로서는 소방법, 전염병예방법, 검역법, 식품위생법, 마약법 등이 있다.

Ⅲ. 행정상 즉시강제의 한계

1. 실체법적 한계

(1) 법규상 한계

행정상 즉시강제는 사전에 구체적 의무를 부과하고 그 불이행을 기다려서 하는 것이 아니라, 구체적인 의무를 명하는 행위와 그 의무내용을 실현시키는 행위가 결합되어 즉각적으로 이루어지는 것이기 때문에 개인의 신체 또는 재산에 중대한 침해를 가하게 된다. 따라서 행정상 즉시강제는 법률적합성의 원칙에 따라 엄격한 법적 근거가 있어야 함은 물론, 법규의 범위 안에서도 다시 일정한 조리상의 한계내에서 행하여져야 한다.

(2) 조리상 한계

조리상의 한계로는 ① 행정상 장해가 눈앞에 급박하였을 것(급박성), ② 다른 위해방지조치를 행할 시간적 여유가 없거나 다른 조치로는 행정목적을 달성할 수 없을 것(보충성), ③ 소극적으로 사회공공의 질서를 유지하기 위하여 필요한 범위 내에 그칠 것(소극성), ④ 이상의 요건이 충족되는 경우에도 침해의 정도는 공익상의 필요의 정도와 상당한 비례가 유지되어야 한다(비례원칙).

2. 절차법적 한계(영장주의와 관계)

행정상 즉시강제에 대하여 헌법이 보장하고 있는 영장제도 즉 「체포·구속·압수 또는 수색을 할 때에는 적법한 절차에 따라 검사의 신청에 의하여 법관이 발부한 영장을 제시하여야 한다」(제12조 제3항)의 규정과 제16조의 「주거에 대한 압수나 수색을 할 때에는 검사의 신청에 의하여 법관이 발부한 영장을 제시하여야 한다」의 규정이 적용되느냐에 관하여 다음과 같은 견해가 대립되고 있다.

(1) 영장불요설(소극설)

행정상 즉시강제에는 영장이 필요없다는 견해로서, 그 논거는 ① 영장제도는 연혁적으로 국가의 형사사법권의 발동을 억제하기 위한 제도이므로 행정목적수행을 위한 행정상 즉시강제에는 적용될 수 없다. ② 행정상 즉시강제는 눈앞에 급박한 장해의 예방・제거를 위한 것이므로 성질상 영장발부의 절차를 밟을 수 있는 시간적 여유가 없다. ③ 일반행정목적을 위한 행정상 즉시강제가 검사의 영장신청과 법관의 영장발부 및 상대방에의 영장제시 등의 절차를 밟아 행하여진다면, 이것은 행정작용이 사법부의 허가를 받아 행하여지는 것으로 권력분립의 취지에도 반한다는 것이다.

(2) 영장필요설(적극설)

행정상 즉시강제에도 영장이 필요하다는 견해로서, 그 논거는 ① 헌법이 명문으로 행정상 즉시강제에 영장이 필요없다고 규정하지 않는 한 영장제도를 배제할 수 없으며, 만약 배제한다면 헌법규정의 뜻을 부당하게 축소해석하여 헌법의 기본권보장을 침해하게 된다. ② 형사사법작용과 행정상 즉시강제는 그 발동의 목적은 다르지만, 국민의 신체・재산에 대한 실력행사인 점에서는 같다. ③ 영장불요설은 영장이 불필요하다는 행정상 즉시강제와 영장이 필요하다는 형사사법권의 발동으로 나누지만, 실제에 있어서 양자가 결부되어 행사되는 경우가 많으므로, 이러한 경우 형사사법권의 발동인데도 불구하고 행정상 즉시강제의 이름으로 영장제도를 배제하여 인권을 침해할 수도 있다는 것이다.

(3) 절충설

기본적으로 영장필요설의 입장에 있으면서도 예외적으로 영장이 필요하지 않는 경우가 있다는 견해이다. 즉 헌법상의 영장제도는 형사사법권뿐만 아니라 행정상 즉시강제에도 동일하게 적용되어야 하나, 즉시강제의 특수성으로 말미암아 행정목적의 달성을 위하여 불가피하다고 인정할 만한 합리적인 이유가 있는 특수한 경우에 한하여 영장주의가 적용되지 않는다고 한다. 이 견해가 통설적 견해이다.

Ⅳ. 행정상 즉시강제의 수단

1. 대인적 강제

(1) 경찰관직무집행법

경찰관직무집행법이 규정하는 대인적 강제에는 불심검문(질문 및 동행요구), 구호(救護)를 요하는 자의 보호조치, 경고 · 억류 · 피난 등의 위험발생방지조치, 범죄의 예방 및 제지조치, 경찰장비의 사용 및 무기사용 등이 있다.

(2) 개별법

개별법상의 대인적 강제수단으로는 전염병예방법상의 강제격리, 강제건강진단, 교통차단, 마약법상의 강제수용, 출입국관리법상 무기사용 · 보호 · 강제퇴거 등이 있다.

2. 대물적 강제

(1) 경찰관직무집행법

경찰관직무집행법상의 대물적 강제수단으로는 무기 등 물건의 임시영치, 위험발생방지조치가 있다.

(2) 개별법

개별법상 규정되어 있는 대물적 강제수단으로는 물건의 폐기(식품위생법 제56조, 약사법 제65조 제2항, 검역법 제11조 제1항, 행형법 제41조), 물건의 영치(미성년자보호법 제5조 제1항, 행형법 제41조), 물건의 파괴(소방법 제78조, 광고물등관리법 제5조 제2항), 교통장애물의 제거(도로교통법 제66조 제2항, 제67조 제2항) 및 소방대상물의 파괴(소방법 제55조) 등이 있다.

3. 대가택적 강제

대가택적 강제란 소유자 또는 관리자의 의사에 반하여 타인의 가택 · 영업소 등에 대하여 실력을 가하여 행정상 필요한 상태를 실현시키는 경우이다. 경찰관직무집행법상의 위험방지를 위한 가택출입(제7조 제1항), 개별법상의 임검 · 검사 및 수색(조세범처벌법, 총포 · 도검 · 화약류단속법, 농산물검사법 등) 등이 있다.

Ⅴ. 행정상 즉시강제에 대한 구제

1. 적법한 즉시강제에 대한 구제

행정상 즉시강제가 적법하게 행하여졌으나 그로 말미암아 귀책사유없이 제3자에게 수인의 한도를 넘는 특별한 손실을 입혔을 때에는 행정주체가 피해자에게 적정한 보상을 하여야 한다(헌법 제23조 제3항). 이에 관하여 개별법에서 규정하고 있는 경우도 있으나(소방법 제77·89조), 일반법인 경찰관직무집행법에는 그에 관한 규정이 없다. 그러한 명문의 규정이 없는 경우에 대해서는 국가배상의 법리로 해결하려는 견해와 수용유사침해 또는 수용적 침해에 대한 보상의 법리로 해결하려는 견해가 대립하고 있다.

2. 위법한 즉시강제에 대한 구제

(1) 행정상 손해배상

위법한 즉시강제로 인하여 손해를 받은 자는 국가배상법에 의하여 국가 또는 지방자치단체에 대하여 손해배상을 청구할 수 있다(국가배상법 제2조). 행정상 쟁송에 의한 구제가 사실상 많은 제한을 받기 때문에 국가배상법에 의한 손해배상청구는 즉시강제에 대한 중요한 구제수단이 된다.

(2) 행정상 쟁송

행정상 즉시강제는 권력적 사실행위이므로 행정쟁송의 대상이 된다. 그러나 행정상 즉시강제는 대개 급박을 요하는 경우에 신체나 재산에 실력을 가하는 사실행위이므로 이미 침해가 가하여진 뒤에는 그것이 비록 위법 또는 부당한 것이라 하더라도 원상회복이나 손해배상을 청구하는 외에는 행정심판이나 취소소송으로 즉시강제의 취소를 청구할 법률상 이익이 없게 된다. 그러므로 즉시강제가 비교적 장기간에 걸치는 계속적 성질의 것을 제외하고는 위법한 즉시강제에 대하여 행정쟁송을 제기하여 구제를 받을 수 있는 것은 매우 제한된다. 한편, 즉시강제 이후라도 그 취소로써 회복되는 법률상 이익이 있는 경우에는 즉시강제의 취소를 구하는 행정쟁송의 제기가 가능하다(행정소송법 제12조).

(3) 정당방위

행정상 즉시강제의 권한이 없는 공무원이 강제를 하거나, 법률이 즉시강제의 요건으로 정하고 있는 신분을 표시한 증표를 제시하지 못한 경우, 또는 행정재량권을 남용한 경우 등의 위법한 즉시강제에 대하여는 형법상의 정당방위의 법리에 따라 그에 저항할 수 있으며, 이 경우의 저항행위는 공무집행방해죄를 구성하지 않는다.

(4) 기타

그 외 간접적인 구제방법으로 감독청에 의한 취소·정지, 공무원에 대한 형사책임·징계책임·청원·고발 등이 있다.

제4절 행정조사

Ⅰ. 행정조사의 개념

1. 의의

행정조사란 행정기관이 일정한 행정목적을 달성하기 위하여 필요한 자료·정보 등을 수집하는 행정활동을 말한다. 종래에는 조사목적을 위한 질문·검사·가택에의 출입 등 자료수집활동을 행정상 즉시강제에 포함시켜 다루어 왔으나, 오늘날은 이러한 자료수집활동을 행정상 즉시강제와 분리하여 행정조사라는 개념 아래 독자적인 이론구성을 하고 있는 것이 일반적 경향으로 되어가고 있다. 이러한 행정조사는 과거에는 자료의 수집을 위한 권력적 조사작용만 해당되었으나, 현재는 권력적·비권력적 행위가 포함된다고 보는 견해가 유력시 되고 있다.

2. 행정상 즉시강제와의 구별

행정조사는 사전에 구체적 의무를 부과하여 그 불이행을 기다리지 아니하고 직접적으로 수행되는 강제적 작용이라는 점에서, 종래에는 행정상 즉시강제에 포함시켜 왔다. 그러나 행정조사는 다음과 같은 점에서 행정상 즉시강제와 구별된다. 즉 ① 행정상 즉시강제는 직접 개인의 신체·재산에 실력을 행사하여 구체적인 행정목적을 실현하는 작용인데 반하여, 행정조사는 그 자체가 결과를 실현시키는 것이 아니고, 행정작용에 필요한 정보·자료를 수집하는 준비적·보조적 수단의 성질을 가진다. ② 행정상 즉시강제는 직접적인 실력행사를 통하여 필요한 상태를 실현시키는데 반하여, 행정조사는 상대방이 거부하는 경우에는 직접적인 실력행사는 행할 수 없고 벌칙 등에 의하여 간접적으로 강제하는 방법이다. ③ 행정상 즉시강제는 행위의 급박성이 개념적 요소이나 행정조사는 그렇지 않다.

Ⅱ. 행정조사의 종류

행정조사는 그 목적을 효과적으로 달성하기 위하여 여러 가지 방법으로 행하여지지만, 그 성질·대상·방법에 의하여 다음과 같이 구분할 수 있다.

1. 성질(수단)에 의한 분류

(1) 권력적 행정조사

권력적 행정조사란 행정기관이 일방적으로 사람의 신체, 개인의 물건 또는 개인의 주거나 영업소 등에 대하여 명령·강제를 수단으로 하는 행정조사(예, 불심검문·물건의 수거·가택수색)를 말한다.

(2) 비권력적 행정조사

비권력적 행정조사란 행정기관이 정보·자료 등을 수집하기 위하여 행하는 비권력적 사실행위(예, 여론조사·임의적인 공청회)를 말한다.

2. 대상에 의한 분류

(1) 대인적 조사

사람의 신체에 실력을 가하여 행정상 필요한 정보나 자료를 수집하는 권력적 조사작용이며, 불심검문, 질문, 신체수색 등이 그 예이다.

(2) 대물적 조사

개인의 물건에 실력을 가하여 행정상 필요한 정보나 자료를 수집하는 권력적 조사작용이며, 장부나 물건의 검사, 시설검사, 토지에의 출입·조사, 수거 등이 그 예이다.

(3) 대가택적 조사

개인의 주거나 영업소 등에 출입하여 강제적으로 조사하는 것이며, 가택의 출입·수색 등이 그 예이다.

3. 방법에 의한 분류

(1) 직접조사

사람의 신체 또는 재산에 직접적으로 실력을 가하여 행정상 필요한 정보·자료 등을 수집하는 행정조사를 말한다. 영업장부나 영업소 등을 실력으로 조사·수색하는 경우 등이 그 예이다.

(2) 간접조사

사람의 신체 또는 재산에 실력을 가함이 없이 행정상 필요한 정보·자료 등을 수집하는 행정조사를 말한다. 일정한 사항에 대하여 보고 또는 자료를 제출하게 하거나 검사를 행하는 것 등이 그 예이다.

Ⅲ. 행정조사의 근거와 한계

1. 근거

행정조사는 그 조사과정에서 국민의 자유·재산에 대하여 제한적·침해적으로 작용하게 되는 강제조사의 활동으로 파악하는 한 그에는 반드시 법적 근거가 있어야 한다. 행정조사에 관한 일반적인 근거법은 없으며, 각 개별법에 그 근거가 있을 뿐이다. 즉 경찰관직무집행법상 불심검문(제3조), 총포·도검·화약류단속법상의 임검(제44조), 공익사업을위한토지등의취득및보상에관한법률(제9조 내지 제13조), 식품위생법(제17조), 소득세법(제170조) 등이 그 예이다.

2. 한계

(1) 실체법적 한계

1) 합법률성의 원칙

권력적 행정조사는 즉시강제와 마찬가지로 법률의 근거를 요한다. 그 거부에 대하여 형벌·질서벌이 부과되는 경우에도 물론 그 법적 근거가 필요하지만, 그 이외의 제재가 과하여지는 경우에 있어서도 법적 근거의 필요성 여부는 개별적·실질적으로 판단하여야 할 것으로 본다.

2) 합목적성의 원칙

행정조사는 당해 행정조사를 필요로 하는 행정목적 이외의 목적을 위하여 행해져서는 안된다. 따라서 행정조사를 범죄수사의 목적이나 정치적 목적으로 이용하는 것은 위법한 것이 된다.

3) 비례원칙 등

행정조사는 당해 행정목적을 달성하기 위하여 필요한 최소한도에 그쳐야 하며, 기타 평등의 원칙, 신뢰보호의 원칙 등 행정법의 일반원칙의 한계 내에서 행해져야 한다.

(2) 절차적 한계

1) 행정조사와 영장주의

헌법 제12조 제3항은 「체포·구금·압수·수색에는 … 법관이 발부한 영장을 제시하여야 한다」라고 하고, 헌법 제16조는 「…주거에 대한 압수나 수색에는 … 영장을 제시하여야 한다」라 규정하고 있는데 이러한 영장주의가 행정조사에도 적용되는 것인지에 관하여 학설의 대립이 있다. 즉 행정상 즉시강제의 경우와 같이 적극설·소극설 및 절충설이 있으며, 절충설이 통설이다. 따라서 신체나 재산에 직접적 강제를 수반하는 행정조사의 경우나, 행정조사의 결과가 형사책임의 추궁과 관련성을 갖는 한 영장주의는 원칙적으로 적용된다. 다만 긴급한 시행을 요하는 불가피한 경우에는 예외가 인정된다 할 것이다.

2) 증표제시의무

행정조사에 관하여 규정하고 있는 법률은 행정조사의 요건으로 당해 공무원에게 그 권한을 표시하는 증표를 휴대하고 관계자에게 제시할 의무를 규정하고 있는 것이 보통이나, 그러한 명문의 규정이 없는 경우에도 증표제시의무는 있다 할 것이다.

3) 사전통지·조사이유고지 등

사전통지·조사이유고지 등에 관한 규정이 있는 경우가 있으며, 규정이 없는 경우에는 사안마다 개별적으로 사전통지의 요부를 판단할 수밖에 없다. 한편, 행정조사는 합리적 시간대에 이루어져야 한다. 원칙적으로 일출시부터 일몰시까지 또한 영업시간 내에 실시되어야 한다.

3. 실력행사의 가능성

(1) 긍정설

피조사자측의 거부가 있는 경우에 처벌이나 불이익 등의 제재를 규정하고 있는 것은 피조사자측의 저항이 위법임을 전제로 하고 있는 것이므로 이러한 위법행위에 대한 실력행사가 전적으로 부정된다고 볼 수는 없는 것이고 따라서 조사공무원은 비례원칙의 범위 안에서 피조사자측의 신체나 재산에 실력을 가할 수 있다고 본다.

(2) 부정설(다수설)

질문 등과 같이 성질상 실력행사가 불가능한 경우도 있고, 성질상 가능하더라도 벌칙규정이나 불이익처분규정을 두고 있는 취지는 조사의 실효성을 간접적으로 확보하려는 것에 있다고 보아야 할 것이므로 상대방의 신체나 재산에 대한 직접적인 실력행사는 허용되지 않는다고 본다.

Ⅳ. 행정조사에 대한 구제

1. 적법한 행정조사에 대한 구제

적법한 행정조사로 인하여 재산상의 손실을 받은 자는 그것이 사회적 제약인 수인한도를 초과한 '특별한 희생'에 해당하는 때에는 관계법률에서 손실보상을 행하도록 정하여야 하며, 손실을 받은 자는 이에 따라 보상을 청구할 수 있다(헌법 제23조 제3항). 토지수용을 위한 출입조사에 대한 보상이 그 예이다(토지보상법 제9조 · 제12조).

2. 위법한 행정조사에 대한 구제

(1) 행정상 손해배상

위법한 행정조사로 인하여 발생한 재산상의 손해 또는 사생활 비밀침해 · 기업비밀침해 · 영업방해 · 신용상실 등 일체의 손해에 대하여 국가배상을 청구할 수 있다(국가배상법 제2조). 행정조사에 대하여 행정쟁송방법에 의하여 구제되는 경우가 극히 제한되기 때문에 행정상 손해배상청구는 중요한 구제수단이 된다 할 것이다.

(2) 행정상 쟁송

위법한 행정조사로 인하여 권리 · 이익을 침해당한 경우에는 행정심판이나 행정소송을 통하여 구제를 할 수 있다. 다만 즉시강제의 경우와 같이 행정조사는 단기간의 침해로 행위가 종료되는 일이 많으며, 그 경우에는 원상회복이나 손해배상을 청구하는 외에는 행정쟁송으로 행정조사의 취소를 청구할 법률상 이익이 없게 된다. 따라서 행정조사가 비교적 장기에 걸치는 계속적 성질의 것일 때에 한하여 행정쟁송을 통하여 당해 행정조사의 취소 또는 변경을 구할 실익이 있다. 또한 행정조사가 이미 종료된 경우라도 그 취소로써 회복될 수 있는 법률상 이익이 있는 경우에는 행정조사의 취소를 구하는 행정쟁송의 제기가 가능하다(행정심판법 제9조 제1항, 행정소송법 제12조).

(3) 기타의 구제수단

행정조사에 대한 구제의 문제를 넓게 고찰하는 경우, 그밖에 즉시강제와 관련하여 논의되는 여러 가지 구제수단 즉 정당방위, 긴급피난, 청원, 직권취소·정지, 공무원의 형사·징계책임 등의 수단이 있다.

제3장 행정벌

Ⅰ. 개설

1. 행정벌의 의의

행정벌이란 일반적으로 행정법상의 의무위반에 대하여 일반통치권에 근거하여 일반사인에게 제재로서 과하는 처벌을 말한다. 행정벌은 과거의 의무위반에 대한 제재를 과함으로써 직접적으로는 행정법규의 실효성을 확보함을 목적으로 하지만, 간접적으로는 이를 통하여 의무자에게 심리적 압박을 가함으로써 의무자의 행정법상의 의무의 이행을 확보하는 강제수단적 기능도 함께 가진다.

2. 행정벌의 성질(다른 벌과의 구별)

(1) 징계벌과의 구별

행정벌은 행정법규의 실효성을 확보하기 위하여 일반통치권에 기초를 두고 일반사인에 대해 통치권의 발동으로써 과하는 제재인데 대하여, 징계벌은 특별권력관계에서 그 내부질서를 유지하기 위하여 특별권력에 의거하여 질서문란자에 대해 과하는 것이다. 따라서 양자는 그 목적 · 대상 · 권력의 기초가 다르기 때문에 병과하더라도 일사부재리의 원칙에 저촉되지 않는다.

(2) 집행벌(이행강제금)과의 구별

행정벌은 과거의 행정법상의 의무위반에 대하여 그 제재로서 과하는 벌인데 대하여, 집행벌은 행정법상의 의무의 불이행이 있는 경우에 장래에 있어서 그 이행을 확보하기 위한 행정상 강제집행의 수단으로서 과하여 지는 것이다.

(3) 형사벌과의 구별

행정벌에는 형법상의 형벌을 그 제재로서 과하는 행정형벌과 형법상의 형벌이 아닌 제재로 과하여지는 행정질서벌이 있다. 행정형벌과 형사벌은 양자 모두 형법상의 형벌을 그 제재로서 과한다는 점에서 공통적이지만, 양자를 구별할 것인지에 관하여는 부정설과 긍정설의 견해가 대립되고 있다.

Ⅱ. 행정벌의 근거

행정벌도 처벌이라는 점에서는 형사벌과 다르지 않다. 따라서 헌법 제12조 제1항의 죄형법정주의의 원칙이 적용되므로 반드시 법률의 근거가 있어야 한다. 법률은 벌칙의 정립권을 법규명령에 위임할 수 있으나 일반적 위임은 허용되지 않으며 구체적으로 범위를 정하여 위임하여야 한다(헌법 제75조). 지방자치단체의 자치입법에는 일정한 한도에서 과태료의 정립권이 위임되어 있다(지방자치법 제20조 제1항 · 제130조). 따라서 행정벌의 근거법으로는 법률 · 명령 · 조례가 있다.

Ⅲ. 행정벌의 종류

1. 행정형벌

행정형벌은 형법에 형명(刑名)이 있는 형벌(사형 · 징역 · 금고 · 자격상실 · 자격정지 · 벌금 · 구류 · 과료 · 몰수)이 과하여 지는 경우이며, 행정벌은 대부분이 이에 속한다. 행정형벌에 관한 특별한 규정이 있는 경우를 제외하고는 원칙적으로 형법총칙의 규정이 적용된다(형법 제8조). 행정형벌은 원칙적으로 법원에서의 형사소송절차에 의하지만 예외적으로 통고처분절차 · 즉결심판절차 등에 의하는 경우도 있다.

2. 행정질서벌

행정질서벌은 일정한 행정법상의 의무위반에 대하여 과태료를 부과하는 행정벌이다. 일반적으로 행정형벌은 행정법상의 의무를 위반함으로써 직접적으로 행정목적을 침해하는 경우에 과하여지는 것인데 대하여, 행정질서벌은 신고 · 보고 · 서류비치 등의 의무를 태만히 하는 것과 같이 간접적으로 행정목적의 달성에 장해를 줄 위험성이 있는 정도의 행위에 대해 과하여지는 것이다.

행정질서벌에는 형법총칙이 적용되지 않으며 특별한 규정이 없는 한 원칙적으로 비송사건절차법이 정하는 바에 따른다.

3. 조례에 의한 과태료

지방자치법의 규정(제20조 · 제130조)에 의거하여 조례로써 정하는 과태료이다. 이러한 조례에 의한 과태료는 그 성질상 행정질서벌에 한정되지 않고 행정형벌적인 것도 있다. 과태료는 조례로써 징하고, 지방세징수의 예에 따라 지방자치단체의 장 또는 그 위임을 받은 자가 부과·징수하는 점에서 행정질서벌과 구별된다. 과태료의 부과·징수에 대하여는 이의신청 및 행정소송을 제기할 수 있다(제130조 제3항 내지 제6항).

Ⅳ. 행정형벌의 특수성

1. 행정형벌과 형법총칙

(1) 행정형벌과 형법총칙의 적용

형법 제8조는 「본법 총칙은 다른 법령에 정한 죄에 적용한다. 단 그 법령에 특별한 규정이 있을 때에는 예외로 한다」고 규정하고 있다. 본조의 해석과 관련하여 '특별한 규정'을 ① 성문법규만을 의미하는 견해, ② 반드시 명문규정에 한정하지 않고 법령의 취지나 행위의 성질을 참작하여 조리상 인정되는 특수성까지 포함하는 의미로 이해하는 견해, ③ 규정자체의 해석에 의해 형벌의 범위를 축소하거나 경감하는 것은 죄형법정주의에 반드시 반하는 것은 아니므로 행정법의 특수성을 고려한 규정의 해석상 형법총칙의 적용이 배제되는 경우도 있는바, 이 경우도 '특별한 규정'에 포함되는 것으로 보는 견해가 있으나, ③의 견해가 통설 및 판례의 입장이다.

(2) 행정형벌의 특수성

1) 범의(犯意)

형법은 원칙적으로 범의의 존재를 처벌의 요건으로 하고 있으며(제13조), 과실있는 행위는 법률에 특별한 규정이 있는 경우에 한하여 처벌하도록 되어있다(제14조). 이처럼 형법에 있어서는 그 기본원리인 책임주의의 당연한 귀결로서 고의를 책임요소로서 요구하는 것이며, 이 원리는 원칙적으로 행정형벌에도 적용된다.

(가) 고의의 성립

(a) 사실의 인식

① 형사벌의 경우에 사실의 인식은 사실의 단순한 외형적 표상에 대한 인식만이 아니고, 사실의 의미·내용에 대한 인식도 필요한 것으로 이해되고 있다. ② 행정벌의 경우 종래의 통설은 그것이 행정목적의 실현수단이라는 점을 중시하여 사실의 외형적 표상에 대한 인식만으로 족한 것으로 보았다. 그러나 오늘날은 행정형벌도 형벌의 경우와 같이 고의의 성립에 사실의 의미·내용의 인식도 필요하다는 견해가 유력하다.

(b) 위법성인식

행정형벌에 있어서 고의의 성립에 사실인식 외에 위법성의 인식이 필요한가의 문제가 형법 제16조(법률의 착오)와의 관계에서 문제된다. 동조는 자기의 행위가 착오로 위법임을 몰랐을 경우, 즉 법률의 착오(판례상으로는 흔히 '법률의 부지'라고 부른다)의 경우에 원칙적으로 고의의 성립을 조각하지 않는다는 것을 전제로 하여, 오직 위법임을 인식하지 못한 것이 '정당한 이유가 있을 때에 한하여 벌하지 아니한다'고 규정하고 있기 때문이다. 이에 관하여는 ① 위법성인식불요설, ② 책임설, ③ 위법성인식필요설(고의설)이 있다.

[판례]

: ①「공중위생법 제12조 제2항 제1호 다목은 "숙박업자는 손님에게 도박 기타 사행행위를 하거나 이를 하도록 내버려 두어서는 아니된다" 고 규정하고 있는 바 숙박업자가 알지도 못하고 있는 상태에서 손님이 도박을 한 경우에는 숙박업자가 위 규정에 위반한 것으로 볼 수 없는 것이다」(대판 1994.1.11, 93누22173).

②「형법 제13조 단서에서 말하는 특별한 규정이 있는 경우라 함은 다른 형벌법규에 의하여 처벌하는 죄의 성립에 고의를 요하지 아니한다는 명문의 규정이 있거나 그 법률규정 중에 그러한 취지를 명백하게 알 수 있는 경우를 의미하므로 이와 같은 특별한 규정이 있는 경우에 해당하는 것으로 인정되지 아니하는 근로기준법 제107조에 의하여 처벌되는 같은 법 제27조 제1항 위반죄에 있어서는 일반형벌의 원칙에 따라 고의를 필요로 한다」(대판 1994.5.27, 93도337).

(나) 과실에 관한 특별규정

형법 제14조가 과실있는 행위는 법률에 특별한 규정이 있는 경우에 한하여 처벌한다고 규정하고 있는데, 행정형벌의 경우에 그 특별한 규정이 무엇을 의미하는가가 문제된다.

행정벌법규에 과실행위를 처벌하는 명문규정을 두는 경우는 문제가 없으나, 그러한 명문규정을 두지 않은 경우에는 단지 행정목적의 달성이라는 견지에서 명문의 규정이 없는 경우에도 과실행위만 있으면 처벌할 수 있다는 주장은 죄형법정주의에 반하는 것으로서 허용되지 않는다고 본다. 그러나 최근 판례 중에서 명문규정이 없음에도 불구하고 해석을 통해 과실범을 처벌할 수 있다고 판시한 판례가 있다(대판 1993.9.10, 92도1136).

2) 법인의 책임

① 형사범에 있어서 법인은 범죄능력을 가지지 않는다고 보는데 대하여, 행정범에 있어서는 행정목적실현을 위하여 법인 자체에 행정법상의 의무를 과하여 행정법규에는 법인의 대표자 또는 법인의 대리인·사용인 기타의 종업원이 법인의 업무에 대한 행정범을 범한 경우에는 행위자뿐만 아니라 법인에 대해서도 처벌할 수 있는 명문의 규정을 두어 법인의 범죄능력을 인정하는 경우가 많다(소방법 제78조, 문화재보호법 제94조). 이와 같이 행정범에 있어서 법인을 처벌하는 특별한 규정이 있는 경우에는 법인도 범죄능력을 갖는다는 것이 통설적 견해이다.

② 법인을 처벌하기 위해서는 그것을 인정하는 명문의 규정이 있는 경우에만 가능한지에 관하여는 견해의 대립이 있으나 통설과 판례는 명문의 규정이 있는 경우에만 가능하다고 본고 있다.

③ 법인을 처벌하는 경우 그 처벌수단은 법인의 성질상 벌금·과료·몰수 등의 금전벌이며, 또한 법인에 대한 처벌은 법인의 처벌에만 그치는 경우도 있으나 보통 행위자도 동시에 처벌하는 양벌주의에 입각하고 있다(광업법 제17조, 도로교통법 제116조 등).

3) 책임능력

형사범에서는 심신장애자 및 농아자의 행위는 이를 벌하지 아니하거나 그 벌을 경감하며(형법 제10조, 제11조), 14세 미만인 자의 행위는 벌하지 아니한다(형법 제9조). 그러나 행정범의 경우는 이들 규정의 적용을 배제 또는 제한하는 규정을 둔 경우가 있다(담배사업법 제31조).

4) 타인의 행위에 대한 책임

형사범에서는 범죄행위자 만을 벌하고 이외의 자를 벌하는 경우는 없으나, 행정범의 경우에는 행위자 이외의 자를 벌하는 경우도 있다. 예컨대 관계법규에 양벌규정을 두어 행위자 외에 사업주도 처벌하는 경우, 미성년자·금치산자의 위법행위에 대하여 법정대리인을 처벌하는 경우 등이다. 이 경우 사업주 또는 법정대리인의 책임은 대위책임이 아니라 자기 자신의 주의·감독의무를 태만히 한 데 대한 과실책임이라는 견해가 일반적 견해이다. 그리고 관계법규에 사업주 등의 처벌규정이 없는 경우에도 사업주를 처벌할 수 있는가의 문제가 제기되나, 명문규정이 없는 경우에도 사업주 등을 처벌하는 것은 죄형법정주의에 반하는 것으로서 허용되지 않는다 할 것이다.

5) 공범

행정범에 있어서는 행정법상의 의무의 다양성 때문에 공동정범(형법 제30조)·교사범(형법 제31조)·종범(형법 제32조)에 관한 규정의 적용을 배제한 경우(선박법 제39조), 종범감경규정(형법 제32조 제2항)의 적용을 배제한 경우(근로기준법 제112조 제2항) 등이 있다.

6) 누범

형법은 누범에 대하여 그 죄에 정한 형의 장기의 2배까지 가중할 수 있게 하였다(제35조). 그러나 행정범에 대하여 그 적용을 배제하는 경우가 있다(담배사업법 제31조).

7) 경합범·작량감경

행정범에 있어서는 경합범(형법 제38조)·작량감경(형법 제53조)에 관한 규정의 적용을 배제하는 특별규정을 두고 있는 경우가 있다(담배사업법 제31조).

2. 행정벌의 과벌절차

(1) 원칙

행정형벌에 대한 과벌절차는 형사소송법의 절차에 의하여 과함이 원칙이다.

(2) 예외(특별절차)

1) 통고처분

① 통고처분은 현행법상 조세범·관세범·출입국관리사범 및 도로교통법위반사범 등에 대하여 인정되고 있는데, 이는 정식재판에 갈음하여 절차의 간이·신속을 주안으로 하여 행정청이 일정한 벌금 또는 과료에 상당하는 금액의 납부를 명하는 준사법적 행정행위이다.

② 통고처분권자인 경찰서장·국세청장·지방국세청장·세무서장·세관장·관세청장, 출입국관리소장 등은 범죄의 확증을 얻은 때에는 그 이유를 명시하여 벌금 또는 과태료에 상당하는 금액 등의 납부를 통지한다.

③ 통고처분을 받은 범칙자가 그 통고의 내용을 이행한 때에는 일사부재리원칙의 적용을 받아 동일사건에 대하여 소추를 받지 않으며 처벌절차는 종료된다(조세범처벌절차법 제11조). 그러나 통고처분을 받은 자가 법정기간내에(보통은 15일, 관세범은

10일) 이행하지 않으면 통고처분은 당연히 효력을 상실하고 관계기관장의 고발에 의하여 형사소송절차로 이행하게 된다.

④ 통고처분에 불복하는 경우에는 통고처분자체는 당연히 그 효력이 소멸되므로 통고처분은 행정소송의 대상이 되지 않는다.

2) 즉결심판절차

20만원 이하의 벌금·구류 또는 과료의 행정벌은 즉결심판에 관한 절차법에 따라 과벌되어지며, 그 형은 경찰서장에 의하여 집행된다. 즉결심판에 불복하는 피고인은 고지를 받은 날로부터 7일 이내에 정식재판을 청구할 수 있다.

Ⅴ. 행정질서벌과 과벌절차

1. 행정질서벌과 형법총칙

과태료는 형식적으로 형벌이 아니기 때문에 행정질서벌에는 형법총칙이 적용되지 않는다. 특히 행정질서벌의 대상이 되는 행위는 단순한 의무해제로서 반사회성이 희박하므로 행위자의 고의·과실과 같은 주관적 요건을 문제삼지 않는다. 따라서 행정질서벌로 과태료처분을 받은 자에 대해 형벌을 과하는 것은 일사부재리의 원칙에 반하지 아니한다(대판 1989.6.13, 88도1983).

2. 행정질서벌의 과벌절차

(1) 국가의 법률에 의한 행정질서벌

1) 법원이 비송사건절차법에 따라 부과·징수하는 절차

행정청이 위반사실을 적발하여 통보함으로써 과태료에 처할 자의 주소지를 관할하는 지방법원이 비송사건절차법이 정하는 바에 따라 결정으로써 과한다(비송사건절차법 제247조, 제251조). 법원의 과태료부과결정에 불복하는 자는 즉시항고를 할 수 있다.

2) 행정청이 부과한 후 이의신청이 있으면 법원이 결정하는 절차

최근의 행정관계법규는 과태료를 1차적으로 주무행정관청에서 직접부과·징수하는 규정을 두는 예가 많다(공중위생법 제44조, 식품위생법 제78조 등). 이들 규정에 의하면 과태료는 행정청이 직접부과·징수하되, 그 부과처분을 받은 자는 처분을 고지받은

날로부터 30일 이내에 그 처분청에 이의신청을 할 수 있는바, 이 경우 처분청이 관할법원에 그 사실을 통보함으로써 비송사건절차법에 의한 과태료부과절차로 이행하게 된다. 만일 소정의 기간내에 이의신청이 없이 과태료를 납부하지 않으면 국세체납처분의 예에 따라 강제징수하도록 하고 있다.

(2) 조례에 의한 행정질서벌

1) 지방자치법 제20조에 의하는 경우

① 지방자치단체는 조례로써 조례위반행위에 대하여 1천만원 이하의 과태료를 정할 수 있는데, 이 규정에 의한 과태료는 당해 지방자치단체의 장 또는 그 관할구역안의 지방자치단체의 장이 부과·징수한다(제1항·2항). ② 지방자치단체의 장의 과태료처분에 불복이 있는 자는 그 처분의 고지를 받은 날로부터 30일 이내에 당해 지방자치단체의 장에게 이의를 제기할 수 있으며, 이의를 제기받은 당해 지방자치단체의 장은 지체없이 관할법원에 그 사실을 통보하여야 하며, 통보를 받은 관할법원은 비송사건절차법에 의한 과태료의 재판을 한다(제3항·4항).

2) 지방자치법 제130조에 의하는 경우

지방자치법 제130조에 의하면 지방자치단체는 사기 기타 부정한 방법으로 사용료·수수료 또는 분담금의 징수를 면한 자에 대하여는 그 징수를 면한 액의 50만원 이하의 과태료에 처하는 규정을 정할 수 있다(제2항). 그 과태료의 징수는 지방세징수의 예에 따라 징수할수 있도록 되어 있다(제3항, 제131조 제2항).

Ⅵ. 행정벌과 행정구제

행정벌에 대한 행정구제에 관한 일반법은 없고 각 개별법에서 서로 다르게 규정하고 있어 일반법의 마련이 시급한 상태이다.

1. 행정형벌에 대한 구제

행정형벌은 일반 형사범의 경우와 같이 형사소송법상의 항고·상고 등의 방법에 의하여 구제받을 수 있다. 검사가 약식기소한 때에는 정식재판을 청구할 수 있으며, 행정형벌 중 압류·과료는 즉결심판법에 따라 즉결심판절차를 거쳐 선고하는 경우도 선고에 불복하는 자는 정식재판을 청구할 수 있다.

2. 행정질서벌에 대한 구제

① 처음부터 법원의 결정으로 부과·징수한 경우에는 즉시항고 및 재항고로 구제받을 수 있으며, ② 제1차적으로 행정청이 부과·징수한 후 법원의 결정절차로 이행하게 되는 경우의 행정청의 부과·징수에 대하여는 이의신청에 의하여 구제 받을 수 있고, 그 후 법원의 결정에 대한 구제는 ①의 경우와 같으며, ③ 상술한 조례에 의한 과태료 중 ②의 예와 같이 처음부터 행정청이 독립적으로 부과·징수하게 되어 있는 경우에는 행정처분의 일종이므로 당해 지방자치단체의 장에 대한 이의신청을 거쳐 행정소송을 제기할 수 있다.

제4장 행정법상의 새로운 의무이행확보수단

Ⅰ. 개설

행정작용이 복잡·다양화되고 있는 현대행정에 있어서는 전통적 의무이행확보수단만으로는 충분히 대응할 수 없으므로 행정현실에 상응하는 새로운 수단을 인정하려는 경우가 있다. 이러한 수단으로는 ① 금전상의 제재, ② 공급거부, ③ 관허사업의 제한, ④ 공표, ⑤ 행정행위의 철회·정지 등이 있다.

Ⅱ. 실효성확보를 위한 제수단(諸手段)

1. 금전상의 제재

(1) 과징금

1) 의의

과징금이란 독점규제및공정거래에관한법률을 통해 처음으로 도입된 수단으로서, 본래 그것은 주로 경제법상 의무에 위반한 자가 당해 위반행위로 경제적 이익을 얻을 것이 예정되어 있는 경우에 당해 의무위반행위로 인한 불법적인 이익을 박탈하기 위하여 그 이익액에 따라 과하여지는 일종의 행정제재금을 말한다.

과징금은 행정법상의 의무에 대한 간접적 강제효과를 수반하고 금전적 부담이라는 점에서 벌금·과태료와 다름없으나, 과징금은 형식상 행정벌에 속하지 않는 점에서 벌금·과태료와 구별된다. 따라서 이론상으로는 동일한 위반행위에 대하여 벌금과 과징금을 병과하는 것도 가능하나 그것은 실질적으로 이중처벌의 성질을 가진다는 점에서 법령상 과징금이나 벌금을 선택적으로 과하게 하는 경우도 있다(자동차운수사업법 제76조, 석유사업법 제31조 제2항).

2) 법적 근거

과징금은 강제적인 금전부담을 과하는 것이므로 법적 근거가 있어야 하는데, 현행법상 독점규제및공정거래에관한법률(제6조), 석유사업법(제13조의2), 자동차운수사업법(제31조의2), 대기환경보전법(제19조), 금융실명거래및비밀보장에관한법률(제7조) 등이 과징금을 규정하고 있다.

3) 과징금의 부과·징수

과징금의 부과·징수는 행정상의 의무를 부과한 행정청이 부과하고, 국세징수법에 의하여 징수한다. 과징금은 단순한 금전부담이며 형사처벌이 아니다. 따라서 이론상으로는 벌금과 과징금을 동시에 과할 수 있으나 양자를 함께 부과시키는 것은 이중부담 내지 이중처벌의 문제가 발생하므로, 과징금을 부과할 수 있는 범죄에 대하여는 주무장관의 고발이 있어야 과하게 하는 등 업자의 이중부담을 피하도록 하고 있다(자동차운수사업법 제78조, 석유사업법 제31조).

4) 과징금에 대한 구제

징수된 과징금은 당해 행정분야의 목적을 위반해서만 사용할 수 있도록 하고 있는 경우가 많다. 과징금을 부과하는 행위는 행정행위의 일종이므로 하자있는 과징금의 부과·징수는 일반행정쟁송절차에 따라 그 시정을 구할 수 있다.

(2) 가산세

가산세라 함은 세법상의 의무위반에 대한 경제적 불이익으로서 본래의 조세채무와는 별개로 과하여지는 조세를 말한다. 조세법상 법정신고기간 내에 신고하여 납부하여야 할 의무가 있는 경우에 신고하지 아니 하였거나 과소신청을 하였을 경우에는 일정비율의 납부불성실가산세라든가 신고불성실가산세 등이 과하여지는 것이 그 예이다(소득세법 제121조 제1항).

(3) 가산금

가산금이란 행정법상의 급부의무 또는 작위의무를 이행하지 아니할 경우, 그 의무불이행에 대한 제재로서 과하는 금전부담을 말한다. 지방세를 납기한까지 완납하지 아니한 때에 납기한을 경과한 날로부터 체납된 지방세에 대하여 100분의 5에 상당하는 가산금을 징수하는 것이 그 예이다(지방세법 제27조 제1항). 이에 관하여 국세징수법(제21조), 관세법(제17조의3), 대기환경보전법(제19조 제3항)에도 유사한 규정이 있다.

(4) 부당이득세

부당이득세는 물가안정에 관한 법률이나 기타 법률에 의하여 정부가 결정・지정・승인・인가 또는 허가하는 물품의 가격, 부동산이나 기타의 물건의 임대료 또는 요금의 최고액을 표준으로 거래단계별・지역별 기타의 구분에 따라 국세청장이 따로 정하는 가액을 초과하여 거래를 함으로써 부당한 이득을 얻은 자에 대해 과해지는 금전적 부담을 말한다(부당이득세법 제1조 이하).

부당이득세는 정부가 결정 등을 행한 통제가격을 초과하여 거래를 하지 아니할 의무를 강제하는 수단이나, 국가의 수입을 직접적인 목적으로 하는 조세는 아니다.

(5) 부과금

부과금이란 인・허가를 받은 자가 당해 근거법률상의 의무위반을 한 때에 단속상 그 인・허가사업 등을 정지하여야 할 경우에 그 사업은 계속하게 하면서 그에 따라 생긴 이익을 박탈하기 위하여 부과하는 행정제재금이다. 대기환경보전법상의 배출부과금이 대표적인 예로서, 환경부장관은 배출허용기준을 초과하여 배출되는 오염물질로 인한 대기오염상의 피해를 방지하고 배출허용 기준의 준수를 확보하기 위하여, 대기오염물질을 배출하는 사업자 및 배출시설의 설치허가를 받지 아니하고 배출시설을 설치・변경한 자 등에게 배출부과금을 부과하도록 되어있다(제19조 제1항).

(6) 범칙금・과태료

범칙금은 도로교통법을 위반한 범칙자가 통고처분에 의하여 국고에 납부하여야 할 금전적 부담을 의미한다. 이 범칙금제도는 일정한 금액의 범칙금 납부를 통고하고, 그 통고를 받은 자가 기간내에 이를 납부한 경우에는 해당 범칙행위에 대해서 공소가 제기되지 아니하고, 납부하지 아니할 경우에는 형사처벌절차가 진행된다(도로교통법 제117조 이하). 이러한 내용의 범칙금이 행정벌의 일종인지에 대해선 견해가 나뉜다. 종래 질서벌의 이름으로 과해진 과태료 또한, 현재는 행정벌로 볼 수 있는가에 대하여 의문이 제기되고 있다.

2. 공급거부

(1) 의의

공급거부란 행정법상의 의무를 위반하거나 불이행한 자에 대하여 일정한 행정상의 서비스나 재화의 공급을 거부하는 행정조치를 말한다. 행정에 의하여 공급되는 각종의 서비스・재화는 오늘날 국민생활에는 필수적이라는 점에서 그 거부는 행정상 의무이행확보수단으로서 매우 실효적으로 작용하고 있다.

(2) 법적 근거

공급거부는 침익적 행위이므로 그에는 법적 근거를 요함은 물론이다. 그 실정법적 근거로서는 건축법과 공업배치및공장설립에관한법률, 대기환경보전법(제21조), 수질환경보전법(제21조) 등에서 규정하고 있다. 즉 건축법은 위반건축물의 건축 또는 대수선을 하였을 때에는 당해 건축물에 대한 전화・전기・수도 또는 도시가스공급시설의 설치 또는 공급의 중지를 요청할 수 있다고 규정하고 있고(동법 제693조 제2항), 공업배치및공장설립에관한법률에 의하면 산업자원부장관은 이전명령을 받은 공장이 법이 정한 기간내에 이전하지 아니한 때에는 당해 공장에 대한 사업정지・허가취소 또는 공공사업지원중지 등을 명할 수 있으며(제27조 제1항), 사업정지를 명함에 있어 필요한 때에는 관계행정기관의 장에게 당해 공장에 대한 전기・전화・수도 등의 공급을 중지할 것을 요청할 수 있다(동법 시행령 제33조 제2항).

(3) 공급거부의 한계

공급거부의 대상이 되는 것은 급부행정으로서의 공급행정에 의하여 국민의 생활배려를 위하여 필요로 하는 재화나 역무이기 때문에 법률이 허용하는 정당한 이유가 있는 경우에만 인정되며, 이 경우에도 의무위반 혹은 불이행과 공급거부 사이에 충분한 물적관련이 있어야 하며 양자 사이의 부당결부는 금지된다.

3. 관허사업의 제한

(1) 일반적인 관허사업의 제한

국세징수법 제7조에 의하면 세무서장은 납세자가 대통령령이 정하는 사유없이 국세를 체납한 때에는 허가・인가・면허 및 등록과 그 경신을 요하는 사업의 주무관서에 당해 납세자에 대하여 그 허가 등을 하지 아니할 것을 요구할 수 있으며(제1항), 제1항의 허가 등을 받아 사업을 경영하는 자가 국세를 3회 이상 체납한 때에는 대통령령이 정하는 경우를 제외하고 그 주무관서에 사업의 정지 또는 허가의 취소를 요구할 수 있으며(제2항), 이러한 요구가 있을 때에는 당해 주무관서는 정당한 사유가 없는 한 이에 응하여야 한다는 규정을 두고 있다. 또한 지방세 체납의 경우에도 지방세법 제40조에 이와 유사한 규정을 두고 있다.

이러한 규정에 의하면 매우 실효성 있는 강제수단이기는 하지만 체납된 조세와 불허가 또는 취소·정지되는 사업과 직접적인 실질적 관련성이 없다는 점에서 법적 안정성이나 비례원칙상 문제가 있다. 비록 관허사업의 제한은 체납자의 더 이상의 체납을 방지하기 위한 조치로 이해될 수 있으나, 이른바 행정권한의 부당결부금지원칙의 견지에서 볼 때 문제가 있다고 본다.

(2) 관련된 특정관허사업의 제한

이는 특정 행정법령상의 의무에 위반한 경우에 당해 법령에 의한 기존의 인·허가를 철회 또는 정지하도록 하거나(약사법 제71조 등), 건축법 또는 동법에 의하여 발하는 명령이나 처분에 위반하여 건축물의 건축 또는 대수선을 하였을 때에는 당해 건축물을 사용하여 행할 다른 법령에 의한 영업 기타 행위를 허가할 수 없도록 함으로써(건축법 제69조 제2항) 위법건축물을 이용한 관허사업을 제한하고 있다. 이러한 경우 인·허가사업의 취소·정지 등의 수단이 마련되어 있는 것이 이에 선행하는 개선명령 등 각종 의무에 대하여 간접적인 행정법상의 의무이행확보수단으로 기능을 갖는다.

4. 명단공표

(1) 공표의 의의

공표란 일정한 행정법상의 의무위반 또는 의무위반이행이 있는 경우에 행정청이 위반자의 성명·위반사실 등을 일반인에게 공개함으로써 그 위반자의 명예·신용의 침해를 위협하여 행정법상의 의무이행을 간접적으로 강제하는 수단이다. 예컨대 고액조세체납자의 명단·사업명의 공시 또는 환경오염물질배출업소의 명단공개 등이 있다.

(2) 법적 성질

공표는 그 자체로서는 아무런 법적효과도 발생하지 아니하며, 일정한 행정상의 의무위반사항을 국민에게 알리는데 그치는 단순한 사실행위에 불과하다. 그렇지만, 오늘날의 정보화사회·신용사회에 있어서는 의무위반자의 명단공개는 그들의 명예뿐만 아니라 신용을 추락시키고 그에 의해 여러 가지 불이익을 가져다 줌으로써 상당히 실효성있는 제재적 기능을 발휘할 수도 있다.

(3) 법적 근거

행정법상의 의무위반자의 명단·위반사실을 공개하는 것은 그 상대방의 인격권·

프라이버시권 등의 기본권을 침해할 우려가 많은 행위이기 때문에 원칙적으로 법률에 근거가 있어야 할 것이다. 현재 행정법상의 의무를 위반한 자에 대한 명단 등의 공표를 규정하고 있는 일반법은 없고, 식품취생법 제56조의2, 자원의절약과재활용촉진에관한법률 제13조, 국세기본법 제85조의5 등 개별법에 있다. 특히 국세기본법 제85조의5에서는 「국세청장은 체납기간 2년 이상 10억원 이상의 조세체납자에 대해서는 명단공개 6개월 이전에 통지하여 국세납부의 기회를 부여한 후에 국세정보공개심의위원회의 심의를 거쳐 조세납제자의 명단을 공개할 수 있다…」라고 규정하여 고액체납자의 명단공표를 규정하고 있다.

(4) 공표제도와 프라이버시권

공표제도는 행정법상의 의무위반사실을 일반인에게 공표하여 그의 명예·신용을 훼손하거나 수치심을 자극하여 행정법상의 의무이행을 강제하는 제도이므로, 이는 상대방의 프라이버시권(헌법 제17조)에 대한 침해여부와 관련하여 문제가 된다. 프라이버시권은 일정한 한계를 가지고 있으며 공공의 이익을 위하여 법률에 의하여 제한될 수 있는데, 이 경우 공표의 필요성과 상대방의 프라이버시권 간의 이익형량이 행해져야 한다. 일반적으로 행정법상의 의무위반자의 성명이나 위반사실을 공표하는 것은 상대방의 프라이버시보다 국민의 알권리가 우선하므로 허용될 것이나, 행정법상의 의무위반이라는 사생활의 비밀의 영역에 속하는 사실을 본인의 의사에 반하여 공개함으로써 인격권을 침해하게 되는 공표제도는 위헌성이 있다.

(5) 공표에 대한 구제

공표는 그 자체로서는 아무런 법적 효과도 발생하지 아니하는 단순한 사실행위로서의 통지에 불과하다. 따라서 공표에 의하여 권익을 침해받은 자는 행정법상의 손해배상의 방법이나 형사상의 구제를 받을 수 있을 뿐이다. 위법한 공표를 행한 공무원에 대해서는 형법상의 명예훼손죄(제307조), 피의사실공표죄(제126조) 또는 공무상 비밀누설죄(제127조) 등이 문제될 수 있다.

5. 차량등의 사용금지

이는 행정법규의 위반에 사용된 차량 등의 운반수단의 사용을 금지함으로써 행정법상의 의무이행을 간접적으로 강제하는 방법이다. 예컨대 자동차 또는 선박이 부정임산물 또는 위법한 하천산출물을 적재·운송한 경우에 당해 자동차운전사의 운전면허 또는 선박의 해기사면허취소 및 효력정지를 규정한 산림법 제94조와 하천법 제25조의 3, 운전자가 고의 또는 과실로서 중대한 교통사고를 야기한 때에는 자동차의 사용정지와 자동차등록번호표의 영치(領置)를 규정한 도로교통법 제101조 등이 있다.

6. 기타의 수단

이상의 수단 이외에도 수익적 행정행위의 철회・정지, 취업의 제한, 세무조사, 해외여행의 제한 등이 있다.

Ⅲ. 행정권한의 부당결부금지의 원칙

1. 의의

이것은 행정기관이 행정작용을 함에 있어서 그것과 실질적 관련이 없는 상대방의 반대급부를 조건으로 하여서는 안 된다는 원칙이다. 현대행정에 있어서는 어느 정도 불가피하므로 반드시 위법・부당하다고 볼 수는 없으나, 이러한 급부행정의 수단과 행정권한의 결부를 무한히 인정한다는 것은 법치주의, 행정의 예측가능성, 법적안정성, 인권의 존중 등이 붕괴될 수 있다. 따라서 행정기관이 결부시키는 행정수단에 일정한 한계를 설정하는 것이 부당결부금지의 원칙이다.

2. 법적 근거

법치행정의 원칙, 과잉금지의 원칙, 법적안정성 등의 이론적 근거와 과잉금지의 원칙의 근거에 준해서 헌법 제37조 제2항과 경찰관직무집행법 제1조 제2항 등을 실정법적 근거로 볼 수 있다.

3. 개별적 내용

이러한 부당결부금지의 원칙은 일반적으로 새로운 내용의 행정법의 일반원칙으로 설명되고 있으나, 그 실질적 내용에 대해서는 아직도 명확한 검토가 행해지고 있지 않다. 그러나 이 원칙은 그 개별적 내용으로서, 인과관계면에서의 관련성과 목적면에서의 관련성을 요구한다고 볼 수 있다. ① 전자는 수익적 행정행위와 불이익한 의무를 부과하는 부관사이에 직접적인 인과관계가 있을 것을 요하는 것으로서 이에 따르면 양자의 관계는 수익적 내용의 행정행위를 발령하기 때문에 특정부관의 부과가 필요하게 되는 단계일 것을 요한다. 이는 행정기관이 수익석 행정행위를 발령할 수 있는 권한을 이용하여, 상대방이 다른 이유에서 부담하고 있는 특정의무이행을 부담을 통하여 강제하려는 것을 방지하는 기능을 수행하게 된다. ② 후자는 행정기관이 특정의무를 부과함에 있어서 근거법률 및 당해 행정분야의 과업내용에 따라 허용되어지는 특정목적만을 수행하여야 한다는 것을 의미한다. 따라서 당해 법률로부터 수익적 행정작용을 가능하게 하는 특정의 수권목적이 도출되면, 이는 동시에 부관의 부과에 있어서의 수권의 한계로 작용하게 된다고 본다.

4. 위반의 효과

부당결부금지의 원칙은 법치주의와 자의금지의 원칙에서 나온 헌법차원의 법원칙이므로 이에 위반한 행정작용은 위헌·위법하게 된다. 그러므로 부당결부금지의 원칙에 반하는 행정작용은 행정쟁송이나 행정상 손해배상을 청구할 수 있다.

제 5 편

행정구제법

제1장 개 설

Ⅰ. 행정구제의 의의

행정구제라 함은 위법·부당한 행정작용으로 자기의 권리·이익을 침해당하였거나 침해될 것으로 주장하는 자가 행정주체를 상대로 하여 행정기관이나 법원에 구제를 청구할 수 있는 제도를 말한다. 오늘날 행정은 그 기능이 질적·양적으로 확대·발전하여 국민생활의 거의 전 분야에 걸쳐 그 작용이 미치게 되었고, 이에 따라 행정작용으로 인한 국민의 권익침해의 가능성도 크게 증대되고 있다. 위법한 행정작용에 의한 재산권의 침해 또는 신체적 장해, 위법한 영업의 정지나 취소로 인한 재산상의 침해 등이 그 전형적인 예이다.

Ⅱ. 행정구제의 종류

1. 사전적 구제제도

사전구제란 위법·부당한 행정작용 등으로 인하여 권익침해가 발생하기 전에 이를 예방하는 제도적 장치를 말한다. 외국의 '옴부즈만'제도와 우리나라의 청원(헌법 제26조)은 사전구제제도로서 기능을 가진다. 또한 대통령비서실·국무총리비서실·감사원, 특히 국민고충처리위원회 등에서 옴부즈만의 기능을 부분적이나마 실질적으로 수행한다고 볼 수 있다.

(1) 옴부즈만(Ombudsman) 제도

1) 의의

'옴부즈만'이란 일반적으로 공공기관(행정기관·검찰·법원 등)이 법령상의 책무를 적정하게 수행하고 있는지 여부를 국민을 대신하여 감시하기 위하여 의회에 의하여 그 대리인으로 선출된 자를 말한다. 이는 스웨덴의 1809년 헌법에서 최초로 창설되어, 1960년대 이후 다수의 국가에서 채택되었다.

2) 장점

이 제도의 장점으로는 ① 고정된 절차가 없으므로 타구제수단에 비해 시민의 접근이 용이하고, ② 신속한고 저렴한 비용으로 신축적인 민원처리가 가능하다.

3) 단점

이 제도의 단점으로는 ① 행정의 책임성과 비밀성이 침해될 우려가 있으며, ② 행정이나 재판에 대한 직접적 시정권을 갖지 못하며, ③ 구제기능상 실효성이 없을 가능성이 있다.

4) 우리나라에서 설치가능성

대법원은 「합의제 행정기관인 옴부즈만을 집행기관의 장인 도지사소속으로 설치하는 데 있어서는 지방자치법 제107조 제1항의 규정에 따라 당해 지방자치단체의 조례로 정하면 되는 것이지 헌법이나 법령상으로 별도의 설치근거가 있어야 되는 것은 아니다」(대판 1997.4.11, 96추138)라고 하여 설치가능성을 긍정하고 있다.

(2) 청원

1) 청원제도의 의의

청원이란 국민이 국가의 공권력행사와 관련해서 여러 가지 이해관계 또는 국정에 관한 자신의 의견·불만 또는 희망을 개진(開陳)하거나 시정을 요구하는 헌법상의 기본권의 하나이다.

2) 청원의 법적 근거

헌법 제26조 제1항은 「모든 국민은 법률이 정하는 바에 의하여 국가기관에 문서로 청원할 권리를 가진다」고 규정함으로써 청원권을 헌법상 기본권의 하나로 인정하고 있다. 이에 근거하여 청원법이 제정되어 있으며, 특히 청원법 제9조 제4항에서는 「모든 관서는 전2항의 경우를 제외하고는 청원을 수리하여 이를 성실·공정·신속히 심사처리하고 그 결과를 청원인에게 통지하여야 한다」라고 규정함으로써 국민의 주관적인 공권이 성립된다.

3) 청원인

국민은 누구나 모든 국가기관에 대하여 청원할 수 있다. 또한 자연인만이 아니라 법인도 청원권의 주체가 될 수 있으며, 이해관계 없는 자도 청원을 제기할 수 있다. 또한 청원기관으로서 국가기관은 입법·행정·사법기관 또는 처분청이나 감독청 여하를 가리지 않는다.

4) 청원사항

청원법 제4조는 청원사항으로 ① 피해의 구제, ② 공무원의 비위의 시정 또는 공무원에 대한 징계나 처벌의 요구, ③ 법률·명령·규칙의 제정·개정 또는 폐지, ④ 공공의 제도 또는 시설의 운영, ⑤ 기타 공공기관의 권한에 속하는 사항 등을 들고 있다. 그러나 ① 재판에 간섭하는 것, ② 국가의 원수를 모독하는 것은 청원의 불수리사항으로 규정하고 있다

5) 청원의 효과

청원의 가장 주된 효과는 청원을 받은 기관이 청원을 성실, 공정, 신속히 심사·처리하고 그 결과를 청원인에게 통지해야 한다는 데 있다(청원법 제9조 제4항). 여기서 심사처리결과의 통지에 대하여 대법원은 심사처리결과의 통지 유무는 행정소송의 대상이 되는 행정처분이라 할 수 없다고 판시한 바 있다(대판 1990.5.25, 90누1458).

(3) 민원처리제도

우리나라의 감사원 등이 민원사항을 처리하고 있으나, 민원사무처리에 있어서 가장 실질적인 기능을 수행하는 것은 총리령으로 설치된 행정자치부 소속의 정부합동민원실이라고 할 수 있다. 그리고 최근에는 민원사무처리에관한법률이 제정되어 동법이 민원사무처리와 그에 따른 국민의 권익구제에 있어 고충민원의 처리를 위한 기관으로서 '옴부즈만'제도에 상응하는 '국민고충처리위원회'를 두고 있다.

1) 정부합동민원실

민원사무처리에관한법률은 민원사무우선처리의 원칙, 민원1회방문처리제, 민원사무처리기준표의 관보고시제, 거부처분의 이유명시, 정부시책이나 행정제도 및 그 운영에 관한 민원인의 의견을 수렴하기 위한 국민제안제도 등에 관하여 규정하고 있다.

2) 감사원

감사원은 직권 또는 이해관계인의 심사청구(감사원법 제43조)에 의거하여 사급 해

당기관의 직무감찰을 시행하고, 감찰결과 하자나 행정상 모순을 발견한 때에는 관계기관에 대하여 그 시정・개선을 요구할 수 있는 외에도 관계자의 문책요구나 고발조치를 취할 수 있다.

3) 국민고충처리위원회

(가) 의의 및 근거

국민고충처리위원회는 고충민원 등을 접수・상담하고 이를 조사・처리하며, 행정기관의 민원사무처리상황을 감시함으로써 국민의 권익을 보호하기 위하여 국무총리소속하에 설치되었으나 2005.10. 대통령소속으로 하였다. 동 위원회는 종래 행정규칙및민원사무기본법에 의거하여 설치되었으나, 현재는 민원사무처리에관한법률에 그 근거를 두고 있다.

(나) 구성

위원회는 위원장 1인을 포함한 10인 이내의 위원으로 구성하며, 위원장을 제외한 위원 중 상임위원은 3인 이내로 한다(동법 제17조 제1항). 위원회의 위원장과 위원은 대통령이 임명 또는 위촉한다(동조 제2항).

(다) 운영

위원회의 회의는 재적위원 과반수의 출석과 출석위원 과반수의 찬성으로 의결한다(동법 제22조 제1항).

(라) 기능

위원회의 기능(제15조 제1항)은 ① 민원사항에 관한 안내 및 상담, ② 고충민원에 관한 조사・처리, ③ 고충민원에 관한 조사의 결과 위법・부당한 처분 등에 대한 시정조치의 권고, ④ 고충민원의 처리과정에서 관련 행정제도 및 운영의 개선이 필요하다고 판단되는 경우 이에 대한 권고 또는 의견표명, ⑤ ③④의 사항에 관한 관계행정기관의 조치결과의 통보요구이다. 여기서 '민원고충이라 함은 민원사항 중 행정기관의 위법・부당하거나 소극적인 처분 및 불합리한 행정제도로 인하여 국민의 권리를 침해하거나 국민에게 불편・부담을 주는 사항에 관한 민원(제2조 제3호)을 말한다.

(마) 고충민원의 조사 · 처리

(a) 고충민원의 신청

위원회에 고충민원을 신청하고자 하는 자는 신청인의 이름과 주소, 취지 및 이유 등을 기재한 문서로 이를 신청하여야 한다. 다만, 문서에 의할 수 없는 특별한 사정이 있는 경우에는 구술로 신청할 수 있다(제29조 제1항).

(b) 위원회의 조사

① 위원회는 고충민원을 접수한 때에는 법이 정한 예외를 제외하고는 지체없이 그 내용에 관하여 필요한 조사를 하여야 한다(제30조 제1항). 위원회는 조사를 개시한 후에도 조사를 계속할 필요가 없다고 인정할 때에는 이를 중지 또는 중단할 수 있다(제2항).

② 위원회는 조사를 함에 있어서 필요하다고 인정할 때에는 관계행정기관에 대한 설명요구 또는 관계자료 · 서류 등의 제출요구, 신청인 · 이해관계인 · 참고인 또는 관계직원의 출석 및 의견진술 등의 요구, 감정의 의뢰 등의 조치를 할 수 있다(제31조).

(c) 시정조치의 권고 및 의견표명

① 위원회는 조사의 결과 · 처분 등이 위법 · 부당하다고 인정할 만한 상당한 이유가 있는 때에는 관계행정기관의 장에게 적절한 시정조치를 권고할 수 있다(제32조 제1항). 위원회는 고충민원을 조사 · 처리하는 과정에서 법령 기타 제도나 정책 등의 개선이 필요하다고 인정되는 경우에는 관계행정기관의 장에게 이에 대한 합리적인 개선을 권고하거나 의견을 표명할 수 있다(제2항).

② 위원회는 관계행정기관의 장에게 시정조치의 권고를 하기 전에 당해 행정기관 · 신청인 또는 이해관계인에게 미리 의견을 제출할 기회를 주어야 한다(제33조 제1항).

(d) 처리결과의 통보

(ㄱ) 결정의 통지

위원회는 고충민원의 결정내용을 지체없이 신청인 및 관계행정기관의 장에게 통지하여야 한다(제34조).

(ㄴ) 처리결과의 통보

권고 또는 의견을 받은 관계행정기관의 장은 정당한 사유가 있는 경우를 제외하고는 이를 존중하여야 하며, 당해 권고 또는 의견을 받은 날로부터 30일 이내에 그 처리 결과를 위원회에 통보하여야 한다(제35조 제1항). 이러한 통보가 있는 때에는 그 신청인에게 그 내용을 지체없이 통지하여야 한다(제2항).

(e) 공표

위원회는 권고 또는 의견의 내용과 처리결과의 내용을 공표할 수 있다. 다만, 다른 법률의 규정에 의하여 공표가 제한되거나 개인의 사생활의 비밀이 침해될 우려가 있는 경우에는 그러하지 아니하다(제36조).

2. 사후적 구제제도

사후구제란 행정작용 등으로 인하여 국민의 권리·이익이 이미 침해된 후에 당해 작용을 시정하거나 그로 인한 손해를 전보하여 주는 제도를 말한다. 사후구제제도가 행정구제의 중심을 이루며, 행정구제는 보통 사후구제제도를 의미한다.

사후구제제도에는 행정기관의 행위의 효력을 다투는 행정쟁송제도(행정심판·행정소송)와 행정상 손해전보제도(손해배상·손실보상)가 있다. 행정쟁송은 행정청의 위법·부당한 행정작용으로 권리·이익을 침해당한 자가 그 작용의 취소·변경을 요구하고, 권한있는 기관이 이를 심리·판단하는 권리구제제도를 말하고, 행정상 손해전보란 행정작용으로 인하여 국민에게 과하여진 정신적·경제적 손해를 국가 또는 공공단체가 갚아줌으로써 그 손해를 회복시켜주는 권리구제제도를 말한다.

제2장 행정상 손해전보(損害塡補)

제1절 행정상 손해배상

Ⅰ. 개설

1. 의의 및 행정상 손실보상과의 관계

(1) 의의

행정상 손해배상이라 함은 국가 또는 지방자치단체 등 행정주체의 위법한 활동으로 인하여 사인에게 손해가 발생한 경우 이를 전보하여 주는 제도를 말한다. 우리나라의 경우 공무원의 직무상 불법행위나 공공의 영조물의 설치·관리의 하자로 인하여 국민에게 손해가 발생한 경우에 국가 등 행정주체가 그 손해를 배상하는 제도를 취하고 있다(국가배상법 제2조·제5조).

(2) 행정상 손실보상과의 관계

1) 양자의 차이

양자는 종래 그 연혁과 성질이 다른 것으로 파악되어 별개의 법제도로 발전하여 왔다. 즉 행정상 손해배상은 개인주의적 과실책임주의에 입각한 제도이고 이에 대하여 행정상 손실보상은 행정주체의 적법행위로 인하여 발생한 손실에 대하여 단체주의적인 사회적 공평부담주의에 입각한 제도이다.

본래 국가배상은 사법상의 불법행위제도와 공통된 기반을 가지는 것이고, 다만 그 배상주체가 국가 등이라는 점에서 민사상의 손해배상책임과 다소 그 구성을 달리하고 있을 뿐이다. 이에 반하여 손실보상은 자연법사상에 기초를 둔 사유재산의 절대성을 전제로 한 제도이다. 즉 개인의 재산권은 천부의 기득권이므로 이를 박탈하기 위해서는 평등의 견지에서 사회 전체 또는 국가 전체의 공동의 부담 하에 완전한 보상을 하여야 한다는 이념적 기초에서 출발한 것이다. 어떻든 양자는 국민에게 가하여진 손해를 보전한다는 점에서는 동일하지만 손해발생원인과 그 기초이념에서는 다른 제도로 구성되어 있다.

2) 양자의 융합화 경향

행정상손해배상이나 손실보상이 이와 같이 다른 제도로 구성되어 있다 하더라도 오늘날에 있어서 양자는 그 이념의 차이점이 해소되어 서로가 상호 접근하여 공평부담의 견지에서 피해를 구제하여야 한다는 주장이 강하게 대두되고 있다. 국가배상·손실보상의 이원적 체계를 고수하는 한 피해자보호는 위축될 수밖에 없기 때문이다. 즉 국가배상 또는 손실보상의 요건을 충족시키지 못하여 피해자가 자기의 귀책사유없이 국가작용으로 인하여 피해를 입은 경우 그 피해를 구제받지 못하는 경우가 있기 때문이다. 예컨대 위법·무과실로 인한 피해, 수용유사적 침해, 수용적 침해 또는 재산권 이외의 생명·신체·자유에 대한 피해(희생)의 구제는 현행의 이원적 손해전보체계로는 곤란하다. 현행의 국가배상법은 고도의 산업사회에서는 국가배상책임법으로서의 기능을 다할 수 없다고 본다. 동법상의 과실책임주의로서는 현대국가의 증가하는 공해배상청구소송 등에서 과실책임만을 고집할 수 없게 되었다. 이 때문에 이른바 과실의 객관화이론, 일응추정의 법리 등이 등장하고 있지만 역시 한계가 있다.

손해배상과 손실보상을 통일적으로 이해하려는 위와 같은 최근의 경향을 국가보상론 내지 법치국가적 국가책임론이라 하는 바, 이러한 경향의 대두이유는 다음과 같다. 즉 현대국가에 있어서의 산업의 비약적인 발전에 따른 기업의 대형화와 행정기능의 확대로 종래의 불법행위의 이론은 개인에게 발생하는 갖가지 손해에 대한 배상을 함에 더 이상 적절치 못하게 되었다. 따라서 종래의 개인주의적 과실책임주의가 비판을 받게 되고, 사회연대주의적인 공평부담주의에 입각한 무과실책임의 이론이 대두하여 공·사법 분야에서 개인의 피해구제를 도모하는 것이 만족할 만한 구제수단이 된다는 이른바 기본권존중주의사상에 기인한다.

2. 행정상 손해배상제도의 역사적 발전

국가배상제도는 근대국가성립초기 국가무책임사상이나 주권면책사상에 기하여 공무원의 불법행위로 인하여 개인에게 손해가 발생한 경우에 국가의 배상책임이 인정되지 않았고, 가해 공무원 개인이 민사상의 배상책임이 제한적으로 인정됨에 그쳤다. 그러나 19세기 후반부터는 시간적·정도의 차이는 있지만, 프랑스·독일을 비롯하여 영·미 등에서 실정법 또는 판례법으로 국가배상책임을 인정하게 되었으며, 현대국가에 와서 비로소 확립되었다.

(1) 독일

독일은 19C초부터 국고작용으로 인한 경우에는 국가가 민법상의 책임을 지었으나, 공행정작용으로 인한 경우에는 이른바 위임이론에 의하여 국가는 책임을 지지 않고 공무원 개인이 불법행위로 인한 책임을 지도록 되어 있었다. 그리하여 20세기에 와서야 국가책임을 인정하는 법 즉 국가공무원책임법(1910)이 제정되었으며, 이는 바이마르헌법 제131조에 의하여 국가 및 공공단체의 배상책임이 비로소 일반화되었다. 국가공무원책임법의 원칙은 이른바 대위책임설에 입각하여 공무원의 개인적 책임을 국가가 대위하는 형식을 통하여 간접적으로 국가의 배상책임이 인정되었다.

1949년의 '본'기본법 제34조는 바이마르헌법을 계승하여 국가책임을 규정하였고 역시 그 책임구조도 대위책임이었다. 다만 판례 · 학설을 통하여 실정법의 규정을 상당한 정도로 보완하였으나 궁극적으로는 새로운 국가책임법의 제정이라는 인식 아래, 드디어 1981년 6월에 새로운 사상에 입각한 국가책임법이 제정되기에 이르렀다. 국가책임법은 ① 국가의 직접적 책임이라는 자기책임을 규정하고, ② 또한 공무원 개인에 대한 배상청구를 부인하는 배타적 책임을 채택하였으며, ③ 원칙적으로 과실책임주의를 유지하되 입증책임을 국가에게 부담시키는 입증책임의 전환을 도모하였고, ④ 기본권이 침해된 경우나 기술적 설비의 고장으로 인하여 손해가 발생한 때에는 무과실주의를 채택하였으며, ⑤ 그 동안 학설 · 판례상으로 발전되었던 결과제거청구권을 인정하고, ⑥ 위법 · 무과실행위에 대한 구제를 인정하는 등 국가책임제도를 대폭 개선하였다.

그러나 동법은 1982년 10월 연방헌법재판소에 의하여 전부 무효의 판결을 받기에 이르렀다. 기본법 제70조(입법권의 관할규정)에 비추어 연방에는 국가책임법을 제정할 권한이 없다는 것이 그 이유였다. 그 결과 독일에서의 국가배상제도는 다시 원상으로 복귀한 셈이나 새로운 입법을 위한 노력은 계속되고 있다.

(2) 프랑스

프랑스에 있어서도 19세기까지 주권면책을 내세워 국가책임을 부인하고 공무원만이 개인적으로 책임을 지는 이른바 개인과실에 대한 책임이 인정될 뿐이었다. 그러나 최고행정재판소인 국사원(Conseil d'Etat)의 판례를 통해 국가배상책임이 형성 · 발전하였다. 특히 1873년 2월 8일의 권한법원의 블랑코판결 이후 공역무에 관한 국가배상책임은 행정재판을 관장하는 국사원의 관할에 속하고, 사인간의 관계를 규율하는 민법의 적용을 받지 아니한다는 원칙을 확립하기에 이르렀다.

프랑스에 있어서 손해배상책임은 적법한 행위에 기인하는 손실배상제도와 명확한 구분이 없는 바, 이는 개인의 공적부담 앞의 평등이라는 사상에 기초하고 있으며 동시에 과실책임 이외에 무과실책임 또는 위험책임이 광범하게 인정되어 있다. 위험책임(무과실책임)은 과실책임의 경우와 같이 국참사원의 판례에 의하여 19C말 이래 형성된바, 공공사업으로 인한 손해에 대한 국가의 무과실책임을 인정함으로써 '위험의 사회화', '공적부담앞의 평등'을 실현하려는 것이다.

(3) 영국 · 미국

영 · 미에 있어서도 공무원의 불법행위에 대해 공무원 개인이 책임을 질 뿐 국가는 책임을 지지 않는다는 국가무책임의 원칙이 지배하여 왔다. 영국에 있어서 "국왕은 악을 행할 수 없다"는 법의 속담이 이를 말해준다. 왕이 없는 미국에서는 "주권자는 그 승낙없이 소추되지 않는다"는 법리가 그것이다. 그러나 영국의 경우 1947년 국왕소추법이 제정되고, 미국의 경우 1946년 연방불법행위청구권법이 제정됨으로써 국가가 공무원에 대신해서 책임을 부담하게 되었다. 그러나 아직도 광범위한 적용배제조항을 두고 있는 것이 이들 국가들의 국가책임의 특색이라 하겠다.

(4) 일본

일본에서는 국고작용으로 인하여 발생한 손해에 대해서는 사법상의 불법행위책임을 인정하였으나, 공행정작용으로 인한 국가배상책임은 원칙적으로 부정하였다. 그러나 제2차대전 후인 1946년에는 헌법에 일반적으로 긍정하는 규정을 두고 이에 의거하여 1947년 국가배상법이 제정되었다. 이 법은 우리나라 국가배상의 모델이 되었다.

3. 우리나라의 행정상 손해배상제도

(1) 국가배상청구권의 헌법적 보장

현행헌법은 제29조 제1항에서 「공무원의 직무상 불법행위로 손해를 받은 국민은 법률이 정하는 바에 의하여 국가 또는 공공단체에 정당한 배상을 청구할 수 있다. 이 경우 공무원 자신의 책임은 면제되지 아니한다」고 규정하여 국가배상책임주의원칙을 선언하고 있다. 한편, 제2항에서는 「군인 · 군무원 · 경찰공무원 기타 법률로 정하는 자가 전투 · 훈련 등 직무집행과 관련하여 받은 손해에 대해서는 법률이 정하는 보상 외에 국가 또는 공공단체에 국가공무원의 직무상 불법행위로 인한 배상은 청구할 수 없다」고 하여 군인 · 군무원 · 경찰공무원 등 국가와 공법상의 특수한 법률관계를 맺고 있는 자에 대해서는 국가배상청구권을 부인하고 있다(이중배상의 금지).

(2) 헌법규정의 문제점

헌법 제29조의 규정이 방침규정인가 직접적 효력규정인가가 과거에 문제되었다. 방침규정으로 보는 경우 입법자에 대한 명령이기 때문에 국가배상법과 같은 법률이 없는 이상 헌법을 근거로 하여 국가배상청구권을 행사할 수 없고 국가 등이 배상책임을 지지 않게 된다. 그러나 제29조가 직접효력을 발생하는 규정이고, 따라서 거기에 규정된 배상청구권도 현실적 권한을 의미한다. 동조상의 법률유보는 단지 권리행사의 절차를 법률로 정한다는 기본권구체화적 법률유보에 불과하다. 그리고 이미 헌법규정을 구체화한 국가배상법이 정비되어 있는 현재에는 본조의 규정의 효력에 관한 문제는 더 이상 논할 실익이 없다 하겠다.

(3) 국가배상법

1) 일반법으로서의 국가배상법

국가배상법 제8조에 「국가 또는 지방자치단체의 손해배상의 책임에 관하여는 이 법의 규정에 의한 것을 제외하고는 민법의 규정에 의한다. 다만 민법 이외의 법률에 다른 규정이 있을 때에는 그 규정에 의한다」고 규정하여 국가 등의 배상책임에 관하여 민법 이외의 다른 법률이 있으면 그 법률이 먼저 적용되며, 그런 특별법의 규정이 없을 때에는 국가배상법이 원칙적으로 적용되고, 국가배상법에 규정이 없는 사항에 대해서는 민법이 보충적으로 적용된다고 함으로써 국가배상법이 국가 또는 지방자치단체의 불법행위책임에 관한 일반법임을 나타내고 있다.

2) 국가배상법의 내용

국가배상법은 공무원의 직무책임(제2조) 외에 영조물의 설치·관리의 하자책임(제5조)에 관해서도 아울러 규정하고 있다. 그밖에 배상기준 및 배상절차 등 세부적인 사항에 대해서도 규정하고 있다. 특히 국가배상법은 외국인이 피해자인 경우에는 상호의 보증이 있는 때에 한하여 책임을 진다고 함으로써 상호주의에 입각하고 있다(제7조). 상호주의란 피해자인 외국인의 본국에서 우리 국민의 피해에 대해 배상책임을 인정하고 있는 경우에 책임을 진다는 뜻이다.

3) 국가배상법의 법적 성격

(가) 공법설

이 견해는 공법적 원인으로 인한 손해배상을 규율하는 국가배상법은 공법으로 보아야 하고, 사경제작용을 규율하는 민법과 그 성질을 달리함으로 사법설이 주장하는 바와 같이 민법에 대한 국가배상법을 일반법과 특별법의 관계로 볼 수 없고, 또한 행정소송법 제3조 제2항의 「행정처분 등을 원인으로 하는 법률관계에 관한 소송」(당사자소송)에는 당연히 행정상의 손해배상청구소송이 포함된다는 것을 예정하고 있다 할 것이므로 국가배상법은 당연히 공법이라 한다.

(나) 사법설

이 견해는 국가배상법은 민법에 대한 관계에서 일반법인 민법에 대한 특별법으로 본다. 그 논거로는 ① 국가배상법 자체도 동법이 민법의 특별법적 성격을 가진다는 점을 명문화하고 있으며(제8조), ② 행정소송에 '당해처분 등과 관련된 손해배상·부당이득반환·원상회복 등 청구소송'을 병합할 수 있도록 규정한 것은(제10조 제1항) 민사상의 청구를 의미하는 것이므로 행정상 손해배상청구권은 사권이라는 의미이므로 국가배상법은 사법이라 한다.

한편 소송실무상으로도 사법설에 입각하여 국가배상청구사건을 통상의 민사소송사건으로 다루고 있다.

Ⅱ. 공무원의 위법한 직무행위로 인한 손해배상

1. 배상책임의 요건

국가배상법 제2조 제1항에 규정된 배상책임의 요건은 공무원이 그 직무를 집행함에 당하여 고의 또는 과실로 법령에 위반하여 타인에게 손해를 가한 때이다. 공무원의 직무상 불법행위로 인한 손해에 대하여 국가 등의 배상책임이 성립하기 위한 구체적 요건은 다음과 같다.

(1) 공무원의 행위

국가 등의 배상책임이 성립하기 위해서는 공무원의 행위로 타인에게 손해가 발생하여야 하는 바, 여기서의 공무원은 국가공무원법 및 지방공무원법상의 공무원 뿐만 아니라 널리 공무를 위탁받아 그에 종사하는 모든 자를 포함한다고 보는 것이 통설이다. 판례도 소집중인 향토예비군, 집달관(집행관), 미군부대의 카츄사, 통장, 시청소차운전사, 공탁공무원, 소방원, 임시공무원 등을 국가배상법 제2조 제1항의 의미의 공무원으로 보고 있다. 반면 판례는 의용소방대원, 시영버스운전사, 우체국에서 아르바이트를 하는 자 등은 공무원에 포함시키지 않았다.

(2) 직무를 집행함에 당하여

1) 직무행위의 범위

국가배상법 제2조의 직무범위에 대하여는 학설과 실무에서 다툼이 되고 있다. 즉 권력작용에 한정하는 협의설, 관리작용까지 포함한 모든 공행정작용이라는 광의설, 사경제작용까지도 포함한다는 최광의설이 있다. 최광의설은 국가배상법의 성질을 사법으로 보는 입장인 바, 헌법 제29조는 행정작용의 성질을 불문하고 국가의 배상책임을 인정하고 있는 것이며, 만일 사경제적 작용을 직무행위의 범위에서 제외시켜 민법의 적용(제756조의 사용자배상책임)을 받게 되면 국가는 공무원의 선임·감독상의 주의의무의 이행을 입증함으로써 면책(제756조의 면책조항적용)되기 때문에 피해자에게 불리하게 된다고 한다. 그러나 오늘날 실무에서는 사용자책임에서 면책조항을 거의 적용하고 있지 않으며 국가배상법을 공법으로 파악하여 같은 성질의 작용은 같은 법의 적용을 받아야 한다는 법리에 따라 광의설을 취하는 견해가 다수설이다. 판례 가운데는 최광의설에 입각한 것도 있으나 근래에는 광의설에 기울고 있다.

[판례]

:「국가배상청구의 요건인 '공무원의 직무'에는 권력적 작용만이 아니라 비권력적 작용도 포함되며, 단지 행정주체가 사경제주체로서 하는 활동만 제외된다」(대판 2001.1.15, 98다39060).

2) 직무행위의 내용

국가배상법 제2조상의 '직무행위'에는 권력작용과 관리작용(단순공행정작용)이 포함되지만 특히 권력작용이 그 중심을 이룬다 하겠다. 이에는 행정행위·권력적 사실행위 등의 행사·불행사(부작위)를 내용으로 하는 권력적 행정작용은 물론이지만, 권력작용이라 하더라도 행정작용 중의 부작위, 입법작용, 사법작용으로 인한 손해에 대해서는 문제점이 적지 아니하다.

3) 직무행위의 판단기준

직무행위인지 아닌지 그 여부의 판단기준은 당해 행위가 현실적으로 정당한 권한 내의 것인지 또는 행위자인 공무원이 주관적으로 직무집행의 의사를 가지고 있는지의 여부와는 관계없이 객관적으로 직무행위의 외형(외관)을 갖추고 있느냐의 여부에 따라야 할 것이다. 이것을 외형설 또는 외형표준설이라고 하며, 통설·판례의 입장이다. 따라서 국가배상법 제2조 제1항의 '직무를 집행함에 당하여'라 함은 직무행위 자체는 물론 직무수행의 수단으로 행하여진 행위라 볼 수 있거나, 직무와 밀접한 관계가 있다고 인정되는 행위를 말한다.

판례가 ① 직무집행관련성을 인정한 예로는 퇴근중의 사고, 제복을 착용한 비번인 경찰관의 강도행위, 공무출장후 귀대중의 사고, 감방 또는 소년원 내에서의 사형(私刑), 훈계권의 행사로서의 기합, 군훈련도중 군인의 휴식중의 꿩 사격, 학군단소속차량의 그 학교교수의 장례식 참석, 시위진압도중에 전경이 조경수를 짓밟은 행위, 수사도중의 고문행위, 헌병대 영창에서 탈주한 군인의 민간인에 대한 범죄행위 등이 있고, ② 직무집행관련성을 부정한 예로는 공무원의 통상적인 출근중의 교통사고, 휴가중의 폭력행위, 퇴근후의 음주난동행위, 고참병의 훈계에 의한 살인, 불법휴대 칼빈으로 보리밭의 꿩사격, 군인의 휴식중 비둘기 사냥, 결혼식 참석을 위한 운행, 군의관의 포경수술, 사감(私感)에 의한 불법행위 등이 있다.

(3) 직무상 불법행위

1) 고의 또는 과실

(가) 고의 또는 과실의 의의

고의·과실은 국가배상책임의 주관적 요건이며, 국가배상법은 원칙적으로 과실책임주의에 입각하고 있다. 고의·과실은 당해 공무원을 기준으로 판단하여야 하며, 국가 등에 의한 공무원의 선임·감독상의 고의·과실이 아니다. 이 점에서 민법(제756조)에 의한 사용자배상책임과 다르다. 여기서 고의·과실이라 함은 민법상의 불법행위의 고의·과실과 크게 다를 것이 없다. 즉 고의란 자신의 행위로 일정한 결과의 발생을 인식하면서 그 결과의 발생을 용인하고 행위를 하는 심리상태를 말하며, 과실이란 자신의 행위로 일정한 결과가 발생할 것을 알고 있어야 함에도 불구하고 부주의로 그 결과의 발생을 인식하지 못하고 행위를 하는 심리상태를 말한다.

국가의 배상책임을 대위책임으로 보는 대위책임설(다수설)은 이상과 같이 고의·과실을 공무원의 주관적 책임요건으로 보지만, 자기책임설의 입장에서는 고의·과실을 위법한 국가작용의 발생원인을 당해 공무원의 기준으로 평가하는 것이 아니라 객관적으로 평가하여 국가의 책임범위를 정하게 된다. 따라서 고의·과실은 여기에서는 국가 등의 귀책사유가 될 수 있는 공무운영상의 하자의 발생이라고 하는 객관적 사정으로 이해된다.

(나) 과실의 객관화 · 정형화

국가 등의 배상책임의 성질에 관하여 대위책임설이 다수설적 입장이므로 공무원의 주관적 책임요건으로서 고의 · 과실이 필요하다. 그러나 오늘날 행정기능의 확대에 따라 증대되는 위험에 대처하고 피해자에 대한 구제의 폭을 넓히기 위하여 국가배상법상의 과실관념을 객관화 · 정형화하여 할 것이다. 이러한 추세에 맞추어 다음과 같이 과실의 객관화를 시도하고 있다.

(a) 추상적 과실

국가배상법상의 과실은 민법에서의 추상적 과실이론을 도입하여 구체적 과실이 아닌 추상적 과실을 의미한다. 여기서 과실은 특정 공무원 개인의 지식 · 능력 · 경험여하에 따라 주관적으로 정하여지는 것이 아니라, 그 공무원의 직종과 지위에서 요구되는 평균적 공무원의 객관적인 주의의무위반으로 파악된다.

(b) 가해공무원의 특정의 포기

공무원의 과실을 입증하기 위해서는 보통은 가해공무원을 특정할 필요가 있으나 반드시 필요한 것은 아니다. 누구의 행위인지가 판명되지 않더라도 손해의 발생상황으로 보아 공무원의 지위에 있는 자의 행위에 의해 생긴 손해라는 것만 인정되면 국가는 배상책임을 지게 된다. 예컨대 사무가 다수의 공무원을 거쳐 처리되었거나, 공무원의 집단에 의해 폭행을 당한 경우와 같이 불법행위자를 특정할 수 없는 경우에도 국가책임은 성립한다. 이러한 생각은 독일에 있어서의 조직과실, 프랑스에 있어서의 공역무과실 등의 관념과 일맥상통하는 것이라 하겠다.

(다) 고의 · 과실의 입증책임

고의 또는 과실의 입증책임은 원고(피해자)에게 있음이 원칙이나, 민사소송법상의 일응추정의 법리에 따라 과실의 객관화를 도모하여 피해자의 입증책임을 경감시키고 있다. 현대 행정의 익명성 · 복잡성 · 다단계성으로 인하여 국가배상관계에 있어서 공무원의 과실을 입증하기 어렵기 때문에 가해공무원의 특정포기와 일응추정의 법리의 원용 등에 의한 과실의 객관화가 주장되고 있는 것이다. 특정화의 포기는 곧 '공무원의 위법행위로 인한 국가작용의 흠' 이라는 이른바 조직과실의 개념으로의 발전을 의미하는 것이고, 일응추정의 법리는 피해자측이 공무원의 위법한 직무행위로 손해가 발생하였음을 입증하게 되면 공무원에게 과실이 있는 것으로 일응추정하게 되어 피고인 국가 등의 반증에 의하여 그 추정을 전복시키지 않는 한 배상책임을 져야 한다.

2) 법령위반

(가) 법령의 범위

법령의 범위에 관하여는 성문법과 불문법을 포함한 모든 법규를 의미한다는 협의설과 협의설에서의 법령(엄격한 의미)뿐만 아니라 인권존중, 권리남용의 금지, 신의성실, 공서양속도 포함한다는 광의설이 대립한다. 그러나 국가배상법상의 위법을 항고소송상 위법과 달리 행위의 법규에의 위반뿐만 아니라 결과의 위법, 손해의 중대성 등 결과위법 또는 상대적 위법개념으로 이해하는 광의설이 다수설 · 판례의 견해이다.

(나) 행정규칙위반과 부당한 재량처분

훈령 등 행정규칙이 법령에 포함되는지 다투어 지고 있으나, 법규적 효력이 있는 것(예, 재량준칙)은 이에 포함시켜야 할 것이다. 재량행위도 부당으로서의 재량위반이 아니라 위법으로서의 재량위반(재량권의 유월 · 남용 · 흠결 등)의 경우에는 법령위반, 즉 위법이 된다. 그러나 구체적 사정과 관련해서는 예외적으로 부당한 처분이 위법한 처분으로 인정되는 경우도 있을 것이다.

(다) 행정개입청구권과 행정청의 작위의무, 조리에 의한 작위의무

재량행위에 있어서도 국민의 생명 · 재산 등 중대한 법익이 위험에 처해 있고 이를 방지하기 위하여 행정권의 발동이 절실히 요청되는 경우에는 재량권이 0으로 수축되어 행정권발동의 작위의무가 생긴다. 재량권이 수축되어 0으로 되는 상황에서 행정권을 발동하지 않는 경우(부작위)에는 위법이 되어 국가배상을 청구할 수 있다.

조리에 의한 작위의무를 인정할 수 있는지에 관하여 법률에 의한 행정의 원칙에 비추어 이를 부인하는 견해도 있으나 법치행정의 목적은 인권보장이라는 점과 생명과 재산을 보호해야 한다는 국가의 임무에 비추어 일정한 경우에 조리에 의한 위험방지의무를 인정할 수 있을 것이다. 판례도 조리에 의한 위험방지의무를 인정한다(대판 1998.10.3, 98다18520).

(라) 선결문제로서의 행정행위의 위법성 문제

법원이 국가배상사건을 심리함에 있어, 위법한 행정행위로 인하여 손해가 발생한

경우 수소법원이 당해 행정행위의 위법여부를 심판할 수 있는가가 문제되고 있다. 우리나라에 있어 국가배상사건은 실무상 민사사건으로 처리하고 있으므로 수소법원은 민사법원이다. 민사법원이 행정행위(처분)의 위법성을 심리·판단할 수 있는가에 관하여 행정행위의 공정력을 이유로 이를 부정하는 입장도 있으나 다수설은 이를 긍정한다.

선결문제가 행정행위의 공정력에 관련된 것인가 구성요건적 효력에 관련되는 것인가는 학자들 사이에 이견이 있다. 구성요건적 효력과 관련되는 것으로 보는 입장에서는 수소법원(민사법원)이 행정처분의 위법성을 심사한다 하더라도 처분의 효력 자체를 부인(취소)하는 것은 아니기 때문에 구성요건적 효력에 저촉되는 것은 아니라는 것이다. 즉 행정행위의 효력에 대한 부인에 까지는 이르지 아니하고 배상여부를 결정하기 위한 위법성만을 다루는 것이므로 수소법원이 선결문제로서 행위의 위법을 스스로 심사할 수 있다.

판례는 학설에서와 같이 공정력 내지는 구성요건적 효력에 관한 이론을 매개로 하고 있지 않으나 수소법원이 스스로 국가배상의 선결문제로서 행정행위의 위법성여부를 심사할 수 있다는 입장을 취한다(대판 1974.3.12, 72누228).

(4) 타인에게 손해발생

국가 등이 배상책임을 지기 위해서는 공무원의 직무상 불법행위로 인하여 타인에게 손해가 발생하여야 한다. 여기서 타인이란 가해자인 공무원과 그의 직무행위에 가담한 자를 제외한 모든 사람을 의미한다. 공무원은 가해자의 입장에 설 수 있음은 물론 역시 다른 공무원의 행위로 손해를 입으면 피해자의 입장, 즉 여기서의 타인에 해당한다. 예컨대 관용차운전자의 과실로 인한 사고로 승차자인 공무원이 상해를 입은 경우 등이다. 타인에는 자연인은 물론이고 법인도 포함된다.

타인에게 손해가 발생하여야 하는데, 여기서 손해란 재산적 손해와 그 이외의 손해(생명·신체·정신상의 손해 등 비재산적 손해), 적극적 손해와 소극적 손해를 가리지 않는다. 또한 공무원의 위법한 직무행위와 손해의 발생사이에는 인과관계가 있어야 하는데 판례는 일관되게 상당인과관계설을 채택하고 있다. 상당인과관계란 민법에서와 같이 우리 사회생활의 일반적인 경험칙에 비추어 일정한 선행사실이 있으면 후행사실이 발생하는 것이 일반적이라고 생각되는 범위(일반적 개연성) 안에서만 법률이 요구하는 인과관계를 인정하는 것을 말한다.

2. 배상책임

(1) 배상책임자

공무원의 위법한 직무행위로 인한 손해의 배상책임자는 국가 또는 지방자치단체이다(제2조 제1항). 다만, 공무원의 선임·감독과 공무원의 봉급·급여 기타의 비용을 부담하는 자가 동일하지 않을 때에는 그 비용을 부담하는 자도 손해를 배상하여야 한다(제6조 제1항). 따라서 피해자는 본래의 배상책임자와 비용을 부담하는 자 중에서 어느 하나에 대해 선택적으로 손해배상을 청구할 수 있다. 이 경우에 손해를 배상한 자는 내부관계에서 그 손해를 배상할 책임이 있는 자에게 구상할 수 있다(제6조 제2항).

여기에서 '내부관계에서 손해를 배상할 책임이 있는 자'는 공무원의 선임·감독자를 의미한다는 것이 통설이다. 따라서 지방자치단체의 장이 국가의 위임사무(기관위임)를 잘못 처리한데 대한 배상의 책임은 위임자인 국가가 져야 할 것이다. 우리 판례도 사무의 귀속주체에 따라 그 사무가 국가사무로서 그것이 기관위임되어 지방자치단체의 장이 그 사무를 처리하였다면 국가가 그 공무원의 선임감독자로서 제2조에 의한 책임을 부담하여야 할 것이다(대판 1994.1.11, 92다29528)라고 판시하였다.

(2) 배상책임의 성질

1) 대위책임설

공무원의 위법한 직무행위로 인한 손해배상책임은 원칙적으로 가해자인 공무원이 부담하여야 하나, 국가 등이 대신하여 지는 책임이라 보는 견해이다. 공무원의 위법한 직무행위는 국가의 행위로 볼 수 없는 공무원 자신의 행위이기 때문에 그러한 행위의 효과는 국가에 귀속시킬 수 없다는 것이 주된 논리이다. 이 견해의 주장 근거로는 ① 민법상의 사용자책임과는 달리 선임·감독에 과실이 없어도 책임을 진다는 점, ② 우리 국가배상법이 과실책임주의를 채택하여 국가 등이 지는 책임은 어디까지나 공무원의 불법행위책임의 성립을 전제로 하여 성립한다는데 그 근거를 둔다는 점, ③ 그밖에 배상능력이 충분한 국가 등을 배상주체로 하여 피해자에게 유리하게 하고, 공무원의 사기를 위축시키지 아니하고 원활한 행정을 도모할 수 있다는 점 등이다.

2) 자기책임설

국가 등이 지는 책임은 공무원의 책임을 대신하여 지는 것이 아니고, 국가 등의 기관의 행위를 통하여 직접 자기의 책임으로 부담하는 것이라는 견해이다. 또한 이 견해는 국가 등의 기관은 성질상 그 기관담당자인 공무원을 통해서만 행위를 하고 그 공무원의 행위는 위법성 여부를 막론하고 그 효과도 국가 등의 기관에 귀속한다고 한다. 이는 우리 헌법학계의 통설적 견해이다.

3) 절충설(중간설)

이 견해는 공무원의 고의·중과실에 의한 행위는 국가 등의 기관행위로 볼 수 없으므로 국가 등이 갈음하여 책임을 지는 대위책임이지만, 경과실에 의한 행위는 국가의 기관행위로 볼 수 있으므로 국가 자신의 직접적인 자기책임의 성질이 있다고 한다. 경과실의 경우 국가의 구상권을 인정하지 않고 있는 국가배상법(제2조 제2항)의 규정도 국가배상법상의 배상의 성질이 절충설에 근거를 두고 있기 때문이라 한다.

3. 구상권

(1) 국가 등의 공무원에 대한 구상

공무원에게 고의 또는 중대한 과실이 있는 때에는 국가 또는 지방자치단체는 그 공무원에게 구상할 수 있다(국가배상법 제2조 제2항). 즉 공무원의 고의·중과실에 한하여 국가 등이 구상권을 행사할 수 있으므로 경과실의 경우에는 구상할 수 없다. 대위책임설의 입장에서 볼 때 가해공무원에게 구상하는 것은 당연하다. 또한 자기책임설에 의할 경우에도 공무원은 국가에 대한 근무관계에서 여러 의무를 지고 있는 바, 그에 위반하여 국가에 대하여 재산상의 손해를 발생시키면 그 손해에 대해 공무원은 변상책임을 져야하므로 대위책임설의 경우와 마찬가지로 국가의 구상권에 대한 책임을 지는 것은 당연하다 하겠다.

(2) 공무원의 피해자에 대한 직접적 배상책임(선택적 청구권의 문제)

1) 긍정설

이 설은 국가 등의 배상책임과 공무원 개인의 배상책임은 별개의 문제이기 때문에 피해자는 국가 등에 대해서는 물론이고 가해 공무원 개인에 대해서도 선택적으로 배상을 청구할 수 있다고 한다. 이 설의 논거는 ① 헌법이 「공무원 자신의 책임은 면제되지 아니한다」(제29조 제1항 단서)라고 규정함으로써 국가·지방자치단체에 대한 배상청구권은 공무원 자신의 피해자에 대한 책임을 면제한 것이 아님이 명백하다는 점, ② 국가배상법의 규정은 피해자를 보호하기 위한 규정이지 공무원의 책임을 경감하기 위한 규정이 아니라는 점 등이다.

2) 부정설

피해자는 국가 또는 지방자치단체에 대해서만 손해배상을 청구할 수 있고 공무원 개인에 대해서는 청구할 수 없다는 견해이다. 이 설의 논거는 ① 헌법 제29조 제1항 단서의 의미는 공무원이 국가 등의 구상에 응하는 책임이라는 점, ② 공무원이 민사상의 책임을 질 경우 경과실의 경우에도 책임을 지게 되어 국가배상법의 정신을 몰각하게 되고, ③ 국가·지방자치단체의 배상책임이 보다 완전한 형태로 기능하고 있는 한 공무원 개인에게 배상책임을 지우는 것은 피해자의 가해공무원에 대한 보복감정을 만족시켜 줄뿐이라고 한다.

3) 판례

우리 판례는 공무원 개인의 불법행위책임(피해자의 선택적 청구권)을 인정하다가(대판 1972.10.10, 69다701) 이를 부인했다(대판 1994.4.12, 93다11807). 그러나 다시 긍정하는 입장을 취하였다. 즉 대법원은 「헌법 제29조 제1항 본문과 단서 및 국가배상법 제2조의 해석상 공무원이 직무수행중 불법행위로 타인에게 손해를 입힌 경우에 국가 등이 국가배상책임을 부담하는 외에 공무원 개인도 고의 또는 중과실이 있는 경우에는 그로 인한 손해배상책임을 부담하고, 다만 공무원에게 경과실만 있는 때에는 공무원 개인은 손해배상책임을 부담하지 아니한다」(1996.2.15, 95다3867)고 판시하여 공무원 개인도 불법행위책임을 부담하되 고의 또는 중과실이 있는 경우에 한함을 명백히 하였다.

4. 손해배상액

(1) 원칙

배상액은 공무원의 가해행위와 상당인과관계가 있는 모든 손해액이다.

(2) 국가배상법 제3조의 배상기준의 성격

국가배상법 제3조의 배상액 기준이 법원을 구속할 수 있는지 여부에 대하여, 법원을 구속할 수 있다는 제한규정설과 단순한 기준을 제시한 것이라고 보는 기준규정설이 대립하고 있는데 기준규정설이 통설·판례이다.

(3) 손익상계

피해자가 손해를 입은 동시에 이익을 얻은 경우에는 손해배상액에서 그 이익에 상당하는 금액을 공제하여야 한다. 또한 유족배상과 장애배상 및 장래에 필요한 요양비 등을 일시에 청구하는 경우에는 단할인법(호프만식)에 의해 중간이자를 공제하여야 한다. 중간이자 공제방식은 대통령령으로 정한다. 이에 근거하여 대통령령에서는 판례와 동일하게 호프만식으로 규정하고 있다.

5. 배상청구권의 양도 · 압류금지

피해자의 손해배상청구권 중에서 생명 · 신체상의 침해에 대한 배상청구권은 이를 양도하거나 압류하지 못한다(동법 제4조). 손해배상청구권은 원래 재산권으로서의 법적 성질이 있으므로 본래는 양도 · 압류가 가능하지만 국가배상법은 특히 생명 · 신체의 침해를 받은 자나 그 유족을 보호하기 위하여 양도 · 압류의 금지규정을 두어 이들을 보호하고 있다.

6. 배상청구권의 소멸시효

배상청구권의 소멸시효에 관하여 국가배상법에 특별한 규정이 없으므로 동법 제8조의 규정에 의하여 민법의 규정에 따를 수밖에 없다. 따라서 민법 제766조의 규정이 적용되어, 국가배상청구권은 피해자나 그 법정대리인이 손해 및 가해자를 안 날로부터 3년이 지나면 시효에 의하여 소멸된다.

Ⅲ. 손해배상의 청구절차

1. 행정절차에 의한 배상청구

(1) 임의적 결정전치주의의 채택

1) 의의 및 성격

국가배상법은 「이 법에 의한 손해배상의 소송은 배상심의회에 배상신청을 하지 아니하고도 이를 제기할 수 있다」(제9조)라고 규정하여 종래 배상금청구에 있어서 행정절차를 사법절차에 우선시키는 필요적 결정전치주의 원칙을 임의적 결정전치주의로 변경하였다.

2) 제도의 존재이유

법원에 손해배상의 소송을 제기하기 전에 본인이 원하는 때에는 먼저 배상심의회의 결정을 신청할 수 있게 한 것은 ① 국가 등이 배상금을 스스로 지급하여 국민과의 사이에 일어날 수 있는 법률상의 분쟁을 미리 해결할 수 있고, ② 시간·노력·비용을 절약하며, ③ 간이·신속한 해결절차에 의하여 배상금을 지급받게 함으로써 피해자의 편의를 도모할 수 있기 때문이다.

(2) 임의적 결정전치주의의 내용

1) 배상금지급신청

배상금을 지급받고자 하는 자는 그의 소재지 또는 배상원인 발생지를 관할하는 배상심의회에 신청하여야 한다(제12조 제1항). 배상심의회는 본부심의회와 특별심의회 및 지구심의회가 있다. 본부심의회는 법무부에, 특별심의회는 군인·군무원이 타인에게 손해를 가한 배상결정을 심의하기 위한 것으로 국방부에 둔다. 이 두 심의회는 상급심의회이며, 지구심의회는 하급심의회이다. 지구심의회는 국가배상사건에 관한 일차적 심의·결정기관으로서, 그 관할에 속하는 국가 또는 지방자치단체에 대한 배상금지급신청사건을 심의·처리한다. 본부심의회소속 지구심의회는 각 지방검찰청에 두고, 특별심의회 소속 지구심의회는 각군본부와 일정한 군부대에 둔다.

2) 배상심의회의 심의·결정

배상금지급신청을 받은 지구심의회는 증인신문·감정·검증 등 증거조사를 한 후 심의를 거쳐 4주일 이내에 배상금 지급·기각 또는 각하의 결정을 하여야 하고, 그 결정이 있은 날로부터 1주일 이내에 그 결정정본을 신청인에게 송달하여야 한다(제13조 제1항·제14조 제1항). 지구심의회는 긴급한 사유가 있다고 인정할 때에는 장례비와 요양비의 일부를 사전에 지급하도록 결정할 수 있다(제13조 제2항).

3) 재심

지구심의회에서 지급신청이 기각된 때에는 신청인은 그 결정의 정본을 송달받은 날로부터 2주일 이내에 당해 지구심의회를 거쳐 본부심의회 또는 특별심의회에 재심을 신청할 수 있다(제15조의2 제1항). 지구심의회가 재심신청을 받은 때에는 1주일 이내에 배상금지급신청기록 일체를 상급심의회에 송부하여야 하며 이에 대하여 상급심의회는 심의를 거쳐 4주일 이내에 다시 지급 또는 기각의 결정을 하여야 한다(제15조의2 제2항·3항).

4) 배상결정의 효력

배상심의회의 배상결정은 신청인의 동의가 있거나 지방자치단체가 신청인의 청구에 따라 배상금을 지급한 때에는 민사소송법에 의한 재판상 화해가 성립한 것으로 간주되도록 되어 있었다(삭제된 제16조). 그러나 국가배상법 제16조 중 신청인의 동의가 있는 경우에 재판상의 화해와 같은 효력을 인정한 부분에 관하여 헌법재판소는 위헌결정을 내린 바 있으므로 민법상의 화해와 같은 효력만이 인정된다. 따라서 신청인은 심의회의 배상결정에 동의하여 배상금을 수령한 후에도 소송에 의하여 배상금청구(실질적 증액청구)를 다시 제기할 수 있음은 물론, 심의회의 배상결정은 종국적인 효력을 갖지 못하게 되었다.

2. 사법절차에 의한 배상청구

(1) 일반절차에 의하는 경우

국가배상청구소송은 민사소송절차에 의하거나 행정소송법상의 공법상 당사자소송에 의하여 행해진다. 판례는 지금까지 민사소송절차에 의하여 처리하여 왔으나, 국가배상법을 공법으로 보고 배상청구권을 공권으로 보는 한 공법상 당사자소송에 의하여 처리되어야 할 것이다.

(2) 특별절차에 의하는 경우

행정소송법 제10조에 의하여 국가배상청구를 행정소송과 병합하여 청구할 수 있다. 이러한 병합청구제도는 심리의 중복을 피하고 소송경제적 요구를 충족시키기 위한 것이다.

Ⅳ. 영조물의 설치·관리의 하자(흠)로 인한 손해배상

1. 개설

(1) 국가배상법 제5조의 규정

국가배상법 제5조는 「① 도로·하천 기타 공공의 영조물의 설치 또는 관리에 하자가 있기 때문에 타인에게 손해를 발생하게 하였을 때에는 국가 또는 지방자치단체는 그 손해를 배상하여야 한다. 이 경우 제2조 제1항 단서, 제3조 및 제3조의2의 규정을 준용한다. ② 제1항의 경우에 손해의 원인에 대하여 책임을 질 자가 따로 있을 때에는 국가 또는 지방자치단체는 그 자에 대하여 구상할 수 있다」고 규정하고 있다.

(2) 민법상의 공작물에 관한 책임과의 차이

본조는 민법 제758조의 공작물 등의 점유자·소유자의 책임에 관한 규정에 상응히는 것이나, 점유자의 면책규정이 없으며, 그 대상이 공작물에 한정되어 있지 않고 공작물보다 넓은 영조물(학문상의 공물)의 개념을 취하고 있는 점에서 차이가 있다.

(3) 법적 성질

국가배상법 제5조의 규정에 의한 국가 등의 배상책임은 공공의 영조물의 설치·관리를 담당한 공무원의 고의·과실의 유무를 불문하므로 과실책임주의에 입각한 제2조의 규정과는 달리 무과실책임의 성질을 가진다.

2. 배상책임의 요건

제5조의 배상책임의 요건으로는 ① 도로·하천 기타 공공의 영조물일 것, ② 설치 또는 관리에 하자가 있을 것, ③ 타인에게 손해를 발생하게 하였을 것으로 하고 있다.

(1) 공공의 영조물

본래 영조물의 개념은 공적 목적을 달성하기 위한 인적·물적 시설의 종합체를 의미한다. 그러나 국가배상법에서의 영조물은 실무와 학설에서 학문적 의미의 공물을 의미한다. 공물이란 행정주체가 공적 목적을 달성하기 위하여 제공한 유체물 및 관리할 수 있는 자연력을 의미하며, 유체물에는 개개의 물건 뿐만 아니라 물건의 집합체인 공공시설도 포함된다.

학설에서는 국가배상법 제5조의 공물에는 자연공물(하천·해변), 인공공물(도로·광장·교량·행정청사) 또한 자유공물, 타유공물을 불문하며 아울러 동산(소방차·경찰견), 부동산을 포함한다고 한다. 그러나 지금까지 실무에서는 동산에 대하여 국가배상법 제5조를 적용하고 있지 않다. 한편, 국유재산이나 공유재산에 속한다 하더라도 공적 목적에 제공된 공물에 해당하지 않는 사물(행정재산·보존재산이 아닌 잡종재산), 즉 잡종재산의 설치·관리의 하자로 인하여 손해가 발생한 경우에 국가 또는 지방자치단체는 국가배상법 제5조에 의한 책임이 아니라 민법 제758조(공작물의 설치·보존의 하자로 인한 손해배상)에 의한 손해배상책임을 진다.

(2) 설치 또는 관리의 하자

1) 설치 또는 관리의 하자의 의의

국가배상법 제5조에서의 영조물의 설치·관리의 하자의 의미에 관해서는 영조물이 통상 갖추어야 할 안전성을 결여한 것이라 이해하는 것이 일반적이다. 안전성의 결여의 원인은 인위적 또는 자연력에 의한 것일 수도 있고, 설치단계에서의 것일 수도 있다.

2) 하자의 판단기준

하자의 존재는 영조물 관리자의 과실유무나 국가 등의 재정사정과는 관계없이 배상책임을 발생시킨다. 이러한 하자의 유무는 각종 영조물에 대하여 당해 영조물의 구조·통상적 용법·주위환경 등 여러 사정을 종합적으로 고려하여 개별적·구체적으로 판단하여야 할 것이다. 그러나 안전성의 결여상태 여부의 판단에 있어서 주관적 요소인 관리자의 귀책사유도 고려하여야 하는가에 대하여 견해가 갈리고 있다.

(가) 객관설

이 설은 영조물 자체가 통상 갖추어야 할 안전성을 갖추지 못한 상태를 하자라 한다. 즉 하자유무는 객관적 견지에서 본 안전성의 문제이고, 재정사정이나 사용목적에 의한 사정은 안전성을 결정하는데 절대적 요건은 되지 못한다고 한다. 또한 설치·관리를 담당한 공무원의 고의·과실의 유무는 묻지 않기 때문에 국가배상법 제5조의 배상책임의 성질은 무과실책임 또는 위험책임으로 본다. 판례도 객관설을 취하고 있다.

(나) 주관설(의무위반설)

이 설은 국가배상법 제5조에 기한 국가 등의 배상책임은 관리자의 안전관리의무위반이라는 주관적 요소에 기인한 물적위험상태가 발생하여야 한다는 점에서, 하자발생에 있어 어떠한 의미에서든지 관리자의 주관적인 귀책사유가 있어야 함을 그 배경으로 한다. 이러한 주관설은 하자의 판단에 있어서 관리자 개인의 주관적 귀책사유를 고려하기 때문에 피해자구제의 관점에서 바람직하지 않다는 비판을 받고 있으나, 관리자의 주의의무를 고도로 객관화시키는 경우에는 이 문제점을 실질적으로 해소할 수 있다고 한다.

(다) 절충설

이 설은 하자의 유무를 판단함에 있어서 영조물 자체의 객관적 하자 뿐만 아니라, 관리자의 안전관리의무위반이라는 주관적인 귀책사유도 아울러 고려해야 한다는 견해이다. 물 자체에 결함이 없는 경우에도 관리자의 주관적인 귀책사유를 가지고 관리상의 하자를 인정함으로써 객관설이 가지고 있는 부족한 점을 보충함으로써 피해자의 권리구제의 범위를 넓힐 수 있다는 것이다. 일본에서 주로 주장되는 학설이다.

3) 하자의 입증책임

하자의 입증책임은 원고인 피해자에게 있다. 일반시민의 입장에 있는 피해자가 공물의 안전도에 관한 전문적 지식을 갖는다는 것은 기대하기 어려우므로 하자의 유무에 관한 입증책임은 엄격하게 새길 것이 아니라 피해자가 하자의 개연성만 주장하면 하자가 있는 것으로 추정되도록 하는 제도의 정착이 필요하다고 본다. 따라서 피해자가 영조물로 인하여 손해가 발생하였음을 입증하면 그 하자가 있는 것으로 일응 추정된다고 하는 일응추정의 법리를 원용할 필요가 있다고 본다.

4) 자연공물과 설치·관리의 하자

설치·관리의 하자의 판단에 있어서 인공공물과 자연공물을 동일한 평면 위에 놓고 논할 수는 없다. 특히 하천의 관리의 경우에는 그 유수원인 강수량의 정확한 예측이 어렵고, 제방의 축조와 같이 막대한 비용이 들며, 예산상의 제약을 받는 등 특수성이 있으므로 다른 것과 일률적으로 다룰 수 없는 점이 있다. 따라서 자연공물인 하천이 범람하여 수재를 일으킨 경우 그 전부에 대하여 국가 등이 책임을 질 수는 없을 것이다. 그 경우 비록 제방이 없다 하더라도 그 사실만으로 항상 안전성이 결여되었다고 볼 수 없으며, 정당한 계획고수량의 산정에 기하여 제방이 필요없다고 판단하였다면 관리상의 하자를 따질 수 없을 것이다. 제방이 축조되어 있는 경우라 하더라도 계획고수량에 상당하는 높이와 안전성을 제방이 갖추고 있는지 여부 또는 계획고수량의 산정이 정당한지 여부에 의하여 안전성 여부가 결정되어야 할 것이다.

(3) 타인에게 손해발생

하자로 인하여 타인에게 손해가 발생하여야 하므로 하자와 손해발생 사이에는 상당인과관계가 있어야 한다. 제3자·피해자의 행위 또는 자연현상이 손해의 원인으로 가세한 경우에도 상당인과관계가 있는 한, 국가 등은 그 한도 내에서 배상책임을 진다. 이른바 불가항력의 경우에는 상당인과관계를 인정할 수 없겠으나, 재정적 제약(예산부족)의 경우는 일반적으로 면책사유가 되지 아니 한다. 그러나 도로나 교량 등의 경우와는 달리, 하천 등 자연공물인 경우에는 그 안전성의 유지·관리에 있어 사회통념상 기대가능성이 없는 정도의 막대한 예산이 소요되는 경우에는 면책사유가 될 수 있을 것이다.

상당인과관계 유무의 입증책임은 원고가 지며, 피고에는 공무원도 포함될 수 있다. 또한 '손해'란 제2조의 경우와 마찬가지로 재산적 손해・정신적 손해 또는 적극적 손해・소극적 손해를 불문한다.

(4) 면책사유

영조물이 통상 갖추어야 할 안전성을 구비하고 있음에도 불구하고 손해가 발생한 경우에는 불가항력으로서 국가 등은 책임을 지지 않는다. 예컨대 이례적인 집중폭우나 강풍에 의하여 영조물이 훼손되고 그로 말미암아 손해가 발생한 경우, 그 당시의 과학기술수준에 상응한 안전성이 갖추어져 있는 경우에는 손해가 발생하여도 면책된다고 하겠다. 다만 폭우 등 재해가 과거에 경험해 본 범위 내의 것이라면, 국가 등은 그에 대처할 시설을 했어야 할 의무를 진다고 생각되므로 이에 대처하지 못한 경우에는 면책되지 아니한다.

[판례] - ① 불가항력을 인정한 사례

「하천의 관리청이 관계규정에 따라 설정한 계획홍수위를 변경시켜야 할 사정이 생기는 등 특별한 사정이 없는 한, 이미 존재하는 하천의 제방이 계획홍수위를 넘고 있다면 그 하천은 용도에 따라 통상 갖추어야 할 안전성을 갖추고 있다고 보아야 하고, 그와 같은 하천이 그 후 새로운 하천시설을 설치할 때 기준으로 삼기 위하여 제정한 '하천시설기준'이 정한 여유고를 확보하지 못하고 있다는 사정만으로 바로 안정성이 결여된 하자가 있다고 볼 수는 없다.

그런데 기록에 의하면 이 사건 사고지점의 제방은 100년 발생빈도를 기준으로 책정된 계획홍수위보다 30㎝ 정도 더 높았던 사실, 이 사건 사고당시 사고지점 상류지역의 강우량은 600년 또는 1.000년 발생빈도의 강우량이어서 이 사건 사고지점의 경우 계획홍수위보다 무려 1.6m 정도가 넘는 수위의 유수가 흘렀다고 추정되는 사실 및 이 사건 사고 이전에는 위 사고지점에 하천이 범람한 적이 없었던 사실을 인정할 수 있는바, 위와 같은 사실에 의하면 특별히 계획홍수위를 정한 이후에 이를 상향조정할 만한 사정이 없는 한 계획홍수위보다 높은 제방을 갖춘 위 사고지점을 들어 그 용도에 따라 통상 갖추어야할 안전성을 갖추지 못한 하자가 있다고 볼 수 없고, 위와 같이 계획홍수위를 훨씬 넘는 유수에 의한 범람은 예측가능성 및 회피가능성이 없는 불가항력적인 재해로 보아 그 영조물의 관리청에게 책임을 물을 수 없다 할 것이다」(대판 2003.10.23, 2001다48057).

② 불가항력을 부정한 사례

「산비탈 부분이 약 308.5㎜의 집중호우에 견디지 못하고 도로위로 무너져 내려 차량의 통행을 방해함으로써 발생한 사건은 도로의 설치 또는 관리상의 하자로 인하여 일어난 것이라고 보아야 하고, 매년 비가 많이 오는 장마철을 겪고 있는 우리나라와 같은 기후의 여건에서 위와 같은 집중호우가 내렸다고 하여 전혀 예측할 수 없는 천재·지변이라고 보기는 어렵다」(대판 1993.6.8, 93다11678).

3. 제2조와 제5조의 경합

예컨대 소방차의 기계의 하자와 운전자의 과실이 경합하여 사람을 사상할 경우와 같이 국가배상법 제2조와 제5조가 경합한 경우에는 양책임이 중복하여 발생하므로 피해자는 어느 규정에 의하여서도 배상을 청구할 수 있다. 그러나 국가배상법 제2조는 명백히 '고의 · 과실'이라는 주관적 요건에 관하여 규정하고 있는데 대하여 제5조는 단순히 '설치 · 관리의 하자'라고만 규정하고 있으므로, 피해자의 입장에서 볼 때 제5조에 의하여 배상책임을 추구하는 것이 훨씬 유리하다 하겠다.

4. 군인 등에 대한 특례

군인 · 군무원 · 경찰공무원 · 향토예비군대원에 대한 국가배상을 제한하고 있는 제2조 제1항 단서의 규정은 영조물의 경우에도 적용된다(제5조 제1항).

5. 배상책임자와 구상권

(1) 배상책임자

국가 또는 지방자치단체가 배상책임자이다. 이 경우에 영조물의 설치 · 관리자와 비용부담자가 동일하지 아니한 경우에는 비용부담자도 배상책임자가 된다(제5조 · 제6조). 국유공공의 공물(도로 · 하천)의 경우에 이러한 예를 볼 수 있다. 이 경우 피해자는 국가가 설치 · 관리자이고 지방자치단체가 비용부담자로 볼 수 있으므로 양자 모두 배상책임의 주체이다. 따라서 피해자는 양자에 대하여 선택적으로 배상을 청구할 수 있다.

(2) 구상권

영조물의 설치관리자와 비용부담자가 다른 경우에 있어서, 피해자에게 손해를 배상한 자는 내부관계에서 그 손해를 배상할 책임있는 자에게 구상할 수 있다(제6조 제2항). 여기서 '내부관계에서 손해를 배상할 자'란 주로 설치 · 관리자를 지칭하는 것이 통설이다. 예컨대 지방자치단체가 비용부담자로서 피해자에게 배상한 경우 나중에 설치관리자인 국가에 대하여 구상권을 행사할 수 있다.

국가나 지방자치단체가 피해자에 대하여 손해를 배상한 경우에 있어서, 손해의 원인에 대하여 책임을 질 자가 따로 있을 때에는 국가 등은 그 자에 대하여 구상권을 행사할 수 있다(제5조 제2항). '손해의 원인에 대하여 책임을 질 자'란 공사의 수급인, 영조물의 파손자 등으로 그들의 고의 또는 과실로 인하여 영조물의 설치 · 관리에 하자를 발생케한 경우이다. 또한 영조물의 관리기관을 구성하는 공무원도 그 관리의무의 해태가 손해발생의 원인으로 볼 수 있을 때에는 여기서의 책임을 질 자에 해당한다 하겠다.

제2절 행정상 손실보상제도

Ⅰ. 행정상 손실보상의 의의

행정상손실보상이라 함은 행정주체가 적법한 공권력의 행사로 인하여 가해진 사유재산에 대한 특별한 희생에 대하여 사유재산권의 보장과 공평부담의 견지에서 행하는 조절적인 재산적 전보를 말한다. 현행 헌법은 국민의 재산권을 보장하는 한편, 「공공필요에 의한 재산권의 수용 · 사용 또는 제한 및 그에 대한 보상은 법률로써 하되, 정당한 보상을 하여야 한다」(제23조 3항)고 규정하고 있는 바, 이는 재산권에 대한 수용 · 사용 · 제한(공용침해)과 이러한 공권력행사로 인한 손실보상에 관한 근거규정이다.

Ⅱ. 행정상 손실보상의 근거

1. 이론적 근거

손실보상의 이론적 근거에 관하여는 기득권설 · 은혜설 · 공용징수설 등이 있으나, 오늘날 일반적 견해는 특별희생설이다. 이러한 특별희생설은 공익의 실현을 위한 행정작용을 통해 불가피하게 발생하는 손실에 대하여 공익과 사익의 조절이라는 차원에서 개인의 손실을 사회전체의 부담으로 전가하여 보상해줌으로써 공적부담앞의 평등을 실현하고 법률생활의 안정을 보장할 수 있어야 한다는 것이다.

2. 실정법적 근거

헌법 제23조 제3항은 「공공필요에 의한 재산권의 수용 · 사용 · 제한 및 그에 대한 보상은 법률로써 하되 정당한 보상을 지급하여야 한다」고 규정하고 있다. 이 규정은 우선 재산권의 수용·사용·제한(공용침해)은 공공필요가 있는 경우에 한하여 또한 법률에 근거가 있는 경우에 가능하도록 하였으며, 재산권 침해의 근거를 법률로 정하는 경우에도 입법자는 반드시 보상의 기준과 방법 등 보상에 관한 사항도 법률로 규정하도록 하고 있다.

3. 손실보상에 관한 헌법적 규정

(1) 학설

1) 방침규정설(입법지침설)

헌법규정은 입법자에 대한 입법의무를 제시한 방침규정에 불과함으로 입법이 있기 전 까지는 국가의 손실보상의무를 부정하는 견해이다. 이 견해에 따르면 헌법상의 재산권보장원칙은 유명무실해진다.

2) 위헌무효설(입법자에 대한 직접적 효력설)

이 견해는 재산권침해를 규정하면서 이에 대한 보상규정이 없다면 그 법률은 위헌으로서 무효이고, 따라서 그런 위헌법률에 근거한 재산권침해행위는 위법한 직무행위가 되므로 국가배상법에 의거한 행정상 손해배상청구만이 가능하고 직접헌법에 의하여 손실보상을 청구할 수 없다고 본다. 다수설은 이 견해를 따르고 있으며, 판례도 대체로 이 견해의 입장을 취하고 있다.

3) 직접효력설(국민에 대한 직접 효력설)

이 견해는 헌법상의 보상규정은 국민에 대한 직접적 효력이 인정되므로 공용침해규정만 있고 보상규정이 없거나 또는 정당한 보상에 미치지 못하는 법률로서 재산권을 침해당한 경우 국민은 헌법규정에 근거하여 보상을 청구할 수 있다고 본다. 즉 법률에 보상규정이 없다고 하여 보상을 배제하는 것은 아니므로 이런 경우 헌법규정을 직접근거로 할 수 있다는 주장이다.

이 견해에 대하여는 권력분립원리에 반한다는, 즉 헌법이 보상을 법률로 정하도록 하고 있음에도 불구하고 헌법규정으로부터 보상규정이 없는 경우에도 국민이 직접 헌법에 근거하여 청구권을 행사하여 직접 법원에서 배상여부를 결정한다면, 헌법이 입법자에게 정하도록 하고 있음에 비추어 권력분립원리에 반한다는 비판이 있다.

4) 유추적용설(간접효력설)

공용침해에 따르는 보상규정이 없는 경우에는 헌법 제23조 제1항의 재산권보장조항과 제11조의 평등권조항을 직접적 근거로 하면서, 헌법 제23조 제3항 및 관계규정의 유추적용을 통하여 손실보상을 청구할 수 있다고 한다. 이는 독일에서 발전된 수용유사침해이론을 도입하여 손실보상문제를 해결하고자 하는 견해이다.

그러나 이 견해에 대해서 ① 이 주장은 헌법 제23조 제1항을 근거로 하고 있는 점에서 그 논거에 문제점이 있다는 비판을 받는다. 즉 헌법 제23조 제1항은 재산권의 존속보장에 관한 규정으로서 위법한 재산권 침해행위에 대한 방어적 권리를 당사자에게 인정하는 것이며, 재산권의 가치보상의 문제인 손실보상에 관한 근거규정이 될 수 없다는 점, ② 유추적용은 유사한 두 개의 대상이 유사한 조건 아래 놓여 있는 경우에, 그 중 하나의 대상에 대한 적용법규를 적용법규가 정하여져 있지 아니한 다른 대상에 대하여 적용함으로써 법률흠결의 공백을 메우려는 것인데, 헌법 제23조 제3항은 적법성을 기초로 하는 것임에 반하여, 손실보상을 규정하고 있지 않은 법률에 근거한 공권력행사는 불가분조항에 반하는 것으로서 위법한 행정작용의 성질을 갖게 된다는 점, ③ 독일의 수용유사침해이론을 도입하여 이를 손실보상의 문제로서 해결하려는 시도는 독일에서도 연방헌법재판소의 자갈채취사건의 판결 이후 이러한 경우에 수용유사침해이론에 따른 손실보상을 부정하고 당사자는 바로 취소쟁송을 제기할 수밖에 없다는 결론에 비추어 당사자의 권리보호에 전혀 도움이 되지 못할 것이라는 비판이 있다.

(2) 판례의 태도

판례의 입장은 대체로 위헌무효설의 입장이라 할 수 있다. 즉 판례는 ① 직접적인 근거규정이 없는 경우에도 관련규정의 유추해석이 가능한 경우에는 유추해석을 통해 손실보상을 인정하기도 하며(하천법상 제외지의 보상), ② 관련규정이 없는 경우에도 손실보상을 인정하기도 하지만(토지구획정리사업으로 토지의 환지를 교부하지 않고 소유권을 상실한 경우), 경우에 따라서는 법규에 보상규정이 없을 때에 공적 목적(공적부담)을 위한 것임에도 손실보상 대신 불법행위로 처리하기도 한다.

【판례】 - ① 위헌무효설을 취한 판례

「군사상의 긴급한 필요에 의하여 국민의 재산권을 수용 또는 사용하게 되었던 것이라 할지라도 그 수용 또는 사용이 법률의 근거없이 이루어진 경우에는 재산권자에 대한 관계에 있어서는 불법행위가 된다」(대판 1966.10.18, 66다1715).

② 손실보상을 인정한 판례

「이를 다른 사람의 환지로 지정하여 원고로 하여금 환지를 받지 못하게 한 사실을 확정한 후 피고시의 위 토지구획정리사업으로 말미암아 원고에게 이건 토지에 대한 환지를 교부하지 않고 그 소유권을 상실케 한 데 대한 이 건과 같은 경우에 손실보상을 하여야 한다는 규정이 토지구획정리사업법에 없다 할지라도 이는 법리상 그 손실을 보상하여야 할 것임이 뚜렷한 이상 그 손실보상을 배제할 근거로 삼을 수는 없다고 판단하는 취지에서 원고의 손실보상청구를 인용한 조치에 법리오해가 있거나 이유모순의 잘못이 있다고는 볼 수 없다」(대판 1972.11.28, 72다1597).

③ 직접효력설을 채택한 것으로 본 판례

「토지구획정리사업으로 말미암아 본건 토지에 대한 환지를 교부하지 않고 그 소유권을 상실케 한데 대한 본건과 같은 경우에 손실보상을 하여야 한다는 규정이 본법에 없다 할지라도, 이는 법리상 그 손실을 보상하여야 할 것이다」(대판 1972.11.28, 72다1597).

④ 유추적용설을 채택한 것으로 본 판례

「하천법(1971.1.19 법률 제2292호로 개정된 것) 제2조 제1항 제2호, 제3조에 의하면 제외지는 하천구역에 속하는 토지로서 법률의 규정에 의하여 당연히 그 소유권이 국가에 귀속된다고 할 것인바, 한편 동법에서는 위 법의 시행으로 인하여 국유화가 된 제외지의 소유자에 대하여 그 손실을 보상한다는 직접적인 보상규정을 둔 바가 없으나 동법 제74조의 손실보상요건에 관한 규정은 보상사유를 제한적으로 열거한 것이라기보다는 예시적으로 열거하고 있으므로, 국유로 된 제외지의 소유자에 대하여는 위 법조를 유추적용하여 관리청은 그 손실을 보상하여야 한다」(대판 1987.7.21, 84누126).

Ⅲ. 손실보상청구권의 성질

1. 공권설

손실보상의 원인행위가 공법적이기 때문에(토지수용·징발 등 권력작용) 그 효과로서의 손실보상도 공법적이다. 따라서 손실보상청구권은 공법상의 권리이고 이에 관한 소송은 행정상 당사자소송의 문제로 된다고 본다. 이 견해가 우리나라의 통설이다.

2. 사권설

손실보상의 원인은 공법적이나 그에 대한 손실보상은 사법적이라고 보는 입장이다. 판례는 손실보상의 원인이 공법적이라 하여도 손실의 내용(수용된 재산권)이 사권이라면 손실보상은 사권이라는 입장을 취한다.

Ⅳ. 손실보상의 요건

1. 개설

공권력의 행사로 인한 손실을 보상받기 위해서는 ① 개인의 재산권이, ② 공공필요를 위하여, ③ 적법한 공권적 침해로 인하여, ④ 타인에게 특별한 희생이 발생하여야 한다.

2. 구체적 요건

(1) 재산권에 대한 공권적 침해

1) 재산권

여기서 재산권이라 함은 소유권뿐만 아니라 경제적 가치가 있는 사법상·공법상의 일체의 권리를 말한다. 재산권은 현존하는 구체적 재산가치여야 하므로 농지의 지가상승의 기대와 같은 기대이익은 여기에서의 보호대상에 포함되지 아니한다.

2) 공권적 침해

공용침해로 손실보상청구권이 발생하기 위해서는 개인의 재산권에 대한 공권적 침해가 있어야 한다. 여기서 '침해'란 재산권에 대한 일체의 감손을 의미하고, '공권적'이라 함은 공권력에 의한 것 또는 공법상의 것을 의미한다. 헌법 제23조 제3항의 수용·사용 또는 제한, 즉 공용침해는 공권적 침해이나 그 전형적 대표적 예이지 공권적 침해의 전부는 아니다. 따라서 공권적 침해는 공용침해보다 광의의 개념이므로, 제23조 제3항의 수용·사용 또는 제한은 공권적 침해의 예시에 불과하다.

또한 개인의 재산권에 대한 침해가 공권력의 주체에 의하여 의욕되고 지향되었거나 아니면 적어도 상대방의 재산적 손실에 대한 직접적 원인이 되어야만 보상청구권의 성립요건으로서의 공권적 침해라고 할 수 있다. 즉 침해의 직접성이 있어야 한다.

(2) 공공필요

공공필요의 뜻에 대해서는 견해가 나누어져 있다. 즉 '특정공익사업을 위한 필요'로 좁게 이해하는 입장이 있는가 하면 '공공복리를 위한 필요'로 넓게 이해하는 입장도 있다. 또한 널리 공공목적을 위한 필요(가장 넓은 의미)로 이해하는 견해들이 있으나 현행법하에서는 손실보상제도의 취지로 보아 가장 넓은 의미로 이해하는 것이 타당하다고 본다.

헌법은 한편으로 공공필요를 위한 재산권의 침해를 인정하면서, 다른 한편으로 재산권 등 기본권을 보장하고 있을 뿐만 아니라, 이를 제한하는 예외적인 경우에도 그것은 최소한의 제한이어야 하며, 본질적으로 내용을 침해해서는 아니 된다고 규정하고 있다(제37조 제2항). 따라서 공공필요를 위한 공용침해의 경우에 있어서도 공익만을 고려할 것이 아니라 사익도 마땅히 고려되어야 한다.

(3) 적법성

손실보상의 원인이 되는 개인의 재산에 대한 침해는 적법한 것이어야 한다. 여기서 적법한 것이라고 함은 법률에 근거한 것임을 의미한다. 따라서 공권력이 법령에 위반하여 개인의 재산권을 침해한 경우에는 행정상 손해배상의 원인이 될 뿐, 엄격한 의미의 손실보상의 원인은 아니라고 보아야 한다.

(4) 특별한 희생

공용침해(손실보상)의 요건이 충족되기 위해서는 타인의 재산권에 대한 공권적 침해로 인하여 사회적 제약을 초과하는 재산적 손실, 즉 '특별한 희생'이 발생하여야 한다. 여기서 특별한 희생이란 균등하게 과하여진 것이 아니라, 타인과 비교하여 특정인에게 불균등하게 과해진 권익의 박탈을 의미한다.

헌법은 제23조 제2항에서 자기 재산에 관하여 무보상으로 일반적이고 적절한 그리고 기대 가능한 갖가지 제한을 받게 되고 또한 받게 될 수 있는 이른바 재산권의 사회적 구속을 규정하고 있다. 헌법이 보상을 요하는 특별한 희생과 보상이 필요없는 사회적 제약에 관하여 규정하고 있지만, 구체적으로 특별한 희생과 사회적 제약을 어떤 기준에 의해 구별하느냐는 학설상 상당한 논란이 되고 있는데, 이에 관하여 살펴보면 다음과 같다.

Ⅴ. 사회적 제약과 특별한 희생의 구별기준

손실보상의 요건이 충족되기 위한 요건의 하나로 타인의 재산권에 대한 공권적 침해로 '특별한 희생'이 발생하여야 하는바, 특별한 희생은 '사회적 제약'을 넘어서는 손실이라 할 수 있다. 손실이 재산권에 내재하는 사회적 제약에 불과한 경우에는 재산권자가 수인하여야 한다. 헌법은 제23조 제2항에서 「재산권의 행사는 공공복리에 적합하도록 하여야 한다」고 규정하여 재산권의 공공성을 선언하였다.

그러나 실제에 있어서 어떠한 손실이 특별한 희생이고 재산권에 내재하는 사회적 제약인지가 불명확할 때가 많다. 이를 구별하는 판단기준에 관하여는 형식적 기준설과 실질적 기준설 및 절충설 등이 있다.

1. 형식적 기준설

이 견해는 재산권에 대한 침해행위가 일반적인가 아니면 개별적인 것인가라는 형식적 기준에 의하여 구별한다. 즉 재산권에 대한 침해가 특정인 또는 특정집단에게 가해짐으로써 일반인에게 예기되지 않는 특별한 희생을 과하며 따라서 평등원칙에 위배되는 경우에는 특별한 희생이 행해지고 재산권 침해가 일반적으로 행해지면 사회적 제약에 해당한다고 본다.

2. 실질적 기준설

이 견해는 공용침해의 실질적 내용, 즉 침해행위의 본질성·강도를 기준으로하여 양자를 구별하려는 견해이다. 실질적 기준설에는 다음과 같은 학설이 있다.

(1) 보호가치설

옐리네크(W. Jellinek)가 주장한 것으로 재산권을 보호가치 있는 것과 없는 것으로 구분하여 전자에 대한 침해만이 특별한 희생으로서 보상이 주어져야 된다고 한다. 그에 의하면 역사·일반적 사상·언어의 관용·법률의 취지 등에 비추어 보호가치있는 재산권과 보호가치없는 재산권을 구별한다. 이 견해는 양자를 구분할 객관적 기준이 제시되어 있지 않다는데 문제점이 있다.

(2) 수인한도설

슈퇴터(R. Stödter) 등이 주장한 것으로 기대가능성설이라고도 한다. 즉 재산권에 대한 침해행위가 그 본질과 강도에 비추어 재산권 주체가 수인 할 수 없을 정도로 재산권의 본질인 배타적 지배에 대한 침해인지, 아니면 보상없이도 수인이 가능한 것인지에 따라 전자의 경우에는 특별한 희생이고, 후자의 경우에는 사회적 제약으로 본다. 이 견해 역시 수인가능성이라는 기준이 모호하다는 문제점이 있다.

(3) 사적효용설

재산권의 본질을 개인의 이익과 사적지배, 즉 사적이용(효용)에 있다 하고, 이것을 침해하는 경우에는 특별한 희생이고, 사적이용이 유지되는 경우는 사회적 제약에 해당한다고 한다. 이 견해는 재산권자의 주관적 이익에 착안한 것이기 때문에 사적효용에 대한 어느 정도의 제한이 있어야 특별한 희생이 되는지 불명확한 경우가 있을 수 있다. 어떻든 이 견해도 역시 객관적 기준이 되지 못한다는 비판이 가능하다.

(4) 목적위배설

포르스트호프(E. Forsthoff) 등의 견해로서 일명 기능설이라고 칭한다. 이 견해는 재산권에 가해지는 침해행위(주로 공용제한)가 그 재산권의 본래의 기능 또는 목적에 위배되는 것인가 아닌가에 의해 양자를 구별한다. 재산권에 대한 제한이 있더라도 재산권의 본래의 이용목적 내지 기능에 따른 이용이 유지되는 경우에는 사회적 제약에 해당한다고 한다. 예컨대 택지가 개발제한구역으로 지정되는 경우는 특별한 희생이고, 부동산의 이상거래와 투기를 규제하기 위하여 거래절차·가격을 규제하는 것은 사회적제약에 속하고, 도로건설을 위한 농지수용은 농지의 본래의 기능을 박탈하는 것으로서 특별한 희생이 된다고 한다.

(5) 상황구속성설

이 견해는 주로 토지의 이용제한에 있어서 보상여부를 판단하기 위한 것으로, 같은 토지라 하더라도 그것이 놓여있는 상황에 따라 그에 상응하는 사회적 제약의 강약이 있다는 것이다. 즉 토지가 처한 상황이 인구밀도가 높은 도시 및 그의 도시근교라면 그 토지는 본래대로 녹지로 묶어두는 개발제한을 하더라도 보상의 대상이 되지 않는다. 예를 들면 인구밀도가 높은 도시 및 도시근교의 토지, 문화재보호구역 안에 있는 건물에 대해 사회적 제약을 강하게 하는 경우 등이다. 그러나 이 견해는 토지 등의 재산권이 처한 상황을 고려하여 특별한 희생인지 아닌지를 판단할 뿐, 그 이상의 구별기준을 제시하지 못한다는 점에서 비판을 받고 있다.

한편, 대법원과 헌법재판소는 개발제한구역설정과 토지거래허가제에 대한 위헌성 여부에서 합헌 판결의 논거로 인용하였다.

(6) 중대설

독일의 연방행정재판소가 취하고 있는 입장인바, 침해의 중대성과 범위를 기준으로 하여 사인이 수인 할 수 없는 제한에 대하여서만 보상이 주어져야 한다고 한다.

3. 절충설

이는 특별한 희생이냐의 여부는 형식적 기준과 실질적 기준을 동시에 고려하여야 한다는 견해이다. 즉 보상 여부의 결정은 형식적 기준과 실질적 기준을 상호보완적으로 적용하여 구체적으로 판단하여야 한다는 견해이다.

Ⅵ. 행정상 손실보상의 기준

1. 학설

공용침해로 인하여 발생한 재산적 손실을 어느 정도까지 보상하여야 하는가에 대하여 국가의 입법정책 및 재산권에 대한 사회적 가치관에 따라 달라질 수 있으나, 일반적으로 완전보상설과 상당보상설이 대립하고 있다.

(1) 완전보상설

손실보상은 피침해재산이 가지는 완전한 가치를 보상하여야 한다는 설이다. 그런데 완전보상의 내용에 관해서는 두 견해가 있는바, 하나는 피침해재산이 가지는 객관적 시장가치만 보상하면 된다는 것이고, 다른 하나는 피침해재산의 객관적 가치는 물론 부대적 손실(영업손실 · 이전비용 등) 까지도 포함한다는 견해, 즉 공용침해로 발생한 손실의 전부를 보상해야 완전보상이 된다는 것이다.

이러한 완전보상의 관념은 미국수정헌법 제5조의 정당한 보상조항의 해석을 중심으로 발전되어온 것인데, 초기에는 객관적시장가치만 보상하면 된다고 해석되었으나 오늘날에는 이외에 부대적 손실도 보상하여야 하는 것으로 해석되고 있다. 우리나라의 다수견해도 피침해재산의 객관적 시장가치의 보상과 더불어 부대적 손실의 보상도 포함하는 것으로 이해하고 있다.

(2) 상당보상설

이 설은 공용침해행위의 공공성과 재산권의 사회적 구속성이 인정되기 때문에 보상이 행해질 당시의 사회통념에 비추어 사회정의의 관념에서 타당하다고 생각되는 보상이면 족하다는 견해이다. 이러한 상당보상설은 일반적으로 완전보상을 원칙으로 하지만 합리적인 이유가 있을 때에는 완전보상을 하회할 수도 있고 상회할 수도 있다고 한다.

2. 현행법상의 보상기준

(1) 정당보상의 원칙

우리헌법 제23조 제3항은 「…그에 관한 보상은 법률로써 하되 정당한 보상을 지급하여야 한다」라고 규정하고 있다. 여기서 '정당한 보상'이란 항상 획일적인 보상기준이 적용되는 것이 아니라, 원칙적으로 완전보상을 해주어야 하지만 경우에 따라서는 완전보상을 하회할 수도 있고 또한 생활보상까지 해주어야 하는 경우도 있다고 해석하는 것이 일반적 견해이며, 헌법재판소도 같은 입장이다.

【판례】: 정당보상의 의미

「헌법 제23조 제3항이 규정하는 정당한 보상이란 원칙적으로 피수용재산의 객관적인 재산가치를 완전하게 보상하는 것이어야 한다는 완전한 보상을 의미한다」(헌재 1995.4.20, 93헌바20).

(2) 개발이익배제의 원칙

공공사업 등으로 인하여 지가 등이 상승한 경우에 그 이익은 사인의 투자와 노력으로 이루어진 것이 아니므로 그 개발의 결과인 개발이익은 특정의 토지소유자 등이 독점하는 것은 분명히 불공평하고 형평의 원리에 어긋나기 때문에 사인에게 귀속되는 것은 배제되어야 한다.

헌법재판소는 공시지가가 정당한 보상을 규정한 헌법에 위반되는 것이 아닌가의 문제에 대하여 토지수용법상의 공시지가제(제46조 제2항)가 개발이익의 배제를 위한 취지의 규정이라는 전제하에 동 규정이 헌법상 정당보상의 원칙 및 평등원칙에 반하는 것은 아니라고 판시하였다.

(3) 생활보상의 원칙

1) 의의

생활보상이란 재산권에 대한 침해로 인하여 생활의 근거를 상실하게 되는 재산권의 피수용자 등에 대하여 생활재건에 필요한 정도의 보상을 행함을 의미한다. 그러나 이에 관하여는 협의로 이해하는 입장과 광의로 이해하는 입장이 있다.

(가) 협의의 생활보상

생활보상을 협의로 이해하는 입장에서는 부대적 손실의 상당부분을 제외시켜(영업

손실이나 소수잔존자보상 등), 현재 당해 지역에서 누리고 있는 생활이익의 상실에 대한 보상만을 의미하는 것으로 본다. 이는 간접보상과 이주대책만이 생활보상의 주된 내용으로 본다. 간접보상이란 재산권이 직접 수용 등의 대상이 되지는 않으나 대상물건이 공공사업으로 인하여 본래의 기능을 수행할 수 없게 됨으로써 소유자 등이 입은 손실에 대한 보상을 말하며(예, 소수잔존자에 대한 보상), 이주대책이란 공공사업의 시행에 필요한 토지 등을 제공함으로 인하여 생활의 근거를 상실하게 되는 사람에 대해 이주대책을 수립·실시하는 것을 말한다.

(나) 광의의 생활보상

생활보상을 광의로 이해하는 입장에서는 협의의 생활보상 이외에 ① 주거의 총체가치의 보상, ② 영업상 손실의 보상, ③ 이전료보상, ④ 잔지보상 등도 생활보상의 내용에 속하게 된다. 이 견해가 다수설이다.

2) 법적 근거

생활보상에 관한 헌법적 근거로는 제23조 제3항과 인간다운생활을 할 권리를 규정한 제34조 제1항을 들 수 있고, 헌법의 취지에 따라 생활보상을 구체화하고 있는 법률로는 공익사업을위한토지등의취득및보상에관한법률 등을 들 수 있다.

3) 생활보상의 내용

(가) 거주대책비보상

거주대책보상이란 공공사업의 시행으로 인하여 주거를 상실하게 된 자에 대하여 일시적인 주거대책비용을 지급하는 보상을 말한다. 예컨대 전세입주자에 대한 주거대책비지급, 무허가영업자 등에 대한 폐업보상으로서 행하는 주거대책비 지급 등이 있다.

(나) 생활재건조치

생활재건조치란 공공사업의 시행으로 인하여 이주하는 사람들의 생활근거를 마련하기 위해 기업자와 행정당국에 의한 이주대책 등의 일련의 조치를 말한다. 이에는 공영주택의 알선, 개간비보조, 고용알선, 대체지의 알선(간척지의 알선, 국·공유지의 알선 등), 보상금에 대한 세제혜택, 정착자금지원, 직업훈련 실시 등의 조치가 포함된다.

(다) 소수잔존자보상

소수잔존자보상이란 공공사업의 시행결과 종전의 생활공동체로부터 분리되어 잔존자의 생활환경이 현저히 불편하게 되어 이주가 불가피한 경우에 공공사업시행지구 안에 편입된 것으로 보고 보상하는 것을 말한다. 소수잔존자에게 보상되는 것으로는 이전비 · 이주비 · 이농비, 실농보상 · 실어보상 · 세입자에 대한 주거대책비지급, 휴직 · 실직비 등이 있다.

(라) 영세농 등에 대한 보상

공공사업의 시행으로 인해 이주하는 사람들의 생활근거를 마련하기 위해 기업자와 행정당국에 의한 이주대책 등의 일련의 조치를 말한다. 이러한 예로는 대지의 알선(간척지의 알선, 국 · 공유지의 알선 등), 공영주책의 알선, 개간비보조, 정착자금지원, 고용알선, 직업훈련, 융자, 보상금에 대한 세제 혜택 등의 조치가 있다.

3. 보상의 구체적 내용

현행법제상 보상기준에 관한 일반법은 없다. 따라서 이하에서는 공용수용에 관한 일반법인 공익사업을위한토지등의취득및보상에관한법률을 중심으로 살펴보기로 한다.

(1) 완전보상의 원칙

개인의 재산권에 대한 개별 · 우연적 침해에 대해서는 피해자가 입은 모든 손실을 보상하여야 한다(완전보상). 공익사업을위한토지등의취득및보상에관한법률은 협의의 경우에는 협의성립당시의 가격을, 재결의 경우에는 재결당시의 가격을 기준으로 할 것을 규정하고 있다(제6장).

(2) 공시지가에 의한 개발이익의 배제

공시지가란 사업결정고시일 이전의 시점은 공시기준일로 하는 공시지가로서, 당해 토지의 협의성립 또는 재결당시 공시된 공시지가 중에서 사업인정고시일에 가장 근접한 시점에 공시된 지가를 의미하며, 이 공시지가의 공시는 건설교통부장관이 지가공시및토지등의평가에관한법률에 의거하여 행하는 것이며 공시기준일로부터 협의성립 또는 재결시까지의 관계법령에 의해 당해토지의 이용계획, 당해공익사업으로 인한 지가의 변동이 없는 지역의 가격변동률, 도매물가상승률, 기타 당해 토지의 위치 · 현상 · 환경 · 이용상 등을 참작하여 배상액을 산정한다.

공시지가에 의한 보상은 시가보상원칙에 대한 예외이며, 헌법재판소는 공시지가제도를 합헌으로 결정한 바 있다(헌재결 1995.4.20, 93헌바20).

(3) 완전보상의 예외

다음과 같은 경우에는 공익과 사익을 조정하는 견지에서 완전보상을 하회할 수도 있다. 즉 ① 과거에 행하여졌던 농지개혁이나 국토의계획및이용에관한법률상 전국토의 효율적이용을 위한 토지이용계획 등 현존의 재산법질서를 변혁하는 목적하에 공용침해가 행하여지는 경우 완전보상을 하회하는 보상액을 산정 할 수 있으며, ② 전시나 국가의 위기시에 개인의 재산을 징발하는 경우에 모든 국민이 재산적 손실을 입고 있기 때문에 완전보상을 하회하는 보상을 할 수 있다.

(4) 사업손실의 보상

사업손실보상은 공공사업의 시행 또는 완성후의 시설이 간접적으로 사업지(기업지)밖의 타인의 재산권에 손실이 발생한 경우이며, 간접손실보상이라고도 한다. 공익사업을위한토지등의취득및보상에관한법률상의 잔유지보상·농경지 등에 대한 간접보상·소수잔존지보상·어업의 피해에 대한 보상 등을 말하며 흔히 생활보상의 내용으로 설명되고 있다.

【판례】: 간접손실보상 인정

「공공사업의 시행결과 그 공공사업의 시행이 기업지 밖에 미치는 간접손실에 관하여 그 피해자와 사업시행자 사이에 협의가 이루어지지 아니하고 그 보상에 관한 명문의 근거법령이 없는 경우라고 하더라도, 그 손실의 보상에 관하여 공공용지의취득및손실보상에관한특례법시행규칙의 관련규정 등을 유추적용할 수 있다고 해석함이 상당하다」(대판 1999.10.8, 99다27231).

Ⅶ. 행정상 손실보상의 방법

1. 금전보상의 원칙

손실보상의 원칙적인 방법은 금전보상이다. 이는 금전은 자유로운 유통이 보장되고, 객관적인 가치의 변동이 적기 때문이다. 금전의 지급방법은 선불·일시불(전액불)·개별불을 원칙으로 하고, 예외적으로 후불·분할불·일괄불을 할 수도 있다.

2. 현물보상

보상은 금전으로 함이 원칙이나, 예외적으로 현물로 보상하는 경우도 있다. 예컨대 농어촌정비법이나 토지구획정리사업법상의 환지처분 등이 이에 해당한다.

3. 채권보상

토지수용법은 금전보상을 원칙으로 하면서도 예외적으로 채권보상을 인정한다. 이러한 채권보상에 대하여 그 합헌성 여부가 논란의 대상이 되고 있다. 즉 위헌론을 주장하는 입장에서는 장기간에 걸쳐 일정수준 이하의 금리만을 지급하는 것은 정당한 보상으로 보기 어려우며, 부재지주 또는 비업무용토지라는 이유로 채권보상을 하는 것은 평등원칙에 반한다고 한다. 이에 대하여 합헌론측에서는 부재부동산소유자 등은 당해토지를 직접 자기생활에 공여하고 있는 거주자와는 달리 토지를 자산증익수단으로 소유하고 있는 것이므로, 토지보유목적인 통상적인 수익만 보장된다면 양자를 달리 취급할 합리적인 이유가 있으므로 평등원칙에 위배되지 아니한다는 것이다.

4. 매수보상

예컨대 토지의 일부가 수용됨으로써 잔여지가 종전의 목적에 이용되는 것이 현저히 곤란하거나, 토지를 장기적으로 사용함으로써 토지의 형질이 변경되거나 토지위에 존재하는 건물사용이 곤란한 경우에 상대방에게 당해 물건의 매수청구권을 인정하고 이에 따라 물건을 매수함으로써 실질적으로 보상을 행하는 방법이다. 또한 수용 또는 사용할 토지에 정착하고 있는 물건의 이전이 곤란하거나 이전으로 인해 종래의 목적에 사용이 불가능한 경우에 물건이 소유자가 수용을 청구할 수 있는 수용청구권을 행사하는 경우도 이에 해당한다(토지보상법 제74조).

Ⅷ. 보상액의 결정방법

보상액의 결정방법에 관해서는 일반법이 없고, 각 개별법에서 여러 가지 방법으로 규정하고 있다. 그 유형을 살펴보면 다음과 같다.

(1) 당사자사이의 협의에 의하는 경우

가장 원칙적인 결정유형으로 협의가 성립되면 사업시행자는 수용재결신청기간 내에 당해 토지 소유자 및 관계인의 동의를 얻어 관할 토지수용위원회에 확인을 신청할 수 있다(토지보상법 제26조). 확인은 토지보상법에 의한 재결과 같은 효과가 있으며, 사업시행자, 토지소유자 및 관계인은 확인된 협의의 성립이나 내용에 대하여 다툴 수 없다(제25조의2의 제4항).

(2) 합의기관에 의한 재결 · 결정에 의하는 경우

재결 또는 결정의 효력으로 ① 재산권에 대한 침해행위(수용여부)의 허용여부와 나아가서 보상액의 결정까지도 함께 하는 경우(제28조)와, ② 보상액만 결정하는 경우, 예컨대 징발법에 의한 징발보상금결정, 도로법 · 하천법에 의한 토지수용위원회의 재결 등이 그것이다.

(3) 법원에 직접 소송을 제기하여 결정하는 경우

법률에 손실보상자체에 관한 규정은 있으나 보상액결정방법에 관한 행정기관의 재결 또는 결정에 관한 규정이 없는 경우에는 당사자는 보상금지급청구소송을 제기할 수 있으며, 이때에 소송에 의하여 보상액이 결정된다. 이 경우의 소송은 공법상 당사자소송(형식적 당사자소송)에 의할 것이나 판례는 민사소송으로 보고 있다.

Ⅸ. 손실보상에 대한 불복

보상액의 결정은 일차적으로 당사자간의 협의에 의하는 것이 원칙이나, 그것이 이루어지지 않는 경우에는 행정청의 일방적인 재결이나 결정에 의하게 되거나, 법원을 통한 행정소송 등의 방법으로 불복할 수 있다.

1. 재결이 보상금결정만을 내용으로하는 경우

보상금결정만을 내용으로 하는 재결은 처분성을 인정할 수 없으므로 취소소송을 제기할 수 없고, 법원에 보상금지급청구소송을 당사자소송으로 제기하여야 한다. 다만 소송실무상으로는 민사소송으로 행해지고 있다.

2. 재산권의 수용과 보상금결정이 동시에 재결내용이 된 경우

(1) 행정심판

손실보상금 결정에 대해서 불복하는 자는 당해 재결에 대해서 행정심판으로서의 이의신청을 할 수 있다. 즉 지방토지수용위원회의 재결에 대해서는 중앙토지수용위원회에, 중앙토지수용위원회의 재결에 대해서는 중앙토지수용위원회에 각 재결서 정본을 송달받은 날로부터 30일 이내에 이의신청을 할 수 있다(토지보상법 제83조). 이때에 중앙토지수용위원회는 원재결을 취소하지 않고도 손실보상액의 증액 또는 감액결정을 할 수 있다(제84조).

(2) 행정소송

1) 수용재결이 대상인 경우

이의신청에 대해 인용하지 않는 재결이 행해진 경우, 재결의 내용을 형성하는 수용재결이 대상인 때에는 취소소송을 제기하여야 한다. 사업시행자·토지소유자 또는 관계인은 재결서를 받은 날로부터 60일 이내에, 이의신청을 거친 때에는 이의신청에 대한 재결서를 받은 날로부터 30일 이내에 각각 행정소송을 제기할 수 있다(제85조 제1항).

2) 보상금이 대상인 경우

재결의 내용 중 보상금만의 증액 또는 감액을 행정소송을 통하여 청구할 수 있다. 이러한 경우 소송의 제기자가 토지소유자나 관계인인 경우에는 사업시행자를, 소송제기자가 사업시행자인 경우에는 토지소유자나 관계인을 각각 피고로 하여 제기하여야 한다(제85조 제2항).

제3절 수용유사침해와 수용적 침해

Ⅰ. 개설

독일의 국가보상제도는 우리나라와 같이 개인의 재산권에 대한 적법한 침해에 대한 손실보상과 위법한 침해에 대한 손해배상이라는 이원적인 제도를 취하고 있다. 이러한 이원적 구조하에서는 위법·무과실의 침해행위로 인한 손해전보의 문제가 제기된다. 즉 당해 침해행위가 위법한 것이라는 점에서 손실보상제도에 의한 구제도 어려우며, 또한 과실이 인정되지 아니한다는 점에서는 손해배상제도에 의한 구제도 어렵게 된다. 이와 같은 행정상 손해전보제도의 흠결을 보완하기 위하여 수용유사침해이론이 독일 연방최고법원의 판례를 통하여 정립된 것이다.

Ⅱ. 수용유사침해의 이론

1. 의의 및 근거

수용유사침해(또는 수용동등침해)란 법률에 공용침해의 요건은 규정되어 있으나 보상에 관한 규정이 결여됨으로써 결과적으로 위법하다고 평가되는 침해를 말한다. 예컨대, 도시계획법은 택지에 대한 개발제한구역지정을 할 수 있도록 하면서도 그로 인하여 건축을 할 수 없게 된 택지소유자들이 입게되는 손실이 특별한 희생이 되는 경우에 이에 대한 보상을 전혀 규정하고 있지 아니한 것을 그 예로 들 수 있다.

수용유사침해이론이 위법·무과실의 경우에 피해자를 구제하기 위한 이론이라면 위법하고 과실있는 행위에 대해서는 당연히 보상이 인정되어야 한다는 것이 오늘날의 이론이다. 그런데, 자갈채취사건 이후에 위법한 재산권침해행위에 대하여 본질적인 구제수단인 행정쟁송의 제기가 가능하고 수인가능하다고 인정되는 경우에는 행정쟁송을 통해야 하고 손실보상은 부인되었다.

2. 구성요건

수용유사침해가 되기 위해서는 ① 위법한 공용침해로 인한 타인의 재산권에 대한 직접적인 침해가 있어야 한다. 여기서의 위법은 공용침해의 근거법률이 요구하는 공용침해의 요건을 충족하지 못하여 위헌이 되고, 그러한 법률에 근거한 공용침해가 결과적으로 위법이 된다는 의미의 위법이다. 행정청 등 침해의 주체는 재산권자에게 손해를 가할 의사가 없으며 공공필요가 그 동기이므로, 공용침해자의 과실을 탓할 수는 없다. 따라서 수용침해의 전형적인 모습은 '위법·무책의 침해'이다. 이 점에서 '적법한 침해'인 본래의 공용침해 및 '위법·유책의 책임'인 직무상 불법행위와 다르다. ② 행정쟁송의 제기가 가능하고 수인가능하다고 인정되는 경우에는 수용유사침해로 인한 손실보상청구는 인정되지 아니 한다. 왜냐하면 독일의 연방헌법재판소는 이른바 자갈채취사건에서 제1차적으로 취소소송을 통하여 권리구제를 도모하고, 바로 보상을 청구할 수는 없다고 판시하고 있기 때문이다.

3. 인정여부

우리나라에서 수용유사침해에 대한 이론을 받아들일 수 있는가 여부에 대해 견해가 대립하고 있는바, 이는 헌법 제23조 제3항의 해석과 관련된 문제이다. 즉 독일에서 인정되고 있는 유추적용설을 취하는 견해와 독일의 경우와는 달리 직접효력설이나 위헌무효설을 취하는 견해로 나눌 수 있다.

한편, 공무원에 의한 강제증여(문화방송주식 15만주)사건에서 서울고등법원은 수용유사적 침해를 인정하여 손실보상청구권을 인정하였으나(서울고법 1992.12.24, 92나20073), 대법원은 이를 증여계약으로 인정하여 손실보상청구권을 부정하였다(대판

1993.10.26, 93다6409: 93다3173).

[판례] - 방송사 주식의 증여

:「수용유사적 침해의 이론은 국가 기타 공권력의 주체가 위법하게 공권력을 행사하여 국민의 재산권을 침해하였고 그 효과가 실제에 있어서 수용과 다름없을 때에는 적법한 수용이 있는 것과 마찬가지로 국민이 그로 인한 손실의 보상을 청구할 수 있다는 것인데, 1980년 6월 말경의 비상계엄 당시 국군보안사령부 정보처장이 언론통폐합조치의 일환으로 사인 소유의 방송사 주식을 강압적으로 국가에 증여하게 한 것이 수용유사행위에 해당되지 않는다」(대판 1993.10.26, 93다6409).

Ⅲ. 수용적 침해이론

1. 의의

수용적 침해는 일반적으로 그 자체는 당초 법률에 의하여 또는 법률에 근거하여 적법하게 개인의 재산권에 가해진 침해이고, 상대방은 그 침해를 손실보상없는 사회적 구속에 입각하여 수인할 의무를 진다. 그런데 이러한 침해행위가 시간이 흐름에 따라 뜻하지 않게 이형적·비의욕적인 부수적 결과로써 타인의 재산권에 대한 특별한 희생을 가져와 손실보상을 요하게 되는 경우이다.

예를 들면 ① 예기치 않게 도로공사기간이 장기화됨으로써 길가의 다방의 매상이 부진하게 되었다던가, ② 지하철공사가 장시간 계속됨으로써 인근상점이 영업을 하지 못하여 영업손실 등 영업상의 경제적 손실이 발생한 경우, ③ 도시계획으로 인하여 도로구역으로 고시되었으나 공사를 함이 없이 오랫동안 방치해 둠으로써 고시구역내의 가옥주 등이 커다란 재산상의 불이익을 입고 있는 경우 등이 이에 해당한다.

2. 성립요건

(1) 적법한 행정작용의 부수적 결과로 인한 침해

적법한 행정작용에 예외적이고 의도하지 아니한 부수적 결과로 인하여 개인의 재산권에 대한 침해가 있어야 한다.

(2) 특별한 희생

수용적 침해에서의 특별한 희생은 당초에 법률에 의해 규율될 수 없는 희생으로서 예측할 수 없는 희생을 말한다.

3. 인정여부

(1) 긍정설

이 견해는 헌법 제23조 제3항을 유추적용하여 인정하려는 견해이다. 그러나 이 견해에 대한 비판으로 “헌법 제23조 제3항은 통상적인 손실보상의 경우에, 즉 법적 행위에 의한 경우로서 이를 통해 당사자의 재산권 제약행위가 예정되는 경우에 관한 규정이므로, 사실행위를 주된 대상으로 하고 처음부터 당사자의 재산권제약의 결과를 예상할 수 없는 이 경우에는 적용될 수 없는 한계가 있다”고 한다.

(2) 부정설

1) 직접적용설

이 견해는 헌법 제23조 제3항을 확대적용하여 이를 직접적인 근로로 하여 이 경우에도 손실보상의 청구가 가능하다는 견해이다.

2) 입법적으로 해결해야 한다는 견해

이 견해는 헌법 제23조 제3항의 해석상 법률에 규정이 없으면 손실보상이 불가능하므로 입법적으로 해결해야 한다는 것이다. 이 견해에 의하면, 수용적 침해가 논의되는 상황은 당해 행정작용에 의해 사전에 예정되고 의도된 손실발생이 아닌 경우이므로, 처음부터 헌법 제23조 제3항이 규정하고 있는 불가분조항원칙이 적용될 수 없는 경우에 해당하게 되므로 헌법 제23조 제3항의 적용범위 밖에 존재한다는 것이다.

제4절 희생보상청구권의 법리

Ⅰ. 법적 기초와 적용영역

1. 법적 근거

독일법에 있어서는 공용침해나 수용적 침해 이외에 희생적 침해행위에 대해서도 희생보상청구권이 주어지고 있다. 동 청구권은 프로이센 보통법 서장 제74조・제75조에 기원을 두고 있다. 동조항의 형식 자체는 효력이 없지만, 그 속에 표현되어 있는 법원칙, 즉 공익을 위해 특별한 희생을 당하는 자는 손실보상을 받아야 한다는 법원칙은 오늘날까지 존속한다. 이 원칙은 관습법으로 간주되고 있으며, 특히 지배적 견해에 의하여 헌법적 수준에서의 효력을 지닌다. 따라서 입법자는 희생보상청구권을 비교적 상세히 규정하고 한계지울 수 있지만 이를 전적으로 배제하거나 본질적인 제한을 가해서는 아니 된다.

2. 희생적 침해와 공용침해

개인의 재산권에 대한 희생적 침해는 기본법 제14조 제3항에 의하여 규율된다. 희생보상청구권의 적용영역은 비재산적 권리에 한한다. 즉 재산적 가치있는 권리에 대한 침해에 있어서는 수용보상이, 비재산적 가치의 권리에 대한 침해에 대해서는 희생보상이 보장되어 있는 것이다. 생명·신체·건강 등 비재산적 법익에 대한 침해행위로 인한 손실의 보상이므로 그 침해대상이라는 면만 제외한다면 수용보상청구권이나 희생보상청구권은 구성요건의 면에 있어서나 법효과에 있어서나 다를 바 없다.

3. 위법한 침해행위에 대한 희생보상청구권의 확장

희생보상청구권은 본래 적법한 침해행위로 인한 손실에 대한 보상청구권이었으나 시간이 흐름에 따라 위법·유책의 침해를 포함하여 위법·무과실의 침해에 확대적용되었다. 위법한 비재산권 침해로 인한 손실에 대해서는 기본법 제2조 제2항(인격권보장)이 적용된다는 것이 Bonn 기본법하에서의 판례이다.

Ⅱ. 희생보상청구권의 요건

희생보상청구권은 공공의 이익을 위하여 개인의 비재산적 가치의 권리에 대한 고권적 침해행위로 인하여 특별한 희생이 발생하여야 한다. 분설하면 다음과 같다.

1. 고권적 침해

공용침해에 있어서와 같이 침해행위의 의도성·목적의식은 필요 없고, 고권적 조치로 인하여 권리에 대한 직접적 침해행위가 있는 것으로 족하다. 피침해자가 자유의사(임의)로 일정한 위험상황에 처하게 된 경우에는 침해(고권적 강제)는 부인된다. 가령 어떤 사람이 임의로 경찰을 돕다가 위험에 처한 경우가 그것이다.

2. 비재산적 권리

지배적 견해에 의하면 생명·건강·신체불훼손성에 관한 권리·인신의 자유 등 비재산적인 법익의 침해가 이에 속한다. 이러한 권리들은 자연적인 보호법익이므로 사실적인 소유·이용·처분에 관한 권리이지만 그 내용과 한계를 법적으로 규율하고 형성하는 것을 요하는 재산권에 있어서와는 달리 비재산적 권리의 내용과 한계를 정함에는 별 어려움이 없다고 하겠다.

3. 특별한 희생

특별한 희생은 공용침해에 있어서와 같이 재산권(또는 비재산적 가치의 권리)에 대한 침해가 특정인 또는 특정집단에 가해짐으로써 일반인에게는 예기치 않았던 희생을 가하였을 경우 그것은 곧 평등원칙에 위배된다. 학설상 개별침해설 또는 특별희생설이라는 이른바 형식적 표준설이 그와 같은 것이다.

4. 공공복리

희생적 침해행위의 적법성의 요건은 그 행위가 공공복리상 요청된다는 점에 있다. 손실보상의 요건은 침해가 반드시 공공복리에 의하여 정당화되지 않더라도 공공복리에 의하여 동기지워지면 족하다는 데에 있다. 따라서 그 범위 안에서 공용침해에 있어서와 똑같다 하겠다.

Ⅲ. 손실보상

희생보상청구권에서의 보상은 비재산적 가치의 권리에 대한 침해로 인하여 발생한 재산상의 손해(의사의 치료비·간호비용·수입결손 등)에 대한 전보이지, 비물질적(정신적)손해에 대한 전보가 아니다. 독일민법 제847조 제1항은 「신체 또는 건강의 침해의 경우 및 자유의 침탈의 경우에는 피해자는 재산적 손해가 아닌 손해에 대하여서도 금전에 의한 상당한 배상을 청구할 수 있다…」고 규정하였다. 동조항에서의 비재산적·정신적 고통으로서의 손해에 대한 금전배상청구권규정은 여기에 적용되지 아니한다.

희생적 침해행위로 인한 손실보상은 침해행위가 보상규정이 없기 때문에 위법한 침해행위로 된다면, 즉 위법한 비재산권침해행위로 된다면 그 표현용어를 희생유사적 침해라 한다. 위법한 재산권침해를 수용유사적 침해로 부르는 것과 같은 이치이다.

제5절 행정상 결과제거청구권

Ⅰ. 의의 및 성질

1. 의의

공법상의 결과제거청구권이라 함은 위법한 행정작용의 결과로 야기된 상태로 인하여 자기의 법률상의 이익을 침해받고 있는 자가 행정주체를 상대로 그 위법한 상태를 제거하여 줄 것을 청구하는 권리를 말한다. 위법한 행정작용이 법적행위이든 사실행위이든 그 행정작용의 결과로서 남아있는 위법한 사실상태를 제거하여 침해 이전의 상태 또는 이와 동가치적인 상태로 다시 회복시켜 줄 것을 요구할 수 있는 청구권이다. 예컨대, 토지의 수용처분이 취소되었어도 사업시행자(행정주체)가 그 토지를 반환하지 않는 경우 그 반환을 요구한다든가, 공직자가 공식석상에서의 발언으로 자기의 명예를 훼손당한 자가 그 발언의 철회를 요구하는 경우에 적용할 수 있는 법리이다.

2. 성질

결과제거청구권의 법적 성질은 행정주체의 위법한 공행정작용으로 인하여 발생한 침해상태에 대한 제거를 요구하는 청구권이므로 공권으로 보아야 하고, 따라서 이에 관한 소송도 공법상의 당사자소송이라고 보아야 한다. 또한 전술한 바와 같이 물권적 지배권이 침해된 경우에만 발생하는 물권적 청구권이라는 주장도 있으나, 개인의 명예권 등 비재산권이 침해된 경우에도 성립할 수 있는 것이므로 물권적 청구권으로 한정하는 것은 타당하지 않다고 할 것이다.

Ⅱ. 법적 근거

이에 관해서는 독일의 판례와 학설은 헌법상의 법치국가원리 및 기본권 규정과 민법상 소유권에 기한 방해배제청구권 규정의 유추적용에서 그 법적 근거를 찾고 있으며, 우리의 학설도 대체로 이와 유사하다. 한편 절차법적 근거로서는 행정소송법상의 당사자소송(제39조~제44조) 및 관련청구의 병합규정(제10조) 등에서 찾고 있다.

Ⅲ. 성립요건

결과제거청구권이 성립하기 위해서는 다음과 같은 요건이 충족되어야 한다. 다만 특별법에 특별한 규정이 있을 때에는 그것이 우선적으로 적용됨은 물론이다.

1. 행정주체의 공행정작용으로 인한 침해

행정주체의 공행정작용에는 법적 행위 및 의무위반의 부작위뿐만 아니라 사실행위도 포함되며 또한 권력작용 및 비권력작용(관리작용)도 포함되지만, 행정주체의 사법작용으로 인한 침해는 제외된다. 예컨대, 타인의 승용차를 행정주체가 처음에는 합법적으로 압류하였다가 그 압류가 취소된 후에도 계속 억류하고 반환하지 아니하는 행위 등이 그에 해당한다.

2. 타인의 법률상의 이익침해

공행정작용으로 인하여 야기된 결과적 상태가 타인의 권리 또는 법률상 이익을 침해하고 있어야 한다. 여기서의 권리 또는 법률상 이익은 재산적 가치있는 것 뿐만 아니라, 명예・호평 등 정신적인 것까지 포함한다. 그러나 권리 또는 법률상 이익은 보호받을 만한 가치가 있어야 한다. 따라서 반사적 이익이나 사실상 이익의 침해에 불과한 경우에는 성립하지 않는다.

3. 위법한 상태의 존재

결과제거청구권은 위법한 상태의 제거를 목적으로 하는 것이므로, 행정주체의 공행정작용의 결과로서 야기된 위법한 상태가 존재하고 있어야 한다. 위법한 상태의 존재 여부는 사실심의 변론종결시를 기준으로 판단하여야 한다.

4. 위법한 상태의 계속

행정주체의 공행정작용의 결과로서 야기된 위법한 상태가 계속 존재하여야 한다. 따라서 위법한 상태(위법한 침해상태)가 더 이상 존재하지 않는다면 결과제거청구권의 제거의 대상이 없으므로 동청구권의 행사는 불가능하고, 권리침해로서의 불이익만 남아 있는 경우에는 국가배상・손실보상청구의 문제만이 고려될 수 있다. 예컨대 어떤 물건이 압류된 경우에 있어서, 압류가 취소되고 그에 따라 그 물건이 이미 소유자에게 반환된 때에는 위법한 상태는 계속되고 있지 않기 때문에 결과제거청구권의 문제는 생기지 아니한다.

5. 결과제거의 가능성 · 허용성 · 기대가능성

원상태 또는 동가치의 상태로서의 회복이 사실상 가능하며, 법적으로 허용되고 또한 결과제거의무자(행정주체)에 있어서 그것이 기대가능한 것이어야 한다. 이와 같은 요건이 충족되지 않으면 손해배상이나 손실보상만이 문제된다 하겠다. 결과제거를 통한 원상회복이 지나치게 많은 비용이 든다든가 또는 신의성실의 원칙에 반한다고 판단되는 때에는 기대가능성이 없기 때문에, 이 경우에는 대상의 지급으로 만족해야 할 것이다.

Ⅳ. 결과제거청구권의 내용

① 손해배상청구 · 손실보상청구는 결과제거청구권의 내용이 될 수 없다. 그러나 원상회복을 통하여 피해가 충분히 구제되지 않는 경우에 손해배상을 추가로 청구하는 것은 가능하다 하겠다.

② 결과제거청구권은 행정주체의 행정작용으로 인하여 생긴 직접적인 위법한 결과의 제거를 내용으로 하며, 간접적으로 행정주체가 아닌 행정작용의 상대방 등이 행한 결과의 제거를 내용으로 하는 것은 아니다.

③ 민법상의 과실상계규정(제396조)이 결과제거청구권의 행사에 유추적용될 수 있는지 문제될 수 있으나, 유추적용된다 하겠다. 즉 위법상태의 발생에 대하여 피해자에게도 과실이 있는 경우에 피해자의 과실의 정도에 따라 결과제거청구권이 수축되거나 상실되는 경우가 있다 하겠다.

④ 결과제거청구권은 단순한 방해중지청구권과 구별하여야 한다. 방해중지청구권이 방해와 침해의 중단, 즉 공법적으로 운영되는 시설(공기업 등)에 의한 환경오염의 중지 등을 목표로 하는데, 결과제거청구권은 과거의 상태를 회복시키는 적극적인 행위(시설의 제거 · 명예훼손발언취소)를 요구하는 권리이다.

Ⅴ. 쟁송절차

결과제거청구권의 성질을 공권으로 보는 한, 행정소송의 일종으로서의 공법상 당사자소송을 제기하여야 할 것이다(행정소송법 제3조 제2호, 제39조 이하). 또한 당사자소송만을 독자적으로 제기하지 아니하고 처분의 취소 · 변경을 구하는 취소소송에 결과제거소송을 병합하여 제기할 수 있다. 그러나 당사자소송으로서의 결과제거소송은 소송실무상 민사소송에 의하고 있다.

제3장 행정쟁송

제1절 개 설

Ⅰ. 행정쟁송의 의의

행정쟁송이란 행정상의 법률관계에 관한 분쟁을 당사자의 쟁송제기에 의하여 일정한 기관이 심리・판정하는 심판절차를 말한다. 이러한 행정쟁송은 광의와 협의의 개념으로 구분된다. ① 광의의 행정쟁송은 심리・판정하는 기관이 행정청이거나 법원이거나를 불문하고 행정상의 분쟁에 관한 판정절차를 의미하는 경우를 말한다. 이에는 행정소송과 행정심판이 모두 포함된다. ② 협의의 행정쟁송은 일반법원과는 계통을 달리하는 행정조직내의 특별기관이 행정상의 법률관계에 관한 분쟁을 판정하는 절차를 말한다. 이에는 이의신청 및 행정심판이 있다.

Ⅱ. 행정쟁송의 기능

1. 국민의 권리구제기능

법치국가원리하의 행정작용은 법에 따라 행해질 것을 요구하지만, 현실적으로 행정작용이 위법・부당하게 행해지는 경우 이를 바로 잡아 국민의 권리구제가 있어야 한다. 행정쟁송제도는 이와 같이 위법・부당한 행정작용에 대하여 국민에게 쟁송제기를 가능케 함으로써 그들의 권리구제를 도모하고 있다.

2. 행정통제기능

위법・부당한 행정작용에 대한 국민의 쟁송제기를 통하여 행정작용의 적법성 및 합목적성을 기할 수 있는 바, 이는 간접적으로 행정의 적법성・타당성 통제라는 행정통제의 기능을 수행한다.

Ⅲ. 행정쟁송의 종류

1. 분쟁의 존재여부에 의한 분류

(1) 실질적 쟁송

이는 분쟁이 실질적으로 존재하는 경우에 이를 해결하기 위한 절차이다(예, 행정심판, 행정소송).

(2) 형식적 쟁송

이는 분쟁이 실질적으로 존재하지 않는 경우에 분쟁이 발생하지 않도록 사전에 예방하기 위한 절차이다(예, 행정절차).

2. 성질에 의한 구분

(1) 주관적 쟁송과 객관적 쟁송

① 주관적 쟁송은 쟁송제기자의 권리·이익의 구제를 직접목적으로 하는 것을 말하고, 객관적 쟁송은 적법성·공익의 보호를 직접 목적으로 하는 쟁송을 말한다. ② 주관적 쟁송에 있어서는 당사자가 쟁송제기를 통하여 다툴만한 개별적·직접적인 이해관계가 있어야 하며, 보통 행정쟁송이라 함은 이것을 말한다(예, 항고쟁송, 당사자쟁송). 객관적 쟁송은 개인의 권리나 이익을 보호하기 위한 것이 아니므로 그 제기를 위하여 개별적·직접적인 이해관계를 갖는 당사자일 필요가 없다(예, 민중쟁송, 기관쟁송).

(2) 항고쟁송과 당사자쟁송

① 항고쟁송이란 위법·부당한 행정처분에 대하여 그 취소나 변경을 구하는 쟁송을 말한다. 행정쟁송은 보통 자기의 권리·이익을 침해한 행정처분의 취소·변경을 구하는 것이기 때문에 항고쟁송의 성질을 띠는 것이 대부분이다. 예컨대 이의신청·행정심판·항고소송이 이에 속한다. ② 당사자쟁송이란 상호대립하는 대등한 당사자간에 법률상의 다툼(법률관계의 형성·존부를 다툼)이 있는 경우에 일방당사자가 타방당사자를 상대로 하는 쟁송을 말한다. 예컨대 토지수용에 있어서의 재결의 신청, 행정소송법상의 당사자소송, 공무원의 봉급청구 등이 이에 속한다.

(3) 민중쟁송과 기관쟁송

객관적 쟁송은 그 쟁송의 당사자에 따라 민중쟁송과 기관쟁송으로 구분된다. ① 민중쟁송이라 함은 행정법규의 적법·타당한 적용을 보장하기 위하여 널리 일반민중 또는 선거인에 의하여 제기되는 쟁송이다(예, 선거 또는 당선의 효력에 관하여 선거인이 제기하는 선거소송). ② 기관쟁송이란 행정법규의 적정한 적용을 보장하기 위하여 국가 또는 공공단체의 기관상호간의 분쟁을 해결하기 위하여 인정되는 경우의 쟁송을 말한다(예, 지방자치단체의 장이 지방의회의 의결의 월권·위법 등을 이유로 대법원에 제기하는 소송)

3. 행정쟁송의 절차에 의한 구분(정식쟁송과 약식쟁송)

① 정식쟁송이란 쟁송에 대한 공정한 심판을 기하기 위하여 심판기관이 완전히 독립된 지위를 가지고 있고, 그 절차에 있어 상호대립하는 양당사자에게 구두변론의 기회가 보장되는 쟁송을 말하고(예, 행정소송), ② 약식쟁송이란 이 두 요건 중 어느 하나를 결여한 쟁송을 말한다(예, 행정심판).

4. 행정쟁송의 단계에 의한 구분(시심적 쟁송과 복심적 쟁송)

① 시심적 쟁송은 행정법관계의 형성이나 존부에 관한 제1차적 행정작용 그 자체가 쟁송의 형식을 거쳐 행하여지는 경우의 절차를 말한다. 즉 처음부터 행정법관계에 관한 원고·피고의 다툼이 있게 된다(예, 당사자 쟁송). ② 복심적 쟁송은 이미 행하여진 행정청의 처분의 하자(위법·부당)를 주장하여 이의 재심사를 구하는 경우의 쟁송을 말한다(예, 항고쟁송).

5. 행정쟁송의 심사기관에 의한 구분(행정심판과 행정소송)

① 행정기관에 의하여 심리·재결되는 행정쟁송을 행정심판이라 하고, ② 법원에 의하여 심리·판결되는 행정쟁송을 행정소송이라 한다.

제2절 행정심판

Ⅰ. 개설

1. 행정심판의 의의

(1) 실질적 의미의 행정심판

실질적 의미의 행정심판이란 일반적으로 행정기관이 재결청이 되어 행하는 행정법상의 분쟁해결절차를 말한다. 즉 행정청의 위법·부당한 행정처분이나 기타 공권력의 행사·불행사로 인하여 권리·이익을 침해당한 자가 행정기관에 대하여 그 시정을 구하는 절차를 말한다.

(2) 형식적 의미의 행정심판

형식적 의미의 행정심판은 행정심판법의 적용을 받는 행정심판만을 행정심판으로 이해한다.

(3) 행정심판의 성질

행정심판은 일반적으로 분쟁에 대한 심판작용으로서 재판에 준하는 성질을 가지고 있으며(준사법작용), 동시에 그 자체가 행정기관에 의하여 다툼이 있는 행정법관계를 규율하여 행정법질서를 유지 또는 형성함으로써 행정목적을 실현하는 한 수단이라는 점에서 행정행위로서의 성질도 아울러 가진다고 할 수 있다.

2. 타제도와의 구별

(1) 이의신청과의 구별

① 행정심판은 원칙적으로 직근상급행정청에 대해 제기하는데 대해 이의신청은 처분청 자체에 대해 제기한다.

② 행정심판은 원칙적으로 모든 위법·부당한 처분등에 대하여 인정되는데 대하여 이의신청은 개별법에서 정하고 있는 처분등에 대해서만 인정된다.

③ 동일한 처분에 대하여 이의신청과 행정심판이 함께 인정되고 있는 경우(국세기본법 제55조 제1항)에는 전심과 후심의 관계에 있는 것이 보통이나, 이의신청이나 행정심판 중 택일하여 당사자에게 허용되기도 한다.

(2) 청원과의 구별

개인은 청원권의 행사를 통하여 위법·부당한 행정처분 등의 취소·변경을 구할 수 있고 국가기관은 수리·심사할 의무와 통지의무까지 있으므로 행정심판과 청원은 거의 같다고 말할 수 있다. 그러나 다음과 같은 점에서 차이가 있다.

① 청원은 절차와 요건이 까다로운 소송법상의 권리구제수단 대신에 편리한 방법으로 권리구제를 받을 수 있는 기능 등을 가지는 제도이다.

② 청원법은 청원에 대하여 국가의 심사의무·그 결과의 통지의무를 지우고 있지만, 그 결과가 국가기관을 구속하는 것은 아니다.

③ 청원은 행정심판과는 달리 쟁송수단이 아니므로, 누구든지 기간의 제한없이 어떠한 국가기관에 대해서도, 또한 원칙적으로 어떠한 사항에 대해서도 제출할 수 있다. 이 점에서 제기권자·제기기간·제기사항 등에 있어 제한이 있는 행정심판과 다르다.

(3) 진정과의 구별

진정이란 행정청에 대해서 어떠한 희망을 진술하는 것이다. 법정의 형식과 절차에 의하지 않고 하는 진술행위이고 이에 대한 회답은 아무런 법적 효과도 발생하지 않는 사실행위에 불과하다. 회답으로 당해처분에 대한 취소·변경을 하더라도 그것은 행정청의 직권에 의한 취소·변경행위에 불과하다. 다만, 진정의 내용이 행정심판에 해당한다면 행정심판으로 보아야 한다는 판례가 있다(대판 1995.3.25, 1287행상27).

(4) 행정소송과의 구별

① 양자는 권리구제적 기능과 행정통제적 기능을 갖는데, 행정심판은 행정통제에 중점을 두고, 행정소송은 권리구제에 중점을 두고 있다.

② 행정심판은 위법·부당을 판단의 대상으로 하나, 행정소송은 위법만을 대상으로 한다.

③ 행정심판은 행정조직내부의 일반행정청 내지 독립성을 가진 특별기관이 담당하나, 행정소송은 법원이 관할한다.

3. 행정심판의 기능

(1) 자율적 행정통제

행정청은 먼저 자기가 내린 행정처분에 대하여 반성의 기회를 가지게 함으로써 법적인 문제로서의 위법한 처분뿐만 아니라 합목적성의 문제인 부당한 처분을 자율적으로 시정하도록 하기 위하여 행정심판이 필요하다.

(2) 사법기능의 보완

행정심판은 행정청의 전문지식의 활용과 소송경제의 확보를 기할 수 있다는 점에서 그 존재의의를 찾을 수 있다. 자본주의의 고도화에 따르는 새로운 사회적·경제적 난문제는 고도의 전문성·기술성을 내포하고 있는 바, 일반법원은 이러한 문제처리에 부족하므로 이를 보완하기 위하여 행정심판이 필요하다.

(3) 법원의 부담경감

행정심판은 분쟁해결에 있어서 시간과 비용을 절약하여 법원과 당사자의 부담을 경감시킬 수 있다.

(4) 행정능률의 보장

사법절차는 심리절차의 공정과 신중으로 충분한 권익구제를 도모할 수 있으나 상당한 시일이 소요됨으로 행정의 능률을 저해할 수 있다. 따라서 사법절차에 앞서 신속·간이한 행정심판을 거치게 함으로써 행정사건을 신속히 처리할 수 있음으로써 행정능률에 기여할 수 있다.

Ⅱ. 행정심판의 종류

행정심판법상의 행정심판은 취소심판·무효등확인심판·의무이행심판의 세 가지로 구분되고 있다(제4조). 이 중에서 취소심판이 가장 기본적인 형태이다.

1. 취소심판

(1) 의의

취소심판이란 행정청의 위법 또는 부당한 처분의 취소나 변경을 신청하는 심판이다. 취소심판은 일정한 청구기간 내에 심판청구를 제기하여야 한다.

(2) 성질

취소심판은 그 성질에 있어서 취소소송에서와 같이 형성적 쟁송으로 보는 견해와 확인적 쟁송으로 보는 견해가 있다. 형성적 쟁송설은 처분의 효력을 다투어 처분을 통하여 형성된 법률관계를 변경 또는 소멸시키는 점을 주장하는 것이며(통설), 확인적 쟁송설은 처분 당시에 있어서의 처분의 위법성·부당성을 확인하는 쟁송임을 주장하는 견해이다.

(3) 특징

행정심판법이 인정한 취소심판의 특징으로는 ① 청구기간의 제한(제18조), ② 집행부정지의 원칙(제21조), ③ 심리절차의 비공개·공개, 서면심리·구술심리(제25조), ④ 사정재결의 인정(제33조), ⑤ 재결청의 형성적 재결(처분의 취소·변경)과 이행적 재결(처분의 취소변경을 명함)을 인정(제32조 제3항)하고 있다.

2. 무효등확인심판

(1) 의의

이는 행정청의 처분의 효력유무 또는 존재여부에 대한 확인을 구하는 심판을 말한다. 처분이 무효인 경우에는 무효선언 등과 같은 별도의 행위를 기다리지 않고 처음부터 당연히 효력이 없는 것이나, 무효인 처분도 행정행위로서의 외관은 존재하기 때문에 행정청에 의하여 집행될 우려가 있으므로, 공식적인 유권적 확인을 받을 필요가 있다.

(2) 성질

이 심판유형의 성질에 관하여 학설은 확인적 쟁송설·형성적 쟁송설·준형성적 쟁송설로 나누어진다. 통설은 무효등확인심판은 실질적으로 확인쟁송이나, 형식적으로는 처분의 효력유무 등을 직접 소송의 대상으로 한다는 점에서 준형성적 쟁송의 성질을 갖는다고 본다.

(3) 재결

청구인의 청구가 이유있다고 인정할 때에는 재결청은 처분의 효력유무 또는 존재여부를 확인하는 재결을 하는 바, 이러한 재결에는 처분의 무효확인재결, 유효확인재결, 처분의 부존재확인재결, 존재확인재결 등이 있게 된다.

(4) 특징

취소심판의 경우와는 달리 무효등확인심판은 청구기간의 제한에 관한 규정 및 사정재결에 관한 규정의 적용은 없다

3. 의무이행심판

(1) 의의

의무이행심판이란 행정청의 위법 또는 부당한 거부처분이나 부작위에 대하여 일정한 처분을 하도록 하는 행정심판을 말한다. 행정심판에 있어서는 행정청에 대하여 적극적인 처분을 구하는 의무이행심판이 인정되고 있지만, 행정소송에서는 의무이행소송이 인정되고 있지 않고 부작위위법확인소송을 채택하고 있다.

(2) 성질

행정청에 대하여 일정한 내용의 처분을 할 것을 명하는 재결을 구하는 심판이므로 이행쟁송으로서의 성질을 가진다. 또한 의무이행심판은 항고쟁송으로서의 성질을 가지므로 현재의 이행쟁송, 즉 행정기관이 일정한 처분을 하여야할 이행기가 도래하였으나 이행의무를 이행하고 있지 않는 경우에 대해서만 그 행정기관의 의무이행의 존재를 주장하여 심판청구를 할 수 있고 장래의 이행쟁송(민소법 제229조)은 인정되지 아니 한다.

(3) 재결

심판청구가 이유있다고 인정할 경우에는 재결청은 지체없이 신청에 따른 처분을 하거나(처분재결, 형성재결), 처분청으로 하여금 그 신청에 따른 처분을 할 것을 명하는 재결을 한다(처분명령재결, 이행재결). 처분청에 대하여 이행의무를 명하는 재결(이행재결)이 있으면 당해 행정청은 지체없이 재결의 취지에 따라 이전의 신청(신청인의 재신청이 필요하지 않음)에 대하여 처분을 하여야 한다.

(4) 특징

부작위에 대한 의무이행심판은 청구기간의 제한을 받지 않지만, 거부처분에 대한 의무이행심판은 그러한 제한을 받는다. 또한 의무이행심판은 집행정지에 관한 규정은 적용되지 않는다.

Ⅲ. 행정심판의 대상

1. 개괄주의의 채택

행정심판의 대상은 행정심판사항, 즉 심판청구의 제기대상으로 삼을 수 있는 사항을 말하는 바, 행정심판법은 행정청의 위법 또는 부당한 처분에 대하여 널리 행정심판을 제기할 수 있게 하여 이른바 개괄주의를 채택하고 있다(제3조 제1항). 이는 행정심판을 제기할 수 있는 사항을 한정하여 명기하지 아니하고 모든 처분에 대하여 행정심판을 제기할 수 있게 한 것이다.

2. 행정청

행정심판의 대상은 행정청의 처분 또는 부작위이다. 여기서 행정청이란 처분 또는 부작위를 할 수 있는 권한을 가진 행정기관, 즉 국가 또는 지방자치단체의 행정에 관한 의사를 결정하고 이를 대외적으로 표시할 수 있는 권한을 가진 행정기관을 말하는 바, 학문상의 행정관청을 말한다. 중앙행정조직에서는 행정관청, 지방행정조직에서는 행정청이라 하는데 이들 둘을 합하여 행정심판법에서는 행정청이라 표시하고 있다.

3. 처분

행정심판법상의 처분이란 행정청이 행하는 구체적 사실에 관한 법집행으로서의 공권력의 행사 또는 그 거부와 그밖에 이에 준하는 행정작용을 말한다(제2조 제1항). 처분은 외부에 표시된 행위로 볼 것이므로 행정기관의 내부적 행위(결재만 있는 경우 또는 행정기관 상호간의 행위)는 이에 포함되지 않으며, 또한 알선·권고·주의 등과 같은 아무런 법률효과가 발생하지 아니하는 사실행위는 포함되지 아니 한다.

행정심판법은 대통령의 처분 또는 부작위에 대해서는 다른 법률에 특별한 규정있는 경우를 제외하고는 행정심판을 제기할 수 없도록 하고 있으며(제3조 제2항), 또한 심판청구에 대한 재결에 대해서는 다시 심판청구를 제기할 수 없도록 하여 재심판청구를 금지하였다(제39조). 따라서 행정심판의 재결에 불복이 있는 자는 원처분이나 재결의 위법을 이유로 하여 행정소송을 제기할 수 있을 뿐이다.

4. 부작위

행정심판법에서 말하는 부작위란 행정청이 당사자의 신청에 대하여 상당한 기간내에 일정한 처분을 하여야 할 법률상 의무가 있음에도 불구하고 이를 하지 아니하는 것을 말한다(제2조 제1항 2호). 따라서 부작위는 ① 당사자의 신청, ② 상당한 기간의 경과, ③ 처분을 할 법률상의무의 존재, ④ 아무런 조치도 하지 않았을 것을 그 요건으로 한다.

Ⅳ. 행정심판의 당사자와 관계인

1. 행정심판의 당사자

(1) 청구인

1) 의의

행정심판의 청구인이란 심판청구의 대상인 행정청의 처분 또는 부작위에 불복하여 그 취소 또는 변경 등을 구하는 심판청구를 제기하는 자를 말한다. 처분의 상대방은 물론 제3자도 청구인이 될 수 있다. 청구인은 자연인·법인이 원칙이나, 법인격 없는 사단이나 재단도 그 대표자 또는 관리인이 있으면 그 이름으로 청구인이 될 수 있다(제10조).

2) 청구인적격

(가) 취소심판의 청구인적격

취소심판은 처분의 취소 또는 변경을 구할 법률상 이익이 있는 자가 제기할 수 있다(제9조 제1항). 법률상 이익이란 취소소송의 원고적격에서 요구되는 법률상 이익의 개념과 같은 것이다. 이에 관한 학설로서 권리구제설·법률상 보호이익설·보호 가치 있는 이익구제설·적법성보장설 등이 있으나, 법이 보호하는 이익구제설(법률상보호이익설)이 우리의 통설·판례의 입장이다.

또한 취소심판에 있어서 처분의 효과가 기간의 경과(영업정지기간의 경과), 처분의 집행(강제퇴거명령에 의거하여 외국인이 이미 퇴거당한 경우), 기타의 사유(가중하여 불이익을 받는 등)로 인하여 소멸된 후에도 그 처분의 취소를 받음으로써 회복되는 법률상 이익이 있는 자는 행정심판을 제기할 수 있는 청구인적격을 가진다(이에 관한 상세한 내용은 행정소송법의 원고적격·협의의 소익 부분 참조).

(나) 무효등확인심판의 청구인적격

무효등확인심판에 있어서는 처분의 효력유무 또는 존재여부에 대한 확인을 구할 법률상이익이 있는 자가 제기할 수 있다(제9조 제2항). 행정처분의 무효·유효, 처분의 부존재·존재에 관하여 당사자간에 분쟁이 있어서 재결청의 재결에 의하여 공권적인 확인을 함으로써 청구인의 법적 지위의 불안정상태를 제거할 수 있게 되는 경우에 '확인을 구할 법률상 이익'이 있는 것이다.

(다) 의무이행심판의 청구인적격

의무이행심판에 있어서는 행정청의 거부처분 또는 부작위에 대하여 일정한 처분을 구할 법률상 이익이 있는 자가 제기할 수 있다(제9조 제3항). 이 때에 법률상 이익이 있기 위해서는 일정한 처분을 해달라는 신청만으로는 족하지 않고, 법령에 의하여 일정한 내용의 처분을 행정청에게 신청할 수 있는 권리(신청권)가 보장되어 있어야 한다.

3) 선정대표자의 선정

① 다수인이 공동으로 심판청구를 하는 경우에는 청구인 중 3인 이하의 대표자를 선정할 수 있으며(제11조 제1항), ② 대표자를 선정하지 아니한 경우에 행정심판위원회가 필요하다고 인정할 때에는 대표자선정을 권고할 수 있으며(제2항), ③ 선정대표자는 다른 청구인을 위하여 그 사건에 관한 모든 행위를 할 수 있다. 다만 청구의 취하는 다른 청구인의 동의를 얻어야 하며, 이를 서면으로 소명하여야 한다(제3항).

4) 청구인의 지위승계

행정심판을 제기한 후에 청구인이 사망하는 등 신분상 변동이 생긴 경우에는 행정심판법에 의해 그 지위가 승계된다. 이에 해당하는 사유로는 당연승계와 허가승계가 있다.

(가) 당연승계

① 자연인이 청구인으로 심판제기를 한 후 사망하면 상속인이나 그밖에 법령에 의하여 심판청구의 대상인 처분에 관계되는 권리 또는 이익을 승계한 자가 당연히 청구인의 지위를 승계한다.

② 법인 또는 법인격 없는 사단이나 재단이 청구인인 경우 다른 법인 등과 합병한 때에는 합병에 의하여 존속하거나 설립된 법인 등이 당연히 청구인의 지위를 승계한다(제12조 제1항·2항).

(나) 허가승계

심판청구의 대상인 처분에 관계되는 권리 또는 이익을 양수한 자(각종의 인·허가를 양도받은 자)는 관계행정심판위원회의 허가를 받아 청구인의 지위를 승계할 수 있다.

(2) 피청구인

1) 피청구인적격

청구인과 대립되는 상대방 당사자, 즉 심판청구의 대상인 처분이나 부작위를 한 행정청이 피청구인이 되며, 심판청구는 이러한 처분청·부작위청을 피청구인으로 하여 제기하여야 한다. 그러나 처분청이나 부작위청의 권한이 다른 행정청에 승계된 때에는 이를 승계한 행정청이 피청구인이 된다(제13조 제1항).

2) 피청구인의 경정

청구인이 피청구인을 잘못 지정했거나 행정심판이 제기된 후에 행정청의 승계가 이루어진 경우에는 행정심판위원회는 당사자의 신청 또는 직권에 의하여 결정으로써 피청구인을 경정할 수 있다(제13조 제2·5항).

2. 행정심판의 관계인

(1) 참가인

행정심판의 심판결과에 대하여 이해관계가 있는 제3자 또는 행정청은 행정심판위원회의 허가를 받아 그 사건에 참가할 수 있으며, 위원회는 필요하다고 인정할 때에는 이해관계가 있는 제3자 또는 행정청에게 참가를 요구할 수 있다. 이 때 요구를 받은 자는 참가여부의 뜻을 위원회에 통지하여야 한다(제16조).

(2) 대리인

심판청구의 당사자인 청구인이나 피청구인은 대리인을 선임하여 당해 심판청구에 관한 행위를 대리할 수 있게 할 수 있는 바, 청구인은 법률의 규정에 의한 대리인 외에 배우자·직계존비속·형제자매·법인의 임직원·변호사 기타 행정심판위원회의 허가를 받은 자를 행정심판절차에 있어서의 대리인으로 선임할 수 있다(제14조 제1항). 피청구인도 그 소속직원·변호사 기타 행정심판위원회의 허가를 받은 자를 대리인으로 선임할 수 있다(제14조 제2항). 대리인은 심판청구의 취하를 제외하고는 본인을 위하여 당해 심판청구에 관한 모든 행위를 할 수 있다(제14조 제3항).

Ⅴ. 행정심판기관

1. 개설

행정심판기관이란 행정심판의 청구를 수리하여 이를 심리·재결하는 권한을 가진

행정기관을 말한다. 현행 행정심판법은 국민의 권리구제의 실효성을 확보하기 위하여 재결을 행하는 재결청과 심리・의결을 행하는 행정심판위원회로 분리하여 재결기능과 심리・의결기능을 분리시킴으로써 재결청은 소속 행정위원회의 의결에 따른 형식적인 재결기능만을 갖는다.

행정심판법은 국무총리 및 중앙행정기관의 장이 재결청이 되는 경우에 국무총리소속하에 국무총리행정심판위원회를 설치하여 이로 하여금 심리・의결기능을 수행하고 있다. 이에 반하여 재결청이 지방자치단체의 장인 경우 등에는 재결청 소속하의 행정심판위원회가 심리・의결하는 기관이 된다.

2. 재결청

(1) 의의

재결청이란 행정심판청구사건을 수리하여 재결할 권한을 가진 행정기관을 말한다. 원칙적으로 재결청은 처분청 또는 부작위청의 직근상급행정기관이 되고, 예외적으로 처분청, 소관감독행정기관이 재결청이 된다(제5조). 또한 개별법령에서는 독립한 제3기관이 재결청이 되기도 한다.

(2) 종류

1) 직근상급행정기관

재결청은 행정청의 처분 또는 부작위에 대하여는 당해 행정청의 직근상급행정기관이 됨이 원칙이다(제5조 제1항). 직근상급행정기관이란 상급행정기관 중 가장 가까운 상급행정기관을 말한다. 예컨대 행정각부의 직속기관인 청장의 처분에 대해서는 소속각부의 장관 등이 직근상급행정청이다.

2) 처분청(당해 행정청)

① 국무총리・행정각부 장관・대통령 직속기관의 장(감사원장 등), ② 국회사무총장・법원행정처장・헌법재판소사무처장・중앙선거관리위원회사무총장, ③ 그밖에 소관감독행정기관이 없는 행정청(공정거래위원회, 소청심사위원회, 중앙노동위원회 등)의 처분이나 부작위에 대하여는 당해 행정청이 재결청이 된다(제5조 제2항).

3) 소관감독행정기관

특별시장・광역시장・도지사(교육감 포함)의 처분이나 부작위에 대하여는 소관 감독행정기관(국무총리 · 주무부장관 등)이 재결청이 된다(제5조 제3항). 소관 감독행정기관이란 행정조직 계층상의 상급기관이 아니라 심판청구의 대상인 처분 · 부작위를 사무관할로 하는 상급행정기관을 말한다. 예컨대 서울특별시장의 일반업무에 대해서는 행정자치부장관이, 식품위생업무에 대해서는 보건복지부장관이, 환경분야의 업무에 대해서는 환경부장관이, 광역시 교육감, 도 교육감의 처분에 대해서는 교육부장관 또는 문화관광부장관이 재결청이 된다.

4) 광역지방자치단체의 장

특별시장 · 광역시장 · 도지사 · 교육감에 소속된 각급 국가행정기관(소방서장 등) 또는 그 관할구역안에 있는 자치행정기관(구청장 · 시장 · 군수 · 교육장 등)의 처분 · 부작위에 대해서는 각각 특별시장 · 광역시장 · 도지사 또는 교육감이 재결청이 된다(제5조 제4항). 예컨대, 서울특별시장 소속하의 구청장이나 소방서장의 처분 · 부작위에 대해서는 서울특별시장이, 시장 · 군수 · 읍면장의 처분 · 부작위에 대해서는 도지사가, 교육구청장 · 교육장의 경우에는 교육감이 재결청이 된다.

5) 국가특별지방행정기관

정부조직법 제3조에 의거하여 설치되는 국가특별지방행정기관의 처분 · 부작위에 대하여는 소관 중앙행정기관의 장이 재결청이 된다(제5조 제5항). 예컨대, 병무청 소속의 지방병무청 및 지청, 국세청 소속의 지방국세청 및 세무서 등이 국가의 특별한 업무를 자방단위에서 처리하는 특별지방행정기관인 바, 이들의 재결청은 소속중앙행정기관의 장이다. 그러나 이들의 심판기관은 국무총리행정심판위원회가 된다.

6) 제3의 기관

행정심판절차에 있어서 심리 · 재결의 객관적 공정성을 특별히 보장하기 위하여 개별법에서 당해 행정청이나 감독행정기관이 아닌 제3의 기관을 재결청으로 하는 경우가 있다. 예컨대, 공무원에 대한 징계처분 또는 불이익처분에 대한 행정심판(특별행정심판)을 위하여 소청심사위원회를 설치하여 이를 재결청으로 하고 있고, 국세 및 관세처분에 대한 재결청으로 국세심판원 등을 두고 있다.

(3) 재결청의 권한과 의무

1) 재결청의 권한

재결청이 갖는 주요 권한으로는 행정심판위원회 위원의 위촉권, 재결권, 집행정지결정권 등을 들 수 있는데, 이 중에서 행정심판위원회위촉권을 제외하고는 행정심판위원회의 의결에 따라 권한을 행사하여야 하므로 재결청의 권한은 형식적인 것이라 할 수 있다.

2) 재결청의 의무

(가) 행정심판위원회에의 심리회부의무

청구인은 심판청구서를 피청구인(처분청)이나 재결청에 제출하여야 하는데, 처분청에 제출될 경우 재결청이 처분청으로부터 심판청구서를 송부받거나 처분청으로부터 답변서를 제출받은 때에는 지체없이 그 사건을 행정심판위원회에 회부하여야 한다(제22조 제1항).

(나) 상대방에의 통지의무

제3자가 심판청구를 한 때에는 재결청은 처분의 상대방에게 이를 통지하여야 한다(제22조 제2항). 재결청의 이러한 의무는 제3자가 청구인이 된 경우 처분의 상대방이 심판에 참가 할 수 있도록 한데 그 취지가 있다.

(다) 증거서류 등 반환의무

재결청이 재결을 한 후 당사자의 신청이 있을 때에는 재결청이나 행정심판위원회에 제출하였던 문서·장부·물건 그밖에 증거자료의 원본을 지체없이 반환하여야 한다(제40조).

(4) 재결청의 권한승계

재결청이 행정심판청구서를 받은 후 법령의 개폐에 의해 당해 심판청구에 대한 재결권을 잃게 된 때에는 새로이 재결권을 가지게 된 행정청이 종전의 재결청의 권한을 승계한다. 재결청의 권한이 승계되면, 종전의 재결청은 심판청구서·관계서류 및 그 밖의 자료를 새로 재결할 권한을 가지게 된 행정청에 송부하여야 한다(제8조 제1항).

3. 행정심판위원회

(1) 법적 지위

행정심판위원회는 행정심판청구를 심리·의결하는 비상설의 합의제의결기관이다. 행정심판법은 행정심판의 공정성을 확보하기 위하여 원칙적으로 재결청에 소속하고 있으면서도 독자적으로 심리 · 의결하고 그 의결은 재결청을 구속하도록 하고 있다(제31조 제2항).

(2) 설치

행정심판의 청구를 심리 · 의결하기 위하여 각 재결청(국무총리 및 중앙행정기관의 장인 재결청은 제외)소속하에 행정심판위원회를 둔다(제6조 제1항). 다만 국무총리 및 중앙행정기관의 장이 재결청이 되는 심판청구를 심리 · 의결하기 위하여 국무총리소속하에 국무총리행정심판위원회를 둔다(제6조의2 제1항).

(3) 구성

1) 보통 행정심판위원회(재결청소속 행정심판위원회)

① 국무총리 및 중앙행정기관의 장 이외의 행정기관이 재결청인 경우에는 각 재결청 소속하에 행정심판위원회를 둔다(제6조 제1항). 행정심판위원회는 위원장을 포함한 15인 이내의 위원으로 구성하고, 위원장은 재결청이 되며, 필요한 경우에는 소속 공무원으로 하여금 그 직무를 대행하게 할 수 있다(제6조 제2항 · 3항).

② 위원은 변호사의 자격이 있는 자, 대학에서 법률학 등을 가르치는 부교수 이상의 직에 있거나 있었던 자, 행정기관의 4급 이상 공무원으로 있었던 자 또는 그밖에 행정심판에 관한 지식과 경험이 있는 자 또는 재결청이 위촉하거나 지명하는 자로 한다(제6조 제4항).

③ 행정심판위원회의 회의는 위원장과 6인의 위원으로 구성한다. 6인은 위원장이 매회의마다 지정하되, 6인 중 4인 이상은 제6조 제4항의 각호의 1에 해당하는 자라야 한다(제6조 제5항).

2) 국무총리행정심판위원회

① 국무총리 및 중앙행정기관의 장이 재결청이 되는 심판청구를 심리 · 의결하기 위하여 국무총리 소속하에 국무총리행정심판위원회를 둔다(제6조의2 제1항).

② 동위원회는 위원장 1인을 포함한 50인 이내의 위원으로 구성하되, 위원 중 상임위원은 2인 이내로 한다(제2항).

③ 위원장은 법제처장이 되며, 필요한 경우에는 소속 공무원으로 하여금 그 직무를 대행하게 할 수 있다(제3항).

④ 상임위원은 별정직 국가공무원으로 보하되, 3급 이상의 공무원으로 3년 이상 근

무한 자 기타 행정심판에 관한 식견이 풍부한 자 중에서 법제처장의 제청으로 국무총리를 거쳐 대통령이 임명하고, 그 임기는 3년으로 하되, 1차에 한하여 연임할 수 있다(제4항).

⑤ 국무총리행정심판위원회의 의회는 위원장·상임위원과, 위원 7인은 위원장이 매 회의마다 지정하는 위원을 포함하여 총 9인으로 구성하되, 제6조 제4항 각호의 1에 해당하는 자가 5인 이상 포함되어야 한다(제6항).

⑥ 위원 7인 중 5인은 제6조 제4항 각호의 1에 해당하는 자라야 하며, 동위원회는 구성원(9인) 과반수의 출석과 출석위원 과반수의 찬성으로 의결한다. 동위원회의 조직 및 운영과 위원의 임기·신분보장 그밖에 필요한 사항은 대통령령으로 정한다(제7항·제8항).

(4) 위원 등의 제척·기피·회피

행정심판법은 심판청구사건에 대한 심리·의결의 공정과 이에 대한 국민의 신뢰를 확보하기 위하여, 보통의 행정심판위원회와 국무총리심판위원회의 위원의 제척, 기피 및 회피에 관하여 명시하고 있다(제7조).

1) 제척

제척이란 법정사유가 있으면 법률상 당연히 그 사건에 대한 직무집행(여기서는 심리·의결)에서 배제되는 것이다. 행정심판법에 규정된 제척사유로는 ① 위원 또는 그 배우자나 배우자이었던 자가 당해 사건의 당사자가 되거나 당해사건에 관하여 공동권리자 또는 의무자의 관계에 있는 경우, ② 위원이 당해 사건의 당사자와 친족관계에 있거나 있었던 경우, ③ 위원이 당해 사건에 관하여 증언이나 감정을 한 경우, ④ 위원이 당해 사건에 관하여 당사자의 대리인으로 관여하거나 관여하였던 경우, ⑤ 위원이 당해 사건의 대상이던 처분 또는 부작위에 관여한 경우 등이다(제7조 제1항).

2) 기피

기피란 제척사유 이외에 심리·의결의 공정을 기대하기 어려운 사정이 있는 경우에 당사자는 기피신청을 할 수 있고 재결청의 결정에 의하여 위원은 직무집행으로부터 배제되는 것을 말한다(제7조 제2항).

3) 회피

회피란 위원 스스로가 제척 또는 기피사유가 있다고 인정하여 자발적으로 그 시건의 심리·의결에서 피하는 것을 말한다(제7조 제3항).

(5) 권한

1) 심리권

행정심판위원회는 심판청구사건을 심리하는 권한을 가진다. 행정심판의 심리라 함은 재결의 기초가 되는 사실관계 및 법률관계를 명백히 하기 위하여 문서 또는 구술에 의한 당사자 및 관계인의 주장과 반박을 듣고, 그것을 뒷받침하는 기타의 자료 등을 수집·조사하는 절차를 말한다.

2) 심리권에 부수된 권한

행정심판위원회는 그의 심리권에 부수된 권한으로서, ① 대표자선정권고권(제11조 제2항), ② 청구인의 지위승계허가권(제12조 제5항), ③ 대리인선임허가권(제14조 제1항 5호). ④ 피청구인경정결정권(제13조 제2항), ⑤ 심판참가 허가 및 요구권(제16조 제1·2항), ⑥ 증거조사권(제18조 제1항), ⑦ 청구의 변경허가권(제20조 제1항), ⑧ 보정명령권(제23조 제1항) 등이 있다.

3) 의결권

행정심판위원회는 심리를 마치면 재결청이 재결할 내용을 의결하는 권한을 가진다. 또한 재결청의 재결내용 이외에 행정심판위원회는 재결청이 행할 집행정지결정의 의결, 집행정지결정취소의 의결, 사정재결의 의결을 행한다.

4) 시정조치요구권

국무총리행정심판위원회는 심판청구를 심리·의결함에 있어서 처분 또는 부작위의 근거가 되는 명령 등(대통령령·총리령·부령·훈령·예규·고시·조례·규칙 등을 말한다)이 법령에 근거가 없거나 상위 법령에 위배되거나 국민에게 과도한 부담을 주는 등 현저하게 불합리하다고 인정되는 경우에는 관계행정기관에 대하여 당해 명령 등의 개정·폐지 등 적절한 시정조치를 요청할 수 있다(제42조의2 제1항). 제1항의 규정에 의하여 요청을 받은 관계행정기관은 정당한 사유가 없는 한 이에 따라야 한다(제42조의2 제2항).

Ⅵ. 행정심판의 청구

1. 행정심판의 청구요건

행정심판은 ① 청구인 적격이 있는 자가, ② 심판청구의 대상이 되는 위법 또는 부당한 처분이나 부작위를 대상으로 하여, ③ 소정의 심판청구기간 내에, ④ 일정한 방식에 따라, ⑤ 피청구인인 처분청을 경유하거나 또는 직접 재결청에 제기하여야 한다.

(1) 청구인

행정심판은 청구인적격이 있는 자(법률상 이익이 있는 자 또는 처분의 취소로 인하여 회복되는 법률상 이익이 있는 자)가 제기하여야 한다. 청구인은 처분의 상대방은 물론 제3자도 청구인이 될 수 있으며, 청구인은 자연인이든 법인이든 상관없다.

(2) 심판청구사항(대상)

행정심판은 원칙적으로 행정청의 모든 위법·부당한 처분 또는 부작위를 대상으로 하여 제기할 수 있는 바, 위법한 처분 또는 부작위만을 그 대상으로 하는 행정소송보다 넓다.

(3) 심판청구기간

청구기간은 취소심판청구와 거부처분에 대한 의무이행심판에만 적용되고, 무효등확인심판과 부작위에 대한 의무이행심판에는 적용되지 아니한다(제18조 제7항).

1) 원칙적인 기간

심판청구는 원칙적으로 처분이 있음을 안 날로부터 90일(불변기간) 이내에, 처분이 있은 날로부터 180일 이내에 제기하여야 한다(제18조 제1항·3항). 이 두 기간 중 어느 하나라도 지나면 당해심판청구를 하지 못한다. 여기서 '처분이 있음을 안날'이란 통지·공고 기타의 방법에 의하여 당해처분이 있음을 현실적으로 안 날이며, '처분이 있은날'이란 당해 처분이 대외적으로 표시되어 효력을 발생한 날을 의미한다.

2) 예외적인 기간

① 90일에 대한 예외를 보면, 청구인이 천재·지변·전쟁·사변 그밖에 불가항력으로 인하여 처분이 있음을 안 날로부터 90일 이내에 심판청구를 할 수 없었을 때에는 그 사유가 소멸한 날로부터 14일 이내에 제기할 수 있다. 다만 국외에서의 경우에는

그 기간을 30일로 한다(행정심판법 제18조 제2항).

② 180일에 대한 예외를 보면, 180일이 경과하더라도 정당한 사유가 있는 경우에는 청구할 수 있다(제18조 제3항). 여기서 말하는 정당한 사유란 이를 구체적으로 적시하기 어려우나, 불가항력의 정도까지는 이르지 못하더라도 180일 이내에 심판청구를 못함을 정당화할 만한 객관적 사유를 의미한다.

③ 제3자효 행정행위(복효적 행정행위)에 있어서 제3자가 심판청구를 제기하는 경우에도 원칙적으로 위의 법정기간이 적용된다. 그러나 제3자는 행정처분이 있음을 알 수 없는 경우가 많으므로 180일이 지난 후에도 제기가 가능하다고 해야 할 것이다.

(4) 심판청구의 방식

행정심판의 청구는 서면(심판청구서)으로 하여야 한다(제19조 제1항). 청구인은 이름·주소, 피청구인인 행정청과 재결청, 청구의 대상이 되는 처분의 내용, 청구의 취지 및 이유 등 필요적 기재사항을 기재한 심판청구서에 의하도록 함으로써 서면주의를 택하여 청구의 내용을 명확히 하고, 구술로 하는 경우에는 기재사항 등에 결함이 있는 경우에는 상당한 기간을 정하여 그 보정을 명하거나 직권으로 보정할 수 있다.

(5) 심판청구의 제출기관 및 처리

1) 재결청 또는 처분청에 제출

심판청구서는 재결청에 직접 제출하거나 피청구인인 처분청에 제출하여야 한다(제17조 제1항). 종래에는 처분청경유주의를 취하였는바 이는 처분청에서 반성·시정의 기회를 부여함과 동시에 당해 심판청구에 대한 답변서의 작성·제출을 용이하게 하기 위함이었다.

그러나 이에 대해서는 행정편의주의라는 비판이 있었기 때문에 개정법(1995. 12개정)에서는 처분청과 재결청 중 자유로이 선택하도록 하였다. 재결청이 청구인으로부터 심판청구서를 접수한 때에는 지체없이 그 부본을 피청구인인 처분청에 송부해야 하고, 처분청은 그 부본을 받은 날로부터 10일 이내에 답변서를 재결청에 제출하여야 한다(제24조 제1항).

2) 처리

(가) 청구내용을 인용할 경우

청구인의 심판청구가 이유 있다고 인정할 때에는 심판청구의 취지에 따르는 처분을 하거나 확인을 하고 지체없이 이를 재결청과 청구인에게 통지하여야 한다(제17조 제3항).

(나) 청구내용을 불용(不容)할 경우

청구인의 청구가 이유 없다고 인정할 때에는 처분청은 접수일로부터 10일이내에 답변서를 첨부하여 재결청에 송부하여야 하며, 청구인에게도 그 사실을 지체없이 통지하여야 한다(제17조 제4항, 제24조 제1항).

2. 행정심판청구의 변경 · 취하

(1) 청구의 변경

1) 청구변경의 의의

청구의 변경이란 심판청구를 제기한 후에 일정한 사유가 있어서 당초에 청구한 심판사항을 변경하는 것을 말한다.

2) 청구변경의 허용범위

청구인은 청구의 기초에 변경이 없는 범위 안에서 청구의 취지 또는 청구이유를 변경할 수 있다. 예컨대 취소심판청구를 무효등확인심판청구로, 조세부과취소청구를 조세경감청구로 변경하는 것은 청구취지의 변경이며, 처분의 부당을 이유로 하는 것을 처분의 위법으로 변경하거나 그 반대의 경우 또는 다른 위법 또는 부당한 이유를 추가하는 경우가 청구이유의 변경의 예이다.

3) 행정청의 처분변경으로 인한 청구의 변경

피청구인인 행정청이 심판청구 후에 그 대상인 처분을 변경하는 경우를 말한다. 예컨대 허가취소처분을 1년의 허가정지처분으로 변경하는 경우에는 청구인은 행정청의 변경된 처분에 맞추어 청구취지 또는 이유를 변경할 수 있다(제20조 제2항).

4) 변경절차

청구의 변경은 서면으로 신청하여야 하며, 서면은 그 부본을 다른 당사자에게 송달하여야 한다(제20조 제3 · 4항). 청구의 변경은 행정심판위원회의 허가를 요하는데, 위원회는 청구의 변경이 이유없다고 인정할 때에는 신청 또는 직권에 의하여 결정으로써 청구의 변경을 불허할 수 있다(제5항).

(2) 심판청구의 취하

청구의 취하란 청구인이 재결청에 대하여 심판청구를 철회하는 일방적 의사표시를 말한다. 청구인은 언제든지 자유롭게 서면으로 취하할 수 있으며(제30조 제1항), 청구를 취하하게 되면 처음부터 청구의 계속이 없었던 것으로 본다.

3. 행정심판청구의 효과

(1) 재결청 및 행정심판위원회에 대한 효과

심판청구가 제기되면 재결청은 이를 지체없이 관할 행정심판위원회에 회부하여 심리·의결하도록 하고, 그 의결에 따라 재결할 의무를 진다.

(2) 처분에 대한 효과

1) 집행부정지의 원칙

청구인의 청구가 제기되더라도 문제의 행정처분의 효력에는 아무런 지장이 없으며, 처분의 집행 또는 절차의 속행을 정지시키지 아니하는 바, 이를 집행부정지의 원칙이라 한다(제21조 제1항).

2) 집행정지의 결정

현행 행정심판법은 행정소송법과 마찬가지로 집행부정지를 원칙으로 하고 있으면서도 예외적으로 일정한 경우에 집행정지를 인정하고 있는 바, 재결청은 당사자의 신청이나 직권으로 행정심판위원회에 심리의결을 할 수 있다.

(가) 적극적 요건

집행정지결정의 적극적 요건에 관하여 행정심판법은 「재결청은 처분이나 그 집행 또는 절차의 속행으로 인하여 생길 회복하기 어려운 손해를 예방하기 위하여 긴급한 필요가 있다고 인정할 때에는 당사자의 신청 또는 직권에 의하여 처분의 효력이나 그 집행 또는 절차의 속행의 전부 또는 일부의 정지를 결정할 수 있다」(제21조 제2·3항) 라고 규정하고 있다.

(a) 처분의 존재

집행정지의 대상인 처분이 존재해야 한다. 따라서 처분이 그의 목적을 달성하여 소멸한 경우나 처분의 효력이 아직 발생하기전 또는 거부처분이나 부작위의 경우에는 집행정지의 실익이 없다. 한편 처분이 무효인 경우에도 효력은 처음부터 없다 하더라도 처분으로서의 외관은 존재하고 있으므로, 집행정지결정과 관련해서는 처분이 존재하는 것으로 보아야 한다.

(b) 심판청구의 재결청에의 계속

심판청구가 재결청에 계속되어 있어야 처분의 집행정지를 할 수 있으므로, 행정심판청구가 각하·기각되거나 청구인이 취하한 후에는 처분의 집행정지를 할 수 없다.

(c) 회복하기 어려운 손해예방의 필요

집행정지란 처분이나 그 집행 또는 절차의 속행으로 인하여 생길 회복하기 어려운 손해를 예방하기 위한 것이므로 회복하기 어려운 손해가 발생할 우려가 없으면 처음부터 집행정지의 문제는 발생하지 않는다. 여기서 '회복하기 어려운 손해'의 개념에 대해서는 여러 학설이 있으나, 사회통념상 금전으로 보상이 불가능하거나 참고 견디기가 현저히 곤란한 유형·무형의 손해를 말한다.

(d) 긴급한 필요

집행정지는 회복하기 어려운 손해가 이미 발생하였거나 발생이 임박하여 재결청의 재결(본안재결)을 기다릴 시간적 여유가 없는 긴급한 경우에 인정된다. '회복하기 어려운 손해예방의 필요'와 '긴급한 필요'는 각각 별개로 판단한 것이 아니라 합일적으로 해석하여야 한다.

(나) 소극적 요건

소극적 요건이란 위의 적극적 요건이 모두 충족되어도 집행정지가 허용될수 없는 경우를 말한다. 행정심판법은 공공복리에 중대한 영향을 미칠 우려가 있는 경우에는 허용되지 않는다고 하였다(제21조 제3항).

3) 집행정지결정의 대상

(가) 처분의 효력정지

처분의 효력정지란 행정처분의 여러 가지 효력(구속력·공정력·집행력 등)을 본안에 대한 재결이 있을 때까지 잠정적으로 정지시키는 것을 말한다. 예컨대 운전면허·음식점·목욕장 등의 영업허가나 정지처분에 대한 처분의 효력정지 결정이 있게 된다.

(나) 처분의 집행정지

행정청이 행정처분의 내용을 강제로 실현하는 집행력(자력집행)의 행사를 정지시킴으로써, 처분의 내용이 실현되지 아니한 상태로 두는 것을 말한다. 즉 처분의 효력은 존속하고 처분의 내용을 실현하기 위한 권력적 사실행위의 행사가 정지되는 경우이다. 예컨대 강제퇴거의 명령을 받은 외국인의 강제퇴거의 집행을 정지하는 것이 그에 해당한다.

(다) 절차의 속행정지

여러 단계의 처분으로 행해지는 일련의 행정처분에 있어서 당해 처분의 유효를 전제로 일련의 남아 있는 후속처분을 정지시키는 것을 말한다. 예컨대 행정대집행절차 중 대집행의 계고처분의 효력은 유지시키되, 후속절차인 대집행영장에 의한 통지의 효력을 정지시키는 것이 그에 해당한다.

4) 집행정지결정의 절차

집행정지결정은 재결청이 당사자의 신청이나 직권에 의하여 결정하게 된다. 그러나 재결청의 결정에 앞서 행정심판위원회의 심리·의결을 거쳐야 한다(제21조 제5항). 다만, 위원회의 심리·의결을 기다려서는 회복하기 어려운 손해가 발생할 우려가 있다고 인정될 때에는 위원회의 위원장은 직권으로 심리·의결에 갈음하는 결정을 할 수 있다(제21조 제6항).

5) 집행정지결정의 효력

(가) 형성력

특히 처분의 효력정지는 당해 처분이 없었던 것과 같은 상태를 실현하는 것이므로, 그 범위내에서 형성력을 갖는다.

(나) 대인적 효력

집행정지결정의 효력은 당사자뿐만 아니라 관계행정청과 제3자에게도 효력을 미친다.

(다) 시간적 효력

집행정지결정의 효력은 결정의 주문에서 정해진 시기까지 존속하는 것이나, 주문에 특별한 규정이 없는 때에는 당해 심판청구에 대한 재결이 확정될 때까지 존속한다.

6) 집행정지결정의 취소

집행정지결정이 확정된 후에는 집행정지가 공공복리에 중대한 영향을 미치거나 그 정지사유가 없어진 때에는 재결청은 당사자의 신청이나 직권에 의하여 집행정지결정을 취소할 수 있으며(제21조 제4항), 행정심판위원회의 위원장도 동위원회의 심리·의결을 거치면 회복하기 어려운 손해가 발생할 우려가 있다고 인정할 때에는 그의 직권에 의하여 심리·의결에 갈음하는 결정을 직권으로 할 수 있다.

Ⅶ. 행정심판의 심리

1. 개설

행정심판의 심리란 재결의 기초가 되는 사실관계 및 법률관계를 명백히 하기 위하여 행정심판위원회가 당사자의 주장을 듣고 증거 기타의 자료를 수집·조사하는 일련의 절차를 말한다. 행정심판법은 재결의 공정성을 확보하기 위하여 의결기관으로서의 행정심판위원회를 설치하여 그 독립성을 기하고, 심리절차의 객관적 공정을 보장하기 위하여 「행정심판의 절차는 법률로 정하되 사법절차가 준용되어야 한다」는 헌법원칙(제107조 제3항)에 따라 당사자주의적 구조(대심주의)·구술심리 또는 서면주의 등을 취함으로써 심리절차의 준사법절차화를 기하고 있다.

2. 심리의 내용과 범위

(1) 심리의 내용

1) 요건심리(형식적 심리, 본안전 심리)

행정심판이 제기되면 행정심판위원회는 먼저 심판청구에 필요한 형식적 요건의 충족여부를 심사하게 되는 바, 이를 요건심리라 한다. 그 형식적 요건에 해당하는 것으로 심판의 대상(처분·부작위), 청구인적격, 청구기간, 심판청구서의 기재사항, 권한 있는 재결청에의 제기여부 등이다.

한편 형식적 요건을 갖추지 못한 심판청구는 부적법한 것으로 각하를 받게 되나 그 요건이 보정할 수 있는 성질의 것일 경우에는 상당한 기간을 정하여 보정을 명하거나, 경미한 것은 직권으로 보정할 수 있다(제23조 제1항).

2) 본안심리(실질적 심리)

형식적 요건에 관하여 심리한 결과 요건을 갖추어 적법한 것으로 판단되는 경우에 청구인의 청구의 당부에 관하여 심리하게 된다. 즉 청구의 대상인 처분의 위법·부당 여부를 심사하는 것을 말한다. 청구의 내용에 관한 심리인 본안심리는 시간적으로 요건심리 다음에 행해지는 것이지만 본안심리 도중에도 형식적 요건의 흠결이 판명되면 언제든지 각하할 수 있다.

(2) 심리의 범위

1) 불고불리 및 불이익변경금지의 원칙

행정심판위원회는 그 심리에 있어 심판청구의 취지에 의하여 제한을 받는지의 여부에 관하여 소극설과 적극설의 대립이 있지만, 행정심판법은 「재결청은 심판청구의 대상이 되는 처분 또는 부작위 외의 사항에 대하여 재결하지 못한다」(제36조 제1항)고 하여 불고불리의 원칙을 규정하고 있고, 또 재결청은 심판청구의 대상이 되는 처분보다 청구인에게 불이익한 재결을 하지 못한다(제2항)고 하여 불이익변경금지의 원칙을 규정하고 있다.

2) 법률문제·재량문제·사실문제

행정심판은 위법한 처분이나 부작위(즉 적법·위법에 대한 법률문제), 부당한 처분이나 부작위(즉 당·부당에 관한 재량문제), 그리고 사실문제까지 그 심리범위로 하고 있다(제1조, 제4조).

3. 심리의 절차

(1) 심리절차의 기본원칙

1) 대심주의와 직권심리(탐지)주의의 가미

행정심판은 전체적으로 당사자주의적 구조, 즉 대심주의를 택하고 있다. 대심주의란 청구인과 피청구인이 서로 대등한 입장에서 공격·방어하고, 이를 바탕으로 심리를 진행하는 원칙이다. 그러나 행정심판위원회는 사건의 심리를 위하여 필요하다고 인정할 때에는 직권에 의하여 증거조사를 할 수 있으며, 당사자가 주장하지 아니한 사실에 대해서도 심리할 수 있으므로(제26조 제1항) 직권탐지주의 또는 직권심리주의가 가미되고 있는 것이다.

2) 구술심리주의와 서면심리주의

행정심판법은 「행정심판의 심리는 구술심리 또는 서면심리로 한다. 다만, 당사자가 구술심리를 신청한 때에는 서면심리만으로 결정할 수 있다고 인정되는 경우 외에는 구술심리로 하여야 한다」(第26조 제2항)고 규정하고 있다. 이와 같은 규정으로 볼 때 행정심판위원회의 행정심판사건에 대한 특수성에 비추어 심리방식의 선택은 위원회의 재량사항으로 보인다.

행정심판법이 「다만, 당사자가 구술심리를 신청한 때에는 서면심리만으로 결정할 수 있다고 인정되는 경우 외에는 구술심리를 하여야 한다」(第26조 제2항)고 규정하여 당사자의 심리의 신청이 있으면 가능한 한 구술심리를 하도록 하여 당사자의 구술심리권을 보장한 점은 심판청구에 청구인의 참여기회를 확대하여 민주화를 도모하고자 한 것이다.

3) 비공개주의

행정심판법이 행정심판의 심리·의결절차의 공개여부에 관하여 명문으로 밝히고 있지 않기 때문에 공개주의가 원칙이라고 볼 수도 있고 비공개가 원칙이라고 볼 수 있다. 그러나 서면심리의 방식을 원칙으로 하고 있다고 보고, 직권심리주의 등을 채택하고 있는 점에 비추어 비공개를 원칙으로 하고 있다고 해석된다. 그러나 행정심판위원회가 필요하다고 인정하면 공개 할 수도 있음은 물론이다.

(2) 당사자의 절차적 권리

당사자의 절차적 권리로는 ① 위원·직원에 대한 기피신청권(第7조 제2항), ② 구술심리신청권(第26조 제2항 단서), ③ 보충서면제출권(第25조 제1항), ④ 물적증거제출권(第27조 제1항), ⑤ 증거조사신청권(第28조 제1항) 등이 있다.

(3) 심판청구의 병합과 분리

행정심판법은 심판청구사건에 대한 심리의 신속성·경제성·능률화를 위하여 심리의 병합과 분리를 규정하고 있다(第29조). 즉 행정심판위원회는 필요하다고 인정한 때에는 관련되는 심판청구를 병합하여 심리할 수 있는데, 관련청구의 병합은 심리의 신속·경제성의 관점에서 행해지는 바, 여러 개의 심판청구사건이 동일한 행정청이 행한 유사한 내용의 처분이거나 서로 관련되는 사건일 경우에 이들 사건을 병합하여 심리할 수 있다.

반대로 위원회는 병합하여 심리중인 관련청구사건이라도 분리하여 심리할 필요가 있다고 인정할 때에는 직권으로 분리하여 심리할 수 있다. 행정심판법상(제29조 후단) '병합된 관련청구를 분리하여 심리할 수 있다'는 규정에서의 '병합된 관련청구'란 행정심판위원회가 직권으로 병합하여 심리하기로 결정한 관련청구 이외에 당사자에 의하여 병합제기된 관련청구도 포함된다고 해석된다.

Ⅷ. 행정심판의 재결

행정심판의 재결이란 심판청구사건에 대한 행정심판위원회의 심리·의결의 내용에 따라 재결청이 행하는 최종적인 법적판단행위를 말한다. 재결은 행정상의 법률관계에 관한 분쟁에 대하여 확인·판단하는 행위이므로 법원의 판결과 성질이 비슷하다. 따라서 재결은 준사법적 행위에 해당한다.

1. 재결의 절차와 형식

(1) 재결의 절차

행정심판위원회는 심리를 마치면 재결할 내용을 의결하고 재결청은 그 의결내용에 따라 지체없이 재결하여야 한다(제31조). 따라서 재결청은 수정재결은 할 수 없다. 그러나 재결청은 행정심판위원회가 의결한 내용을 재결이라는 형식으로 대외적으로 표시하는데 불과하므로 재결청의 재결권은 명목적인 것이라 하겠으나, 현행 행정심판법은 재결청이 행정심판위원회의 위원장을 맡게 함으로써 명목적인 재결권을 완화시키고 있다.

(2) 재결의 방식

재결은 소정의 사항을 기재한 서면(재결서)으로 하여야 한다(제35조 제1항). 재결서에는 사건번호와 사건명, 당사자·대표자 또는 대리인의 이름과 주소, 주문, 청구의 취지·이유, 재결날짜를 기재하고, 행정심판위원회의 의결내용에 따라 재결한 사실을 명기한 다음 기명·날인하여야 한다(제2항). 재결서에 기재하는 이유에는 주문내용이 정당함을 인정할 수 있는 정도로 판단을 표시하여야 한다(제3항).

(3) 재결기간

재결은 재결청 또는 피청구인인 행정청이 심판청구서를 받은 날로부터 60일이내에

하여야 한다. 다만 부득이한 사정이 있는 때에는 위원장이 직권으로 30일을 넘지 않는 범위 안에서 결정으로써 연장할 수 있다(제34조 제1・2항).

(4) 재결의 범위

행정심판법은 심판청구의 대상이 되는 처분 또는 부작위 외의 사항에 대해서는 재결하지 못하도록 하고 있으며, 또한 심판청구의 대상이 되는 처분보다 청구인에게 불이익한 재결은 못한다고 하여 불고불리 및 불이익변경금지의 원칙을 규정하였다(제36조). 한편, 행정심판은 행정소송의 경우와는 달리 위법한 처분・부작위뿐만 아니라 부당한 처분・부작위에 대해서도 제기할 수 있으므로 재량행위에 있어서 재량권의 유월・남용 등과 같은 위법문제뿐만아니라 재량권의 한계 내에서의 부당문제까지도 판단할 수 있다.

(5) 재결의 송달・효력발생

재결청이 재결을 한때에는 지체없이 당사자에게 재결서의 정본을 송달해야 하며(제38조 제1항), 청구인에게 송달된 때에 재결의 효력이 발생한다(제2항). 또한 참가인이 있는 경우에는 재결서의 등본을 지체없이 참가인에게 송달하여야 한다.

2. 재결의 종류

(1) 요건재결(각하재결)

행정심판청구의 형식적 요건에 흠결이 있어 부적법한 심판청구에 대하여 청구의 내용인 본안에 대한 심리를 거절하는 재결을 말한다(제32조 제1항). 심판청구기간을 경과하였음을 이유로 각하재결하는 것이 그 전형적인 예이다.

(2) 본안재결

1) 기각재결

일반적으로 기각재결이라함은 본안심리의 결과, 그 심판청구가 이유없다고 인정하여 청구를 배척하고 원처분을 지지하는 재결을 말한다. 처분청에 대하여 원처분을 유지하여야 할 의무를 지우는 것이 아니므로 기각재결이 있은 후에도 처분청은 당해처분을 직권으로 취소・변경할 수 있다.

2) 사정재결

(가) 의의

재결청은 심판청구에 대한 심리의 결과 그 심판청구가 이유 있다고 인정되는 경우에도 이를 인용하는 것이 현저히 공공복리에 적합하지 아니하다고 인정하는 때에는 행정심판위원회의 의결에 의하여 그 심판청구를 기각하는 재결을 할 수 있는바(제33조 제1항), 이를 사정재결이라 한다. 예컨대 토지수용이 위법·부당하였지만 이미 사업이 종료되어 그 토지에 고속철도가 건설되어 버린 경우가 그에 해당한다.

(나) 주문에서의 위법·부당함의 명시

재결청이 사정재결을 할 때에는 재결의 주문에서 그 처분 또는 부작위가 위법·부당함을 명시하여야 한다(제33조 제1항 후단).

(다) 구제방법

재결청은 사정재결을 함에 있어 청구인에게 손해배상·피해방지시설의 설치 기타 상당한 구제방법을 스스로 취할 수 있게 하거나, 피청구인(처분청)으로 하여금 그러한 구제조치를 취할 것을 명할 수 있다(제33조 제2항).

(라) 적용범위

사정재결은 취소심판 및 의무이행심판에만 인정되며, 무효등확인심판에서는 적용되지 않는다.

3) 인용재결

인용재결이란 본안심리의 결과 심판청구가 이유있다고 인정하여 심판청구의 취지를 받아들이는 재결로서, 취소·변경재결, 무효등확인재결, 의무이행재결이 있다.

(가) 취소·변경재결

취소심판의 청구가 이유있다고 인정할 때에는 재결청이 스스로 처분을 취소 또는 변경하거나 처분청에 대하여 당해 처분의 취소 또는 변경을 명하는 재결이다(제33조 제3항). 이에는 처분취소재결·처분변경재결(형성재결)과 처분취소명령재결·처분변경명령재결(이행재결)이 있다.

(나) 무효등확인재결

재결청이 무효등확인심판의 청구가 이유있다고 인정할때에는 처분의 효력유무 또는 존재여부를 확인하는 재결이다(제32조 제4항). 이러한 확인재결에는 처분무효확인재결·처분유효확인재결·처분부존재확인재결·처분존재확인재결·처분실효확인재결이 있다.

(다) 의무이행재결

재결청이 의무이행심판청구가 이유있다고 인정한 때에는 지체없이 신청에 따른 처분을 하거나 처분청에게 그 신청에 따른 처분을 할 것을 명하는 재결이며(제32조 제5항), 이에는 처분재결과 처분명령재결이 있다. 처분재결은 재결청 스스로 처분을 행하는 것이므로 형성재결의 성격이 있으며, 처분명령재결은 처분청에서 처분을 명하는 재결이므로 이행재결의 성격이 있다.

3. 재결의 효력

재결청의 재결은 행정행위로서의 성질을 가지므로 행정행위로서의 여러 가지 효력을 가진다. 행정심판법은 재결의 효력에 관하여 기속력과 직접처분에 관한 규정만을 두고 있지만, 재결중에는 특히 형성력이 인정되는 것이 있으며(취소재결·변경재결·처분재결), 또한 행정행위의 특수한 효력 가운데 불가쟁력과 불가변력 등이 있으므로 이에 관하여 살펴보면 다음과 같다.

(1) 기속력

1) 의의

재결청의 재결이 있으면 피청구인인 행정청과 그 밖의 관계행정청이 그 재결의 내용에 따라 행동해야 할 의무를 발생시키는 효력을 재결의 기속력이라 한다. 재결의 기속력은 인용재결의 경우에만 인정되는 효력이다. 각하재결이나 기각재결은 청구인의 심판청구를 배척하는데 그치고 행정청에 대하여 원처분을 그대로 유지할 의무를 지우는 효력은 없다.

2) 기속력의 내용

(가) 소극적 의무(반복금지효)

재결청의 처분의 취소재결·변경재결 또는 무효재결·부존재재결·실효재결이 있는 경우에 관계행정청은 동일한 당사자에 대하여 동일한 내용의 처분을 반복하여서는 아니된다. 즉 동일사실관계하에서 동일한 처분을 반복하지 않아야 한다.

(나) 적극적 처분의무(재처분 의무)

당사자의 신청을 거부하거나 부작위로 방치한 처분의 이행을 명하는 경우에는 처분청은 지체없이 그 재결의 취지에 따라 다시 이전의 신청에 대한 처분을 할 의무를 진다(제37조 제2항). 이 경우 처분청이 처분을 하지 아니하는 때에는 재결청은 당사자의 신청에 따라 기간을 정하여 서면으로 시정을 명하고 그 기간내에 이행하지 아니한 경우에는 재결청 자신이 직접 당해처분을 할 수 있다(제37조 제2항).

(다) 결과제거의무

행정청은 처분의 취소재결 또는 무효등확인재결이 있게되면, 결과적으로 위법 또는 부당으로 판정된 처분에 의하여 초래된 상태를 제거해야할 의무가 있다. 예컨대 자동차의 압류처분의 취소재결이 있게되면 자동차의 반환의무를 지게된다.

(2) 형성력

재결의 형성력이란 재결의 내용에 따라 법률관계의 발생이나 변경 또는 소멸을 가져오는 효력을 말한다. 즉 취소재결이 있으면 원처분의 효력이 처분시에 소급하여 소멸하는 것이 형성력의 효력이다. 재결의 형성력은 제3자에게도 미치므로 이를 대세적 효력이라고도 한다.

(3) 불가쟁력

행정심판법은 재결에 대해서는 다시 행정심판을 제기하지 못하게 하고 있다(제39조). 다만, 재결자체에 고유한 위법이 있는 경우에만 행정소송의 제기가 허용된다. 그러나 행정심판법상의 이러한 명문규정이 없어도 재결은 행정행위로서의 성격이 인정되므로 제소기간이 경과하면 누구든지 그 효력을 다툴 수 없게 되는 효력, 즉 불가쟁력이 발생한다.

(4) 불가변력

재결은 또한 그것이 일단 정해지면 비록 위법・부당하다고 생각되는 경우에도 재결청스스로 그 재결을 취소 또는 변경할 수 없는 불가변력이 발생한다.

4. 재결에 대한 불복

(1) 재심판청구의 금지

행정심판법은 심판청구에 대한 재결이 있는 경우에는 당해재결 및 동일한 처분 또는 부작위에 대하여 다시 심판청구를 제기할 수 없도록 하였다(제39조). 다만, 국세기본법 등 다른 법률에 의하여 다단계의 행정심판을 인정하는 특별 규정이 있는 경우에는 그에 따라야 한다.

(2) 재결에 대한 행정소송

행정소송법은 재결에 대한 취소소송 및 무효등확인소송은 재결자체에 고유한 위법이 있음을 이유로 할 때에만 제기할 수 있다라고 하여 원처분주의를 취하고 있다. 따라서 재결내용에 불복이 있더라도 원처분의 위법성을 가지고 행정소송에서 다투어야 하고, 재결처분 그 자체에 고유한 위법(재결청 · 위원회 등 주체에 관한 하자, 재결의 심리 · 의결절차나 재결서의 형식에 관한 하자 등)이 있는 경우에만 재결 그 자체의 취소 · 변경을 구하거나 무효확인을 구하는 행정소송을 제기할 수 있을 뿐이다(행정소송법 제19조 단서 · 제39조).

Ⅸ. 고지제도

1. 개설

(1) 고지제도의 의의

행정심판법상의 고지제도란 처분을 행하면서 그 상대방이 처분에 관하여 행정심판을 제기하고자 하는 경우에 필요한 사항(재결청 · 심판청구절차 · 청구기간 등)을 알려주도록 행정청에서 의무지우는 제도를 말한다.

(2) 고지의 성질

행정심판법상의 고지(불복고지)는 심판청구를 제기함에 필요한 사항을 상대방에게 알리는 행위로서 하나의 사실행위이며, 그 자체로는 직접적으로 아무런 법적효력을 발생시키지 않는다.

(3) 고지의 필요성

1) 행정심판청구의 기회보장

고지를 함으로써 상대방이 심판청구의 기회를 잃이비리거나 심판청구요건의 불비로 각하되는 일이 없도록 하여 권리 보장의 기회를 보장한다.

2) 행정의 적정화 확보

고지를 하면서 행정청 내지 그 구성원은 상대방으로부터 심판제도를 예상하게 되기 때문에 행정처분을 함에 있어 신중을 기하게되고, 결과적으로 처분의 적정화를 도모할 수 있게된다.

2. 고지의 종류

(1) 직권에 의한 고지(제42조 제1항)

1) 고지의 대상

행정청은 처분을 서면으로 하는 경우에만 고지의무가 있고 구두로 하는 처분이나 구두이외의 다른 행정작용은 고지의 대상이 되지 아니한다. 고지의 대상이 되는 처분은 행정심판법 이외의 다른 법령에 의한 심판청구의 대상이 되는 처분등도 포함된다고 할 것이다. 따라서 상대방에게 부담을 지우는 처분을 하는 경우에는 원칙적으로 모든 경우에 고지를 하여야 한다고 할 것이다.

2) 고지의 상대방

행정심판법은 「행정청이 처분을 서면으로 하는 경우에는 그 상대방에게 처분에 관하여 행정심판을 제기할 수 있는지의 여부, 제기하는 경우의 심판청구절차 및 청구기간을 알려야 한다」(제7조 제2항)고 규정하고 있는바, 고지의 상대방은 당해 처분의 상대방이다. 그러나 오늘날 이른바 제3자효 행정행위로 인하여 인인소송(이웃소송), 경업자소송이 자주 제기되는 추세에 비추어 볼 때 이들에게도 직접으로 고지하는 것은 가능하며 또한 바람직하다.

3) 고지의 내용

행정심판법은 고지의 내용으로서 행정심판을 제기할 수 있는지 여부, 제기하는 경우의 재결청·심판청구절차·청구기간 등을 규정하고 있다.

4) 고지의 방법과 시기

고지의 방법과 시기에 관해서는 행정심판법은 아무런 규정도 두고 있지 아니하므로 서면 또는 구술로도 가능하며, 또한 원칙적으로 처분시에 하여야 할 것이지만, 처분

후라도 가능하다.

(2) 청구에 의한 고지(제42조 제2항)

1) 고지의 대상

고지의 대상은 명문으로는 제한없이 모든 처분을 그 대상으로 하고 있다. 그러나 고지제도의 목적 등에 비추어 행정심판의 대상인 처분(사실행위 포함)에 대해서만 고지를 청구할 수 있다고 하겠다.

2) 고지의 청구권자

고지의 청구권자는 '처분의 이해관계인', 즉 당해 처분에 의하여 직접 자기의 법률상 이익을 침해받는 자이다.

3) 고지의 내용

고지의 내용은 행정심판의 제기에 필요한 사항, 즉 ① 행정심판의 대상이 되는 처분인지의 여부, ② 재결청 및 청구기간 등이다.

4) 고지의 방법과 시기

고지의 방법은 서면이나 구술로 할 수 있지만, 청구인으로부터 서면으로 알려 줄 것을 요구받은 때에는 서면으로 하여야 한다(제42조 제2항 후단). 또한 고지를 요구받은 행정청은 지체없이 이를 알려야 한다(제42조 제2항).

3. 불고지 또는 오고지(誤告知)의 효과

(1) 불고지의 효과

1) 청구절차

처분청이 심판절차를 고지하지 아니하여 청구인이 심판청구서를 행정기관에 잘못 제출한 때에는 당해 행정기관은 그 심판청구서를 지체없이 정당한 권한있는 행정청에 이송하여야 하고(제17조 제2항), 지체없이 그 사실을 청구인에게 통지하여야 한다(제6항).

2) 청구기간

처분청이 심판청구기간을 고시하지 아니한 때에는 심판청구기간은 당해 처분이 있은 날로부터 180일이 된다(제18조 제6항).

(2) 오고지의 효과

1) 청구절차

처분청이 심판청구서제출기관을 잘못 고지하여 청구인이 심판청구서를 다른 행정기관에 제출한 때에는 불고지의 경우에서와 같이 당해 행정기관은 그 심판청구서를 지체없이 권한있는 행정청에 송부하고 그 사실을 청구인에게 통지하여야 한다(제23조, 제17조 제2항).

2) 청구기간

행정청이 고지한 심판청구기간이 법에 정한 심판청구기간보다 긴 때에는 그 잘못 알린 기간 내에 심판청구가 있으면 그 심판청구는 적법한 기간내에 제기된 것으로 의제된다(제18조 제5항).

(3) 불고지 또는 오고지의 처분에 대한 효과

불고지나 오고지는 처분 자체에 직접 영향을 미치지 않는다. 판례도 이러한 입장을 취하고 있다.

제3절 행정소송

제1관 개 설

Ⅰ. 행정소송의 의의

행정소송이란 법원이 행정법상의 법률관계에 관한 분쟁에 대하여 정식의 소송절차에 의하여 행하는 재판을 말한다. 이를 분설하면 다음과 같다. 즉, ① '법원'이 사법의 일환으로 행하는 '재판'이며, ② '행정사건'에 관한 재판이며, ③ '정식소송절차'에 의한 재판이다

Ⅱ. 행정소송의 기능

1. 권리구제기능

법치주의의 내용의 하나인 법의 우위의 원칙은 모든 행정작용이 법에 적합하게 행해질 것을 요구하고 있지만, 이러한 행정작용도 실제에 있어서는 위법하게 행하여지는 경우가 없지 않으며, 그로 인하여 개인의 권익이 침해되는 경우가 많다. 이 경우 행정소송제도는 권리를 침해받은 자에게 위법한 행정작용에 대한 행정소송의 제기를 가능하게 함으로써, 침해된 개인의 권리구제를 도모하는 기능을 수행하게 된다.

2. 행정통제기능

법치주의의 형식적인 목적은 행정작용을 법에 적용시킴으로써 적법성과 타당성을 확보하려는 것인데, 이러한 목적을 실현시키기 위한 작용이 곧 행정통제인 바, 행정소송은 그러한 행정통제의 기능을 수행하는 것이다.

3. 양기능간의 관계

행정소송은 행정구제와 행정통제라는 두 가지 기능을 갖고 있지만, 이 가운데 주된 기능은 개인의 권리구제이고, 부수적(종된) 기능은 행정통제기능이다.

Ⅲ. 행정소송제도의 유형

1. 대륙법계의 행정소송제도

공법과 사법을 구별하는 이원적 법체계를 유지하고 있는 독일·프랑스 등 대륙법계 국가들은 종래 행정권의 사법권으로부터의 독립, 행정재판의 특수성 등 때문에 행정작용에 관한 분쟁에 관하여 사법법원의 관여를 배제하고 독립된 별개의 행정법원을 행정권 내부에 설치하여 행정사건을 관장케 하고 있는데, 이를 보통 행정국가라 한다.

2. 영·미의 행정소송제도

대륙법계국가와 달리 영미법계의 국가는 일찍부터 법의 지배의 원리가 확립되어 행정사건에 대한 재판도 일반사법법원이 관할하였다. 따라서 사법의 관념속에는 민사재판·형사재판뿐만 아니라 행정사건의 재판도 포함하고 있는 바, 이를 사법국가라 한다. 그러나 영미에서도 사유시장경제의 급격한 발달로 인한 여러 가지 사회문제가 발생함에 따라, 그에 대처하기 위한 법영역으로서의 행정법이 생성·발전하였다.

Ⅳ. 우리나라 행정소송제도의 연혁

1. 행정소송법의 제정

우리나라 행정소송법은 1948년 7월 17일 공포된 제헌헌법 제81조 제1항에 의거하여 1951년에 제정된 것으로, 그 초기에는 14개조에 불과한 매우 짧고도 부실한 내용의 법률이었다.

2. 행정소송법의 전면개정

1951년에 제정된 행정소송은 여러 가지 미흡한 점이 있었다. 이와 같은 미흡한 문제점들을 개선하기 위하여 1984년 12월 15일 법률 제3754호로 전면개정하여 46개조의 사실상 새법을 마련하여 1985년 10월 1일부터 시행하게 되었다.

3. 행정소송법의 부분개정

1994년 대법원이 추진한 사법개혁의 일환으로 법원조직법 및 행정소송법의 일부개정이 있었다. 그 개정법률의 시행일은 1998년 3월 1일부터이며, 개정된 행정소송법의 요지는 ① 행정심판의 임의절차화, ② 행정법원의 설치 및 행정소송의 3심제화, ③ 제소기간의 변경, ④ 상고심사제의 채택 등이다.

Ⅴ. 행정소송의 특수성

행정소송도 정식재판절차에 의한 심리·판단작용이라는 점에서 민사소송과 본질을 같이 한다. 따라서 행정소송에 관하여 행정소송법이 특별히 규정하고 있는 사항 이외에는 법원조직법과 민사소송법의 규정을 준용하도록 되어 있다(제8조 제2항). 그러나 행정소송은 민사소송과 그 본질을 같이하는 사법작용이면서도 행정사건으로서의 특수성이 인정되는 여러 가지 특례가 인정되고 있다. 즉 행정소송법상의 행정심판절차(제18조), 제소기간의 제한(제20조), 제3자의 소송참가(제16조), 직권심리제도(제26조), 처분의 집행부정지원칙(제23조), 사정판결(제28조), 취소판결의 대세적 효력(제29조) 등에 관한 규정은 이러한 행정소송의 특수성을 반영한 것이라 볼 수 있다.

Ⅵ. 행정소송의 한계

행정소송법은 행정소송사항에 관하여 개괄주의를 취하여 행정권의 위법한 처분 기타 공권력작용에 대한 국민의 권리구제를 널리 인정하고 있다. 그러나 행정소송은 법원이 하는 사법작용이라는 점에서 사법권의 본질 또는 헌법상의 권력분립주의의 견지에서 일정한 한계가 있다.

1. 사법의 본질에서 오는 한계

(1) 구체적 사건성

사법심사의 대상이 되기 위해서는 당사자간의 구체적인 권리·의무에 관한 분쟁이 있어야 한다. 이를 구체적 사건성이라 한다. 이러한 구체적 사건성을 결여하면 행정소송의 대상이 되지 않는 바, 예를 들면 법령의 효력과 해석, 반사적 이익, 객관적 소송 등이 있다.

1) 법령의 효력과 해석

우리 헌법은 명령·규칙 등의 위헌·위법 여부, 즉 법령의 효력 또는 해석에 관한 분쟁은 '재판의 전제가 된 때', 즉 구체적인 사건을 해결하기 위하여 필요한 경우에 한하여 사법심사의 대상으로 되게 하였다(제107조 제1항). 따라서 구체적인 법적용의 문제를 떠나서 직접 법령의 일반적 효력 자체를 다투거나 해석을 구할 수 없다.

대법원도 「행정청의 위법한 처분등의 취소 또는 변경을 구하는 취소소송의 대상이 될 수 있는 것은 구체적인 권리·의무에 관한 분쟁이어야 하고, 일반적·추상적인 법령이나 규칙 등은 그 자체로서 국민의 구체적인 권리·의무에 직접 변동을 초래케 하는 것이 아니므로 그 대상이 될 수 없다」(대판 1992.3.10, 91누12639)고 판시하고 있다.

2) 반사적 이익

반사적 이익이란 행정상의 방침규정 또는 일정한 행정목적의 달성을 위하여 법규로서 어떤 제도를 시행하는 결과 반사적으로 개인이 받는 이익을 말한다. 이러한 반사적 이익은 법률상 직접 보호되는 권리 또는 이익이 아니기 때문에 설령 그러한 이익에 침해가 있다고 하더라도 법원의 심판대상이 되지 않는다.

3) 객관적 소송

개인의 구체적인 권리·이익의 구제를 직접적인 목적으로 하는 것이 아니고, 민중소송이나 기관소송과 같이 행정법규의 적절한 적용을 확보하기 위한 객관소송은 법률에 의하여 특별히 인정된 경우를 제외하고는 허용되지 않는다.

(2) 법령적용에 관한 쟁송

사법권의 발동대상이 되는 법률상의 쟁송은 법령의 해석·적용으로 해결될 수 있는 구체적인 분쟁을 말하는 것이므로, 비록 당사자간의 구체적 사건 또는 분쟁인 경우에도 법규를 해석·적용하여 해결할 수 있는 것이 아니면 사법심사의 대상이 되지 아니한다. 따라서 통치행위와 재량행위 등은 법령적용상의 문제가 아니기 때문에 행정소송의 대상이 될 수 없다.

1) 통치행위

통치행위란 고도의 정치성을 띤 국가행위로서 성질상 사법심사의 대상이 되지 않는 것을 말한다. 다만 통치행위의 관념을 부정하는 견해가 없지 않으나 통치행위를 인정하는 것이 각국에서의 일반적인 태도이며 우리나라의 통설과 판례의 입장도 그러하다. 따라서 통치행위는 사법심사의 대상에서 제외된다고 본다.

2) 재량행위

재량행위란 복수행위 가운데 어느 것을 선택할 수 있는 자유가 인정되어 있는 경우, 즉 행정청에 독자적 판단권이 부여되어 있는 행정행위를 말한다. 따라서 재량행위를 그르친 경우 당·부당의 문제는 생기나 위법성의 문제는 생기지 아니함으로 행정소송을 통해 구제받을 수 없다. 그러나 재량행위라 할지라도 그 재량의 한계를 벗어난 경우에는 위법한 재량권의 행사로서 행정소송의 대상이 된다.

3) 특별권력관계의 행위

종래의 통설은 특별권력관계 내부의 질서유지를 위한 행위는 일반사회의 법질서유지를 목적으로 하는 사법심사의 대상이 될 수 없다고 보았다. 그러나 특별권력관계에서의 행위라는 것만으로 사법심사의 대상에서 제외될 수 없다는 것이 오늘날의 일반적 견해이다.

2. 권력분립에서 오는 한계

일반법원이 행정소송에 대한 관할권을 가지고 행정사건을 심리·판단하는 경우에 권력분립의 원칙으로부터 우러나는 행정소송의 한계를 어느 정도까지 인정할 것인지가 문제된다. 이러한 문제는 특히 의무이행소송과 예방적부작위소송(금지소송) 및 불이익배제청구소송 등과 관련해서 적극적 이행판결을 할 수 있느냐의 문제로 나타난다. 이들 문제에 관하여는 학설의 대립이 있다.

(1) 의무이행소송

1) 의의

의무이행소송이란 일정한 행정행위를 청구하였는데 거부된 경우 또는 아무런 응답이 없는 경우에, 행정청에 대하여 그 거부된 또는 방치된 행정행위를 행하여 줄 것을 구하는 내용의 행정소송을 말한다.

2) 인정여부

(가) 소극설

이 견해는 일반법원은 행정청에 대한 일반감독기관이 아니므로 법원이 행정청에 갈음하여 일정한 행위를 결정하고 그것을 하도록 명하는 것은 사법권이 행정권의 고유영역을 침해하는 것이 되어 권력분립의 원칙에 반하는 것으로 본다. 따라서 행정에 관한 1차적 판단권은 행정권에 유보되었다고 볼 것이므로, 의무이행소송은 부인될 수 밖에 없다고 한다. 판례 역시 소극설을 따르고 있다.

(나) 적극설

이 견해는 권력분립주의의 참뜻은 권력상호간의 견제와 균형을 도모함으로써 권력의 남용을 막고 개인의 권리를 보호하려는데 있으므로, 행정청의 위법한 행위를 취소할 수 있음은 물론, 위법한 부작위에 대한 적극적인 이행판결을 인정하는 것은 권력분립의 원칙에 반하지 않는다고 본다.

(다) 절충설(제한적 허용설)

이 견해는 의무이행소송을 원칙적으로 부인하면서도 ① 행정청에게 제1차적 판단권을 행사하게 할 것도 없을 정도로 처분요건이 일의적으로 정하여져 있고, ② 사전에 구제하지 않으면 회복할 수 없는 손해가 발생할 우려가 있으며, ③ 다른 구제방법이 없는 경우에만 의무이행소송이 인정된다고 보는 입장이다.

(2) 부작위청구소송

1) 의의

부작위청구소송은 행정행위를 하지 않을 것(부작위)을 구하는 내용의 행정소송을 말한다.

2) 인정여부

이에 관하여는 소극설과 적극설이 대립하고 있으나, 적극설이 다수설이다. 다만 판례는 소극설을 취하고 있다.

[판례]

: ①「신축건물의 준공처분을 하여서는 아니된다는 내용의 부작위를 구하는 원고의 예비적 청구는 행정소송에서 허용되지 아니하는 것이므로 부적법하다」(대판 1987.3.24, 86누182).

②「검사에게 압수물 환부를 이행하라는 청구는 행정청의 부작위에 대하여 일정한 처분을 하도록 하는 의무이행소송으로서 현행 행정소송법상 허용되지 아니한다」(대판 1995.3.10, 94누14018).

③「행정청에 대하여 행정상의 처분의 이행을 구하는 청구는 특별한 규정이 없는 한 행정소송의 대상이 될 수 없다 할 것이므로 피고에 대하여 건축허가의 이행을 구하는 소는 부적법한 것으로서 각하하여야 한다」(대판 1996.10.29, 95누10341).

Ⅶ. 행정소송의 종류

1. 성질에 의한 분류

(1) 형성의 소

형성의 소라 함은 행정법상의 법률관계의 변동을 일으키는 일정한 법률요건의 존재를 주장하여, 그 변동을 선언하는 판결을 구하는 소이다. 따라서 형성판결은 형성요건의 존재를 확정하는 동시에, 새로운 행정법상의 법률관계를 발생하게 하고 기존의 행정법상의 법률관계를 변경·소멸하게 하는 판결이다.

(2) 이행의 소

이행의 소라 함은 피고에 대한 특정한 이행청구권의 존재를 주장하여, 그 확정과 이에 기한 이행을 명하는 판결을 구하는 소이다. 의무이행소송이나 이행명령을 목적으로 하는 당사자소송이 이에 속한다.

(3) 확인의 소

확인의 소라 함은 특정한 권리 또는 법률관계의 존재 또는 부존재를 주장하여 이를 확인하는 판결을 구하는 소이다. 항고소송 중에서 무효등확인소송 및 부작위위법확인소송과 공법상의 법률관계의 존부의 확인을 구하는 당사자소송은 이에 속한다.

2. 내용에 의한 분류

행정소송법은 행정소송을 내용에 따라 항고소송·당사자소송·민중소송·기관소송으로 대별하고, 항고소송을 다시 취소소송·무효등확인소송 및 부작위위법확인소송으로 세분하고 있다.

(1) 항고소송

항고소송이란 행정청의 처분등이나 부작위에 대하여 제기하는 소송을 말한다. 즉 행정청의 위법한 처분, 재결 또는 부작위에 의하여 법률상 이익을 침해당한 자가 그 위법을 다투기 위하여 제기하는 소송을 의미한다.

1) 법정항고소송

(가) 취소소송

취소소송이란 행정청의 위법한 처분 또는 재결 등을 취소 또는 변경하는 소송을 말한다(제4조 제1호).

(나) 무효등확인소송

무효등확인소송이란 행정청의 처분 또는 재결의 효력유무 또는 존재여부를 확인하는 소송을 말한다(제4조). 행정소송법이 '무효등확인소송'이라고 규정한 것은 처분이나 재결의 무효확인소송·유효확인소송·존재확인소송·부존재확인소송 및 실효확인소송이 포함된다.

(다) 부작위위법확인소송

부작위위법확인소송이란 행정청의 부작위가 위법하다는 것을 확인하는 소송을 말한다(제4조 제3호). 즉 행정청이 당사자의 신청에 대하여 상당한 기간내에 일정한 처분을 할 법률상의 의무가 있음에도 불구하고 이를 행사하지 아니한 경우, 이 부작위에 대한 위법확인을 구하는 소송이다.

2) 무명항고소송

행정소송법 제4조에 규정된 위 세 종류의 항고소송(법정항고소송) 이외에 무명항고소송(법정외항고소송)이 허용될 수 있는지에 대하여 다툼이 있다. 행정소송법 제4조의 항고소송의 구분에 관하여 다수설은 동조를 예시적인 것으로 보고 있으며, 부작위청구소송이 대표적 무명항고소송으로 예시되고 있다. 그러나 대법원은 부정적 입장을 취하고 있다.

(2) 당사자소송

당사자소송이란 행정청의 처분등을 원인으로 하는 법률관계에 관한 소송 그밖에 공법상의 법률관계에 관한 소송으로서 그 법률관계의 한 쪽 당사자를 피고로 하는 소송을 말한다(제3조 제2호). 즉 당사자소송이란 서로 대립되는 대등한 당사자 사이에 있어서의 행정법관계의 형성·존부에 관한 소송이다.

(3) 민중소송

민중소송이란 국가 또는 공공단체의 기관이 법률에 위법한 행위를 한 때에 직접 자기의 법률상 이익과 관계없이 그 시정을 구하기 위하여 제기하는 소송을 말한다(제3조 제3호). 민중소송은 행정법규의 적정한 적용을 보장하기 위하여 제소자(원고)의 권익침해의 요건을 완화하여, 널리 일반대중에게 소송의 제기를 인정하는 예외적인 행정소송이다. 예를 들면, 일반 선거인이 제기하는 선거소송(공직선거법 제222조)과 일반투표인이 제기하는 국민투표무효소송(국민투표법 제92조)이 있다.

(4) 기관소송

기관소송이란 국가 또는 공공단체의 기관상호간에 있어서의 권한의 존부 또는 그 행사에 관한 다툼이 있을 때에 이에 대하여 제기하는 소송을 말한다(제3조 제4호). 지방자치단체의 장이 지방의회의 재의결사항이 법령에 위배되는 것임을 이유로 의회를 피고로 하여 대법원에 제소하는 것이 그 예이다. 다만 헌법재판소법 제2조에 의하여 헌법재판소의 관장사항으로 되어 있는 소송 즉 국가기관 상호간, 국가기관과 지방자치단체간 및 지방자치단체 상호간의 권한쟁의에 관한 것은 기관소송에서 제외하고 있다(제3조 제4호 단서).

제2관 항고소송

제1항 취소소송

Ⅰ. 개설

1. 의의

취소소송이란 행정청의 위법한 처분 또는 재결 등을 취소 또는 변경하는 소송을 말하며(제4조 제1호), 항고소송의 중심을 이루고 있다. 단, 재결의 취소 또는 변경은 당해 재결 자체에 고유한 위법이 있음을 이유로 하는 경우에만 인정된다(제19조 단서). 취소소송은 보통 취소원인의 흠있는 처분이나 재결에 대해서 행해지지만, 판례는 행정행위의 무효선언을 구하는 의미에서의 취소소송도 인정하고 있다.

2. 성질

취소소송의 성질에 관하여 학설은 형성소송설과 확인소송설 및 구제소송설 등으로 나뉘어 있다.

(1) 형성소송설

이 설은 취소소송은 일정한 법률관계를 성립시킨 행정행위의 위법을 다투어 당해 행정행위의 취소·변경을 통하여 그 법률관계를 변경 또는 소멸시키는 점에서 형성적 성질의 것으로 본다(판례·통설).

(2) 확인소송설

이 설은 사인에 대해서는 실체법상 행정행위에 대한 형성권은 부여될 수 없고 오직 국가에 대한 위법처분취소정구권이 인정되는데 그치는 것이므로, 취소소송은 그 행정행위 당시에 있어서의 행정행위의 위법성을 확인하는 성질의 것으로 본다.

(3) 구제소송설

이 설은 취소소송을 민사소송에 있어서의 청구이의의 소와 마찬가지로 행정처분의 위법성확정이라는 확인소송적 성질과 행정처분의 공정력의 배제라는 형성소송적 성질을 아울러 가지는 특수한 유형의 구제소송으로 본다.

Ⅱ. 취소소송의 재판관할

1. 사물관할

취소소송의 제1심 관할법원은 피고의 소재지를 관할하는 행정법원이다(제9조 제1항).

2. 토지관할

취소소송은 피고인 행정청(처분청 · 재결청 · 부작위청 등)의 소재지를 관할하는 행정법원이 그 관할법원이다. 다만 중앙행정기관 또는 그 장이 피고인 경우의 관할법원은 대법원소재지의 행정법원으로 한다(제9조 제1항). 또한 토지의 수용 기타 부동산 또는 특정의 장소에 관계되는 처분등에 대한 취소소송은 그 부동산 또는 장소의 소재지를 관할하는 행정법원에 이를 제기할 수 있다(제2항).

3. 관할법원에의 이송

취소소송에 있어서도 민사소송의 경우와 같이 사건의 이송을 인정하고 있다. 즉 법원은 소송의 전부 또는 일부가 그 관할에 속하지 아니함을 인정할 때에는 결정으로 관할법원에 이송한다(제8조 제2항, 민사소송법 제34조 제1항). 이에 관한 민사소송법 제34조 제1항의 규정은 원고의 고의 또는 중대한 과실없이 행정소송이 심급을 달리하는 법원에 잘못 제기된 경우에도 적용된다(제7조).

Ⅲ. 관련청구소송의 이송과 병합

1. 제도의 취지

취소소송의 경우에는 처분의 취소만으로 해결할 수 없는 여러 청구가 수반되는 경우가 많이 있다. 따라서 취소소송과 이와 관련되는 수 개의 청구를 하나의 소송절차에 병합하여 통일적으로 심판함으로써 당사자나 법원의 부담을 덜며, 심리의 중복과 저촉을 피하면서 동일한 처분에 관한 분쟁을 한꺼번에 해결할 수 있는 이점이 있기 때문이다.

2. 관련청구소송의 범위

이송·병합이 될 수 있는 관련청구소송은 ① 당해 처분등과 관련되는 손해배상·부당이득반환·원상회복 등 청구소송과 ② 당해 처분등과 관련되는 취소소송이다(제10조 제1항).

3. 관련청구소송의 이송

(1) 이송의 의의

취소소송과 관련청구소송이 각각 다른 법원에 계속되고 있는 경우에 관련청구소송이 계속된 법원이 상당하다고 인정하는 때에는 당사자의 신청 또는 직권에 의하여 이를 취소소송이 계속된 법원으로 이송하는 것을 말한다(제10조 제1항).

(2) 이송의 요건

이송이 되기 위해서는 ① 취소소송과 관련청구소송이 각각 다른 법원에 계속 중일 것, ② 이송의 상당성 즉 관련청구소송이 계속된 법원이 당해 소송을 취소소송이 계속된 법원에 이송시킴이 상당하다고 인정될 것, ③ 당사자의 신청 등이 있을 것이어야 한다.

(3) 이송판결

이송결정은 ① 이송을 받은 법원을 기속하며, ② 이에 따라 당해 법원은 그 사건을 다른 법원에 이송하지 못하며, ③ 이송결정과 이송신청의 각하결정에 대하여는 즉시항고를 할 수 있고, ④ 이송결정이 확정된 때에는 소송은 처음부터 이송을 받은 법원에 계속된 것으로 본다(민소법 제36조 제1항).

4. 관련청구소송의 병합

(1) 의의

관련청구소송의 병합이란 원고가 같은 피고에 대하여 하나의 소송절차에서 수 개의 청구를 하는 경우를 말하며(민소법 제230조), 이는 소의 객관적 병합이라고도 한다. 행정소송법(제10조 제2항)에서 이러한 관련청구소송의 병합을 인정하는 것은 관련되는 청구를 하나의 소송절차에 병합하여 통일적으로 재판함으로써 당사자나 법원의 부담을 덜 수 있으며, 심리의 중복·재판의 저촉을 피할 수 있고, 나아가 국민의 권리구제를 위하여 분쟁을 신속히 처리할 수 있다.

(2) 병합의 종류와 형태

행정소송법은 취소소송과 관련하여 ① 관련청구소송의 병합인 객관적 병합(제10조 제2항 전단), ② 피고 외의 자를 상대로 한 관련청구소송을 병합하는 것으로서의 주관적 병합(제10조 제2항 후단), ③ 공동소송으로서의 주관적 병합(제15조) 등을 인정하고 있다.

(3) 병합의 요건

1) 소송요건의 구비

관련청구의 병합은 그 청구를 병합한 본체인 취소소송을 전제로 하는 것이므로, 관련청구소송이 병합될 본체인 취소소송은 그 자체로서 소송요건(당사자적격·전심절차·제소기간·소익 등)을 구비하여야 한다.

2) 관련청구의 범위

취소소송에 병합할 수 있는 청구는 ① 취소소송의 대상인 처분등과 관련되는 손해배상·부당이득반환·원상회복 등 청구소송과, ② 본체인 취소소송의 대상인 처분등과 관련되는 취소소송이다(제10조 제1항).

3) 병합의 시기

관련청구의 병합은 사실심의 변론종결 이전에 하여야 한다(제10조 제2항). 그러나 사실심의 변론종결 이전이면 원시적 병합이든 후발적 병합이든 상관없다.

4) 관할법원

병합되는 소송의 관할법원은 취소소송이 계속된 법원이다.

Ⅳ. 취소소송의 당사자 등

1. 원고

(1) 원고적격

1) 의의

취소소송에 있어서의 원고적격은 처분등의 취소를 소구할 수 있는 자격을 의미한다. 법원에 의한 본안판결을 받기 위해서는 소장·관할법원 등과 같은 형식적 요건을 갖춘 것만으로는 부족하고 소의 이익의 하나로서의 원고적격을 필요로 하는 것이다.

2) 관계규정 및 판정기준

행정소송법 제12조 전단은 「취소소송은 처분등의 취소를 구할 법률상 이익이 있는 자가 제기할 수 있다」라고 규정하고 있는데, 여기서 '법률상 이익'이라는 표현은 매우 추상적이므로 그 의미가 무엇을 뜻하는지 문제가 된다. 그에 관한 견해로는 권리구제설·법률상이익구제설·보호할 가치있는 이익구제설 및 적법성보장설 등으로 나뉜다.

(가) 권리구제설(권리향수회복설)

과거의 전통적 견해로서, 취소소송의 목적이나 기능을 위법한 처분으로 인하여 침해된 개인의 권리를 회복하는데 있다고 보고 따라서 취소소송에 있어서는 권리가 침해된 자만이 원고적격이 있다고 함으로써 원고적격을 매우 한정하고 있다.

(나) 법률상 이익구제설(법률상 보호되고 있는 이익설)

권리회복설이 권리구제만을 주장하는데 반하여 법률상 이익구제설은 소의 이익의 폭을 좀더 넓혀서 법률이 국민을 위하여 보호하고 있는 이익을 행정관청이 침해하는 경우에는 이를 취소소송으로 구제하여야 마땅하다는 주장이다. 즉 어떤 강행법규가 공익의 보호와 동시에 개인의 이익도 보호함을 목적으로 하는 경우에는 그 사익의 침해가 있는 경우에 원고적격을 인정한다(예, 건축제한법규로 인한 인근주민의 이익 등). 그러나 법률이 질서유지·공공복리 등 순수한 공익보호만을 목적으로 한 경우에는 상대방이 얻게 되는 이익은 단순한 반사적 이익에 불과하므로 이러한 이익의 침해에는 취소소송을 부인한다. 이 설이 우리나라의 통설과 판례의 입장이다.

(다) 보호할 가치있는 이익구제설(이익구제설)

이 견해는 소의 이익의 유무는 법률상 이익구제설과 같이 실정법의 해석을 통하여 결정할 것이 아니라 소송을 통하여 개인의 실생활상의 이익에 관한 구체적인 분쟁이 해결될 수 있다면, 그것이 법률상의 이익이든 사실상의 이익이든 또한 반사적 이익이든 불문하고 널리 소익을 인정한다.

(라) 적법성보장설

이 견해는 취소소송의 본질·목적은 개인의 권리·이익을 보호하려는데 있을 뿐만 아니라 원래는 행정처분의 적법성을 보장하려는데 있는 것으로 보고 행정소송을 제기하는 자의 주관적 권리·이익의 보호에 국한시키려는 앞의 3가지 학설을 비판하고 행정처분의 적법성 유지를 중시하여 처분의 성질상 당해 처분을 다투기에 적합한 상태에 있는 자에 대하여 널리 소익을 인정한다.

(마) 판례의 동향

소의 이익에 관한 종래의 우리 판례는 대체로 권리회복설(권리구제설)을 취하여 소의 이익을 좁게 해석하였으나, 점차 이를 확대하여 오늘날의 주된 경향은 법률상이익구제설의 입장이라 하겠다.

3) 제3자의 원고적격

취소소송의 원고적격은 당해 처분이나 재결의 직접 상대방이 가지는 것이 원칙이다. 그러나 오늘날 대두되는 행정소송은 환경보호·소비자보호 등에 관한 소송이 보여주는 바와 같이 제3자와 기타 주민 또는 소비자를 이해관계인으로 하게 되었다. 이러한 소송은 경업자소송·인인소송·환경소송·소비자소송·집단소송 등의 형태로 나타난다.

(가) 경업자소송

경업자(경쟁자)소송이란 행정청의 신규업자에 대한 인·허가처분에 대하여 기존업자가 그의 취소를 구하는 소송을 말한다. 허가영업을 경영하는 자 사이에서는 상호경쟁관계에 있더라도, 그로 인하여 불이익을 입은 자에게 원고적격이 인정되지 않는데 대하여 특허기업자 사이에서는 그것이 인정되는 경향이 있다.

판례는 특허기업자가 받은 이익은 법률상 이익이므로 원고적격이 인정되고, 허가영업자가 받은 이익은 단순한 반사적 이익 내지 사실상의 이익이라 하여 원고적격을 부인하고 있다. 원고적격이 인정된 예로는 ① 기존영업자의 신규영업자에 대한 선박운항

사업면허취소소송(대판 1969.12.30, 69누106), ② 자동차운송사업의 노선연장허가취소소송(대판 1974.4.9, 73누173), ③ 기존 시외버스에 대한 시내버스로의 전환을 허용하는 사업계획의 가처분의 취소소송(대판 1987.9.22, 85누985), ④ 화물자동차증차인가취소소송(대판 1992.7.10, 91누9107), ⑤ 광구의 증구허가취소소송(대판 1982.7.27, 81누271), ⑥ 약종상영업이전허가취소소송(대판 1988.6.14, 87누873), ⑦ 하천부지점용허가취소소송(대판 1993.10.8, 93누5017) 등이 있으며, 원고적격이 없다고 한 판례는 ① 기존업자가 제기한 신규업자에 대한 공중목욕장영업허가취소소송(대판 1963.8.22, 63누97), ② 석탄가공업허가취소소송(대판 1990.7.22, 80누33, 34), ③ 양곡가공업허가의 취소소송(대판 1981.1.27, 79누433) 등이 있다.

(나) 인인(이웃)소송

인인(이웃)소송이란 제3자에 대한 수익처분에 의하여 불이익을 받은 인근주민이 그 수익처분의 취소를 구하는 소송을 말한다. 우리 대법원이 인정한 판례로는 ① 주거지역 내의 위법한 연탄공장건축허가취소소송에서 도시계획법과 건축법의 규정취지에서 볼 때 주거지역 내에서 일정한 건축을 금지·제한하고 있는 것은 공공복리의 증진을 도모함과 동시에 주거지역 내에 거주하는 주민의 주거의 안정과 생활환경을 보호하는데도 그 목적이 있으므로 주민이 받는 주거의 안정과 생활환경의 보호이익은 단순한 반사적 이익이나 사실상의 이익이 아니라 법률에 의하여 보호되는 이익이라 판시 했으며(대판 1975.5.13, 73누96, 97), ② 인근주민이 제기한 자동차LPG충전소 설치허가처분의 취소소송에서도 동일한 판결을 내린 바 있으며(대판 1983.7.12, 83누59), ③ 제3자에게 도시계획결정처분의 취소를 구할 법률상 이익이 있다(대판 1995.9.26, 94누14544)고 하였다. 한편, 대법원이 부정한 판례로는 ① 인근 공장주들이 제기한 고압가스충전 및 주입시설 설치허가취소소송, ② 인접한 주택의 소유자들이 자신의 사생활과 일조권의 침해를 이유로 신축건물의 준공처분의 무효확인을 구하는 소송 등이 있다.

[판례]

:「처분의 무효등확인소송이나 취소소송은 처분의 무효등확인이나 취소를 구할 법률상 이익이 있는 자만이 제기할 수 있다고 할 것인데, 건축관련법규는 준공처분과 관련하여 인접주택 소유자의 권리에 대하여 특별한 규정을 두고 있지 아니 하고 … 신축한 건물이 무단증평, 이격거리위반, 베란다돌출, 무단구조변경 등 건축법에 위반하여 시공됨으로써 인접주택 소유자의 사생활과 일조권을 침해하고 있다고 하더라도, 인접건물 소유자들로서는 위 건물 준공처분의 무효확인이나 취소를 구할 법률상 이익이 없다」(대판 1993.11.9, 93누13988).

(다) 환경소송

인인소송보다 폭넓게 쾌적한 생활환경의 유지를 위하여 주민 일반에게 인정되는 소송형태로서, 전술한 경업자소송이나 인인소송이 주로 특정 개인의 경제상 또는 재산상의 이익보호가 문제로 되고 있는데 반하여, 환경소송은 주민일반에게 공통되는 집단적 내지는 생활적 이익의 보호를 문제삼고 있다. 대법원은 인근 주민이 제기한 연탄공장건축허가처분의 취소소송(대판 1975.5.13, 73누96, 97)에 있어서의 인용판결 이후 원고적격의 확대화 경향을 모색하고 있다. 즉, 공설화장장설치토지의 인근 주민들(299명)이 오염되지 않는 양질의 급수를 받을 이익이 침해되었다고 주장하여 부산시를 피고로 제기한 공설화장장설치처분의 취소를 구하는 행정소송에서 공설화장장주변에 거주하는 주민의 안녕과 생활환경적 이익을 법이 보호하는 이익으로 고양시키는 등 그 원고적격을 확대화 한 공설화장장설치결정처분에 대한 취소소송(대판 1995.9.26, 94누14544)을 비롯하여, 환경영향평가대상사업의 변경승인 및 허가처분취소소송(대판 1998.4.24, 97누3286), 원자로 및 관계시설의 부지사전승인처분취소소송(대판 1998.9.4, 97누19588) 등이 있다.

(라) 소비자소송

소비자가 물품이나 용역의 이용으로 인하여 피해를 입은 때에는 한국소비자분쟁조정위원회의 조정신청과 법원에의 민사소송으로 구제 받게 되지만, 행정처분으로 인한 소비자의 피해에 대한 별도의 소비자소송제도는 실정법상 따로 인정되지 않고 있다. 대법원은 폐교처분의 취소소송 등에서 원고적격을 인정한 바가 있다(대판 1994.4.28, 94두30).

(2) 협의의 소익(권리보호의 필요)

1) 의의

협의의 소익이라 함은 '분쟁을 재판에 의하여 해결할 만한 현실적 필요성'을 의미하는데, 일명 권리보호의 필요라고도 하며, 협의의 소익만을 '소익' 또는 '소의 이익'이라고 부름이 보통이다.

2) 관계규정

행정소송법 제12조 후단은 「처분등의 효과가 기간의 경과, 처분등의 집행 그 밖의 사유로 인하여 소멸된 뒤에도 그 처분등의 취소로 인하여 회복되는 법률상 이익이 있는 자의 경우에는 또한 같다」라고 규정하고 있는바, 동 규정은 비록 '원고적격'이라는 제목하에 있지만, 엄격한 의미의 원고적격에 관한 것이 아니고 협의의 소익에 관한 것으로 보아야 한다.

2. 피고

(1) 처분청 등

취소소송은 다른 법률에 특별한 규정이 없는 한 그 처분등을 행한 행정청을 피고로 한다(제13조). 처분등의 효과가 귀속하는 권리주체인 국가 또는 공공단체가 피고로 되는 것이 원칙이지만, 취소소송에 있어서는 소송수행의 편의상 국가 또는 공공단체의 기관인 당해 행정청을 피고로 하고 있다.

1) 처분등을 행한 행정청의 의의

여기에서 행정청이라고 함은 국가 또는 공공단체의 기관으로서 국가 또는 공공단체의 의사를 결정하여 외부에 대하여 결정·표시할 수 있는 권한, 즉 처분권한을 가진 기관을 말한다. 따라서 그것은 행정조직법상의 행정청의 개념과 반드시 부합되는 것은 아니다. 처분등을 행한 행정청이란 원처분을 행한 행정청과 재결청을 의미한다(제2조 제1항). 다만 재결에 대한 취소소송은 재결 자체에 고유한 위법이 있음을 이유로 하는 경우에만 가능하다(제19조).

2) 권한의 위임·위탁의 경우

행정청의 권한이 위임·위탁된 경우에는 그 권한을 받아 처분을 행한 수임청이 피고가 된다. 행정소송법은 동법을 적용함에 있어서는 '법령에 의하여 행정권한의 위임 또는 위탁을 받은 행정기관·공공단체 및 그 기관 또는 사인' 등이 행정청에 포함됨을 명시하고 있다(제2조 제2항). 권한의 대리나 내부위임의 경우는 권한의 이전을 가져오는 것은 아니며, 그 처분권한을 가지는 원행정청의 이름으로 처분등을 행하는 것이므로 원행정청이 처분행정청으로서 피고가 된다. 그러나 판례는 권한위임의 경우와 동일하게 다루고 있다.

3) 타법에 특별규정이 있는 경우

법률에 특별한 규정이 있는 경우에는 처분등을 행하지 않은 행정기관도 피고가 된다. 이에 해당하는 예로서는 ① 내동령이 처분청인 경우에는 법률에 특칙이 있다. 즉 국가공무원, 교육공무원, 외무공무원, 경찰공무원과 국가소방공무원에 대한 징계 기타 불이익처분의 처분청이 대통령인 때에는 각각 소속장관이 피고가 된다. ② 대법원장이 행한 처분에 대한 행정소송의 피고는 법원행정처장으로 한다(법원조직법 제70조).

(2) 권한승계와 기관폐지의 경우

처분등이 있은 뒤에 그 처분등에 관계되는 권한이 다른 행정청에 승계된 때에는 이를 승계한 행정청이 피고로 된다(제13조 제1항 단서). 또한 처분이나 재결을 한 행정청이 없게 된 때에는 그 처분등에 관한 사무가 귀속되는 국가 또는 공공단체가 피고가 된다(제13조 제2항).

(3) 피고의 경정(更正)

피고의 경정이란 소송의 계속 중에 피고로 지정된 자를 다른 자로 변경하는 것을 말한다. 피고를 잘못 지정하여 제소한 경우에 피고적격을 그르친 위법한 소라 하여 각하하게 되면, 원고가 뒤에 피고적격을 가지는 정당한 피고를 상대로 다시 항고소송을 제기하려고 해도 제소기간의 도과 등의 사유로 그것이 불가능해질 수도 있다. 그러므로 행정소송법은 피고의 지정을 그르침으로 인한 원고의 불측의 손해를 막기 위하여 피고경정의 제도를 규정해 놓고 있다(제14조 제1항).

이러한 결정이 있는 때에는 새로운 피고에 대한 소송은 처음에 소를 제기한 때에 제기된 것으로 보며, 종전의 피고에 대한 소송은 취하된 것으로 본다(제4항·5항).

(4) 공동소송

수인의 청구 또는 수인에 대한 청구가 처분등의 취소청구와 관련되는 청구인 경우에 한하여 그 수인이 공동소송인이 될 수 있다(제15조). 이와 같이 행정소송법은 관련청구소송에 관하여 주관적 병합을 인정하고 있다. 공동소송의 형태에 관하여는 민사소송법의 관련 규정(동법 제61조~제64조)이 준용된다고 볼 것이다.

3. 소송참가

(1) 소송참가의 의의

소송참가란 소송의 계속 중에 제3자가 타인 사이의 소송의 결과에 따라 자기의 법률상의 이익에 영향을 미치게 될 경우 자기의 법률상의 지위를 보호하기 위하여 그 계속중인 소송에 참가하는 것을 말한다.

(2) 제3자의 소송참가

1) 제도의 취지

소송의 결과에 이해관계가 있는 제3자는 신청이나 직권에 의한 결정으로써 당해 소송에 참가할 수 있다(제16조 제1항). 이는 실질적인 당사자로서의 지위를 가지게 되는 제3자로 하여금 소송에 있어 공격·방어방법을 제출할 기회를 제공하며, 적정한 심리·재판을 실현함과 동시에 제3자에 의한 재심청구(제31조)를 미연에 방지하기 위한 것이라고 하겠다.

2) 참가의 요건

(가) 타인의 취소소송의 계속

제3자의 소송참가가 인정되기 위해서는 소가 적법하게 제기되어 계속되고 있어야 한다.

(나) 소송의 결과에 따라 권익침해를 받을 제3자의 존재

제3자의 소송참가가 인정되기 위해서는 '소송의 결과에 따라 권리 또는 이익의 침해를 받을 제3자'일 것이 요구되는 바, 여기에서 '제3자'란 소송당사자 이외의 자를 말하는 것으로서 국가 및 공공단체도 이에 포함될 수 있다. 그러나 행정청은 그 자체로서 당사자능력이 없으므로 '제3자'에 해당되지 않는다. 또한 소송의 결과에 따라 '침해될 권리 또는 이익'은 법률상 이익을 가리키며 반사적 이익이나 단순한 사실상의 이익은 그에 해당되지 않는 것으로 본다.

3) 참가의 절차

제3자의 소송참가는 제도의 취지에 비추어 보아 직권소송참가(강제참가)가 원칙일 것이나, 그 성질상 참가신청의 방식에 대하여는 행정소송법에 특별한 규정이 없으므로 민사소송법 제66조가 준용된다(동법 제8조 제2항 참조).

4) 참가인의 지위

참가인은 피참가인과 필수적 공동소송에서의 공동소송인에 준한 지위에 선다. 다만, 당사자에 대하여 독자적인 청구를 하는 것은 아니므로 그 성질은 공동소송적 보조참가와 비슷하다는 것이 우리나라의 통설이다.

(3) 행정청의 소송참가

1) 제도의 취지

법원은 다른 행정청의 소송참가는 처분청 또는 재결청 이외의 관계행정청이 직접 소송에 참여하여 공격·방어방법을 제출케 함으로써 적정한 심리·재판을 도모할 수 있도록 행정청의 소송참가제도를 둔 것이다(제17조).

2) 참가의 요건

(가) 타인간의 취소소송의 계속

행정청의 소송참가도 소송참가의 일종인 것이므로, 타인의 취소소송이 계속되어 있을 것을 필요로 한다.

(나) 다른 행정청일 것

'다른 행정청'이라고 함은 피고인 행정청 이외의 행정청이면 모두 이에 해당하는 것이 아니고, 계쟁처분이나 재결에 관계 있는 행정청에 한정된다고 보아야 한다.

(다) 참가의 필요성

행정청의 소송참가자는 법원이 '참가시킬 필요가 있다고 인정할 때'에 당사자나 당해 행정청의 신청 또는 직권에 의하여 결정으로써 하게 된다.

3) 참가의 절차

행정청의 소송참가는 당사자 또는 참가를 희망하는 당해 행정청의 신청이나 법원의 직권에 의하여 결정으로 하는 것이나, 그 결정을 하고자 할 때에는 미리 당사자 및 당해 행정청의 의견을 들어야 하며(제17조 제2항), 그 결정에 대하여는 불복할 수 없다고 본다.

4) 참가행정청의 지위

참가행정청은 보조참가자에 준한 지위에 선다. 참가행정청은 소송정도에 따라서 할 수 없는 것은 예외로 하고 공격·방어·이의·상소 기타 일체의 소송행위를 할 수 있다. 그러나 피참가인의 소송행위와 저촉되는 소송행위는 할 수 없으며, 설사 한다고 하더라도 무효이다(제17조 제3항, 민사소송법 제70조).

Ⅴ. 취소소송의 제기

1. 개설

행정소송에 있어서도 '소 없으면 재판 없다'는 민사소송상의 원칙이 그대로 적용된다. 그러나 취소소송의 경우에는 다른 항고소송이나 당사자소송에서는 볼 수 없는 절차상의 특수성이 인정되고 있는데, 제기요건에 관한 특칙 외에도 관련청구소송의 병합, 소의 변경, 소제기의 효과에 관한 특수한 문제가 있다.

2. 소송요건

소송요건이라 함은 소송을 제기하여 그 청구의 당부에 관한 법원의 본안판결을 구하기 위한 요건을 말한다. 소송요건을 갖추지 않은 소는 부적법하게 되어 법원은 판결로써 소를 각하한다. 취소소송의 소송요건은 크게 형식적 요건과 실체적 요건으로 나누어진다.

취소소송의 형식적 요건으로서 중요한 것은 ① 소장, ② 관할법원, ③ 피고적격, ④ 전심절차, ⑤ 제소기간 등이며, 실체적 요건은 소의 이익이다. 소의 이익은 보통 ① 원고적격의 문제, ② 권리보호의 자격 또는 청구대상의 적격의 문제, ③ 권리보호의 필요의 문제를 말한다.

3. 전심절차(예외적 행정심판전치주의)

(1) 의의

행정소송법은 「취소소송은 법령의 규정에 의하여 당해 처분에 대한 행정심판을 제기할 수 있는 경우에도 이를 거치지 아니하고 제기할 수 있다. 다만 법률에 당해 처분에 대한 행정심판의 재결을 거치지 아니하면 취소소송을 제기할 수 없다는 규정이 있는 때에는 그러하지 아니하다」(제18조 제1항)고 하여 원칙적으로 임의적 전치주의를 채택하고, 예외적으로 각 개별법률에서 정하는 경우에만 행정심판전치주의를 채택하였다.

(2) 예외적 행정심판전치주의에 대한 예외

행정심판전치주의를 모든 경우에 일률적으로 적용하는 경우에는 국민의 권리구제의 면에서 폐단이 있을 수 있으므로 여러 가지 예외를 인정하고 있다. 현행 행정소송법 제18조는 ① 행정심판은 제기하되 재결을 기다릴 것 없이 행정소송을 제기할 수 있는 때와, ② 행정심판의 제기 자체를 요하지 아니하는 때로 대별하여 규정하고 있다.

1) 행정심판의 재결을 거칠 필요가 없는 경우(제18조 제2항)

① 행정심판의 청구가 있은 날로부터 60일이 지나도 재결이 없는 때

② 처분의 집행 또는 절차의 속행으로 생길 중대한 손해를 예방하여야 할 긴급한 필요가 있는 때

③ 법령의 규정에 의한 행정심판기관이 의결 또는 재결을 하지 못할 사유가 있는 때

④ 그 밖의 정당한 사유가 있는 때

2) 행정심판을 거칠 필요가 없는 경우(제18조 제3항)

① 동종사건에 관하여 이미 행정심판의 기각재결이 있은 때

② 서로 내용상 관련되는 처분 또는 같은 목적을 위하여 단계적으로 진행되는 처분 중 어느 하나가 이미 행정심판의 재결을 거친 때

③ 행정청이 사실심의 변론종결 후 소송의 대상인 처분을 변경하여 당해 변경된 처분에 관하여 소를 제기하는 때

④ 처분을 행한 행정청이 행정심판을 거칠 필요가 없다고 잘못 알린 때

4. 제소기간

(1) 행정심판의 재결을 거쳐 행정소송을 제기하는 경우

이 경우에는 행정심판의 재결서의 정본을 송달 받은 날로부터 90일(불변기간), 재결이 있은날로부터 1년을 경과하면 소를 제기할 수 없다.

(2) 행정심판을 제기하지 아니하거나 그 재결을 거치지 아니하는 경우

취소소송은 처분등이 있음을 안날로부터 90일, 처분등이 있은 날로부터 1년이내에 제기하여야 한다. 이 두 기간은 선택적인 것이 아니라, 그 중 어느 하나라도 도과하면 제소기간이 만료된다.

5. 취소소송의 대상

(1) 개설

행정소송법은 '취소소송의 대상'에 관하여 「취소소송은 처분등을 대상으로 한다. 다만 재결취소소송의 경우에는 재결자체에 고유한 위법이 있음을 이유로 하는 경우에 한한다」(제19조)라고 규정하고 있다. 여기서 '처분등'이란 행정청이 행하는 구체적 사실에 관한 법집행으로서의 공권력의 행사 또는 그 거부와 그밖에 이에 준하는 행정작

용 및 행정심판에 대한 재결을 말한다(제2조 제1항).

(2) 처분

1) 처분의 의의

행정소송법은 처분등에 관하여 「처분등 이라함은 행정청이 행하는 구체적 사실에 관한 법집행으로서의 공권력의 행사 또는 그 거부와 그 밖에 이에 준하는 행정작용 및 행정심판에 대한 재결을 말한다」(제2조 제1항 1호)라고 정의하고 있다. 이러한 의미의 행정소송법상의 처분개념이 학문적 의미의 행정행위와 같은 것인가 아닌가 하는 점이 큰 논란의 대상이 되고 있다.

(가) 실체법상 개념설(일원설)

이 설은 먼저 실체법적으로 행정행위의 개념을 정의해 놓고 그 정의에 해당하는 행정청의 행위만을 행정처분이라고 보는 입장이다. 이 설은 종래의 행정국가적 통설로서 여기에서 말하는 행정처분은 공권력성·사건의 성숙성을 가져야 하며 일정한 법적 효과를 가지는 이른바 공정력을 가진 행정행위에 대하여만 취소소송의 대상으로서의 처분성을 인정하고 있다.

(나) 쟁송법상 개념설(이원설)

이 설은 취소소송의 기능이 권익구제에 있음을 중시하여 행정처분의 개념을 실체적 행정행위와는 별개의 관념으로 파악하는 입장으로서 행정에의 의존이 대폭 확대된 현대행정국가에서는 행정활동의 형식이 다양하므로 국민의 권리구제의 견지에서 학문상의 행정행위가 아닌 국가작용도 항고소송의 대상으로 삼아야 한다는 견해이다. 이 설에서는 항고소송의 대상인 처분은 행정행위에 한정되지 아니하고, 그 외에도 권력적 사실행위도 이에 포함되고, 또한 공권력행사로서의 실체는 가지지 아니하나, 실질적으로 국민에게 계속적으로 사실상의 지배력을 미치는 행정작용에 대하여도 일정한도에서 그 처분성을 인정할 수 있는 여지가 있다고 본다. 이것이 현재의 다수설이다.

2) 처분등의 범위

(가) 사실행위

취소소송의 대상으로서의 처분의 뜻을 밝히고 그 범위를 가려내는 작업과 관련하여 이른바 '공권력행사로서의 사실행위' 및 그에 준하는 사실행위가 그에 해당하는가하는 것이 문제가 된다. 이른바 권력적 사실행위는 '수인하명'이라는 처분과 비법적사실행위(물리적 행위)가 결합된것(합성행위)으로 볼 수 있으며, 전자가 취소소송의 대상이 된다고 볼 수 있다.

(나) 거부처분

거부처분이란 개인이 행정청에 대하여 일정한 처분을 신청한 경우에 그 신청에 따르는 처분을 거부하는 것을 말한다. 거부처분이 취소소송의 대상이 됨은 행정소송법이 거부처분을 처분의 일종으로 규정하고 있는 점(제2조), 거부처분의 취소판결의 기속력(제30조 제2항), 거부처분취소판결의 간접강제(제34조)에 관한 규정 등에 비추어 명백하다.

(다) 무효인 처분

이론상 무효인 처분은 취소소송의 대상이 될 수 없으며, 다만 무효등확인소송의 대상이 될 수 있을 뿐이다. 그러나 무효인 행위인지, 취소할 수 있는 행위에 해당하는지가 분명치 않은 행위는 일단 취소소송의 대상이 될 수도 있다.

(라) 일반처분

일반처분은 행정청의 '일반적 · 구체적 규율'이라고 표시할 수 있는바, 이는 원칙적으로 처분성이 인정되지 아니한다. 그러나 행정청이 우월적인 의사의 발동을 내포하고 또한 대외적으로 영향력을 가진 최종적인 국가의사의 표시행위이기만 하면 그 형식이 일반처분 내지는 법령형식의 행위일지라도 취소소송의 대상으로서의 적격성이 인정된다.

(마) 예비결정 · 부분허가

예비결정이란 공사전반에 대하여 인 · 허가를 신청하기 전에 행정청이 인 · 허가의 발급을 좌우하는 개개의 문제들(특히 부지선정)에 대하여 그에 관한 신청에 기하여 종국적이며 구속력있게 미리 승인하는 것을 말한다. 부분허가란 당해 시설 일부의 설치 · 운전에 대하여 허가를 발하는 것을 말하는 바, 그것이 여러번에 걸쳐 행하여 짐으로써 당해 시설 전부의 설치 등이 완료되게 한다.

이와 같은 예비결정과 부분허가는 비록 한정된 사항이지만 행정행위로서의 법적효과가 종국적으로 발생한다는 점에서, 양자는 행정행위로서의 실질을 갖는다.

(바) 행정행위의 부관

부담을 제외한 그 밖의 부관에 대하여는 그 자체를 독립한 행정쟁송의 대상으로 볼 수 없다는 것이 다수설과 판례의 태도이다.

(사) 행정입법

일반적·추상적 규율로서의 행정입법에 대하여는 취소소송이 인정되지 않는다. 따라서 취소할 수 있는 명령이란 존재하지 않는다. 다만 행정입법에 의하여 권리가 직접 침해될 경우에 취소소송의 대상이 될 수 있다고 하겠다.

(아) 행정심판의 재결

행정소송법은 원처분주의를 택하기 때문에 행정심판의 재결을 거쳐 취소소송을 제기하는 경우에도 취소소송의 대상은 원칙적으로 재결이 아니라 원처분이다. 그리하여 행정소송법은 재결 자체에 고유한 위법이 있음을 이유로 하는 경우에 한하여 예외적으로 재결이 취소소송의 대상이 될 수 있다는 것을 규정하고 있다(제19조).

(자) 처분성 인정여부에 관한 판례

(a) 처분성이 인정된 경우

① 지가공시(개별지가공시및표준지가고시)

② 경기도 두밀분교폐지에 관한 조례

③ 지방의회의장에 대한 불신임의결

④ 소속장관의 변상명령

⑤ 감사원의 재심의결정

⑥ 대집행계고

⑦ 도시계획결정

⑧ 국유재산사용료의 부과처분

⑨ 주택건설사업계획승인

⑩ 입찰자격제한조치

⑪ 단수처분

⑫ 직접 국민의 구체적 권리나 법적 이익에 영향을 미치는 조례

⑬ 국립교육대학 학생에 대한 퇴학처분

⑭ 제3자효를 수반하는 행정행위에 대한 인용재결

⑮ 국유재산의 무단점유자에 대한 변상금부과처분
⑯ 지방의회의 의장선거
⑰ 행정재산사용수익허가취소
⑱ 소멸등록된 실용신안권회복신청거부
⑲ 환지등기의 등기촉탁신청 거부행위

(b) 처분성이 부정된 경우
① 행정청간의 국유재산이관협정
② 행정청간의 협의
③ 행정지도
④ 보유처분
⑤ 고충심사결정
⑥ 검찰총장의 재항고기각결정
⑦ 검사의 불기소처분
⑧ 토지대장·가옥대장에의 등재
⑨ 운전면허행정처분처리대장상의 벌점의 배점
⑩ 지적공부의 복구신청을 거부하는 행위
⑪ 어업면허의 우선순위결정
⑫ 추첨에 의한 운수사업면허대상자 선정행위에서의 추첨
⑬ 도로교통법 제118조에 의한 경찰서장의 통고처분
⑭ 공정거래위원회의 고발조치 및 고발의결
⑮ 내신성적 산정기준에 관한 시행지침
⑯ 상수원보호구역지정통보
⑰ 대학교원에 대한 임용권자의 재임용제외 결정
⑱ 토지형질변경허가신청 반려처분(현재는 처분성 인정)
⑲ 환지계획
⑳ 의료보호진료비 심사결과 통지

Ⅵ. 소(訴)의 변경

1. 의의

소의 변경이란 소송중에 원고가 심판의 대상인 청구를 변경하는 것을 말하며, 청구의 변경이라고도 한다. 일반적으로 소의 변경에는 ① 종래의 청구를 철회하고 새로운 청구를 제기하는 교환적 변경과 ② 종래의 청구는 그대로 두고 거기에 별개의 새로운 청구를 추가하는 추가적 변경이 있다.

2. 행정소송법상의 소의 변경

행정소송법은 소의 변경에 특별한 규정을 두고 있는바, 제21조의 규정에 의한 소의 종류의 변경과 제22조의 규정에 의한 처분변경에 따르는 소의 변경이 그것이다.

(1) 소의 종류의 변경

1) 의의

법원은 취소소송을 당해 처분등에 관계되는 사무가 귀속하는 국가 또는 공공단체에 대한 당사자소송 또는 취소소송외의 항고소송으로 변경하는 것이 상당하다고 인정할 때에는 청구의 기초에 변경이 없는 한 사실심의 변론종결시까지 원고의 신청에 의하여 결정으로서 소의 변경을 허가할 수 있다(제21조).

2) 요건

① 취소소송이 계속되고 있을 것

② 사실심의 변론종결시 까지 원고의 신청이 없을 것

③ 취소소송을 '당해 처분등에 관계되는 사무가 귀속하는 국가 또는 공공단체에 대한 당사자소송 또는 취소소송외의 항고소송'으로 변경하는 것일 것

④ 청구의 기초에 변경이 없을 것

⑤ 법원이 상당하다고 인정하여 허가결정을 할 것

⑥ 법원은 소의 변경을 허가함에 있어 피고를 달리하게 될 때에는 새로이 피고로 될 자의 의견을 들어야 한다.

3) 효과

소의 변경을 허가하는 결정이 있게 되면 새로운 소는 변경된 소를 처음에 제기한 때에 제기된 것으로 보며, 변경된 구소(舊訴)는 취하된 것으로 본다(제21조 제4항).

4) 소변경의 허가결정에 대한 불복

법원의 소변경 허가결정에 대하여 즉시항고를 할 수 있으며, 소변경의 불허결정에

대하여는 민사소송법상의 특별항고 내지 별소(別訴)의 제기가 가능하다.

(2) 처분변경으로 인한 소의 변경

1) 의의

행정청이 소송의 대상인 처분을 소가 제기된 후 변경할 때에 원고가 법원의 허가를 얻어 청구의 취지 또는 원인을 변경하는 경우가 이에 해당한다(제21조 제4항).

2) 요건

처분변경으로 인한 소의 변경도 소변경에 해당하므로 소변경의 일반에서 요구되는 요건인 ① 변경될 소가 계속하고, ② 사실심의 변론종결 전일것이 요구되며, ③ 원고가 당해 처분에 변경이 있음을 안 날로부터 60일 이내에 소의 변경신청을 하여야 하며(제22조 제2항), ④ 법원의 허가결정이 있어야 한다.

3) 효과

소의 변경을 허가하는 결정이 있으면 신소는 구소가 제기된 때에 제기된 것으로 보며, 구소는 취하된 것으로 본다.

(3) 행정소송법상의 기타의 소의 변경

1) 무효등확인소송 · 부작위위법확인소송의 변경

행정소송법 제21조의 규정은 무효등확인소송이나 부작위위법확인소송을 취소소송 또는 당사자소송으로 변경하는 경우에 준용한다(제37조).

2) 당사자소송의 변경

행정소송법 제21조의 규정은 당사자소송을 항고소송으로 변경하는 경우에 준용한다(제42조).

Ⅶ. 소제기의 효과

취소소송이 제기되면 절차법적 및 실체법적 효과가 발생한다. ① 절차법적 효과로서 청구에 대한 소송의 계속상태가 발생하는 바, 중복제소가 금지되고, 소송참가의 기회가 생기게 되며(제16조 · 제17조), 관련청구의 이송이 인정되고(제10조 제1항), 처분

등의 집행정지결정이 가능하게(제23조)된다. 그리고 ② 실체법적 효과로서는 법률상의 기간(제척기간)준수의 효과(제20조)가 발생한다.

Ⅷ. 취소소송과 가구제(집행정지)

1. 개설

위법한 행정처분에 의하여 권리·이익이 침해되었다고 판단되는 경우에 행정소송을 제기하여 그 처분의 취소를 청구하여도 확정판결이 있기까지는 상당한 시일이 요하게 된다. 그 결과 분쟁의 대상이 되고 있는 법률관계의 내용이 실현되어 버린다면 소송에 승소하더라도 그 구제의 목적에 달성하기 어려운 때가 있을 수 있다. 이러한 사태를 방지하기 위해서는 판결이 확정되기까지 잠정적으로 원고의 권리를 보전하여 승소판결이 원고의 권리구제에 직접연결될 수 있는 조치를 도모하여야 하는 것이다. 이러한 요청에 부응하는 것이 가구제제도이다.

2. 현행법상의 가구제

(1) 집행부정지의 원칙

행정소송법은 「취소소송의 제기는 처분등의 효력이나 그 집행 또는 절차의 속행에 영향을 주지 아니한다」(제23조 제1항)라고 규정하여 집행부정지의 원칙을 채택하고 있다. 항고소송의 가구제 제도로서 집행부정지의 원칙을 취하는가(한국, 일본, 프랑스 등), 집행정지의 원칙을 취하는가(독일 등)는 입법정책의 문제로 볼 수 있다.

(2) 집행정지

취소소송이 제기된 경우에 처분등이나 그 집행 또는 절차의 속행으로 인하여 생길 회복하기 어려운 손해를 예방하기 위하여 긴급한 필요가 있다고 인정할 때에는 본안이 계속되고 있는 법원은 당사자의 신청 또는 직권에 의하여 처분등의 효력이나 그 집행 또는 절차의 속행의 전부 또는 일부의 정지를 결정할 수 있으며(제23조 제2항), 이는 본안소송이 무효등확인소송인 경우에도 준용된다(제38조 제1항).

1) 집행정지의 요건

행정소송법 제23조에 의한 집행정지의 요건은 적극적 요건과 소극적 요건으로 나눌 수 있다.

(가) 적극적 요건

(a) 적법한 본안소송의 계속

집행정지는 민사소송법상의 가처분이 본안소송제기 전에 보전수단으로서 신청될 수 있는 것과는 달리 본안소송이 법원에 계속되어 있을 것을 요건으로 한다. 행정소송법 제23조 제2항이 '취소소송이 제기된 경우에' '본안이 계속되고 있는 법원'이라고 규정하고 있음은 이를 나타낸다.

(b) 처분등의 존재

처분등이 존재해야 한다. 따라서 처분등이 효력을 발생하기 전에는 그의 정지를 할 수 없음은 말할 것도 없거니와 부작위인 경우나 처분등이 그의 목적을 달성하여 소멸한 후에는 원칙적으로 집행정지의 실익이 없다고 보아야 한다. 따라서 집행정지가 허용될 수 있는 본안소송은 취소소송과 무효등확인소송이며, 부작위위법확인소송은 제외된다.

(c) 회복하기 어려운 손해예방의 필요

회복하기 어려운 손해를 예방하기 위하여 필요한 경우에만 인정된다. 여기에서 '회복하기 어려운 손해'란 사회통념상 금전보상이나 원상회복이 어렵다고 인정되는 손해를 의미하는바, 이는 금전보상이 불능인 경우뿐만 아니라 금전보상으로는 사회관념상 행정처분을 받은 당사자가 참고견딜 수 없거나 현저히 곤란한 경우의 유형·무형의 손해를 말한다.

(d) 긴급한 필요

집행정지는 손해발생가능성이 절박하여 본안판결을 기다릴 만한 시간적인 여유가 없는 경우에만 허용될 수 있다. 여기에서 '긴급한 필요'란 집행정지의 필요성이 절박하다는 것, 즉 회복하기 어려운 손해의 발생이 절박하여 본안판결을 기다릴 여유가 없음을 의미한다.

(e) 본안청구가 이유있을 것

본안청구가 이유있을 것을 집행정지의 적극적 요건의 하나로 추가하는 견해도 있으며, 판례도 집행정지의 요건에 포함시키는 사례가 있다.

[판례] - 본안에 이유없음이 명백한 경우 집행정지 불가

: 「…효력정지나 집행정지는 신청인이 본안소송에서 승소판결을 받을 때까지 그 지위를 보호함과 동시에 후에 받을 승소판결을 무의미하게 하는 것을 방지하려는 것이어서 본안소송에서 처분의 취소가능성이 없음에도 처분의 효력이나 집행의 정지를 인정한다는 것은 제도의 취지에 반하므로 효력정지나 집행정지사건 자체에 의하여도 신청인의 본안청구가 이유없음이 명백하지 않아야 한다는 것도 효력정지나 집행정지의 요건에 포함시켜야 한다」(대판 1997.4.28, 96두75).

(나) 소극적 요건

소극적 요건은 집행정지결정을 위하여 존재하여서는 아니 되는 요건을 말한다. 즉 처분의 집행정지가 공공복리에 중대한 영향을 미칠 우려가 있고, 그것이 신청인이 입을 손해를 희생시켜서라도 옹호 할 만한 것이라고 인정되는 때에는 집행정지는 할 수 없는 바, 「집행정지는 공공복리에 중대한 영향을 미칠 우려가 있는 경우에는 허용되지 아니한다」(제23조 제3항)의 규정은 곧 그 뜻이다.

2) 집행정지의 절차

집행정지는 법원의 결정으로 이루어지는데, 법원의 집행정지결정은 직권이나 당사자의 신청에 의하여 본안이 계속된 법원이 행한다

3) 집행정지의 결정

(가) 정지의 대상

집행정지의 대상은 ① 처분등의 효력, ② 처분등의 집행, ③ 절차의 속행이다. 여기서 집행정지는 주로 침익적 처분을 대상으로 하며, 모든 행정처분이 집행정지의 대상이 되는 것은 아니다. 따라서 다음의 것이 문제되고 있다.

(a) 거부처분

거부처분이 그의 대상이 되느냐 하는 것이다. 이에 대해서는 부인하는 것이 일반적인 태도이다. 법원도 국립대학의 불합격처분에 관하여 당해 처분을 집행정지하더라도 이로 인하여 소관 행정청에 입학을 명하는 것이 되는 것이 아니고 또한 당연히 입학이 되는 것도 아니므로, 집행정지의 대상이 되지 않는다고 판시한 바 있다(대결 1963.6.26, 62두9).

(b) 행정행위의 부관

행정행위의 부관이 집행정지의 대상이 되는가 하는 것이 문제된다. 부담과 같은 부관은 그 자체가 독립한 행정행위로서의 성질을 가짐을 이유로 일반적으로 긍정시 된다.

(c) 이중효과적 행정행위

이중효과적 행정행위에 있어서도 가구제의 필요성은 충분히 있다고 볼 수 있다. 예컨대 우리 판례상 문제된 바 있듯이, 인접주민이 이웃에 건설되는 연탄공장이나 LPG 충전소의 건설·설치를 저지할 목적으로 관련 행정행위의 취소를 청구한 경우에 있어서, 그들의 공장이나 충전소가 완공되어 기정사실화 되기 전에 가구제를 위한 조치를 취할 필요성은 충분히 있다고 보여진다.

(나) 집행정지의 내용

집행정지결정은 본안소송이 종결될 때까지의 가구제절차인 점에 비추어, 처분등의 효력이나 그 집행 또는 절차의 속행의 전부 또는 일부를 정지하는 것을 그 내용으로 한다. 다만, 처분의 효력정지는 처분등의 집행 또는 절차의 속행을 정지함으로써 목적을 달성할 수 있는 경우에는 허용되지 아니한다(제23조 제2항 단서).

(다) 집행정지의 효력

(a) 형성력

처분등의 효력정지는 행정행위의 공정력을 바탕으로 한 당해 처분등의 구속력을 일응 정지시킴으로써 당해 행정처분등이 없었던 것과 같은 상태를 실현시키는 것이므로 그 범위 안에서 형성력을 가진다고 볼 수 있다.

(b) 당사자 및 관계행정청에 대한 기속력

집행정지결정의 효력이 당사자 즉 신청인과 피신청인에 미친다는 것은 당연하다. 또한 판결의 효력에 준하여 관계행정청에 대하여도 효력이 미친다.

(c) 제3자에 대한 효력

집행정지결정 및 집행정지의 취소결정의 효력은 제3자에 대하여도 미친다(제29조 제2항).

(d) 시간적 효력

집행정지결정의 효력은 당해 결정의 주문에 정하여진 시기까지 존속하는 것이나, 결정의 주문에 시기에 관하여 특별한 규정이 없는 때에는 본안판결이 확정될 때까지 존속하는 것이다.

(3) 집행정지결정의 취소

집행정지결정이 확정된 후 집행정지가 공공복리에 중대한 영향을 미치거나 그 정지사유가 없어진 때에는 당해 집행정지결정을 한 법원은 당사자의 신청 또는 직권에 의하여 결정으로써 집행정지의 결정을 취소할 수 있다(제24조 제1항). 당사자가 집행정지결정의 취소를 신청하는 때에는 그 사유를 소명하여야 하며(제24조 제2항), 공공복리에 대하여 미칠 영향의 중대성은 관계인의 사익과 비교형량을 통하여 개별적·구체적으로 판단할 문제이다.

(4) 집행정지 등 결정에의 불복

법원의 집행정지의 결정이나 집행정지신청기각의 결정 또는 집행정지결정의 취소결정에 대하여는 즉시항고할 수 있다. 다만, 그러한 즉시항고는 그 즉시항고의 대상인 결정의 집행을 정지하지 아니한다(제23조 제5항·제24조 제2항).

3. 가처분

(1) 가처분의 의의

가처분이란 금전이외의 특정한 급부를 목적으로 하는 청구권의 집행보전을 도모하거나 쟁의있는 권리관계에 관하여 임시의 지위를 정함을 목적으로 하는 가구제(보전처분)제도를 말한다.

(2) 민사소송법상의 가처분규정의 준용여부

현행 행정소송법은 가처분적 성질을 가지는 처분등의 집행정지에 대하여 규정하고 있을 뿐(제23조 제2항), 가처분제도에 관해서는 아무런 규정도 하지 않고 있다. 행정소송법 제18조 제2항은 「행정소송에 관하여 이 법에 특별한 규정이 없는 사항에 대하여는 법원조직법과 민사소송법의 규정을 준용한다」라고 규정함으로써 민사소송법상의 가처분이 행정소송법에 타당한 지의 여부를 둘러싼 논쟁의 여지를 남기고 있는 바, 이에 대하여 소극설과 적극설이 대립하고 있다.

1) 소극설

소극설의 주된 논거는 권력분립주의에서 오는 사법권의 한계와 처분등의 집행정지에 관하여 규정한 행정소송법 제23조 제2항에서 찾는 것이 보통이다. 즉 법원은 구체적인 사건에 대하여 법적용의 보장적 기능을 가지므로 행정처분의 위법여부는 판단할 수 있으나, 그 판단에 앞서 행정처분에 대한 가처분을 하는 것은 사법의 범위를 벗어나는 것이라고 한다. 또한 제도적으로 볼 때, 처분등의 집행정지에 관하여 규정한 행정소송법 제23조 제2항은 민사소송법상의 가처분에 대한 특별규정이기 때문에 민사소송법상의 규정은 준용될 수 없다고 한다. 종래의 판례는 소극설의 입장이다.

2) 적극설

적극설은 행정소송법은 위법한 행정작용에 대한 국민의 권익구제를 목적으로 함과 동시에 법치행정주의의 확보를 도모하려는 것으로서, 현행헌법(제27조 제1항)상 사법작용의 범주에 속하는 것임은 의문의 여지가 없으며, 가처분 등의 가구제는 본안판결의 실효성을 확보하기 위한 것이므로 가구제조치를 취하여 개인의 권익구제를 도모하는 것은 당연히 사법권의 내용에 속하는 것으로 본다. 또한 행정소송법은 가처분에 관하여 아무런 규정도 두고 있지 않으므로 동법 제8조 제2항에 따라 민사소송법상의 가처분규정을 준용할 수 있다고 한다.

Ⅸ. 취소소송의 심리

행정소송의 심리는 원칙적으로 민사소송법의 규정에 의한 민사소송의 심리절차에 준하게 되어 있으므로 행정소송에 있어서도 변론주의가 심리의 기본으로 되어 있다. 그러나 행정소송은 민사소송과는 달라서 공익성의 보장이라는 관점에서 변론주의의 보충으로서 직권탐지주의가 도입되어 있다. 즉 행정소송은 공적 행정에 관한 분쟁을 그 대상으로 하기 때문에 소송의 결과에 의하여 영향받는 자의 범위가 광범할 뿐만아니라, 행정소송의 목적이 당사자간의 분쟁의 해결에 그치지 않고, 나아가서 행정전체의 적법성의 보장에도 그 목적이 있는 것이므로 소송자료를 풍부하게 하며, 가능한 한 공정·타당한 해결을 기할 것이 요청된다. 이러한 관점에서 행정소송법은 직권탐지주의를 취하여 민사소송에 대한 특례를 인정하고 있다.

1. 심리의 내용

(1) 요건심리

소가 제기되었을 때에 법원은 당해 소가 소송요건을 갖춘 적법한 것인지의 여부를 심사하게 되는 것을 요건심리라 한다. 심리의 결과 행정소송의 제기요건을 구비하지 못한 것이라고 인정할 때에는 부적법한 소로서 원칙적으로 각하된다.

요건심리는 피고의 항변을 기다릴 필요도 없이 법원이 직권으로 조사할 사항이다. 소송요건 가운데 소장의 기재사항에 결함이 있는 때에는 재판관은 상당한 기간을 정하고 보정을 명해야 할 것이다. 또 원고가 행정소송의 피고인 행정청의 지정을 그릇친 경우에도 곧 각하할 것이 아니라 법원이 석명권을 행사하여 원고로 하여금 피고경정의 신청을 하도록 하여 적법한 소송진행을 하여야 한다(제14조).

(2) 본안심리

본안심리란 법원이 소송요건에 관하여 심리해 본 결과 그 요건을 갖춘 것이라고 인정하면 사건의 본안에 관하여 실질적으로 심사하는 것을 말한다. 본안심리의 결과 청구의 전부 또는 일부를 인용하거나 기각함을 내용으로 하는 판결이 나오게 될 것이다. 본안심리과정이 행정소송의 심리의 본체를 이루는 것이므로 심리의 범위·절차에 관한 문제는 주로 본안심리에 관한 것이다.

2. 심리의 범위

(1) 불고불리의 원칙과 그 예외

불고불리의 원칙이란 '소의 제기가 없으면 재판할 수 없다'는 소송원칙의 하나이다. 행정소송도 소송인 이상 민사소송법의 불고불리의 원칙이 그대로 적용된다. 다만 행정소송은 개인의 권리구제라는 목적 이외에 행정의 공익성보장이라는 목적이 있기 때문에 불고불리의 원칙에 대한 예외가 인정된다. 즉 행정소송법 제26조에서 「법원은 필요하다고 인정할 때에는 직권으로 증거조사를 할 수 있고, 당사자가 주장하지 아니한 사실에 대해서도 판단할 수 있다」는 규정이 그것이다.

(2) 법률문제·사실문제·재량문제의 심리

1) 법률문제·사실문제

행정소송(특히 취소소송)의 심리에 있어서 계쟁의 처분이나 재결에 관련되는 모든 법률문제와 사실문제가 그 심리범위에 포함됨은 당연하다.

2) 재량문제

행정소송법 제27조는「행정청이 재량에 속하는 처분이라도 재량권의 한계를 넘거나 그 남용이 있는 때에는 법원은 이를 취소할 수 있다」고 규정하여 종래의 통설・판례의 취지를 명시하였다. 동조의 규정이 재량에 대한 사법심사의 한계를 표현한 것이지만, 기속재량과 자유재량을 구분하지 않고 있다. 따라서 당・부당에 대해서도 심리할 수 있다는 것이고 그렇게 함으로써만 재량권의 유월・남용까지 심사할 수 있다는 뜻이 담겨져 있다고 하겠다.

3. 심리의 절차

(1) 일반원칙

행정소송의 심리에 있어서도 민사소송의 경우와 같이 소송의 심리에 관한 일반원칙이 적용된다. 다만, 행정소송의 특수성을 감안하여 행정소송법은 몇 가지 특례를 인정하고 있을 뿐이다. 심리에 관한 일반원칙으로서 공개심리주의・구술심리주의・변론주의가 채택되고 있다.

1) 처분권주의

처분권주의는 절차의 개시, 심판의 대상 및 절차의 종결을 당사자의 의사에 일임하는 것을 말하며, 변론주의와 혼동해서는 아니 된다. 즉, 변론주의는 재판의 기초가 되는 소송자료의 수집・제출의 책임을 당사자에게 지우는 것이지만, 처분권주의는 소송물에 대한 처분의 자유를 뜻하는 것으로 양자는 별개의 개념이다.

2) 변론주의

변론주의는 직권탐지주의에 대한 것으로서, 당사자가 수집・제출한 소송자료에 의해 당사자 쌍방이 구술로서 공격・방어하고 법원은 중립적인 위치에서 그들 주장의 진부(眞否)를 판단하게 된다.

3) 공개심리주의

공개심리주의는 근대입헌국가의 사법제도상의 기본원칙의 하나로서 재판에 있어서 심리과정을 공개함으로써 그 공정성을 보장하고 사법에 대한 국민의 신뢰를 유지하고 허위진술・허위증언을 방지하는데 그 목적이 있다.

4) 구술심리주의

구술심리주의는 서면주의에 대한 것으로 심리에 있어 당사자 및 법원의 소송행위, 특히 변론 및 증거조사를 구술로 행하는 원칙이다. 구술심리에 의하여 진술로부터 받는 인상이 선명하여 사건의 진상파악이 쉽고, 의문점이 있는 때에는 석명에 의해 쉽게 해명될 수 있다.

5) 쌍방심문주의

쌍방심문주의는 소송의 심리에 있어 당사자 쌍방에게 주장을 진술할 기회를 평등하게 부여하는 것을 말한다. 이는 당사자대등의 원칙 또는 무기대등의 원칙이라고도 한다.

(2) 행정소송의 심리절차에 있어서의 특수성

1) 직권탐지주의의 가미

행정소송에 있어서 변론주의와 불고불리의 원칙이 적용되지만, 행정소송의 공익성에 비추어 심리절차상의 특례가 인정되고 있는 바, 행정소송법은 제26조에서 「법원은 필요하다고 인정할 때에는 직권으로 증거조사를 할 수 있고 당사자가 주장하지 아니한 사실에 대하여서도 판단할 수 있다」라고 규정하여 직권탐지주의를 가미하고 있다.

2) 행정심판기록제출명령제도

행정소송법은 당사자의 신청이 있는 때에는 법원은 결정에 의하여 재판을 행한 행정청에 대하여 행정심판에 관한 기록의 제출을 명할 수 있도록 하였다(제25조 제1항). 법원으로부터 제출명령을 받은 행정청은 지체없이 당해 행정심판에 대한 기록을 법원에 제출하도록 하여(제2항) 행정심판기록제출명령제도를 채택하고 있다.

4. 주장책임과 입증책임에 있어서의 특수성

(1) 주장책임

주장책임이란 변론주의 하에서 당사자가 자기에게 유리한 주요사실을 주장하지 않으면 그 사실이 없는 것으로 취급받게 되는 불이익을 말한다. 행정소송법은 항고소송이나 당사자소송을 불문하고 당사자가 주장하지 아니한 사실에 대해서도 법원의 판단을 인정하는 직권탐지주의를 가미하여 특례를 인정하고 있으므로 주장책임에 대한 예외를 인정한 것으로 볼 수 있다.

(2) 입증책임

1) 입증책임의 의의

입증책임이란 요건사실의 존부가 불분명한 경우에 불리한 법적 판단을 받게 되는 일방당사자의 불이익 내지 위험을 말한다. 입증책임분배의 문제는 민사소송에서와 마찬가지로 행정소송에서도 문제가 된다.

2) 분배문제

(가) 원고책임설(원고부채설)

행정처분의 공정력을 이유로 입증책임은 그 위법을 주장하는 원고측에 있다고 한다. 취소소송에 있어서 입증책임이 원고에게 있다는 것이 행정소송의 민사소송에 대한 특수성으로 간주되었다. 원고가 위법원인인 사실에 대한 입증을 못하면 그 행정처분이 적법한 것으로 처리되기 때문에 그로 인해 받게 되는 불이익은 원고가 지게 된다는 것이다.

(나) 피고책임설

법치행정의 원리에서 볼 때 행정청은 행정행위의 적법성을 스스로 담보하지 않으면 아니 되기 때문에 그가 행한 행정행위의 적법사유에 대해서는 언제든지 입증책임을 지지 않으면 아니 된다고 하는 견해이다.

(다) 입증책임분배설(일반원칙설 · 법률요건분류설)

행정행위의 공정력과 입증책임의 소재와는 법적 관련이 없기 때문에 취소소송에도 민사소송법상의 입증책임분배의 원칙이 적용되어야 한다는 것이다. 이 설에 의하면 행정소송에 있어서도 각 당사자는 자기에게 유리한 요건사실의 존재에 대하여 입증책임을 하여야 하고, 그 권리를 부인하는 상대방은 권리장애 · 권리멸각 · 권리저지규정에 해당하는 요건사실을 입증해야 한다. 이 견해는 오늘날 다수설 및 판례의 입장이다.

(라) 독자분배설(특수성인정설)

최근 민사법규와 행정법규의 이질성 · 법치행정의 원리 · 헌법상의 개인의 자유의 우월성 등의 이유를 들어 행정소송에 있어서의 입증책임은 독자적으로 결정 · 분배되어야 한다는 견해가 유력하게 대두되고 있다. 이 견해들의 내용은 ① 국민의 자유를 제한하거나 의무를 부과하는 행정행위에 대한 취소소송에서는 행정주체가 그 행위의 합법성에 대한 입증책임을 지며, ② 행정객체가 행정주체에 대하여 그의 권리 또는 이익을 확장하기 위하여 소송을 제기한 경우에는 그 요건사실에 대하여 원고가 입증책임을 지며, ③ 행정청의 자유재량행위에 관한 재량권의 일탈·위법을 이유로 한 취소소송에서는 원고가 그 위법사유에 대한 입증책임을 진다.

5. 위법판단의 기준시

항고소송에 있어서 소송의 대상인 처분의 위법성을 어느 시점의 법규와 상태를 기준으로 판단하여야 하는 지가 문제된다. 이에 관해서는 ① 처분등의 위법판단의 기준시는 원칙적으로 판결시의 법령 및 사실상태라고 하는 판결시설과 ② 처분당시의 법령 및 사실을 기준으로 판단하여야 한다고 하는 처분시설이 대립되고 있다. 후자가 오늘날의 판례 및 통설의 입장이다. 단 부작위위법확인소송의 경우에는 부작위의 위법여부는 판결시의 사실 및 법상태를 기초로 하여 판단하여야 한다.

X. 취소소송의 판결(취소소송의 종료)

1. 판결의 의의

취소소송의 판결이란 법원이 원칙적으로 변론을 거쳐서 구체적인 행정소송사건에 대한 법적 판단을 선언하는 행위를 말한다.

2. 판결의 종류

(1) 종국판결과 중간판결

소송절차에 대한 관계에서 본 분류로 종국판결은 행정소송의 전부나 일부를 종료시키는 판결이며, 중간판결은 종국판결을 하기 전에 소송의 진행중에 생긴 쟁점을 해결하기 위한 확인적 성질의 판결을 말하는데, 피고의 항변을 이유없다고 판결하는 것은 그 예이다.

(2) 소송판결과 본안판결

종국판결은 다시 소송판결과 본안판결로 구분된다. 소송판결이란 소송요건(행정심판전치주의·당사자 적격·관할권 등)을 결하고 있는 경우에 이를 부적법한 것으로 각하하는 것을 말한다. 각하의 판결은 소송대상인 처분의 적법성을 확정하는 것이 아니므로, 다시 소송요건을 갖추어 소를 제기하면 법원은 이를 심리·판단하여야 한다. 본안판결은 행정소송에 의한 청구의 당부에 대한 판결로서 청구내용의 전부 또는 일부를 기각하거나 인용하는 것을 내용으로 하는 판결을 말한다.

(3) 전부판결과 일부판결

종국판결은 그 판결의 범위에 따라 전부판결과 일부판결으로 나눌 수 있다. 전부판결이란 당해 사건의 전부에 대하여 동시에 재판하는 것을 말하고, 일부판결이란 동일한 소송절차로 계속되어 있는 사건의 일부를 다른 부분으로부터 분리시켜 재판하는 것을 말한다. 일부판결을 한 후에 잔여부분에 대하여 하는 판결을 잔부판결이라고 한다.

(4) 인용판결과 기각판결

본안판결은 내용에 따라 청구인용판결·청구기각판결 및 사정판결이 있다.

1) 인용판결

처분의 취소·변경을 구하는 청구가 이유 있음을 인정하여 그 청구의 전부 또는 일부를 인용하는 형성판결을 말한다. 취소판결은 처분의 위법성을 확인하는 효과 외에 처분의 효력을 소멸시키는 의미에서 형성력을 수반함이 원칙이나 취소판결의 형식을 취하면서도 그의 실질은 처분의 위법(무효)등을 확인하는 효과만 가지는 것도 있다.

2) 기각판결

처분의 취소청구가 이유 없다고 하여 원고의 청구를 배척하는 판결을 말한다. 기각판결은 원칙적으로 처분에 원고가 주장하는 바와 같은 위법성이 없는 경우에 행해지지만, 소의 이익이 없는 경우에도 청구기각판결을 하여야 한다고 보는 것이 다수설이다. 다만 예외적으로 청구에 이유가 있는 경우(처분등이 위법인 경우)에도 그 처분등을 취소·변경함이 현저하게 공공복리에 적합하지 않다고 인정되는 경우에는 기각판결을 할 수 있는 바, 다음의 사정판결이 그에 해당한다.

3) 사정판결

(가) 사정판결의 의의

사정판결이란 위에서 설명한 바와 같이 기각판결의 일종으로서 원고의 청구가 이유 있다고 인정하는 경우에도 처분등을 취소하는 것이 현저히 공공복리에 적합하지 아니하다고 인정하는 때에는 법원이 원고의 청구를 기각하는 판결을 말한다(제28조 제1항).

(나) 사정판결의 근거

처분이 위법하여 취소되어야 함에도 불구하고 그대로 효력을 유지하게 함은 법치주의에 반하는 것임에도 불구하고 이를 인정하는 것은 처분의 효력을 취소함으로써 보호하고자 하는 사익보다 처분의 효력을 유지함으로써 보호하고자 하는 공익이 현저히 크기 때문이라 하겠다.

(다) 사정판결의 요건

사정판결을 하기 위해서는 ① 처분등에 관한 취소소송일 것, ② 원고의 청구가 이유 있다고 인정되어야 할 것, ③ 처분등을 취소하는 것(청구인용판결)이 현저히 공공복리에 적합하지 아니할 것 등이 인정되어야 한다. 원고의 청구가 이유 있음에도 불구하고 당해 처분등을 유지시킨다는 점에서 사정판결은 법치주의에 대하여 예외적인 것이라 할 수 있다. 따라서 개인의 권익구제라는 사익과 공공복리를 비교형량하여 극히 불가피한 경우에 한하여 사정판결을 하여야 한다.

(라) 주장・입증의 책임

사정판결의 필요성은 사정판결제도의 취지에 비추어 처분의 위법성판단과는 달리 판결시를 기준으로 판단하여야 할 것이다. 또한 사정판결의 필요성은 피고인 행정청이 주장・입증하여야 하며, 그러한 주장・입증이 없는 한 판결의 기초로 할 수 없다고 할 것이다. 그러나 판례는 법원이 직권으로 사정판결을 할 수 있음을 긍정하고 있다.

【판례】

: 「…사정판결을 할 필요가 있다고 인정할 때에는 당사자의 명백한 주장이 없는 경우에도 일건 기록에 나타난 사실을 기초로 하여 직권으로 사정판결을 할 수 있다」(대판 1995.7.28, 95누4629).

(마) 사정판결의 효과

사정판결은 청구기각판결인 것이므로 당해 소송의 대상인 처분등이 위법하여 원고의 청구가 이유 있음에도 불구하고 원고의 청구는 기각된다. 사정판결은 계쟁처분등이 적법하다거나 그 위법성이 치유되는 것이 아니라, 공공복리를 위하여 위법성을 가진 채로 그 효력을 지속하는 데 불과하다. 따라서 당해 처분등으로 인하여 손해를 입은 경우의 손해배상청구라든가 당해 처분등을 전제로 한 후속 처분등을 저지하기 위하여 당해 처분등이 위법한 것임을 법적으로 확정할 필요가 있다. 그러한 뜻에서 행정소송법은 「이 경우 법원은 그 판결의 주문에서 그 처분등이 위법함을 명시하여야 한다」(제28조 제1항 후단)라고 하여, 사정판결을 하는 경우 법원은 판결의 주문에서 그 처분등이 위법함을 명시하도록 하였다.

(바) 소송비용

사정판결에 있어서의 소송비용은 원고의 청구가 이유 있음에도 불구하고 원고가 패소한 것이므로, 일반적인 소송비용부담의 예에서와는 달리 피고가 부담한다(제32조).

(사) 적용범위

사정판결은 취소소송에서만 인정되며, 무효등확인소송 및 부작위위법확인소송에서는 인정되지 않는다.

(아) 원고의 권리구제 및 불복

사정판결은 처분이 위법함에도 불구하고 기성의 공공복리상태를 유지하기 위하여 계쟁처분의 효력만을 지속시키는 데 지나지 아니하므로 원고가 당해 처분으로 인하여 입은 권익침해는 사정판결에 영향을 받지 않고 당연히 그리고 가능한 당해 사정판결과 동시에 구제되어야 한다. 행정소송법 제28조 제3항이 「원고는 피고인 행정청이 속하는 국가 또는 공공단체를 상대로 손해배상, 방제시설의 설치 그밖에 적당한 구제방법의 청구를 당해 취소소송 등이 계속된 법원에 병합하여 제기할 수 있다」라고 하여 특별한 규정을 둔 것도 그러한 이유라 하겠다.

사정판결도 일반적인 기각판결과 본질상 동일하므로, 사정판결에 대하여 패소자인 원고는 상고할 수 있다.

3. 판결의 효력

취소소송의 판결의 효력에 대하여 행정소송법은 기속력(구속력)만을 규정하고 있을 뿐, 기타의 효력 즉 자박력, 확정력, 형성력등에 대해서는 규정하고 있지 않다. 그러나 행정소송 또한 재판인 이상 그들 효력은 취소소송의 판결에도 당연히 인정된다 할 것이다.

(1) 자박력(불가변력)

행정소송에 있어서도 판결이 일단 선고되면 선고법원 자신은 이를 취소·변경할 수 없는 기속을 받게 되는 바, 이를 판결의 자박력, 구속력 또는 불가변력이라고 부른다.

(2) 형식적 확정력(불가쟁력)

취소소송의 판결에 대하여 불복이 있는 자는 상소를 통하여 그의 효력을 다툴 수 있으나, 상소기간의 경과나 기타의 사유로 상소할 수 없는 때에 판결은 형식적 확정력을 발생한다. 이 형식적 확정은 판결내용과는 무관하지만, 판결의 내용적 효력의 발생요건이 된다.

(3) 실질적 확정력(기판력)

1) 의의

기판력이라 함은 소송물(청구)에 관하여 법원이 행한 판단내용이 확정되면, 이후 동일사항이 문제된 경우에 있어 당사자(승계인포함)는 그에 반하는 주장을 하여 다투는 것이 허용되지 아니하며, 법원도 그와 모순·저촉되는 판단을 해서는 안 되는 구속력을 말한다.

2) 범위

(가) 주관적 범위

기판력은 원칙적으로 당해 소송의 당사자 및 당사자와 동일시 할 수 있는 자에게만 미치고, 제3자에게는 미치지 않는 것이 원칙이다. 다만, 취소소송에 있어서는 편의상 권리주체인 국가·공공단체가 아닌 처분행정청을 피고로 하기 때문에 그 판결의 기판력은 피고인 처분행정청이 속하는 국가나 공공단체에도 미친다고 보고 있다.

(나) 객관적 범위

행정소송의 기판력도 민사소송의 경우와 마찬가지로 판결의 주문에 표시된 소송물에 관한 판단에 대해서만 발생하는 것이 원칙이다. 따라서 판결이유 중에서 설시된 사실인정, 선결적 법률관계, 항변 그리고 법률적 성질결정에 대하여는 기판력이 미치지 않는 것이 원칙이다.

(다) 시간적 범위

기판력은 사실심변론종결시를 기준으로 하여 발생한다. 그 이유는 당사자는 사실심의 변론종결시까지 소송자료를 제출할 수 있고 종국판결도 그때까지 소송에 제출된 자료를 기초로 한 결과이기 때문이다.

(4) 형성력

1) 의의

판결의 형성력이란 일반적으로 판결의 취지에 따라 법률관계의 발생·변경·소멸을 가져오는 효력을 말한다. 처분이나 재결을 취소하는 취지의 판결이 확정되면 취소된 처분이나 재결의 효력은 처분청의 별도의 행위를 기다릴 것 없이 처분의 효력은 소구하여 소멸하여 처분이 없었던 것과 같은 상태로 된다. 이는 취소판결이 가지는 형성력의 효과인 것이다. 예컨대 파면처분을 받은 공무원은 그 취소판결이 있으면 소급하여 공무원의 신분을 회복하게 되는 것이다.

2) 취소판결의 제3자효(대세효)

취소판결의 형성력이 제3자에게도 미치는가, 아니면 당사자사이에서만 발생하는가에 대하여는 종래 다툼이 있었으나, 현행 행정소송법 제29조 제1항은 「처분등을 취소하는 확정판결은 제3자에 대하여도 효력이 있다」라고 하여 처분취소판결의 제3자에 대한 구속력을 명문화하였다. 취소판결의 형성력의 주관적 범위가 제3자에게도 미치는 것을 가리켜 판결의 제3자효 또는 대세효라고 부른다. 그러나 이러한 경우에는 소외의 제3자(복효적 행정처분의 상대방)의 권리가 부당하게 침해될 우려가 있으므로 행정소송법은 제3자의 소송참가(제16조) 및 제3자의 재심청구(제31조)의 규정을 두고 있다.

(5) 기속력

1) 의의

확정판결은 당사자인 행정청과 관계행정청이 판결의 취지에 따라 행동해야 하는 실체법적 의무를 발생시키는 효력을 가지는 바, 이를 판결의 기속력 또는 구속력이라고도 한다. 행정소송법은 「처분등을 취소하는 확정판결은 그 사건에 관하여 당사자인 행정청과 그 밖의 관계행정청을 기속한다」(제30조 제1항)고 규정하고 있다.

2) 성질

기속력의 성질에 관하여는 기판력의 일종으로 보는 견해(기판력설)와 행정소송의 판결의 효과를 보장하기 위하여 특별히 인정된 효력으로 보는 견해(특수효력설)로 나뉘어져 있으나 후설이 통설이다.

3) 내용

(가) 부작위의무(반복금지효)

취소판결 등 청구를 인용하는 판결이 확정되면 행정청(피고인 행정청뿐 아니라 모든 관계행정청)은 동일사실관계 아래에서 동일당사자에 대하여 동일한 내용의 처분등을 반복하지 않아야 하는 실체법상의 의무를 진다(제30조 제1항).

(나) 적극적 처분의무

거부처분의 취소판결이나 부작위위법확인소송의 확인판결이 확정되면, 당해 거부처분의 행정청 또는 부작위를 행한 행정청은 판결의 취지에 따라 다시 이전의 신청에 대한 처분을 하여야 한다(제30조 제2항). 또한 신청에 따른 처분이 절차의 위법을 이유로 취소된 때에는 처분청은 적법한 절차에 따라 다시 이전의 신청에 대한 처분을 하여야 한다(제30조 제3항).

(다) 결과제거의무

처분의 취소판결이 있게 되면 행정청은 결과적으로 위법이 되는 처분에 의하여 초래된 상태를 제거해야 할 의무를 진다.

4) 범위

기속력이 미치는 주관적 범위는 당사자인 행정청뿐만 아니라, 그 밖의 모든 관계행정청이며(제30조 제1항), 객관적 범위에서는 판결주문 및 그 전제가 된 요건사실의 인정과 효력의 판단에만 미치고, 판결의 결론과 직접 관계가 없는 간접사실의 판단에는 미치지 않는다.

5) 위반의 효과

기속력을 위반 한 행정청의 행위는 위법한 것으로서 무효가 된다.

(6) 집행력(간접강제)

집행력이란 판결 등으로 명한 의무이행을 강제집행절차에 의하여 실현할 수 있는 효력을 말하는 것이 보통이다. 이러한 집행력은 이행판결에 한하여 인정된다. 이에 대하여 광의의 집행력은 강제집행이외의 방법에 의하여 판결의 내용에 적합한 상태를 실현할 수 있는 수단(간접강제)까지도 포함하는데, 이러한 의미의 집행력은 확인판결과 형성판결에도 인정된다.

비록 행정소송법이 의무이행소송을 인정하고 있지 않지만 거부처분취소판결이 확정된 경우의 재처분의무를 규정하고, 행정청이 이 재처분의무를 이행하지 아니하는 경우에 판결의 실효성을 확보하기 위한 수단으로, 민사소송의 경우와 마찬가지로 간접강제제도를 규정하고 있다(제30조 제2항, 제38조 제2항). 즉 「행정청이 제30조 제2항의 규정에 의한 처분을 하지 아니하는 때에는 제1심 수소법원은 당사자의 신청에 의하여 결정으로써 상당한 기간을 정하고 행정청이 그 기간 내에 이행하지 아니하는 때에는 그 지연기간에 따라 일정한 배상을 할 것을 명하거나 즉시 손해배상을 할 것을 명할 수 있다」(제34조 제1항)라는 규정이 그에 해당한다.

Ⅺ. 판결에 의하지 않는 취소소송의 종료

취소소송의 법원은 종국판결에 의하여 종료하는 것이 원칙이나, 원고의 소의 취하 등에 의하여 종료하는 경우도 있다.

1. 소의 취하

소의 취하란 원고가 제기한 소의 전부 또는 일부를 철회하는 법원에 대한 일방적인 의사표시이다. 취소소송은 행정의 적법성 확보를 그 목적의 하나로 하기 때문에 그의 가능성 여부가 문제되지만, 취소소송에도 처분권주의가 지배하므로 이를 부인할 이유는 없다.

2. 청구의 포기 · 인낙(認諾)

청구의 포기란 변론 또는 준비절차에서 원고가 자기의 소송상의 청구가 이유 없음을 자인하는 법원에 대한 일방적 의사표시를 말하며, 청구의 인낙이란 피고가 원고의 소송청구가 이유 있음을 자인하는 법원에 대한 일방적 의사표시를 말한다. 민사소송법은 당사자가 청구의 포기 또는 인낙을 조서에 기재한 때에는 확정판결과 동일한 효력을 발생케 한다(제206조). 단, 인정여부에 관하여는 학설의 다툼이 있다.

3. 소송상의 화해

소송상의 화해란 소송계속 중에 당사자가 소송물인 권리 또는 법률관계에 관한 주장을 서로 양보함으로써 소송을 종료시키는 소송상의 합의를 말하며, 화해의 진술이 유효하다고 인정되면 화해조서에 기재되고 그 기재 내용은 확정판결과 동일한 효력이 있다(민소법 제206조). 이에 관하여 부정하는 것이 다수설의 입장이고, 판례는 제한적 긍정설의 입장을 취한 바가 있다(대판 1995.9.2, 429행상59).

4. 당사자의 소멸

소송물인 권리관계의 승계가 허용되지 아니하는 경우에는 원고가 사망한 때에 소송은 종료된다. 그러나 피고인 행정청이 없게된 때에는 그 처분등에 관한 사무가 귀속되는 국가 또는 공공단체가 피고가 되므로(제13조 제2항) 소송은 종료되지 않는다.

Ⅻ. 상고 및 제3자의 재심청구

1. 상고

상고는 고등법원의 종국판결에 대한 법률심에로의 상소로서, 항소심판결의 당부를 법률적 측면에서 심사하여 줄 것을 구하는 불복신청이다. 상고심의 관할법원은 최고법원인 대법원으로 일원화되어 있다. 행정소송에 관한 상고에 대하여도 민사소송법 중 상고에 관한 규정이 준용되는 바, 취소판결(항소심의 판결)에 불복하는 자는 대법원에 상고할 수 있으며, 그 상고에 관하여는 상고심절차에 관한 특례법(1994.7.27. 법률 4769)이 적용된다(동법 제2조).

2. 제3자의 재심청구

(1) 의의

재심이란 확정된 종국판결에 재심사유에 해당하는 하자가 있는 경우에 판결을 한 법원에 대하여 그 판결의 취소와 사건의 재심사를 구하는 특별한 불복신청방법이다.

(2) 재심청구의 당사자

재심청구의 원고는 취소소송의 인용판결에 의하여 권리 또는 이익의 침해를 받은 제3자'이며, 재심청구의 피고는 확정판결에 나타난 원고와 피고가 함께 공동피고가 된다.

(3) 재심사유

재심사유로는 ① 인용판결이 확정되어 있어야 하며, ② 자기에게 책임없는 사유로 소송에 참가하지 못하였어야 하며, ③ 소송에 참가하지 못함으로써 판결의 결과에 영향을 미칠 공격 또는 방어방법을 제출하지 못한 때이어야 한다.

(4) 재심청구의 기간

제3자에 의한 재심의 청구는 확정판결이 있음을 안 날로부터 30일 이내, 판결이 확정된 날로부터 1년 이내에 제기 하여야 하며, 이 기간은 불변기간이다(제31조 제2·3항).

XIII. 명령·규칙의 위헌·위법판결의 공고

명령·규칙이 대법원의 판결에 의하여 헌법 또는 법률에 위반되는 것이 확정된 경우에는 대법원은 지체없이 그 사유를 행정자치부장관에게 통보하여야 하며, 통보를 받은 행정자치부장관은 지체없이 이를 관보에 개재하여야 한다(제6조 제1항·2항).

XIV. 소송비용

1. 원칙

소송비용은 패소자가 부담함이 원칙이며(민소법 제98조), 원고의 청구의 일부가 인용되었을 때에는 소송비용은 각 소송당사자가 분담한다(동법 제92조).

2. 예외

취소청구가 사정판결에 의하여 기각되거나 행정청이 처분등을 취소 또는 변경함으로 인하여 청구가 각하 또는 기각된 경우에는 소송비용은 피고가 부담한다(행정소송법 제32조).

제2항 무효등확인소송

Ⅰ. 개설

1. 의의

무효등확인소송이란 행정청의 처분 또는 재결의 효력유무 또는 존재여부를 확인하는 소송을 말한다(제4조 제2호). 처분등의 무효확인소송이 이에 관한 전형적 형태라 할 수 있다. 따라서 무효확인소송 이외에 유효확인소송(예, 생활보호대상자결정유효확인소송), 존재확인소송(예, 조세부과취소처분자존재확인소송), 부존재확인소송(예, 징발처분부존재확인소송), 실효확인소송(예, 부동산중개업영업정지처분실효확인소송)을 생각할 수 있는 바, 행정소송법은 무효확인소송을 대표로 하여 무효등확인소송이라고 규정하고 있다.

2. 성질

무효등확인소송의 성질에 관하여 종래에는 당사자소송설(확인소송설), 항고소송설, 준항고소송설로 나누어 진 바 있었으나 현행법은 이를 항고소송의 일종으로 규정하였다. 이것은 무효등확인소송도 공권력발동과 관련된 소송으로 보고 있음을 의미한다.

3. 필요성

처분이 무효인지 아니면 취소할 수 있는 것인지를 식별한다는 것은 쉬운 일이 아니고 무효인 행위도 행위로서의 외관은 존재하므로 행정청에 의하여 집행되어 버릴 우려가 있고 부존재인 행위도 행정청이 존재하는 것으로 오인할 수 있는 등 법률관계가 불안정상태에 있기 때문에 공적 확인을 통하여 이를 제거하여 상대방의 법률상 이익의 침해를 방지할 필요가 있기 때문에 무효등확인소송제도가 인정되고 있는 것이다.

Ⅱ. 재판관할

무효등확인소송의 제1심 관할은 피고의 소재지를 관할하는 행정법원이 된다. 다만 중앙행정기관 또는 그 장이 피고인 경우의 관할법원은 대법원 소재의 행정법원으로 한다(제9조·제38조). 무효등확인소송이 관할권없는 법원에 잘못 제기된 경우에는 원고의 고의나 과실로 인한 경우가 아니면 결정으로 정당한 관할법원에 이송하여야 한다(제8조 제2항·민사소송법 제31조 제1항).

Ⅲ. 당사자

1. 원고적격

행정소송법은 원고적격에 관하여 「무효등확인소송은 처분등의 효력유무 또는 존재여부의 확인을 구할 법률상 이익이 있는 자가 제기할 수 있다」고 규정하여 취소소송에 있어서와 같이 '법률상 이익'이라 하여 원고적격에 아무런 제한을 두지 않고 있다.

2. 피고적격

무효등확인소송도 취소소송과 같이 원칙적으로 처분청을 피고로 한다. 처분청을 피고로 하는 것이 소송제기에 편리하고, 적절한 방어방법을 강구하는데도 합목적적이다(제13조 · 제38조 제1항).

Ⅳ. 소의 제기

1. 소송의 대상

무효등확인소송도 취소소송과 마찬가지로 '처분등' 즉 행정청이 행하는 구체적 사실에 관한 법집행으로서의 공권력의 행사 또는 그 거부와 그밖에 이에 준하는 행정작용 및 행정심판에 대한 재결을 소송대상으로 한다(제19조 · 제38조 제1항). 그리고 처분등이 무효이지만 행정청이 유효로 오인할 만한 행위의 외관은 존재하여야 한다.

2. 필요적 전치주의 및 제소기간

무효등확인소송에는 필요적 전치주의의 적용이 없다(제38조 제1항 · 제18조). 왜냐하면 하자가 중대하고 명백하여 당연무효인 처분의 경우에는 법원의 심사에 앞서 우선 행정청에게 심리 · 판단하게 할 필요가 없기 때문이다. 개별법에서 예외적으로 행정심판전치주의를 규정하고 있는 경우에도 무효등확인소송의 경우에는 그 적용이 없다. 다만 무효선언을 구하는 취소소송의 경우에는 형식이 취소소송이므로 필요적 전치주의의 적용이 있다.

무효 또는 부존재인 처분은 기간의 경과에 의하여 확정될 만한 효력이 없는 처분이라 할 것이므로 무효등확인소송에는 제소기간의 제한이 없다. 다만 무효선언을 구하는 취소소송의 경우에는 취소기간의 제기기간을 준수하여야 한다.

3. 관련청구의 이송 · 병합과 소의 변경

관련청구소송의 이송·병합(제10조) 및 공동소송(제15조)에 관한 규정이 무효등확인소송에도 준용된다(제38조 제1항). 무효등확인소송의 경우에도 처분과 관련되는 분쟁을 한꺼번에 해결하여 심리의 중복과 재판의 모순·저촉을 피함으로써, 소송경제를 기할 필요가 있는 것은 취소소송의 경우와 마찬가지이기 때문이다.

4. 가구제(집행정지결정 및 가처분)

(1) 집행정지결정

집행정지제도는 행정심판의 청구나 행정소송의 제기의 당부에 관한 확정이 있기 전에 처분의 집행을 잠정적으로 정지시키는 제도이다. 무효인 처분에는 집행력이 없다. 그러나 당연무효인 처분이라 하더라도 실제상 확정판결이 있기 이전에는 행정청이 유효한 처분으로 주장하여 강제집행할 가능성이 있기 때문에 이에 대비하기 위해서는 취소소송에서 인정되는 집행정지제도를 무효등확인소송에도 준용하도록 하고 있는 것이다(제38조 제1항·제23조·제24조).

(2) 가처분

현행 행정소송법은 처분등의 집행정지는 규정하고 있으나 가처분에 관해서는 아무런 규정이 없다. 집행정지라고 하는 보전처분만으로써는 목적을 달성할 수 없는 경우가 많이 있으므로 민사소송법상의 가처분에 관한 규정이 취소소송이나 무효등확인소송에도 적용될 수 있는가에 관해서 소극설과 적극설이 대립하고 있다.

V. 소송의 심리

무효등확인소송은 취소소송과 마찬가지로 변론주의를 원칙으로 하나, 보충적으로 직권탐지주의를 채택하고 있다. 그리고 입증책임에 관하여 크게 두 가지의 견해가 있다. 즉 ① 취소소송의 입증책임과 같다는 견해와 ② 취소소송의 경우와는 달리 원고가 입증책임을 진다는 견해로 구분된다.

Ⅵ. 선결문제

1. 의의

행정소송법에서 선결문제라 함은 민사소송에 있어서 본안에 대한 판단의 전제가 되는 처분등의 효력유무 또는 존재여부에 관한 다툼을 말한다. 예컨대 조세부과처분이 무효임을 전제로 한 과오납세금반환소송에서 나타나게 되는 조세부과처분의 효력유무 또는 존재여부에 관한 다툼이나 토지소유권확인을 구하는 민사소송에서 토지수용처분의 무효를 주장하는 것 등이 이에 해당한다.

행정소송법 제11조는 「① 처분등의 효력유무 또는 존재여부가 민사소송의 선결문제로 되어 당해 민사소송의 수소법원이 이를 심리・판단하는 경우에는 제17조・제25조・제26조 및 제33조의 규정을 준용한다. ② 제1항의 경우 당해 수소법원은 그 처분등을 행한 행정청에게 그 선결문제로 된 사실을 통지하여야 한다」고 규정하고 있다.

2. 선결문제의 심판권(관할권)

선결문제에 관한 심리・판단권은 처분등이 무효 또는 부존재인 경우에는 민사법원에 있고, 처분등의 하자가 취소사유에 불과한 경우에는 당해 민사법원도 그 처분등의 공정력에 의한 기속을 받으며, 그 취소・변경은 별도의 행정소송(항고소송)의 절차에 의하여 한다는 것이 종전의 판례의 일반적 경향이었다. 그러나 판례는 국가배상사건의 경우에는 수소법원은 처분등의 하자가 단순위법으로 취소사유에 그치는 경우에도 그 위법을 확인할 수 있다고 한다.

3. 심리절차

처분등의 무효여부 또는 부존재여부를 선결문제로 하여 심리・판단하는 민사법원은 그 소송물을 순수한 민사소송으로서 오직 민사소송절차에 의하여 처리하는 것은 부적당하다. 그 선결문제의 심리・판단은 성격상 무효등확인소송과 유사하다. 따라서 무효등확인소송에 준하여 특별한 취급을 하는 것이 합리적이라 할 것이다. 이러한 관점에서 행정소송법도 민사법원의 수소법원이 선결문제를 심리・판단하는 경우에 취소소송에 관한 약간의 규정을 준용하도록 규정하고 있다. 즉 처분청에게 소송참가의 기회를 부여하기 위하여 당해 민사소송의 수소법원은 그 처분을 행한 행정청에게 선결문제로 된 사실을 통지하도록 하고(제11조 제2항), 처분청의 소송참가를 인정하고 있다(제11조 제1항・제17조).

Ⅶ. 판결

1. 위법성판단의 기준시

무효등확인소송에 있어서 무효판단의 기준시는 취소소송에 있어서와 마찬가지로 처분시설이 통설이다.

2. 판결의 제3자효

행정소송법은 무효등확인판결의 제3자에 대한 효력을 인정하고 있다(제29조 · 제31조 제1항). 이에 따라 제3자를 보호하기 위하여 제3자의 소송참가와 재심청구를 인정한다(제16조 · 제31조 · 제38조 제1항).

3. 판결의 기속력

처분의 무효 등을 확인하는 확정판결은 그 사건에 관하여 당사자인 행정청과 그 밖의 관계행정청을 기속한다(제30조 · 제38조 제1항).

4. 소송비용에 관한 재판의 효력

소송비용에 관한 재판이 확정된 때에는 피고 또는 참가인이었던 행정청이 속하는 국가 또는 공공단체에 그 효력이 미친다.

5. 사정판결의 인정여부

무효인 처분의 경우에는 사정판결에 의하여 존속시킬만한 유효한 처분이 없으므로 취소소송의 사정판결에 관한 규정(제28조)이 준용되지 아니 한다. 즉 무효등확인소송에는 사정판결이 인정되지 아니 한다. 판례 역시 같은 입장이다.

제3항 부작위위법확인소송

Ⅰ. 의의 및 성질

1. 의의

부작위위법확인소송은 행정청이 당사자의 신청에 대하여 상당한 기간내에 일정한 처분을 하여야 할 법률상 의무가 있음에도 불구하고 이를 하지 아니한 경우에 법원이 행정청의 부작위가 위법하다는 것을 확인하는 소송을 말한다(제2조 제1항 제2호・제4조 제3호).

2. 성질

부작위위법확인소송은 행정청의 소극적인 태도(부작위)에 의하여 형성된 위법한 법상태의 제거를 목적으로 하는 것이므로 항고소송의 일종이라 하겠고, 행정소송법도 항고소송의 하나로 규정하였다(제4조 제3호). 그러나 행정청의 부작위로 인하여 외부화되고 현실화된 법상태의 위법함을 확인 받으려는 점에서 성질상 확인소송의 일종이다.

Ⅱ. 재판관할

부작위위법확인소송의 재판관할도 취소소송에 관한 규정이 준용되어 제1심관할법원은 피고인 행정청의 소재지를 관할하는 행정법원으로 한다. 다만 중앙행정기관 또는 그 장이 피고인 경우의 관할법원은 대법원 소재지의 행정법원으로 한다(제9조・제38조 제2항).

Ⅲ. 당사자 및 참가자

1. 원고적격

행정소송법 제36조는 「부작위위법소송은 처분의 신청을 한 자로서 부작위의 위법의 확인을 구할 법률상 이익이 있는 자만이 제기할 수 있다」라고 규정하고 있는바, 여기서 법률상 이익의 의미는 취소소송의 경우와 같다. 그리고 공동소송이 인정되는 것도 취소소송의 경우와 같다(제15조・제38조 제2항).

2. 피고적격

부작위위법확인소송도 행정청의 부작위(처분)의 적부를 다투는 것이므로 부작위의 행정청이 피고로 된다. 행정청을 피고로 하는 것이 소송제기에 편리하고, 적절한 방어방법을 강구하는데도 합목적적이기 때문이다. 피고의 경정에 관한 취소소송의 규정도 준용된다(제38조 제2항).

3. 소송참가

부작위위법확인소송에 있어서도 취소소송에 적용되고 있는 행정청의 소송참가(제17조), 제3자의 소송참가(제16조)에 관한 규정들이 준용된다. 소송참가제도는 실질적 당사자로 볼 수 있는 자가 소송의 국외자로 된 경우에 이들을 참가시켜 소송자료를 풍부하게 하여 실체적 진실을 발견하고 이들에게 판결의 효과를 미치게 할 필요성이 있기 때문에 인정되고 있는 제도이다.

Ⅳ. 소송제기

1. 소송의 대상

부작위위법확인소송의 대상은 행정청의 부작위이다.

(1) 부작위의 의의

부작위란 행정청이 당사자의 신청에 대하여 상당한 기간 내에 일정한 처분을 하여야 할 법률상 의무가 있음에도 불구하고 이를 하지 아니하는 것이다. 행정청의 부작위에 대하여 행정심판을 제기하고 재결청에 의하여 기각재결을 받은 경우 이에 불복하여 그 재결의 취소소송을 제기하는 경우에도 원처분주의를 취하였다(제19조 후단・제38조 제2항).

(2) 부작위의 성립요건

부작위가 성립하기 위한 요건으로 ① 당사자의 신청이 존재하고, ② 행정청이 상당한 기간 내에, ③ 일정한 처분을 하여야 할 법률상 의무가 있음에도 불구하고, ④ 그 처분을 하지 아니할 것이 필요하다. 여기에서 상당한 기간이란 사회통념상 그 신청에 따르는 처분을 하는데 소요되는 기간을 말한다.

2. 제소기간

부작위위법확인소송은 행정심판재결서의 정본의 송달을 받은 날로부터 60일 이내에 제기하여야 하며, 그 기간은 불변기간이다(제20조 제1항・제38조 제2항). 처분이 있음을 전제로 하여 정한 취소소송의 제소기간제한에 관한 규정(처분이 있음을 안 날로부터 180일, 처분이 있은 날로부터 1년)은 부작위위법확인소송의 경우는 처분이 없으므로 준용되지 아니 한다.

3. 관련청구의 이송 · 병합

취소소송에 있어서의 관련청구의 이송 및 병합에 관한 규정(제10조)이 준용된다.

4. 소의 변경

부작위위법확인소송은 청구의 기초에 변경이 없는 한 사실심의 변론종결시까지 법원의 허가를 받아 취소소송이나 당사자소송으로 변경할 수 있다(제21조 · 제37조). 소송계속중에 처분을 행하여 부작위상태가 해소되면 소송의 목적물이 없어지고 소익이 상실된다. 이러한 경우 행정청의 처분에 대하여 불복이 있는 때에는 취소소송으로 변경할 수 있다. 또한 국가배상청구소송으로 변경할 수 있다고 할 것이다.

5. 집행정지 및 가처분

(1) 집행정지

우리 행정소송법상의 집행부정지원칙과 집행정지결정은 처분의 존재를 전제로 하는 것이므로 행정청의 부작위가 계속되는 한 부작위위법확인소송의 경우에는 집행정지는 그 성질상 생각할 수 없다.

(2) 가처분

가처분에 관한 민사소송법의 규정은 부작위위법확인소송에서도 적용될 수 있는지가 문제될 수 있으나 본안소송 자체가 부작위가 위법함을 확인하는데 그치고 적극적인 의무이행소송이 아니므로 당해 처분을 임시로 명할 수 있는 가처분은 허용되지 않는다 할 것이다. 또한 법해석에 있어서도 우리 행정소송법상 집행정지결정에 관한 규정은 민사소송법상의 가처분규정의 적용을 배제하는 것으로 보는 부정설의 입장에서는 가처분은 허용되지 않는다 할 것이다.

Ⅴ. 심리

1. 직권탐지주의의 가미

변론주의를 원칙으로 하나, 보충적으로 직권탐지주의를 가미하고 있다. 즉 행정소송법은 부작위위법확인소송도 소송의 결과가 공공복리와 밀접한 관련이 있으므로 법원이 필요하다고 인정할 때에는 직권으로 증거조사를 할 수 있도록 하였다(제26조 · 제38조 제2항).

2. 행정심판기록의 제출명령

우리 행정소송법은 취소소송에 있어서의 행정심판기록의 제출명령에 관한 규정을 부작위위법확인소송에도 준용하도록 하고 있는 바, 이는 실체적 진실발견의 견지에서는 물론이고 소송자료를 풍부하게 하여 원고의 입증을 용이하게 하려는 것이다.

3. 입증책임

부작위위법확인소송에 있어서 원고가 행정청에 대하여 일정한 처분을 신청한 사실 또는 처분의 신청권이 있다는 것은 원고에게 주장・입증책임이 있다고 볼 것이며, 이에 대하여 원고의 처분신청 후 '상당한 기간'을 경과하게 된 것에 대하여 이를 정당화할 만한 특별한 사유가 존재함을 행정청이 입증하여야 할 책임을 진다 할 것이다.

4. 심리권의 범위

부작위위법확인소송의 심리권이 신청의 실체적 내용에까지 미치는가에 관하여 소극설과 적극설의 대립이 있다. 우리 행정소송법이 의무이행소송을 인정하지 아니하고 확인소송인 부작위위법확인소송만 인정하고 있기 때문에 기능상 의무이행소송으로 운영하여 국민의 권리구제를 온전하게 하려는 점에서는 긍정적인 측면이 있으나, 입법적으로 해결할 일을 법운영의 묘로서 해결해 보려는 것은 무리가 있다 할 것이므로 소극설이 타당하다 하겠다. 판례도 소극설의 입장을 취하고 있다.

Ⅵ. 판결

1. 위법성판단의 기준시

취소소송은 위법성판단의 기준시를 처분시로 하고 있지만, 부작위위법 확인소송은 판결시(구두변론종결시)를 기준으로 판단하여야 한다. 왜냐하면, 법원은 원고가 소를 제기하기 이전에 행해진 행정처분의 위법성을 판단하는 것이 아니라, 원고로부터 신청된 피고의 법률상 의무에 관해 판단하는 것이고 또한, 원고는 과거에 있어서의 사실을 기초로 해서가 아니라 판결시의 그것을 기초로 한 판결을 구하는 것으로 보아야 하기 때문이다.

2. 사정판결의 적용배제

사정판결제도는 행정청의 적극적인 처분이 있는 것을 전제로 하여 공익적 견지에서 위법한 처분이지만, 이를 그대로 유지시키는 제도이기 때문에 아무런 처분이 없는 소극적인 부작위상태의 위법의 확인을 목적으로 하는 부작위위법확인소송에는 사정판결의 적용이 있을 수 없다.

3. 판결의 제3자효

부작위위법확인소송에서의 확정판결은 제3자에게도 효력이 있다(제29조)

4. 판결의 기속력과 간접강제

부작위확인소송에 있어서 인용판결이 있을 때에는 행정청에게 이전의 신청에 대한 처분을 하도록 처분의무를 가하여 확정판결에 기속력의 내용으로써 적극적인 처분의무를 지게 하고, 그 위반에 대한 간접강제제도를 인정하였다(제38조 제2항 · 제30조 · 제34조).

제3관 당사자소송

Ⅰ. 의의

당사자소송이란 공법상의 법률관계에 관하여 의문이나 다툼이 있는 경우에 그 법률관계의 당사자(원고 · 피고)가 그 법률관계에 관하여 다투는 소송을 말한다. 항고소송이 우월적인 행정청의 공권력 행사에 관하여 다투는 소송인데 대하여 당사자소송은 처분등을 원인으로 하는 법률관계 및 공법상의 법률관계에 관하여 다투는 소송이다.

우리 행정소송법은 당사자소송을 「행정청의 처분등을 원인으로 하는 법률관계에 관한 소송 그밖에 공법상의 법률관계에 관한 소송으로서 그 법률관계의 한 쪽 당사자를 피고로 하는 소송」으로 규정하고 있다(제3조 제2호).

Ⅱ. 당사자소송의 종류

1. 실질적 당사자소송

실질적 당사자소송은 당사자 사이의 공법상의 법률관계에 관한 소송으로 행정소송법상 당사자소송이라 함은 보통 이것을 말한다. 그러나 실질적 당사자소송은 소송실무상으로는 거의가 민사소송으로 다루어지고 있다. 실질적 당사자소송은 다시 ① 처분등을 원인으로 하는 법률관계에 관한 소송, ② 기타 공법상의 법률관계에 관한 소송으로 구분된다.

(1) 처분등을 원인으로 하는 법률관계에 관한 소송

이러한 당사자소송의 예로 과세처분의 무효를 전제로 이미 납부한 세금의 반환을 구하는 소송(부당이득반환청구소송), 공무원의 직무상 불법행위로 인한 손해배상청구소송, 공무원의 면직처분의 무효를 전제로 한 공무원 보수·연금청구소송·토지수용 등 적법한 공권력 행사를 원인으로 하는 손실보상청구소송 등을 들 수 있다.

이러한 소송은 처분 그 자체가 아니라 처분으로 인하여 발생한 법률관계를 소송물로 하는 소송이다.

(2) 기타 소송법상의 법률관계에 관한 소송

처분등을 원인으로 하지 아니하고도 발생할 수 있는 공법상의 법률관계에 관한 소송이 이에 해당한다. 즉 ① 공법상의 신분·지위 등의 확인소송, ② 공법상·금전지급청구소송, ③ 공법상 계약에 관한 소송 등이 그 예이다.

1) 공법상의 신분·지위 등의 확인소송

판례는 공무원이나 국·공립학교 학생 또는 국가유공자의 확인을 구하는 소송을 당사자소송으로 보고, 또한 국가와 채용계약에 의하여 일정기간 연구 업무에 종사하는 계약직 공무원이 국가의 일방적 계약해지 통지를 다투는 소송은 그 해지 통지를 공권력적 작용으로 볼 수 없어 항고소송에 의할 수 없고, 지위확인을 구하는 당사자소송에 의한다고 하였다.

2) 공법상 금전지급 청구소송

행정상 손실보상 청구권은 공권이므로, 그 소송은 당사자소송으로 보아야 할 것이나, 판례는 일관되게 사권으로 보고 민사소송으로 다루고 있다. 그러나, '광주민주화운동관련자보상등에관한법률'에 근거하여 관련자 및 유족들이 갖게 되는 보상청구권은 공법상의 권리로 보아 행정소송법 제3조 제2호 소정의 당사자 소송으로 다루었다.

또한, 산업재해보상보험법·고용보험법·공무원연금법·군인연금법·국가유공자예우에관한법률 등 각종 사회보상관세법률은 각 법률에 의한 급부를 받기 위해서는 당사자의 신청과 이에 대한 행정청의 심사를 거친 결정에 의하도록 되어 있어 법령상의 요건에 해당하는 것만으로 바로 구체적인 청구권이 발생하는 것이 아니고 행정청의 인용결정에 의하여 비로소 구체적인 청구권이 발생하도록 되어 있다.

3) 공법상계약에 관한 소송

행정주체간 또는 행정주체와 사인간의 공법상 계약에 관련된 분쟁에 관한 소송은 당사자소송이다. 판례는 국가와의 계약에 의하여 임용된 계약직 공무원의 임면에 관한 분쟁의 소와 서울시립무용단해촉의 무효·확인의 소를 당사자소송으로 보고 있다.

2. 형식적 당사자소송

(1) 의의

이것은 실질적으로는 행정청의 처분등을 다투는 소송이면서 형식적으로는 행정청을 피고로 하지 않고, 그 대신 처분등으로 인하여 형성된 법률관계를 다투기 위해 그 법률관계의 일방당사자를 피고로 하여 제기하는 소송을 말한다. 이 소송은 현실적으로 당사자가 다투고자 하는 분쟁의 내용을 중시하여 이러한 분쟁의 실질적인 이해관계자만을 소송당사자로 하고 행정청을 배제함으로써 신속한 권리구제를 도모하고 소송절차를 간소화하려는 데에 그 필요성이 있다고 할 수 있다.

(2) 인정가능성

이러한 형식적 당사자소송이 우리의 법제상 일반적으로 인정될 수 있는지 문제되고 있다. 이에 관해서는 부정설과 긍정설이 대립하고 있다.

1) 부정설

부정설의 입장에서는 개별법의 규정이 없으면 형식적 당사자소송은 인정할 수 없다고 한다. 명문의 근거없이 행정행위의 공정력이나 구성요건적 효력에 반하고, 명문규정 없이는 원고·피고의 적격성, 소송제기기간 등 소송요건이 불명확하여 현실적으로 소송을 진행하기 어렵다는 점 등을 이유로 내세우며, 절대다수의 학설로 되어 있다.

2) 긍정설

행정소송법 제3조 제2호에서 「행정청의 처분등을 원인으로 하는 법률관계에 관한 소송…으로서 그 법률관계의 한쪽 당사자를 피고로 하는 소송」이라고 규정하고 있는

바, 이 규정에 형식적 당사자소송이 포함된다고 하고, 아울러 행정소송법상의 행정심판의 제출명령제(제44조 제1항)가 당사자소송에도 준용됨을 근거로 개별법에 근거 없이도 형식적 당사자소송의 제기가 가능한 것으로 보고 있다.

(3) 개별법상의 근거규정

1) 기본적인 경우

형식적 당사자소송의 예로 「통신위원회의 제정 중 당사자가 지급하여야 할 금액에 대하여 불복이 있는 자는 재정문서의 송달을 받은 날로부터 3월 이내에 행정소송으로 그 금액의 증감을 청구할 수 있다… 다른 당사자를 피고로 한다」는 전기통신기본법(제19조 제6항 · 7항)상의 규정에 대한 소송에서 볼 수 있다. 이러한 예는 특허법(제187조 · 제191조) · 의장법(제75조) · 상표법(제86조) 등에서도 나타난다.

2) 공익사업을위한토지등의취득및보상에관한법률의 보상액증감소송

공익사업을위한토지등의취득및보상에관한법률 제85조 제2항은 「제1항의 규정에 따라 제기하고자 하는 행정소송이 보상금의 증감에 관한 소송인 경우 당해 소송을 제기하는 자가 토지소유자 또는 관계인인 때에는 사업시행자를, 사업시행자인 때에는 토지소유자 또는 관계인을 각각 피고로 한다」고 규정하고 있다.

제4관 객관적 소송

Ⅰ. 개설

객관적 소송이란 행정의 적법성보장을 목적으로 하는 소송이다. 이 점에서 개인의 권리구제와 행정의 적법성보장이라는 두 가지 목적을 추구하는 주관적 소송(항고소송 · 당사자소송)과 구별된다. 따라서 특별히 법이 정하는 경우에만 소의 제기가 가능하다.

Ⅱ. 민중소송

민중소송이란 국가 또는 공공단체의 기관이 법률에 위반되는 행위를 한 때에 직접 자기의 법률상 이익과 관계없이 그 시정을 구하기 위하여 제기하는 소송을 말한다(제3조 제3호).

1) 공직선거법상의 민중소송

대통령선거 및 국회의원선거에 있어서 선거의 효력에 관하여 이의가 있는 선거인·정당(후보자를 추천한 정당) 또는 후보자는 당해 선거관리위원회위원장을 피고로 하여 대법원에 소를 제기할 수 있다(공직선거법 제222 제1항).

2) 국민투표법상의 민중소송

국민투표의 효력에 관하여 이의가 있는 투표인은 투표인 10인 이상의 찬성을 얻어, 선거일부터 20일 이내에 대법원에 제소할 수 있다(국민투표법 제92조).

3) 재판관할

대통령선거, 국회의원선거, 시·도지사선거에 관한 선거소송 및 국민투표에 관한 민중소송의 경우에는 대법원이 제1심관할법원이 되며, 지방의회의원선거 및 기초단체장 선거소송의 경우에는 당해 선거구를 관할하는 고등법원이 제1심 관할법원이 된다.

Ⅲ. 기관소송

기관소송이란 국가 또는 공공단체의 기관상호간에 있어서의 권한의 존부 또는 그 행사에 관한 다툼이 있을 때에 이에 대하여 제기하는 소송을 말한다(제3조 제4호). 다만 헌법과 헌법재판소법에 의하여 국가기관상호간의 권한쟁의심판·국가기관과 지방자치단체간의 권한쟁의심판, 그리고 지방자치단체 상호간의 권한쟁의심판은 헌법재판소의 관장사항에 해당하므로(헌법 제11조 제1항 4호, 헌재법 제61조·제62조), 국가기관상호간의 기관소송은 행정소송으로서의 기관소송에서 제외된다 할 것이다(헌재법 부칙 제8조 제2항). 행정소송법 또한 헌법재판소법 제2조의 규정에 의하여 헌법재판소의 관장사항으로 되는 소송은 제외한다(제3조 제4호 단서).

1. 지방자치법상의 기관소송

지방자치법은 지방의회의 의결에 대하여 지방자치단체의 장이 대법원에 제소하는 기관소송을 인정하고 있다. 즉 지방의회의 의결이 법령에 위반되거나 공익을 현저히 해한다고 판단될 때에는 지방자치단체의 장이 지방의회에 이유를 붙여 재의를 요구하여야 하며, 이 경우 재의결된 사항이 법령에 위반된다고 판단되는 때에는 시·도에 대하여는 행정자치부장관의, 시·군 및 자치구에 대하여는 시·도지사의 승인을 얻어 재의결된 날로부터 20일 이내에 대법원에 소를 제기할 수 있다. 이 경우 필요하다고 인정되는 때에는 그 의결의 집행을 정지하게 하는 집행정지결정을 신청할 수 있다(제159조 제3항).

2. 지방교육자치에관한법률상의 기관소송

교육감은 시·도의회 또는 교육위원회의 의결이 법령에 위반되거나 공익을 현저히 저해한다고 판단될 때에는 이를 교육부장관에게 보고하고, 그 의결 사항을 송부받은 날로부터 20일 이내에 이유를 붙여 재의를 요구할 수 있으며, 교육감이 교육부장관으로부터 재의요구를 하도록 요청받은 경우에는 그 시·도의회 또는 교육위원회에 재의를 요구하여야 한다(지방교육자치에관한법률 제31조 제3항).

제 6 편

개별행정작용법

제1장 경찰행정법(질서행정법)

제1절 개 설

Ⅰ. 형식적 의미의 경찰

형식적 의미의 경찰은 제도상의 경찰의 개념을 말하며, 이는 곧 실정법상 보통경찰기관(경찰청장, 지방경찰청장, 해양경찰청장, 경찰서장, 해양경찰서장)의 권한에 속하는 모든 작용을 말한다.

Ⅱ. 실질적 의미의 경찰

1. 의의

실질적 의미의 경찰은 특정한 국가의 실정법질서나 일정한 행정기관의 소관사항과는 관계없이 학문적인 면에서 고찰된 개념이다. 이러한 의미의 경찰은 "사회공공의 안녕과 질서를 유지하기 위하여 일반통치권에 의거하여 기본적으로는 국민에게 명령·강제하는 권력적 작용"으로 정의 될 수 있다.

2. 경찰의 권력적 기초

경찰은 일반통치권에 기초를 둔 작용이다. 즉 경찰권은 국가통치권의 일부로서, 통치권이 직접적으로 사회공공의 안녕과 질서유지를 위하여 사인에게 명령·강제하는 권력으로 발동되는 경우에 그 권력을 경찰권이라고 한다.

Ⅲ. 경찰의 종류

경찰의 종류로는 ① 행정경찰과 사법경찰, ② 보안경찰과 협의의 행정경찰, ③ 예방경찰과 진압경찰, ④ 고등경찰과 보통경찰, ⑤ 평시경찰과 비상경찰, ⑥ 국가경찰과 지방자치단체경찰 등이 있다.

제2절 경찰의 조직

Ⅰ. 보통경찰기관

1. 보통경찰관청

보통경찰관청으로는 ① 경찰청장, ② 지방경찰청장, ③ 경찰서장, ④ 해양경찰청장이 있다.

2. 경찰의결기관 · 협의기관

(1) 경찰위원회

경찰행정에 관한 중요사항을 심의 · 의결하기 위하여 행정자치부에 경찰위원회를 둔다. 위원회는 위원장 1인을 포함한 7人의 위원으로 구성하되, 위원장 및 5人의 위원은 비상임, 1인의 위원은 상임으로 한다. 위원은 행정자치부장관의 제청으로 국무총리를 거쳐 대통령이 임명하며 그 임기는 3년이고 연임할 수 없다.

(2) 치안행정협의회

지방행정과 치안행정의 업무협조 그 밖의 필요한 사항을 협의 · 조정하기 위하여 시 · 도지사 소속하에 치안협의회를 둔다.

3. 보통경찰집행기관

(1) 일반경찰집행기관

일반경찰집행기관은 경찰업무 일반에 관한 집행기관을 말한다. 이러한 경찰집행기관으로는 치안총감 · 치안정감 · 치안감 · 경무관 · 총경 · 경정 · 경감 · 경위 · 경사 · 경장 · 순경 등이 있다.

(2) 특별경찰집행기관

특별경찰집행기관으로는 소방공무원, 전투경찰대, 헌병이 있다.

Ⅱ. 특별경찰기관

1. 협의의 행정경찰기관

협의의 행정경찰이란 다른 주된 행정작용에 부수하여, 그 영역에서 일어나는 안녕·질서에 대한 위해를 방지하는 임무를 담당하고 있는 기관이다. 각 중앙행정기관은 그의 소관사무와 관련되는 범위 안에서 협의의 행정경찰작용을 담당하는 경찰기관이 된다(예, 위생경찰에 관한 보건복지부장관, 철도경찰에 관한 철도청장).

2. 비상경찰기관

비상경찰기관은 보통경찰기관의 힘만으로는 치안을 유지할 수 없는 비상시에 있어서 병력으로써 공안을 유지하는 것이므로, 당연히 군사기관이 비상경찰기관으로 되며, 이에는 계엄사령관·위수사령관을 들 수 있다.

Ⅲ. 청원경찰과 경비업

1. 청원경찰

청원경찰이라 함은 ① 국가기관 또는 공공단체와 그 관리하에 있는 중요시설 또는 사업장, ② 국내주재 외국기관, ③ 기타 행정자치부령으로 정하는 중요시설·사업장 또는 장소의 기관의 장 또는 시설·사업장 등의 경영자가 소요경비(청원경찰비)를 부담할 것을 조건으로 경찰의 배치를 신청하는 경우에 그 기관·시설 또는 사업장등의 경비를 담당하게 하기 위하여 배치하는 경찰을 말한다

2. 경비업

경비업이라고 함은 시설경비업무, 호송경비업무, 신변보호업무에 해당하는 업무(경비업무라 한다)의 전부 또는 일부를 도급 받아 행하는 영업을 말한다(경비업법 제2조).

제3절 경찰권발동의 근거와 한계

Ⅰ. 경찰권발동의 근거

1. 개설

경찰권이라 함은 공공의 안녕과 질서의 유지를 위하여 개인의 자유를 제한하는 법률적·사실적 행위를 할 수 있는 법률상의 힘을 뜻한다. 우리 헌법하에서는 모든 행정작용이 법률에 의하여 수권되고, 또한 헌법과 법률에 의하여 기속될 것이 요청된다. 따라서 경찰권이 경찰작용을 행함에 있어서도, ① 법률에 의한 수권이 있어야 한다. 그 경우, 먼저 조직법에 의한 수권이 필요하며(예, 정부조직법 등), 그에 더하여 작용법에 의한 수권이 필요하다(예, 경찰관직무집행법 등). ② 법률은 단지 경찰작용을 수권함에 그쳐서는 안되고, 더 나아가서 작용법에 의하여 경찰작용을 내용적·절차적으로 기속하는 것이어야 한다.

2. 개괄적 수권조항

경찰법규가 사회공공의 안전과 질서에 위해가 발생하거나 발생할 우려가 있는 경우에 안전의 확보와 질서유지를 위하여 국민 또는 주민에게 명령·강제하여 그 자연적 자유를 제한할 수 있도록 하는 권한을 경찰기관에게 부여하는 일반적인 법적 근거를 둘 때가 있다. 이러한 일반적인 법적 근거를 개괄적 수권조항이라 한다. 개괄조항(일반조항)이라고도 부른다.

Ⅱ. 경찰권발동의 한계

1. 경찰권발동의 소극적 한계

(1) 법규상의 한계

경찰작용은 주로 권력적 명령·강제작용으로서 국민의 권리와 자유를 침해하는 가장 전형적 행정작용인 까닭에 법치행정의 원칙에 따라 법률의 수권에 의해 또는 법규가 허용하는 한도 안에서만 발동되어야 한다.

(2) 조리상의 한계

경찰관직무집행법 제1조 2항은 「이 법에 규정된 경찰관의 직무는 그 직무수행에 필요한 최소한도에서 행사되어야 하며 이를 남용하여서는 아니 된다」라고 규정하여 조리상의 한계를 인정하고 있다고 볼 수 있고, 기타 많은 법률에서 '필요최소한'이라는 재량한계를 인정하고 있다. 경찰권발동을 제약하는 재량한계 내지 조리상의 한계로는 ① 경찰소극목적의 원칙, ② 경찰공공의 원칙, ③ 경찰책임의 원칙, ④ 경찰비례의 원칙, ⑤ 경찰평등의 원칙 등이 있다.

2. 경찰권발동의 적극적 한계

(1) 재량권의 영으로의 수축과 개입의무의 발생

공공의 안녕과 질서에 대한 위험이 존재하는 경우에도 원칙적으로 경찰의 개입의무는 인정되지 아니하며, 경찰의 개입여부는 그의 의무적합적 재량에 달려있다. 따라서 원칙적으로 관련된 개인은 제3자에 대하여 경찰권을 발동해 줄 것을 청구할 권리를 갖지 못하며, 단지 형식적인 주관적 공권으로서의 무하자재량행사청구권만을 갖는다.

(2) 경찰개입청구권

경찰개입청구권이란 경찰행정청의 부작위로 인하여 자신의 권익을 침해당한 자가 당해 경찰행정청에 대하여 경찰권의 발동을 청구할 수 있는 권리를 말한다.

제4절 경찰작용

Ⅰ. 경찰하명

경찰하명은 종래 법령에 의한 하명과 행정행위에 의한 하명을 구별하지 아니하고 경찰하명개념에 포함시켜 "경찰목적을 위하여 일반통치권에 의거하여 개인에게 특정한 작위·부작위·수인 또는 급부의 의무를 명하는 행정행위"로 설명되었다. 그러나 최근에는 경찰하명의 개념을 행정행위에 의한 하명만으로 이해하여 경찰처분의 의미로 파악하는 경향이 있다.

Ⅱ. 경찰명령

경찰명령이란 경찰행정상의 행정목적을 위하여 경찰권이 정립하는 일반적 명령이로서 법규의 성질을 가지는 것을 말한다.

Ⅲ. 경찰처분

경찰처분이란 경찰목적, 즉 사회공공의 안녕질서를 유지하기 위하여 통치권(경찰권)에 의거하여 특정인 또는 불특정 다수인에게 작위·부작위·급부·수인 등의 의무를 부과하거나 허가(운전면허 등)와 같은 수익처분의 취소·정지·거부·부작위 등 불이익을 과하는 행위를 말한다.

경찰처분의 종류로는 작위처분, 부작위처분, 수인처분, 급부처분이 있다.

Ⅳ. 경찰허가

경찰허가란 경찰상의 목적을 위한 일반적 금지를 특정한 경우에 해제함으로써 일정한 행위를 적법하게 행할 수 있도록 자연적 자유를 회복시켜 주는 경찰처분이다.

제5절 경찰행정의 실효성 확보수단

Ⅰ. 경찰강제

경찰강제란 경찰목적인 질서유지를 위하여 개인의 신체·재산·가택에 실력을 가하여 경찰상 필요한 상태를 실현하는 사실상의 작용을 말한다. 따라서 경찰강제는 질서유지와 일반통치권에 의거하여 행하는 권력적 작용이라는 점에서는 경찰하명 및 경찰허가와 같으나, 실력에 의한 사실행위라는 점에서 법률행위인 경찰하명 및 경찰허가와 구별된다. 경찰강제의 종류로는 경찰상 강제집행과 경찰상 즉시강제가 있다(자세한 내용은 행정상 강제부분 참조).

Ⅱ. 경찰벌

경찰벌이란 경찰법상의 의무위반에 대한 제재로서 일반통치권에 의거하여 과하는 벌을 말한다. 경찰벌이 과하여지는 경찰의무위반행위를 경찰범이라 한다. 이러한 경찰벌은 그 처벌의 내용에 따라 형법상의 형벌이 과하여지는 경찰형벌과 과태료가 과하여지는 경찰질서벌이 있다(자세한 내용은 행정벌 참조).

Ⅲ. 경찰상 조사

경찰조사란 경찰상 필요한 정보・자료 등을 수집하기 위한 일체의 경찰작용을 의미한다. 종래에는 이러한 경찰조사를 경찰상 즉시강제에 포함시켜 다루어 왔으나, 오늘날은 이들 자료수집활동을 경찰조사라 하여 경찰상 즉시강제와는 분리하여 파악하는 것이 일반적 경향이다.

제2장 급부행정법

제1절 개 설

Ⅰ. 급부행정의 개념과 종류

1. 급부행정의 개념

급부행정의 이론은 Forsthoff교수가 '급부주체로서의 행정'이라는 저서에서 처음으로 주장한 것으로 알려져 있으며, 그 이론적 체계화는 Wolff교수에 의하여 행해졌다. 일반적으로 인식되고 있는 바를 종합해 보면, 급부행정이란 "국가·공공단체 또는 이들로부터 특허를 받은 사인이, 국민의 이익을, 수익적 활동을 통하여 직접적으로 조성시켜 줌으로써, 사회공공복리를 증진하는 행정활동"을 말한다고 할 수 있다.

2. 급부행정의 종류

급부행정은 보는 관점에 따라 여러 가지로 분류할 수 있으나, 그 임무에 따라 공급행정, 조성행정, 사회보장행정으로 나눌 수 있다. 이에 관하여는 다음 절에서 차례로 검토하기로 한다.

Ⅱ. 급부행정의 기본원리

급부행정의 기본원리로는 ① 사회국가의 원리, ② 합법성(법적합성)의 원칙, ③ 평등의 원칙, ④ 보충성의 원칙, ⑤ 과잉금지의 원칙, ⑥ 신뢰보호의 원칙 등이 있다.

제2절 공급행정

Ⅰ. 공물법

1. 공물의 개념

전통적으로 공물은 "행정주체가 직접 행정목적에 제공한 개개의 유체물"로 정의되고 있다. 이러한 전통적 견해에 따르게 되면 관습법에 의해 성립되는 자연공물, 전기·열·에너지 등과 같은 무체물, 도서관이나 공원처럼 다수의 물건이 집합하여 하나의 집합물로 되는 공공시설 등은 공물개념으로부터 제외된다. 그러나 이런 집합물이야 말로 급부행정의 중심이 되는 공급행정에 있어 중요한 수단이 되고 있는바, 이것이 제외되는 종래의 공물개념은 더 이상 받아들이기 곤란하다. 따라서 공물을 "행정주체에 의하여 직접 행정목적에 제공된 개개의 유체물과 무체물 및 집합물(시설)"로 의미하는 새로운 견해가 타당하다.

2. 공물의 종류

(1) 목적(용도)에 의한 분류

1) 공공용물

공공용물이란 직접적으로 일반공중의 공동이용에 제공된 물건이다. 도로·공원·광장·하천·제방과 그 부속물 등이 이에 해당한다.

2) 공용물

공용물이란 직접적으로 행정주체 자신의 이용에 제공된 물건이다. 관청의 청사·교도소·등대·군 훈련장 등이 이에 해당한다. 국유재산 등은 이를 공용재산이라 한다.

3) 보존공물(공적 보존물)

보존공물이란 일반공물이나 행정주체의 이용에 제공된 것은 아니지만 일정한 행정목적(문화목적·보안목적)을 위하여 물건 그 자체를 보존하기 위한 물건이다. 문화재법상의 문화재·산림법상의 보안림 등이다.

(2) 성립과정에 의한 분류

1) 인공공물

인공공물이란 도로·공원 등과 같이 행정주체가 그에 인공을 가하여 공공용에 제공함으로써 비로소 공물로서의 실체를 갖추게 되는 물건이다.

2) 자연공물

자연공물이란 하천·호수·해변 등과 같이 자연의 상태 그대로 공공목적에 이용될 수 있는 실체를 갖춘 물건이다.

(3) 소유권자에 의한 분류

1) 국유공물

그 물건의 소유권이 국가에 있는 물건으로써, 국유의 도로·항만 등이다. 국유재산법상의 행정재산·보존재산이 이에 속한다.

2) 공유공물

그 물건의 소유권이 지방자치단체에 있는 물건을 말하며, 지방자치단체의 사무용 건물 등이 그 예이다. 지방재정법상의 행정재산·보존재산이 이에 해당한다.

3) 사유공물

사도(사유지상의 도로)나 사유문화재와 같이 소유권이 사인에게 있으나, 행정주체에 의하여 공공목적에 이용되는 물건이다.

(4) 사권의 대상여부에 의한 분류

1) 사권의 목적이 될 수 없는 공물

사권의 목적이 될 수 없는 물건은 대체로 자연공물의 범위와 일치하는바, 해면·하천·호수 등 공유수면이 그 전형적인 예이다.

2) 사권의 목적이 될 수 있는 공물

사권의 목적이 될 수 있는 물건은 대체로 인공공물의 범위와 일치하는 바, 도로·공원 등과 같은 인공공물은 대체로 사권의 목적이 될 수 있다.

(5) 소유권과 관리주체와의 관계에 의한 분류

1) 자유공물

공물관리주체와 소유권자가 일치하는 경우를 자유공물이라 한다. 공물관리주체가 자기소유의 물건을 공물로 지정하는 경우인바, 국가의 관청이 국가소유의 관청건물을 사무실로 사용하는 것 등이다.

2) 타유공물

공물의 관리주체이외의 자가 그 공물의 소유권을 가지고 있는 경우의 공물을 말한다. 즉 공물주체와 그 공물의 소유주체가 다른 경우이다.

3. 공물의 성립과 소멸

(1) 공물의 성립

1) 공공용물의 성립

(가) 자연공물

자연공물은 자연적 상태 그 자체로서 당연히 공물로서의 성질을 가지므로 별도로 행정주체의 의사표시(공용개시행위)를 요하지 아니한다는 것이 통설·판례의 태도이다.

(나) 인공공물

인공공물의 성립에는 인력을 가하여 일반공중이 사용할 수 있는 형태를 갖춘 것이 필요하고(형체적 요소), 행정주체가 일반공중의 이용에 제공한다는 의사표시(의사적 요소)가 필요하다.

2) 공용물의 성립

공용물은 공공용물과는 달라서 행정주체가 직접 자기의 이용에 제공하는 물건이므로 그 성립에는 특별한 의사표시를 요하지 아니하고 공용에 제공할 수 있는 형체를 갖추어 그 이용을 개시함으로써 성립한다.

3) 보존공물(공적보존물)의 성립

보존공물의 성립에는 그 물건을 공적보존물로 지정하는 특별한 법령의 규정 또는 의사표시가 필요하다. 보존공물의 지정은 관보에 고시함과 동시에 그 소유권자 또는 관리자에게 통지하여야 하며 그 고시가 있는 때부터 공용지정의 효력이 발생하도록 되어있다(문화재보호법 제11조).

(2) 예정공물

현재 공용개시되고 있는 것은 아니지만, 장래 공물로 할 것이 예정되어 있는 물건을 말한다. 도로법에 의한 도로예정지(제7조), 하천법에 의한 하천예정지(제9조) 등이 그 예이다.

(3) 공물의 소멸

1) 공공용물의 소멸

(가) 자연공물

자연공물에 있어서는 그 자연적 상태의 영구확정적 멸실에 의하여 당연히 공물로서의 성질을 상실하며, 특별한 의사표시(공용폐지행위)가 필요없다.

(나) 인공공물

인공공물은 공용폐지행위에 의하여 소멸하며, 따라서 형체적 요소가 소멸했다 하더라도 공용폐지의 의사표시는 필요하다.

2) 공용물의 소멸

공용물은 그 형체적 요소의 소멸이나 행정주체가 사실상 그 사용을 폐지함으로써 공물로서의 성질을 상실하며 별도의 공용폐지행위를 요하지 아니한다.

3) 보존공물의 소멸

보존공물이 그 가치나 기능을 상실한 경우에 행정주체가 지정해제의 의사표시에 의하여 공물로서의 성질을 상실한다. 문화재가 그 가치를 상실하거나 기타 공익상의 특별한 사유가 있는 때에 문화재지정을 해제하는 것이 그 대표적 예이다.

4. 공물의 설정법상의 특색

우리 실정법상 공물이 가지는 특색 중에서 공통적인 것을 살펴보면 다음과 같다.

(1) 융통성의 제한

공물은 공적목적에 제공된 물건이므로, 그 한도 내에서 사법상 거래가 제한된다.

이러한 불융통성은 공물이기 때문에 당연히 인정되는 것이 아니고 공공목적 달성에 필요한 한도 안에서 인정되는 것이다.

(2) 강제집행의 제한

공물이 민사소송법에 의한 강제집행의 대상이 될 수 있는지에 대해서는 긍정설과 부정설의 대립이 있다. 그러나 우리 실정법상 국유공물·공유공물에 대하여는 사권설정이 인정되지 아니하기 때문에 강제집행의 대상이 될 수 없고, 결과적으로 사유공물에 대해서만 강제집행의 대상이 될 수 있을 뿐이다. 판례는 사유공물인 별정우체국청사에 대하여 강제집행을 인정하고 있다(대판 1968.1.31, 67다2514).

(3) 취득시효의 제한

사물의 경우 부동산은 20년간(자기소유로 등기한 경우는 10년간), 동산은 10년간 소유권의 의사로 평온·공연하게 점유를 계속해온 경우에는 시효로 인하여 소유권을 취득한다는 민법의 규정(제245조·제246조)이 공물에도 적용되는가에 관하여는 학설이 대립되어 있으나, 판례는 부정설의 입장을 취하고 있다(대판 1983.6.14, 83다카181).

(4) 공용수용의 제한

공물이 공용수용의 대상이 될 수 있는지가 문제되는바, 다수설의 입장은 이를 부정한다. 그러나 예외적으로 '특별히 필요한 경우'에는 공물도 공용수용의 대상이 될 수 있으며, 또한 더 큰 공익을 위해서는 당해 공물에 대하여 공용폐지를 한 후에 수용할 수 있음은 당연하다 하겠다. 판례도 이러한 입장이다.

(5) 공물과 상린관계

공물도 유체물인 이상 원칙적으로 민법상의 상린관계의 적용을 받는다. 그러나 공물의 목적을 원활하게 달성하기 위하여 법률의 규정에 의하여 민법의 규정을 배제하는 경우도 있다.

(6) 공물의 등기

공물의 등기에 관하여는 특별한 규정이 있는 경우가 있다. 즉, 부동산등기법 제114조는 「등기된 토지가 하천의 부지로 된 경우에는 당해 관청은 지체없이 그 등기의 말소를 촉탁하여야 한다」라고 규정하고 있다. 그러나 이와 같은 특별한 규정이 없는 한 부동산인 공물도 일반적으로 부동산등기법에 의하여 등기를 하여야 함이 원칙이다.

(7) 공물의 설치 · 관리의 하자로 인한 손해배상

도로 · 하천 기타 공물의 설치 · 관리상의 하자로 인하여 타인에게 손해를 입힌 경우에는 국가 또는 지방자치단체는 국가배상법이 정하는 바에 의하여 손해배상을 하여야 한다(국가배상법 제5조 이하 참조).

5. 공물관리와 공물경찰

(1) 공물의 관리

공물관리권은 공물관리주체가 공물관리를 위하여 행사할 수 있는 지배권을 말하며, 그 성질에 관하여는 종래에는 소유권 그 자체에서 도출되는 권리로 보는 견해(소유권설)도 있었으나, 오늘날은 공물주체가 공물의 목적을 달성하기 위하여 행하는 작용이라는 점에서, 소유권과는 별개의 독립된 공법상의 물권적 지배권으로 본다. 이 설이 통설의 견해이다.

(2) 공물경찰

공물경찰이란 경찰권의 주체가 그의 일반경찰권에 의거하여 공물의 설치 · 관리 · 이용과정에서 공공의 안녕과 질서에 대한 위해를 예방 · 제거하기 위한 국가작용이다.

6. 공물의 사용관계

(1) 일반사용

공물의 일반사용이란 누구든지 행정청의 허락을 받음이 없이 공물을 그 사용목적에 따라 사용하는 경우를 말하며, 도로의 통행, 공원의 산책 등이 그 예이다. 공공용물에 대한 일반사용은 당연하다 하겠으나, 공용물은 본래 행정주체의 사용에 제공함을 목적으로 하는 것이므로 그 본래의 목적을 방해하지 않는 한도에서 예외적으로 일반사용이 허용된다 하겠다. 예컨대 경찰청사 내의 구내식당경영허가 · 국립대학내의 자유통행 등이 있다.

(2) 특별사용

특별사용이란 공물의 관리주체가 특정인에게 수익적 행정행위를 통하여 공물사용에 대하여 특정한 내용을 갖는 주관적 권리를 설정하는 법률관계를 말한다. 공물의 일반사용이 일반국민을 위한 공물의 사용관계를 의미하는 것이라면 특별사용은 특정인을 위한 공물사용의 법적 관계를 말한다.

1) 공물의 허가사용

공물(특히 공공용물)의 허가사용이란 공물의 사용에 있어서 행정관청의 사전적인 허가를 받도록 하는 사용관계를 말하는 것으로 강학상 허가에 해당하는 것이다. 일반사용에서와 같이 공물의 사용을 일반인의 자유사용에 맡길 경우 공물의 목적달성이나 유지·보전에 문제가 있을 수 있으므로 사인으로 하여금 선별적으로 허가를 받아 사용하도록 하게하는 것이 합리적이다. 허가사용은 주로 일시적 사용을 의미하는 것으로 이해한다.

2) 공물의 특허사용

공물관리청이 그의 공물관리권에 의하여 특정인에게 특별한 공물사용권을 부여하는 수익적 행정행위를 공물사용권의 특허라 하며, 이에 의거한 공물의 사용을 특허사용이라 한다. 예컨대 도로에 전신주를 세우고 상·하수도관을 매설하거나, 하천에 발전용 댐이나 선착장을 건설하는 등의 행위는 특허사용이다.

3) 관습법상 특별사용

공물의 사용권이 지방적·민중적 관습법에 의하여서도 설정될 수 있음이 이론 및 판례상으로 인정되고 있다. 하천·후수(後水) 등 공유수면 인근주민의 관습법상의 음용·관개용 용수권, 삼림업자의 유목권, 연안어민의 입어권, 농지개량조합원의 관개용 수로에서의 용수권 등이 그 예이다.

4) 사법상 사용

공물의 사법상 사용이란 사법상 계약을 통하여 공물을 사용하는 사용관계를 말하며, 여기서 사법상 계약은 대체로 임대차계약으로 나타난다. 이러한 사법상의 사용관계는 공물주체가 재정상의 수입을 위하여 특정인에게 특별한 사용을 허용하는 경우에 나타난다.

5) 행정재산의 목적 외 사용

행정재산의 목적 외 사용에 대하여는 국유재산법에 일반규정을 두고 있다. 그러나 행정재산 중에서도 하천·도로·공원·공유수면 등 공공용물의 사용(점용)에 대해서는 하천법·도로법·도시공원법·공유수면관리법 등 개별법에 규정되어 있으므로 이들 개별법에 특별한 규정이 없는 행정재산(주로 공용물)의 목적의 사용에 대해서만 국유재산법의 일반규정이 적용된다.

Ⅱ. 영조물법

1. 개설

(1) 영조물의 개념

영조물은 광의로는 국가 등 행정주체가 행정목적을 달성하기 위하여 제공한 인적·물적 시설의 종합체(조직체)를 의미하며, 협의로는 광의의 영조물 가운데 주로 정신·문화적 또는 진료적 목적에 계속적으로 제공된 것만을 의미한다.

(2) 영조물의 종류

1) 주체에 의한 분류

영조물은 관리주체에 따라 ① 국영영조물(국립대학·국립도서관 등), ② 공영영조물(시립대학·시립도서관 등), ③ 특수법인영조물(정신문화연구원·한국과학원·적십자병원·서울대학교병원·서울특별시 산하의 강남병원 등) 등으로 분류될 수 있다.

2) 목적에 의한 분류

영조물은 설립 내지 경영목적에 따라 ① 문화영조물(도서관 등), ② 교육영조물(국립학교 등), ③ 교도소영조물(교도소 등), ④ 의료영조물(국립병원 등), ⑤ 연구영조물 등으로 분류할 수 있다.

3) 독립성의 유무(조직형태)에 의한 분류

영조물은 독립성에 따라 ① 직영영조물(국가 등 행정주체가 직접 경영), ② 영조물법인(독립된 법인격을 가지고 있음)으로 분류될 수 있다.

4) 이용성에 의한 분류

영조물은 이용자에 따라 ① 공용영조물(행정주체에 소속한 직원만 이용), ② 공공용영조물(일반국민이 이용)로 분류될 수 있다.

2. 영조물의 이용관계

(1) 이용관계의 의의

영조물의 이용관계라 함은 개인이 영조물주체로부터 역무나 재화를 공급받고 그 설비를 이용하는 관계를 말한다.

(2) 이용관계의 특성

1) 이용관계의 다면성

영조물의 이용관계의 성질에 관하여 여러 견해가 있으나, 현재는 영조물이용에 공법적인 것과 사법적인 것 및 양자가 혼합된 것 등이 있다는 것에 의견의 일치를 보고 있다.

2) 이용관계의 특별행정법(신분)관계성

종래 영조물이용관계를 특별권력관계의 하나로 보았다. 그러나 현재는 특별권력관계가 수정되어 전통적 특별권력관계론이 그대로 적용될 수 없다는 견해가 다수의 입장인 바, 이에도 법률유보의 원칙이 적용되며, 영조물의 목적달성을 위한 영조물주체의 권력행사를 위해서는 어느 정도 포괄적인 재량권이 인정되며, 이용자 역시 일반국민이 가지지 않는 권리・의무 등을 가진다(제한적 긍정설).

3) 사법적 이용관계의 공법적 기속

오늘날은 영조물이용관계에 공법관계와 사법관계가 혼재할 수 있다. 영조물이용관계를 사법적으로 구성한다 하더라도 일정한 제약이 있는바, ① 사법자체에 의한 제약(민법 제2조・제103조), ② 행정사법의 법리, 즉 국고작용도 헌법상의 평등조항, 생존권 보장 등의 기본권규정에 의한 제약, ③ 실정법상의 제약, 예컨대 차별금지조항(교육기본법 제4조 등) 등이 있다.

3. 이용관계의 개설(開設)

(1) 합의이용

영조물의 이용관계는 기본적으로 영조물주체와 이용자간의 합의에 의하여 성립한다. 합의가 반드시 공법상 계약이나 사법상 계약이 아닌 동의에 의하여 성립하는 경우도 있으며(학교에의 입학), 묵시적인 합의에 의하여 성립하는 경우도 있다(박물관・공원 등의 출입이 개방된 경우).

(2) 이용강제

법률이나 조례 등에 의하여 영조물의 이용이 강제되는 경우도 있다. 예컨대 수형자의 교도소의 수감, 법정전염병환자의 강제입원 등이다. 이는 법률이나 조례 등에 정해진 의무가 자동적으로 집행되는 것이 아니라, 그때그때 행정행위 등을 통해 개별적으로 이용관계가 설정되는 것으로 보아야 할 것이다.

4. 영조물이용관계의 종료

영조물이용관계의 종료는 이용목적의 달성(전염병의 완치나 학교의 졸업), 이용자에 의한 임의적 탈퇴(자진퇴학), 이용관계로부터 임의적 배제(퇴학처분), 영조물의 폐지(폐교) 등이 그 원인이 된다.

Ⅲ. 공기업법

1. 공기업

(1) 공기업의 개념과 종류

1) 공기업의 개념

공기업은 사기업에 대비되는 의미에서 사용되는 용어로서 학문상의 용어이고 실정법상의 용어는 아니다. 학자들의 공기업 정의를 위한 많은 노력에도 불구하고 아직 견해의 일치를 보지 못하고 있다. 현재까지의 공기업의 개념에 관한 주요학설을 보면 ① 주체만을 표준으로 하는 견해(광의의 공기업), ② 주체와 목적을 표준으로 하는 견해(협의의 공기업), ③ 주체·목적 및 수익성을 표준으로 하는 견해(최협의의 공기업)가 있다. 다수설인 최협의의 견해에 의하면 "국가 또는 지방자치단체가 직접적으로 사회적 공공복리를 위하여 경영하는 기업"을 공기업이라 한다.

2) 공기업의 종류

① 경영주체에 따라 국영기업, 공영기업(지방공기업), 국영공비기업·공영국비기업, 특수법인기업이 있으며, ② 독점권의 유무에 따라 독점공기업과 비독점공기업이 있으며, ③ 독립성의 유무에 따라 비독립적 기업과 독립적 기업이 있으며, ④ 투자의 직·간접에 따라 직접투자기업과 간접투자기업이 있다.

(2) 공기업의 특수성

1) 공기업의 개설(開設)

(가) 국영기업의 개설

국영기업의 개설은 반드시 법률의 수권은 필요하지 않지만, 최소한 정부조직법(제4

조)에 정해져있는 대로 대통령령에 근거함을 요한다. 다만 독점기업으로서의 국영기업의 개설에 있어서는 법률의 근거가 필요하다.

(나) 공영기업의 개설

지방자치단체는 주민의 복리증진과 사업의 효율적 수행을 위하여 지방공기업을 설치·운영할 수 있는바(지방자치법 제137조), 지방공기업의 설치·운영에 관한 기본사항은 조례로 정하도록 하고 있다(지방공기업법 제5조).

(다) 특수법인기업의 개설

특별법(한국전력공사법·한국토지공사법 등)에 의해 설치되어 있는 것이 대부분이며, 상법상의 주식회사에 대한 정부의 투자형식으로 개설하는 예도 있다(한국감정원). 한편 지방자치단체가 지방공사나 지방공단을 설립하고자 할 경우 그 설립·업무운영에 관한 기본적인 사항을 조례로 정하도록 하고 있다.

(라) 공기업의 활동에 대한 법적 한계

헌법의 기본원리로서 대체로 민주국가원리·법치국가원리·사회국가원리 등을 들 수 있다. 따라서 국가나 지방자치단체의 모든 활동은 이러한 기본원리에 위배할 수 없음은 물론, 그 분신이라 할 수 있는 공기업의 경제활동도 이들 헌법원리의 테두리 내에서 가능하다고 할 수 있다. 각 공기업이 그 설립근거가 되는 법률·조례에 위배될 수 없음은 물론, 평등의 원칙 등 헌법상의 기본권조항에 의한 제약을 받는다.

2) 공기업의 조직·경영

(가) 조직·인사관리

공기업 중 국영기업 및 공영기업은 국가나 지방자치단체가 직접 설립하여 운영하는 공기업이므로 조직법상으로 독립성이 없으며 국가나 지방자치단체의 관할 행정청의 조직으로 존재한다. 구성원의 인사관리에 있어서도 공무원의 신분을 가지며 따라서 그의 임용·복무·보수 등에 있어 국가공무원법 또는 지방공무원법 등의 적용을 받는다.

(나) 공기업의 재무관리(예산회계)

(a) 국영기업 및 공영기업

국영기업 및 공영기업 중 지방자치단체가 직접 설치·경영하는 지방직영기업의 경우에는 조직법상 독립적 성격이 인정되지 않지만 재정적으로는 상당한 정도의 독립성과 자율성이 인정된다. 이것은 공기업의 경영능력을 제고하기 위하여 인정되는 제도적 장치이다.

(b) 특수법인체기업

정부투자기관의 회계년도는 정부의 회계연도에 의하며, 회계 및 재정운영의 원칙은 국영기업이나 공영기업에 비하여 더욱 기업회계의 원칙에 가깝도록 운영되어야 한다. 따라서 정부투자기관의 회계는 경영성과와 재산의 증감·변동상태를 명백히 표시하기 위하여 기업회계원칙에 따라 처리한다. 지방공기업법에 의한 지방공사의 경우에도 이와 같은 재무회계의 원칙에 따라야 한다.

(다) 공기업의 경영관리

행정청형 기업(비독립적 기업)의 경우 일반행정조직에 의하여 직접 경영되기 때문에 그 경영관리의 방식은 일반행정의 운영방식과 크게 다르지 않다. 그러므로 공기업의 경영관리에 관하여 중요한 의미를 가지는 것은 특수법인기업의 경영에 관해서 이다.

(3) 공기업의 보호와 감독

1) 공기업의 보호

(가) 독점권의 인정

일정한 공기업에 대해서는 이를 보호하기 위하여 그 경영에 관하여 법률상 독점권을 인정하고 있는바, 우편사업의 국가에 의한 독점(우편법 제2조)이 그 예이다.

(나) 공용부담특권

공기업은 공공의 복리증진을 위한 공익사업을 수행하는 주체이고, 공기업에게 사업의 원활한 수행이 보장되어야 하므로 타인의 토지의 수용, 출입, 장애물제거 등 특권이 인정된다.

(다) 경제상의 보호

공기업에 대하여 국가는 필요한 경우 다양한 경제상의 특전을 부여하고 있다. 자금의 융자, 사채의 인수, 외국차관의 도입, 사채의 상환보증을 하고, 보조금의 교부, 국유재산의 무상대부 등이 이루어진다. 또한 세제상의 특전을 부여하고 있는바, 비과세·조세감면 등이 그 예이다.

(라) 강제징수권

공기업에 관한 역무·재화의 공급의 대가로서의 수수료·사용료의 체납에 대하여는 강제징수권이 인정되는 예(수도법 제32조·우편법 제24조)가 적지 않다. 이러한 권능이 부여되는 것은 공기업의 원활한 수행을 보장하기 위하여 공기업이용자가 수수료·사용료 등을 납부하지 않는 경우에 국가나 지방자치단체에 준하여 강제징수권이 인정된다.

(마) 형사상 보호(공기업벌)

공기업의 안전·확실한 경영을 확보하기 위하여 공기업의 활동과 기능을 방해하는 자가 있는 경우에 특별한 형사상의 제재를 과하는 경우가 있는바, 이를 공기업벌이라 한다. 공기업벌을 공기업형벌과 공기업질서벌로 크게 나누어 볼 수 있다. 예를 들어 우편법은 우편사업의 독점권을 침해한자에 대하여 3년이하의 징역 또는 1천만이하의 벌금에 처하도록 하고 있다(제46조 제1항). 또한 대부분의 정부투자기관 형태의 공기업과 관련된 법규에서는 공기업의 유사명칭의 사용을 금하고 이에 위반하는 경우 과태료에 처하도록 규정하고 있다(한국토지공사법 제31조 제1항).

2) 공기업의 감독

(가) 행정청에 의한 감독

공기업에 대한 직접적인 감독은 행정청에 의해 행해지며, 그것은 다시 주무부장관에 의한 감독·기획예산처장관에 의한 감독·감사원에 의한 것으로 나누어진다.

(나) 국회에 의한 감독

공기업은 넓은 의미의 행정작용에 포함된다고 볼 수 있고, 독립법인으로서의 정부투자기관은 그 자본금의 전부 또는 일부가 정부에 의해 출연되고 있기 때문에 국회에 의한 감독이 필요하다.

(다) 법원에 의한 감독

공기업에 관련된 사건이 법원의 재판대상으로 되는 경우 법원이 간접적으로 공기업에 대하여 영향을 미친다. 즉 공기업의 이용관계에 있어 특정처분이 위법임을 이유로 행정소송이 제기되는 경우 이를 취소할 수 있으며, 또한 선결문제심리방식에 의하여 공기업관계법률이 헌법에 위배되는 여부가 재판의 전제로 되는 경우 법원이 위헌법률심사제청을 하거나 관계명령(위임명령 · 집행명령)이 헌법이나 법률에 위반되는 여부가 재판의 전제로 되는 경우 대법원이 이를 최종적으로 심사할 수 있는 위헌 · 위법심사권을 가지고 있다(헌법 제107조).

(4) 공기업의 이용관계

1) 공기업이용관계의 의의와 종류

공기업이용관계는 일시적 이용관계와 계속적 이용관계로 나눌 수 있다. ① 일시적 이용관계는 예컨대 종묘 등의 분양, 석탄의 매매, 철도의 승차 등과 같이 일시적으로 재화를 공급하거나 역무를 이용하는 관계이다. ② 계속적 이용관계는 도시가스나 수도를 가설하여 이용한다든가 국민주택에 이주한다든가 하는 식으로 이용관계가 장기간 계속되는 경우를 의미한다.

2) 공기업이용관계의 성질

공기업이용관계의 성질에 관하여는 ① 공법관계설, ② 사법관계설, ③ 단체법적 사회법관계설, ④ 특별사법설(공 · 사법 구별부정론의 견해) 등이 있으나, 공기업이용관계는 그 이용관계의 실질은 사기업의 이용관계와 다른바 없으므로 사법관계로 보는 것이 원칙이며, 예외적으로 공법관계로 보아야 할 실정법상 명문의 규정이 있거나, 명문규정이 없더라도 실정법전체의 합리적 해석에 의하여 공법관계로 규율할 필요가 인정될 때에만 공법관계로 보아야 한다는 것이 통설의 견해이며 판례의 경향이다.

3) 공기업이용관계의 성립과 소멸

(가) 성립의 유형

(a) 합의이용

기업자와 이용자간의 자유로운 의사의 합치에 의하여 이용관계가 성립되는 경우이다. 즉 공기업이용관계의 성립은 원칙적으로 사법상 계약에 의하지만, 계약조건 등이 공기업법령이나 공기업규칙 등에 의하여 획일적으로 규정된 바에 따라 행해지는 부합계약이 대부분이다.

(b) 이용강제(이용이 강제되는 경우)

공기업의 이용관계는 당해 공기업이 독점적 사업권을 가지고 있거나 법률상 이용관계가 강제되는 경우가 있다(공기업의 이용강제). 예컨대 우편사업은 국가만이 함으로써 그 이용이 강제될 수밖에 없으며, 수도·하수도 등은 지방자치단체만이 행하는 사업이므로 그 이용관계가 강제될 수밖에 없다.

(나) 이용관계의 소멸

공기업의 이용관계는 계약의 대상의 의무의 이행(우편물의 배달), 임의적 이용관계의 해지(전화가입의 해지 등), 이용관계에서의 배제(이용조건의 위반으로 인한 계약해지), 공기업활동의 폐지 또는 중지 등으로 인하여 소멸한다.

4) 공기업이용관계의 내용

(가) 이용자의 권리

(a) 공기업이용권

공기업으로부터 역무 또는 재화를 공급받거나 시설물을 이용할 수 있는 이용자의 권리를 공기업이용권이라 한다. 이용자의 이러한 권리에 대응하여 공기업주체는 이용제공의무가 발생한다. 이 권리는 채권적 성질을 가지는 사권이다.

(b) 평등한 급부를 받을 권리

헌법은 국민의 평등권을 보장하고 있다(제11조). 헌법상의 평등권·평등원칙은 법령에 명문규정이 있든 없든 구속력이 있으므로 이용자는 공기업주체로부터 평등한 급부를 받을 권리를 가진다. 그 이용관계가 공법관계이든 사법관계이든 평등원칙은 적용된다.

(c) 권리보호청구권

공기업주체로부터 이용자는 ① 평등한 급부를 받을 권리, ② 쟁송제기권, ③ 손해배상청구권 등이 인정된다.

(나) 기업주체의 권리

(a) 이용조건설정권

공기업의 주체는 공기업이용의 요금·기간·해지 등의 이용조건은 법령·조례로 직접 제정하거나 변경하는 권리를 가진다.

(b) 이용허여권

공기업주체는 이용자에게 이용을 허여할 권능을 가진다. 그러나 공급거부사유가 법정되어 있어, 재량이 인정되지 않는다.

(c) 이용대가징수권

공기업은 수익성을 그 요소로 하는 기업이므로 기업자는 공기업의 이용대가인 사용료 또는 수수료를 징수할 권리를 가진다.

(d) 이용관계의 해지 · 정지권

이용자가 관계법령에 위반하거나 이용조건 등을 어긴 경우 등에는 당해 이용자와의 이용관계를 해지하거나 정지할 수 있다.

2. 특허기업과 특허기업의 특허

(1) 특허기업

특허기업이란 사인이 행정청으로부터 특허를 받아 경영하는 공익사업을 말한다. 행정처분에 의하여 설립 · 경영되는 기업으로서 사기업이므로, 법령에 의하여 직접 설립되는 특수법인(대한주택공사법에 의한 대한주택공사 등)을 특허기업이라 부르는 것은 타당하지 않다. 특허기업은 사기업이기 때문에 국공영공기업이나 특수법인공기업과는 다르다. 공기업은 공익성이 특히 강한 사업을 국가 · 공공단체가 직접 또는 특수법인을 설립하여 경영하는 것이지만, 특허기업은 이 보다 공익성이 덜한 반면 사익성이 강한 분야에 있어 사인이 직접 경영권을 부여받아 경영하는 기업이다.

(2) 특허기업의 특허

특허기업의 특허란 행정청이 특정한 사인에게 공익사업의 독점적 경영권을 설정해 주는 형성적 행정행위를 말하며, 이렇게 하여 성립한 특허기업은 국가나 지방자치단체가 수행하여야 할 사업을 특허기업의 형태를 통하여 대행하므로 그 대상은 주로 공익사업이다.

제3절 조성행정법

Ⅰ. 개설

조성행정이란 관념은 아직 그 의의나 내용이 정착되어 있지 않으나. 일단 "국가 등의 행정주체가 공익적 견지에서 공공단체 또는 사인의 일정한 활동을 조장 또는 보호하는 행정작용"으로 정의한다.

Ⅱ. 자금조성행정

1. 의의

자금조성행정이란 행정주체가 공공복리의 증진을 위하여, 특정한 사업을 행하는 공공단체 또는 사인 등에게 금전의 급부 기타의 방법에 의한 경제상의 원조를 부여하는 행정을 말한다.

2. 종류

(1) 수단에 따른 분류

자금조성행정은 경제적 원조의 수단에 따라 ① 보조금 교부, ② 자금의 대부, ③ 채무의 지급보증, ④ 국가·지방자치단체의 출자, ⑤ 국공유재산의 무상양여 또는 대부, ⑥ 조세의 감면 등이 있다.

(2) 대상사업에 따른 분류

자금조성은 그 대상사업에 따라 ① 기업조성, ② 교육조성, ③ 문화예술조성, ④ 과학기술조성 등이 있다.

3. 법적 근거

자금조성행정은 헌법(제119조 제2항)상의 '균형있는 국민경제의 성장을 위한 규제와 조정'조항과 '국가는 중소기업을 보호·육성하여야 한다'고 한 '중소기업보호·육성' 조항(제123조 제3항)등 경제조항에서 그 법적 근거를 찾을 수 있다.

그러나 자금조성행정이 법률의 근거가 있을 때에만 허용될 것인지에 대하여는 학설이 대립한다.

4. 권리구제와 통제

(1) 권리구제

① 자금조성이 행정행위를 통하여 결정되는 경우 상대방의 신청이 거부될 경우 그 거부결정에 대한 취소쟁송을 제기할 수 있고, 상대방의 신청이 있었으나 행정청으로부터 아무런 응답도 없는 경우에는 위법·부당한 부작위처분에 대한 의무이행심판과 부작위위법확인소송을 제기할 수 있다.

② 자금조성이 공법상계약을 통하여 형성·집행되는 경우의 분쟁에 관해서는 행정소송으로서의 공법상 당사자소송이 될 것이고, 사법상계약을 통한 법률관계에 있어서는 민사소송으로서의 이행소송 또는 확인소송의 소송형태가 될 것이다.

③ 동일 업종에 여러 개의 경쟁업체가 있는 경우에 특정업체만이 정부의 자금조성을 받는다고 하게 되면, 그 결과 타 경쟁업체가 불리한 위치에 놓이게 되는 것은 분명하다. 따라서 이러한 경우에 그 타 경쟁업체는 평등원칙을 근거로 하여 경쟁자소송을 제기하는 문제를 생각할 수도 있다. 만일에 자금조성의 급부자가 상대방에게 부당한 반대급부를 요구하는 경우 수급자는 행정권한의 부당결부금지의 원칙에 입각하여 방어책을 강구할 수 있는 것이다.

(2) 자금조성의 통제

자금조성행정은 예산의 뒷받침 없이는 행해질 수 없다. 예산심의권(헌법 제90조)을 가지고 있는 국회가 자금조성에 대한 통제권을 유효·적절하게 행사할 필요가 있다. 관계법률이 정비되어야만 법원에 의한 통제, 특히 경쟁자소송의 제기 등 사법적 통제가 그 실효를 거둘 수 있다.

제4절 사회보장행정법

Ⅰ. 개념

헌법은 제34조에서 '사회보장 등'이라는 제목하에 제1항은 「모든 국민은 인간다운 생활을 할 권리를 가진다」라고 하여 국민의 생존권을 규정하고 있고, 제2항은 「국가는 사회보장·사회복지의 증진에 노력할 의무를 진다」고 규정하고 있다. 이에 기초하여 사회보장기본법은 사회보장이라 함은 「질병 · 장애 · 노령 · 실업 · 사망 등의 사회적 위험으로부터 모든 국민을 보호하고 빈곤을 해소하며 국민생활의 질을 향상시키기 위하여 제공되는 사회보험·공공부조·사회복지서비스 및 관련복지제도를 말한다」(제3조 참조)라고 정의하고 있다.

Ⅱ. 사회보장의 영역

사회보장의 영역은 나라마다 다르며, 또한 이론적으로도 논자에 따라 다르게 파악되고 있다. 우리 사회보장기본법상의 사회보장의 영역으로 사회보험 · 공공부조 · 사회복지서비스 및 관련 복지제도가 있다. 이에 관하여는 검토하면 다음과 같다.

1. 사회보험

사회보험이란 국민에게 발생하는 질병 · 노령 · 제해 등의 사회적 위험에 대비하기 위하여 본인이 평소에 납부한 보험료 등을 재원으로 하여 일정한 급여를 지급하는 것을 말한다. 이러한 사회보험은 사회보장제도의 근간을 이루는 것이다. 사회보험으로는 국민연금보험, 국민건강보험, 산업재해보험 및 고용보험 등이 있다. 이를 흔히 국민의 4대 보험이라 한다.

2. 공공부조

공적부조 또는 공공부조란 신체장애 · 노령 · 질병 등으로 인하여 생활유지능력이 없거나 생활이 어려운 자에게 국가 또는 지방자치단체가 그들의 최저생활을 보장하고 자립을 지원하는 제도이다. 공공부조에 관한 실정법으로는 국민기초생활보장법과 의료보호법이 있다.

3. 사회복지서비스

사회복지서비스란 노인 · 아동 · 모자 · 심신장애자 등 생활상의 도움을 필요로 하는 자를 대상으로 하여 주로 금전이외에 상담 · 재활 · 직업소개 및 지도 · 사회복지시설이용 등의 급부를 함으로써 정상적인 사회생활이 가능하도록 지원하는 것을 말한다(사회보장기본법 제3조).

4. 특별원호

특별원호란 상의군경 등 국가를 위한 특별한 희생자의 생활상의 장해자에 대해서 국가가 보답한다는 의미의 보상적 성질의 급부이다. 그 재원은 공적부조와 같은 조세수입이며, 현행법상 국가유공자등예우및지원에관한법률 · 재해구호법 · 의사상자보호법 등이 근거법률이 된다.

제3장 환경행정법

제1절 개 설

Ⅰ. 환경행정의 개념

환경행정은 건강하고 쾌적한 자연환경 및 생활환경을 확보하기 위하여 환경오염의 예방을 통한 환경의 보호와 오염된 환경의 개선 및 쾌적한 환경의 유지·조성을 목적으로 하는 행정작용을 말한다.

Ⅱ. 환경행정법의 법원

환경행정법의 법원은 헌법과 법률을 들 수 있다. 법률로는 1990년에 제정된 환경정책기본법을 기본으로 하고 있으며, 대기환경보전법, 수질환경보전법, 자연환경보전법, 원자력법 등 수많은 개별법에 환경에 관련된 규정들이 있다.

제2절 환경행정법의 헌법적 기초와 환경행정의 기본원리

Ⅰ. 환경행정법의 헌법적 기초

헌법 제35조는 「① 모든 국민은 건강하고 쾌적한 환경에서 생활할 권리를 가지며, 국가와 국민은 환경보존을 위하여 노력하여야 한다. ② 환경권의 내용과 행사에 관해서는 법률로 정한다. ③ 국가는 주택개발정책 등을 통하여 모든 국민이 쾌적한 주거생활을 할 수 있도록 노력해야 한다」고 규정하여 환경권을 개인의 기본권의 하나로 규정한 것은 원칙적으로 개인의 환경권 침해를 주관적 공권의 침해로 보아 이에 대한 직접적인 사법적 구제의 가능성을 제시하고 있는 것이다.

Ⅱ. 환경행정의 기본원칙

헌법은 국가의 환경보전의무(제35조 제1항 후단)를 규정하고 있고, 이러한 헌법규정을 이어 받아 환경정책기본법은 환경오염 및 환경훼손과 그 위해를 예방하고 환경을 적정하게 관리·보전하기 위하여 환경보전계획의 수립·시행의 책무를 국가에게 부여하고 있다(제4조 제1항).

이러한 환경보전을 위한 책무의 수행에 있어서 그 기초를 이루는 기본원리로서는 ① 사전배려의 원칙, ② 존속보호의 원칙, ③ 원인책임자 원칙, ④ 공동부담의 원칙, ⑤ 협력의 원칙을 들 수 있다.

제3절 환경행정의 특징

Ⅰ. 계획행정

소극적인 질서유지를 그 내용으로 하는 경찰작용과는 달라서 환경행정은 적극적으로 자연환경·생활환경을 개선·조성하여 건강하고 쾌적한 생활을 창조한다는 적극적 행정활동으로서의 성질을 가지고 있으므로 종합적이고 장래 예측적인 형성적 활동이 매우 중요한 의미를 가지며 그에 따라 행정계획이 큰 비중을 차지한다.

Ⅱ. 생활배려·이해조정행정

환경행정은 인간의 생활공간으로서의 지역의 환경조건을 유지·정비·개선하고 미래를 향하여 창조하여가는 행정이라는 점에서, 특정인에 대한 급부활동은 아니지만, 국민에게 건강하고 쾌적한 환경을 조성하여주는 행정이라는 점을 보면 이는 생활배려의 행정작용으로서의 성격을 지닌다. 또한 환경문제에 있어서는 국가와 개인간, 국가와 사회간, 또는 개인과 개인간의 환경보호의 문제를 둘러싸고 대립충돌의 이해관계가 얽혀 있는바, 환경행정은 이러한 관계를 조정하는 활동으로서의 성격이 부각된다.

Ⅲ. 환경행정의 행위형식과 수단의 다양성

환경행정은 그 전문성·기술성으로 인하여 공식적 내지는 정형적 법적 규율에 의하여 서로 그 목적을 효율적으로 달성하기 어렵다는 특성을 가지고 있다. 예컨대 환경영향에 대한 평가나 환경기준의 설정 등과 같이 고도의 전문기술적 판단을 요하는 분야에 있어서는 계속 발전하는 환경기술에 크게 의존하고 있고, 상황에 따라 탄력적인 대응이 필요한 것이다. 따라서 전통적인 행정작용형식에 의해서는 환경행정은 그 책무를 적절하게 수행하기 어려운 면이 많다. 실제 행정규칙이나 비공식적인 행정작용형식에 의존하는 경우가 적지 않은 것은 환경행정의 이러한 특성에 기인하는 것이다.

Ⅳ. 지역성

환경행정은 전국에 걸쳐 일률적으로 행해지는 것이 아니라 지역환경의 특수성을 고려하여 행해지는 면이 강하다. 환경오염이나 환경파괴현상은 지역이나 생활권에 따라 각기 다르게 나타나기 때문이다. 따라서 지역성은 환경행정의 특징의 하나라 하겠다.

제4절 환경행정의 행위형식과 수단

Ⅰ. 행정계획에 의한 환경행정

현행법상 환경계획으로는 환경보호만을 위해 수립되는 것으로 종합적 계획·영향권별환경관리계획·분야별환경보전계획 등이 있다. 또한 환경보호는 다른 계획의 일환으로도 행해지고 있는바, 종합적인 국토이용계획, 도시계획·산림계획·하천정비계획과 같은 부문계획이 그에 해당한다.

1. 환경보전을 위한 장기종합계획의 수립

환경정책기본법 제12조는 환경부장관으로 하여금 관계중앙행정기관의 장과 협의하여 환경보전위원회의 심의를 거쳐 매 10년마다 정부의 환경보전을 위한 장기종합계획을 수립하도록 하고 있다. 국무회의의 심의를 거쳐 확정되는 종합계획에는 ① 인구·산업·경제·토지 및 해양의 이용 등 환경변화여건에 관한 사항, ② 환경오염도 및 오염물질배출량의 예측과 환경오염이 생태계에 미치는 영향 등 환경질의 변화전망, ③

자연환경의 현황 및 전망, ④ 환경보존목표의 설정과 그 달성을 위한 단계별대책 및 사업계획, ⑤ 사업시행에 소요되는 비용의 산정 및 재원조달방법이 포함되어 있다(동법 제13조).

2. 영향권별관리계획 · 분야별보전계획의 수립

환경정책기본법은 영향권별 환경관리계획을 규정하고 있는바, 환경부장관은 환경오염의 상황을 파악하여 그 방지대책을 강구하기 위하여 대기오염의 영향권별지역 및 수질오염의 수계별지역 등에 관하여 양향권별로 관리의무를 지고 있고(제23조), 그에 따라 지방환경청장 및 환경부장관은 중·대권으로 구분된 영향권별 환경관리계획을 수립할 의무를 진다(시행령 제6조·제6조의2).

자연환경보전법은 환경부장관으로 하여금 자연환경보전기본방침을 수립·시행하도록 하고(제6조), 생태계보전지역의 관리기본계획을 수립·시행하고(제18조·제19조), 또한 자연유보지역의 종합계획 또는 방침을 수립하도록 하는(제28조) 등 분야별 환경보전계획에 관한 규정을 두고 있다.

3. 개발행정계획에 있어서의 환경보전

국토기본법에 의한 국토종합계획은 국토의 종합적·효율적 이용을 위하여 수립되는 것이다. 그런데 이러한 개발계획의 한 내용으로서 토지·물·기타 천연자원의 보전과 같은 환경보전도 포함되어 있는 것이다. 국토종합계획은 다른 법령에 의한 계획에 우선하며, 그의 기본이 된다. 다만 군사에 관한 계획은 예외이다. 국토종합계획은 다른 계획의 기본이 된다는 점에서 지침적 계획이며 구속적 계획(대국민적 구속력)은 아니다.

또한 국토의계획및이용에관한법률은 국토이용계획의 내용으로서 용도지역의 지정에 관한 계획을 수립·시행할 수 있도록 하고 있는바, 그 용도지역 중에는 자연환경보전지역의 지정도 규정하고 있다(제6조 제4호).

4. 분야별 전문계획에 의한 환경보전

환경보전은 분야별로 수립되는 전문계획에 의하여서도 수행된다. 하천법상의 하천법기본계획(제17조)·폐기물관리법상의 폐기물처리기본계획(제8조)·폐기물처리종합계획 등이 그 예이다.

Ⅱ. 환경기준의 설정과 유지

1. 환경기준의 의의와 법적 성격

① 일반적으로 환경기준이란 쾌적한 환경을 보전하고 사람의 건강을 보호하기 위하여 요구되는 일정한 환경상태를 유지하기 위해 정해놓은 기준으로서 환경행정이 추구하는 지침 내지 목표치라 할 수 있다. 환경기준은 사전배려의 원칙을 바탕으로 하는 것이므로 시·공을 초월하는 절대적 환경보호기준은 아니며 특정국가가 처한 경제적·정치적·환경적·지리적 요인에 따라 환경보호의 요청을 고려하여 구체적으로 형량의 과정을 통하여 결정된다.

② 환경기준은 대통령령·부령 등의 법규명령이나 행정규칙, 지방자치단체의 조례 등의 형식으로 발령되는 것이 일반적이지만, 그것들이 어떠한 법적성질 내지 효력(구속력)을 가지는 것인가에 관하여 환경기준의 법적구속력을 부인하는 견해와 인정하는 견해 그리고 비구속성을 인정하면서도 규범성을 인정하는 견해가 있다.

2. 환경기준과 배출허용기준

환경기준이 일반적·추상적 환경보호의 기준이라면 배출허용기준은 개별환경법규에 규정된 구체적인 환경보호기준으로서 직접적 법적 구속력을 가진다. 배출허용기준은 특정오염물질의 행정법적 방출기준을 의미하는 것으로서 이를 위반할 경우 처벌의 대상이 된다. 배출허용기준에 관해서는 수질환경보전법, 대기환경보전법, 소음·진동규제법, 오수·분뇨및축산폐수처리에관한법 등에 규정되어 있다. 그 중에서 대기환경보전법 제8조에서 대기오염물질 배출시설에서 배출되는 대기오염물질의 배출허용기준은 환경부령으로 정하도록 규정하고, 배출허용기준을 환경부령으로 정함에 있어서는 관계중앙행정기관의 장과 협의하도록 하였다(제1항·제2항). 또한 자동차를 제작 또는 수입코자 하는 자는 당해 자동차에서 배출되는 오염물질이 환경부령으로 정하는 배출허용기준에 적합하도록 제작 또는 수입하여야 한다(제31조 제1항).

Ⅲ. 환경영향평가

1. 환경영향평가의 의의

환경영향평가란 특정한 시설이나 사업의 계획이 자연환경이나 인간의 생활환경에 미칠 영향을 미리 예측·평가하여 환경상의 악영향을 제거·완화할 수 있는 방안을 강구하는 환경분석을 말한다(환경·교통·재해등에관한영향평가법 제2조 제1호).

이를 위해 환경·교통·재해등에관한영향평가법이 2001년부터 시행되고 있다. 동법은 환경·교통·재해 또는 인구에 미치는 영향이 큰 사업에 대한 계획을 수립·시행함에 있어서 당해 사업이 환경·교통·재해 및 인구에 미칠 영향을 미리 평가·검토하여 건전하고 지속가능한 개발이 되도록 함으로써 쾌적하고 안전한 국민생활을 도모함을 목적으로 한다(환경·교통·재해등에관한영향평가법 제1조).

2. 평가서의 작성

사업자가 환경영향평가의 대상이 되는 사업을 시행하고자 할 때에는 대통령령이 정하는 바에 따라 평가서를 작성하여야 하는데(제5조), 사업자의 영향평가서작성은 환경영향평가대행자로 하여금 대행하게 할 수 있다(제7조). 평가대행자선정은 사업자의 임의로 정할 수 있으나, 실제로는 일정한 자격을 갖춘자에게 의뢰함이 보통이다. 이 경우 대행자는 행정자치부·환경부 및 건설교통부의 공동부령이 정하는 바에 따라 기술능력·시설 및 설비를 갖추어 환경부장관에게 등록된 자이어야 하는바, 그 등록에 있어서는 일정한 결격사유가 규정되어 있다(제8조·제9조).

사업자가 평가서를 작성함에 있어서는 설명회 또는 공청회 등을 개최하여 대상사업으로 영향을 받게 되는 지역주민의 의견을 수렴하여 이를 평가서의 내용에 포함시켜야 한다(제6조).

3. 환경영향평가서의 협의

협의는 대상사업에 대한 환경영향평가서를 그 대상사업실시여부를 최종적으로 결정하는 기관에 제출하여 그 기관의 의견을 구하는 절차이다. 사업자는 평가대상사업 또는 그 사업계획에 대한 승인을 얻어야 하는 경우에는 평가서를 그 승인기관의 장에게 제출하여야 한다(제17조 제1항). 승인기관의 장 및 승인을 얻지 아니하여도 되는 사업자는 대통령령이 정하는 바에 따라 평가분야별로 관계중앙행정기관의 장 또는 특별시장·광역시장·도지사에게 평가서를 제출하고, 그 평가서에 대하여 협의를 요청하여야 한다(제2항).

4. 평가서의 검토

평가서가 승인기관(당해사업의 관계기관)에 제출되어 승인을 받아야 하고, 승인을 받기 위해서는 이에 대한 검토가 있게 되는데, 이 경우 사업자·승인기관의 장과 환경부장관 등 중앙행정기관, 서울특별시장 등이 협의하여 검토함에 있어서 환경부장관 등은 대상사업이 환경·교통·재해 또는 인구에 해로운 영향을 초래할 위험이 있어 사업계획의 조정이 필요하다고 인정할 때에는 사업자 또는 승인기관의 장에게 사업계획의 조정과 보안 등 필요한 조치를 할 것을 요청할 수 있다. 이 경우 사업자 또는 승인기관의 장은 특별한 사유가 없는 한 그에 응하여야 한다(제19조 제1항·7항). 환경부장관 등이 평가서를 검토함에 있어서는 한국환경정책평가원의 표의 검토의견과 대통령령이 정하는 전문가의 의견을 들어야 한다. 이 경우 해양환경에 영향을 미치는 대상사업 등 대통령령이 정하는 사업에 대하여는 해양수산부장관의 의견을 들어야 한다(제3항).

5. 협의내용의 통보

승인기관의 장이나 사업자와 환경부장관사이에서 이루어진 협의의 결과는 승인기관이 최종적인 사업시행을 허가하거나 필요한 보완을 사업자에게 지시하는 등 중요한 의미를 가지므로 이를 통보하는 절차가 필요한 것이다.

① 환경부장관은 평가서의 검토가 완료된 때에는 그 결과(협의의 내용)를 대통령령이 정하는 기간 내에 승인기관의 장 등과 의견을 제출한 전문가에게 통보하여야 한다(제20조 제1항). ② 승인기관의 장 등은 통보 받은 협의내용 상호간에 모순 또는 충돌되는 내용이 있는 때에는 환경부장관에게 조절을 요청하며, 환경부장관은 영향평가협의회의 심의를 거쳐 협의내용을 조정하고, 이를 승인기관의 장 등에 통보한다(제2항·3항). ③ 협의내용을 통보받은 승인기관의 장은 이를 지체없이 사업자에게 통보하여 협의내용에 따른 필요한 조치를 하도록 하며, 사업자는 이에 따른 조치를 하여야 한다(제4항).

6. 이의신청

협의내용에 대하여 이의가 있을 때에는 사업자 또는 승인기관의 장은 환경부장관 등에게 이의를 제기할 수 있는바, 사업자가 이의신청을 할 때에는 승인기관의 장을 경유하여야 한다(제22조 제1항). 이의신청을 받은 환경부장관 등은 이의신청내용의 타당성여부를 검토하여 그 결과를 사업자 또는 승인기관의 장에게 통보한다. 승인기관의 장 또는 사업자는 통보를 받기 전에는 당해 사업계획 등에 대한 승인을 하거나 이를 확정하여서는 아니 된다(제2항·3항).

Ⅳ. 환경보전 특별대책지역의 지정

① 환경정책기본법은 환경보호에 있어서의 일반적인 지역·지구제의 지정과는 별도로 환경상태의 현저한 약화에 대응하기 위하여 특별대책지구를 지정할 수 있도록 하고 있다. 즉 환경부장관은 환경오염·환경훼손 또는 자연생태계의 변화가 현저하거나 현저하게 될 우려가 있는 지역과 환경기준을 자주 초과하는 지역을 관계중앙행정기관의 장 및 시·도지사와 협의하여 환경보전을 위한 특별대책지역으로 지정·고시하고, 당해 지역안의 환경보전을 위한 특별대책지역에서는 환경부장관이 통상의 기준치보다 엄격한 특별배출허용기준치를 정할 수 있도록 하고 있으며(대기환경보전법 제8조 제5항, 수질환경보전법 제8조 제5항), 또한 이 지역안의 사업자에 대하여는 총량규제를 할 수 있도록 하고 있다(대기환경보전법 제9조 제1항, 수질환경보전법 제9조 제1항).

② 자연환경보전법은 환경부장관은 자연환경의 보전을 위하여 필요하다고 인정되는 경우에는 중앙행정기관의 장과 협의하여 녹지보전지역, 자연생태계보전지역, 특정야생물·식물보호지역 및 해양생태계보호지역 등 자연 생태보전지역을 지정하여 관리할 수 있도록 하고 있다(제3장).

Ⅴ. 사업자 등에 대한 감독

위에서 본 환경계획수립·환경기준설정·환경영향평가 등은 환경행정의 특유한 수단으로 그 중요성이 부각되고 있는 것이나, 환경행정에 있어서도 전통적인 경찰법적 규제수단이 여전히 높은 비중을 차지하고 있다.

1. 배출시설의 설치평가 및 제한 등(인·허가제)

환경보전에 관한 개별법은 환경에 영향을 미치는 일정규모이상의 배출시설의 설치 또는 변경은 환경부장관의 허가를 받도록 하고 있다. 인·허가제는 환경보전을 위한 행정규제수단 중에서 중심적 위치를 차지하고 있다. 하천법이나 원자력법 등은 그 자체가 직접 환경보전관계법은 아니지만 여러 가지 허가제도로 규정을 두고 있다.

2. 허가의 취소 등

환경부장관은 사업자가 ① 사위 기타 부정한 방법으로 허가·변경허가를 받았거나 신고·변경신고를 한때, ② 이 법 또는 이 법에 의한 명령에 위반한 때, ③ 법 제15조

제1항 각호의 1에 해당하는 행위를 할 때에는 배출시설의 설치허가 또는 변경허가를 취소하거나 배출시설의 폐쇄를 명하거나 또는 6월 이내의 기간을 정하여 배출시설조업정지를 명할 수 있다(대기환경보전법 제20조).

3. 개선명령 · 조업정지 등 명령

① 환경부장관은 대기환경보전법 제14조의 규정에 의한 신고를 한 후 조업중인 시설에서 배출되는 오염물질의 정도가 배출허용기준을 초과한다고 인정하는 때에는 대통령령이 정하는 바에 의하여 기간을 정하여 사업자에게 그 오염물질의 정도가 배출허용기준이하로 내려가도록 필요한 조치를 취할 것을 명할 수 있다(제16조).

② 환경부장관은 개선명령을 받은자가 개선명령을 이행하지 아니하거나 기간내에 이행은 하였으나 검사결과 법정의 기준을 초과할 때에는 당해 배출시설의 전부 또는 일부에 대한 조업정지를 명할 수 있다(제17조)

③ 환경부장관은 허가를 받지 아니하거나 신고를 하지 아니하고 배출시설을 설치한 자에 대하여서는 당해 배출시설의 조업정지 또는 폐쇄를 명하여야 한다(제21조).

Ⅵ. 배출부과금 · 과징금 및 공급거부

환경행정은 규제조치나 명령위반 또는 불이행에 대한 제재적 조치 외에도 배출부과금 · 과징금 · 공급거부 등이 있다.

1. 배출부과금

배출부과금은 일정한 환경기준을 초과하는 오염원의 배출량이나 그 잔류량에 과하여지는 부과금으로 환경오염방지를 그 목적으로 하는 것이다. 배출부과금은 환경법의 기본원칙 중의 하나인 원인자부담원칙에 따라서 대기환경이나 수질환경을 오염시킨 자에 대하여 부과되는 일종의 특별부담금이다.

대기환경보전법에 의하면 환경부장관은 대기오염물질을 배출하는 사업자 및 허가 · 변경허가를 받지 아니하거나 신고 · 변경신고를 하지 아니하고 배출시설을 설치 또는 변경한 자에 대하여 배출부과금을 부과 · 징수한다(제19조). 수질환경보전법에 의하면 환경부장관은 수질오염물질로 인한 수질환경상의 피해를 방지 또는 감소시키기 위하여 오염물질을 배출하는 사업자 또는 오염방지시설의 허가 · 변경허가를 받지 아니하거나 신고 · 변경신고를 하지 아니하고 배출시설을 설치 또는 변경한 자에 대하여 배출부담금을 부과 징수한다. 이 경우 배출부과금의 종류·산정방법 및 기준 등은 대통령령으로 정한다고 규정되어 있다(제19조).

2. 과징금

과징금이란 원래 경제행정법상 의무에 위반한자가 당해 위반행위로 경제적 이익을 얻을 것으로 예정되어있는 경우에 당해 의무위반행위로 인한 불법적인 이익을 박탈하기 위하여 그 불법적 이익에 상응하는 금액을 과하는 일종의 행정 제재금인바, 이렇게 불법적 이익을 전적으로 박탈함으로써 간접적으로 의무이행을 강제하기 위한 제도이다. 그러나 불법적 이익의 박탈이라는 전형적인 과징금과는 달리 위반행위자에 대한 단속적 의미에서 과해지는 금전적 부담금의 성질을 가지는 이른바 변형된 과징금이 일반화되는 추세에 있다.

3. 공급거부

공급거부는 행정법상 의무위반에 대하여 행정상의 재화·역무의 공급을 거부하는 내용의 행정제재수단이다. 최근에 행정의무의 위반 또는 불이행에 대하여 그 이행을 확보할 수 있는 수단으로 활용되고 있다.

구수질환경보전법·구대기환경보전법(제21조 제2항)에서 환경부장관은 오염물질 배출시설의 사용금지 또는 폐쇄명령에 불응하는 사업장에 대하여 전기·수도의 설치나 공급을 중단하도록 관계기관의 장에게 요청할 수 있도록 하고 있다.

제5절 환경침해와 피해자의 권리구제

Ⅰ. 개설

권리구제에 있어서는 우선 환경침해가 이루어지기 이전에 행정정책이나 환경영향평가 등을 통한 이른바 사전적인 권리보장체계가 필요하다. 행정절차법상의 의견제출·청문·공청회 등에서 당사자 등이 자신의 의견을 개진할 수 있고, 환경침해가 예상되는 법령 또는 환경보전관련법령 등이 제정·개정·폐지되는 경우에 행정청이 이를 예고하는 입법예고제, 비교적 광역적인 환경침해가 이루어지기 전에 이해관계인의 권익보호를 위하여 현행 행정절차법상의 행정예고절차 등이 있고, 다음으로 환경·교통·재해등에관한영향평가법상의 환경영향평가제 등이 있다.

환경보호를 위한 사전적인 권리보호수단이 마련되어 있는데도 일단 환경침해로 인하여 관계인의 권익이 침해되는 경우에는 이를 구제하는 수단이 강구되어야 한다. 피해자의 권리구제수단으로 중요한 것은 이러한 사후적인 권리구제수단이다.

Ⅱ. 사후적 권리구제수단

1. 개설

사후적인 구제수단에 있어서는 그 내용상 두 가지 제도로 나누어진다. 그 하나는 환경오염으로 인한 분쟁이 사법적인 분쟁의 성격을 띠는 경우이고, 다른 하나는 환경행정과 관련된 권익침해에 대한 행정법상의 구제제도이다. 행정쟁송과 행정상 손해전보제도(국가배상·행정상 손실보상)가 그것이다.

행정법상의 이러한 일반적 구제제도 이외에 환경행정법상의 특유한 제도로서 환경정책기본법상의 쟁송외적 분쟁해결수단인 환경분쟁조정제도가 있다. 환경침해에 대한 손해배상청구의 경우 그것이 민사상의 손해배상청구소송이든 국가배상청구소송이든 손해배상청구소송에서 문제가 되는 것은 환경침해의 원인, 가해자의 고의 또는 과실을 입증하거나 침해가 구체적인 손해로 이어지는 인과관계를 밝힌다는 것이 어렵다는 점이다.

또한 환경침해는 그 피해가 광역적이라는 특수성이 있기 때문에 행정소송에서 주민의 원고적격을 확대할 필요가 있고, 또한 단체소송을 통하여 환경소송의 객관화의 필요성도 제기되며 광역적인 피해에 대한 손해배상의 수단으로서의 집단소송의 도입이 검토되고 있다.

2. 민사소송

어떤 사업체가 배출하는 오염물질로 인해 이미 피해를 입었거나 피해를 입고 있는 경우 피해구제의 방법으로는 우선 피해자가 가해자를 상대로 손해배상·방해배제 또는 방해예방을 구하는 등 사법적절차를 통하여 해결하는 것을 생각할 수 있다. 그런데 환경침해에 있어서는 가령 복합오염의 경우 원인규명이 곤란하고 동시에 가해자를 특정하기 어려우며 피해자도 광범위하고 또한 가해자의 고의·과실·위법성·인과관계의 입증 등 난점이 많다. 따라서 학자들에 의하여 무과실책임주의의 채용, 인과관계의 추정, 의제적 책임주의의 설정 등 여러 가지 개선책이 제시되고 있다.

3. 행정소송

환경행정으로 인한 개인의 권리·이익이 침해되는 경우는 행정청의 작위행위와 부작위행위로 인하여 발생한다. 작위행위로는 행정청이 환경의 보전을 위해 시설의 허가, 이전명령 및 취소권, 개선명령, 조업정지권, 위법시설의 폐쇄조치권 등이 있고, 부작위행위로는 조업정지권의 불행사 등과 같이 환경규제조치를 해태하는 경우이다. 행정청의 이러한 행정작용이 위법·부당한 경우 개인은 취소심판·취소소송, 의무이행심판·부작위위법확인소송 등을 제기할 수 있다.

(1) 취소쟁송

행정청의 처분(개선명령·허가·규제조치의 거부 등)의 위법을 이유로 처분의 직접상대방이 취소심판·취소소송을 제기할 수 있다. 처분의 직접상대방이 아니라 위법한 배출시설을 허가해준 행정청의 행위로 인하여 권리·이익의 침해를 받은 인근주민 등 제3자가 처분청을 상대로 취소심판·취소소송을 제기할 수 있다.

그런데 제3자가 사업자에 대한 행정청의 허가를 취소하기 위한 쟁송제기에 있어서는 법률상 이익이 있어야 한다. 이른바 청구인적격·원고적격의 문제이다. 행정심판법과 행정소송법은 청구인적격·원고적격을 '법률상 이익이 있는 자'로 한정시키고 있는바, 여기서 법률상 이익이란 법률이 보호하고 있는 이익 내지 법이 보호하고 있다고 해석되는 이익을 의미하는 것이며, 이는 결국 관계법령이 공익만이 아니고 제3자의 이익도 보호하는 규범인지 아닌지에 달려있다.

오늘날에는 공권 내지 법률상 이익을 확대하여 해석하려는 경향이 커지고 있다. 일반적으로 대기환경보전법이나 수질환경보전법상의 배출시설허가와 배출물질의 허용기준은 오염물질로 인해 피해를 입을지 모르는 인근주민 등을 보호하기 위한 규정이라 할 것이며 따라서 이들에게 청구인적격 내지 원고적격을 인정할 수 있을 것이다.

(2) 의무이행심판 내지 부작위위법확인소송

행정청이 환경법상 공권력을 발동함에 있어서 재량을 가지고 있는 경우에도 개인의 생명·신체·건강상의 법익침해가 현존하는 경우에는 이른바 '재량권의 0으로수축이론'에 의하여 그 재량은 0으로 수축하여 오직 공권력을 발동해야 할 법적 의무가 발생하고 따라서 행정청의 행위는 기속행위가 되며(개입의무발생), 주민 등 제3자는 일정한 요건하에 경찰개입을 요구하는 행정개입청구권을 행사할 수 있다.

이러한 환경개선명령의 발동청구권은 보다 일반적인 행정개입청구권의 한 형태인바, 행정개입청구권이 인정되기 위하여서는 ① 행정청에게 법률상의무가 부과되어 있어야 하고(특정처분의무의 존재), ② 그러한 의무를 부과한 취지가 개인의 이익도 보호하기 위한 것이어야 한다(사익보호성).

Ⅲ. 행정상 손해전보제도

1. 행정상 손해배상(국가배상)

(1) 개설

환경행정분야에서 국가 또는 지방자치단체의 배상책임은 첫째로 공무원이 고의・과실로 위법한 시설을 허가하여 제3자에게 손해가 발생한 경우 또는 공무원이 개선명령과 같은 규제행위를 하지 않음으로써(부작위) 제3자에게 손해가 발생한 경우에 손해를 받은 자는 국가배상법(제2조 제1항)이 정하는 바에 따라 손해배상을 청구할 수 있다. 둘째로 국가나 지방자치단체의 직접적인 환경오염행위 또는 환경관련 공공시설의 설치・관리의 하자로 인한 경우에 ① 국가 등의 직접적 환경오염행위에 있어서 역시 환경정책기본법 제31조의 무과실책임주의를 감안할 필요가 있으며, ② 국가 등이 운영하는 폐기물처리시설 등의 공공시설의 설치・관리의 하자로 요염물질이 배출하여 피해가 발생한 경우는 국가배상법 제5조의 법리가 그대로 적용되고, 그에 관한 특별한 문제는 생기지 아니한다.

(2) 위법한 배출시설의 허가로 인한 피해에 대한 국가책임

국가배상법은 「국가 또는 지방자치단체는 공무원이 그 직무를 집행함에 당하여 고의 또는 과실로 법령에 위반하여 타인에게 손해를 가하였을 때에는 이 법에 의하여 그 손해를 배상하여야 한다」(제2조 제1항)고 규정하고 있다.

따라서 위법한 배출시설을 허가(처분)한 것이 위법한 직무집행행위에 해당함은 물론이지만, 국가의 배상책임이 인정되기 위해서는 공무원의 과실이 인정되어야 한다. 과실인정문제와 관련하여 환경행정에 있어서는 그 입증이 매우 곤란한 점이 있으므로 이른바 '과실관념의 객관화'이론을 적용하여 위법성만 입증되면 과실을 인정하여야 할 것이다. 특히 과실인정문제에 있어서는 환경정책기본법상의 무과실책임(제31조)규정을 감안하여야 할 것이다.

(3) 환경규제조치 등의 불행사·해태로 인한 피해와 국가책임

행정청의 환경오염행위에 대한 규제조치·개선명령 등의 발동의 해태 또는 불행사로 인하여 피해가 발생한 경우 국가 등의 배상책임을 인정할 수 있는지의 문제이다. 국가배상관계에 있어서는 공무원의 적극적인 직무행위 뿐만 아니라, 소극적인 부작위의 직무행위로 인한 경우에도 국가 등은 그 책임을 인정한다. 즉 직무행위 속에는 부작위도 포함된다. 따라서 환경행정상의 환경규제권의 불행사나 해태가 국가배상법 제2조상의 직무행위에 해당하는 점에 대해서는 문제가 없다고 본다.

행정청의 부작위(행정청의 권한의 불행사)가 직무행위에 해당함은 의심의 여지가 없으나, 국가배상책임이 인정되기 위해서는 당해 부작위의 위법성이 인정되어야 하는바, 그러기 위해서는 관계법령에 의하여 행정청에게 부여된 작위의무의 위반이 있어야 하고 그 관계법령의 취지가 공익뿐만 아니라 개인(인근주민)의 이익도 보호하는 것이어야 한다(사익보호성).

오늘날 사인(특히 사기업)의 활동범위가 대폭적으로 증대하고 있으며, 많은 경우에 이에 대한 행정청의 감독권한의 행사가 인정되고 있다. 그리하여 사인이 그의 활동범위에서 제3자에게 손해를 발생시킨 경우에는 사인간에서 가해자를 상대로 민사상의 손해배상을 청구할 수 있을 뿐만 아니라 행정청의 감독권한의 불행사를 이유로 국가배상을 청구할 수 있다. 행정청(공무원)의 부작위를 이유로 한 국가배상사건은 주로 이러한 경우에 생기며, 특히 환경행정법·소비자행정법 등에서 거론된다.

2. 행정상 손실보상

① 환경보전과 관련하여 국가 등의 공권력이 국민의 재산권을 침해한 경우에 손실보상을 해야 함은 당연하다. 즉 환경보전을 위한 각종 계획이나 규제·명령 등에 의해 개인의 재산권에 부과되는 '특별한 손실'이 발생한 경우에 손실보상문제가 발생한다.

② 환경관계법률은 개별적인 토지의 수용·사용 또는 제한에 대해 일반적으로 보상규정을 두고 있다. 예컨대 자연환경보전법에서 환경조사를 위한 타인의 토지에의 출입에 따른 손실에 대한 보상을 규정하고 있고(제33조), 대기환경보전법과 수질환경보전법에서는 대기오염·수질오염의 실태파악을 위해 측정망설치를 위한 토지·건물 등의 수용·사용으로 인한 손실에 대한 보상을 규정하고 있고(제5조), 폐기물관리법에서는 폐기물매립시설의 사용종료 또는 폐쇄후의 토지이용제한으로 인한 손실보상에 대하여 규정하고 있는 것(제50조) 등이다.

③ 토지이용제한에 있어서 그 제한의 인적범위가 일반적인 경우에는 토지관계법률

에 보상규정을 두고 있지 않는 것이 일반적인바, 환경법규도 보상규정을 두고 있지 않다. 이는 토지이용제한이 잠정적인 성질의 것이고 또한 내용에 있어서도 관계토지의 효용성을 유지 또는 증진하기 위한 것이라는 점에서 '특별한 손실'에는 해당하지 않고 재산권에 내재하는 사회적제약으로서의 이른바 '사회적 구속성'에 해당하기 때문이라 할 것이다.

Ⅳ. 환경분쟁조정제도(쟁송외적 분쟁해결제도)

① 종래에는 환경문제에 관한 쟁송으로 민사소송이나 국가배상절차에 의해 손해배상을 청구하는 것이 일반적이었다. 그러나 이러한 절차에는 많은 비용과 시간이 소요되는 것이 보통이다. 환경분쟁조정제도는 손해배상을 위한 소송절차로 인하여 소요되는 비용과 시간을 절약하여 환경분쟁을 신속하고 효율적으로 해결하기 위한 것이다.

② 그러나 이 제도는 단순히 개인의 권익을 구제하자는 데 있지 아니하다. 즉 대규모환경피해가 발생하는 경우에는 자칫 당사자간에 극도의 대립적 양상이 발생하고 사회적 불안이 야기되기도 한다. 그러므로 환경분쟁조정제도는 중대한 환경피해가 발생하고 이를 방치하면 사회적으로 중대한 영향을 미칠 우려가 인정되는 경우에 당사자의 신청이 없더라도 직권으로 조정절차가 개시될 수 있다(환경분쟁조정법 제30조). 따라서 이 제도는 단순히 환경피해로 인한 개인의 권익을 구제하는데 그치지 아니하고 환경피해의 공익적 측면을 고려한 사회적 갈등해소의 메카니즘으로 기능하는 것이다.

③ 환경분쟁조정제도는 환경정책기본법에 근거하여 제정된 환경분쟁조정법상의 제도이다. 환경정책기본법은 정부로 하여금 환경오염으로 인한 분쟁이 신속하고 공정하게 해결되도록하기 위하여 필요한 시책을 강구하고, 환경오염피해를 원활히 구제하기 위하여 많은 시책을 강구하도록 하고 있다(동법 제29조·제30조). 이에 따라 제정된 환경분쟁조정법에서는 분쟁의 공정·신속한 해결을 위하여 환경분쟁의 알선·조정 및 재정의 절차 등을 규정하고 있다.

④ 환경분쟁을 조정하기 위하여 환경분쟁위원회가 설치된다. 동 위원회는 준사법적 기능을 갖는 행정위원회(합의제 행정관청)이다. 환경부에 중앙환경분쟁조정위원회와 서울특별시·광역시·도에 지방환경분쟁조정위원회가 설치되어 있다. 분쟁이 발생한 경우에 당사자의 일방 또는 쌍방은 중앙 또는 지방환경조정위원회에 분쟁의 알선·조정 또는 재정을 신청할 수 있다(동법 제16조 제1항).

⑤ 환경분쟁조정법은 환경오염의 피해가 광역적이고 다수의 피해자가 발생할 것을

예상하여 집단적 환경분쟁의 처리를 위한 다수의 규정을 두고 있는바, 그중 대표적인 것이 선정대표자 및 환경단체의 조정신청권이다. 다수인이 공동으로 조정의 당사자가 되는 경우에는 그 중에서 3인 이하의 대표자를 선정할 수 있다. 선정대표자가 일단 선정된 경우에는 다른 당사자들은 그 선정대표자를 통해서만 그 사건에 관한 행위를 할 수 있다(동법 제18조).

제4장 경제행정법

제1절 개 설

Ⅰ. 의의

경제행정법이란 시장경제활동에 대한 행정권의 규제와 행정주체가 경제활동을 수행하는 것에 관한 법규정 및 행정권의 행사에 의해 침해된 국민의 권익에 대한 구제제도에 관한 법체계를 말한다.

Ⅱ. 경제행정법의 체계

일반적으로 경제법은 주로 개인의 경제활동이 자유롭고 공정하게 행해질 수 있도록 하고 그들의 경제활동의 촉진을 위하여 규제·감독 또는 유도·조정하는 법체계이다. 따라서 경제법의 대상은 국가와 개인간의 행정상의 법률관계를 중심으로 한다. 그러한 의미에서 일 국가의 법체계를 공법과 사법의 체계로 구분할 때 경제법은 공법체계의 한 부분을 형성하고 있다. 그러나 또한 동시에 경제법은 미시적으로 보면 개인과 개별기업의 경제활동을 그 규율대상으로 하므로 민법과 상법 등 사법의 체계와 밀접한 관련을 맺고 있다. 그러므로 경제법은 경제공법과 경제사법의 혼합법적 성격을 가지는 상위개념의 법으로서 경제에 대해 중요한 의미를 가지는 모든 법규의 총체라고 이해할 수 있다.

Ⅲ. 경제행정법과 헌법

1. 헌법상 경제질서

우리 헌법의 규정을 보면 「대한민국의 경제질서는 개인과 기업의 경제상의 자유와 창의를 존중함을 기본으로 한다」(제119조 제1항)고 하여 우리 경제헌법의 대원칙을 규정하고 있으며, 이것은 우리 헌법의 경제질서가 자유주의적인 경제원리에 입각하고 있다. 개인과 기업이라는 경제주체의 경제적 자유를 근간으로 하여 생산과 소비, 고용과 경제성장을 창출하여 국부의 증진을 도모한다는 의미로 해석될 수 있다. 제119조 제2항은 「국가는 균형있는 국민경제의 성장 및 안정과 적절한 소득의 분배를 유지하고, 시장의 지배와 경제력의 남용을 방지하며, 경제주체간의 조화를 통한 경제의 민주화를 위하여 경제에 관한 규제와 조정을 할 수 있다」라고 규정하여 헌법상 근로자의 권리, 사회적 기본권, 인간의 존엄과 가치의 실현을 위한 조항들과 함께 우리 경제헌법의 또 다른 측면을 천명하고 있다.

2. 경제행정의 헌법적 한계

경제행정법은 헌법상의 법치주의적 한계가 준수되어야 하는바, 여기에 속하는 대표적인 것으로 비례의 원칙, 직업의 자유, 재산권의 보장, 노동의 권리, 근로자의 노동3권, 집회·결사의 자유, 평등권, 사적자치, 계약의 자유 등이 있다. 이 중에서 경제행정과 관련하여 특히 중요한 것으로 비례원칙과 직업의 자유이다.

제2절 경제행정조직

행정법의 한 부분으로서의 경제행정법의 구체화의 실현은 기본적으로 국가(정부)나 지방자치단체의 임무에 속하고, 정부와 지방자치단체는 관련 행정기관·공기업 등을 통해서 경제행정을 수행한다. 헌법은 행정조직의 기본원칙으로서 민주적 정부형태(제67조), 지방자치제도(제117조), 행정조직법정주의(제96조) 등을 규정하고 있다. 현행법하의 경제행정조직에 관한 검토는 경제행정의 주체를 기준으로 하여 국가행정조직, 지방자치단체의 행정조직 그리고 기타 경우로 나누어 살펴보기로 한다.

Ⅰ. 국가의 경제행정조직

1. 직접국가경제행정조직

현행의 정부조직에 있어 직접국가경제행정조직을 구성하는 기관으로는 대통령·국무회의·재정경제부장관·경제관련장관·경제장관회의 등이다. 경제의 주무부서는 재정경제부이다. 이 밖에 국무총리소속하에 기획예산처·금융감독위원회·공정거래위원회 등이 경제에 대한 막강한 권한을 행사하고 있다.

경제에 관한 권한이 이와 같이 여러 기관에 분산되어 있어서 혼선을 일으키는 경우도 없지 않다. 이리하여 그 경제부서를 통괄하는 경제담당 부총리제의 부활의 필요성이 논의되기도 한다.

2. 간접국가경제행정조직

간접경제행정이란 국가가 직접수행하는 것이 아니라 독립된 공법상의 법인에 의해서 행해지는 행정이고, 이런 행정을 수행하는 국가의 행정조직이 간접국가경제행정조직이다. 오늘날의 행정은 행정조직의 다원화에 의해 전문화·분권화의 추세를 보이고 있는바, 특히 경제행정에 있어서는 간접국가행정조직의 비중이 계속 커지고 있다. 공사·공단·공법상재단 등이 그 기구들이다.

3. 경제행정상 합의제행정청

경제행정도 일반행정과 마찬가지로 독임제 행정청에 의해 수행되는 것이 보통이지만, 공정거래위원회·금융감독위원회·무역위원회·물가안정위원회 등의 합의제 행정기관이 그 업무를 수행하는 경우도 있다. 공정거래위원회는 국무총리소속하의 합의제 행정관청으로서의 지위를 가지며, 그의 권한으로서 시장지배적 지위의 남용행위규제, 부당한 공동행위규제, 불공정거래행위규제 등이 있다.

Ⅱ. 지방자치단체의 경제행정조직

1. 지방자치단체의 직접경제행정규제

지방자치단체의 경제행정은 법령과 조례의 범위 안에서 지방자치단체의 장과 그 소속 행정기관이 행한다. 지방자치단체의 경제에 대한 권력적 규제행정은 국가의 기관위임사무가 그 대부분을 차지한다고 보아야 하지만, 지역적 특수성을 감안한 소비자보호나 경제에 대한 비권력적인 유도·조정 등의 조치는 지방자치단체의 적절한 경제행정분야가 될 것이다. 그리고 지방자치단체는 직접 공기업을 경영하기도 한다. 말하자면 법적 독립성이 없는 공기업은 바로 지방행정조직의 한 구성부분이다.

지방공기업 중 이러한 지방직영공기업은 지방자치단체가 조례에 의하여 자기의 경제적 부담에 의하여 직접 관리·경영하는 사업으로서, 수도사업·궤도사업(도시철도사업 포함)·자동차운송사업·주택사업 등이 그 대상이 된다(지방공기업법 제1조·제

2조 · 제5조). 이러한 지방공기업에 있어서는 지방자치단체는 경제에 대한 규제자로서가 아니라 스스로 경제주체로서 경제과정에 참여하는 것이다.

2. 지방자치단체의 간접경제행정조직

지방자치단체는 공법인 또는 공공단체를 통하여 비권력적 사업을 하는 행정조직을 가질 수 있다. 지방공사 · 지방공단 등을 설치 · 운영할 수 있는 것이 그것이다(지방자치법 제137조, 지방공기업법 제49조 · 제76조). 예컨대 서울특별시지하철공사, 서울특별시시설관리공단, 서울특별시농수산물공사 등이다.

Ⅲ. 공법상 사단의 형식을 띠는 단체에 의한 경제상 자치행정(경제자치)

국가는 경제행정임무와 관련이 있는 단체에 대하여 경제행정임무를 위탁하여 경제행정을 수행하기도 하는바, 법률에 의해 이들 단체에게 자치권을 부여함으로써 국가가 경제를 보호 · 육성하는데 있어서 이들의 전문지식을 활용하여 올바른 결정을 내리는데 도움이 되며, 단체로 하여금 자신들의 직업과 관련된 업무를 구성원의 이익을 위함과 동시에 공익을 위해 스스로 수행하게 하는데 의의가 있다. 상공회의소가 그 대표적이며, 그밖에도 의사회 · 치과의사회 · 한의사회 · 약사회 · 변호사회 · 농업협동조합을 위시한 각종 협동조합 등이 있다.

Ⅳ. 사인에 의한 경제행정

경제행정에 사인이 참여하는 경우도 있다. 이른바 공무수탁사인 · 공의무담당사인 · 행정보조자 등에 의한 행정이 그것이다.

1. 공무수탁사인

공무수탁사인이란 공행정사무를 자신의 이름으로 처리할 수 있는 권한을 부여받아 공권력을 행사할 수 있는 사법상의 자연인 또는 법인을 말한다. 공무수탁사인의 결정적 특징은 위탁된 당해 공임무와 관련하여 고권적 권한을 행사할 수 있다는 점이다. 고권적 권한을 자기의 이름으로 자주적으로 행사할 수 있기 위해서는 법적 근거를 요한다. 즉 사인에 대한 공무위탁은 직접 법률이나 법률에 근거한 행정행위 혹은 공법상 계약을 통해 행해진다.

사인에 대해서는 개별적인 권한만이 위탁될 수 있다. 따라서 공무수탁사인의 법률관계는 특정권한에만 관련되는 것이며, 당해 사인의 모든 법적지위에 대하여 그러한 지위가 인정되는 것은 아니다. 공무수탁사인을 인정하는 것은 국가의 사무를 경감하고 분산시키며, 사인의 지식과 재력을 이용하기 위함이다. 사인이 기업자 또는 공공사업의 시행자로서 토지수용권 등 공권력을 행사하는 경우가 이에 해당한다.

2. 행정의 보조자

공무수탁사인과는 달리 고권적 임무수행에 있어서 행정청의 위탁이나 지시에 따라 경제행정에 도움을 주는데 불과한 행정의 보조자가 있는데, 이것은 결코 자주적 행정주체가 아니다. 쓰레기 수거나 방사성폐기물제거 등 행정영역에서 찾아볼 수 있다. 오늘날 경제행정청은 다양하고 전문적인 임무수행과 관련하여 행정의 보조자로서의 사인의 도움을 필요로 하는바, 예컨대 국가의 건축물의 안전도의 심사에 건축전문가의 도움을 받는 것과 같은 경우이다.

3. 공의무담당자

사인의 공적채무의 수행이 법률에 의하여 특정한 의무로서 부과되는 경우에 그 사인은 단순히 행정보조자로서의 역할을 하는 것이 아니다. 이러한 사인을 공의무담당자 또는 공의무부담자 또는 공적의무가 부과된 사인이라 한다. 이러한 사인은 고권적 권한을 행사하는 것이 아니다. 예컨대 사용자에 의한 근로자의 근로소득세의 징수의무, 석유비축의무, 한국의 경우 석유사업법 제17조에 의한 석유정제업자 등의 석유비축의무 등의 부담을 지는 경우의 사인을 의미한다.

제3절 경제행정의 임무

국가의 경제행정상의 임무는 크게 보아 3가지로 구분될 수 있다.

① 소극적으로 경제상의 위험을 방지하고 경제질서를 보호·유지하기 위한 경제감독 또는 경제감시이다. 이것은 경제영역에서의 국가의 소극적 목적, 즉 위험의 방지와 위험의 제거를 내용으로 하는 국가작용이며, 새로운 경제상태의 실현을 위한 것이 아

니라 일정한 수준의 경제상 안전의 보장을 위한 작용이다.

② 적극적으로 경제를 바람직한 방향으로 이끌어가기 위한 경제유도 또는 경제지도이다. 경제행정은 경제가 공적 안전과 질서에 바람직하지 않는 영향을 주지 않도록 하는데 관심을 기울일 뿐만 아니라 한 걸음 더 나아가서 국민경제상 생활개선이 이루어지도록 바람직한 경제상태의 방향으로 이끌어 가는데 관심을 가져야 함은 오늘날의 복지국가에서 당연한 것이다.

③ 국가나 지방자치단체가 경제를 직접·간접으로 지원하는 경제조성 또는 경제촉진이 그것이다. 자금조성행정이 그 대표적인 예이다. 다만, 이들 상호간의 구분이 명확한 것은 아니다. 특히 경제유도와 경제조성은 서로 겹치는 경우가 많다. 예를 들면 자금지원은 경제를 지원·조성함과 동시에 경제를 유도하기 위한 것일 수도 있다. 경제유도의 중요한 수단이 자금지원이다. 그러한 의미에서 넓은 의미의 경제유도(지도)에는 경제조성이 포함된다고 볼 수 있다.

제4절 경제행정의 행위형식

Ⅰ. 법령에 의한 직접적 규율

경제에 대한 국가 등의 개입은 개별·구체적인 조치로서의 행정행위에 의하지 않고 법령에 의하여 직접적으로 규율할 수도 있다. 지방자치단체도 경제행정의 주체로서 조례·규칙에 의하여 경제에 관한 규제와 조정을 행할 수 있음은 물론이다. 경찰상의 목적을 위해 국민에 대하여 작위·부작위·급부·수인 등의 의무를 명하는 경찰하명에는 법규하명과 처분으로서의 하명이 있는 것과 같이 경제상의 목적을 위한 하명에 법규하명이 있는 것이다. 기준환률에 의하지 아니한 외국환거래의 금지(외국환거례법 제5조), 매점매석행위의 금지(물가안정에관한법률 제7조), 부당한 공동행위 및 불공정거래행위 금지(독점규제및공정거래에관한법률 제4조·제5조) 등이 이에 해당한다.

Ⅱ. 행정행위

행정행위는 경제행정법에 있어서 중심적인 행위형식으로 간주되고 있다. 행정행위는 개별·구체적인 규율로서의 행위가 전형적이지만 일반·구체적인 이른바 일반처분이나 일반처분의 일종인 물적 행정행위 등이 있다.

Ⅲ. 사법적 경제활동

경제행정분야에 있어서의 그 행위형식의 특징의 하나는 공법적 행정이외에 사법적 행정이 활발하다는 점이다. 국가 등은 사회정책적 관점에서 행정지원으로서 공무수행에 필요한 물자조달작용, 영리목적의 물자생산과 시장에서의 판매 · 교환 등의 경제활동과 교통시설 · 양로원 등의 각종의 보호시설의 설치 · 유지를 위한 생활보호 등의 활동을 한다.

국가가 일방적으로 경제의 안전 · 계획 · 촉진 등을 고권적으로만 하는 것이 아니고 사인과 같은 지위에서 경제활동에 참여하는 경우가 많다. 이른바 국고작용 또는 국고행정이 그것이다. 국고행정은 좁은 의미에서는 '행정의 보조작용'과 '행정의 영리적 활동'만을 의미하지만 넓은 의미에서는 이것들 이외에 사법형식에 의한 행정과제의 직접적 수행이 포함된다. 어떻든 국고행정에서의 법률관계는 사법내지 행정사법의 적용을 받게 된다.

Ⅳ. 행정지도

행정지도는 대체로 '행정주체가 일정한 행정목적의 실현을 위하여, 특정한 개인 또는 법인이나 기타 관계자의 행동을 유도하여 그 의도하는 바를 실현하기 위하여 행하는 비권력적 사실행위'라고 정의되고 있다. 행정기관이 그 소관사무에 속하는 사항에 관해서 권고 · 조언 · 교시 등의 비권력적 행위는 특히 급부행정에 있어서 그 중요한 수단이 되고 있는바, 경제행정분야에서 많이 활용되고 있고 실효를 거두고 있다.

Ⅴ. 행정계획(경제계획)

경제와 사회에 대한 국가의 책임은 문제가 발생한 뒤에 사후적으로 처리함으로써 충분히 실현될 수 있는 것이 아니다. 그것은 국가가 경제과정에 예측적 · 지도적 · 적극적으로 참여할 때 기대될 수 있는 것이 오늘날의 상황이다.

오늘날 경제공동체는 광범위하고, 분업적으로 조직화되어 있고, 고도로 기술적이며, 복잡하고 다양하게 얽혀있다. 따라서 국가는 경제계획을 통하여 실질적인 법치국가 · 균형있는 국민경제의 실현을 위하여 능동적인 경제형성과 광범위하고도 계획적인 경제과정상에 질서를 확립하여야 한다.

Ⅵ. 정책적 수단

국가가 경제의 일반적 동향에 총괄적으로 영향력을 행사하는 수단으로 ① 조세정책, ② 재정정책, ③ 금융·통화정책 등이 있다.

제5장 토지행정법

Ⅰ. 개념

토지행정법이란 토지에 관하여 행정법적 규율을 가하는 법규의 총체를 말하는 것으로서, 토지의 소유·이용·개발·보전·거래에 관한 행정권의 작용 및 국민의 권익구제에 관한 국내공법을 말한다. 토지와 관련된 개별법률에서 사용되는 개념들을 정리하면 다음과 같다.

1) 국토계획

국토계획이란 국토를 이용·개발 및 보존함에 있어서 미래의 경제적·사회적 변동에 대응하여 국토가 지향하여야 할 발전방향을 설정하고 이를 달성하기 위한 계획을 말한다(동법 제6조 제1항).

2) 국토종합계획

국토기본법상의 국토종합계획은 일반적으로 행정기관만을 구속하는 대내적 구속력만 가지므로 일반국민에 대해서는 구속력이 없는 비구속적 계획이며, 20년 단위로 수립되는 장기종합계획이다(제7조 제3항). 국토종합계획의 내용에 대해서는 동법 제10조에 규정되어 있다. 국토종합계획은 건설교통부장관이 수립하고 국토정책위원회의 심의와 국무회의의 심의를 거쳐 대통령의 승인을 받아야 한다.

3) 하위계획

국토종합계획의 하위계획으로서, ① 도종합계획, ② 시·군종합계획, ③ 지역계획, ④ 부문별계획이 있다. 국토종합계획은 이들 계획의 기본이 되며, 도종합계획은 시·군종합계획의 기본이 된다.

4) 광역도시계획

광역도시계획이란 법에 의하여 지정된 광역계획권의 장기발전방향을 제시하는 계획을 말한다. 동법 제10조에 의하면 ① 건설교통부장관은 2이상의 특별시·광역시·시 또는 군의 관할구역 전부 또는 일부를 대통령령이 정하는 바에 따라 광역계획권으로 지정할 수 있다. ② 중앙행정기관의 장, 특별시장·광역시장·도지사·시장 또는 군수는 건설교통부장관에게 광역계획권의 지정 또는 변경을 요청할 수 있다. ③ 건설교통부장관은 광역계획권을 지정 또는 변경하고자 할 때에는 관계 시·도지사·시장 또는 군수의 의견을 들은 후 중앙도시계획위원회의 심의를 거쳐야 한다.

5) 도시기본계획

도시기본계획이란 특별시·광역시·시 또는 군수의 관할구역에 대하여 기본적인 공간구조와 장기적인 발전방향을 제시하는 종합계획으로서 도시관리계획의 지침이 되는 계획을 말한다.

도시기본계획의 수립은 특별시장, 광역시장, 시장 또는 군수가 수립한다. 다만, 시 또는 군의 위치, 인구의 규모, 인구감소율 등을 감안하여 시 또는 군은 도시기본계획을 수립하지 아니할 수 있다.

6) 도시관리계획

도시관리계획이란 도시기본계획을 집행하기 위한 구체적인 계획으로서 국민에 대하여 직접적으로 구속력을 가지는 행정계획이다. 도시관리계획은 종전의 도시계획법상의 도시계획에 해당하는 것으로 행정쟁송법상의 처분의 성질을 가진다.

Ⅱ. 토지의 공개념

토지공개념이란 토지정책의 일대전환을 위한 전제로서 토지란 단순한 상품이 아니라 인간의 생활과 생산활동을 위한 불가피한 기반이기 때문에 그 토지가 어떤 종류의 토지든 토지가 지니는 기능 내지 적성이나 지역에 따라 공공복리를 위해 가장 값지게 그리고 가장 효률적으로 이용되지 않으면 아니되며, 이를 위해 적정한 유도·규제가 가하여지지 않으면 아니 된다는 것을 말한다.

Ⅲ. 토지의 이용제한

토지는 유한성, 비대체성, 비생산성을 그 특징으로 하고 있기 때문에 그 이용에 대하여는 어느 정도 소유자중심에서 이용자중심주의를 위한 공적 개입이 불가피하게 인정되고 있다. 따라서 토지는 현재 처해있는 상황에 비추어 특성에 맞지 않거나 공공의 이익에 반하는 재산권의 행사는 억제하며, 장래의 효율적인 이용을 위하여 사적인 이용을 제한하게 된다.

토지이용에 관하여 정부가 공적수단을 통하여 개입하는 방법에는 크게 토지세제 등의 경제적 유인을 이용한 간접개입, 정부나 공공단체가 토지시장에 개입하여 시장기능을 수행하는 직접개입, 사회적으로 바람직하지 못한 토지이용을 억제하는 토지이용규제의 3가지 방법이 있다.

Ⅳ. 토지이용의 의무부과

일정한 이용행위를 제한하는 소극적 금지에 그치지 아니하고 적극적으로 토지의 용도에 적합한 내용의 이용의무, 즉 작위의무를 부과하며 이를 이행하지 않을 경우에는 대집행한 후 그 비용을 징수하거나 토지수용을 하는 경우도 있다.

Ⅴ. 토지거래계약허가제

토지거래허가제란 토지의 투기적 거래로 인한 급격한 지가의 상승을 억제하기 위하여 건설교통부장관이 지정한 구역 안에서의 토지 등의 거래계약에 대하여 시장・군수 또는 구청장의 허가를 받도록 하는 제도이다.

Ⅵ. 공시지가제

공시지가제란 토지의 적정가격을 평가・공시하여 이를 사인간의 거래와 국가・지방자치단체가 행하는 토지수용이나 협의매수 또는 과세 등의 기준가격으로 함으로써 지가안정을 도모하고 공공복리에 이바지하기 위한 제도이다. 부동산가격공시및감정평가에관한법률 제3조에 의하면, 건설교통부장관은 매년 전국에 걸쳐 일정수의 표준지에 대한 지가를 결정・공시하여야 하고, 또한 시장・군수 또는 구청장은 매년 공시지가를 기초로 하여 개별토지의 지가를 결정・공시하여야 한다.

한편, 표준공시지가란 공시법의 규정에 의한 절차에 따라 건설교통부장관이 조사・평가하여 공시한 표준지의 단위면적당 가격을 말한다(부동산가격공시및감정평가에관한법률 제2조). 일반적인 토지거래의 지표가 되며, 국가, 지방자치단체 등의 기관이 그 업무와 관련하여 지가를 산정하거나 감정평가업자가 개별적으로 토지를 감정평가하는 경우에 그 기준이 되는 것이다(제3조).

Ⅶ. 개발이익환수제도

개발이익이란 개발사업으로 인하여 개발사업자에 돌아가는 토지가액의 증가분과 공공사업의 시행, 토지이용계획의 변경 기타 사회·경제적 요인에 의하여 정상지가상승증가분을 초과하여 토지소유자에게 귀속되는 토지가액의 증가분을 말한다(개발이익환수에관한법률 제2조). 현행법상 개발이익의 환수방법에는 과세적 방법과 비과세적 방법이 있다. 과세적 방법으로는 재산세·종합토지세·재산의 처분에 대한 과세인 양도소득세 등에 의한 것과 비과세적 방법으로는 개발이익환수에관한법률에 근거하여 부과되는 개발부담금제도가 있다.

第6장 공용부담법

第1절 공용부담법 총설

Ⅰ. 공용부담의 의의

공용부담이란 특정 공익사업이나 공익목적을 위하여 또는 특정 물건의 효용을 보존하기 위하여 개인에 강제적으로 부과되는 경제적 부담을 말한다. 전통적으로 공용부담은 특정 공익사업을 위한 것으로 한정하였으나, 오늘날에는 이에 한정하지 않고 공용부담을 위한 공공성의 개념이 확대되는 경향이다.

Ⅱ. 공용부담의 종류

1. 내용에 의한 분류

(1) 인적 공용부담

공익사업의 수요를 충족시키기 위하여 특정인에게 작위·부작위 또는 급부의무를 과하는 것을 말하며, 그 의무는 공법상 채무의 성질을 갖는다. 인적 공용부담은 특정인에 대한 부담이라는 점에서, 특정 권리에 대하여 과하여지는 물적 공용부담과는 다르다.

(2) 물적 공용부담

공익사업의 수요를 충족하거나 또는 특정 공익목적을 위하여 국민의 특정 재산권에 부착하여 강제적으로 부과되는 경제적 부담이다. 당해 재산권에 부착되어 물권적 변동을 야기한다는 점에서 단순한 채권적 성질을 갖는 인적공용부담과는 구별된다.

2. 그 밖의 분류

공용부담은 또한 ① 공용부담의 목적에 따라 도로부담·하천부담·철도부담 등, ② 공용부담의 주체에 따라 국가에 의한 부담, 지방자치단체에 의한 부담 등, ③ 발생원인에 따라 강제적 부담과 임의적 부담 등으로 나눌 수 있다.

제2절 인적 공용부담

Ⅰ. 의의

인적 공용부담은 공익사업의 수요를 충족시키기 위하여 법률에 의거하여 국민에 과하여지는 작위·부작위·급부의 의무를 말한다. 그 의무는 공법상의 의무이므로, 그 불이행에는 행정상의 강제집행이, 그 위반에 대하여는 행정벌이 과하여진다.

Ⅱ. 종류

1. 부과방법에 의한 분류

(1) 개별부담

개별부담은 각 개인에 대하여 개별적으로 과하여지는 부담이다. 따라서 부담의무자가 다수인인 경우에도 각자는 자기의 부담분에 대하여만 책임을 진다.

(2) 연합부담

부담의무자인 개인의 총합체에 대하여 공동의 부담으로 과하여지는 부담을 말한다. 연합부담은 당해 부담이 개별적으로 분할되지 않고 총합체에 대하여 부과되는 것이므로, 그 전체의 이행이 있어야 비로소 공용부담이 이행된 것으로 되며, 각 부담의무자는 공용부담의 전체에 대하여 책임을 진다.

2. 부담근거에 의한 분류

(1) 일반부담

일반부담은 일정 범위의 개인일반에 대하여 그 능력에 따라 과하여지는 부담이다.

(2) 특별부담

특정 공익사업과 특별한 관계에 있는 자에게 과하여지는 것으로, 당해 관계의 성질의 내용에 따라 수익자부담·원인자부담·손상자부담 등으로 나눌 수 있다.

(3) 우발부담

우연히 당해 사업의 수요를 충족시킬 수 있는 자에 과하여지는 부담으로, 그 정도는 사업의 필요에 따라 결정된다.

3. 내용에 의한 분류

인적공용부담은 그 내용에 따라 부담금, 부역·현품, 노역·물품, 시설부담, 부작위부담 등으로 분류할 수 있다.

Ⅲ. 인적 공용부담의 내용

1. 부담금

부담금이란 특정 공익사업과 특별한 이해관계에 있는 자에 대하여 그 사업에 필요한 경비의 전부 또는 일부를 부담시키기 위하여 과하는 공법상의 금전급부의무를 말한다. 경비의 일부를 부담시키는 경우를 특히 분담금이라고도 한다.

2. 부역·현품

특정 공익사업의 수요를 충족시키기 위하여 노역 또는 물품과 금전과의 선택적 급부의무를 내용으로 하는 것을 부역·현품이라 한다. 이 중에서 노역과 금전과의 선택적 급부의무를 내용으로 하는 것을 부역이라 한다.

3. 노역·물품

특정한 공익사업을 위하여 필요한 노역 또는 물품 그 자체를 급부할 의무를 말한다. 노역·물품은 비상재해의 복구 기타 목전에 긴박한 필요가 있는 경우에, 달리 그 수요를 충족시킬 방법이 없을 때에 한하여 예외적으로만 인정된다.

4. 시설부담

공익사업의 수요를 충족하기 위하여, 그 사업과 특별한 관계에 있는 사람 또는 우발적으로 그 수요를 충족시킬 수 있는 지위에 있는 사람에게 과하여지는 공사 기타 일정한 시설을 할 공법상 의무를 말한다.

5. 부작위부담

특정한 공익사업을 위하여 일정한 부작위의무를 과하는 인적공용부담이다. 이는 내용적으로는 경찰금지나 재정금지와 비슷하나, 그 목적에 있어 차이가 있다. 부작위의무는 직접 법령에 의하여 부과되는 것이 보통이나 행정처분으로 과하여지는 경우도 있으며, 부작위의무의 불이행에 대하여는 그로 인하여 발생한 위법한 상태의 제거를 명한 후 그 불이행에 대하여 대집행에 의하여 그 이행을 확보할 수 있다.

제3절 물적 공용부담

Ⅰ. 공용제한

공용제한이란 특정 공익사업이나 공익목적을 위하여 또는 특정 물건의 효용을 보존하기 위하여 개인의 재산권에 과하여지는 공법상의 제한을 말한다. 공용제한은 그 제한을 필요로 하는 공익사업의 수요 또는 공익상 필요의 내용에 따라 계획제한·보전제한·사업제한·공물제한 및 사용제한으로 나눌 수 있으며, 계획제한·보전제한·사업제한을 부담제한이라 하기도 한다.

(1) 계획제한

1) 국토이용계획제한

국토의 합리적 이용이나 도시의 건전한 발전을 위하여 일정한 행정계획에 기하여 과하여지는 제한이다.

2) 도시계획제한

도시계획구역과 그 구역안에서 도시의 건전한 발전을 도모하고 공공의 안녕·질서와 공공복리의 증진을 위한 토지의 이용·교통·위생·산업·보안·국방·후생 및 문화에 관한 여러 가지 사항을 계획하는 것을 말한다.

(2) 보전제한

자연·자원·문화재 등의 보전을 위하여 사권에 가하여지는 공법상 제한이다. 이에는 ① 지역지구의 지정에 의한 제한, ② 자연보전제한, ③ 자원보전제한, ④ 문화재보호제한, ⑤ 농지 등의 전용제한 등이 있다.

(3) 사업제한

공익사업을 원활하고 안전하게 수행하기 위하여 그 사업과 관계가 있는 타인의 재산권에 대하여 가하여지는 제한이다. 이러한 사업제한은 그 내용에 따라 작위·부작위 및 수인부담으로 나누어진다.

(4) 공물제한

사유재산인 특정한 토지·물건이 공공목적에 제공되고 있기 때문에 그 목적에 필요한 한도에서 그 소유권에 가하여지는 제한을 말한다. 이에는 사유재산이 공공목적에 제공되고 있기 때문에 일정한 공법상 제한이 가하여지는 경우와, 특정물건의 존재가 공익상 필요하기 때문에 제한이 가하여지는 경우가 있다.

(5) 사용제한(공용사용)

특정한 공익사업을 수행하는 과정에서 그 사업자가 타인의 소유에 속하는 토지 기타 물건의 재산권에 대하여 공법상의 사용권을 설정하고, 그 사용기간 중에 그를 방해하는 권리행사를 금지하는 것을 말한다. 이러한 공용사용은 특정한 재산권을 타인이 사용하는 것을 수인시키는 점에서 다른 공용제한과는 다르다.

이는 내용에 따라 일시적 사용과 계속적 사용으로 나누어지는데, 공익사업을 위한 측량·실지조사·공사 등을 위하여 타인의 토지에 출입하여 사용하는 경우가 전자의 예이고, 타인의 토지에 전주를 설치하는 것은 후자의 예이다.

(6) 공용제한과 손실보상

공용제한에 의한 재산권의 이용·행사에 대한 제한이 사회생활상 당연히 수인하여야 할 한도를 넘어, 개인에게 특별한 손실을 과하는 것인 때에는 정당한 보상을 하여야 한다. 그러나 어떠한 경우에 특별한 손실이 있다고 볼 것인지가 문제인바, 공용제한 중 공물제한·사용제한 및 사업제한의 경우에는 기본적인 문제는 없는 것으로 보이나, 계획제한의 경우에는 실정법률이 거의 보상규정을 두고 있지 않은 결과 보상여부에 관해 논의가 많다.

Ⅱ. 공용수용

1. 개념

공용수용이란 공익사업을 위하여 법률에 의거하여 타인의 토지 등의 재산권을 강제적으로 취득하는 것을 말하며, 공용징수라고도 한다.

2. 공용수용의 당사자 및 목적물

(1) 공용수용의 당사자

1) 수용자

(가) 의의

당해 사업을 위하여 공용수용을 할 수 있는 공익사업의 주체를 말하며, 토지보상법은 공익사업의 주체를 사업시행자라고 한다(제2조 제3호).

(나) 수용권의 주체

사업시행자가 국가 이외의 공공단체 또는 사인인 경우에, 수용권자가 누구인가에 대하여는 국가만이 수용권을 갖는다는 국가수용권설과 사업시행자라면 공공단체나 사인도 수용권을 갖는다는 사업시행자수용권이 대립되나, 후자가 통설이다.

2) 피수용자

수용목적물의 재산권의 주체, 즉 수용할 토지·건물의 소유자와 그 토지·물건에 대하여 소유권 이외의 권리를 가진 자이다. 이러한 관계인에는 지상권자·지역권자·전세권자·저당권자·임차권자 등이 모두 포함된다. 다만, 건설교통부장관의 사업인정의 고시가 있은 후에 그 토지·물건에 대하여 새로운 권리를 취득한 자는 기존권리를 승계한 자를 제외하고는 피수용자에 포함되지 아니한다.

(2) 공용수용의 목적물

토지보상법이 정하고 있는 수용의 목적물은 ① 토지소유권, ② 토지에 관한 소유권 이외의 권리, ③ 토지와 함께 공익사업을 위하여 필요한 입목·건물 기타 토지에 정착한 물건 및 이에 관한 소유권 이외의 권리, ④ 광업권·어업권 또는 물의 사용에 관한 권리, ⑤ 토지에 속한 토석 또는 사력 등이 있다(제3조).

3. 공용수용의 절차

(1) 보통절차

공용수용의 보통절차로서는 ① 사업인정, ② 토지·물건조서작성, ③ 협의, ④ 재결·화해의 절차가 있다.

(2) 약식절차

1) 천재·지변시의 토지사용

천재·지변 기타 사변에 있어서 공공의 안전을 위한 공익사업을 긴급히 시행할 필요가 있을 때에는 사업시행자는 구·시·군의 장의 허가를 받아 즉시 타인의 토지를 사용할 수 있으나, 사용기간은 6월을 초과하지 못한다(제38조 제3항).

토지사용으로 인하여 생긴 손실의 보상은 사업시행자와 피해자가 협의하여 결정하며, 협의가 성립하지 아니하면 토지수용위원회에 재결을 신청할 수 있다.

2) 시급을 요하는 토지사용

재결신청을 받은 토지수용위원회는 그 재결이 지연됨으로써 재해방지가 곤란하거나 기타 공익에 현저한 지장을 초래할 우려가 있다고 인정할 때에는 사업시행자의 신청에 의하여 담보를 제공하게 한 후, 즉시 그 토지의 사용을 허가할 수 있다. 그 사용기간은 6월을 초과할 수 없다(제39조 제2항).

4. 공용수용의 효과

(1) 손실보상

1) 손실보상에 관한 원칙

손실보상의 원칙으로는 ① 사업시행자보상의 원칙(제61조), ② 현금보상의 원칙(제63조 제1항), ③ 사전보상의 원칙(제42조 제1항), ④ 개인별 보상의 원칙(제64조), ⑤ 시가보상의 원칙(제67조 제1항), ⑥ 완전보상의 원칙(토지보상법상 시가보상·사전보상·영업손실보상·이전료보상), ⑦ 사업시행이익과의 상계금지원칙(제66조) 등이 있다.

2) 손실보상의 내용

공익사업을위한토지등의취득및보상에관한법률이 규정하고 있는 손실보상의 내용으로는 ① 토지 기타 물건의 수용보상(제46조·제50조), ② 잔여지수용보상·잔여지가격하락보상·잔여지공사비보상, ③ 지상물건의 이전보상, ④ 농작물 등에 대한 손실 및 광업권·어업권에 대한 손실의 보상, ⑤ 측량·조사로 인한 손실보상, ⑥ 사업의 폐지·변경 등으로 인한 보상 등이 있다.

(2) 사업시행자의 권리취득

① 수용절차는 협의의 성립이나 재결시에 완료되나, 권리득실의 효과는 그 즉시 발생하지 않고, 따로 정하여진 수용의 시기에 발생한다.

② 사업시행자는 수용의 시기에 그 수용목적물에 대한 소유권을 취득하는데, 이 권리취득은 권리자의 권리의 승계적 취득이 아니라 원시적 취득이다. 따라서 수용의 시기에 수용목적물에 대한 종래의 모든 권리는 소멸함과 동시에 사업시행자에게 새로운 소유권, 즉 아무런 부담이나 하자가 없는 완전한 소유권이 발생한다.

③ 공용수용은 법률의 규정에 의한 물권취득이므로 등기를 하지 아니하여도 수용의 시기에 권리가 취득된다. 다만, 취득한 소유권을 타인에게 처분하기 위해서는 등기가 필요하다.

④ 단, 목적물에 대한 위험부담은 재결시로부터 기업자에게 이전한다.

5. 환매권

환매권이란 공용수용의 목적물이 당해 공익사업에 불필요하게 되었을 때, 원래의 피수용자가 일정한 요건 하에서 다시 그를 매수하여 소유권을 회복할 수 있는 권리를 말한다.

Ⅲ. 공용환지

1. 개설

공용환지란 토지의 구획・형질의 변경, 공공시설의 정비 등에 의한 토지의 이용가치를 증진시키기 위하여 특정 토지에 관한 소유권 기타의 권리를 권리자의 의사여하를 불문하고 교환・분합하는 것을 말한다. 공용환지에 관한 근거법으로는 ① 농지에 관하여 그 이용증진과 농지확대를 위한 농어촌정비법이 있고, ② 종합적이고 체계적인 도시개발을 위한 도시개발법이 있다.

2. 도시개발사업

도시개발사업이란 도시개발법에 의하여 지정된 도시개발구역안에서 주거・상업・산업・유통・정보통신・생태・문화・보건 및 복지 등의 기능을 가지는 단지 또는 시가지를 조성하기 위하여 시행하는 사업을 말한다(도시개발법 제2조 제1항).

3. 농어촌정비사업

농어촌정비법(1994.12.22)은 농수산업의 경쟁력향상과 농어촌생활환경개선을 촉진하기 위한 사업으로서 농수산업생산기반정비사업, 농어촌생활환경정비사업, 농어촌휴양자원개발 및 한계농지 등의 정비사업 등에 관하여 규정하고 있다. 동법에서는 이러한 정비사업의 시행을 위해 필요한 경우 종전의 토지에 대신하여 새로이 정비된 토지를 지정하는 환지를 시행할 수 있도록 하고 있는바, 이는 공용환지에 속한다. 동법은 구체적으로 농업생산기반정비사업과 농어촌생활환경정비사업의 시행자가 행하는 환지에 관해 규정하고 있다.

Ⅳ. 공용환권

1. 개설

공용환권이란 일정한 절차를 거쳐 토지와 건축시설의 전체에 관하여 권리의 변화(환권)를 행하는 것을 말한다. 도시및주거환경정비법이 정비사업의 일환으로 공용환권 제도를 채택하고 있다. 여기서 정비사업이란 동법에서 정한 절차에 따라 도시기능을 회복하기 위하여 정비구역 안에서 정비기반시설을 정비하고 주택 등 건축물을 개량하거나 건설하는 사업을 말하며, 주거환경개선사업·주택재개발사업·주택건축사업과 도시환경정비사업으로 나누어 시행한다(도시및주거환경정비법 제2조 제2호).

2. 도시·주거환경정비기본계획

(1) 도시·주거환경정비기본계획의 수립

도시·주거환경정비기본계획은 특별시장·광역시장 또는 시장이 10년 단위로 수립하여야 한다. 기본계획을 수립 또는 변경하고자 할 때에는 14일 이상 주민에게 공람하고 지방의회의 의견을 들은 후 지방도시계획위원회의 심의를 거쳐야 하고 특별시장·광역시장이 아닌 경우에는 도지사의 승인을 얻어야 하며, 도지사가 이를 승인함에 있어서도 지방도시계획위원회의 심의를 거쳐야 한다. 특별시장·광역시장 또는 도지사는 지방도시계획위원회의 심의를 거치기 전에 관계행정기관의 장과 협의하여야 한다(제3조).

(2) 정비구역의 지정

정비구역은 정비사업을 계획적으로 시행하기 위하여 지정·고시된 구역을 말한다.

시장·군수가 정비계획을 수립하고 이를 첨부하여 시·도지사에게 정비구역의 지정신청을 하면 시·도지사는 지방도시계획위원회의 심의를 거쳐 지정하여야 한다(제4조). 정비구역으로 지정된 지역에서는 정비구역의 지정고시가 있은 날부터 당해 정비구역 안에는 정비계획의 내용에 적합하지 않은 건축물 또는 공작물을 설치할 수 없음이 원칙이다(제5조).

第7장 재무행정법

제1절 개 설

Ⅰ. 재정의 의의와 종류

1. 재정의 의의

재정이란 국가 또는 지방자치단체가 그의 존립과 활동에 필요한 재원을 취득하고 이를 관리(관리 · 운용 · 지출)하는 작용을 말한다. 국가 또는 지방자치단체가 질서유지 및 공공복리의 증진의무를 원활히 수행하기 위해서는 많은 경비가 필요하며, 이를 취득 · 관리 · 지출하는 작용을 총칭하여 재무행정 또는 재정이라 한다. 재정은 그 목적 · 수단 및 권력적 기초의 세 가지 점에서 다른 행정작용과 구별되는 특징이 있다.

2. 재정의 종류

재정은 ① 주체에 따라 국가재정과 지방자치재정으로 구분될 수 있고, ② 수단에 따라 재정권력작용과 재정관리작용으로 분류될 수 있으며, 기타의 기준에 따라 여러 가지로 분류될 수 있다.

Ⅱ. 재정법의 기본원칙

근대국가에서는 재정에 관한 기본적인 사항은 헌법에서 규정하고 있는바, 헌법에서 정하고 있는 재정에 관한 가장 기본적인 원칙은 재정의회주의라 할 것이다. 재정의회주의는 조세법률주의, 예산의결원칙 및 결산심사원칙의 구체적 형태로 표현되고 있다. 그밖에도 건전재정주의 · 엄정관리주의 · 공평부담주의 등이 재정에 관한 기본원칙으로 열거되고 있다.

제2절 재정작용

Ⅰ. 재정권력작용

(1) 재정하명

재정하명이란 행정주체가 재정목적을 위하여 국민에 대하여 일정한 작위의무(납세신고·장부기재·보고서제출 등), 부작위의무(전매물품의 임의제조·판매금지), 급부의무(조세납부), 수인의무(재산압류·공매, 장부검사 등의 수인)를 명하는 행정행위를 말하며, 이러한 재정하명 중 가장 중요한 것이 조세의 납부를 명하는 조세의 납부하명이다.

(2) 재정허가

① 재정허가란 재정목적(수입확보)을 위하여 부과되어 있는 일반적·상대적 금지를 특정한 경우에 해제하여 적법하게 사실행위 또는 법률행위를 할 수 있도록 하는 행정행위이다(주세법에 의한 주류의 제조·판매허가 등).

② 재정허가가 기속행위인가 재량행위인가가 문제이다. 이것은 일률적으로 결정될 것이 아니라 허가의 대상인 행위가 본래 사인이 자유로이 행할 수 있는 성질의 것이냐의 여부가 그 기준이 될 것이다. 즉 허가의 대상인 행위가 본래 이를 자유로이 행할 수 있는 성질일 때에는 그 허가는 기속행위이고, 그 행위가 특별한 관계에 있는 자만이 할 수 있는 성질의 행위일 경우에는 원칙으로 재량행위가 된다.

(3) 재정면제

재정면제란 재정목적상 부과된 부작위의무 또는 급부의무를 특정한 경우에 해제하는 행정행위를 말한다. 의무를 해제하는 점에서 재정허가와 같으나 부작위의무(금지)의 해제가 아니고 작위의무·급부의무의 해제이다. 즉 의무의 내용이 다르다.

(4) 재정강제

재정강제란 재정목적을 위하여 개인의 신체 또는 재산에 실력을 가하여 재정상 필요한 상태를 실현하는 작용을 말한다. 재정강제는 실력을 발동하여 국민의 자유와 재산을 침해하는 작용이므로 반드시 법적근거가 있어야 한다. 재정강제의 종류로는 재정상의 강제집행·재정상 즉시강제 및 재정조사가 있다.

(5) 재정벌

재정벌이란 재정상의 의무위반에 대한 제재로서 일반통치권에 의거하여 과하는 벌을 말한다. 재정벌이 과해지는 범죄를 재정범이라고 한다. 재정벌은 행정벌의 일종으로서 그에 관한 법리는 재정벌에도 원칙적으로 그대로 적용된다.

(6) 새로운 의무이행확보수단

이상과 같은 전통적인 재정강제수단 외에 최근에는 다양한 의무이행확보수단이 채택되고 있다. 과징금, 가산세, 부당이득세, 가산금, 공급거부, 위반사실의 공표, 관허사업의 제한, 인·허가의 취소·정지 등의 제도가 그것이다.

Ⅱ. 재정관리작용

재정관리작용이란 국가 또는 지방자치단체가 그 재산 및 수입·지출을 관리하는 작용을 말하며, 이를 회계라도고 한다. 재정관리작용은 본질적으로 비권력작용이지만, 그 관리작용의 주체가 공행정주체이고 관리목표가 공적 목적을 위한 것이므로 합리적이고 공정한 관리를 위하여 법령에 의한 특별한 감독과 제한을 가하는 것이 특징이다. 이러한 특별한 규율을 위한 법률로는 예산회계법·국유재산법·물품관리법·지방자치법·지방재정법 등이 있고, 독립된 감사기관인 감사원으로 하여금 이를 검사·감독하게 하고 있다.

제3절 조 세

Ⅰ. 조세의 의의와 종류

1. 조세의 의의

조세란 국가 또는 지방자치단체가 그 경비에 충당할 수입을 취득하기 위한 목적으로 일반국민에게 강제적으로 부과·징수하는 금전급부의무를 말한다. 개념요소를 분설하면 다음과 같다

① 과세주체는 국가 또는 지방자치단체이다. 그러므로 공공조합이 조합원으로부터 일정경비를 부과·징수하는 것은 조세가 아니다.

② 조세는 재정수요의 충족을 목적으로 한다. 이 점에 있어 조세는 벌금·과료·과태료와 같이 직접적으로 제재를 목적으로 하는 벌과금과 다르다.

③ 조세는 일방적 의무로서의 무상의 금전부담이다. 이 점에서 조세는 특정한 역무 또는 이익에 대한 반대급부로서 부과되는 행정상의 각종의 수수료·사용료·특권료 등과 다르다.

④ 조세는 법률에 규정된 과세요건에 따라 발생하게 되는바, 조세에 있어서는 당사자의 의사를 존중하는 사적 자치의 원칙이 배제된다.

⑤ 조세는 원칙칙적으로 금전급부를 내용으로 한다. 예외적으로 물납(물건에 의한 지급)이 인정되고 있지만(상속세및증여세법 제73조, 개발이익환수에관한법률 제16조 제2항), 이는 물건자체의 취득을 그 목적으로 하는 것이 아니라, 납세의무자의 편의를 고려한 것에 지나지 않는다.

2. 조세의 종류

(1) 국세와 지방세

조세는 과세권의 주체에 따라 국세와 지방세로 분류된다. ① 국세는 국가가 부과징수하는 조세이다. 국세는 원칙적으로 각 세마다 단행법이 제정되어 있으며(상속세및증여세법은 예외), 모두 국세(관세는 제외)에 일반적 사항을 규정한 일반법으로서 국세기본법·국세징수법·조세범처벌법 및 조세범처벌절차법이 있다. ② 지방세는 지방자치단체가 부과징수하는 조세이다. 지방세는 그 단일법으로서 지방세법이 있으며, 세부적인 사항은 지방자치단체가 동법의 범위 안에서 조례로서 정한다(지방세법 제3조).

(2) 내국세와 관세

국세는 다시 내국세와 관세로 구분된다. 국내에 있는 물건에 대하여 부과하는 조세를 내국세, 외국으로부터 수출입되는 물건에 부과하는 조세를 관세라고 한다. 관세 중 주로 세수를 올릴 것을 목적으로 하는 것을 재정관세라 하고, 주로 외국의 산업에 대해 국내산업을 보호할 것을 목적으로 하는 것을 보호관세라 한다. 우리나라의 관세는 수입세제도만 있으며 수출세제도는 없다.

(3) 직접세와 간접세

법률상의 납세의무자와 사실상의 담세자가 동일한 조세를 직접세라 하며, 소득세·법인세·상속세 등이 그 예이다. 조세의 실제부담이 법률상의 납세의무자로부터 타인에게 전가될 것이 예상되는 조세를 간접세라 한다. 부가가치세 · 주세 · 인지세 · 특별소비세 등이 그 예이다.

(4) 수익세 · 재산세 · 소비세 · 거래세

과세물건의 성질에 따른 분류이다. ① 수익세는 수익이나 소득에 대하여 부과하는 조세(소득세 · 법인세 등)이며, ② 재산세는 재산소유의 사실자체에 대하여 부과하는 조세(재산세 · 농지세)이고, ③ 소비세는 특별한 소비 또는 금전지출에 의하여 표시되는 담세력을 과세물건으로 하는 조세(특별소비세 · 주세 등)이며, ④ 거래세는 경제상의 거래에 의하여 추측되는 담세력을 과세물건으로 하는 조세(등록세 · 인지세)이다.

(5) 인세 · 물세 · 행위세

과세물건의 종류에 의한 분류이다. ① 인세는 특정인의 생존 · 거주 · 소득 등에 과하는 조세이며(소득세 · 주민세), ② 물세는 특정한 물건의 소유 · 제조 · 매매 · 수입 또는 그 물건에서 생기는 수익에 대하여 과하는 조세이다(재산세 · 관세 · 주세 등). ③ 행위세는 직접 물건을 목적으로 하지 아니하고 법률상 · 사실상의 행위에 대하여 과하는 조세이다(등록세, 부과가치세).

(6) 보통세와 목적세

조세수입의 용도가 특정되어 있는가의 여부를 기준으로 한 분류이다. ① 보통세는 국가 또는 지방자치단체의 일반경비에 충당하기 위하여 과하여지는 조세를 말하고, ② 목적세는 조세수입의 용도를 특정하여 특정한 경비에 충당하기 위하여 과하여 지는 조세이다. 현행 세법상 목적세에는 국세인 교육세 · 교통세 · 농어촌특별세와 지방세인 도시계획세 등이 있다.

(7) 정기세와 수시세

정기세는 일정한 시기를 정하여 정기적으로 과하는 조세(소득세 · 법인세 · 재산세 등)이고, 수시세는 과세물건이 발생할 때마다 수시로 과세하는 조세(상속세 · 취득세 등)이다.

(8) 비례세와 누진세

적용되는 세율의 성질에 따는 분류이다. ① 비례세는 과세표준의 규모와 정도(과세표준금액)와는 상관없이 일정률의 세율이 적용되는 조세이다. 부과가치세·특별소비세·주세 등이 이에 속한다. ② 누진세는 과세표준의 규모와 정도에 따라 차등세율을 적용하는 조세이다. 소득세·법인세·상속세 등이 이에 속한다.

(9) 신고납부하는 조세·부과납부하는 조세·인지납부하는 조세

과세주체의 과세권의 발동방식에 의한 구분이다. ① 신고납부하는 조세는 납부하여야 할 세액이 원칙적으로 납세자 스스로의 신고에 의하여 확정되며, 신고가 없거나 고소신고 등의 경우에 한하여 세무서장 등의 부과처분에 의하여 확정되는 조세이다. ② 부과납부하는 조세는 세액이 전적으로 세무서장 등의 부과처분에 의하여 확정되고, 그 징수도 명령적 절차에 의하여 행하여지는 것이다. ③ 인지납부하는 조세는 등록세 등과 같이 납부하여야 할 세액이 법률의 규정에 의하여 확정되고, 그 납부도 납세의무자의 인지첨부에 의하여 행해지는 조세이다.

Ⅱ. 조세법의 기본원칙

조세법의 기본원칙은 그 내용에 따라 형식적 측면, 실질적 측면 및 과세기술상의 측면의 3가지 관점에서 검토할 수 있다.

1. 형식면에서의 기본원칙

(1) 조세법률주의

조세법률주의는 법률의 근거없이 국가는 조세를 부과·징수할 수 없고, 국민은 조세의 납부를 요구받지 않는다는 원칙을 의미한다. 이는 보통 "대표없으면 과세 없다" 또는 "법률없으면 조세없다"라는 말로 표현되어 오고 있다.

헌법은 제38조에서 「모든 국민은 법률이 정하는 바에 의하여 납세의 의무를 진다」고 규정하고, 제59조에서 「조세의 종목과 세율은 법률로 정한다」고 규정하여 조세법률주의를 선언하고 있다.

(2) 영구세주의

우리나라는 매회계년도마다 의회의 의결을 얻은 예산법에 의하여 과세하는 1년세주의를 취하지 않고 영구세주의를 취하고 있다. 영구세주의란 조세의 부과도 법률의 형식에 의하므로 법률의 개폐가 없는 한 당해 법률에 의하여 계속하여 조세를 부과할 수 있는 원칙을 말한다.

2. 실질면에서의 기본원칙

(1) 공평부담의 원칙

조세는 국민 개개인의 담세능력에 따라 공평하게 부과되어야 한다는 원칙이다. 이것은 헌법상의 평등원칙에 근거를 두고 있는 것으로서, 조세입법과 집행에 있어서 모두 요청되는 원칙임은 물론이다.

(2) 수입확보의 원칙

조세제도의 가장 중요한 목적은 국가·지방자치단체의 존립과 활동에 필요한 재원(수입)을 확보하는데 있다. 따라서 조세법은 국가·지방자치단체에 조세부과권·강제징수권·통고처분권·조세범처벌권 등의 강력한 권한을 부여하고 있으나, 수입확보의 과정에서 발생한 위법·부당한 처분으로 인한 피해의 구제에도 상당한 배려를 하여야 한다.

(3) 능률의 원칙

조세수입의 확보는 최소의 경비로 능률적으로 행해져야 하는바, 신고납부·원천징수제도 등은 이에 부응하는 제도라고 할 수 있다.

(4) 신뢰보호의 원칙(신의성실의 원칙)

신뢰보호의 원칙은 조리법 또는 행정법의 일반원칙으로서 작용하고 있으며, 특히 침해행정의 전형적인 과세행정에 있어서는 매우 중요한 의미를 가진다. 국세기본법도 「세법의 해석 또는 국세행정의 관행이 일반적으로 납세자에게 받아들여진 후에는 그 해석 또는 계산은 정당한 것으로 보며, 새로운 해석 또는 관행에 의하여 소급하여 과세되지 아니한다」(제18조 제3항)고 명시하고 있으며 판례도 이를 인정하고 있다(대판 1988.3.8, 87누156).

3. 과세기술면에서의 원칙

(1) 실질과세의 원칙

실질과세의 원칙이란 과세물건의 명목상의 귀속여하에 관계없이 사실상 과세물건이 귀속되는 자에게 납세의무를 부과하여야 한다는 원칙을 말한다.

(2) 근거과세의 원칙

인정과세에 대한 반대개념으로서, 과세표준의 조사·결정은 원칙적으로 납세의무자가 조세관련법령에 의하여 작성한 장부 기타 증빙자료에 의하여야 한다는 것을 말한다. 국세기본법은 이 원칙을 명시하고 있다(제16조 제1항).

(3) 소급과세금지의 원칙

조세법규는 소급하여 적용될 수 없으며, 조세를 납부할 의무가 이미 성립한 경우에도 그 성립 후의 새로운 세법을 적용할 수도 없다는 원칙을 말한다. 헌법은 「모든 국민은 소급입법에 의하여 참정권의 제한을 받거나 재산권을 박탈당하지 아니한다」(제13조 제2항)라고 규정하여 소급과세금지의 원칙을 명시하고 있다.

Ⅲ. 조세의 부과

1. 과세요건

(1) 과세권자

과세권자라 함은 세법이 정하는 바에 따라 조세의 납부의무를 명할 수 있는 자를 말한다. 과세권자는 국가 또는 지방자치단체이며, 현실적으로는 이들의 기관인 세무서장·도지사·시장·군수 등이다. 국세의 과세권자는 세무서장 및 세관장이 되는 것이 원칙이지만, 소득세·부과가치세 등 일정한 국세에 대하여는 세무서장은 그 권한을 시장·군수에 위탁할 수 있다(국세징수법 제8조 제1항).

지방세의 과세권자는 서울특별시장·광역시장·도지사 및 시장·군수·구청장과 이들로부터 과세권의 위임을 받은 공무원이다(지방세법 제4조).

(2) 납세의무자

납세의무자란 국가 또는 지방자치단체에 대하여 조세금액을 납부할 의무가 있는 자를 말하며, 실질과세의 원칙에 따라 사실상 과세물건이 귀속되는 자이다.

납세의무는 금전급부라는 대체적 작위의무이므로 일신적속이 아니며, 따라서 사망·법인합병 등에 의하여 승계될 수 있다(국세기본법 제23조·제24조). 납세의무자가 납세의무를 이행할 수 없는 경우에는 해산법인의 청산인·법인의 무한책임사원·과점주주·법인 및 사업양수인 등이 보충적으로 납세의무를 부담하는 제2차 납세의무자가 된다(제38조~제41조).

(3) 과세물건

과세물건이란 조세의 부과 대상이 되는 물적 기초를 말하며, 그 종류로서는 소득·재산·소비행위 및 경제적 거래행위 등이 있다. 따라서 과세물건이 없는 데에도 조세를 부과하는 행위는 그 대상이 없는 행위로서 무효가 된다(대판 1985.4.9, 84누566).

과세물건을 결정할 때에는 특히 그 중과세의 방지에 초점을 두어야 하며, 과세물건이 실질적으로 귀속되는 자에게 과세되는 실질과세의 원칙에 충실하여야 한다. 과세물건의 단위를 정하는 요소로서 ① 시간(법인세의 사업년도별 부과 등), ② 장소(부과가치세의 사업장소별 부과 등), ③ 원천(소득세의 종합소득·퇴직소득·양도소득·산림소득별 부과 등)의 3가지가 있다.

(4) 과세표준

과세표준이란 과세금액을 결정하는 기준이 되는 과세물건의 수량(중량·용적·개수·품질 등) 또는 가액을 말한다. 과세표준은 수량을 표준으로 하는 경우와 가액을 표준으로 하는 경우가 있는바, 전자에 의하여 과하는 조세를 종량세(주세 등), 후자에 의하는 것을 종가세(소득세·재산세 등)라 한다.

과세표준의 결정행위는 조세부과를 위한 행정관청의 내부적 행위에 불과하므로 행정쟁송의 대상이 되지 못한다는 것이 판례의 입장이지만(대판 1986.1.26, 82누236 등), 이를 독립된 행정행위인 확인행위로 보아 행정쟁송의 대상으로 보는 견해도 있다.

(5) 세율

세율이란 세액산정을 위하여 과세표준에 곱하여야 할 비율을 말하며, 비례세율과 누진율이 있다. ① 비례세율이란 과세표준이 되는 수량·가액의 다과를 막론하고 동일한 세율이 적용되는 것을 말하며, 주세가 그 예이다. ② 누진세율에는 과세표준의 가액·수량증가에 따라 단순히 고율의 세율을 적용하는데 그치는 단순누진세률과, 과세표준을 몇 단계로 구분하여 각 단계를 초과하는 부분에 한하여 그 다음 단계의 누진세율을 초과하는 부분에 한하여 그 다음 단계의 누진세율인 초과누진세율이 있다. 현행 법상으로는 후자의 예만 있다(법인세·소득세·상속세 등).

2. 부과처분

부과처분이란 과세요건에 해당할 경우에 납세의무자에 대하여 일정기간까지 조세를 납부할 것을 명하는 재정하명을 말한다. 조세의 납부의무는 법률의 규정에 의하여 직접 확정되는 인지세와 원천징수하는 소득세 · 법인세 등을 제외하고는 조세의 부과처분행위에 의하여 비로소 확정된다(예, 상속세 · 증여세 · 재평가세 · 부당이득세 등).

Ⅳ. 조세의 징수

1. 보통의 징수방법

조세의 징수란 조세의 부과처분에 의하여 확정된 조세를 그 납세의무자로부터 징수하는 행위를 말한다. 조세의 징수는 일반적으로 일련의 단계적인 행위를 거친다. 즉 ① 납세의 고지, ② 독촉 및 ③ 체납처분(재산압류 · 압류재산의 매각 · 청산)이라는 일련의 단계적인 행위로 이루어진다.

2. 특수한 징수방법

(1) 납기전 징수

납기전 징수란 조세의 징수를 특별한 사유가 있는 경우에 그 납부기간의 이익을 박탈하여 그 납기전에 징수하는 것을 말한다. 납기전 징수는 ① 다른 국세의 체납으로 체납처분을 받을 때, ② 지방세 또는 공과금에 대하여 체납처분을 받을 때, ③ 강제집행이나 파산선고를 받을 때, ④ 납세자가 국세를 포탈하고자 하는 행위가 있다고 인정될 때, ⑤ 납세관리자가 납세관리인을 정하지 않고 국내에 주소 또는 거소를 두고 있지 않을 때 등에는 납기전이라 할지라도 바로 조세를 징수할 수 있다(국세징수법 제14조, 지방세법 제26조).

(2) 징수유예

징수유예는 납기전 징수와는 반대로 납기가 도래한 조세에 대하여 직권 또는 신청에 의하여 일정한 동안 납세의무이행을 유예하는 것이다. 일반적으로 ① 납세자의 재해 또는 도난으로 재산에 심한 손실을 입은 때, ② 사업상 중대한 위기에 처했을 때 등이다(국세징수법 제15조, 지방세법 제26조).

Ⅴ. 조세채권의 확보

조세는 국가 또는 지방자치단체의 존립 · 활동 등을 위한 가장 중요한 재원이므로 조세채권의 확보를 위해서는 일반채권과는 달리 여러 가지 특수한 제도를 두고 있는

바, 그 대표적인 것으로는 조세의 강제징수와 조세의 우선징수이다. 그 밖에 조세채권의 대외적 효력·납세담보·납세자의 확장 등이 있다.

1. 조세의 우선징수

국세는 다른 공과금과 채권에 우선하여 징수할 수 있으며(국세기본법 제35조), 지방세도 마찬가지 규정을 두고 있다(지방세법 제31조 제1항).

그러나 국세우선의 원칙에는 약간의 예외가 인정되고 있는바, ① 납세고지서 발송일 기타 납세의무 확정일 전에 설정된 전세권·질권·저당권으로 담보된 채권, ② 주택임대차보호법에 의한 주택임차인의 소액보증금채권, ③ 근로기준법에 의한 근로자의 임금·퇴직금·재해보상금 기타 근로관계로 인한 채권 등에 대하여는 국세 또는 지방세가 우선할 수 없도록 하여 공익과 사익간의 조절을 기하고 있다.

2. 조세채권의 대외적 효력

민법상의 채권의 대외적 효력으로는 채권자대위권 및 채권자취소권이 있는데, 국세징수법은 「세무서장은 체납자가 압류를 면하고자 고의로 그 재산을 양도하고 양수인은 그 정을 알고 이를 양수한 때에는 당해 행위의 취소를 요구할 수 있다」고 하여 채권자취소권을 인정하고 있으며, 채권자대위권에 관하여는 명문의 규정은 없으나 조세채권도 채권의 일종이므로 이를 인정할 수 있다고 하겠다.

3. 납세담보

징수유예·체납처분유예 등의 경우에는 인적담보(납세보증인) 또는 물적담보(금전·국공채·유가증권·부동산 등)를 제공하게 할 수 있으며, 담보기간 내에 조세를 납부하지 아니할 경우에는 그 담보로써 국세를 징수하며, 담보권의 실행은 행정상 강제집행의 방법에 의하게 된다(국세징수법 제18조, 국세기본법 제29~제33조).

4. 납세의무의 확장

조세채무는 본래의 납세의무자에 의하여 이행되어야 한다. 그러나 조세수입 확보의 견지에서 본래의 납세의무자 이외의 자에게 납세의무가 확장되는 경우가 있는데, ① 상속·합병(국세기본법 제23조·제24조), ② 연대채무(동법 제25조) 및 ③ 제2차 납세의무(제40조)가 그것이다.

Ⅵ. 조세채권(납세의무)의 소멸

조세채권의 소멸이란 이미 발생한 조세채권이 소멸하는 것이며, 소멸 사유로는 ① 납부, ② 소멸시효에 의한 소멸, ③ 행정처분에 의한 소멸이 있다.

1. 납부

납세의무의 소멸사유 중 가장 일반적인 경우이다. 납세는 납세의무자가 아닌 제3자도 할 수 있으며, 금전으로 함이 원칙이지만, 현물납부가 허용될 경우도 있다.

2. 소멸시효에 의한 소멸

조세징수권의 소멸시효는 국세와 지방세 모두 5년이다(국세기본법 제27조 제1항, 지방세법 제30조의5 제1항). 소멸시효는 조세징수권을 행사할 수 있는 때(통상 납부고지에 의한 납부기한의 다음날)로부터 진행하며, 납세고지 · 독촉 또는 납부최고 · 교부청구 · 압류 등의 사유로 중단되며, 징수유예 또는 체납처분유예기간 중에는 진행되지 아니한다(국세기본법 제28조 제1항 · 3항).

3. 행정처분에 의한 소멸

(1) 조세부과처분의 무효 · 취소

조세의 부과처분에 중대 · 명백한 하자가 있어 무효임이 확정되는 경우에는 납세의무는 처음부터 존재하지 않는 것으로 된다. 무효사유이외의 하자가 있어 당해 조세부과처분이 취소된 경우에는 납세의무는 그 처분시에 소급하여 소멸하게 된다. 부과처분의 취소에는 처분청의 직권에 의하는 경우와 행정쟁송에 의하는 경우가 있다.

(2) 납세의무의 면제

납세자의 담세력의 상실 또는 특정사업의 조장을 위하여 납세의무의 전부 또는 일부를 면제하는 행정처분에 의하여서도 납세의무가 소멸된다.

(3) 공매의 중지

여러 재산을 일괄하여 공매에 붙인 경우에 그 일부만의 공매처분으로도 체납세액의 전액에 충당된 때에는 나머지 재산에 대한 공매는 중지되며, 이 경우에 조세채권은 당연히 소멸한다(국세기본법 제26조).

(4) 결손처분

결손처분은 ① 체납처분이 종결되고 체납액에 충당된 배당금이 체납액에 부족하거나, ② 체납처분의 목적물인 재산의 추가가액이 체납처분비에 충당하고 잔여가 생길 여지가 없어 체납처분을 중지하거나, ③ 소멸시효가 완성하거나, ④ 기타 조세를 징수할 가망이 없을 경우에 할 수 있다(국세징수법 제86조 제1항, 지방세법 제30조의3).

(5) 과오납의 충당

과세관청이 과오납금 등의 반환채무와 납세의무자의 다른 조세채무를 상계하는 행위를 충당이라고 하며, 충당이 행해지면 충당한 금액만큼의 조세채권이 소멸한다.

Ⅶ. 위법 · 부당한 조세행정에 대한 구제

위법 · 부당한 조세부과 · 징수에 대한 구제 수단이 보장되어 있지 않으면, 조세법의 근본이념인 조세법률주의가 실현된다고 볼 수 없다. 현행법은 과세전적부심사제도, 행정쟁송 및 과오납금반환제도를 마련하고 있다.

1. 과세전적부심사제도

이 제도는 일종의 사전구제제도로서 앞으로 과세할 내용을 통지받은 자가 납세의무가 확정되기 전에 미리 그 적부에 관한 심사를 청구할 수 있도록 함으로써 권리구제의 실효성을 제고하기 위한 것이라 종전의 사후구제제도에만 의존하던 단점을 보완하고 있다.

적부심사청구를 할 수 있는 자는 세무조사결과에 대한 서면통지나 대통령령이 정하는 과세예고통지를 받은 자이며, 청구기간은 위 통지를 받은 날로부터 20일 이내이다. 적부심청구는 당해 세무서장 또는 지방국세청장에 대하여 하되, 법령과 관련하여 국세청장의 유권해석을 변경해야 하거나 새로운 해석이 필요한 경우 등에는 국세청장에게 하여야 한다(국세기본법 제81조의10 제1항).

적부심사청구를 받은 세무서장 · 지방국세청장 또는 국세청장은 청구를 받은 날로부터 30일 이내에 대통령령이 정하는 위원회의 과세전적부심사를 거쳐 결정을 하되 그 결과를 청구인에게 통지하여야 하는바(동조 제3항), 세무서장 등은 납세자의 청구가 이유 있다고 인정되는 경우에는 상대방의 청구를 채택하는 결정을 하게 된다(동조 제4항).

2. 행정쟁송

(1) 행정심판

위법·부당한 조세부과·징수처분에 대한 행정심판은 조세사건의 특수성을 고려하여 국세기본법은 행정심판법의 적용을 배제하고(동법 제56조 제1항), 일반 국세의 부과징수 및 관세의 부과·징수에 관한 행정심판은 각각 국세기본법 및 관세법이 정하는 바에 의하도록 하였다(동법 제55조·관세법 제120조).

1) 일반국세에 대한 행정심판

(가) 이의신청

세무서장 또는 지방국세청장의 부과·징수처분에 대하여는 90일 내에 세무서장(또는 세무서장을 거쳐 지방국세청장)에게 이의신청을 할 수 있으며, 이는 납세의무자가 원할 경우에만 제기하는 임의적 행정심판제도이다(국세기본법 제66조).

이의신청에 대한 결정에 불복하거나 또는 법정기간내(이의신청을 받은 날로부터 60일 이내)에 결정이 없는 때에는 관계인은 다음의 심사청구 또는 심판청구를 제기할 수 있다.

(나) 심사청구

이의신청제도와는 달리 심사청구나 심판청구는 행정소송의 제기에 있어서는 그 어느 하나는 반드시 거쳐야 한다는 의미에서 필요적 절차이다. 즉 필요적 행정심판전치주의를 채택하고 있다(제56조 제2항).

위법·부당한 처분으로 권리·이익을 침해당한 자는 처분이 있는 것을 안날로부터 90일 이내에 당해 세무서장을 거쳐 국세청장(관세청장포함)에게 청구할 수 있다(제61조 제2항). 이의신청을 거친 경우에는 그 결정통지를 받은 날(또는 경정기간이 경과한 날)로부터 90일 이내에 하여야 한다. 국세청장이 심사청구를 접수한 때에는 접수일로부터 60일 이내에 국세심사위원회의 심의를 거쳐 결정하여야 한다(제64조, 제65조). 이 기간내에 결정이 없으면 심사청구는 기각된 것으로 본다(제65조).

(다) 심판청구

위법·부당한 부과·징수처분에 대하여 90일 이내에 당해 세무서장을 거쳐 국세심판위원장에게 심판청구를 할 수 있다(제67조~제69조). 이의신청을 거쳐 심판청구를 할 경우에는 그에 대한 결정통지를 받은 날로부터 90일 이내에 심판청구를 할 수 있다

(제68조 제2항).

심판청구에 대한 결정기관으로서 재정경제부장관 소속하에 국세심판원이 설치되어 있다. 국세심판원은 원장과 국세심판관으로 구성되는 합의제 행정관청이다.

2) 지방세에 대한 행정심판

지방세에 관한 행정심판에 있어서도 행정심판법의 적용이 배제되고 있는바(동법 제78조 제1항), 지방세에 대한 행정심판의 경우에는 이의신청과 심사청구의 2심제를 취하고 있다(제72조).

지방세의 부과·징수와 관련된 위법 또는 부당한 처분에 대하여 이의가 있는 자는 그 처분이 있은 것을 안 날로부터 90일 이내에, 도세에 있어서는 도지사에게, 시·군세에 있어서는 시장·군수에게 이의신청을 제기할 수 있으며, 결정의 통지를 받은 날로부터 90일 이내에 도지사의 결정에 대하여는 행정자치부장관, 시장·군수의 결정에 대하여는 도지사 또는 행정자치부장관에게 심사청구를 할 수 있다(지방세법 제73조·제74조).

그런데 지방세법상의 이러한 행정심판제도(필요적 행정심판전치주의를 규정한 지방세법의 규정)는 위헌이라는 헌법재판소의 결정이 내려졌다(헌재결 2001.6.28, 2000헌바30).

3) 감사원에 대한 심사청구

국세·관세·지방세의 부과·징수처분에 대하여서도 감사원법에 의하여 감사원에 심사청구를 할 수 있다(제43조). 그러나 감사원은 심사결과 그 처분을 직접 취소·변경할 수 없고 세무서장 등에 대하여 시정을 요구할 수 있을 뿐이므로, 이 제도는 행정심판이 아닌 단순한 신청의 성격을 띠고 있다고 하겠다. 그럼에도 불구하고 국세기본법은 감사원에 심사청구를 한 처분에 관하여는 동법에 의한 행정심판을 제기할 수 없고 감사원의 결정통지를 받은 날로부터 90일 이내에 처분청을 상대로 직접 행정소송을 제기하도록 함으로써 행정심판전치주의의 요건을 충족한 것으로 간주하고 있다(제55조 제7항).

(2) 행정소송

위법한 조세부과·징수처분에 대하여는 행정소송법이 정하는 바에 따라 행정소송을 제기하여 취소를 구할 수 있음은 물론이다. 이 경우 제소기간을 심사청구 또는 심판청구에 대한 결정의 통지를 받은 날로부터 90일 이내로 한정하였다(국세기본법 제56조 제3항).

위법한 조세의 부과·징수처분을 다투는 행정쟁송의 중심을 이루는 것은 취소소송이지만, 그 부과·징수처분에 중대하고 명백한 하자가 있는 경우에는 무효확인소송을 제기할 수 있다.

3. 과오납금반환청구

① 국세기본법은 법률상 원인없이 과오납금한 과오납금은 좁은 의미의 과오납금과 세법이 정하는 바에 의하여 환급하여야 할 환급세액을 포함하여 넓은 의미로 사용하여 이러한 넓은 의미의 과오납금을 국세환급금이라 하여, 과오납부한 금액 또는 세법에 의하여 환급하여야 할 환급세액이 있을 때 이를 반환하도록 규정하고 있다(동법 제51조). 관세법과 지방세법도 이와 유사한 규정을 두고 있다(관세법 제46조~제48조, 지방세법 제45조~제47조).

② 좁은 의미의 과오납금은 ㉠ 납세자의 착오에 의하 초과납부세액, ㉡ 무효인 조세부과처분, ㉢ 과세처분에 따라 납세하였으나, 이후 당해 처분이 직권이나 행정쟁송절차에서 취소·변경(감액결정된 경우)된 경우에 발생한다.

③ 좁은 의미의 과오납금이나 환급세액은 국가 등이 법률상원인없이 보유하는 부당이득에 해당되므로 그 환급청구권은 부당이득반환청구권의 성질을 가지므로 법률에 규정이 없으면 민법규정이 준용되지만 국세기본법, 관세법 또는 지방세법은 이에 관하여 특별한 규정을 두고 있다.

④ 과오납금에 대한 반환청구에 대한 소송은 과세처분에 기인한 공법상의 법률관계에 관한 소송이므로 행정소송법상의 공법상 당사자소송에 의하여야 할 것이지만, 우리 소송실무에서는 이를 민사소송으로 취급하고 있다.

제4절 전 매

Ⅰ. 전매의 의의

전매란 국가가 수입을 목적으로 특정한 물품의 판매를 독점하는 것을 말한다. 전매에 따라서 특정한 물품의 판매를 독점할 수 있는 권리를 전매권이라 한다. 전매의 개념을 분설하면 다음과 같다.

① 전매는 국가의 수입을 목적으로 하는 작용이다.

② 전매는 특정한 물품의 판매를 국가가 독점하는 것이다.

③ 전매는 국가가 특정한 물품을 판매하는 작용이다.

Ⅱ. 전매의 종류

현행법상 인정되는 전매는 없다. 종전까지는 인삼사업법에 의한 홍삼전매가 인정되고 있었으나, 1995년 12월 인삼산업법이 새로이 제정되면서 홍삼전매제가 폐지되어 일정시설을 갖추면 누구나 홍삼을 가공·판매할 수 있게 되었다. 그리고 과거 오랫동안 전매가 인정된 담배의 경우, 담배시장의 대외개방에 따른 담배사업법이 시행됨으로써 전매에서 제외되고, 한국담배인삼공사의 독점사업으로 되었다(담배사업법 제11조, 제12조).

Ⅲ. 전매권의 효과

전매권의 주된 효과는 전매물품의 가격을 결정하여 그 판매를 독점하고 그에 대한 침해행위를 일반적으로 금지하는데 있으며, 전매의 목적달성을 보장하기 위한 전매에 따르는 부수적인 효과도 인정된다.

제5절 회 계

Ⅰ. 개설

1. 회계의 의의

회계란 국가 또는 지방자치단체가 그 재산 및 수입·지출을 관리하는 작용, 즉 재산관리작용을 말한다. 이러한 회계는 행정권 내부적·비권력적 작용의 성질을 가진다는 점에서, 대외적·권력적 작용의 성질을 가지는 조세와 다르다.

2. 회계의 종류

회계는 ① 관리대상에 따라 현금회계·채권회계·동산회계·부동산회계로 나눌 수 있으며, ② 주체에 따라 국가의 회계와 지방자치단체의 회계로 나눌 수 있으며, ③ 목적에 따라 일반회계와 특별회계로 나눌 수 있다.

3. 회계법의 특색

(1) 내규성(내부적 효력)

회계법 중의 상당부분은 비록 법률의 형식으로 되어 있으나, 실질적으로는 재정관리의 공정을 기하기 위한 행정청의 내부절차적 규율의 성질을 가지는 것으로 볼 수 있는 것이 많다.

(2) 사법에 대한 특칙

회계법 중에는 사법적 규율의 특칙인 성질을 가진 것이 많다. 따라서 재정관리작용에 대해서는 특별한 규정이 있는 때에는 그 범위 안에서는 이에 따라야 함은 물론이나, 보충적으로는 사법적 규율의 적용을 받는다.

Ⅱ. 현금회계의 원칙

1. 현금회계의 일반원칙

(1) 총계예산주의

세입과 세출은 모두 예산에 편입하여야 한다는 원칙이다.

(2) 통일국고주의

조세 기타 정부에 속하는 모든 수입을 하나의 국고에 납입시키고, 모든 지출은 반드시 하나의 국고에서 지출하게 하는 원칙을 말한다.

(3) 단일예산주의(회계통일의 원칙)

국가의 수입·지출을 단일의 회계하에서 경리하는 원칙을 말한다.

(4) 기업회계의 원칙

이는 특별회계에 의한 사업의 경영성과의 재정상태를 명백히 하기 위해, 특별회계에 관해 기업회계의 원칙에 따라 회계거래, 즉 재산의 증감 · 변동을 발생의 사실에 따라 계리(計理)하는 것을 말한다.

(5) 회계연도구분 및 독립의 원칙

① 회계연도구분의 원칙은 회계경리의 명확과 수지의 균형을 도모하기 위해 국가의 수입 · 지출을 일정한 기간단위로 구분하여 경리하는 것을 말한다. ② 회계연도독립의 원칙은 각 회계연도의 경비를 당해연도의 세입으로써 충당하는 것을 말한다. 이에 대한 예외로는 이월비용 · 과년도지출 · 과년도수입 등이 있다.

(6) 회계기관분립의 원칙

회계경리의 공정을 보장하고 그 문란을 방지하기 위하여 수입 · 지출을 명하는 기관과 현금출납을 관장하는 기관을 분리시키는 것을 말한다.

(7) 건전재정주의

국가의 세출은 국채 또는 차입금이 아닌 세입을 그 재원으로 하여야 한다는 원칙이다.

2. 예산

(1) 의의

예산이란 실질적으로는 국가 또는 지방자치단체의 회계연도에 있어서의 세입 · 세출의 예정계산서를 의미하지만, 형식적으로는 정부에 의하여 편성되어 국회의 심의 · 확정으로 성립된 한 회계연도 중의 세입 · 세출의 예정계산서를 말한다. 보통 예산이라 할 때에는 형식적 의미로 사용된다.

(2) 예산의 종류

예산의 종류로는 ① 본예산과 추가경정예산, ② 확정예산과 준예산, ③ 일반회계예산과 특별회계예산이 있다.

(3) 예산의 내용

예산의 내용으로는 예산총칙 · 세입세출예산 · 계속비 · 명시이월비 및 국고채무부담행위로 이루어진다(제19조).

(4) 예산의 편성과 성립

① 예산의 편성권은 정부가 갖는다.

② 정부는 편성한 예산안을 회계연도마다 회계연도 개시 90일 전까지 국회에 제출하여야 한다.

③ 국회는 예산안의 심의·확정권을 갖는다.

④ 예산이 국회에서 심의·확정되어 정부에 이송된 경우에는 대통령은 그 예산을 공포하여야 한다.

(5) 예산의 효력

예산의 효력은 세입예산과 세출예산에 따라 다르다. ① 세입예산은 단순한 세입예정표에 지나지 않으며, 그 자체로서 아무런 구속력도 갖지 않는다. ② 세출예산은 지출목적, 지출금액 및 지출시기의 점에서 정부에 대한 구속력을 갖는다.

(6) 예산의 집행

1) 예산의 배정

국회에서 의결된 예산을 구체적으로 집행하기 위하여 각 중앙관서별로 배정하는 것을 말한다.

2) 수입

수입은 법령이 정하는 바에 의하여 징수 또는 수납한다. 수입에는 공법상 수입과 사법상 수입이 있으며, 납세고지서에 의한 수납과 구두고지에 의한 즉납, 현금 이외에 수입인지, 우표, 증권 등으로 수납시키는 경우가 있다.

3) 지출

국가의 지출의 원인이 되는 행위를 지출원인행위라 한다. 지출원인행위를 할 수 있는 권한을 가진 자를 재무관이라 한다. 재무관이 행한 지출원인행위에 따라 지출을 명하는 기관(지출명령기관)을 지출관이라 하며, 지출관의 지출명령에 의하여 현실적으로 현금을 지급하는 기관이 현금출납공무원(원칙적으로 한국은행)이다.

(7) 결산

결산은 1회계년도의 세입·세출예산의 집행결과를 나타내는 확정적 계수이다. 현금회계는 결산으로써 종결한다.

Ⅲ. 채권회계

채권회계는 국가 또는 지방자치단체가 그의 채권을 관리하는 작용을 말한다. 국가의 채권회계에 관한 일반법으로는 국가채권관리법이 있고, 지방자치단체의 채권회계에 관한 일반법으로는 지방재정법이 있으며, 제정경제부장관이 총괄기관이 된다.

채권관리는 선량한 관리자로서의 주의의무를 다해야 하며, 채권의 관리사항을 기재하기 위한 장부를 비치하여야 한다. 채권은 이행 · 소멸시효 · 면제 등에 의하여 소멸한다.

Ⅳ. 동산회계

동산회계는 국가 또는 지방자치단체가 그 재산 중 동산을 관리하는 작용을 말한다. 이에 관한 일반법으로는 물품관리법이 있다.

물품관리법의 적용을 받는 물품은 국가가 소유하는 동산과 국가가 사용하기 위하여 보관하는 동산이다. 다만, 현금 · 유가증권(한국은행에 기탁하여야 할) 및 국유재산법의 적용을 받는 동산(예, 국유부동산의 종물, 국유의 선박 · 부표 등, 정부기업 또는 그 시설에서 사용하는 기계 등)은 제외된다. 이의 총괄기관은 재정경제부장관이 되며, 관리기관은 중앙관서의 장이 되며, 이의 집행은 물품출납공무원이 행한다.

Ⅴ. 부동산회계

1. 의의

부동산회계는 국가 또는 지방자치단체가 그의 부동산을 관리하는 작용을 말한다. 이에 관한 일반법으로는 국유재산법이 있고, 그 외에 특별법이 있다.

2. 국유재산의 의의 및 종류

국유재산이라 함은 「국가의 부담이나 기부의 체납 또는 법령 · 조약의 규정에 의하여 국유로 된 국유재산법 제3조 제1항 각호에 열거된 재산」을 말한다(제3조)

국유재산은 그 실체에 따라 부동산 · 동산 및 무채재산권으로 나눌 수 있으며, 그 용도에 따라 행정재산 · 보존재산 및 잡종재산으로 나눈다(제4조 제1항).

3. 국유재산의 관리기관

국유재산에 관한 사무를 총괄하는 기관을 총괄청이라고 하는데, 현행법상 총괄청은 재정경제부장관이다. 국유재산을 현실적으로 관리하는 기관을 관리청이라고 하는데, 현행법상 관리청은 국유재산이 속한 중앙관서의 장이다. 국유재산의 관리청이 분명하지 않을 때에는 총괄청이 관리청을 지정한다(제16조).

4. 국유재산의 관리 · 처분

행정재산과 보존재산은 원칙적으로 이를 양도하거나 이에 사권을 설정할 수 없다. ① 행정재산과 보존재산은 허가에 의해서만 사용 · 수익허가를 한 경우에는 원칙적으로 사용료를 징수한다. 사용 · 수익허가기간은 3년 이내이며, 갱신이 가능하다. ② 잡종재산은 대부, 매각, 교환 또는 양여할 수 있으며, 잡종재산 매각행위는 사법상의 계약에 속한다. 잡종재산의 처분은 원칙적으로 경쟁입찰에 의한다. 잡종재산을 관리 · 처분하는 기관은 원칙적으로 총괄청이다.

제8장 군사행정법

제1절 개 설

Ⅰ. 군사행정의 의의

군사행정이란 국토방위의 목적을 실현하기 위하여 국가의 병력을 취득·관리·유지하는 행정작용이다. 군사행정은 직접적으로 국가의 존립과 안전을 보장하기 위한 국가목적적 작용이다. 그런 점에서 직접적으로 사회 공공의 안녕과 질서를 위한 사회목적적 작용인 경찰과 구분된다. 군사행정은 협의와 광의로 나누어 관념 된다. 즉, ① 군사행정은 협으로는 국가가 국방을 위하여 국가통치권에 의지하여 개인에게 명령·강제하며 부담을 과하는 작용 및 군대를 관리하는 작용을 말한다. 즉 군사권력작용과 군사관리작용을 말하며, 군사행정의 준말이 군정이다. ② 광의의 군사행정은 군정에 명령작용, 즉 용병작전작용을 포함시킨 개념이다. 군을 동원하고 군의 행동을 지휘·통솔하는 용병작용 내지 용병작전작용인 군령은 군정을 담당하는 기관과 독립하여 설치하고 그 기관으로 하여금 임무를 수행하는 경우를 병정분리주의라 하고 군정과 군령을 하나의 기관이 관장하는 경우를 병정통합주의라 한다.

Ⅱ. 군사행정의 기본원칙

1. 국제평화주의의 원칙

헌법은 전문에서 「밖으로는 항구적인 세계평화에 이바지함으로써」라고 규정하고 있고, 제5조 제1항에서는 「국제평화에 노력하고 침략전쟁을 부인한다」라고 함으로써, 우리나라의 군사제도가 국제평화주의에 바탕을 두고 있음을 강조하고 있다.

2. 정치적 중립성의 원칙

헌법 제5조 2항에서 「국군은 국가의 안전보장과 국토방위의 신성한 의무를 수행함을 사명으로 하여, 그 정치적 중립성은 준수된다」고 규정하여 군의 정치관여를 금지하고 있다. 헌법과 법률은 군의 정치적 중립성을 보다 더 보장하기 위하여 여러 규정을 두고 있다. 즉 군인은 현역을 면한 후가 아니면 국무총리·국무위원으로 임명될 수 없다고 규정하여(헌법 제86조 제3항·제87조 제4항) 이른바 문민원칙을 선언하고 있고, 군인은 정치운동을 할 수 없도록 하며, 정치단체에 가입하거나 연설·문서 기타의 방법으로 정치적 의견을 공표하거나 정치운동을 하는 경우 처벌을 받도록 하고 있다.

3. 병정통합주의

병정통합주의란 군사행정과 군령을 다 같이 정부(행정부)에 소속시킴으로써 정부의 책임과 국회의 통제아래 수행하는 주의를 말한다. 오늘날 민주국가에서 대체로 병정통합주의를 채택하고 있고, 우리 헌법도 이를 채택하고 있다.

4. 민주군사행정의 원칙

국군은 민주국가인 대한민국의 군대이고 국민에게 봉사하는 국민의 군대이다. 따라서 대한민국의 군사행정은 민주적으로 운영·관리되어야 함은 당연하다. 이러한 민주군사행정의 원칙을 실현하기 위해 헌법은 「대통령은 헌법과 법률이 정하는 바에 의하여 국군을 통치한다」라고 규정하고(헌법 제74조 제1항), 국군의 조직과 편성은 국민의 대표기관인 국회가 제정한 법률로써 규정하도록 하고 있다(동조 제2항).

제2절 군사행정조직

Ⅰ. 군사행정기관

군사행정기관이란 군사행정을 관장하는 각종 행정기관을 말한다. 군사행정기관(군정기관)에는 대통령을 중심으로 하여 국무총리·국방부장관·각군참모총장과 각군의 예하부대 또는 기관이 있다. 또한 국방부장관의 소관사무 중 군령에 관한 사항을 보좌하는 합동참모본부가 있다. 또한 군정에 관하여 심의하는 국무회의와 국가안전보장회의도 군정기관으로 볼 수 있다.

Ⅱ. 군공무원

군공무원이란 군사행정기관의 구성원으로서 계속하여 군무에 복무하는 공무원을 말한다. 이에는 군인과 군무원이 있다. 이들은 국가에 대하여 특별권력관계 내지 특별신분관계를 보여주는 대표적 신분소지자라 할 수 있다. 군인에게 적용되는 법으로 군인사법이 있고 군무원에 적용되는 법으로 군무원인사법이 있다.

제3절 군사행정작용

Ⅰ. 병역

1. 병역의무

병역의무란 국가의 복무명령이 있을 때 군인으로서 군에 복무해야 하는 공의무를 말한다. 헌법은 국민의 국가의 의무를 규정하고 있는데(제39조 제1항), 병역의 의무는 국방의 의무가운데 가장 기본적인 의무라 하겠다. 국민의 국방의 의무의 구체적인 사항은 병역법 등이 정하고 있다. 국민의 병역의무는 군인이 된 이후에 있어서의 군복무의무와 구별하여야 한다. 후자는 공무원의 의무에 해당하기 때문이다. 병역법은 징집주의를 원칙으로 하면서도 여자에 대해서는 지원병역제도를 인정하고 있다(제3조 제1항).

2. 병역의 종류

병역은 현역 · 예비역 · 보충역 · 제1국민역 · 제2국민역으로 나누어진다(제5조).

3. 징집(현역입영)

징집이란 국가가 병역의무자에 대하여 현역에 복무할 의무를 부과하는 행정행위이다. 징집은 징병검사를 거쳐서 한다(제10조 이하).

4. 소집

소집이란 국가가 병역의무자 중 예비역 · 보충역 또는 제2국민역에 대하여 현역복무 외의 군복무의무 또는 공익분야에서의 복무의무를 부과하는 행정행위이다(제2조 제1항 제2호).

Ⅱ. 군사부담

군사부담이란 국방의 목적을 위해 국가에 의해 개인에 대하여 그의 신체나 재산에 대해 강제적으로 과하여지는 일정한 부담을 말한다. 군사부담은 국방목적을 위한 것이므로 복리행정목적을 위한 것이 아니므로 공용부담과 다르다.

찾아보기

ㄱ

ㄴ

ㄷ

ㄹ

ㅁ

ㅂ

ㅅ

ㅇ

ㅈ

ㅊ

ㅌ

ㅍ

ㅎ

본서에서 인용 · 참조한 주요 참고문헌

김남진 : 행정법I, 법문사, 2002.
　　　　행정법II, 법문사, 2002.

김도창 : 일반행정법론(상), 청운사, 1993.
　　　　일반행정법론(하), 청운사, 1993.

김동희 : 행정법I, 박영사, 2006.
　　　　행정법II, 박영사, 2006.

김철용 : 행정법(I), 박영사, 2005.
　　　　행정법(II), 박영사, 2005.

박규하 : 행정법학(상), 법률출판사, 2004.

박윤흔 : 행정법강의(상), 박영사, 2001.
　　　　행정법상의(하), 박영사, 2001.

변재옥 : 행정법상의(I), 박영사, 1989.

석종현 : 일반행정법(상), 삼영사, 2003.
　　　: 일반행정법(하), 삼영사, 2005.

유지태 : 행정법신론, 신영사, 2004.

이명구 : 신고행정법원론, 대명출판사, 1989.

한견우 : 행정법I, 홍문사, 1995.

홍정선 : 행정법원론(상), 박영사, 2006.
　　　　행정법원론(하), 박영사, 2006.

저자약력

-한국외국어대학교 법학과 졸업
-한국외국어대학교 대학원 졸업(법학석사, 법학박사)
-단국대학교, 서울산업대학교, 세명대학교, 용인대학교, 한국외국어대학교 등 강사
-종로행정고시학원, 한교행정고시학원, 서광행정고시학원 행정법강사
-한국외국어대학교 법학과 대우교수, 한국싸이버대학교 겸임교수
-한국법제발전연구소 수석연구원

주요논문

· 무효등확인소송의 소의 이익(석사학위논문)
· 경찰작용의 하자와 국가배상제도에 관한 연구(박사학위논문)
· 자치경찰제 도입에 관한 고찰
· 재산권보장과 손실보상의 근거법리에 관한 고찰
· 환경행정소송의 원고적격에 관한 고찰
· 국가배상법 제6조의 배상책임자

주요저서

· 행정법학(상)-박규하 · 설계경 공저
· 행정법학(하)-설계경 · 김기재 공저

행정법강의

2007년 2월 21일 초판 인쇄
2007년 2월 26일 초판 발행

저자_ 설계경
발행인_ 김용성 발행처_ **법률출판사**
등록 1996.2.15 제1-1982호

서울 동대문구 이문2동 346-41 영일빌딩 202호

값 29,000원
ISBN 978-89-5821-080-1 93360